# 中国区域金融稳定报告（2016）

# China Regional Financial Stability Report (2016)

中国人民银行上海总部金融稳定分析小组

中国金融出版社

责任编辑：王雪珂
责任校对：李俊英
责任印制：程　颖

**图书在版编目（CIP）数据**

中国区域金融稳定报告．2016（Zhongguo Quyu Jinrong Wending Baogao. 2016）/中国人民银行上海总部金融稳定分析小组编．—北京：中国金融出版社，2016.8
ISBN 978－7－5049－8666－5

Ⅰ．①中…　Ⅱ．①中…　Ⅲ．①区域金融—研究报告—中国—2016　Ⅳ．①F832.7

中国版本图书馆 CIP 数据核字（2016）第 201176 号

出版
发行　中国金融出版社
社址　北京市丰台区益泽路 2 号
市场开发部　（010）63266347，63805472，63439533（传真）
网 上 书 店　http://www.chinafph.com
　　　　　　（010）63286832，63365686（传真）
读者服务部　（010）66070833，62568380
邮编　100071
经销　新华书店
印刷　北京市松源印刷有限公司
装订　平阳装订厂
尺寸　210 毫米×285 毫米
印张　27.75
字数　725 千
版次　2016 年 8 月第 1 版
印次　2016 年 8 月第 1 次印刷
定价　168.00 元
ISBN 978－7－5049－8666－5/F.8226

## 《中国区域金融稳定报告（2016）》编写组


总　　纂：杜要忠　李文茂　赵以邗　李　铀　林佐明　陶　诚

统　　稿：陈　静　郭　芳　王　亮

执　　笔：（以姓氏拼音为序）陈　静　方爱国　郭　芳　黄丽新　李晓迟
梁　蒙　刘钰斌　祁　红　王　亮　夏江山
谢崇礼　杨彩丽

# 目　录

# 中国各地区金融稳定报告摘要（2016）

# 第一部分　概　述

2015年，面对世界经济走势更趋复杂多变、国内经济下行压力加大的严峻形势，各地区[①]以全面深化改革为根本动力，以“一带一路、长江经济带、京津冀协同发展”三大战略为引领，着力优化经济发展空间格局，积极培育新的经济增长级、增长带和增长点，全年基本完成经济社会发展主要预期目标，经济运行稳中有好、稳中有进，结构调整取得积极成效，区域发展协调性进一步增强。在贯彻落实稳健货币政策基础上，各地区金融业改革稳步推进，金融体系总体稳健运行。

## 一、区域经济运行与金融稳定

2015年，各地区主动适应经济发展新常态，继续贯彻落实积极的财政政策和稳健的货币政策，持续推进创新驱动发展战略，增加有效供给，释放潜在需求，产业结构调整和区域协调发展取得积极进展，由工业主导向服务业主导加快转变，物价和就业水平保持稳定，经济运行保持在合理区间。

### （一）各地区经济发展平稳向好，区域间相对差距继续缩小

2015年，各地区经济发展总体平稳，经济增速维持在合理增长区间。东部、中部、西部和东北地区生产总值分别达到37.28万亿元、14.71万亿元、14.55万亿元和5.81万亿元，分别增长7.98%、8.15%、8.09%和4.54%（表1）。中部、西部地区经济发展速度继续高于东部地区。在地区生产总值增速超过8%的20个省区中，东部地区占6席，中部地区占5席，西部地区占9席（图1）。其中，西部地区的重庆市、西藏自治区、贵州省经济增速分别为11.0%、11.0%和10.7%，居全国前三位。中、西部地区与东部地区相对差距不断缩小，区域经济增长协调性进一步增强。

表1　　2015年各地区生产总值及增长率

| 项目 | 东部地区 | | 中部地区 | | 西部地区 | | 东北地区 | |
|---|---|---|---|---|---|---|---|---|
| | 2015年 | 2014年 | 2015年 | 2014年 | 2015年 | 2014年 | 2015年 | 2014年 |
| 地区生产总值（亿元） | 372 777.72 | 350 052.55 | 147 139.62 | 138 671.71 | 145 521.36 | 138 073.54 | 58 101.10 | 57 469.81 |

① 东部地区10个省市，包括北京、天津、河北、上海、江苏、浙江、福建、山东、广东和海南；中部地区6个省份，包括山西、安徽、江西、河南、湖南和湖北；西部地区12个省区，包括广西、重庆、四川、贵州、云南、西藏、陕西、甘肃、青海、宁夏、新疆和内蒙古；东北地区3个省份，包括黑龙江、吉林、辽宁。本报告不含港、澳、台地区。

续表

| 项目 | 东部地区 | | 中部地区 | | 西部地区 | | 东北地区 | |
|---|---|---|---|---|---|---|---|---|
| | 2015 年 | 2014 年 | 2015 年 | 2014 年 | 2015 年 | 2014 年 | 2015 年 | 2014 年 |
| 占全国 GDP 比例(%) | 51.52 | 51.16 | 20.34 | 20.27 | 20.11 | 20.18 | 8.03 | 8.40 |
| 增长率（%） | 7.98 | 8.15 | 8.15 | 8.93 | 8.09 | 9.06 | 4.54 | 5.91 |

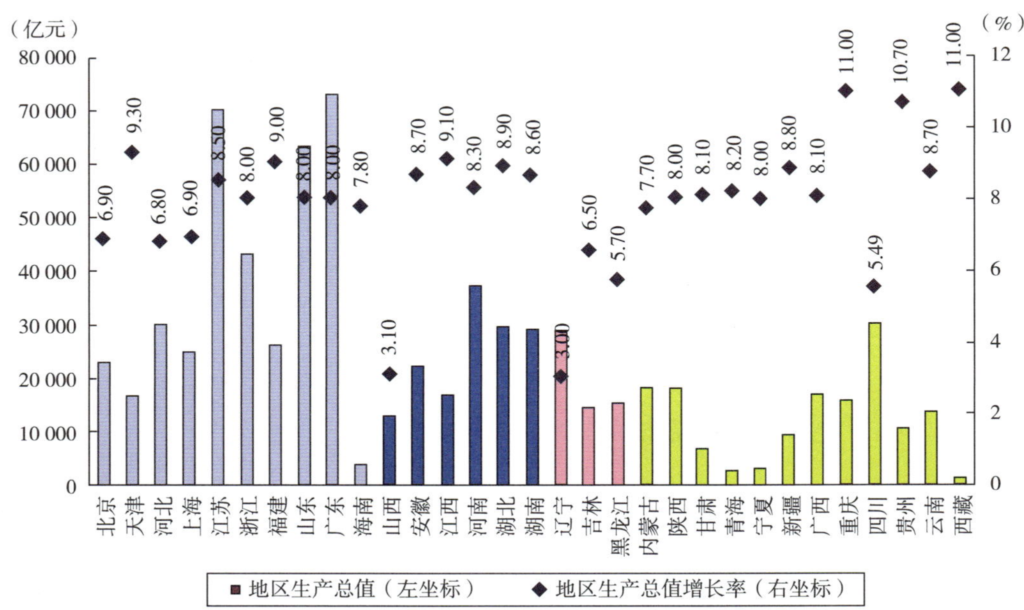


**图 1　2015 年各省（自治区、直辖市）生产总值及增长率**

## （二）各地区三次产业结构调整取得积极进展，服务业发展明显加快

2015 年，东部、中部、西部和东北地区第一产业增加值分别为 2.10 万亿元、1.59 万亿元、1.74 万亿元和 0.66 万亿元，同比分别增长 3.10%、3.99%、4.79% 和 4.57%，增速与上年基本持平。农业生产再获丰收，2015 年，各地区粮食产量 62 144 万吨，增长 2.4%；谷物产量 57 225 万吨，增长 2.7%；猪牛羊禽肉类总产量 8 625 万吨，水产品产量 6 690 万吨。

东部、中部、西部和东北地区第二产业增加值分别为 16.24 万亿元、6.97 万亿元、6.63 万亿元和 2.55 万亿元，同比分别增长 6.73%、7.45%、6.25% 和 1.71%，较上年分别回落 1.34 个、1.91 个、3.99 个和 3.36 个百分点，增速明显放缓。各地区第二产业占 GDP 比重继续回落，东部、中部、西部和东北地区第二产业占三次产业比重较年初分别回落 1.92 个、2.50 个、2.39 个和 3.52 个百分点。

东部、中部、西部和东北地区第三产业发展加快，全年实现增加值分别为 18.93 万亿元、6.16 万亿元、6.19 万亿元和 2.60 万亿元，同比分别增长 9.83%、10.57%、11.08% 和 8.30%（图 2），增速较上年分别提高 1.09 个、0.99 个、2.41 个和 0.66 个百分点。各地区第三产业占 GDP 比重持续上升，其中，东部地区第三产业占三次产业比重为 50.79%，继续领先其他地区。

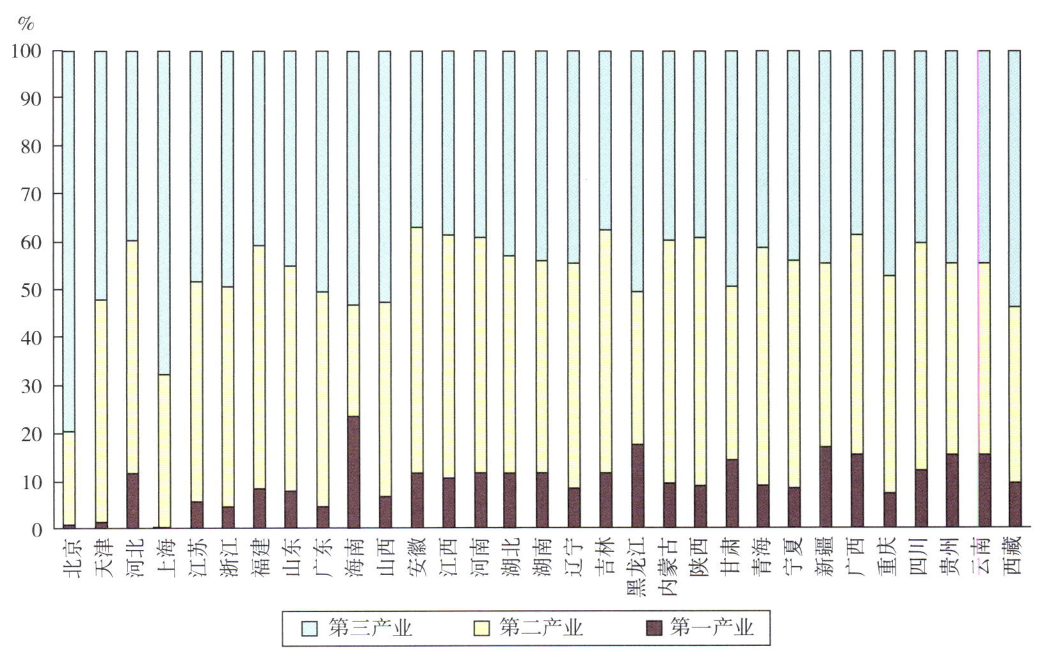


图2　2015 年各省（自治区、直辖市）三次产业结构

## （三）各地区消费稳定增长，投资增速继续放缓，对外贸易增速下滑

各地区消费需求较快增长，新兴业态消费拉动作用明显增强。2015 年，社会消费品零售总额为 30.09 万亿元，比上年增长 10.7%，扣除价格因素，实际增长 10.6%。分城乡看，城镇消费品零售额 25.9 万亿元，增长 10.5%；乡村消费品零售额 4.19 万亿元，增长 11.8%。分地区看，东部、中部、西部和东北地区社会消费品零售总额分别为 15.52 万亿元、6.26 万亿元、5.51 万亿元和 2.71 万亿元，同比分别增长 10.10%、11.47%、12.2% 和 8.43%（图 3）。网络零售保持高速增长，全年网上零售额为 3.9 万亿元，比上年增长 33.3%。

各地区固定资产投资增速继续放缓，中部地区投资增速继续快于东部和西部。2015 年，各地区固定资产投资（不含农户）55.67 万亿元，增长 11.46%，增速较上年回落 5.7 个百分点。分地区看，东部、中部和西部地区固定资产投资同比分别增长 12.56%、15.87%、13.50%，东北地区固定资产投资同比下降 11.3%（图 4）。分产业看，第一、第二、第三次产业投资比上年分别增长 31.8%、8.0% 和 10.6%。投资活力有所增强，民间固定资产投资 35.4 万亿元，占固定资产投资（不含农户）的比重为 64.2%，较上年提高 0.1 个百分点。

各地区进出口增速下滑，贸易方式和贸易结构进一步优化。2015 年，各地区进出口总额 4.22 万亿美元，比上年下降 7.88%。其中，出口 2.42 万亿美元，同比下降 2.83%；进口 1.80 万亿美元，同比下降 13.90%；贸易顺差 6 225.62 亿美元，比上年扩大 58.8%。从贸易方式看，一般贸易比重持续提升，对外贸易自主发展能力不断增强。全年一般贸易进出口值占进出口总额的 54%，所占比重较上年提升 0.3 个百分点。分贸易主体看，民营企业对外贸易活力不断增强。全年民营企业进出口额占进出口总值的 37%，较上年提高 2.5 个百分点。分地区看，中部

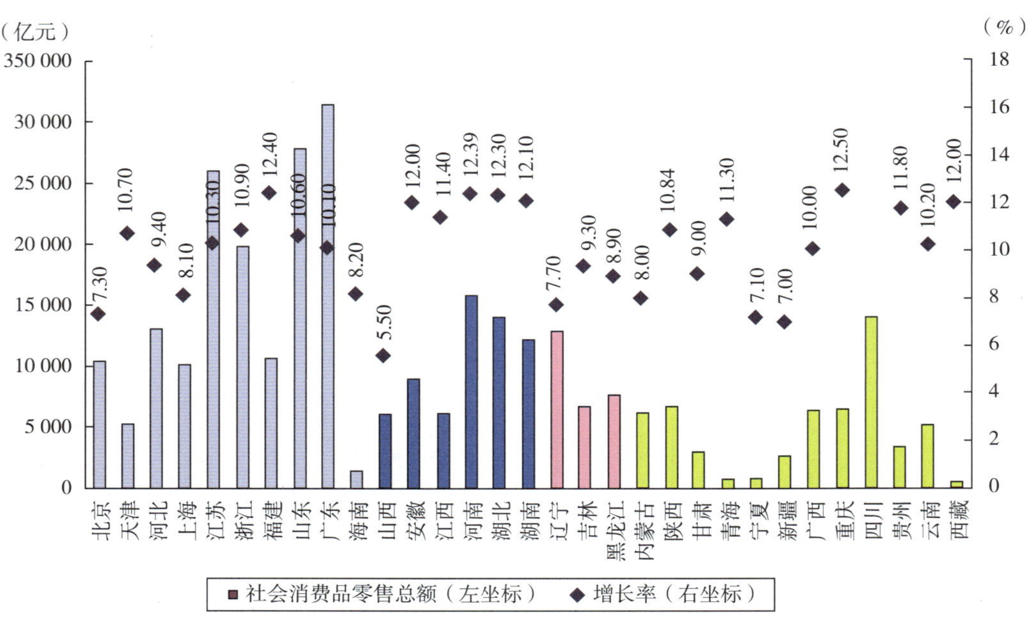


图 3　2015 年各省（自治区、直辖市）社会消费品零售总额及增长率

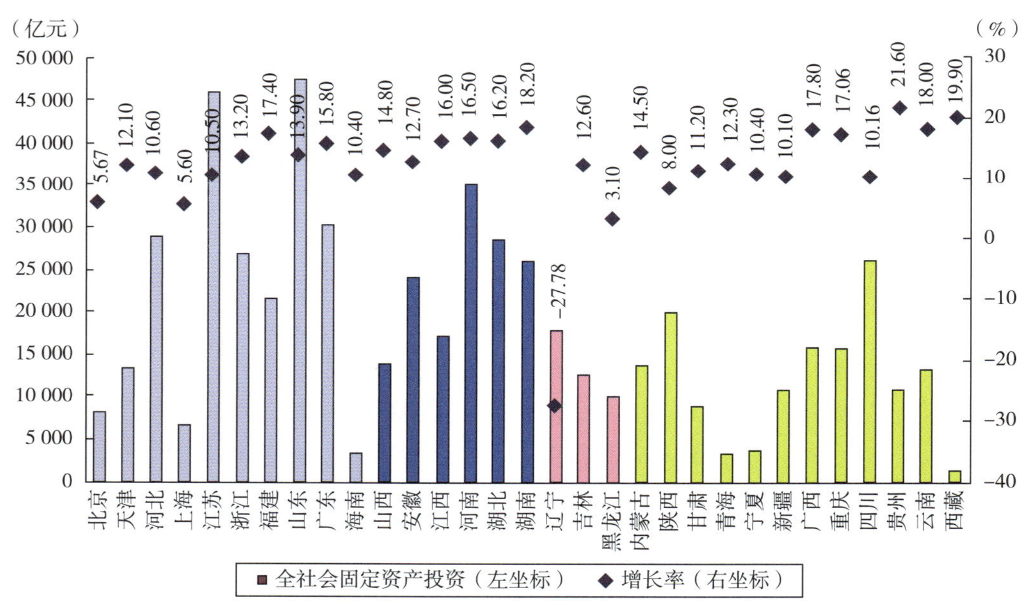


图 4　2015 年各省（自治区、直辖市）全社会固定资产投资及增长率

地区进出口贸易总额 4 063. 58 亿美元，同比微增 0. 72%；东部、西部和东北地区进出口贸易总额分别为 32 775. 68 亿美元、3 997. 27 亿美元和 1 360. 14 亿美元，同比分别下降 7. 43%、12. 56% 和 24. 15%。其中，中西部地区部分省份外贸总额增长显著，贵州省、河南省、广西壮族自治区、青海省、陕西省全年进出口总值同比分别增长 15. 6%、13. 6%、13. 5%、12. 6% 和 11. 5%（图 5）。

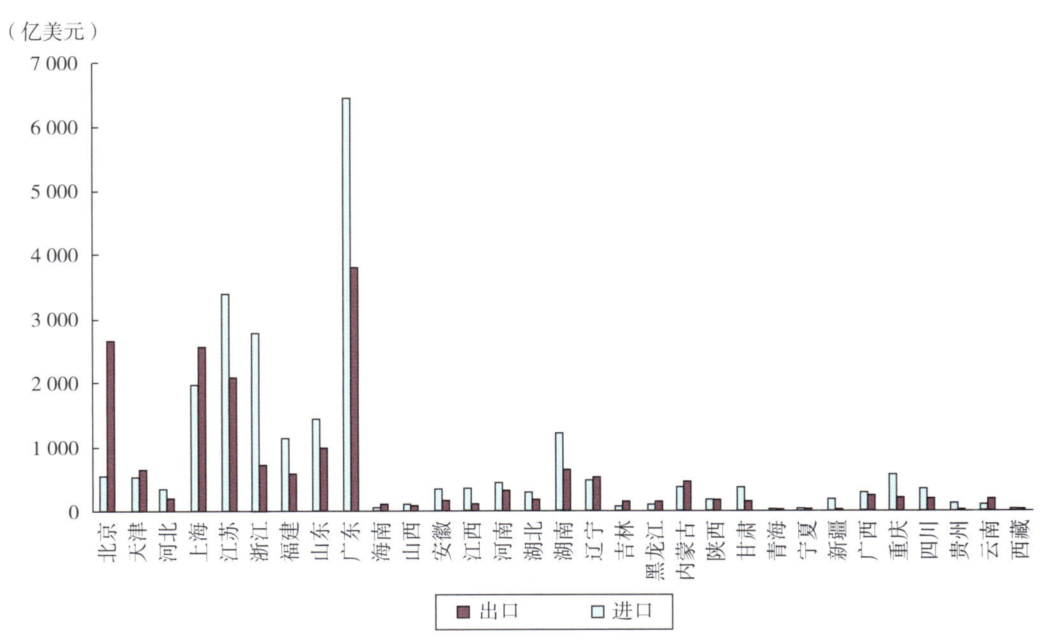


图 5　2015 年各省（自治区、直辖市）进出口情况

2015 年，各地区外商实际直接投资金额 6 224.02 亿美元，下降 1.92%。其中，中部、西部地区外商实际直接投资分别为 625.56 亿美元、280.63 亿美元，同比分别增长 10.05%、1.11%；东部、东北地区外商实际直接投资分别为 5 189.2 亿美元、128.62 亿美元，同比分别下降 3.00%、14.39%。全年各地区实际使用外商直接投资金额 1 263 亿美元，增长 6.40%；对外直接投资额（不含银行、证券、保险）1 180 亿美元，增长 14.70%，其中对“一带一路”沿线国家对外直接投资额达 148 亿美元，增长 18.20%。

### （四）各地区消费价格涨幅总体稳定，工业生产价格降幅持续扩大

各地区居民消费价格涨幅有所回落，2015 年，CPI 同比上涨 1.4%，较上年回落 0.6 个百分点。八大类商品和服务价格“七涨一跌”，其中，食品、烟酒及用品、衣着、家庭设备用品及维修服务、医疗保健和个人用品、娱乐教育文化用品及服务、居住价格分别上涨 2.3%、2.1%、2.7%、1.0%、2.0%、1.4% 和 0.7%，交通和通信价格下降 1.7%。其中，青海省 CPI 涨幅居首，同比上涨 2.6%；山西省、新疆维吾尔自治区和河北省 CPI 涨幅均低于 1%。

工业生产价格降幅持续扩大。2015 年，工业生产者出厂价格同比下降 5.2%，降幅比上年扩大 3.3 个百分点；工业生产者购进价格同比下降 6.1%，降幅比上年扩大 3.9 个百分点。其中，新疆维吾尔自治区、黑龙江省、山西省等资源型省份工业品出厂价格降幅明显，同比分别下降 17.6%、14.0% 和 12.3%。农产品生产价格涨幅高于农业生产资料价格涨幅，2015 年，农产品生产价格上涨 1.7%，农业生产资料价格上涨 0.4%。

### （五）各地区财政收入增长放缓，居民收入领先经济增长

2015 年，各地区地方财政收入增长继续放缓，全年累计实现地方一般预算收入 8.64 万亿

元，增长7.95%，增速较上年回落1.95个百分点。其中，东部、中部和西部地区全年实现地方一般预算收入46 462.80亿元、16 489.74亿元、18 966.80亿元，同比分别增长11.60%、9.81%和6.99%，增速比上年分别低0.10个、1.72个和3.12个百分点（图6）；东北地区实现地方一般预算收入4 520.13亿元，同比下降20.65%，降幅较上年扩大19.19个百分点。各地区地方财政收入增幅继续回落，主要是受经济增长趋缓、企业盈利下降，以及实施结构性减税等因素影响。

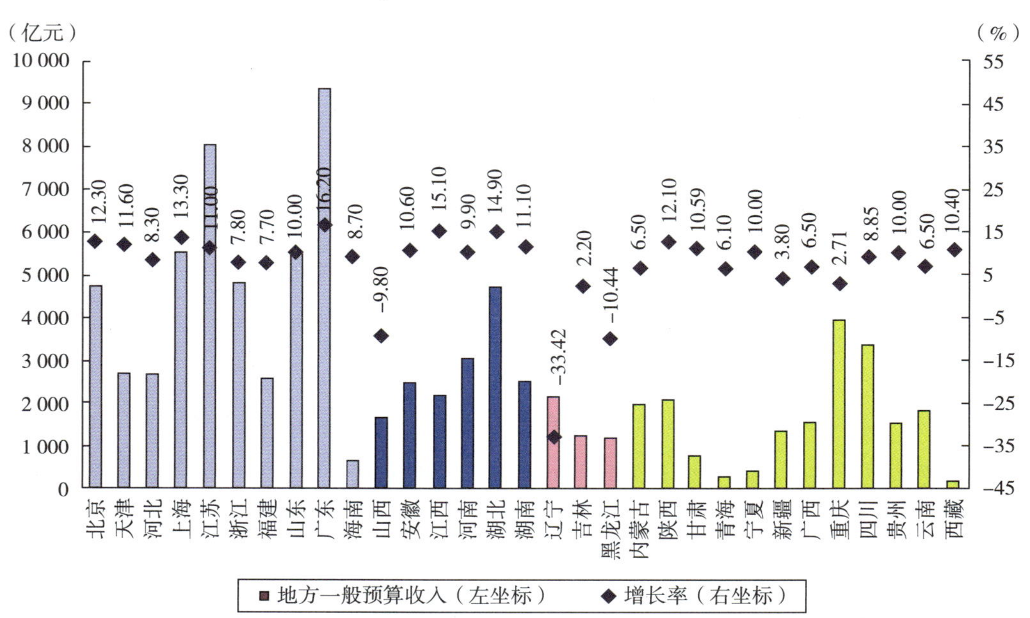


图6 2015年各省（自治区、直辖市）地方财政一般预算收入及增长率

各地区城乡居民收入继续增加。2015年，城镇居民家庭人均可支配收入21 966元，比上年增长8.9%，扣除价格因素，实际增长7.4%；按常住地分，城镇居民人均可支配收入31 195元，比上年增长8.2%，扣除价格因素，实际增长6.6%；农村居民人均可支配收入11 422元，比上年增长8.9%，扣除价格因素，实际增长7.5%。

### （六）各地区房地产开发投资增速持续回落，商品房销售逐步回暖

2015年，各地区完成房地产开发投资95 979亿元，同比增长1.0%，增速比上年回落9.5个百分点。其中，东部、中部和西部地区房地产开发投资比上年分别增长3.95%、4.44%和1.30%；东北地区房地产开发投资同比下降27.49%。各地区房地产贷款保持较快增长。截至2015年末，东部、中部、西部和东北地区房地产贷款余额分别为11.48万亿元、3.16万亿元、3.86万亿元和1.33万亿元，同比分别增长18.31%、31.60%、15.03%和19.69%；房地产贷款余额占各项贷款余额的比重分别为21.45%、21.21%、19.72%和19.46%，比上年末分别高0.85个、2.57个、0.05个和0.82个百分点。

各地区商品房销售持续改善。全年商品房销售面积12.85亿平方米，同比增长6.5%，上年同期为下降7.6%；商品房销售额8.73万亿元，同比增长14.4%，上年同期为下降6.3%。2015

年3月30日，中国人民银行、住建部、中国银监会联合发布《关于个人住房贷款政策有关问题的通知》，支持居民自住和改善性住房需求，各地区房地产市场整体有所回暖，2015年12月，70个大中城市房价16个月以来首次出现同比正增长。全国70个大中城市中，新建商品住宅价格环比上涨的城市有39个，比1月增加37个；价格同比上涨的城市有21个，比1月增加20个。12月同比价格变动中，最高涨幅为47.5%，最低为下降5.3%。

### （七）三大战略稳步推进，实施成效逐步显现

“一带一路”战略启动并取得积极进展。2015年3月，国家发展和改革委、外交部、商务部联合发布《推动共建丝绸之路经济带和21世纪海上丝绸之路的愿景与行动》。各地区相继出台参与建设“一带一路”的实施方案，积极谋划在多个领域推动重点工作和重大合作项目。中蒙俄经济走廊等重要走廊的规划编制工作稳步推进，与俄罗斯、匈牙利、蒙古等沿线有关国家签署了一系列合作文本，一批铁路、公路、天然气管道等建设项目有序推进，产能合作项目正加快实施。

京津冀协同发展提速。6月，中共中央、国务院正式印发实施《京津冀协同发展规划纲要》，明确了有序疏解北京非首都功能、推动京津冀协同发展的目标、方向、思路和重点。京津冀三省市协同合作，在交通一体化、生态环境保护、产业转移升级三大重点领域率先突破并取得实质性进展，全年确定了协同发展推进实施的113个重点任务。中关村、天津滨海国家自主创新示范区、中国（天津）自由贸易试验区等正加快建设，一批改革创新和试点示范事项稳步推进。

长江经济带建设和沿江区域合作深入推进。长江中游城市群发展一体化发展、长江经济带国家级转型升级示范开发区、信息惠民国家试点城市等重点项目建设逐步提速；一批高铁、高速公路、机场等重大项目开工建设。各地区均加快组织研究“十三五”时期具体融入长江经济带战略的措施和办法。例如，上海提出谋划做好长江经济带的龙头、湖北提出建设成为支撑长江经济带发展的“龙腰”、重庆提出要发力打造长江经济带的西部枢纽等。

## 二、区域金融业与金融稳定

2015年以来，面对复杂多变的国内外经济金融形势，各地区金融业机构继续深化改革，推进业务创新和转型发展，不断优化融资结构，更有力地支持各地区经济结构调整和转型升级。

### （一）银行业

2015年，各地区银行业总体运行平稳，资产负债规模持续增加，存贷款继续较快增长，资产和资本质量保持稳定，银行业改革进一步深化，支持和服务实体经济能力不断增强。

1. 各地区银行业资产负债规模持续增加

截至2015年末，东部、中部、西部和东北地区银行业总资产分别为106.84万亿元、26.99万亿元、33.83万亿元和12.73万亿元，同比分别增长16.10%、14.38%、13.33%、17.41%，占全国的比重分别为59.23%、14.96%、18.75%、7.06%；总负债分别为103.11万亿元、26.1万亿元、32.64万亿元和12.29万亿元，同比分别增长15.91%、14.4%、13.44%、17.57%，占全国的比重分别为59.21%、14.99%、18.75%、7.05%（图7）。东部地区集中了全国近

60%的银行业资产和负债，其中包括四大国有商业银行和股份制商业银行的总部以及大部分外资银行，银行业资产占全国比重较上年提高了0.36个百分点。

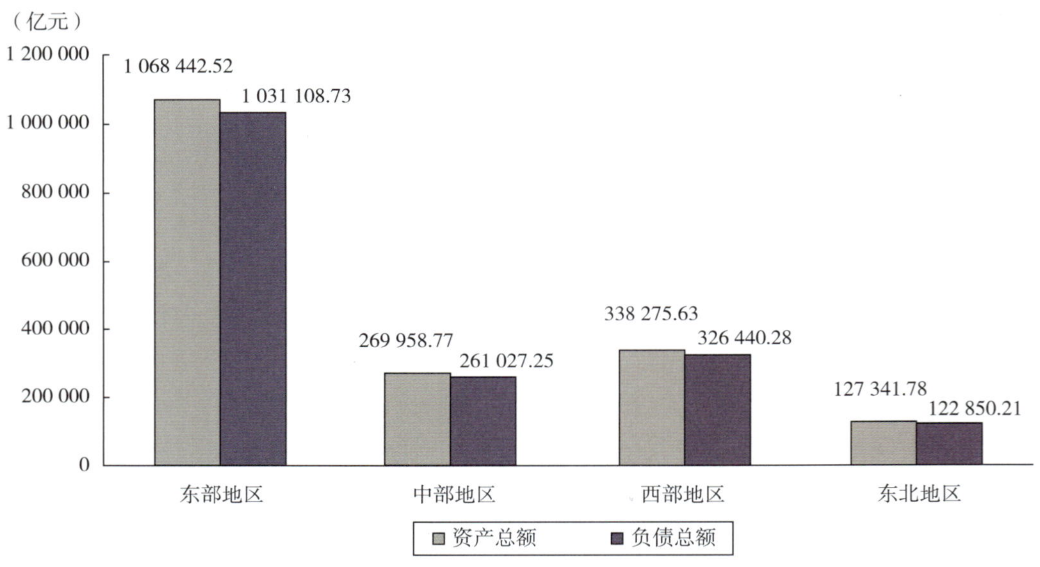


**图7 2015年各地区银行业金融机构资产负债总额**

2015年，各地区银行业资产增速有所加快，东部、中部、西部和东北地区银行业资产增速较上年分别提高5.69个、3.06个、5.73个和1.34个百分点。全国有4个省（区）的银行业资产增速超过20%，分别是福建省、贵州省、海南省和西藏自治区，资产增速达到33.88%、24.08%、22.74%、22.36%。（图8）。

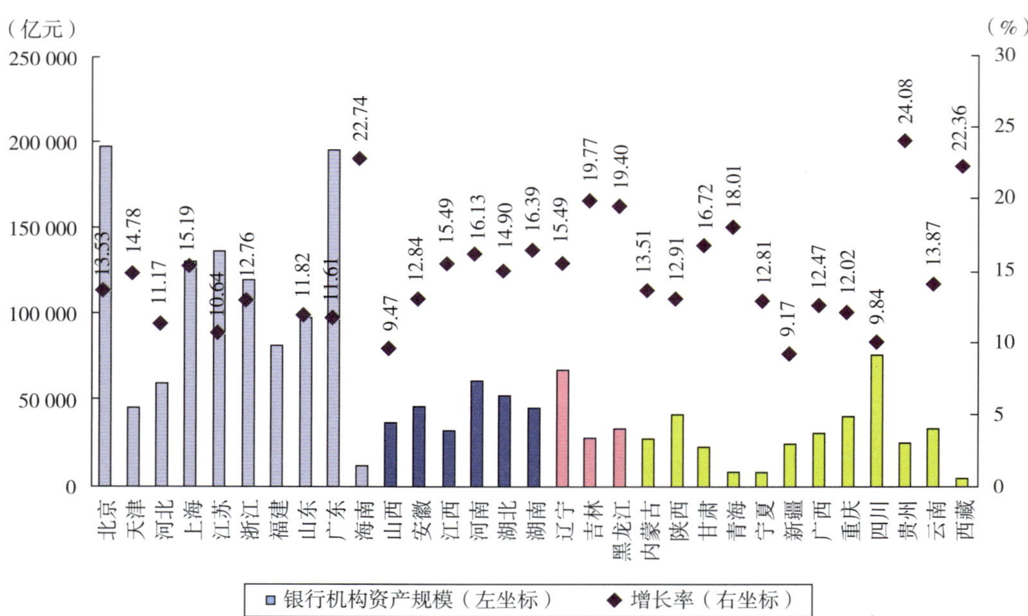


**图8 2015年各省（自治区、直辖市）银行业金融机构资产规模及其增长率**

2. 各地区银行业存贷款保持较快增长

截至 2015 年末，东部、中部、西部和东北地区金融机构本外币各项存款余额分别为 75.29 万亿元、21.30 万亿元、25.09 万亿元和 8.79 万亿元，同比分别增长 15.77%、14.31%、12.55% 和 12.65%，分别比上年提高 8.66 个、4.14 个、1.71 个和 5.2 个百分点。从人民币存款部门分布看，住户存款增长平稳，非金融企业存款增速明显加快。年末金融机构住户存款同比增长 8.7%，增速与上年末基本持平；非金融企业存款同比增长 13.7%，增速比上年末高 9.1 个百分点。

截至 2015 年末，东部、中部、西部和东北地区金融机构本外币各项贷款余额分别为 53.50 万亿元、14.88 万亿元、19.56 万亿元和 6.82 万亿元，同比分别增长 13.59%、15.66%、14.74% 和 14.66%（图 9）。从贷款结构看，住户贷款、非金融企业及机关团体贷款增长略有加快，非银行业金融机构贷款增速相对平稳。人民币住户贷款、非金融企业及机关团体贷款同比分别增长 16.8%、12.7%，增速比上年末均高 0.2 个百分点；非银行业金融机构贷款同比增长 66.9%，同比多增 2 605 亿元。

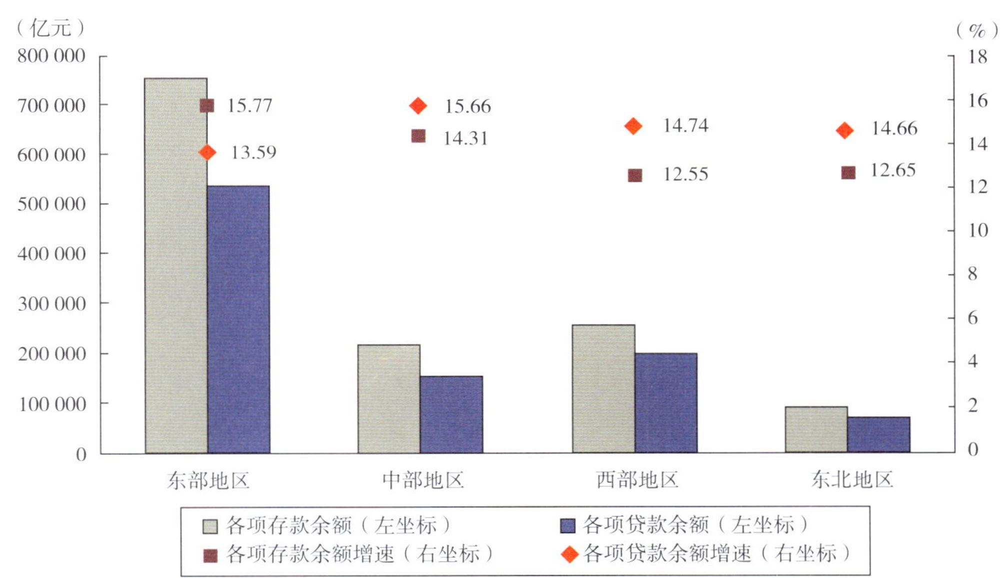


**图 9 2015 年各地区银行业金融机构存贷款余额及其增长率**

从期限看，新增中长期贷款占比由升转降。截至 2015 年末，东部、中部和西部地区中长期贷款余额分别为 28.60 万亿元、8.65 万亿元、12.69 万亿元，同比分别增长 16.50%、16.28%、14.3%；东北地区中长期贷款余额 2.09 万亿元，同比下降 36.77%（表 2）。东部、中部、西部和东北地区新增中长期贷款占全年新增本外币贷款的比例分别为 63.33%、61.4%、69.77% 和 19.45%，除西部地区较上年提高 5.9 个百分点外，东部、中部和东北地区分别较上年回落 1.67 个、7.16 个和 27.81 个百分点。

表 2　　2015 年各地区银行业金融机构中长期贷款情况

| 项目 | 东部地区 | | 中部地区 | | 西部地区 | | 东北地区 | |
|---|---|---|---|---|---|---|---|---|
| | 2015 年 | 2014 年 | 2015 年 | 2014 年 | 2015 年 | 2014 年 | 2015 年 | 2014 年 |
| 中长期贷款余额（亿元） | 286 005.58 | 245 503.64 | 86 490.49 | 74 381.01 | 126 862.32 | 110 988.45 | 20 940.35 | 33 119.94 |
| 增长率（%） | 16.50 | 14.74 | 16.28 | 14.47 | 14.30 | 14.56 | -36.77 | 11.91 |

3. 各地区银行业风险总体可控

截至 2015 年末，东部、中部、西部和东北地区银行业不良贷款余额分别为 8 727.24 亿元、3 848.17 亿元、4 108.46 亿元和 2 199.71 亿元，不良贷款率分别为 1.63%、2.59%、2.10% 和 3.22%。除东北地区不良贷款率较年初略降 0.18 个百分点外，东部、中部和西部地区不良贷款率较上年分别上升 0.26 个、0.40 个、0.62 个百分点。截至 2015 年末，商业银行（不含外国银行分行）核心一级资本充足率、一级资本充足率和资本充足率分别为 10.91%、11.31%、13.45%，比年初分别提高 0.35 个、0.55 个和 0.27 个百分点；拨备覆盖率 181.18%，比上年末下降 50.88 个百分点。

4. 各地区银行业改革深入推进

开发性、政策性金融机构改革取得突破性进展。经国务院常务会议审议、中央全面深化改革领导小组批准同意，国务院于 2015 年 3 月批复同意国家开发银行深化改革方案和中国进出口银行改革实施总体方案。7 月，国家外汇储备分别向国家开发银行、中国进出口银行注资 480 亿美元、450 亿美元，顺利完成资本金补充工作。

大型商业银行改革稳步推进。2015 年 4 月，中国农业银行“三农”金融事业部深化改革范围扩大至全国，进一步提升“三农”和县域的金融服务水平。6 月，交通银行深化改革方案获得国务院批准，从优化股权结构、完善公司治理、深化内部改革并加强外部监管等方面提出若干改革举措。12 月，中国邮政储蓄银行成功引入中国人寿、中国电信、瑞士银行、摩根大通等境内外战略投资者，股权多元化工作进展顺利。

各地区农村信用社改革取得重要成果。截至 2015 年末，全国共组建以县（市）为单位的统一法人农村信用社 1 299 家，农村商业银行 859 家，农村合作银行 71 家；涉农贷款余额和农户贷款余额分别为 7.8 万亿元和 3.7 万亿元，同比分别增长 9.8% 和 8.8%；不良贷款率 4.3%，比上年末下降 0.4 个百分点，农村金融服务水平明显提升。

5. 各地区金融支持重点领域和薄弱环节力度加大

各地区人民银行分支机构积极贯彻总行工作部署，引导辖内金融机构落实稳健货币政策，更好地用好增量、盘活存量，加大对小微企业、“三农”和棚改等国民经济重点领域和薄弱环节的支持力度，大力支持稳增长、调结构、惠民生。截至 2015 年末，全国支农再贷款余额 1 962 亿元，支小再贷款余额 752 亿元，再贴现余额 1 305 亿元。从政策实施效果看，信贷投放对小微企业、“三农”等重点领域的支持力度总体较强。截至 2015 年末，人民币小微企业贷款余额为 17.4 万亿元，同比增长 13.9%，增速比同期大型和中型企业贷款增速分别高 2.7 个和 5.3 个百分点；金融机构本外币涉农贷款余额 26.4 万亿元，同比增长 11.7%，占各项贷款的比重为 27.8%。

### （二）证券期货业

2015 年，各地区境内上市公司总市值较快增长，直接融资规模持续扩大；股票交易活跃，融资融券业务大幅增长。证券机构资产规模进一步扩大，经营收入明显好转，多层次资本市场建设进一步完善。

1. 股票市场交易活跃，期货市场快速发展

2015 年，沪、深股市大幅震荡（图 10）。上半年股票市场指数快速上行，6 月，上证综指、深证成指分别达到年内最高 5 178.19 点和 18 211.76 点，之后大幅回落，8、9 月以来触底波动中有所回升。截至 2015 年末，上证综指收于 3 539 点，比上年末高 9.4%；深证成指收于 12 665 点，比上年末高 15.0%；创业板指数收于 2 714 点，比上年末高 84.4%。

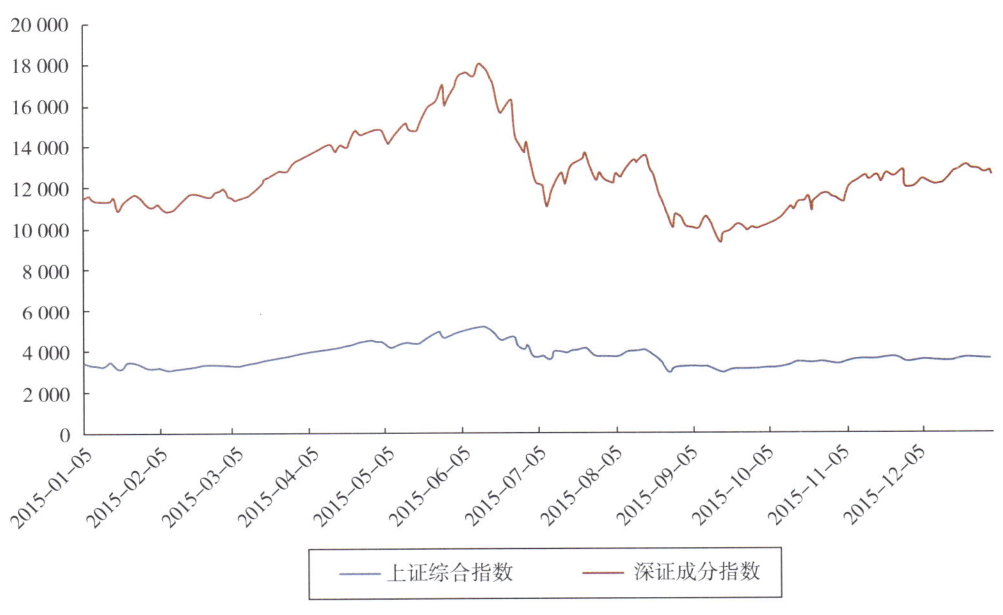


图 10　2015 年上证综合指数和深证成分指数走势

股票市场成交量和股票总市值显著增长。2015 年沪、深股市累计成交 255 万亿元，日均成交 1 万亿元，同比增长 245%；创业板累计成交 28.5 万亿元，同比增长 265.6%。截至 2015 年末，沪深两市股票总市值 53.13 万亿元，同比增长 42.63%。其中，沪、深股市流通市值 41.6 万亿元，同比增长 31.7%；创业板流通市值 3.2 万亿元，同比增长 145.4%。

基金业总体发展平稳。截至 2015 年末，具有公募牌照的资产管理机构 112 家，公募基金管理规模 8.4 万亿元，同比增长 85%。其中，股票型基金 7 436 亿元，混合型基金 22 714 亿元，债券基金 7 464 亿元，货币市场基金 44 812 亿元，QDII 基金 599 亿元，其他类型基金 23 亿元，封闭式股票基金 239 亿元，封闭式混合基金 264.62 亿元，封闭式债券基金 497.77 亿元。2015 年基金规模占比前三位分别是货币基金、混合基金和债券型基金，占比分别为 58%、24% 和 8%。从地区分布来看，全国的基金公司主要集中在东部的北京、上海、广东三地，家数占全国的比重达 97.2%。

各地区期货交易成交量及成交额再创历史新高。2015 年，期货市场累计成交量 35.78 亿手，累计成交额 554.23 万亿元，同比分别增长 42.78%、89.81%。其中，金融期货全年累计成交量 3.40 亿手，累计成交额 417.70 万亿元，同比分别增长 56.66%、154.7%；商品期货全年累计成交量 32.37 亿手，累计成交额 136.47 万亿元，同比分别增长 41.46%、6.64%。全年新上市 2 个商品期货、3 个金融期货和 1 个金融期权品种，全市场期货期权品种总数达 52 个。

2. 境内直接融资规模显著增加，股票和债券融资均保持快速增长

2015 年，各地区直接融资规模达 18.79 万亿元[①]，同比增长 71.44%。从地区分布来看，东部、中部、西部和东北地区直接融资规模分别为 15.03 万亿元、1.38 万亿元、1.77 万亿元和 0.61 万亿元，同比分别增长 70.8%、62.35%、70.19% 和 125.93%。

从股票市场看，全年共有 220 家企业完成首发上市，融资 1 578.29 亿元，同比增长 136%；399 家上市公司完成再融资发行，融资 8 931.96 亿元，同比增长 31%，其中 12 家上市公司发行优先股，融资 2 036.5 亿元，同比增长 93%。

从债券市场看，全年各地区在债券市场融资 17.34 万亿元，同比增长 70.84%。其中，东部、中部、西部和东北地区分别在债券市场融资 14.01 万亿元、1.24 万亿元、1.58 万亿元和 0.51 万亿元，占比分别为 80.80%、7.15%、9.11% 和 2.94%，东部地区占比优势明显。

3. 证券业机构区域分布不平衡，经营状况明显好转

证券业机构地区发展不平衡的现象依然存在。2015 年，东部地区证券业金融机构数量进一步增加，法人证券公司、基金公司和期货公司合计 301 家，其他三个地区合计仅有 72 家。

2015 年，各地区法人证券公司资产规模继续扩大，营业收入和利润水平大幅提升。东部、中部、西部和东北地区法人证券公司资产总额分别为 52 807.35 亿元、5 132.51 亿元、4 441.87 亿元和 1 158.58 亿元，同比分别增长 56.66%、53.1%、44.25% 和 79.49%（图 11）；东部、中部、西部和东北地区法人证券公司分别实现营业收入 4 619.14 亿元、394.45 亿元、504.75 亿元和 106.73 亿元，同比分别增长 54.71%、78.89%、77.2% 和 107.93%；东部、中部、西部和东北地区法人证券公司分别实现净利润 1 979.63 亿元、170.05 亿元、212.07 亿元和 39.07 亿元，同比分别增长 163.74%、99.92%、111.16% 和 110.85%。

2015 年，期货公司资产规模和盈利能力有所提高，客户权益规模波动明显。截至 2015 年末，全国期货公司总资产（不含客户权益）932.21 亿元，同比增长 30%；净资本 600.38 亿元。全年期货行业实现主营业务收入 244.08 亿元，其中利息净收入和手续费收入继续保持快速增长。同时，受年中股指期货交易限制性规定出台引发期货保证金下降影响，期货行业客户权益波动明显，1 月至 8 月总体保持快速上升格局，8 月创出 4 388.97 亿元的历史新高，但 9 月则快速缩减近 1 000 亿元，9 至 12 月期货客户权益保持在 3 600 亿 ~ 3 900 亿元的水平，年末为 3 829.77 亿元。

4. 新三板和区域性股权市场快速发展，多层次资本市场建设取得新进展

2015 年，新三板市场规模和成交金额大幅提升。各地区企业在新三板挂牌家数达 3 557 家，是 2014 年的 3.3 倍；全年新增预案募集资金额 3 096.05 亿元，实施完成募集资金额 1 273.19 亿

① 数据来源于 wind 数据库。

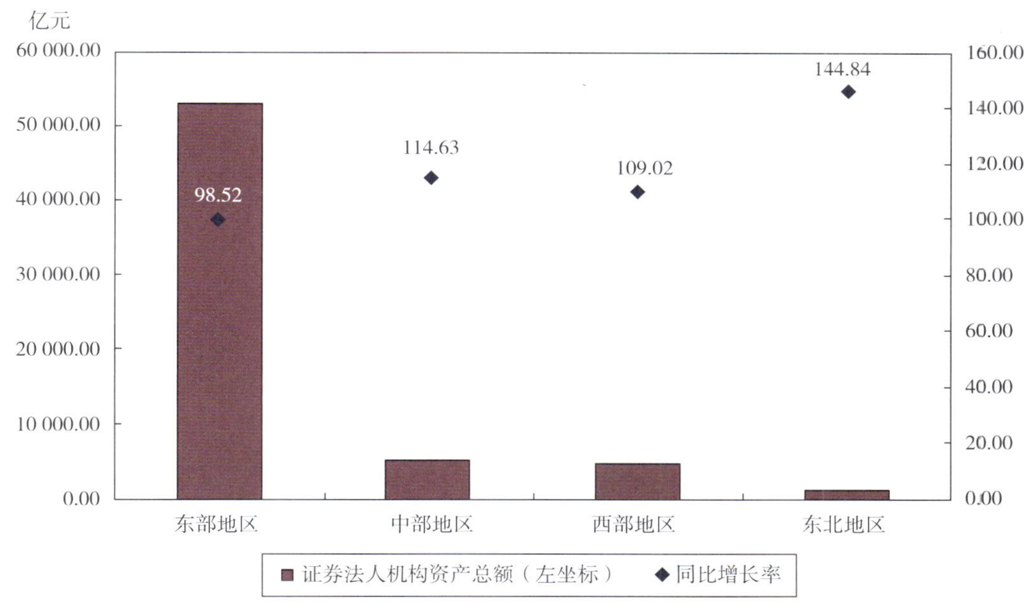


图 11 2015 年各地区法人证券公司资产规模变化情况

元，同比分别大幅增长 1 060.48% 和 883.46%；全年成交金额为 1 910.6 亿元，同比增长 2 764.47%。截至 2015 年末，新三板挂牌公司达 5 129 家，其中，做市转让和协议转让家数分别为 1 115 家、4 014 家；总股本达 2 946 亿元。

各地区区域股权市场快速发展，截至 2015 年末，已设立的 37 家区域性股权市场共有挂牌股份公司 3 375 家，展示企业 4.15 万家，累计为企业实现各类融资 4 331.56 亿元。其中，上海股权托管交易中心挂牌企业数量同比增长 165%；累计融资 125.78 亿元，同比增长 112%；累计成交 45.6 亿元，增幅为 105%。天津股权交易所成交量 2.81 亿股，成交金额 7.31 亿元。湖北武汉股权托管交易中心全年为 93 家企业完成股权融资 207 笔，新增融资金额 79.97 亿元，同比增长 65.61%；挂牌交易企业总数达 802 家，共为 181 家企业完成股权融资 421 笔，实现融资总金额 189.03 亿元。

### （三）保险业

2015 年，各地区保费收入较快增长，保险深度和保险密度持续上升；保险业总资产稳步增长，整体实力持续增强；改革积极效应逐步显现，投资收益达近年来最好水平；服务能力不断提升，风险保障功能进一步发挥。

1. 各地区保费收入较快增长，保险密度不断提升

2015 年，东部、中部、西部和东北地区保险业分别实现保费收入 13 009.52 亿元、4 598.65 亿元、4 628.45 亿元和 1 964.12 亿元，同比分别增长 18.78%、22.24%、20.86% 和 23.21%，在全国原保险保费收入中的占比分别为 53.76%、19.00%、19.13% 和 8.12%。中部、西部和东北地区保险业务发展增速和占比指标均好于东部地区，保费收入占比较上年分别上升 0.32 个、0.11 个和 0.20 个百分点，而东部地区保费收入占比较上年下降 0.63 个百分点。

从保险密度来看，东部、中部、西部和东北地区保险密度分别为 2 477. 12 元/人、1 261. 91 元/人、1 246. 35 元/人和 1 804. 93 元/人，较上年分别增加 381. 61 元/人、224. 63 元/人、205. 89 元/人和 352. 75 元/人。从保险深度来看，东部、中部、西部和东北地区保险深度分别为 3. 49%、3. 13%、3. 18% 和 3. 38%，较上年分别提高 0. 36 个、0. 41 个、0. 41 个和 0. 61 个百分点（图 12）。

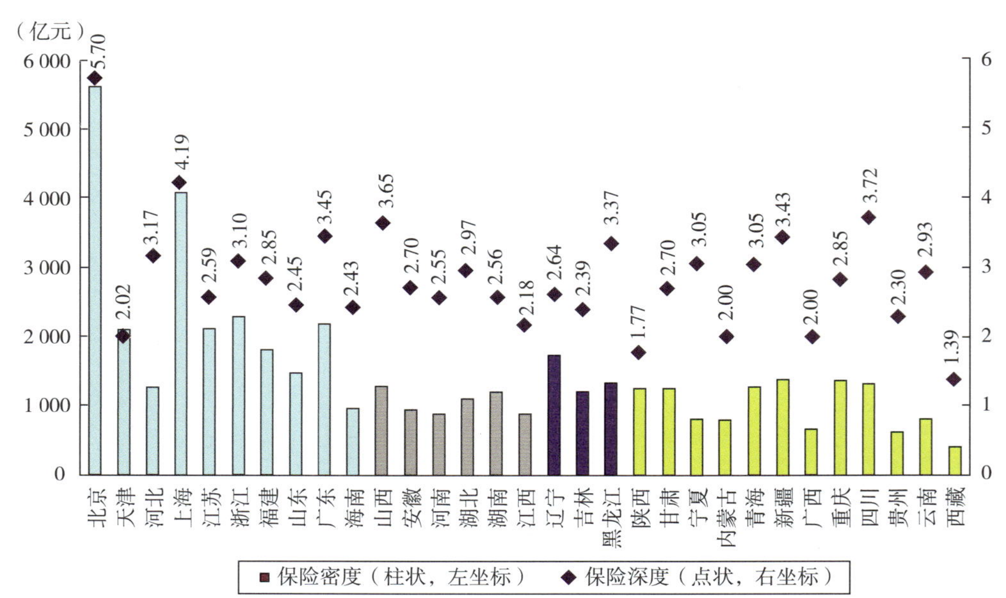


**图 12　2015 年各地区保险密度和保险深度**

2. 保险业总资产和盈利能力大幅提高，保险资金运用规模和投资收益保持较快增长

截至 2015 年末，东部、中部、西部和东北地区分公司以上保险机构总资产分别为 38 487. 33 亿元、10 064. 07 亿元、9 928. 16 亿元和 4 855. 05 亿元，同比分别增长 23. 32%、18. 21%、23. 79% 和 18. 46%，占全国保险机构总资产的比重分别为 60. 77%、15. 89%、15. 68% 和 7. 67%（表 3）。东部和西部地区保险业资产规模占比有所提升，占比较上年分别提高 0. 57 个和 0. 21 个百分点，中部和东北地区资产规模占比较上年分别小幅回落 0. 53 个和 0. 24 个百分点。各地区保险业共实现利润总额 2 823. 6 亿元，同比增长 38%，盈利能力大幅提升。保险业整体实力持续增强，在区域经济发展中的作用稳步提升。

**表 3　全国各地区保险公司资产情况**

| 项目 | 东部地区 | | 中部地区 | | 西部地区 | | 东北地区 | |
|---|---|---|---|---|---|---|---|---|
| | 2015 年 | 2014 年 | 2015 年 | 2014 年 | 2015 年 | 2014 年 | 2015 年 | 2014 年 |
| 保险业分公司以上资产总额（亿元） | 38 487. 33 | 31 210. 09 | 10 064. 07 | 8 513. 41 | 9 928. 16 | 8 020. 06 | 4 855. 05 | 4 098. 44 |
| 增长率（%） | 23. 32 | 14. 96 | 18. 21 | 37. 52 | 23. 79 | 14. 97 | 18. 46 | 12. 15 |

各地区继续推进资金运用市场化改革，推动保险资金积极参与国民经济建设。截至 2015 年末，保险机构累计发起设立各类债权、股权和项目资产支持计划 499 项，合计备案注册规模 1. 3

万亿元。全年各地区保险资金运用累计实现收益 7 803.6 亿元，同比增长 45.6%；平均投资收益率 7.56%。

3. 各地区财产险业务保持较快增长，业务结构不断改善

2015 年，东部、中部、西部和东北地区财产险分别实现保费收入 4 354.44 亿元、1 422.72 亿元、1 737.56 亿元和 533.4 亿元，同比分别增长 11.20%、13.63%、14.24% 和 9.09%。各地区财产险市场份额均有所下降。东部、中部、西部和东北地区财产险保费收入占本地区保险业总保费收入的比重分别为 33.47%、30.94%、37.54% 和 27.16%，分别较上年回落 2.28 个、2.33 个、2.17 个和 3.52 个百分点（表 4）。

表 4　　全国各地区保险业分险种保费收入情况

| 项目 | 东部地区 | | 中部地区 | | 西部地区 | | 东北地区 | |
|---|---|---|---|---|---|---|---|---|
| | 2015 年 | 2014 年 | 2015 年 | 2014 年 | 2015 年 | 2014 年 | 2015 年 | 2014 年 |
| 人身险保费收入（亿元） | 8 671.15 | 7 046.15 | 3 175.92 | 2 498.42 | 2 672.06 | 2 308.63 | 1 431.04 | 1 105.11 |
| 同比增长（%） | 23.06 | 8.43 | 27.12 | 4.91 | 15.74 | 11.28 | 29.49 | 12.19 |
| 占保险收入比例(%) | 66.65 | 64.33 | 69.06 | 66.41 | 57.73 | 60.28 | 72.86 | 69.33 |
| 财产险保费收入（亿元） | 4 354.44 | 3 915.73 | 1 422.72 | 1 252.03 | 1 737.56 | 1 520.93 | 533.40 | 488.95 |
| 同比增长（%） | 11.20 | 15.90 | 13.63 | 19.96 | 14.24 | 18.42 | 9.09 | 18.85 |
| 占保险收入比例(%) | 33.47 | 35.75 | 30.94 | 33.28 | 37.54 | 39.72 | 72.16 | 30.67 |

各地区财产险业务结构继续优化，责任险和农业险发展较快。分险种看，东部、中部、西部和东北地区车险分别实现保费收入 3 327.70 亿元、1 143.74 亿元、1 332.42 亿元和 395.1 亿元，同比分别增长 11.74%、14.3%、13.06% 和 10.18%，占本地区财产险保费收入的比重分别为 76.42%、80.39%、76.68% 和 74.07%。责任险分别实现保费收入 174.90 亿元、47.33 亿元、63.45 亿元和 15.98 亿元，同比分别增长 19.49%、17.45%、19.52% 和 17.33%，占本地区财产险保费收入的比重分别为 4.02%、3.33%、3.65% 和 3.00%，较上年分别上升 0.28 个、0.11 个、0.16 个和 0.21 个百分点。农业险分别实现保费收入 95.11 亿元、84.06 亿元、142.59 亿元和 56.3 亿元，同比分别增长 0.41%、19.93%、9.62% 和 20.48%，占本地区财产险保费收入的比重分别为 2.18%、5.91%、8.21% 和 10.55%，其中中部和东北地区农业险占比较上年分别上升 0.31 个和 1.00 个百分点。

2015 年，各地区大力发展信用保证保险，支持实体经济发展。全年贷款保证保险支持小微企业及个人获得融资金额 1 015.6 亿元，其中，有 25 个省区市开展小额贷款保证保险试点，共支持 12.3 万家小微企业获得银行贷款 188.6 亿元，有效缓解了小微企业融资难、融资贵的问题。出口信用保险规模不断扩大，为 6.3 万家出口企业提供了 4 540.2 亿美元的风险保障。

4. 各地区人身险业务企稳回升，业务结构优化

2015 年，东部、中部、西部和东北地区人身险分别实现保费收入 8 671.15 亿元、3 175.92 亿元、2 672.06 亿元和 1 431.04 亿元，同比分别增长 23.06%、27.12%、15.74% 和 29.49%。寿险费率市场化改革积极效应逐步显现，人身险保费收入企稳回升，尤其是中部和东北地区增长明显。

2015 年，人身险业务结构继续优化，分红险业务收入增速大幅放缓或呈负增长态势，占人

身险保费收入的比例下降。其中，中部和西部地区分红险分别实现保费收入 1 237.71 亿元和 1 164.75亿元，同比分别增长 3.21% 和 0.51%，东部和东北地区分红险分别实现保费收入 3 197.98亿元和510.55 亿元，同比分别下降11.35%和1.53%；各地区分红险占人身险保费收入的比例分别为 36.88%、38.97%、43.59% 和 35.68%，较上年分别回落 14.31 个、9.03 个、6.61 个和 11.24 个百分点。

各地区人身险业务在保障和改善民生方面的作用进一步彰显，大病保险覆盖全国 31 个省区市；拓展企业年金业务，受托管理资产 4 169 亿元，投资管理资产 4 861 亿元。

5. 各地区保险业赔款给付支出大幅增长，服务能力不断提升

2015 年，东部、中部、西部和东北地区保险业各项赔款和给付支出分别为 4 661.82 亿元、1 643.24亿元、1 698.01 亿元和 667.56 亿元，同比分别增长 21.34%、22.64%、19.22% 和 19.71%。各地区保险赔付支出均大幅增长，服务能力不断提升，保险业补偿功能进一步发挥。全年部分省份发生台风等重大灾害事故后，相关地区保险业积极开展抗灾救灾、保险理赔，为缓解灾区人民的生产生活困难和促进当地社会稳定作出了积极贡献，如宁波“灿鸿”、“杜鹃”台风保险赔付 8 000 万元，广东“彩虹”台风赔付 7.5 亿元，“东方之星”事件赔付 7 380.6 万元。此外，继深圳、宁波之后，云南、四川巨灾保险试点相继启动。

分险种来看，财产险赔付支出稳步增加，人身险赔款和给付支出快速增长。2015 年，东部、中部、西部和东北地区全年财产险赔款和给付支出分别为 2 363.57 亿元、728.06 亿元、894.43 亿元和 301.44 亿元，同比分别增长 12.61%、13.1%、12.4% 和 14.89%。其中，各地区农业保险赔款支出分别为 59.56 亿元、45.15 亿元、86.52 亿元和 44.95 亿元，同比分别增长 33.69%、10%、61.2% 和 15.32%；责任保险赔款支出分别为 76.73 亿元、20.05 亿元、24.36 亿元和 7.36 亿元，同比分别增长 29.26%、12.53%、14.23% 和 3.81%。东部、中部、西部和东北地区人身险赔款和给付支出分别为 2 297.84 亿元、915.19 亿元、819.16 亿元和 366.11 亿元，同比分别增长 31.82%、31.47%、30.68% 和 24.00%（表 5）。

**表 5　全国各地区保险业赔款和给付支出情况**

| 项目 | 东部地区 | | 中部地区 | | 西部地区 | | 东北地区 | |
|---|---|---|---|---|---|---|---|---|
| | 2015 年 | 2014 年 | 2015 年 | 2014 年 | 2015 年 | 2014 年 | 2015 年 | 2014 年 |
| 赔款和给付支出（亿元） | 4 661.82 | 3 841.93 | 1 643.24 | 1 339.86 | 1 698.01 | 1 424.30 | 667.56 | 557.63 |
| 增长率（%） | 21.34 | 23.75 | 22.64 | 41.09 | 19.22 | 31.31 | 19.71 | 45.08 |
| 占全国比例（%） | 53.77 | 53.63 | 18.95 | 18.70 | 19.58 | 19.88 | 7.70 | 7.78 |
| 其中：人身险（亿元） | 2 297.84 | 1 743.23 | 915.19 | 696.12 | 819.16 | 626.86 | 366.11 | 295.26 |
| 增长率（%） | 31.82 | 35.90 | 31.47 | 14.27 | 30.68 | 22.09 | 24.00 | 23.73 |
| 占总赔款和给付支出比例（%） | 49.29 | 45.37 | 55.69 | 51.95 | 48.24 | 44.01 | 54.84 | 52.95 |
| 财产险（亿元） | 2 363.57 | 2 098.82 | 728.06 | 643.72 | 894.43 | 795.77 | 301.44 | 262.37 |
| 同比增长（%） | 12.61 | 9.43 | 13.10 | 13.35 | 12.40 | 17.35 | 14.89 | 2.38 |
| 占总赔款和给付支出比例(%) | 50.70 | 54.63 | 44.31 | 48.04 | 52.68 | 55.87 | 45.16 | 47.05 |

## 三、区域金融市场与金融稳定

2015 年，各地区金融机构积极参与区域金融市场活动，各市场交易活跃度均大幅提升；市场化利率形成机制逐步健全，市场利率波动下行；债券发行规模和票据融资规模显著扩大，金融市场在支持实体经济发展、满足企业融资需求、降低融资成本等方面发挥了重要作用。

### （一）货币市场交易趋于活跃，市场化利率形成机制逐步健全

2015 年，各地区金融机构同业拆借累计成交 64.2 万亿元，日均成交 2 579 亿元，同比增长 71.2%，增速比上年高 65.1 个百分点；银行间市场债券回购累计成交 457.8 万亿元，日均成交 1.8 万亿元，同比增长 104.8%，增速比上年高 62.9 个百分点。从期限结构看，市场交易更趋集中于隔夜品种，全年回购和拆借隔夜品种的成交量分别占各自总量的 85.1% 和 84.1%，较上年分别上升 7.0 个和 5.8 个百分点。

货币市场利率维持低位，上半年总体回落，第三季度略有上升，第四季度央行通过降低法定存款准备金率、适时灵活运用各种工具持续提供流动性，维护货币市场利率低位平稳运行。截至 2015 年末，隔夜、1 周 Shibor 分别为 1.99% 和 2.36%，较上年末分别下降 154 个和 228 个基点；3 个月和 1 年期 Shibor 为 3.09% 和 3.35%，分别下降 205 个和 138 个基点。

2015 年，大额存单发行交易有序推进，同业存单发行交易显著增加。6 月 2 日，大额存单正式启动发行，全年金融机构发行大额存单 4 768 期，发行总量为 2.3 万亿元。全年 283 家机构已在银行间市场完成发行同业存单 6 101 只，发行总量为 5.3 万亿元，二级市场交易总量为 18.4 万亿元。

### （二）银行间债券市场现券交易逐步活跃，融资品种不断丰富

2015 年，银行间债券市场现券交易 86.7 万亿元，日均成交 3 483 亿元，同比增长 115.8%；交易所债券现券成交 3.4 万亿元，同比增长 21.9%。从交易品种看，银行间债券市场主要以金融债券和公司信用类债券交易为主，分别累计成交 46.1 万亿元和 30 万亿元，分别占银行间市场现券交易量的 53.2% 和 34.6%；国债现券交易累计成交 9.9 万亿元，占银行间市场现券交易的 11.1%。

债券市场品种进一步丰富。保险公司资本补充债券、绿色金融债券相继推出；永续票据、并购票据、绿色票据、资产支持票据、“债贷组合” 等非金融企业债务融资工具不断增加。

### （三）外汇市场交易主体进一步增加，外汇掉期交易增长较快

外汇市场交易主体进一步扩展。截至 2015 年末，各地区共有即期市场会员 518 家，远期、外汇掉期、货币掉期和期权市场会员分别为 123 家、123 家、99 家和 61 家，即期市场做市商 30 家，远掉期市场做市商 27 家。

2015 年，人民币外汇即期成交 4.9 万亿美元，同比增长 17.9%；人民币外汇掉期交易累计成交金额折合 8.3 万亿美元，同比增长 86.0%；人民币外汇远期市场累计成交 372 亿美元，同

比减少 29.7%。全年“外币对”累计成交金额折合 1 202 亿美元，同比增长 98.4%，其中成交最多的产品为欧元对美元，占市场份额比重为 47.0%。

**（四）票据融资快速增长，利率呈下降趋势**

2015 年，全国各地区金融机构累计贴现 102.1 万亿元，同比增长 68.2%；年末贴现余额 4.6 万亿元，同比增长 56.9%。票据融资余额占各项贷款的比重为 4.9%，同比上升 1.3 个百分点。

2015 年，银行体系流动性总体合理充裕，受货币市场利率和票据市场供求变化，以及在人民银行再贴现利率引导贴现利率下行等多重因素共同作用下，票据市场利率总体波动下行。

## 四、区域金融改革与金融稳定

2015 年，各地区地方金融综合改革继续深入推进，改革力度不断加大。12 月 2 日，国务院部署在五大区域开展金融改革创新试点，范围覆盖东部沿海发达地区、中部工业化转型地区、西部欠发达地区、民族和边疆地区，内容涉及金融对外开放、人民币资本项目可兑换、农村金融改革、民间金融和跨境金融合作等，包括建设浙江省台州市小微企业金融服务改革创新试验区，在吉林省开展农村金融综合改革试验，并支持广东、天津、福建自由贸易试验区开展金融开放创新试点。

东部地区依然是全国区域金融改革的前沿阵地。一是自由贸易试验区改革创新范围继续扩大，市场活力不断释放。4 月，天津、广东、福建自由贸易试验区同时挂牌成立，三地围绕外债资金意愿结汇、发展总部经济和结算中心、加强跨境资金流动风险防控等方面稳步推进自贸区改革先行试点，金融支持自贸试验区建设进一步提速。二是民间资本进入银行业基本进入常态化。目前已开业的 5 家民营银行、7 家民营金融租赁公司、33 家民营企业集团财务公司和 2 家民营消费金融公司基本集中在东部地区。三是互联网金融加快发展，众安保险以及 2015 年新设的易安财产险、安心财产险、泰康在线财产险 3 家互联网保险公司均位于东部地区。

中部地区金融改革力度持续增强，金融组织体系不断完善。一是农村金融创新深入推进，湖北、湖南、安徽率先探索农村两权抵押贷款试点，有效盘活农村土地资产，增强农村土地资源效能，促进中部地区农业现代化加快发展。二是农村金融服务和机构改革力度不断加大。山西省成为农行三农事业部改革新试点；继安徽省之后，2015 年湖北省农信社产权改革顺利完成，全省 77 家农村商业银行全部开业。三是新型地方金融机构和普惠金融业态创新发展，区域金融组织体系日臻健全。山西金融投资控股集团有限公司、江西金融租赁公司、安徽省徽银金融租赁公司、湖北省再担保集团、长江经济带产业基金等相继组建。

西部地区金融业供给侧改革提速，金融改革继续推进。一是“一带一路”战略效果初显。2015 年，国家“一带一路”战略全面实施，西部地区对外贸易逆势保持快速增长，在全国进出口总额同比增幅下降的情况下，广西、青海、陕西等省份均实现 10% 以上的增幅。二是中新（重庆）战略性互联互通示范项目启动，该项目以“现代互联互通和现代服务经济”为主题，契合“一带一路”、西部大开发和长江经济带发展战略，推动西部地区经济加快发展。三是沿边金融改革取得突破，云南和广西在跨境人民币结算、完善金融组织体系等方面取得重要进展。

## 五、区域金融基础设施与金融稳定

2015年，各地区金融基础设施建设不断加强，金融生态环境继续改善。一是金融法律法规不断健全，金融法制环境持续改善。《中华人民共和国商业银行法》、《中华人民共和国保险法》、《中华人民共和国证券投资基金法》相继修订，《存款保险条例》、《关于促进互联网金融健康发展的指导意见》接连出台。各地区也相应出台相关配套制度和政策，为金融业创新、规范发展和支持实体经济发展创造了良好的金融法制环境。二是各类支付系统安全稳定运行，支付服务环境加快改善。人民币跨境支付系统（CIPS）于10月8日在上海成功投产，参与者包括19家直接参与者和185家间接参与者，覆盖六大洲、50个国家和地区。各地区相继完成第二代支付系统报文标准切换工作，实现二代支付系统“一点接入、一点清算”在银行机构的全覆盖。三是社会信用体系建设有序稳步推进。《关于全面推进中小企业和农村信用体系建设的意见》、《中小企业信用信息指标》和《农户信用信息指标》相继印发，中小企业和农村信用体系建设取得积极进展；《征信机构监管指引》出台，对征信机构的监管进一步明确和细化。四是反洗钱监管水平不断提升。各地区积极强化监测分析手段，创新监管工作方式，深化部门合作，持续强化监测管理水平。五是金融消费权益保护工作扎实推进。《关于加强金融消费者权益保护工作的指导意见》发布；各地区继续完善金融消费权益保护工作体系，妥善处理金融消费者投诉，强化金融消费权益保护工作成效。

# 第二部分　东部地区

2015年，东部地区加快转变经济发展方式，推动经济结构优化升级，产业结构调整取得新进展，房地产市场逐步回暖，金融改革稳步推进，金融业总体运行平稳。但在经济下行压力持续加大的形势下，部分领域部分行业风险暴露有所增多，维护区域金融稳定的挑战加大。

## 一、产业结构调整取得新进展，经济下行压力依然较大

2015年，东部地区生产总值37.28万亿元，同比增长7.98%，比全国经济增速高1.08个百分点。其中，第一产业增加值2.10万亿元，占地区生产总值的5.64%，同比下降0.11个百分点；第二产业增加值16.24万亿元，占地区生成总值的43.57%，同比下降1.93个百分点。其中，规模以上工业经济利润总额3.85万亿元，同比增长4.87%，较上年提高2.19个百分点；第三产业增加值18.93万亿元，占地区生产总值的50.79%，同比提高2.04个百分点，服务业对经济增长的拉动作用进一步增强。受全球经济低迷，我国经济转型的影响，东部地区经济下行的压力依然很大，部分主要经济指标持续回落。全社会固定资产投资23.10万亿元，同比增长12.56%，较上年下降3.29个百分点；社会消费品零售总额15.51万亿元，同比增长10.10%，较上年下降1.45个百分点；进出口总额3.28万亿元，同比下降7.43%。

## 二、房地产市场分化明显，信贷风险需密切关注

2015年，受限购政策松动、房贷首付比例下调、房产交易契税营业税减免、降息降准等政策以及房地产市场供需失衡等多重因素影响，东部地区房地产市场逐步回暖，但分化明显。如2015年，深圳市新房和二手房价格分别上涨47.5%和42.6%，涨幅居全国之首，上海市新房价格上涨18.2%，南京市新房价格上涨7.9%；而石家庄、济南市新房价格分别仅小幅上涨1.7%和0.8%。部分省市库存积压未解。如截至2015年末，山东省商品住房累计可售面积18 600万平方米，同比增长4.3%，去库存压力较大；据测算，浙江省新建商品住房去周期化为20.2个月①，仍处于高库存状态。

房地产贷款迅速增长。截至2015年末，东部地区房地产贷款余额11.48万亿元，较上年增长18.35%，占全国房地产贷款余额的57.92%。如上海市中外资商业银行房地产信贷余额接近

① 按照住建部门去周期化大于12个月即为高库存区域的标准。

1.5 万亿，同比增长 12%，高于同期各项贷款增速 3 个百分点；全年房地产贷款净增 1 555 亿元，同比多增 150 亿元，房地产贷款新增量占该市全部贷款新增量的 42%；福建省中外资商业银行房地产信贷余额 8 414.32 亿元，同比增长 20.13%，高于同期各项贷款增速 8.03 个百分点。此外，部分互联网 P2P 平台、小贷公司、房产经纪网站、房产中介和个别开发商以转按揭、众筹、P2P、首付配资等形式参与首付贷市场，一定程度上增加房贷杠杆，潜在的金融风险值得关注。

## 三、自由贸易试验区金融改革深入推进，市场活力进一步释放

2015 年 10 月，《进一步推动中国（上海）自由贸易试验区金融开放创新试点 加快上海国际金融中心建设的方案》正式发布，提出深化上海自贸试验区和国际金融中心建设的 40 条新措施，为全国深化改革和扩大开放探索新途径。

继上海自贸试验区金融改革取得积极成效后，天津、广东、福建自由贸易试验区于 4 月同时挂牌成立，金融管理部门相继出台了《关于金融支持中国（天津、广东、福建）自由贸易试验区建设的指导意见》，各地围绕外债资金意愿结汇、简化经常项目外汇收支手续、发展总部经济和结算中心、发展人民币与外汇衍生产品服务、融资租赁公司收取外币租金、加强跨境资金流动风险防控等方面制定了外汇管理促进自贸试验区建设的具体措施。金融支持自贸试验区建设进一步提速。目前，已基本形成自贸区金融开放创新的制度框架体系，有关政策细则陆续出台。

截至 2015 年末，天津自贸试验区累计有 116 家金融机构入驻，区内主体累计新开立人民币结算账户 11 539 个，外汇账户 1 715 个，跨境收支 280.2 亿美元，结售汇 120.8 亿美元，跨境人民币结算 721.6 亿元。广东自贸试验区积极支持区内企业赴港发行 25 亿元人民币债券，募集资金 50% 调回区内使用；推动自贸试验区公共服务领域的支付服务向粤港澳三地银行业开放，为粤港澳三地居民跨境往来提供便利的支付服务；推动银行机构在横琴自贸片区全国首发商事主体电子证照银行卡。福建自贸试验区累计有 125 家金融机构入驻，该省共设立跨境人民币资金池 56 个；建立并正式运营海峡股权交易中心、海峡金融资产交易中心；推动筹备金融资产交易平台、大宗商品交易场所建设平台、国际金融资产交易平台等。

### 专栏 1　上海自贸试验区扩区后运行情况

2015 年 4 月，上海自贸试验区扩区建设全面启动，自贸试验区管委会与浦东新区政府合署办公。近一年来，浦东新区以自贸试验区扩区为契机，全面落实主体责任，加大力度推进制度创新，改革开放取得新进展。

一、投资管理改革取得新突破

一是商事登记制度改革进一步深化。推出市场准入便利化“双十条”新举措，率先开展“一址多照”、集中登记住所改革，集中登记地数量扩展到 10 个，共有 502 户企业以

“一址多照”方式落户。在国内率先推出“允许自贸试验区内律师事务所将其办公场所作为企业住所登记”新措施，试点企业简易注销登记。二是完善企业准入“单一窗口”制度。推动内资注册“单一窗口”从企业设立向变更环节延伸，外资注册从“五证联办”向“七证联办”拓展，实施“三证合一、一照一码”改革。三是全面实施准入前国家待遇+负面清单管理制度。扩区以来共办结外资项目2 684个（含新设和资金变更），合同外资214亿美元，全市近半数的新增外商投资企业选择在自贸试验区落户。设立内资企业11 049家，注册资本7 151.3亿元。四是制造业和服务业等领域扩大开放效应显著。积极落实服务业和制造业开放2批54项扩大开放措施，融资租赁、工程设计、增值电信、船舶管理等行业扩大开放取得明显成效。五是境外投资推进暨服务联盟成立，境外投资快速增长。全年共办结境外投资项目636个，中方投资额达到229亿美元，接近2014年中方投资额的5.5倍。

二、贸易便利化水平进一步提升

一是国际贸易“单一窗口”建设持续深化，截至12月末超过1 200家企业开户，通过申报大表进行报检报关作业约14万票，通过“单一窗口”办理船舶离港手续近9 833艘次。二是货物状态分类监管试点取得积极进展，试点已扩大到保税区所有物流企业，下一步将开展加工贸易企业试点。三是贸易监管创新进一步深化。海关、检验检疫推出“一区注册、四地经营”、“空检海放”等32项便利化举措，启动实施航运保险产品注册制改革，开展外贸进出口集装箱沿海捎带业务。四是贸易平台建设不断加快。洋山进境水果指定口岸获批。10家大宗商品现货交易市场启动筹建，第三方清算和第三方仓单登记公示平台启动试运作。上海有色网金属交易中心、上海钢联金属矿产国际交易中心、上海国际棉花交易中心已经上线运作，累计交易额超过200亿元。平行进口汽车已有17家企业开展试点。

三、金融开放创新深入推进

一是加快落实金融开放创新试点方案。2015年10月29日，人民银行等部门和上海市共同印发了《进一步推进中国（上海）自由贸易试验区金融开放创新试点加快上海国际金融中心建设方案》。二是本外币一体化运作的自由贸易账户功能进一步拓展。人民银行发布自由贸易账户境外融资细则，扩大境外融资的规模和渠道，并启动自由贸易账户外币服务功能。三是人民币跨境使用和外汇管理创新进一步深化。12月17日，国家外汇管理局上海市分局发布《进一步推进中国（上海）自由贸易试验区外汇管理改革试点实施细则》，允许区内企业（不含金融机构）外债资金实现意愿结汇，跨国公司外汇资金集中运营管理门槛进一步降低。截至年末，361家企业办理外汇资本金意愿结汇业务，涉及金额24.48亿美元。人民币跨境交易规模持续扩大，2015年，跨境人民币境外借款69.82亿元，跨境人民币结算总额已达12 026.4亿元、占上海市的42%。四是一批面向国际的金融交易平台已正式运行，包括上海黄金交易所“国际板”、上海期货交易所的国际能源交易中心、中国外汇交易中心的国际金融资产交易中心。全国性信托登记平台的各项准备工作正稳步推进。

资料来源：《上海市金融稳定报告（2016）》。

## 四、银行金融市场参与度大幅提升，投资收益对其经营利润影响加大

2015 年，各金融要素市场波动性明显，汇率、利率市场化进程进一步加快，东部地区银行业顺应汇率、利率市场化进程的发展趋势，金融市场参与度大幅提高。东部地区衍生交易业务保持较快增长。以上海为例，2015 年，上海地区衍生交易业务交易发生量为 63.62 万亿元，同比增长 26.20%。其中，掉期（互换）产品占比最高，为 86.02%，同比上升近 3 个百分点。截至年末，上海法人银行（不含交通银行总行）持有的衍生产品交易头寸名义本金余额为 13.53 万亿元，同比增长 28.7%。

银行业金融机构投资科目中股权类产品增长较快，部分产品与资本市场关联度上升，资本市场变动对股权类产品影响显著，投资收益对银行盈利水平影响日益加大。2015 年，东部地区银行业共实现利润总额 1.05 万亿元，同比下降 3.55%。从营业收入构成看，投资收益大幅增长 40.55%，手续费及佣金净收入微增 2.32%，利息净收入同比下降 9.65%。

## 五、不良贷款持续反弹，资产质量管控压力加大

2015 年，受经济下行和产业结构调整等多重因素影响，不良贷款持续反弹，对银行业稳健经营带来的冲击日趋加大。截至 2015 年末，东部地区不良贷款余额 8 727.24 亿元，同比增长 35.47%，不良贷款率 1.63%，同比上升 0.26 个百分点。关注类贷款快速增长，同比增长 37.70%。东部 10 个省市不良贷款率均出现上升，最高上升 0.66 个百分点。从行业分布看，制造业和批发零售业信用风险较为突出。从担保方式看，担保圈风险化解虽已初见成效，但仍存在隐患。截至 2015 年末，山东省银行业保证类企业贷款不良率为 3.2%，高于平均水平 1.14 个百分点；江苏省部分地区担保圈涉及授信银行家数多、贷款余额和担保金额高，且与民间借贷清算、房地产去库存和过剩产能淘汰三者叠加共振，跨行业、跨区域风险传染可能性增大。

随着信贷资产质量持续下降，不良贷款处置难度也在加大。受经济下行影响，一些抵押物价值缩水、变现困难，流动性下降，银行维护债权难度加大。部分省份还存在企业债券违约风险上升、对不良贷款高发地区信贷投放大幅缩减等问题，需引起关注。

### 专栏 2　不良资产处置情况及建议

随着不良贷款逐步上升，银行业金融机构不断加大不良贷款的处置力度。如 2015 年，浙江省处置不良贷款 1 968.17 亿元，是 2014 年的 1.5 倍；江苏省 2015 年前三个季度共处置不良贷款 719.82 亿元，同比增加 162.85 亿元。

一、影响不良资产处置的主要因素

一是部分出险企业涉及复杂的担保圈，个别企业主还贷态度消极甚至采取隐匿、转移资产等方式逃避债务。部分地区企业逃废债行为较为严重，甚至出现逐步蔓延现象。二是

经济纠纷案件大幅上升，该类案件受理周期较长，加上部分债务人或担保人利用程序拖延，加大通过司法维权难度。三是一些资产管理公司受制于资金、人力等因素，业务基本处于饱和状态，同时自身也面临着清收压力，导致其承接不良资产的积极性不高。四是近年来银行业金融机构利润逐步下降，一定程度上制约了金融机构处置不良资产的能力。此外，税负对不良资产处置的影响也不容忽视，如以物抵债的整体税负占比超过40%。

二、加快不良资产处置的建议

一是进一步完善打击逃废债工作机制，着力营造银企互信的良好金融生态环境。二是创新处置方式，加快对不良贷款资产证券化的研究和资源准备，鼓励资产管理公司通过企业重组、联合子公司、引进社会资金等方式处置不良贷款。三是鼓励地方资产管理公司通过发行债务融资工具等方式拓宽融资渠道。通过政策支持减轻不良资产处置过程中的相关成本负担。四是在用好贷款平移等措施的同时，利用兼并重组、破产重整等方式，加快不良资产的处置进度。

资料来源：中国人民银行杭州中心支行金融稳定处。

## 六、证券公司业务转型不断推进，但创新发展带来新的挑战

近年来，证券公司业务领域从单一场内拓展到多层次资本市场，新三板、券商柜台业务蓬勃发展；从权益类产品扩展到固定收益证券、货币及商品期货（FICC）业务，部分公司开始涉足固定收益、大宗商品、外汇领域；从股票市场扩展到银行间业务，获取了如托管、人民银行支付等牌照；从境内市场扩展到国际市场，自贸区业务、海外并购进入试水阶段。

伴随深化改革、对外开放和简政放权的步伐，融资融券、股权质押融资等创新工具不断涌现，银行理财和社会各类场外资金涌入市场，利用各种配资模式开展杠杆融资交易，在资本市场持续宽幅波动情况下，个别银行理财产品配资股票出现跌破预警线甚至无法平仓的情况，市场风险跨行业传染可能性上升。与此同时，证券行业的组织、业务和产品模式也越来越复杂，走出去、迎进来的速度加快，外部竞争日益激烈，受互联网冲击的影响加大，原有的风险边界打破，风险敞口加大。对行业现有的风险管理和内部控制机制带来较大挑战。

## 七、保险公司资金运用结构变化明显，风险防控压力加大

2015年，保险资金运用渠道拓宽的政策效果进一步显现，除了传统的银行存款、债券投资以外，部分公司已经开始涉足未上市公司股权投资、资产支持计划等创新领域。东部地区法人保险公司资金运用金额快速增长，上海市、天津市、山东省、福建省等地法人保险机构保险资金在债券投资和银行存款的占比明显下降，在上市股票投资和证券投资基金上的占比显著上升，

在基础设施投资、股权和不动产上的投入也有所上升。

保险公司投资范围的扩大有力地支持了实体经济的发展，但随着当前市场利率进入下行通道，传统投资领域回报率不断走低，保险公司平衡资本消耗和收益的难度大幅增加，部分机构采取资本驱动负债的策略，将短期期限、高成本负债用于股权等长期限投资，流动性风险上升；股权市场价格波动也给保险公司的偿付能力造成一定的影响。与此同时，在多元化的资金配置空间下，债务信用、资本市场波动以及不动产投资等跨行业风险也贯穿于传统领域和现代金融领域、虚拟经济和实体经济之间，传染性、交叉性风险上升。

## 八、定量评估

运用区域金融稳定定量评估模型，对东部地区的区域金融稳定状况进行评估。从定量评估结果来看，东部地区2015年金融稳定状况综合得分为73.9分，比上年下降1.1分，低于全国平均水平0.8分，处于较稳定区间[①]。其中，金融生态环境得分高于全国平均水平，宏观经济、银行业、证券业和保险业得分略低于全国平均水平（图13）。

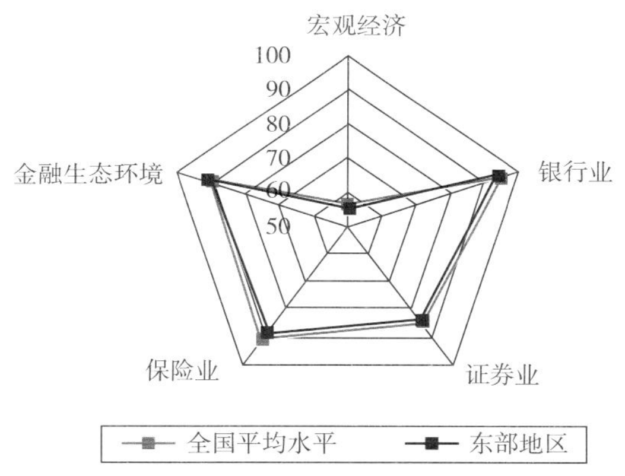


图13　2015年东部地区金融稳定状况和全国平均水平的比较

从具体指标变动情况来看（表6），东部地区共有7项指标较上年有所改善，11项指标较上年有所下降，7项指标基本与上年持平。在宏观经济方面，地区生产总值增速放缓，全社会固定资产投资、消费、进出口等主要指标得分均下降，所以宏观经济整体得分较上年明显降低。证券业各项指标得分较上年小幅提高，主要得益于资产利润率有所改善。银行业资产质量、盈利能力指标和保险业退保相关指标得分继续下降，导致银行业和保险业总得分较上年出现下滑。金融生态环境有所恶化，主要是法治环境得分小幅下降。

① 将定量评估结果进行五大区间的等级评估：非常稳定（95分及以上）、稳定（85～94分）、较稳定（70～84分）、较不稳定（60～69分）和不稳定（60分以下）。

表 6 **2015 年东部地区评价指标及其变动情况**

| 指标分类 | | 变动方向 | 评价指标 | 变动情况 | | |
|---|---|---|---|---|---|---|
| | | | | 改善 | 稳定 | 下降 |
| 宏观经济 | | ↓ | 地区生产总值增长率 | | | √ |
| | | | 第三产业增加值增长率 | √ | | |
| | | | 全社会固定资产投资增长率 | | | √ |
| | | | 社会消费品零售总额增长率 | | | √ |
| | | | 实际利用外资增长率 | √ | | |
| | | | 进出口总额增长率 | | | √ |
| | | | 城镇居民可支配收入增长率 | | | √ |
| | | | 农村人均纯收入增长率 | | | √ |
| | | | 居民消费价格指数 | √ | | |
| | | | 城镇登记失业率 | | √ | |
| | | | 典型城市房地产销售价格指数 | | | √ |
| 金融机构 | 银行业 | ↓ | 核心资本充足率 | | √ | |
| | | | 不良贷款率 | | | √ |
| | | | 资产利润率 | | | √ |
| | | | 流动比率 | √ | | |
| | 证券业 | ↑ | 净资本充足率 | | √ | |
| | | | 净资本负债率 | | √ | |
| | | | 资产利润率 | √ | | |
| | 保险业 | ↓ | 应收保费率 | | √ | |
| | | | 保费收入增长率 | √ | | |
| | | | 寿险公司退保率 | | | √ |
| 金融生态环境 | | ↓ | 法治环境调查综合得分 | | | √ |
| | | | 地方财政收入占 GDP 比重 | √ | | |
| | | | 银行服务密度 | | √ | |
| | | | 征信数据库覆盖率 | | √ | |

注：表中“↑”代表改善，“↓”代表下降，“→”表示稳定。

综合历史数据考察区域金融稳定变动趋势（图 14），东部地区 2015 年金融稳定综合得分继续小幅下滑。分项来看（图 15），宏观经济得分处于历史最低位；银行业得分近年来保持在较高水平，2015 年有所回落；证券业则受资本市场行情影响大，得分波动较大，2010 年以后整体处于较稳定区间；保险业得分在 2011 年出现较大下滑，此后逐年好转。东部地区的金融生态环境是各区域中较好的，多年得分都处于稳定区间，但 2015 年有所回落。

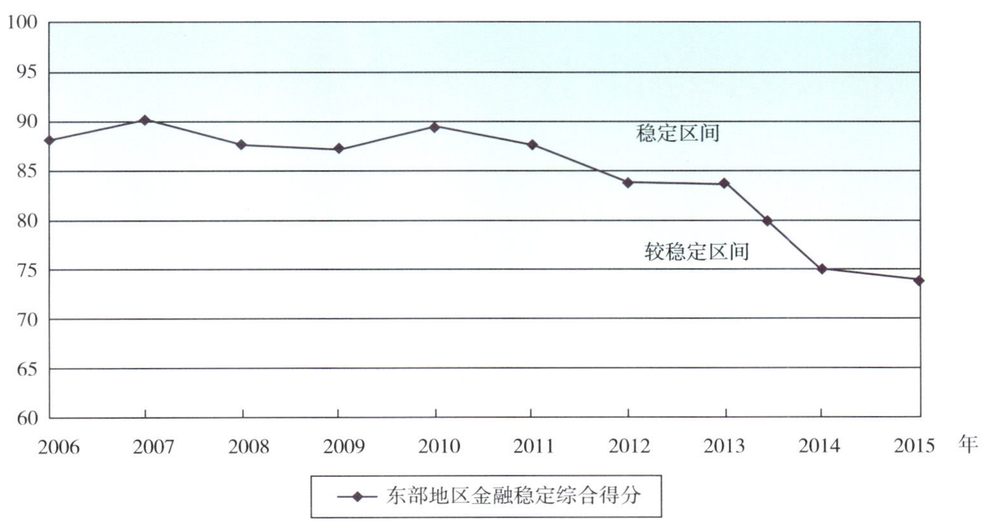


图 14　2006—2015 年东部地区金融稳定综合得分趋势图

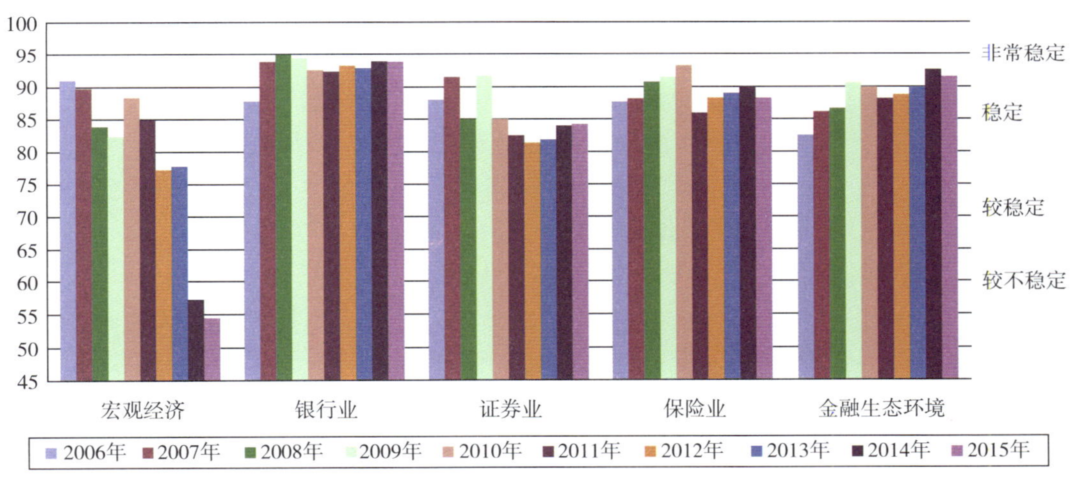


图 15　2006—2015 年东部地区金融稳定状况的比较

# 第三部分　中部地区

2015年，中部地区以深化改革、促进发展为主线，提升金融服务实体经济能力，加强金融风险管控，加大金融基础设施建设，保持地区经济金融运行整体稳健。但经济金融运行中新老问题交错叠加，交叉性金融风险显现，区域性金融风险防控需进一步加强。

## 一、经济金融运行总体平稳，金融风险传染链条增加

经济增长总体平稳，产业结构持续优化。2015年，中部地区生产总值14.71万亿元，同比增长8.15%，比全国经济增速高1.25个百分点。三次产业结构由2014年的11.22∶47.68∶40.93调整为10.78∶47.37∶41.84。

投资消费快速增长，对外贸易增长乏力。2015年，中部地区全社会固定资产投资（不含农户）总额14.39万亿元，同比增长15.87%，增幅高于全国平均水平0.83个百分点。房地产开发投资总额1.91万亿元，同比增长4.44%，增幅低于全国平均水平6.05个百分点。社会消费品零售总额6.26万亿元，同比增长11.47%，增幅低于全国平均水平0.49个百分点。进出口总额4 063.58亿美元，同比增长0.72%，增幅低于全国平均水平2.71个百分点。

工业企业经营困难，库存压力增大。2015年，中部地区工业企业利润总额1.25万亿元，同比下降8.69%，增幅低于全国平均水平7.08个百分点。工业品出厂价格指数同比减少4.46%，降幅少于全国平均水平0.74个百分点。工业产品产销率为97.41%，同比下降0.09个百分点，库存压力进一步加大。从行业看，随着经济增速的放缓和产业结构转型升级，煤炭、钢铁、化工、有色和重型机械业等产能过剩企业亏损较多，去产能、去库存压力较大，供给侧结构改革任务艰巨。

金融风险多链条、多领域交叉传染可能性增加。一是金融风险沿产业链扩散。受沿海地区产业转移的影响，中部地区承接传统劳动密集型产业的步伐不断加快，但由于部分落户企业核心竞争力不强、财务自主能力不足，极易受到“总部经济”影响。二是金融风险沿担保链蔓延。担保公司代偿金额增长较快，代偿能力下降，部分金融机构甚至中止担保合作业务，使得金融风险释放通道受阻。2015年山西省融资性担保公司在保责任余额同比下降3.65%，营业收入同比下降16.03%。三是部分地区信用状况有所恶化。部分地区制造业、采矿业和批发业等行业大型企业偿债能力和意愿出现下降，并通过上下游关系扩散到同行业其他企业。四是民间金融、非法集资风险向金融体系传导。2015年河南省立案多起非法集资案件，少数实体企业涉嫌非法集资；“e租宝”、“大大集团”等互联网非法集资案件对部分地区和机构造成一定影响。

## 二、金融改革不断深入，服务地方经济能力增强

金融改革力度持续增强，区域金融体系不断完善。一是中部地区的农业银行“三农”金融事业部改革试点工作扎实推进，服务“三农”能力提升。山西省成为2015年农行“三农”事业部改革新试点。二是农村信用社改制工作逐步推进，治理结构不断优化。湖北省农信社产权改革顺利完成，77家农村商业银行全部开业，创造了农信社改革的“湖北模式”。三是区域金融组织体系日臻健全，金融服务广度和深度逐渐提升，山西金融投资控股集团有限公司、江西金融租赁公司、安徽省徽银金融租赁公司、湖北省再担保集团、长江经济带产业基金等新型地方金融机构相继组建。四是普惠金融业态创新发展。山西高新普惠资本投资服务有限公司开业运行，山西省金融资产交易中心正式启动。五是科技金融改革创新专项方案获国家批准，武汉城市圈成为国内首个科技金融改革创新试验区。六是财税金融联动改革成效显著，中部地区湖北省作为9个试点省之一获得了全国信贷资产质押再贷款试点资格。

## 三、银行业经营效益下滑，风险防范压力有所上升

银行业经营规模稳步扩大，负债业务多元化。中部多省银行业金融机构负债业务出现波动，存款增速放缓。如山西省银行业人民币各项存款余额同比增长5.72%，增速为全国末位；河南省月度间存款波动幅度较大，存款向理财等各类资产管理产品转化趋势增强，非存款负债日趋多元化。受息差收窄及拨备计提增加等因素影响，中部地区银行业金融机构经营效益均有所下降，全年实现利润总额2 845.69亿元，同比下降3.76%。

银行业风险逐步暴露，防范风险的难度日益上升。一是信贷资产质量向下迁徙。2015年以来，中部地区各省银行业金融机构均出现资产质量劣变趋势。年末中部地区银行业不良贷款余额同比增长36.76%，高于贷款增速14.99个百分点；不良贷款率较上年末上升0.29个百分点，呈现“双升”格局。同时，关注类贷款增长较快，年末中部地区关注类贷款同比增长27.28%。二是操作风险和案件数量有所上升，内控管理仍需加强。中部地区银行业金融机构内部操作风险主要表现为银行员工内外勾结侵占客户资金、参与金融凭证诈骗、私自虚存现金等。江西、河南、湖北、安徽等省均有类似案件发生，银行内控管理亟待加强。三是担保圈潜在风险积聚。年内山西省、河南省发生了担保圈风险事件，部分企业融资链条断裂，致使担保企业也出现经营困难，并通过担保链、资金链、供应链等路径进一步放大和扩散，成为引发区域性风险的隐患。

### 专栏3 中部地区银行业金融机构利润下降简析

在经济下行形势下，受多重因素影响，中部地区银行业金融机构利润总量与增速均呈现下滑趋势，盈利能力有所降低。

一、基本情况

截至2015年末，中部地区银行业金融机构实现利润总额2 845.69亿元，较上年同期减少111.23亿元，同比下降3.76%。从绝对值看，除安徽省增加1.6亿元外，其他五省银行业金融机构本年利润均有所下降，湖南、湖北、山西、江西、河南省分别减少34.15亿元、33.00亿元、26.37亿元、16.19亿元和3.12亿元；从增速看，除山西省连续两年增速为负外，其他五省增速均由正变负，湖南、湖北、河南、江西、安徽省增速分别同比回落14.92个、9.10个、8.20个、7.00个和6.49个百分点。

二、原因分析

（一）利差收窄，利息收入下降

随着利率市场化程度的加深，银行传统存贷款业务竞争加剧，存贷利差由过去的平均5~6个百分点下降至3个百分点左右。同时企业欠息现象增加，进一步造成金融机构利息收入下降、盈利能力下滑。2015年，安徽省银行业金融机构实现净利息收入同比下降5.18%，增幅较上年回落20.18个百分点。湖南省银行业金融机构净息差2.88%，同比下降0.18个百分点；河南省银行业金融机构净息差4.23%，同比下降0.23个百分点。

（二）计提拨备增加

随着不良贷款增加，为控制风险，银行业金融机构加大拨备计提力度。2015年末，河南省、湖南省银行业金融机构计提贷款损失准备余额较上年分别增加210.63亿元、102.29亿元；江西省银行业金融机构共计提资产减值损失准备较上年增加63.89亿元。

（三）地方政府置换债券收益率较低

2015年，财政部下达了3.2万亿地方政府债券置换额度，置换债券收益率与被置换银行贷款利率差额至少在3个百分点以上。如江西省754亿元的置换规模，预计冲减银行业利润10亿元左右。

资料来源：中国人民银行郑州中心支行金融稳定处。

## 四、证券期货业实力不断增强，交叉性金融风险显现

证券期货业整体发展良好。截至2015年末，中部地区上市公司402家，累计募集资金2 064亿元。法人证券期货公司26家，其中，法人证券公司12家，资产总额达到5 132亿元，净利润达到170亿元。一是法人机构实力不断增强。经营规模持续扩大，网点数量增加，创新能力增强，机构分类评级信用等级晋升，营业收入、净利润均呈现大幅提升。二是转型升级加快。中部地区证券期货经营机构围绕实体经济需求向风险管理机构和财富管理机构转变。法人机构结合自身发展实际，积极拓展托管、支付、交易、投资、融资等方面基础功能，获得了开展信用类、股指期货中间介绍、代销金融产品等创新业务资格。三是上市后备企业培育较好，推动企业直接上市融资力度较大。中部地区大力推动上市公司再融资和并购重组，促上市后备企业做优做强，支持企业挂牌新三板。

2015 年 6 月以来，股票市场剧烈波动，交叉性金融业务和产品风险隐患逐步暴露。部分融资融券业务出现风险；股市动荡导致股权质押风险显现；场外资金通过各种渠道参与证券二级市场；杠杆交易推动证券市场交易量成倍增长，跨行业、跨机构和跨市场的交易加大了交叉性金融风险防范的压力。部分上市公司业绩下滑，一些传统行业和低附加值行业上市公司面临行业产能过剩和较大的产业转型升级压力，经营风险较大，个别上市公司甚至存在退市风险。

## 五、保险业发展势头良好，潜在风险仍然值得关注

2015 年末，中部地区保险资产总额 10 064.07 亿元，同比增长 18.21%；保险业实现保险保费总收入 4 598.65 亿元，同比增长 22.24%。财产险方面，受益于政策红利和现实需求，非车险业务增速加快；人身险方面，受益于费率改革、保障需求增加和市场利率下行等因素，普通寿险、健康险以及新渠道业务发展迅速。一是服务“三农”、“民生”。山西省农业保险将旱灾纳入保障范围，地方财政支持的特色农业保险覆盖该省 11 个市 32 个县区，农业特色品种达到 25 款，为 381.84 万农户提供风险保障 421.15 亿元。河南省小农业保险保费收入同比增长 53%。二是全面开展大病保险。河南全面实施城乡居民大病保险，覆盖 18 个地市 9 319 万城乡居民。山西省城乡居民大病保险签约 22 个项目，实现 11 市全覆盖，承办以来累计赔付近 9 亿元，12.8 万人次直接受益。三是支持实体经济发展。中部地区已有多个省开展小额贷款保证保险业务。通过开展该类业务，保险公司分担了银行的信用风险，银行降低了对抵押物的要求，从而在一定程度上缓解了“三农”和小微企业融资难问题。

保险公司经营管理仍存在问题。一是部分省退保率处于较高水平。某省 25 家公司和 16 个省辖市突破 5% 警戒线。退保支出持续大幅上升，对人身险公司现金流管理带来较大压力。二是保险公司内控机制有待完善。部分保险公司“重保费、轻合规”、“重展业、轻管理”的现象仍然存在，一些机构内控机制落实不到位。三是部分公司存在“重承保、轻理赔”思想，销售误导现象仍时有发生，行业专业化服务水平有待提高。

### 专栏 4　贷款保证保险发展制约因素及潜在风险

一、中部地区贷款保证保险发展现状

2012 年以来，贷款保证保险快速发展，截至 2015 年末，中部地区全年实现保费收入 21.33 亿元，承保贷款余额 83.86 亿元。保费定价区间主要集中在客户贷款总额的 0.9% ~ 3% 之间。客户年融资成本约为 5% ~13%。贷款保证保险的发展一定程度上为化解企业融资难、融资贵问题积累了一定经验，但仍然存在业务份额占比较低，融资效率有待提高，小微企业产品发展相对滞后等问题。

二、影响贷款保证保险业务发展的制约因素

（一）社会因素

一是缺乏法律保障。相关法律法规仅对贷款保证保险做了原则性规定，没有可操作性条文。二是缺乏财税政策支持。国家对企业贷款保证保险并无明确的财政补贴、税收优惠

政策，六省除个别地区开展试点外，也大多尚未引入政府风险补偿机制，基本由保险机构自行承担全部业务风险。

（二）保险公司内部因素

一是缺少专业性较强的人才队伍。二是缺少费率厘定的可靠数据。贷款保证保险起步较晚，依托现有的数据库资源，难以厘定其费用标准。三是缺少有效的管理信息系统。贷款保证保险需要高效的全过程控制，但目前多数公司尚未建立完善的信息数据库。

三、潜在风险不容忽视

（一）金融机构逆向选择风险

银保双方在风险分担比例方面各有不同，容易造成银保双方在风险防控方面不作为、少作为。如某银行和保险公司的合作中，保险公司承担100%的风险，银行只负责配合贷款发放，有可能因此放松审贷标准，滋生道德风险。

（二）客户逆向选择风险

一是应收风险。贷款保证保险主要为期缴产品，保费分期缴纳，部分产品保费甚至到期一次性缴纳，而保费收入核算是根据保险合同约定的全部保费，产品的特点和核算的规则导致目前的应收保费率偏高。二是赔付风险。企业贷款及个人经营性用途贷款主要作为流动资金使用，没有指明用途，难以监控资金流向，风险相对较大。

资料来源：中国人民银行长沙中心支行金融稳定处。

## 六、金融基础设施高效运行，非稳定因素需加强关注

金融基础设施高效运行。一是金融生态法制环境持续改善。各省继续出台相关制度和政策，加强金融法制宣传活动，推动金融消费权益保护，为金融业创新发展和支持实体经济发展创造了良好的金融法制环境。二是征信系统安全有效运行，社会信用体系建设稳步推进。中部各省征信系统服务应用水平显著增强，中小企业和农村信用体系建设取得积极进展，征信市场秩序有效规范。三是反洗钱监管水平不断提升。各省积极强化监测分析手段，创新监管工作方式，深化反洗钱部门合作，不断提升反洗钱监测管理水平。四是货币发行管理切实加强，反假币履职力度不断加大。2015 年中部各省继续加大打击假币违法犯罪力度，强化假币犯罪警银协调机制，创新宣传形式、提升宣传实效，有效推进反假币工作。

非稳定因素值得关注。一是非银行支付业务发展较快，但部分机构经营亏损严重、内部控制缺位等引致的风险日益突出，影响支付市场健康发展。二是互联网金融风险不断显现，网络犯罪、票据诈骗等风险事件时有发生，隐蔽性强、危害性大，给区域金融基础设施稳健运行带来挑战。

## 七、定量评估

从定量评估结果来看，2015 年中部地区金融稳定状况综合得分为 80. 4 分，较上年下降 0. 3 分，比全国平均水平高 5. 7 分，处于较稳定区间。其中宏观经济明显高于全国平均值，银行业、证券业和保险业得分比全国平均水平略高，金融生态环境得分略低于全国平均值（图 16）。

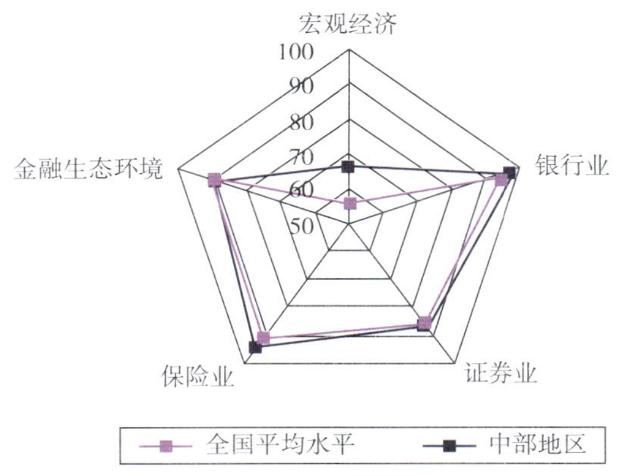


图 16　2015 年中部地区金融稳定状况和全国平均水平的比较

从具体指标变动情况来看（表 7），中部地区共有 5 项指标较上年有明显改善，10 项指标较上年有所下降，10 项指标基本与上年持平。在宏观经济方面，地区生产总值增速、投资、消费、进出口、实际利用外资等多项指标得分均小幅回落，而第三产业增加值增速、居民消费价格指数、典型城市房地产销售价格指数等指标有所改善，最终宏观经济得分较上年有所下降。证券业和保险业得分均上升，主要得益于证券盈利能力和保险保费收入增长指标改善。受银行业不良贷款上升、流动性水平和征信数据库覆盖率小幅下降影响，中部地区银行业和金融生态环境得分较上年均有所回落。

表 7　　2015 年中部地区评价指标及其变动情况

| 指标分类 | 变动方向 | 评价指标 | 变动情况 | | |
|---|---|---|---|---|---|
| | | | 改善 | 稳定 | 下降 |
| 宏观经济 | ↓ | 地区生产总值增长率 | | | √ |
| | | 第三产业增加值增长率 | √ | | |
| | | 全社会固定资产投资增长率 | | | √ |
| | | 社会消费品零售总额增长率 | | | √ |
| | | 实际利用外资增长率 | | | √ |
| | | 进出口总额增长率 | | | √ |
| | | 城镇居民可支配收入增长率 | | | √ |
| | | 农村人均纯收入增长率 | | | √ |
| | | 居民消费价格指数 | √ | | |
| | | 城镇登记失业率 | | √ | |
| | | 典型城市房地产销售价格指数 | √ | | |

续表

| 指标分类 | | 变动方向 | 评价指标 | 变动情况 | | |
|---|---|---|---|---|---|---|
| | | | | 改善 | 稳定 | 下降 |
| 金融机构 | 银行业 | ↓ | 核心资本充足率 | | √ | |
| | | | 不良贷款率 | | | √ |
| | | | 资产利润率 | | √ | |
| | | | 流动比率 | | √ | |
| | 证券业 | ↑ | 净资本充足率 | | √ | |
| | | | 净资本负债率 | | √ | |
| | | | 资产利润率 | √ | | |
| | 保险业 | ↑ | 应收保费率 | | √ | |
| | | | 保费收入增长率 | √ | | |
| | | | 寿险公司退保率 | | | √ |
| 金融生态环境 | | ↓ | 法治环境调查综合得分 | | | √ |
| | | | 地方财政收入占 GDP 比重 | | √ | |
| | | | 银行服务密度 | | √ | |
| | | | 征信数据库覆盖率 | | √ | |

注：表中“↑”代表改善，“↓”代表下降，“→”表示稳定。

从历年综合得分变动趋势看（图 17），中部地区金融稳定状况综合得分连续多年保持在较稳定区间以上。分项来看（图 18），中部地区宏观经济得分连续下降；证券业、保险业得分持续上升；银行业、金融生态环境得分小幅回落。

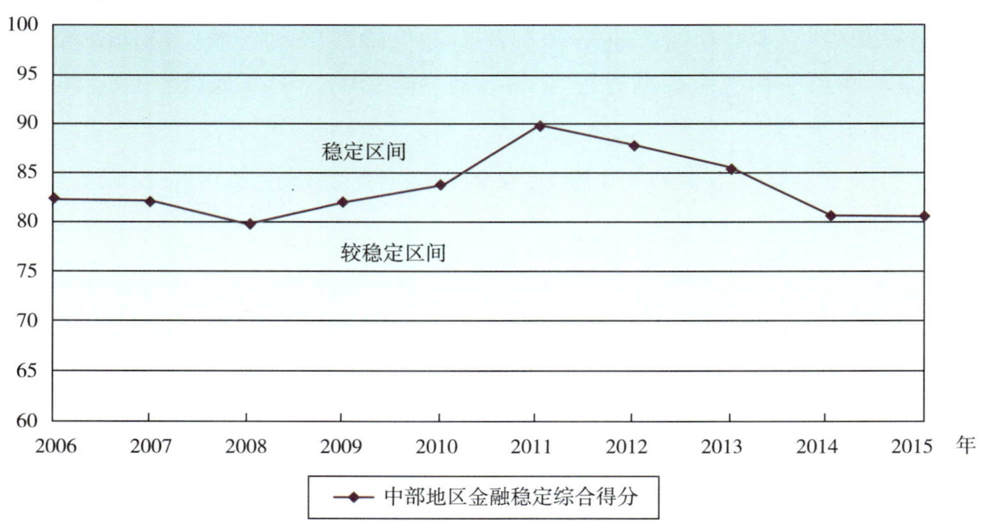


图 17 2006—2015 年中部地区金融稳定综合得分趋势图

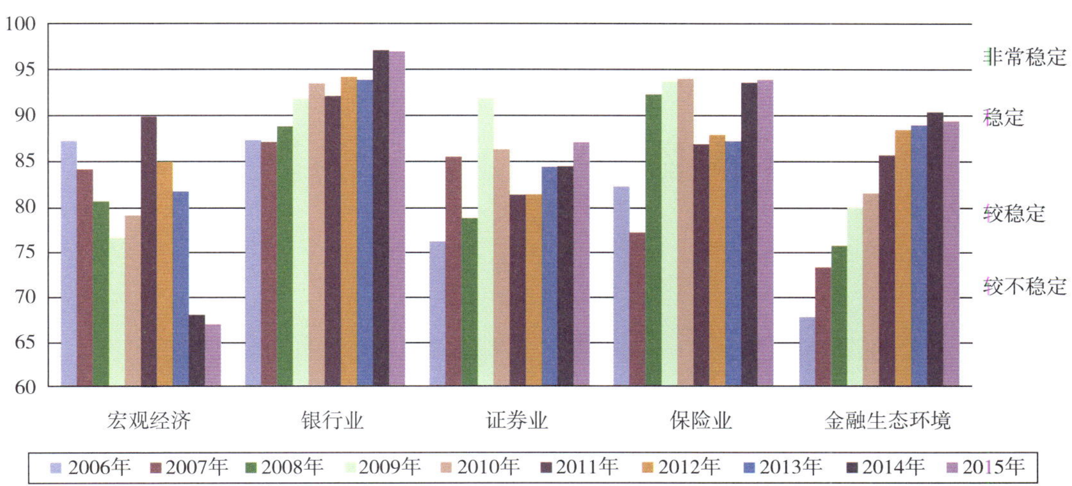


图 18　2006—2015 年中部地区金融稳定状况的比较

# 第四部分　西部地区

2015年，西部地区全面落实“一带一路”发展战略，经济总体保持平稳增长，金融改革继续深化，普惠金融体系不断完善，金融对社会薄弱环节支持力度加大，金融体系总体稳健运行，金融风险有所暴露但总体可控。

## 一、地区经济稳步增长，企业经营效益有所下滑

西部地区经济运行总体平稳。2015年，实现地区生产总值14.55万亿元，同比增长8.09%，比全国经济增速高1.19个百分点。三次产业结构继续改善，由2014年的11.91:47.94:40.16调整为11.93:45.55:42.52，服务业的拉动作用有所增强。投资和消费保持稳步增长，全年实现全社会固定资产投资（不含农户）14.18万亿元，同比增长13.5%，社会消费品零售总额5.51万亿元，同比增长12.2%。进出口有所下滑，进出口总额3 997.27亿美元，同比减少12.56%，其中出口总额2 429.35亿美元，同比减少9.74%。

部分行业生产经营形势不容乐观。2015年，西部地区工业利润总额8 012.52亿元，同比下降12.44%。重庆市亏损企业数同比增长14.9%，企业亏损面为10.2%，较上年扩大0.6个百分点。陕西省亏损企业数973个，同比增长16.4%。甘肃省电力、煤炭、冶金行业工业增加值分别下降3.8%、6.2%和8.9%，规模以上工业企业累计亏损72.3亿元。广西工业生产者价格指数连续47个月负增长，40个行业中有19个行业增速同比回落。贵州省亏损企业数870个，占企业总数的21%，比上年增长15.2%，主要集中在中低端白酒行业及煤炭、钛业等资源类企业。

### 专栏5　煤炭行业信贷风险需关注

近年来，受经济下行和煤炭市场低迷影响，煤炭行业①受到较大冲击，煤炭价格大幅下跌，产量持续回落，销量下降，企业亏损面扩大。据对13个产煤省（区、市）② 调查显示，2013—2015年，13个省（区、市）原煤产量由29.11亿吨降至27.22亿吨，下降6.51%；国有重点煤矿销量由9.17亿吨降至8.60亿吨，下降6.22%，产能过剩矛盾突出。2015年末，中国煤炭价格指数为125.10，分别较2014年末和2013年末下降12.7和36.7个基点。

① 煤炭行业指煤炭开采和洗选业。

② 13个省（区、市）包括：四川、重庆、广西、云南、贵州、西藏、青海、宁夏、新疆、内蒙古、陕西、山西、河南。

2015 年前 10 个月，13 个省（区、市）煤炭行业实现利润 345.53 亿元，同比下降 59.51%，降幅同比扩大 21.02 个百分点。

总体看，13 个省（区、市）煤炭行业贷款占金融机构各项贷款余额的 4.51%，不良贷款和关注类贷款合计占各项贷款余额的比例只有 0.61%，总体风险可控。

但随着煤炭市场的持续低迷，煤炭行业的不良贷款快速增长，蕴藏的金融风险逐步显现。一是银行信贷资产质量下滑明显。截至 2015 年末，13 个省（区、市）煤炭行业不良贷款余额 342.02 亿元，同比增长 83.22%，增速高于 13 个省（区、市）平均不良贷款增速 41.64 个百分点。且关注类贷款大幅增加，贷款质量下迁压力加大。2013 年以来煤炭行业关注类贷款的增速和占比逐年上升，2015 年末煤炭类关注贷款余额 949.23 亿元，同比增长 76.17%，增速同比上升 18.13 个百分点，关注类贷款占煤炭行业贷款总额的比例为 9.94%，较 2013 年末上升了 5.67 个百分点。随着国家“去产能”等供给侧改革任务的落实，贷款形态下迁压力较大。二是信贷集中度风险显现。煤炭资源富集地区的部分金融机构在煤炭企业快速发展时期争相放贷，甚至部分农村金融机构避开监管限制，以社团贷款的形式向煤炭企业发放巨额贷款，随着煤炭行业的持续低迷，煤炭贷款集中度高的金融机构面临较大的信贷风险。三是担保圈、担保链问题突出，金融风险的传染性和影响程度加大。部分以煤炭为主业的关联企业相互之间交错投资，股权结构复杂，互联互保信息不透明，企业资本虚增，导致银行过度授信和多头授信问题突出，资金流向难以监控，贷后管理难度较大，信贷风险增大，易形成区域性和行业性金融风险。四是信托、债券等非银行信贷融资违约风险加大。受行业不景气、煤炭企业经营困难等因素影响，信托兑付风险逐步显现，债券市场违约风险和上市公司退市风险加大。

煤炭行业信贷风险上升的主要原因：一是宏观经济下行、煤炭行业产能过剩和国际煤价下降等多重因素导致煤炭市场供需矛盾突出，降低了煤炭企业的还款能力。二是煤炭行业受政策调整影响，企业兼并、重组、破产加剧等加大了信贷风险。三是银行防控措施不足和内控管理不到位使信贷风险积聚。四是民间融资、互联互保和准金融机构的参与加大了煤炭行业金融风险的扩散。五是煤炭行业生产安全隐患对信贷资金的潜在影响较大。

资料来源：中国人民银行呼和浩特中心支行金融稳定处。

## 二、“一带一路”战略效果初显，农村金融改革稳步推进

西部地区全面落实“一带一路”战略，持续扩大和深化对外开放。2015 年，在全国外商直接投资金额同比负增的局势下，西部地区外商实际直接投资达 280.63 亿美元，全年实现正增长，其中，广西同比增长达 72%，陕西、甘肃、云南等省同比增速均超 10%。在全国进出口总额同比增幅下降的情况下，广西、青海、陕西等地区均实现 10% 以上的增幅。西部地区加快基础设施建设，打造陆、空、铁跨国联运综合交通体系，重庆和新加坡正式启动中新（重庆）战略性互联互通示范项目，共同打造临空经济区、拓展金融领域合作；重庆始发的渝新欧国际铁路常

态化运行，全年进出口货物总额近100亿美元，新疆、内蒙古、陕西也有序推进中欧班列建设，西部地区加快经济、金融、人文领域对外开放和交流，稳步推进沿线地区互联互通。

沿边金融综合改革进展顺利，国际合作不断加强。广西沿边金融综合改革试验区成效明显，跨境人民币结算量同比增长10.35%，在全国8个边境省（区）持续排名第一；14家企业从东盟国家银行融入人民币55.63亿元，在全国13个试点地区中名列前茅；广西北部湾人民币国际投贷基金合作框架协议正式签订。跨境人民币贷款、跨境双向人民币资金池、跨国公司外汇资金集中运营管理试点等金融创新工作有效实施，顺利打通境内外资金双向流通渠道。

积极参与农村金融改革试点，健全完善普惠金融体系。成都市成为全国首个国家多部委联合推动的农村金融服务综合改革试点地区，顺利完成包括完善金融组织体系、创新金融产品和服务方式、培育发展多层次资本市场、推动农村信用体系、健全配套政策措施等五方面十九项金融改革任务。四川、广西等省积极开展农村“两权”抵押贷款试点。2015年末，广西承包土地经营权抵押贷款余额4.94亿元，同比增长1.11倍；农民住房财产权抵押贷款余额6 004.96万元，同比增长80%。

探索金融精准扶贫支持模式，加大社会薄弱环节扶持力度。青海省建立扶贫开发金融服务主办银行制度和扶贫贷款贴息与风险补偿机制，组织实施金融支持精准扶贫青海行动方案，2015年，完成1 380个村、57 085户精准扶贫金融服务档案建档工作，发放扶贫贴息贷款11.4亿元。四川省金融支持“扶贫惠农工程”，加大对贫困地区的政策倾斜，如阿坝州全年投放支农再贷款8.9亿元，创建扶贫开发金融服务示范基地24个，涉及种养殖业、文化旅游、乡村旅游、食品加工等产业，直接带动1.43万户农户产业脱贫。

## 三、银行业发展与反哺并重，经营面临一定压力

西部地区银行业经营规模稳步增长，对重点领域和薄弱环节支持力度加大。截至2015年末，地方法人银行业金融机构达1 293家，同比增加26家，机构数量持续增加；银行业金融机构本外币资产总额为33.83万亿元，同比增长13.33%，本外币各项贷款余额为19.56万亿元，同比增长14.74%，经营规模稳步增长，信贷投放持续增加。四川省小微贷款、涉农贷款分别同比增长22.38%和11.60%，宁夏回族自治区小微贷款、集中连片特困地区贷款分别同比增长16.2%和14.7%，青海省小微贷款同比增长20.39%，均超过当地各项贷款增速，金融定向支持力度加大，但风险管控方式仍需探索优化。

### 专栏6　西部地区“三农”融资担保体系发展面临的困难

2016年中央1号文件强调“推动金融资源更多向农村倾斜”，并指出“加快建立‘三农’融资担保体系”。通过调查发现：当前西部地区[①]“三农”融资担保业务供给不足、银担合作机制不顺畅等问题亟须关注。

① 本次调查范围覆盖西部十省（市）区：陕西、宁夏、青海、新疆、内蒙古、重庆、四川、贵州、云南、广西。

一、基本情况

2015 年末，西部地区共有融资担保机构 2 186 家，同比减少 24 家。其中，政府参股或支持的融资担保机构 691 家，再担保机构 11 家。注册资本 2 748.26 亿元。在保余额 7 226.67亿元，同比增长 3.81%。平均担保倍数 2.42，与上年基本持平。

二、面临的主要困难

（一）“三农”融资担保业务供给不足

一是开展涉农业务的机构数量较少。2015 年末，西部地区①开展涉农业务的机构占比仅为 24.61%。二是经营规模较小，多家省份涉农业务呈负增长。2015 年末，西部地区融资担保机构平均资本金规模仅为 1.26 亿元。青海、新疆、内蒙古、重庆、贵州、云南六省（市）涉农在保余额呈现同比下降，降幅达 14.36%。三是融资担保方式较为单一。以广西为例，担保品种以贷款担保和承兑票据担保为主，担保期限最长不超过 1 年，与当地涉农实际需求存在较大差距。

（二）银担合作机制不顺畅

一是民营机构难以开展银担合作。内蒙古、广西、陕西等地调查显示，民营担保机构合作对象主要是农信社、村镇银行。在具体合作中，常因担保放大倍数的限制而无法有效开展业务。二是银行对参与合作的担保机构设有“硬性”约束。以广西为例，当地银行通常在授信前要求担保机构预存保证金，约为贷款额度的 30% ~50%。三是银担双方责任分摊不对等。代偿责任向担保机构高度集中，银行几乎不承担风险，容易导致银行疏于贷款尽职调查及风险管理，进而加大担保机构的经营风险。

（三）风险分担及补偿机制不健全

一是缺乏有效的再担保机制。2015 年末，西部地区再担保机构仅有 11 家，其中新疆、广西尚为空白。同时，经营规模小、业务范围窄等问题较为普遍，制约了其增信分险效能。二是缺乏有效的风险补偿金制度。由于制度本身的缺陷以及落实不严等因素，西部各地风险补偿金制度普遍未能真正发挥应有作用。以青海为例，当地针对融资担保机构的专项资金补助制度主要按照工商企业类担保公司业务指标设置考核标准，涉农担保公司很难达到相关要求。

（四）政策扶持与激励措施不足

一是政策性融资担保机构发展缓慢。2015 年末，西部地区具有政府参股或支持的融资担保机构占比仅为 31.6%。二是缺乏针对“三农”融资担保机构的专项扶持政策。如机构在申请税收减免等政策优惠时，主要是参照当地农村金融机构的适用标准，难以真正享受政策优惠。三是缺乏针对涉农业务的考核激励安排。调查显示，西部各地融资担保机构“脱农”现象较为普遍，当地政府及监管部门在引导机构从事涉农业务方面也并未建立具体的考核激励制度，一定程度上导致地区“三农”融资担保业务发展缓慢。

① 因该项数据暂时无法获得，广西、贵州未包含在内。

三、政策建议

加快“三农”融资担保机构组建步伐，强化政府部门的资金支持及政策引导作用；加强政策引导及平台搭建，建立良性发展的银担合作长效机制；加快完善再担保机制，强化并有效落实地方政府在风险补偿中的引领示范作用；加大“三农”融资担保专项政策扶持，强化涉农业务考核激励。

资料来源：中国人民银行西安分行金融稳定处。

经济下行压力逐步传导，西部地区银行业经营压力加大。一是盈利水平下滑，银行业金融机构实现账面利润3 654.23亿元，同比减少15.87%。二是资产质量下降，银行业金融机构不良贷款率为2.10%，同比上升0.62个百分点，高于全国平均水平。除西藏不良贷款率同比略有下降外，其他省（区、市）不良贷款余额和比率均双升。关注类贷款同比增长47.36%，增速高于全国平均水平12.38个百分点，贷款质量向下迁徙压力较大。三是不良资产处置困难，受贷款企业现金流缺乏、抵质押资产变现难、司法诉讼周期长等因素影响，不良贷款处置效率较低。

## 四、证券期货业发展势头较好，运行质量有待提升

证券期货业快速发展，资本市场融资规模扩大。一是行业发展势头良好，2015年，法人证券机构资产总额4 441.87亿元，同比增长44.25%，实现净利润186.37亿元，同比增长95%；基金管理公司资产管理规模达830.35亿元，同比增长165.46%；证券机构资产和基金管理资产规模均呈快速增长态势。二是融资规模扩大，股票市场累计募集资金1 944.50亿元、同比增长61.97%，债券市场累计筹资达1.58万亿元、同比增长31.75%，融资规模继续增长。三是区域性股权交易市场稳步发展，贵州股权金融资产交易中心挂牌企业融资128亿元；青海股权交易中心挂牌企业251家，为小微企业发行私募债1.72亿元；宁夏股权托管交易中心成功设立，填补了该省区域股权交易市场空白。

市场主体实力较弱，运行质量有待提升。法人证券机构资产总额仅占全国的6.99%，基金公司资产管理规模仅占全国的0.92%，机构实力总体偏弱。西部地区上市公司数量有限、共403家，仅占全国的15.49%，与东部地区差距较大；上市公司分布不均衡，6个省（区、市）上市公司数量不足30家，青海省最少、仅10家；具有成长性、创新型的高技术企业较少，主要集中在钢铁、化工、煤炭、机械制造等传统产业，受经济波动影响较大，个别公司面临退市风险，信用债市场违约风险显现，四川圣达集团未能按期支付“12圣达债”本息，运行质量有待提升。

## 五、保险业服务领域拓宽，行业发展问题仍然存在

保险业服务领域逐步拓宽。2015年末，西部地区保险业总资产9 928.16亿元，同比增长23.79%，增速高出全国11.88个百分点，特色保险产品不断丰富，保险保障功能有效发挥。云

南省大力发展高原特色农业保险，20 类高原特色农业保险开始试点，累计实现保费收入 11.95 亿元，累计支付保险赔款 6.49 亿元，116.56 万农户（次）直接受益；西藏农业保险提标扩面、降低费率，承保品种增至 13 个，种植险保额每亩提高 90 元至 140 元不等，牛从 1 270 元/头提高到 4 000 元/头。广西建立起农房巨灾保险制度，单户农房保障金额由 1.5 万元提高至 1.8 万元。四川省作为全国巨灾保险试点省份，城乡居民住房地震保险试点正式实施，为 16.31 万户城乡居民提供地震保险风险保障 44.8 亿元。

行业发展问题依然存在。一是寿险退保压力较大，全年寿险公司退保金总额为 6.16 亿元，同比增长 90.08%；年末退保率超过 5% 的省（区、市）有 7 个，比上年增加 1 个，某省退保率超过 10%，对寿险公司运营现金流造成较大压力。二是财险业务结构仍需优化，车险占比过高、达 76.68%。三是保险公司资金运用能力面临挑战，当前信用风险事件增多，资本市场波动较大，投资收益面临更多不确定性。

## 六、综合经营趋势加快，具有融资功能的非金融机构发展承压

西部地区综合经营发展加快。一是实体企业涉足金融领域，贵州省某上市公司成立小额贷款公司、融资性担保公司、普惠金融公司和体育金融公司，还通过兼并重组收购保险公司；甘肃省国有资产投资集团投资光大兴陇信托和甘肃银行，光大兴陇信托参股兰州银行和金川集团财务公司，金川集团公司发起设立财务公司并参股甘肃银行，持股结构和关联关系复杂，风险管控难度加大。二是跨市场、跨行业、交叉性金融业务快速发展，银行、证券、保险、信托、基金等金融子行业相互交叉，呈现产品结构和交易模式复杂、资金链条长、跨行业跨地区的特征，风险识别难度、风险传导性和扩散性加大。三是互联网 + 金融模式等新兴金融业态快速发展，互联网支付、网络借贷（P2P）、股权众筹融资和网络金融产品销售快速增长，云南省互联网金融企业达到 35 家，年内新增 25 家，在监管不到位的情况下，风险隐患较大。

具有融资功能的非金融机构发展放缓，民间融资风险逐步显现。2015 年末，青海省融资性担保机构净利润同比下降 22.44%，亏损面达到 45.33%。新疆小额贷款公司不良贷款增长 78.46%，融资性担保公司代偿额成倍增长。云南省 15 家小额贷款公司退出市场，较上年增加 4 家。具有融资功能的非金融机构发展明显放缓，运营状况较差。云南、甘肃、四川、重庆等省（区、市）非法集资案件增加，部分投融资咨询机构背离中介服务性质，涉嫌非法集资，少数实体企业、小额贷款公司和融资担保公司参与其中，民间融资、非法集资风险向正规金融传导。

## 七、定量评估

从定量评估结果来看，2015 年西部地区金融稳定状况综合得分为 75 分，处于较稳定区间，较上年下降 0.7 分，比全国平均水平高 2 分。其中宏观经济、证券业和保险业得分超全国平均水平，金融生态环境得分与全国平均值相当，银行业得分略低于全国平均水平（图 19）。

从具体指标变动情况来看（表 8），西部地区共有 9 项指标较上年有所改善，6 项指标较上年有所下降，10 项指标与上年持平。在宏观经济方面，第三产业增加值、实际利用外资增速、

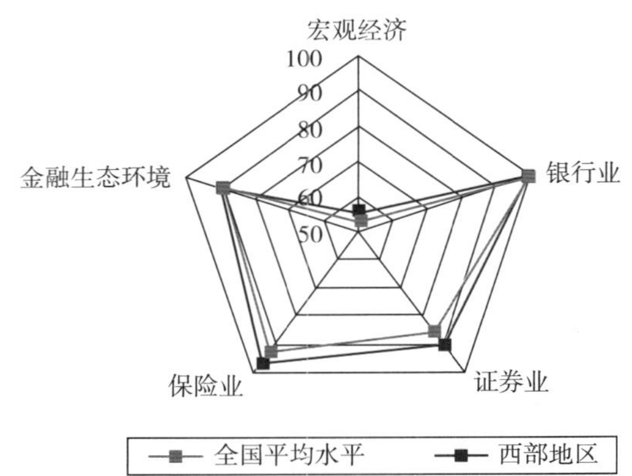


图 19　2015 年西部地区金融稳定状况和全国平均水平的比较

城镇居民可支配收入、居民消费价格和城镇失业率等指标改善，投资、消费、进出口相关指标得分有所下降，因此宏观经济得分较上年回落。银行业、证券业、保险业、地方金融生态环境得分都上升，分别得益于银行流动比率、证券公司资产利润率、保险业保费收入增速、地方财政收入等指标的改善。

表 8　　2015 年西部地区评价指标及其变动情况

| 指标分类 | | 变动方向 | 评价指标 | 变动情况 | | |
|---|---|---|---|---|---|---|
| | | | | 改善 | 稳定 | 下降 |
| 宏观经济 | | ↓ | 地区生产总值增长率 | | | √ |
| | | | 第三产业增加值增长率 | √ | | |
| | | | 全社会固定资产投资增长率 | | | √ |
| | | | 社会消费品零售总额增长率 | | | √ |
| | | | 实际利用外资增长率 | √ | | |
| | | | 进出口总额增长率 | | | √ |
| | | | 城镇居民可支配收入增长率 | √ | | |
| | | | 农村人均纯收入增长率 | | | √ |
| | | | 居民消费价格指数 | √ | | |
| | | | 城镇登记失业率 | √ | | |
| | | | 典型城市房地产销售价格指数 | | | √ |
| 金融机构 | 银行业 | ↑ | 核心资本充足率 | | √ | |
| | | | 不良贷款率 | | √ | |
| | | | 资产利润率 | | √ | |
| | | | 流动比率 | √ | | |
| | 证券业 | ↑ | 净资本充足率 | | √ | |
| | | | 净资本负债率 | | √ | |
| | | | 资产利润率 | √ | | |
| | 保险业 | ↓ | 应收保费率 | | √ | |
| | | | 保费收入增长率 | √ | | |
| | | | 寿险公司退保率 | | √ | |
| 金融生态环境 | | ↓ | 法治环境调查综合得分 | | √ | |
| | | | 地方财政收入占 GDP 比重 | √ | | |
| | | | 银行服务密度 | | √ | |
| | | | 征信数据库覆盖率 | | √ | |

注：表中“↑”代表改善，“↓”代表下降，“→”表示稳定。

从历年综合得分变动趋势看（图 20），2015 年，西部地区金融稳定综合得分小幅回落，跌幅收窄。分项来看（图 21），2015 年西部地区宏观经济得分继续下跌；银行业得分连续多年保持稳定，2015 年得分创历史新高，且是得分增幅较大的一年；证券业得分近四年持续上升；保险业和金融生态环境得分均由降转升，较上年均有所提高。

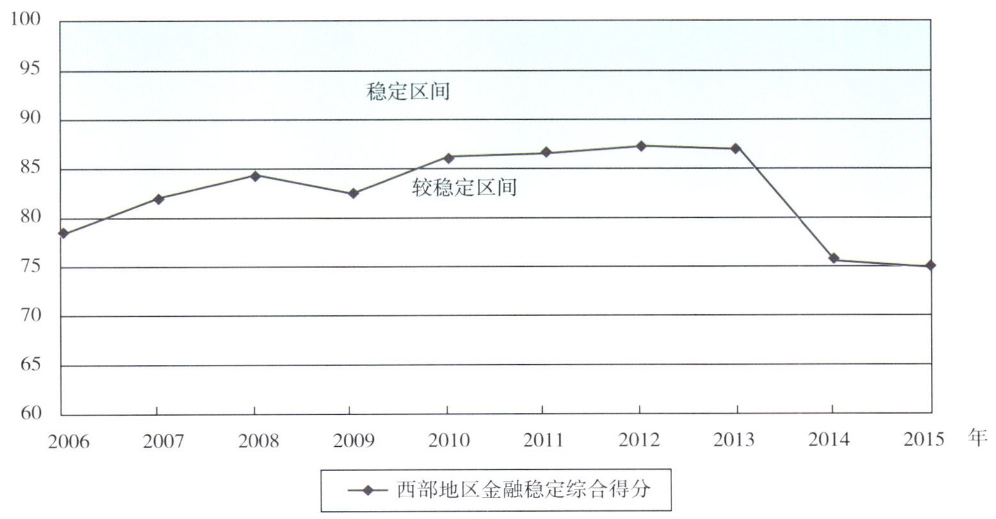


图 20 2006—2015 年西部地区金融稳定综合得分趋势图

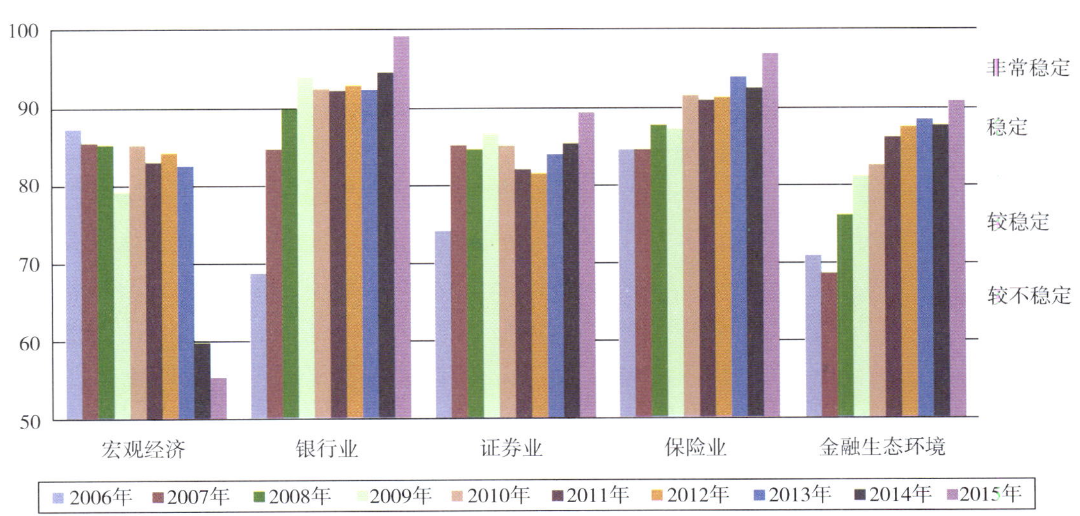


图 21 2006—2015 年西部地区金融稳定状况的比较

# 第五部分 东北地区

2015年，面对宏观经济增长持续放缓的严峻挑战，东北地区大力调整经济结构，注重经济发展由“数量规模型”向“质量效益型”的转变，经济总体呈现缓中趋稳的态势。农村金融改革深入推进，银行业整体规模持续扩大；证券市场稳步发展；保险业服务经济社会的能力不断提高，金融业运行总体稳健。

## 一、产业结构进一步优化，投资与进出口对经济的拉动作用减弱

2015年，东北地区国内生产总值5.81万亿元，同比增长4.54%，增速较上年下降1.37个百分点，低于全国2.36个百分点。辽宁、吉林、黑龙江三省国内地区生产总值增速分列全国31个省（区、市）第31位、第28位、第29位。农业生产再创新高，其中，黑龙江、吉林两省分列粮食总产、单产全国第一，为国家粮食安全提供了充足保障。工业经济增速明显减缓，三省规模以上工业增加值增速均低于全国平均水平，特别是辽宁省规模以上工业增加值首次出现负增长，东北地区工业经济总体形势不容乐观。第三产业稳步发展，全年共实现第三产业增加值2.6万亿元，同比增长8.3%，增速高于地区国内生产总值增速3.76个百分点。地区三次产业构成比由2014年的11.42:45.29:43.29调整为2015年的11.38:43.92:44.7，产业结构进一步优化。

投资对经济的拉动作用明显减弱，全年共完成地区固定资产投资4万亿元，同比下降11.3%。其中，辽宁省固定资产投资同比分别下降27.8%，成为地区投资额下降的主要原因。对外贸易全面回落，受外需不足和主要贸易伙伴经济疲软等因素影响，东北地区实现进出口总额1 360.1亿美元，同比下降24.2%。其中，辽宁、黑龙江两省进出口总额增速为近30年以来最低水平，吉林省进出口总额增速也接近历史最低水平。居民消费平稳增长，全年实现全社会消费品零售总额2.71万亿元，同比增长8.43%，为东北地区经济增长提供了较为稳定的动力。

## 二、财政收支平衡难度进一步加大，城乡居民收入稳步增长

2015年，东北地区共实现公共财政预算收入4 520.1亿元，同比下降20.7%；公共财政预算支出11 857亿元，同比增长3.8%。社保就业、科学教育、医疗卫生、农林水事务等民生领域财政支出持续增长，地方财政收支缺口由上年的6 233.7亿元扩大至2015年的7 336.7亿元，收支平衡难度进一步加大。工业经济效益下滑明显，地区工业经济利润总额3 440.86亿元，同比下降19.14%，部分企业，特别是国有资源型企业亏损程度进一步加深。城乡居民收入稳步增

长，地区城镇常住居民人均可支配收入22 996元，同比增长7%；农村常住居民人均可支配收入11 506元，同比增长6.47%。

## 三、金融改革继续深化，市场体系进一步完善

2015年，东北地区加大金融改革推进力度，着力完善市场体系，改革成效显著。农村信用社改革提档升级，截至年末，东北地区共有61家农村信用社完成改制，还有25家正在执行改制程序。完成改制的农商行在股权及公司治理、转变经营理念、拓展盈利能力、强化内控管理等方面改善明显。辽宁省股权交易中心正式推出“科技板”，吉林省农村金融综合改革试验区获国务院批复，黑龙江省绿地股权金融资产交易中心、哈尔滨股权交易中心、东北亚国际金融投资集团相继成立。

跨境人民币业务稳步推进。2015年，辽宁省办理跨境人民币结算业务1 671.46亿元，其中，直接投资405.02亿元，同比增长24%，人民币直接投资占本外币直接投资合计比例达51.2%，成为直接投资项下第一大货币。吉林省共办理跨境人民币结算业务469.0亿元，跨境业务实现市（州）全覆盖。黑龙江省共办理跨境人民币结算业务306.7亿元，同比增长28.4%；对俄跨境人民币结算金额为59.2亿元，同比增长147.7%。卢布现钞使用试点正式启动，全年卢布现钞使用试点共办理卢布兑换1.4亿元，累计完成对俄跨境人民币现钞调运3 500万元。

### 专栏7　东北地区农村信用社改制效应分析

截至2015年末，东北地区农村信用社共有法人机构186家，按照“成熟一家、推进一家”的原则，预计到2016年底，东北地区将有近80家农村信用社完成向农商行的改制工作，占地区全部信用社法人机构总数的约45%。完成改组的农商行股权及公司治理结构得到完善，产权关系更加明晰，企业经营活力进一步激发，服务“三农”水平显著提高。

完善股权及公司治理结构。东北地区农信社在改制过程中，积极优化股权结构，引进战略投资者，大幅提高法人股权比重，股权结构有所优化。同时，按照现代企业治理框架，设立“三会一层”，并设有专门委员会，建立了权责明晰的公司管理体系。转变经营及服务模式。东北地区农信社在改制过程中，普遍加大了人员的培训力度，建立了以客户为中心的服务理念。并在强化营业网点服务功能的同时，大力开发电子银行渠道，服务客户的能力明显提升。拓宽盈利空间。与大型商业银行相比，农商行具有经营灵活、产品针对性强的优势，东北地区农信社在实现传统业务持续增长的同时，积极探索农机具、土地经营权等抵押贷款业务，并扩大结算类、代理类等中间业务规模，拓宽盈利空间，增强盈利能力。提高信贷资产质量。为适应改制后的需要，东北地区农商行以股东增资、溢价扩股、打包转移等方式消化存量不良贷款，风险防控指标有所提升，风险防控能力得到增强。

资料来源：中国人民银行哈尔滨中心支行金融稳定处。

## 四、银行业整体规模持续增长，信贷资产质量下行压力不容忽视

2015 年，东北地区银行业整体规模保持稳步增长。截至年末，银行业金融机构资产总额 12.73 万亿元，同比增长 17.41%；负债总额 12.29 万亿元，同比增长 17.57%。地区银行业金融机构本外币各项存款余额 8.79 万亿元，同比增长 12.65%，增速较上年提高 5.3 个百分点；本外币各项贷款余额 6.82 万亿元，同比增长 14.66%，增速较上年提高 1 个百分点。在资产规模和存贷款规模稳步增长的情况下，信贷投放结构进一步优化，地区小微企业贷款、涉农贷款增速分别为 21.3%、17.6%，分别高于贷款增速 6 个百分点、2.3 个百分点。

### 专栏 8　推动农村金融综合改革 提升金融服务“三农”效力

2015 年 12 月 11 日，《吉林省农村金融改革综合试验方案》得到国务院正式批复，吉林省农村金融工作迎来了新的重要契机。

一、农村金融综合改革服务实体经济的总体方向

一是建立农村资源与资本转化机制。通过农村金融体系的深化和创新，对农业资源的价值创造进行合理估值，建立完善风险分担和部分隔离机制后，以金融产品的形式促进农村资源向资本转化，解决农业发展方式转变和现代农业建设所需资金支撑问题。

二是完善多元化的农村金融组织体系。通过改革提升区域涉农金融机构的数量、种类、服务能力，加大农村金融网点铺设的密度，提高县域农村金融市场活力，形成能够为现代农业发展各方面需求提供有效服务的金融组织体系。

三是完善产业链融资机制。涉农金融机构通过围绕应收账款、预付账款等领域，联合一批全国性农业龙头企业以及众多农牧生产、加工、贸易企业，进行农业供应链金融服务模式创新。

二、区域农村金融改革试点成效显著

一是涉农信贷投放总量持续增加。2015 年，吉林省涉农贷款余额 5 334 亿元，占全部贷款余额比重 34.84%，增速 25.3%，高于各项贷款平均增速 4.75 个百分点。涉农贷款增量 1 077 亿元，占新增贷款比重 41.21%，农民融资难、融资贵问题得到一定程度缓解。二是农合机构和新型农村金融机构发展步伐加快。截至 2015 年末，吉林省已通过股份改制成立了 28 家农商行，累计设立 61 家新型农村金融机构。三是金融产品创新推进，农民抵押物范围扩大。创新形成直补资金担保贷款、土地收益保证贷款、农村土地经营权抵押贷款，累计投放 236.31 亿元，惠及农户 133.6 万户，设押土地面积 258 640 亩。四是农业保险保障能力稳步提高。全年农业保险保费收入 11.08 亿元，同比增长 20.24%，支付赔款 7.24 亿元，同比增长 1.59%。相继启动森林保险、专业农场保险，特色农作物保险、农业设施保险等地方特色保险试点。五是农业企业直接融资有所突破。四平市梨树县作为吉林省农村金融改革先行试点地区之一，近年来已有 16 家涉农企业陆续在上股交 E 板、Q 板挂牌，深圳前海股交中心成功挂牌。

三、对深入推进农村金融综合改革的建议

一是不断丰富农村金融产品和服务。加强农村金融服务创新，稳妥推进试点地区农村承包土地的经营权、农民住房财产权等农村产权融资业务，进一步探索新的信贷担保方式，扩大贷款覆盖面。

二是加快创新保障体系建设。建立完善物权公司、农业担保等中介体系，培育和发展县域农业担保、评估、公证等中介机构。建立健全农业经营风险分摊机制，大力发展农业保险业务。

三是完善农村金融扶持政策。综合运用支农再贷款、扶贫再贷款、宏观审慎评估、扶贫导向效果评估等政策工具，引导更多信贷资金投向农村，支持金融机构及时化解涉农贷款风险。

资料来源：中国人民银行长春中心支行金融稳定处。

截至2015年末，东北地区不良贷款余额2 199.7亿元，比年初增加174.7亿元，不良贷款率为3.22%，较上年下降0.18个百分点，信贷资产质量相对改善，但总体水平仍居高位。受经济增速持续放缓影响，地区银行信贷资产下行压力仍然较大，特别是煤炭、钢铁等行业的部分企业资金链紧张，偿付能力下降，信用风险较为突出。此外，东北地区银行业金融机构案件呈多发趋势，既有侵吞、挪用客户资金的内部案件，也有员工参与理财公司、非法集资引发纠纷的外部案件，案防工作仍需加强。

## 五、证券市场稳步发展，行业发展仍面临一些问题

2015年，东北地区证券市场规模稳步扩大，经营状况总体良好。截至年末，东北地区共有上市公司151家，比上年同期增加7家；上市公司全年累计募集资金401.14亿元，同比增长51.59%。全年证券交易额20.84万亿元，同比增加116.9%。地区共有法人证券公司6家，数量与去年持平；资产总额1 158.58亿元，同比增长79.49%；全年实现净利润39.07亿元，同比增长110.89%，法人证券公司实力显著提高。

同时，东北地区证券业发展面临一些问题。一是整体市场规模与经济发展水平不相适应。截至2015年末，东北地区GDP总量占全国的比重约为8.59%，而地区上市公司总市值仅占A股总市值的约4.61%；省均上市公司数量为50家，远低于全国省均87家的水平；省均法人证券公司数量为2家，低于全国省均3.8家的水平。二是业务发展模式亟待转变。证券公司经营发展相对滞后，业务模式单一，对市场波动较为敏感，容易受到外部冲击影响。随着证券业务创新发展的不断深入，区域内证券公司亟待完成由传统经纪业务、自营业务向财富管理和融资类业务的转型。三是经济下行加剧上市公司经营困难。近两年，东北地区经济整体呈下滑趋势，煤炭、钢铁、机械制造、能源化工等行业风险开始显露，上市公司行业集中度较高，部分上市公司盈利能力明显下降，抗风险能力减弱，企业生存面临压力。

## 六、保险业整体实力稳步增强，经营发展存在风险隐患

2015 年，东北地区保险业市场组织体系不断完善，盈利水平持续提高，行业整体实力和服务经济社会发展的能力进一步增强。截至年末，共有保险经营主体 190 家，较上年增加 7 家。保险机构资产总额 4 855 亿元，同比增长 18.5%；当年实现保费收入 1 964.1 亿元，同比增长 23.2%，增速高于全国平均水平 12.5 个百分点；全年累计支付各类赔付 667.6 亿元，为参保主体提供了充足的风险保障。农业保险创新发展进一步加强。辽宁省加大省级财政补贴力度，进一步提高参保农户的保障和赔付水平；吉林省深化农业保险产品创新，完善政策性农业保险条款，扩大保险责任，降低保险费率；黑龙江省推出大豆价格保险，由“保自然风险”向“保市场风险”进行探索延伸，切实发挥支农惠农的作用。

东北地区保险业经营发展中存在一些风险隐患。一是宏观经济形势变化使得承保风险敞口持续扩大，可能发生信用风险向保险业传导的现象，导致信用保证保险面临较大违约风险。二是保险种类分布不均，业务主要集中在车险和分红险，以车险为例，东北地区全年实现财产险原保费收入 538.14 亿元，其中，车险保费收入 395.1 亿元，占比超过 70%，业务相对集中不利于保险机构的长远发展。三是行业内生风险依然存在，如资产负债管理水平不高，资金来源与运用不匹配，销售误导理赔难等现象仍时有发生。

## 七、定量评估

从定量评估结果来看，2015 年东北地区金融稳定状况综合得分为 67.2 分，较上年下降 1.3 分，比全国平均水平低 7.4 分，连续两年处于较不稳定区间。其中宏观经济和银行业得分低于全国平均值，证券业、保险业和金融生态环境得分高于全国平均水平（图 22）。

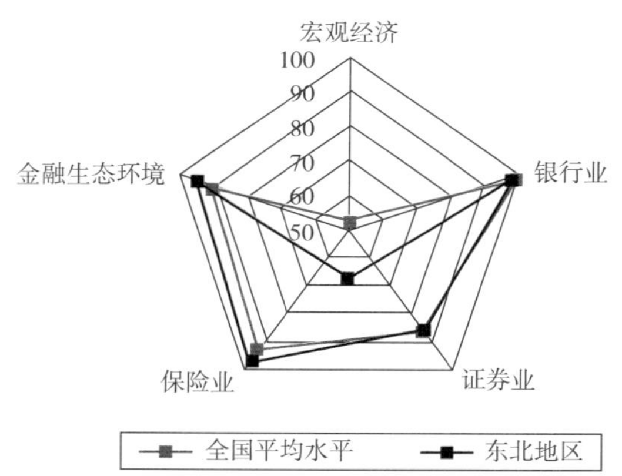


**图 22　2015 年东北地区金融稳定状况和全国平均水平的比较**

从具体指标变动情况来看（表 9），东北地区仅有 6 项指标较上年有所改善，9 项指标较上年有所下降，10 项指标基本与上年持平。在宏观经济方面，消费、进出口、城乡居民收入增速、实际利用外资增速等多项指标得分均比上年有所下降，因此宏观经济整体得分较上年明显下滑。

而在金融领域，2015 年东北地区仅证券业受益于盈利能力上升导致总得分较上年明显上升外，银行业、保险业和金融生态环境得分均有所下降，主要原因分别在于银行业资产利润率、保险应收保费率、地方财政收入占 GDP 比重小幅下降所致。

**表 9　　2015 年东北地区评价指标及其变动情况**

| 指标分类 | | 变动方向 | 评价指标 | 变动情况 | | |
|---|---|---|---|---|---|---|
| | | | | 改善 | 稳定 | 下降 |
| 宏观经济 | | ↓ | 地区生产总值增长率 | | √ | |
| | | | 第三产业增加值增长率 | √ | | |
| | | | 全社会固定资产投资增长率 | √ | | |
| | | | 社会消费品零售总额增长率 | | | √ |
| | | | 实际利用外资增长率 | | | √ |
| | | | 进出口总额增长率 | | | √ |
| | | | 城镇居民可支配收入增长率 | | | √ |
| | | | 农村人均纯收入增长率 | | | √ |
| | | | 居民消费价格指数 | √ | | |
| | | | 城镇登记失业率 | √ | | |
| | | | 典型城市房地产销售价格指数 | √ | | |
| 金融机构 | 银行业 | ↓ | 核心资本充足率 | | √ | |
| | | | 不良贷款率 | | √ | |
| | | | 资产利润率 | | | √ |
| | | | 流动比率 | | √ | |
| | 证券业 | ↑ | 净资本充足率 | | √ | |
| | | | 净资本负债率 | | √ | |
| | | | 资产利润率 | √ | | |
| | 保险业 | ↓ | 应收保费率 | | | √ |
| | | | 保费收入增长率 | | √ | |
| | | | 寿险公司退保率 | | √ | |
| 金融生态环境 | | ↓ | 法治环境调查综合得分 | | | √ |
| | | | 地方财政收入占 GDP 比重 | | | √ |
| | | | 银行服务密度 | | √ | |
| | | | 征信数据库覆盖率 | | √ | |

注：表中“↑”代表改善，“↓”代表下降，“→”表示稳定。

从历年综合得分变动趋势来看（图 23），东北地区金融稳定得分 2015 年继续下降，但降幅有所收窄。分项来看（图 24），东北地区宏观经济得分连续五年持续下滑；除证券业得分连续三年持续上升外，银行业、保险业和金融生态环境得分均由升转降，宏观经济下行对金融稳定形成的压力不容忽视。

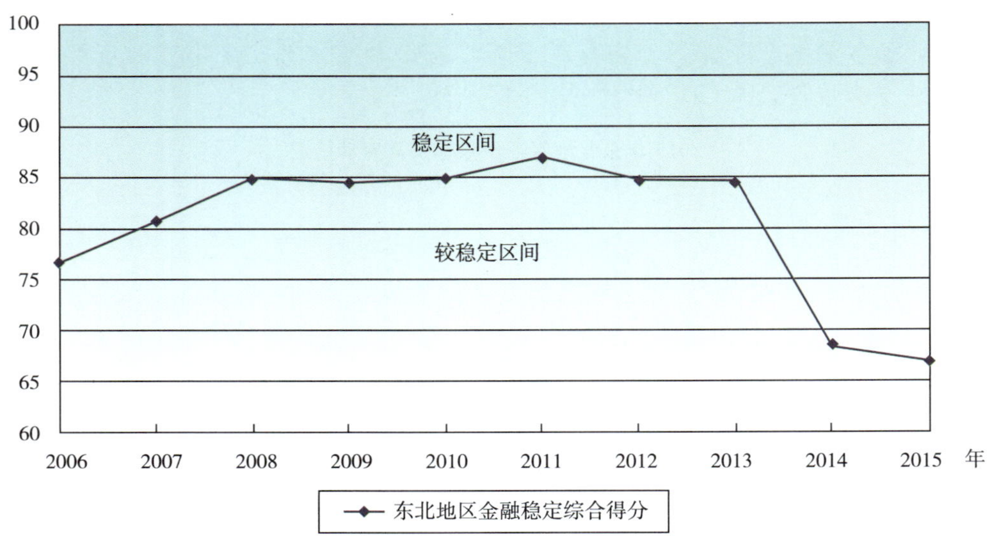


图 23　2006—2015 年东北地区金融稳定综合得分趋势图

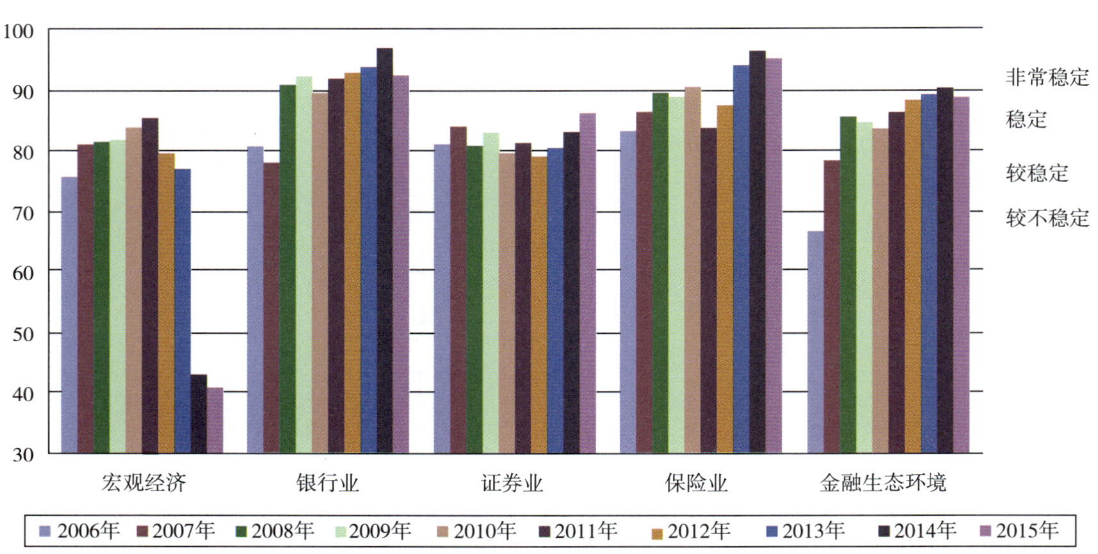


图 24　2006—2015 年东北地区金融稳定状况的比较

# 第六部分　总体评估

## 一、总体评估

2015 年，各地区经济金融总体稳健运行，区域发展协调性增强。各地区经济发展稳中有进、稳中有好；农业生产形势良好，工业生产平稳增长，服务业增加值首次占据“半壁江山”；消费价格涨幅和就业基本稳定；经济结构调整成效初现。各地区金融业改革逐步深化，业务创新和转型发展稳步推进，金融支持和服务实体经济力度不断加大。银行业总体运行平稳，信贷保持合理增长，银行体系风险总体可控，服务实体经济效率继续提升。证券业机构资产规模进一步扩大，证券公司经营收入大幅增长；区域性股权市场加快发展，多层次资本市场建设进一步完善。保险业呈现良好发展态势，保险机构资产规模和保费收入稳步增长，整体实力持续增强，服务能力继续提升，风险保障功能进一步发挥。

面对世界经济走势复杂多变、国内经济下行压力加大的严峻形势，我国宏观经济发展面临多方面的压力，各地区都存在一些影响金融稳定的因素：经济增长内生动力有待增强，结构调整和转型升级的任务仍然艰巨，工业企业效益明显下滑，财政收入增长放缓。

分行业看，银行业金融机构不良贷款反弹压力上升，盈利能力有所下滑，操作风险事件时有发生。证券业经营机构负债较快增长，杠杆率上升，流动性风险加大，区域性股权市场亟待政策规范和有效监管。保险业满期给付和退保风险、资金运用和流动性风险需关注。

分地区看，区域经济总体协调发展，但各地区经济金融发展存在的不稳定因素有所差别。其中，东部地区经济发展受国际环境影响最直接，投资、消费增速持续放缓，进出口总额下降明显；制造业、批发零售业行业不良贷款余额占比较高，担保圈风险虽初步化解但仍存风险隐患，银行信用风险管理和债权维护压力加大。中部地区工业企业经营困难，产能过剩行业企业亏损加剧，去产能、去库存、去杠杆压力较大；银行业信贷资产质量向下迁徙明显，操作风险和内外部勾结案件数量有所上升；部分寿险公司退保支出上升，退保率高企。西部地区受资源价格下跌等因素影响，部分地区企业经营效益有所下滑；银行业资产质量和盈利能力下降明显，不良贷款率高于全国平均水平；证券市场主体实力总体偏弱，运行质量有待提升。东北地区经济增速持续放缓，财政收支缺口进一步拉大；银行业信贷资产质量下行压力较大，操作风险事件有所增多；证券市场规模与经济发展水平不相适应，部分资源型上市公司经营困难；保险业整体实体稳步增强，但经营发展中也面临险种分布不平衡、信用风险和流动性风险上升等问题。

从定量评估的结果来看，2015 年中部地区和西部地区的金融稳定综合得分处于较稳定区间，东部和东部地区则处于较不稳定区间，排序结果为：中部地区的得分列各区域之首，西部地区位列第二；东部地区位列第三；东北地区列第四。具体来说，东部和东北地区综合得分低，主要受其宏观经济分值偏低的影响，尤其是社会消费品零售总额增长率、进出口总额增长率两项指标得分均明显下降。西部地区的综合得分排名被中部赶超，主要因其宏观经济得分和银行业得分偏低。中部地区的宏观经济、银行业、证券业和保险业得分均超过全国平均水平，使得其综合得分列首位。

## 二、维护区域金融稳定需关注的方面

目前，各地区经济金融发展面临的国内外形势依然复杂，国际经济复苏过程中的不稳定不确定因素仍然存在，国家经济发展正处于重要战略机遇期，但也是改革最重要的攻坚时期。随着工业化、城镇化的持续推进，各地区经济发展都将迎来新机遇，需要金融业为实体经济发展提供更大范围、更深层次的支持，各地区金融改革和发展会面临新形势、新问题。因此，需保持对各地区经济、金融发展的密切关注，加强宏观审慎管理，重点关注系统性、区域性风险隐患，保证金融体系总体稳健，维护区域金融稳定。

### （一）区域经济运行中值得关注的方面

2015 年，各地区经济发展呈现稳中向好的态势，但经济稳定增长的基础尚不牢固，地区经济运行仍面临不少风险和挑战。经济增长的内生动力尚待增强。消费需求增长动力不足，各地区经济增长对投资和外需的依赖程度仍然较高，但企业投资意愿不强；地方财政收入增速持续放缓，收支平衡压力加大；部分行业产能严重过剩，部分企业负债率过高；外部环境存在较大不确定性，全球经济的复苏尚不明朗，出口面临的竞争更加激烈。

1. 各地区经济增速继续放缓，经济增长的内生动力尚待增强

2015 年，各地区经济增长保持在合理区间，但地区生产总值增速进一步放缓。东部、中部、西部和东北地区生产总值分别比上年增长 7.98%、8.15%、8.09% 和 4.54%，较上年分别回落 0.17 个、0.78 个、0.97 个和 1.37 个百分点。各地区普遍存在企业投资意愿不强，出口竞争加剧，部分行业产能过剩，消费需求增长动力不足等问题。

2. 各地区工业企业盈利能力下降，部分产能过剩行业企业普遍亏损

2015 年，各地区工业企业利润增速由升转降。各地区规模以上工业企业实现利润 5.98 万亿元，同比下降 10.52%，上年为增长 6.84%。其中，中部、西部和东北地区规模以上工业企业全年分别实现利润 12 534.91 亿元、8 012.52 亿元和 3 440.86 亿元，同比分别下降 25.14%、12.44% 和 19.14%。2015 年，在 41 个工业大类行业中，有 12 个行业行业利润总额比上年下降，下降行业数比上年增加 1 个。一是部分出口企业竞争力亟待提升。从国际情况看，主要发达经济体货币政策分化，全球经济运行中的不确定性增强，出口面临的国际竞争将更为激烈。二是企业生产成本继续上升。2015 年，各地区劳动力和资金等生产要素价格继续上涨，节能减排费用等支出进一步增加，使得企业生产成本居高不下。三是部分产能过剩行业、企业亏损现象严重。钢铁、水泥、平板玻璃、船舶及光伏、风电设备等众多行业产能利用率明显不足，有些甚

至低于50%。在此背景下，部分企业成本端承受的压力无法有效传导到销售端，企业亏损现象较为严重。

3. 各地区财政收入增幅回落，地方财政收支平衡压力加大

2015 年，各地区地方财政收入增长继续放缓或负增长。从财政支出结构看，各地区财政支出较多的主要是教育、社会保障和就业、农林水事务。民生相关刚性支出增长较快，增速较快的项目有城乡社区事务、社会保障和就业、节能环保支出。2015 年，东部、中部、西部和东北地区财政支出大于财政收入 16 531.22 亿元、15 574.60 亿元、26 230.18 亿元和 7 336.87 亿元，东部、中部、西部和东北地区财政收支缺口分别比上年扩大 6 051.53 亿元、1 446.99 亿元、5 081.98亿元和 1 615.61 亿元，地方财政收支平衡压力加大。

### （二）区域金融业发展中需关注的方面

2015 年，各地区金融体系总体保持稳定，金融业改革创新加速，市场化程度不断提升，各行业机构资产规模整体扩大，经营状况平稳向好，但均存在一定的风险隐患，仍需关注系统性、区域性风险。一是商业银行不良贷款反弹压力加大。经济下行压力加大背景下企业经营困难，违约风险事件有所增多，各地区商业银行信贷资产质量普遍下滑。二是证券业负债和杠杆水平上升可能带来风险隐患。三是各地区寿险公司集中退保风险增加，部分公司偿付能力充足率偏低，资金运用风险需关注。四是关注跨行业、跨市场风险，防范其他相关领域风险向金融体系传导。我国金融机构跨行业、跨市场合作创新层出不穷，金融行业边界逐渐模糊，并逐步向综合经营模式发展，使得跨行业、跨市场的风险传导更加容易，加大了金融体系的脆弱性。

1. 区域银行业方面

一是部分地区商业银行资产质量有所下滑。截至 2015 年末，东部、中部、西部和东北地区不良贷款余额分别比上年增长 35.47%、36.76%、62.86%和 8.64%，长三角地区的不良贷款余额较上年增长了 28%。受国内经济下行压力加大、结构性产能过剩矛盾突出、企业经营困难等多重因素影响，各地区银行业不良贷款呈现“由少数机构向多个机构、由小微企业向大中型企业、由少数行业向多个行业蔓延”势头。部分产能过剩行业结构性矛盾突出，煤炭、钢铁、化工、有色等产能过剩行业成为不良贷款增长的高发行业。同时，信贷资产潜在风险暴露压力较大，关注类贷款增长较快。截至 2015 年末，东部、中部、西部和东北地区关注类贷款余额分别比上年增长 37.70%、30.97%、47.36%和 22.88%。

二是各地区银行业机构部分创新业务过快发展潜藏风险。2015 年来，各地区银行业机构同业投资、表外理财等业务继续保持快速发展，这既是商业银行管理流动性、增加收益的重要手段，也在一定程度上更好地满足了实体经济的融资需求以及企业和居民的投资需求。但是上述业务规模过快增长潜藏一定风险，部分银行机构利用业务创新特点规避相关金融监管的规定，博弈国家宏观调控政策；透明度普遍较低，会计核算不规范，进一步加大了风险监测和监管难度；部分银行业机构通过较低成本借入短期资金，投资于期限长、收益高的项目和资产，资产负债期限错配问题严重，流动性风险上升；创新业务快速发展导致各类金融机构间的联系更为紧密、复杂，一旦某个环节出现问题，易引发风险的交叉传染。

三是各地区银行业盈利能力明显下降。2015 年，东部、中部、西部和东北地区银行业金融

机构分别实现账面利润 10 482.25 亿元、2 845.69 亿元、3 654.23 亿元和 1 122.33 亿元，同比分别下降 3.55%、3.77%、15.87% 和 9.52%。2015 年，各地区商业银行整体资产利润率和资本利润率分别为 1.10% 和 14.95%，分别比上年同期下降 0.13 个和 2.64 个百分点。影响银行业盈利的主要因素包括银行资金成本上升、拨备计提力度加大、净息差水平总体向下等。截至 2015 年末，银行业金融机构净息差为 2.54%，同比下降 0.16 个百分点。

四是操作风险事件时有发生，银行内控内管亟待加强。2015 年以来，全国各地区银行业金融机构操作风险事件有所增多，发生多起储户存款被非法转走、票据诈骗等事件，银行内控管理和员工行为规范亟待完善。

2. 区域证券业方面

一是资本市场异常波动，杠杆化交易加大市场风险。2014 年下半年以来股票市场持续走高，2015 年证券累计交易量为上年同期的 3.42 倍。在投资者非理性投资心理和场内外配资的共同作用下，市场杠杆迅速扩大。从场内杠杆交易看，2015 年 6 月各地区证券机构融资融券余额最高峰达 2.27 万亿元。同时，大量资金参与场外非正规的股票配资交易，对市场稳健发展造成一定冲击。从上证指数看，2014 年最后一个交易日到 2015 年 6 月 12 日，上证指数涨幅达到 59.69%，但在 6 月 12 日以来短短几周内，最大跌幅超过 30%。

二是证券公司负债增长较快，证券业流动性风险需予以关注。2015 年，证券公司业务创新力度加大，融资融券业务、股票质押回购业务快速发展，同时证券公司通过各类融资工具融入资金，积极推动负债类业务创新，放大经营杠杆，使证券公司面临的流动性风险随之增长。截至 2015 年末，中部、西部和东北地区法人证券公司负债总额较上年分别增长 63.12%、54.88% 和 93.51%，超过同期资产增速 10.02 个、10.63 个和 14.02 个百分点。从证券公司融资结构来看，主要为银行间同业拆借、银行间债券回购交易、债券质押式报价回购、短期融资券等期限较短的负债，而近年来发展迅速的证券公司信用类业务，资产期限通常在三个月以上甚至长达一年，期限错配风险较大。

三是区域性股权交易市场需要加强有效监管。近年来，各地区的区域性股权交易市场快速发展过程中存在问题值得关注。目前我国对场外股权交易市场无法律层面的规范与界定，市场发展缺乏明确的政策支持；区域性股权交易市场过于分散。各地区域性股权市场在市场运作机制、挂牌企业准入门槛等方面的差异较大，难以形成资源共享，优化配置资源功能未能得到充分发挥。

四是上市公司盈利能力下滑，偿债压力增大。2015 年，全国各地区上市公司实现净利润 24 792.06亿元，同比仅小幅增长 0.58%。在经济下行压力加大背景下，企业盈利下滑导致上市公司整体偿债压力增大。值得注意的是，2015 年以来，部分行业上市公司风险逐步爆发，发生多起债券违约事件。

3. 区域保险业方面

一是防范满期给付和退保风险。2015 年，各地区退保率继续上升，东部、中部、西部和东北地区寿险公司退保率分别达 9.55%、6.7%、6.01% 和 5.09%。尤其是 2014 年以来不少中小型寿险公司通过销售高现金价值产品使得保费收入出现大幅增长，但由于上述高现金价值产品具有客户提前退保仍能获得较高现金回报的特点，全年退保额增长较快。此外，实际收益率低于预期、宣传不到位或销售误导、投保人财务状况恶化、保险产品设计不合理等也是退保发生的主要原因。

二是防范资金运用风险。近年来，保险资金运用市场化改革步伐加快，行政审核不断减少，投资渠道不断放宽，保险资金配置在债券和银行存款等固定收益类投资的比例下降，在股票、证券投资基金和另类投资等高风险高收益类投资的比例上升，而这些高收益类投资的收益水平是影响保险资金投资收益的重要因素，这对保险机构经营管理能力、资金运用能力以及风险防控能力等提出了更高要求。2015 年，部分寿险公司大幅举牌 A 股上市公司，资金运用风险需关注。

三是保险市场秩序有仍待进一步规范。财产险方面，产险市场存在违规问题反弹、恶性竞争加剧等现象；人身险方面，销售误导、理赔难等问题仍然存在；保险中介方面，代理不规范、不依规经营风险较为突出，营销人员素质参差不齐，存在销售误导风险。

# 专题 “一带一路”战略助推区域经济快速发展

2013年9月以来，我国相继提出了共建“新丝绸之路经济带”和“21世纪海上丝绸之路”（以下简称“一带一路”）的战略构想，并发布《推动共建丝绸之路经济带和21世纪海上丝绸之路的愿景与行动》，中央和地方各级政府高度重视，成立推进“一带一路”建设领导机构，开展“一带一路”建设研究，找准发展定位，制定出台“一带一路”建设发展规划和实施方案，搭建交流对接平台，促进与沿线国家和国内其他兄弟省区的项目合作，加快推进“一带一路”建设，有效助推了区域经济的发展。

## 一、“一带一路”战略推进情况

“一带一路”战略提出后，我国各级地方政府积极行动，加快研究规划，有序推进建设，实现良好开局，战略构想逐步由蓝图变为现实。

### （一）自上而下的领导机制全面建立

2015年2月，国务院成立推进“一带一路”领导小组及办公室，多次组织召开会议，研究部署和推动我国“一带一路”建设工作。2014年12月，新疆自治区和福建省相继成立“丝绸之路”经济带核心区建设工作领导小组和“21世纪海上丝绸之路”核心区建设工作领导小组，加强对核心区建设的总体指导和统筹协调。截至2015年末，全国31个省（区、市）和新疆生产建设兵团的推进“一带一路”建设领导机构全面成立，为我国稳步推进“一带一路”建设提供了组织支撑。

### （二）各地实施意见和行动规划相继出台

广东在全国地方政府中率先发布《参与建设“一带一路”的实施方案》，实现与国家“一带一路”战略规划衔接；新疆出台《关于推进新疆丝绸之路经济带核心区建设的实施意见》、《推进新疆丝绸之路经济带核心区建设行动计划（2014—2020年）》，确立了建设丝绸之路经济带核心区“五中心、三基地、三通道①、十大产业集聚区”总体战略部署；福建省出台“21世纪海上丝绸之路核心区建设方案”，提出了八项主要任务，发挥在互联互通、经贸合作、体制创新、人文交流等领域的引领、示范、聚集、辐射作用，明确泉州市建设“21世纪海上丝绸之路”先行区；重庆市出台《贯彻落实国家“一带一路”战略和建设长江经济带的实施意见》及三年行动计划，从七个方面部署了“一带一路”建设推进工作。

① 五大中心：分别为交通枢纽中心、商贸物流中心、金融中心、文化科教中心、医疗服务中心；三通道是指北、中、南三条通道；三基地是指国家大型油气生产加工基地、大型煤炭煤电煤化工基地、大型风电基地。

### （三）有序开展多方位战略合作

各省区市地方政府秉承合作共赢理念，从经贸、金融、人文等领域，与“一带一路”沿线国家和周边省市搭建交流和合作平台，共推“一带一路”建设。福建省重点从四个方面搭建八大合作平台，构建国内海上丝绸之路建设协作网络，协同推进海上丝绸之路建设（见专栏1）；新疆引进“一带一路基金”① 落户乌鲁木齐，搭建政策服务平台、项目对接平台，在未来10年内参与投资“一带一路”沿线基础设施、能源、科技等领域项目，重点服务新疆经济发展；重庆市启动“3+N”机制，推动大宗商品进口储备、口岸经济发展、丝路基金重点项目、境外个人消费信贷和买方信贷支持体系、企业走出去同盟等重点项目，服务外资、外贸、外经和对外投资的协同发展；上海市牵头成立“一带一路”贸易商企业联盟，为沿线国家和地区的商会（协会）与企业间搭建经贸交流平台，促进“一带一路”贸易畅通；广西依托东盟经贸合作平台，创建东盟跨境电商总部基地，主要项目包括大商埠跨境电商运营中心、东盟进出口物流配送中心和东盟跨境电商产业园等六方面，搭建了“网上丝绸之路”建设平台；陕西省依托欧亚经济论坛、西洽会等平台，联合欧亚九国十几个城市共同签署《共建“丝绸之路经济带”西安宣言》。成立“陕西丝绸之路文化交流中心”，促进相关国家和地区在经贸、旅游、文化等方面的交流与合作；青海省举办“一带一路”沿线国家和地区经贸合作会议，促进互联互通和务实合作；宁夏依托中阿经贸论坛和中阿博览会平台，促进中阿高层交往、经贸往来、人文交流，服务和推动丝绸之路经济带建设，2015年中阿博览会共签约项目163个、投资金额1 712亿元人民币。

### （四）重大项目建设顺利推进

重大项目是“一带一路”建设的重要支撑，各省区市政府高度重视，一批重大项目建设取得初步收获。一是互联通道项目建设加快推进。中巴经济走廊建设顺利推进，签署项目累计金额达460亿美元。中国与印尼签署雅加达—万隆高铁合作建设框架协议，明确项目按照中国技术标准设计并使用中国设备。中塔公路二期、中亚天然气管道D线等项目加快推进，莫斯科至喀山高铁、中老铁路、中泰铁路、中缅皎漂港等项目建设有序进行。重庆市与新加坡共同实施中新（重庆）战略性互联互通示范项目，共同打造临空经济区、建设中新多式联运基地、拓展金融领域合作。二是产业合作项目进程加快。新疆推动塔吉克斯坦棉纺产业一体化、巴基斯坦光伏发电项目开工建设；福建省推动石油化工、机械装备、电子信息等重大产业项目的对接合作，促进东南亚、西亚等地企业与江阴港区、湄洲湾等地开展精细化工项目合作；辽宁省优先推动先进轨道交通装备、新材料制造装备等十大重点装备和建设标准，促进企业“走出去”发展；广西推进中马“两国双园”项目建设，推动“文莱—广西经济走廊”走向实践，促进中泰崇左产业园、中泰玉林旅游文化产业园建设，建立中国—东盟南北果蔬集散中心。

---

① “一带一路基金”是“一带一路基础设施、能源、科技投资基金”的简称，由中国农业银行、浦东发展银行等金融机构参与发起，基金总规模为200亿元人民币，于2015年6月落地新疆。

### （五）投融资服务体系初步建立

2015年，亚投行、丝路基金开业运营，首批投资项目已经正式启动。江苏省推进昆山试验区、苏州工业园区跨境人民币创新试点业务；上海市将在沪金融市场交易系统的报价、成交、清算等功能拓展至“一带一路”沿线国家和地区；重庆市获得企业赴新加坡发行人民币债券、股权投资基金人民币对外投资业务、个人经常项下跨境人民币结算等三项跨境人民币创新业务试点，并举办系列境外投资促进活动，创立海外并购基金和海外矿权交易中心，促进跨境投融资汇兑便利化；吉林省东北亚区域性金融中心项目累计完成投资210亿元；黑龙江省实施卢布现钞使用试点、沿边开发开放外汇管理改革试点等先行先试措施。

## 二、“一带一路”战略助推区域经济发展

### （一）区域经济实力增强，经济结构调整加快

据对我国“一带一路”战略中涉及的18个重要省（区、市）① 经济增长情况统计，2015年，18个省（区、市）经济保持稳步增长，其中，西藏、重庆保持两位数高速增长，分别增长11%，高于全国增速4.1个百分点。上海GDP增速与全国增速持平。除东北地区外，其他省区GDP增长均高于全国平均水平。从增速变化情况看，西藏、云南、浙江、广东、重庆、黑龙江六省区GDP增速高于上年同期，吉林、宁夏增速与上年持平，其他省区增速较上年不同程度下降；从产业结构调整看，18省区三产占GDP的比重全部较上年增加，结构进一步优化。其中，黑龙江、甘肃、青海、新疆的三产比重分别较上年增加5.57个、5.17个、4.33个和4.06个百分点，变化明显。上海、广东、浙江、海南、甘肃、新疆、西藏、云南、重庆9个省区三产比重超过二产。

表1　我国“一带一路”战略主要省区2015年经济增长及结构变化情况　单位：%

| 地区 | | 生产总值增速 | 三次产业比重 | | | 三次产业比重增减 | | |
|---|---|---|---|---|---|---|---|---|
| | | | 一产 | 二产 | 三产 | 一产 | 二产 | 三产 |
| | 全国 | 6.9% | 8.99% | 40.53% | 50.47% | -0.21% | -2.07% | 2.27% |
| 东部五省 | 上海 | 6.9% | 0.44% | 31.81% | 67.75% | -0.09% | -2.85% | 2.93% |
| | 福建 | 9.0% | 8.15% | 50.88% | 40.97% | -0.22% | -1.15% | 1.37% |
| | 广东 | 8.0% | 4.59% | 44.65% | 50.76% | -0.08% | -1.59% | 1.66% |
| | 浙江 | 8.0% | 4.27% | 45.95% | 49.78% | -0.16% | -1.75% | 1.91% |
| | 海南 | 7.8% | 23.11% | 23.63% | 53.25% | -0.01% | -1.34% | 1.36% |
| 东北三省 | 辽宁 | 3.0% | 8.29% | 46.56% | 45.15% | 0.31% | -3.69% | 3.38% |
| | 吉林 | 6.5% | 11.18% | 51.40% | 37.42% | 0.14% | -1.39% | 1.25% |
| | 黑龙江 | 5.7% | 17.50% | 31.80% | 50.70% | -0.18% | -5.38% | 5.57% |

① 18个重要省（区、市）：具体包括西部10省（区、市）（重庆、广西、云南、西藏、新疆、陕西、甘肃、宁夏、青海、内蒙古），东北3省（黑龙江、吉林、辽宁），东部5省（市）（上海、福建、广东、浙江、海南）。

续表

| 地区 | | 生产总值增速 | 三次产业比重 | | | 三次产业比重增减 | | |
|---|---|---|---|---|---|---|---|---|
| | | | 一产 | 二产 | 三产 | 一产 | 二产 | 三产 |
| 西北十省区 | 陕西 | 8.0% | 8.79% | 51.51% | 39.70% | -0.05% | -3.27% | 3.32% |
| | 甘肃 | 8.1% | 14.06% | 36.74% | 49.20% | 0.88% | -6.05% | 5.17% |
| | 宁夏 | 8.0% | 8.19% | 47.36% | 44.45% | -0.15% | -1.47% | 1.62% |
| | 青海 | 8.2% | 8.64% | 49.95% | 41.41% | -0.74% | -3.59% | 4.33% |
| | 新疆 | 8.8% | 16.72% | 38.23% | 45.05% | 0.11% | -4.17% | 4.06% |
| | 内蒙古 | 7.7% | 8.98% | 51.02% | 40.00% | -0.18% | -0.86% | 1.04% |
| | 广西 | 8.1% | 15.27% | 45.79% | 38.94% | -0.12% | -1.01% | 1.12% |
| | 西藏 | 11.0% | 9.44% | 36.65% | 53.91% | -0.72% | 0.33% | 0.39% |
| | 云南 | 8.7% | 14.99% | 40.04% | 44.97% | -0.55% | -1.18% | 1.73% |
| | 重庆 | 11.0% | 7.32% | 44.99% | 47.70% | -0.12% | -0.80% | 0.92% |

### （二）对外贸易总体下滑，部分省区外贸逆势增长

2015年，在全国进出口总量整体下滑7%的形势下，18个省区中广西、青海、陕西的进出口总额持续快速增长，分别较上年增长26%、12.6%和11.5%。广西全年与“一带一路”国家进出口额达319.8亿美元，同比大幅增长42.2%。其中，与东盟贸易额290.1亿美元，同比增长18.4%，连续15年保持最大贸易交易；青海省全年进出口总额19.3亿美元，增长12.6%，高于全国增速20.6个百分点。其中，出口总额16.4亿美元，增长45.6%，高于全国增速48.4个百分点；陕西省全年进出口总额305亿美元，增长11.5%；重庆市与“一带一路”沿线64个国家的外贸进出口额占到全市进出口总额的28.9%，较上年上升0.4个百分点。特别是渝新欧国际铁路联运大通道进入常态化运行，渝新欧班列已开行490趟，占整个中欧班列开行数的45%，进出口货物价值接近100亿美元，占中欧班列经阿拉山口出入境货物总值的80%。

### （三）整体投资持续增长，利用外资能力大幅提升

2015年，18省（区、市）除辽宁省固定资产投资下降外，其他省区均保持稳健增长。其中，有10省区固定资产投资增速高于全国11.8%的平均水平。广东固定资产投资总额位居全国首位。对外投资高速增长。各地区企业全年共对“一带一路”相关49个国家直接投资148.2亿美元，同比增长18.2%，主要投向新加坡、哈萨克斯坦、老挝、印尼、俄罗斯和泰国等。上海对外直接投资持续高速增长，吸引跨国公司及地区总部已达535家，比“十一五”末增加230家。福建对印尼、柬埔寨、老挝等“一带一路”沿线国家投资备案项目48个，对外投资额13.8亿美元，增长2.7倍；甘肃加大中亚地区投资，累计投资298万美元，承包工程项目9个，合同金额9 532万美元；广西启动“对外投资合作企业海外风险保障计划”，支持企业提高海外收益保障能力和“走出去”，全年共备案或核准对“一带一路”国家投资企业36家，协议投资额10.8亿美元。利用外资能力增强。福建全年合同利用外资144.6亿美元，增长70.3%，增幅创22年来新高，实际利用外商直接投资76.8亿美元，增长8.0%，高于全国2.4个百分点。福建

自贸区企业新增合同外资52亿美元，增长6.5倍；广西全年新落户外资企业86家，外商投资总额10.71亿美元，增长64.6%，占广西实际利用外资额的62.2%；内蒙古年内新设立外商投资企业14家，同比增长100%，投资6.41亿美元，同比增长94.7%。

### （四）互联互通建设取得积极进展

2015年，各地区加快铁路、公路、港口、机场等基础工程建设，加强陆、空、铁等跨国联运，积极构建联通中国与中亚、西亚、南亚以及欧洲的综合交通运输体系，进一步打通促进亚欧“经济大走廊”大动脉。福建省推进厦门东南国际航运中心建设，开通一批至东南亚、西亚、非洲等航线。重庆市、新疆、内蒙古、陕西省、浙江省等地有序推进中欧班列建设，如，新疆成功开行乌鲁木齐－阿拉木图、新疆奎屯－格鲁吉亚第比利斯的国际货运班列，基本实现对中亚各个铁路站点的全覆盖，辐射整个中亚地区，构建新疆连通欧亚的铁路大通道；广东省启动巴基斯坦瓜达尔港园区项目；辽宁与蒙古国合作提供便捷出海口。陕西省全力打造“西安国际中转枢纽港”，将“西安港”纳入国际贸易与运输体系。广西、云南省推进建设中国东盟信息交流中心建设，取得初步成效。重庆市全力促成三个交通枢纽（团结村铁路枢纽、寸滩水运枢纽、江北国际机场航空枢纽）、三个国家开放口岸（铁路口岸、港口口岸、空港口岸）、三个保税监管区（西永综合保税区、寸滩保税港区、两路空港保税区）的有机结合，打造无缝衔接的综合立体交通网络；广西完成中国通往东南亚的首条高速公路“南宁－凭祥”段建设，实现中越两国车辆不换牌照互通直达。

### （五）促进旅游业稳健快速发展

各地区加大与沿线国家和国内其他省市的旅游合作，推出一批精品旅游线路，举办丝绸之路、海上丝绸之路国际旅游等文化交流活动，开展旅游合作，共同打造“一带一路”旅游品牌，建立旅游合作试验区和重要集散中心，实现旅游业稳健快速发展。如福建省加大与东南亚、南亚和西亚等海上丝绸之路沿线国家和地区的旅游合作，规划建设平潭国际旅游岛，打造一批重要旅游目的地，整合提升一批重点旅游景区，开发海上丝绸之路文化旅游产品，推进与沿线国家和地区互设旅游办事处，积极打造海上丝绸之路旅游经济走廊和环南海旅游经济圈，全年接待旅游人数2.67亿人次，增长14%，实现旅游收入3 142亿元，增长16.0%；内蒙古建立中俄蒙三国五地旅游联席会议机制，促进中俄签署《茶叶之路旅游合作协议》，开通中蒙边境3个口岸旅游业务，推动3项跨国旅游专列开通运营；重庆市探索开通渝新欧客运旅游专列，打造特色旅游通道。与“一带一路”国内沿线11个省区建立丝绸之路旅游推广联盟。全年共接待海内外游客3.92亿人次，旅游总收入2 251亿元，分别增长12.18%和12.38%。

### （六）促进金融市场健康快速发展

各地区推进建立“一带一路”投融资服务体系，加大跨境人民币试点，促进地方和沿线国家金融市场稳健发展。新疆与哈萨克斯坦、美国等83个国家和地区开展了跨境人民币实际收付业务，跨境结算收付累计达1 975.86亿元，涉及国内企业2 044家。积极采取信贷规模单独申请、优先匹配、不设上限、信贷审批扩大授权、产品服务优惠定价等措施，创新金融工具，开辟多元化融资渠道，全方位支持“一带一路”建设，全年支持丝绸之路核心区建设项目 1 118 个，融资余额 2 528. 5 亿元；福建省加快完善自贸试验区金融服务体系，已累计金融机构 125 家，其中，银行机构 82 家、证券机构 5 家、保险机构 38 家，另有 6 家金融机构正在筹备。上海市将在沪金融市场交易系统的报价、成交、清算等功能拓展至“一带一路”沿线国家和地区；重庆市创立海外并购基金和海外矿权交易中心，促进跨境投融资汇兑便利化。推动新加坡大华银行与重庆市金融办签署谅解备忘录，促进重庆和东南亚地区之间的跨境投资贸易。全年实现离岸金融结算规模 1 000 亿美元；广西与东盟国家签订《中越边境银行反假货币合作备忘录》、《广西东兴 - 广宁芒街跨境贸易银行结算双边本币汇价信息交互备忘录》及双边金融合作备忘录，推动双边跨境结算、反洗钱、跨境人民币反假等合作。积极发展跨境人民币贷款业务，推动沿边金融综合改革试验区 14 家企业从新加坡、泰国等银行融入资金 55. 63 亿元；内蒙古推动中蒙、中俄双边货币跨境流通结算，促进当地商业银行与俄蒙两国商业银行建立代理行关系 56 个，全年共办理跨境人民币结算总额 518. 9 亿元，增长 22. 82% 。积极推进与周边国家的货币使用合作，启动满洲里市卢布现钞使用试点；黑龙江省实施卢布现钞使用试点、沿边开发开放外汇管理改革试点等先行先试措施。

资料来源：中国人民银行乌鲁木齐中心支行金融稳定处。

# 经济下行对东部地区银行业资产质量的影响

2015 年以来，随着宏观经济持续下行，一些被掩盖的潜在金融风险逐渐显现，银行业资产质量下滑，形成原因较为复杂，蕴含风险值得关注。

## 一、基本情况

### （一）不良贷款继续反弹，隐性不良防控压力加大

2015 年，东部地区[①]银行业金融机构不良贷款继续反弹。截至 2015 年末，东部地区银行业金融机构不良贷款余额和不良贷款率分别较年初增加 2 285. 05 亿元和 0. 26 个百分点。同时，隐性不良防控压力加大。截至 2015 年末，东部地区银行业金融机构关注类贷款余额同比增长 37. 70%，较各项贷款增速高 21. 93 个百分点。如某省银行业金融机构未列入不良的逾期、欠息贷款余额大幅增长 66. 35%，高于该省银行业金融机构不良贷款增速 33. 27 个百分点。

### （二）信用风险总体可控，但部分行业风险明显上升

东部地区外贸依存度较高，在本轮国际金融危机中所受的影响明显大于中西部地区，部分行业风险明显上升。一是新增不良贷款风险主要集中在制造业及批发零售行业。截至 2015 年末，东部地区制造业不良贷款余额（不含上海）同比增加 1 198. 72 亿元，增长 63. 92%。如某省制造业和批发零售业不良贷款余额合计占该省不良贷款余额的 75. 17%。二是房地产市场分化进一步加剧，整体风险加大。2015 年以来，房地产市场分化趋势明显，区域中心城市房价再次快速上涨与三四线地区房地产企业资金链断裂风险同时出现。随着一类城市库存消化加快，房价上涨过快，而二、三类城市房地产市场供过于求、房企资金链紧绷甚至断裂的风险加剧，局部过热和去库存风险均不容忽视。

### （三）大中型企业风险上升明显，担保圈风险有所上升

2015 年，东部地区大中型企业信贷风险上升明显，呈现出从小微企业风险向大中型企业风险蔓延的趋势。据统计，截至 2015 年末，东部地区大中型企业不良贷款余额同比增长 36. 49%，高于小微企业不良贷款余额增速 15. 22 个百分点。如某省 2015 年大型企业不良贷款率比年初上升 0. 95 个百分点，增幅为各类企业之首。

部分地区企业间互保联保现象较为普遍，企业担保圈风险有所上升。如某省企业互保联保不良贷款余额比年初增加 180. 81 亿元，不良贷款率较年初上升 0. 77 个百分点，涉险企业家数达

---

① 东部地区包括北京市、天津市、河北省、山东省、江苏省、上海市、浙江省、福建省、广东省、海南省 7 省 3 市。

3 834 家。由于担保圈涉及当地企业家数多、银行家数多、贷款及担保金额大，且部分圈内企业与地方政府融资平台、民间借贷风险交织，行业性、区域性风险值得重视。

### （四）不良处置力度持续加大，银行机构盈利能力明显下降

2015 年，东部地区银行业金融机构均加大了不良贷款处置力度。如自 2011 年 8 月以来，某省银行业金融机构累计处置不良贷款超过 4 500 亿元。但由于银行业机构处置不良贷款的方式较为单一，主要以核销、现金清收为主，拨备计提也大幅度上升，这都直接消耗了银行业利润。2015 年，东部地区银行业金融机构整体利润为 10 482.25 亿元，同比下降 3.55%。

## 二、原因分析

### （一）经济下行，实体经济总体不景气

随着去产能化、去库存化、去杠杆化进程加快，加之经济下行压力加大，不少行业进入转型升级阵痛期，企业前期粗放经营下积聚的风险逐步显现。特别是一些产能严重过剩行业生产经营困难，债务违约现象突出。

### （二）企业自身经营不善和风险防范意识淡薄

一是部分企业没有形成良好的公司治理机制经营管理能力，抗周期性风险能力薄弱；二是部分企业法定代表人法律意识不强，未能充分认识担保关系中需要履行的义务，仅仅出于私人关系提供担保，未充分考虑担保代偿的风险问题；三是部分企业过度融资、过度投资或偏离主业经营，造成企业资金链紧张甚至断裂。

### （三）部分金融机构经营不审慎，风险管理不到位

一是部分金融机构经营发展不稳健。在外部竞争压力和内部绩效考核的双重驱动下，这些机构片面追求短期规模扩张和当期收益，忽视中长期风险防控。二是风险管理不到位。贷前调查、贷中审核不严，重借款合同和担保合同形式审查，轻借款人及担保人资信状况、第一还款来源以及担保物的真实情况等实质性审核。贷后管理不到位，对贷后资金流向监控不力。此外，我国银行业自 2003 年启动改革以来，尚未经历过一次完整的经济周期考验，“逆周期”风险管理能力和经验的不足，进一步加剧了信用风险的暴露。

## 三、相关建议

### （一）继续加快经济结构调整，构建良好金融生态环境

一是主动适应新常态，继续扩大有效需求，形成经济发展的持久拉动力。二是贯彻落实“三去一降一补”任务，通过减税降费等举措，减轻企业成本，释放供给端活力，矫正要素配置

扭曲问题。三是加大金融债权保护力度，打击恶意逃废债行为，维护良好的金融市场秩序和金融生态环境。

**（二）探索地方金融监管协调机制建设，提高风险消化能力**

一是加强宏观审慎管理与微观审慎监管的协调配合，加强金融监管部门间的沟通协调，注重对区域性系统性风险的早期预警，防止非正规金融及其他相关领域风险向金融系统传染渗透。二是加强金融体系改革，增强风险消化能力。进一步发展融资担保机构，完善风险补偿机制，缓解小微企业融资瓶颈。进一步发展不良资产处置市场体系，扩大不良贷款债权转让范围，发展多层次的资产管理机构，提升不良贷款消化能力，加快风险资产市场化出清速度。

**（三）金融机构转变发展模式，稳健经营，提升金融服务水平**

一是转变发展模式，提高稳健经营水平。银行业金融机构要转变片面追求规模扩张和短期利益的粗放式发展模式，从依赖抵质押物为基础的授信管理体系向注重企业经营分析转变，从顺周期扩张向逆周期风险防控转变。二是审慎应对不良风险，提升金融服务水平。既要避免经济扩张时期的过度投放，也要避免经济下行周期的过度收缩，要理性经营，兼顾金融机构自身利益、金融行业整体可持续发展和区域金融环境秩序三者的统一。

**（四）企业要坚持稳健经营，提升风险管理能力**

一是坚持稳健经营。企业应当树立稳健经营、适度融资的发展理念，摒弃片面追求规模的粗放式发展模式，制定符合自身特点的中长期发展规划，回归实业、专注主业，加大产品科技研发体系建设，加快推进转型升级步伐，不断增强市场竞争能力。二是提升风险管理能力。企业要逐步完善治理结构，健全财务制度，提高管理水平。合理配置长期资产和短期流动资金，保持充足流动性，避免出现资金链断裂。

资料来源：南通市中心支行货币信贷管理科。

# 证券公司创新业务发展现状及风险分析

近年来，金融管理部门加快推动证券业创新进程。在一系列政策推动下，证券公司业务范围不断拓宽，产品类型日益丰富，资产规模持续提升，盈利能力和资本实力显著增强，行业盈利模式逐步由传统“通道服务”为主的模式向“资产负债表业务加杠杆”模式转变。然而，随着改革创新步伐的不断加快，各种新情况、新问题、新风险交叉显现，对证券业的稳健运行带来挑战。

## 一、证券公司创新业务发展总体情况

### （一）业务经营范围不断拓展，金融产品日趋丰富

近年来，随着投资、融资、交易、支付、托管清算等基础功能的逐步恢复，证券公司正从简单的交易通道提供商向综合金融服务提供商转变。从各主要业务条线看，经纪业务已从传统的代理买卖股票扩展至代销金融产品、消费支付、资产托管等非通道服务；资产管理业务的投资范围也得到极大放宽，受托资产规模由2011年末的0.28万亿元扩张至2015年末的11.88万亿元，增长超过40倍；投行业务已从传统的股票债券承销扩展至私募债、结构化融资、资产证券化、新三板等业务。场外市场的快速发展为证券公司自主创设产品奠定了基础，结构化产品、股票收益互换、场外期权等创新产品增长较快。继国债期货之后，股票期权、股指期权等金融衍生品相继推出，黄金、石油期货等大宗商品业务也可能逐步向证券公司放开。

### （二）重资产业务快速发展，资产负债表杠杆化加重

2015年以来，融资融券、股票质押式回购等类贷款的重资产业务①继续保持快速扩张势头，成为行业最重要的利润增长点。一是融资融券业务高速增长。2015年，融资融券市场规模继续保持快速增长势头，25家证券公司中有96家开展融资融券交易，6月末融资融券业务余额达2.05万亿元，股票市场形成了“交易活跃—融资融券需求旺盛—券商补充资本金—扩大信用类业务规模—交易活跃”的自我强化式循环。2015年末业务余额为11 742.67亿元。二是股票质押式回购业务逐步成为股权质押市场主流。2015年股权质押业务总规模（按质押标的市值计算）达21 531亿元，同比增长79.22%。从参与股权质押交易的质押方占比来看，2013年6月试点以来，证券公司股票质押式回购规模大幅扩张，并逐步取代银行、信托机构成为股权质押业务的首选类型，全年证券公司股票质押业务总规模12 043亿元，占比为55.9%，较上年同期提高1.3个百分点。

① 重资产业务是指证券公司通过运用资产负债表产生收入的业务，主要包括占用大量资金的资本中介业务和资本型业务。

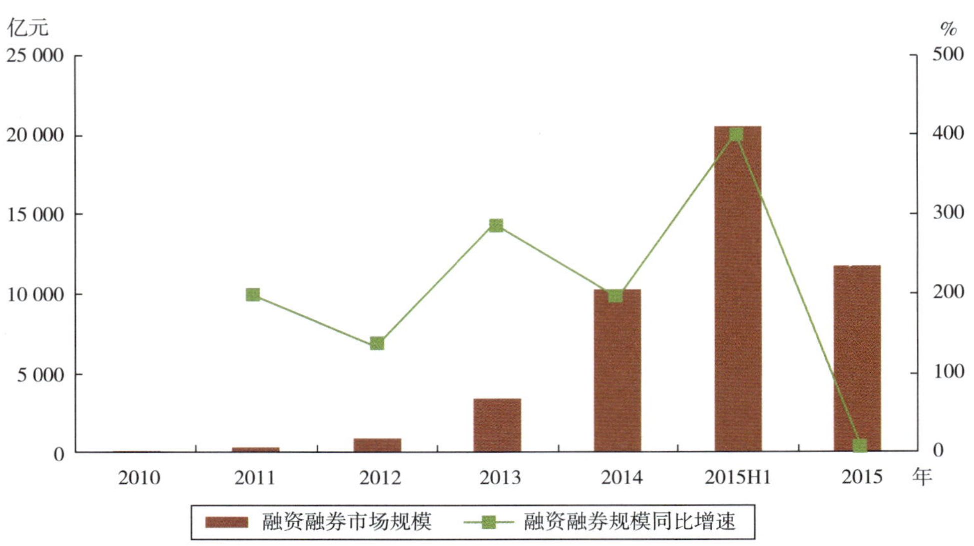


图 1　2010 年以来融资融券市场规模及同比增速

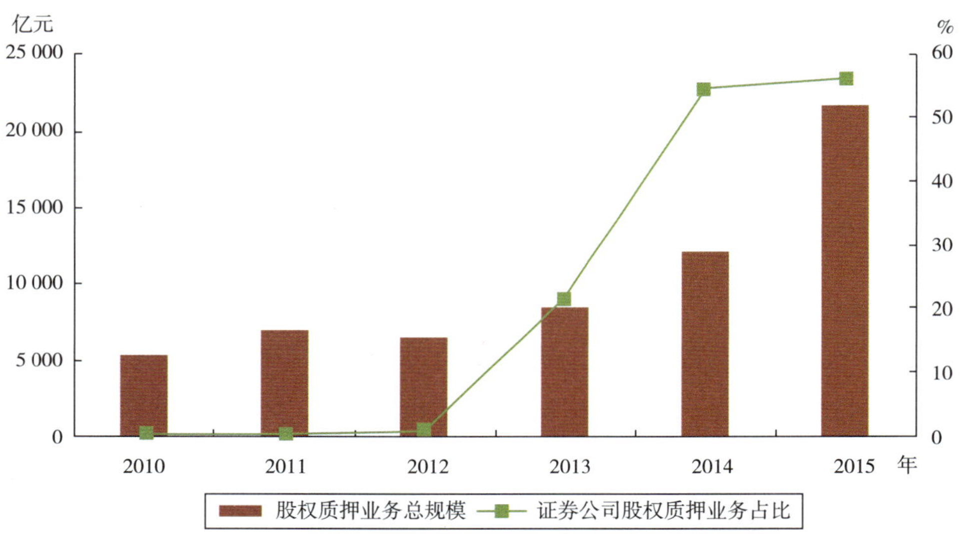


图 2　2010 年以来股权质押业务规模及同比增速

重资产业务的快速发展会消耗证券公司大量资本金，近年来证券公司杠杆水平持续提升，负债占净资产的比重已由 2012 年末的 1.61 上升至 2015 年末的 3.01（图 3）。

### （三）盈利能力大幅增长，盈利结构逐步多元化

从盈利情况看，2015 年证券行业分别实现营业收入和净利润为 5 751.55 亿元和 2 447.63 亿元，同比分别增长 120.97% 和 153.50%，营业收入和净利润规模及增速均达到历史高点。其中，融资融券（包括转融通）、另类投资、直投、中小企业私募债承销业务等是全年证券公司主要的创新收入和盈利来源。

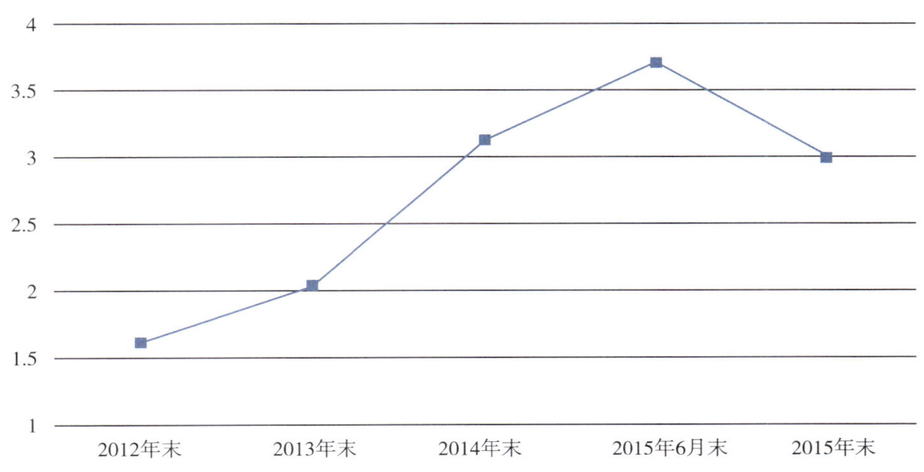


数据来源：Wind。

图3　2012 年以来证券行业杠杆倍数变化情况

## 二、创新背景下证券公司的风险分析

### （一）创新业务发展导致负债规模快速增长，部分机构杠杆水平较高，受净资本约束明显

1. 证券公司负债增长快于资产增长。截至 2015 年末，证券公司资产总额合计为 6.42 万亿元，同比增长 57%；负债总额 3.17 万亿元，同比增长 139%。从上市券商看，负债总额合计为 2.11 万亿元，同比增长 150.18%，增速超过资产同期增速 43.7 个百分点。其中，长期借款、卖出回购金融资产、短期借款和拆入资金余额同比分别增长 613.11%、210.67%、173.45% 和 113.73%。

2. 部分机构杠杆水平上升较快，个别机构净资本指标逼近监管阈值。2014 年下半年以来，大盘和创业板呈现普涨行情，证券公司通过“提升杠杆—加大融资规模—赚取稳定利差”的盈利模式不断加大杠杆水平。同时，证券公司在进行金融资产配置需要扣减净资本，由此导致“重资产”业务占比高的部分券商受净资本约束较为明显，个别证券公司 2015 年末净资本/净资产已接近 40% 的监管红线。

### （二）资产负债的期限错配程度加重，流动性管理压力较大

证券行业通过提高负债杠杆大力发展重资产业务，导致负债与资产的期限错配程度日渐加大，“短借长用”较为突出。从上市证券公司年报披露情况看，截至 2015 年末，25 家上市券商同业拆入、卖出回购和短期借款资金合计为 815.95 亿元，占负债总额的比重仅为 23.95%，负债期限以短期为主。而资产端方面，信用类资产期限通常都在三个月以上，有的甚至在一年以上。同时，融资手段较窄和融资空间受到限制，证券公司债务融资工具中收益凭证外，其他债务融资工具都有规模上限的限制，增加了证券公司的流动性风险管理难度。

### （三）互联网证券发展对经纪业务冲击较大，导致部分机构佣金率快速下滑

自2014年2月国金证券与腾讯合作开发的“佣金宝”推出以来，应用互联网思维和技术开发的新产品不断冲击证券行业，加之2015年4月“一人多户”政策的放开，经纪业务佣金率持续下滑。佣金率由2014年的0.067%降至2015年的0.050%，同比下降0.017个百分点。从证券公司的佣金率水平、营业网点分布以及收入结构看，互联网证券业务对传统经纪业务占比和佣金率相对较高的券商影响较大。

### （四）风险管理水平与创新业务发展步伐不相适应，操作风险日益突出

当前金融产品的多元化、复杂化导致了ETF套利、期现套利、量化投资等程序化交易开始兴起，证券交易模式呈现高频化，这种通过大量交易赚取价差的盈利模式对模型构建和信息技术的要求极高，操作不当将放大市场交易量并加剧市场波动，较小的误差也可能引发很大的损失。国内证券公司在风险管理能力、人员素质和风险容忍度等方面与创新业务发展步伐存在很大差距。如近年来证券监管部门开展的证券公司两融业务检查中就发现部分公司存在违规为到期融资融券合约展期、向不符合条件的客户融资融券、未按规定及时处分客户担保物、违规为客户与客户之间融资提供便利等问题。

### （五）跨市场、跨行业的系统性风险隐患增加

当前证券业与其他金融行业之间的合作越加紧密，部分定向资管业务、两融受益权转让等创新业务延长了交易链条，证券和银行、保险各行业间相互传染风险增大。证券公司通过创新业务或直投（另类投资）子公司间接为房地产、地方政府融资平台等行业融资，在经济下行压力持续加大的形势下，企业资金链紧张局面可能持续，债务违约事件增多，可能引发信用风险的交叉传染。

## 三、政策建议

### （一）加强金融业监管协作，提高监管合力

一是进一步发挥人民银行在金融监管协调机制中的牵头作用，强化交叉性金融产品在体制机制创新、监管标准制定方面的协调，加强金融信息共享。二是夯实《人民银行与证监会关于加强证券期货监管合作共同维护备忘录》工作，开展交叉性金融产品和业务的监管合作。

### （二）证券公司应提升全面风险管理水平，审慎开展各项创新业务

一是建立健全流动性风险管理体系，建立以净资本为核心的流动性风险限额指标体系，包括杠杆率、流动性缺口限额、流动性储备等指标，加强业务规模监控和调整机制，对可用资金进行跟踪监测，合理确定财务杠杆倍数，控制整体财务杠杆率。二是改变按业务条线或风险类型进行风险管理，开展总量风险计量，定时估算公司业务经营所承担的风险大小并予以管理。

三是建立创新业务风险监控、预警，针对创新业务特有风险，证券公司应深入剖析风险因子，结合因子对参数的敏感性情况，建立多维度、多层级的风险预警体系。四是建立职责明晰的前、中、后台分级监控制度和授权授信体系，覆盖业务流程事前、事中、事后各个环节。

**（三）加强投资者教育，提高投资者风险承受能力**

进一步加大对投资者风险教育力度，帮助投资者更加全面、深入地认识市场风险，进行理性投资；强化对融资融券、股指期货等创新金融工具及创业板投资的风险提示。

资料来源：中国人民银行合肥中心支行金融稳定处。

# 中国各地区
# 金融稳定报告摘要
## （2016）

# 北京市金融稳定报告摘要

2015年，北京市金融业在经济运行新常态下经济增长总体保持平稳；银行业资产负债规模增长平稳，利润保持较快增长；证券市场大幅波动，市场主体不断扩容，规模迅速壮大；保险业保费规模位居全国前列，保险市场秩序持续好转，业务创新不断深入。同时，经济金融领域还存在一些潜在风险因素。一是商业银行资产质量下行压力明显，劣变可能性加大，个别银行内控合规风险突出；二是资本市场杠杆融资加大市场波动风险，跨市场风险传染可能上升；三是保险业资产负债期限错配管理值得高度关注；四是非法集资呈高发态势，影响金融市场秩序。

## 一、北京市经济运行情况

2015年，北京市经济增长总体保持稳定，经济结构优化升级，居民收入稳步提高，消费驱动型经济继续健康发展，为全市金融平稳运行提供了良好的经济环境。

### （一）经济增长总体保持平稳

2015年，北京市实现地区生产总值22 968.6亿元，按可比价格计算，同比增长6.9%（见图1），增幅同比下降0.4个百分点。按常住人口计算，全市人均地区生产总值达到10.6万元（按年平均汇率折合17 064美元）。

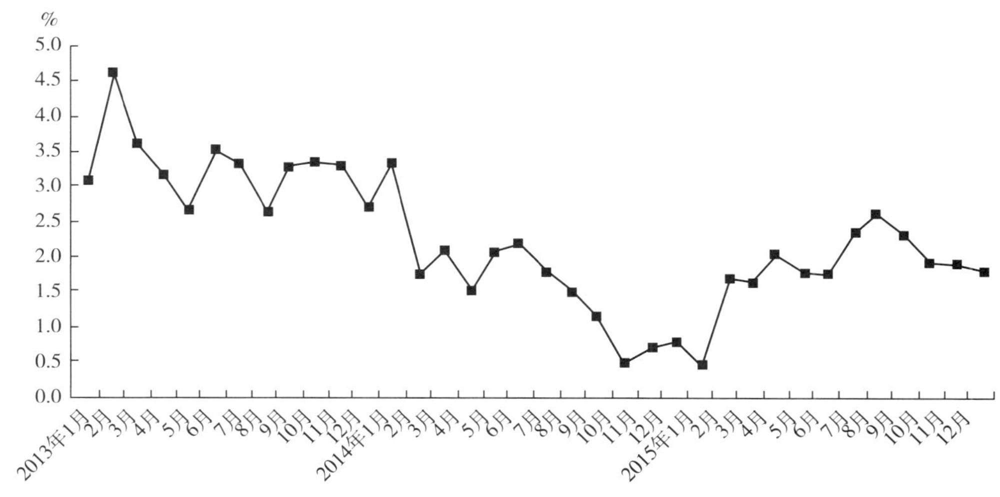


数据来源：北京市统计局。

**图1　北京市生产总值季度累计增速**

**（二）服务型经济特征日趋明显，产业结构更加高端化**

2015 年，北京市三次产业结构由上年的 0. 7∶21. 4∶77. 9 变化为 0. 61∶19. 71∶79. 68，服务型经济特征日趋明显，产业结构更加高端化。全市规模以上工业增加值按可比价格计算，同比增长 1%，增速比上年回落 5. 2 个百分点。重点行业支撑作用增强，规模以上高技术制造业增加值同比增长 6. 7%，占规模以上工业增加值的比重达到 21. 3%，比上年提高 0. 5 个百分点。重点行业中，汽车制造业，计算机、通信和其他电子设备制造业，医药制造业增加值分别增长 8. 3%、7. 3% 和 7. 2%。全市规模以上工业企业实现利润 1 580. 3 亿元，同比增长 6%。

**（三）投资结构继续优化，民间投资占比持续提高**

2015 年，全社会固定资产投资 7 990. 9 亿元，同比增长 5. 7%。其中，民间投资 3 296. 2 亿元，增长 25. 8%，增速高于全市投资平均水平 20. 1 个百分点，成为拉动全市投资增长的主要力量；占全市投资的比重达到 41. 2%，比上年提高 6. 5 个百分点。基础设施投资 2 174. 5 亿元，增长 7. 7%，占全市投资的 27. 2%，比上年提高 0. 5 个百分点。分产业看，第一产业投资 111 亿元，同比下降 32. 2%；第二产业投资 677. 1 亿元，同比下降 5. 5%；第三产业（含房地产开发）投资 7 202. 8 亿元，同比增长 7. 8%（见图 2）。

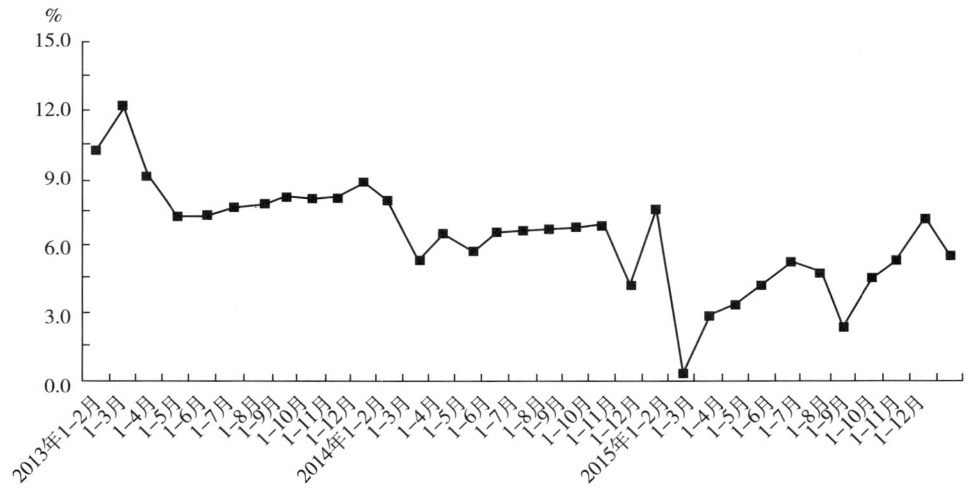


数据来源：北京市统计局。

**图 2　北京市全社会固定资产投资累计增速**

**（四）消费驱动型增长特征明显，网上销售增长迅猛**

2015 年，全市实现社会消费品零售总额 10 338 亿元，同比增长 7. 3%，增速比上年下降 1. 3 个百分点。其中，服务性消费增长 10. 5%。线上与线下、传统企业与互联网企业双向融合趋势加快，网上零售额增长 40. 2%，占全市社会消费品零售总额的比重达到 19. 5%。消费成为北京市经济增长的主要驱动力。

**（五）进出口总值降幅扩大，金融业成为外资首选领域**

受大宗商品价格下降、国内外市场需求较弱、人民币汇率贬值等因素影响，2015 年，北京地区实现进出口总值 3 195. 9 亿美元，同比下降 23. 1%，降幅比上年扩大 19. 7 个百分点。其中，进口总值 2 649. 2 亿美元，下降 25%，降幅扩大 21. 3 个百分点；出口总值 546. 7 亿美元，下降 12. 3%，降幅扩大 11. 1 个百分点（见图 3）。

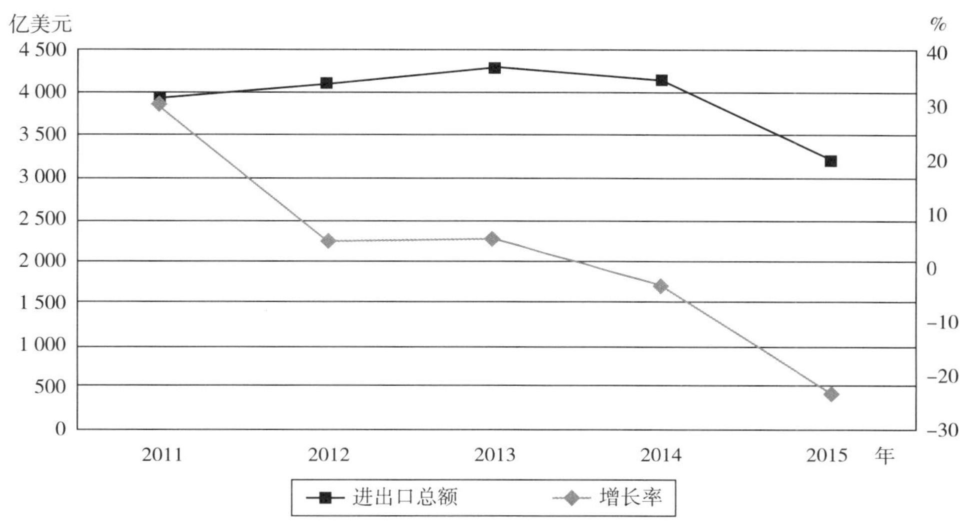


数据来源：北京市统计局。

**图 3　北京市进出口总值增速走势**

全年合同外资 323. 8 亿美元，比上年下降 9. 3%。实际利用外资 130 亿美元，增长 43. 8%。其中，金融业占比达 56. 4%。

**（六）居民消费价格温和上涨，工业生产者价格维持降势**

2015 年，全市居民消费价格总水平同比上涨 1. 8%，涨幅为近 5 年较低水平。其中，衣着类、交通和通信类、居住类上涨、食品类等消费品价格保持小幅上涨，家庭设备用品及维修服务类小幅下降。2015 年，全市工业生产者出厂和购进价格同比分别下降 3. 1% 和 6. 3%（见图 4）。

**（七）居民收入稳步增长，城乡收入差距有所缩小**

2015 年，全市居民人均可支配收入 48 458 元，同比增长 8. 9%，扣除价格因素，实际增长 7%。其中，城镇居民人均可支配收入 52 859 元，增长 8. 9%；农村居民人均可支配收入 20 569 元，增长 9%；扣除价格因素，城乡居民收入分别实际增长 7% 和 7. 1%，与经济增长同步。农村居民收入增速连续 7 年快于城镇居民，城乡收入差距有所缩小。

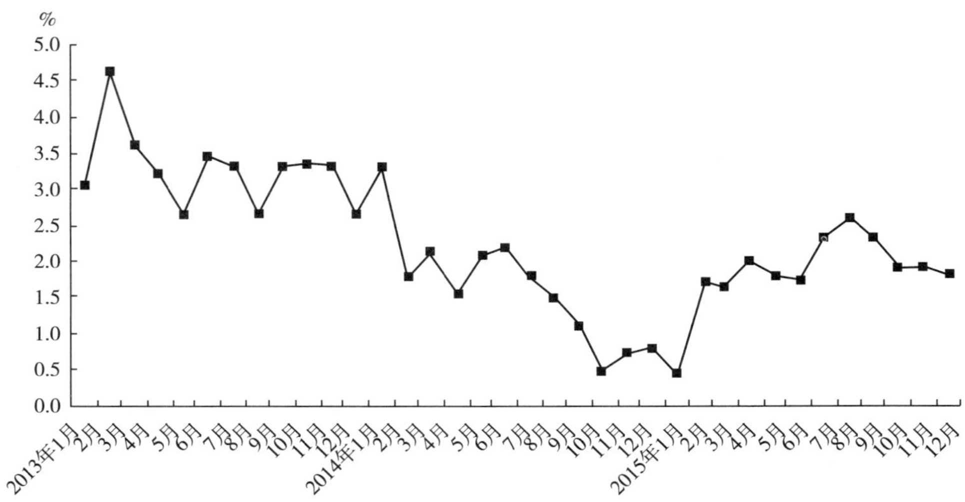

数据来源：北京市统计局。

**图4 北京市月度同比 CPI 走势**

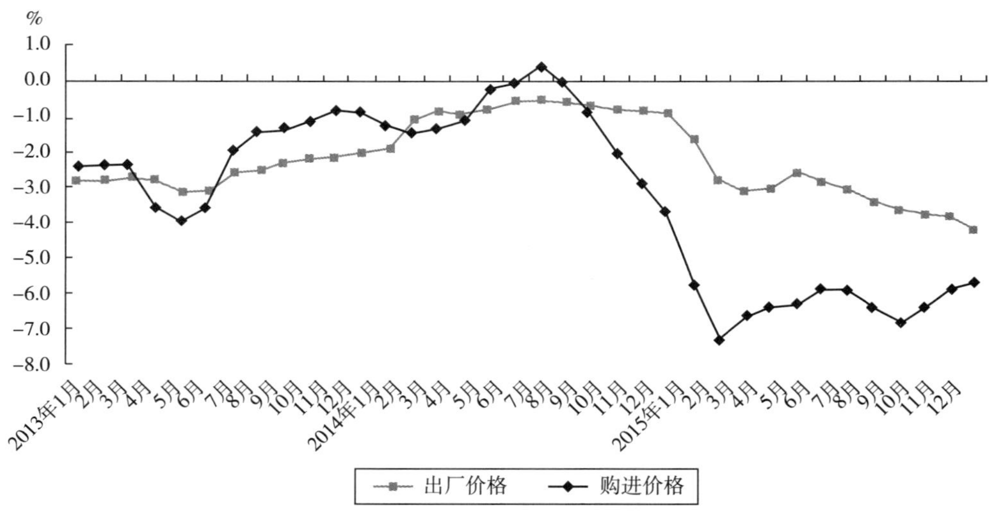


数据来源：北京市统计局。

**图5 2013 年以来北京市工业生产者出厂、购进价格当月同比涨跌幅度**

## 二、北京市金融业运行状况

2015 年，北京市银行业金融机构运行总体稳健，证券期货行业活力显著增强，保险市场保持平稳较快发展。同时，银行业信用风险防控压力上升，资本市场风险跨行业传染，保险资金运用风险加大等，值得高度关注。

### （一）银行业经营情况

2015 年，北京辖内银行业金融机构资产负债规模平稳增长，本外币贷款增速下降，存款增速大幅提升，中间业务收入占比提高，利润增长较快，风险抵御能力较强；非银行金融机构经营总体稳健。

1. 资产、负债规模①平稳增长，增速稳中略降

2015 年末，辖内银行业金融机构资产总额 19.66 万亿元，同比增长 13.53%，增速同比下降 2.13 个百分点；较年初增加 2.34 万亿元，同比少增 17.54 亿元。负债总额 18.93 万亿元，同比增长 13.32%，增速同比下降 2.20 个百分点；较年初增加 2.22 万亿元，同比少增 201.65 亿元。

2. 贷款②增速有所下降，金融支持经济结构调整力度增强

2015 年末，辖内银行业金融机构本外币各项贷款余额 58 559.40 亿元，同比增长 9.15%，增速同比下降 2.9 个百分点，较年初增加 4 822.06 亿元。从期限结构看，本外币短期贷款余额 17 907.00 亿元，与上年基本持平；本外币中长期贷款余额 33 671.34 亿元，同比增长 9.03%。从币种结构看，人民币贷款余额 50 559.52 亿元，同比增长 11.22%；外币贷款余额 1 231.96 亿美元，同比下降 7.98%，增幅同比回落 18.67 个百分点。

贷款投向前五位行业依次是：交通运输仓储和邮政业、个人贷款、制造业、批发和零售业以及房地产业。其中，信息技术服务业、文体娱乐业、个人住房按揭贷款等增速较快，同比分别增长 48.58%、67.12%、30.50%，增速分别提高 39.41 个、64.61 个和 18.90 个百分点，金融支持北京市经济结构调整力度增强。

3. 人民币存款增速加快，期限结构活期化趋势明显

2015 年末，辖内金融机构本外币存款余额 128 572.96 亿元，同比增长 28.45%，增幅同比提高 19.25 个百分点。其中，人民币存款余额 123 767.37 亿元，同比增长 29.78%，增速同比大幅提高 21.39 个百分点；外币存款余额 740.05 亿美元，同比下降 4.16%。

受央行连续降息影响，定、活期存款利差缩小，金融理财投资产品收益率下降，存款结构呈现活期化趋势。2015 年末，单位活期存款和个人活期存款同比分别增长 22.82% 和 16.88%；单位定期存款同比仅增长 3.41%，个人定期存款同比负增长。

4. 中间业务收入占比提高，利润增长较快

2015 年，辖内银行中间业务收入比率为 17.12%，同比增加 1.79 个百分点；实现利润 1 431.32 亿元，同比增长 8.88%；资产利润率为 0.89%，同比下降 0.03 个百分点；成本收入比率为 30.55%，同比下降 0.48 个百分点，经营成本略有节约。

5. 不良贷款延续“双升”势头，但风险抵御能力依然较强

2015 年末，辖内银行不良贷款余额 447.55 亿元，同比增长 62.89%，增幅同比上升 30.69 个百分点；不良贷款率 0.77%，同比上升 0.27 个百分点，延续 2014 年以来的“双升”势头。

2015 年末，辖内法人银行拨备覆盖率 289.88%，同比下降 30.64 个百分点，但仍高于 150% 的监管要求；资本充足率 13.71%，比年初上升 0.53 个百分点；贷款损失准备充足率 451.14%，仍维持高位，信用风险抵补水平充分。

---

① 本节数据除存、贷款指标外，均来源于北京市银监局。

② 存、贷款数据来源于人民银行营业管理部调查统计数据。

6. 非银行金融机构[①]资产负债规模继续扩张，经营总体稳健

2015年末，辖内非银行金融机构资产总额27 730.28亿元。其中，财务公司、汽车金融公司和金融租赁公司资产规模分别为22 838.37亿元、2 061.64亿元和1 750.98亿元，规模合计占比为96.11%。负债总额23 366.81亿元，其中，财务公司、汽车金融公司和金融租赁公司负债规模合计占比98.54%。实现利润487.37亿元，其中，财务公司、信托投资公司和汽车金融公司利润合计占比95.79%。

## （二）证券业经营情况

2015年，北京辖内证券期货行业实力显著增强。证券公司资产总额稳步增长，盈利实现翻番，基金公司资产管理规模扩大，新发基金数量大幅增加，期货公司成交规模大幅增长，境内上市公司公开募集资金成效显著。

1. 证券公司资产总额[②]稳步增长，盈利实现翻番

2015年末，辖内正常经营的法人证券公司18家，较上年减少1家；证券公司在京营业部348家，较上年增加18家。辖内法人证券资产总额8 390.81亿元，同比增长59.49%。

2015年股票市场大幅震荡，证券市场活跃度较高。辖内法人证券公司市场交易额68.69万亿元，同比增长135.74%；营业收入825.21亿元，同比增长100.29%，其中经纪业务手续费收入392.81亿元，同比增长48.79%；全年净利润326.8亿元，同比增长142.07%。

2. 基金公司资产管理规模扩大，新发基金数量大幅增加

2015年末，北京地区共有基金管理公司25家，比上年增加2家；法人基金管理公司17家，比上年减少1家。北京辖内法人基金管理公司[③]共管理基金384只，基金规模1.54万亿元，同比增长98.40%。其中，封闭式基金年末总规模43.57亿元，开放式基年末总规模1.53万亿元。2015年，法人基金管理公司新发基金134只，数量大幅增加，同比增长103.03%；新发基金首次募集规模3 137.53亿份，同比增长216.58%。

3. 期货公司稳步发展，成交规模大幅增长

2015年末，辖内法人期货经纪公司20家，与上年持平；期货营业部较上年增加4家。辖内法人期货公司资产总额和净资产分别为619亿元和134亿元，同比分别增长0.98%和15.52%；实现期货代理交易额128.08万亿元，同比增长58.14%，实现净利润10.42亿元。受国际大宗商品市场持续走低和股票市场剧烈波动影响，辖内商品期货和金融期货市场均受到一定影响。但随着原油期货和上证50ETF等重要期货品种上市，以及期货公司平稳转型，辖内期货公司稳步发展并朝国际化水平迈进。

4. 上市公司融资规模大幅增长，有力支持实体经济

2015年末，北京辖内境内上市公司264家，较上年末增加19家；年内共有29家公司IPO，其中主板公司8家，中小板公司5家，创业板公司16家。2015年，辖内境内上市公司融资金额大幅增

---

① 非银行金融机构合计口径包括信托投资公司、企业集团财务公司、金融租赁公司、汽车金融公司、货币经济公司和消费金融公司。2015年4月，北京银监局修改统计口径，企业集团财务公司由原来的46家增加为63家，信托公司由原来的3家增加到11家，金融租赁公司由2家增加到3家，数据来源于北京市银监局，因统计口径发生变化，故未做同比分析，其中信托公司只统计自身资产，信托资产未包括在内。

② 本节数据除“新三板”全国情况外，其余均来源于北京市证监局。

③ 不包含取得公募基金管理牌照的其他资产管理机构。

长，累计募集资金 1 738.51 亿元，同比增长 31.32%。其中，中小板累计募集资金 212 亿元，同比增长 103.65%；创业板累计募集资金 345.8 亿元，同比增长 137.34%。2015 年末，辖内境内上市公司总市值 13.31 万亿元，同比下降 15.84%；流通市值 11.55 万亿元，同比增长 6.41%。

5. “新三板”挂牌公司数量增长迅速，融资功能继续凸显

2015 年末，全国中小企业股份转让系统挂牌公司总数[①]达 5 129 家，较上年末增加 3 557 家，增长 2.26 倍。总股本和总市值分别为 2 959.51 亿股和 24 584.42 亿元，同比分别增长 349.53% 和 435.44%。2015 年挂牌公司共实现股票融资 1 216.17 亿元，同比增长 820.71%，“新三板”市场融资功能进一步凸显。2015 年，北京辖内“新三板”挂牌公司共 763 家，较上年末增加 401 家，累计融资 442.41 亿元，同比增长 441.84%，有效纾解了辖内中小企业融资难问题。

### （三）保险业经营情况

2015 年，北京保险市场保持平稳较快发展态势，社会服务功能进一步增强，市场秩序明显好转。全年实现原保险保费收入[②]（以下简称保费收入）1 403.9 亿元，同比增长 16.3%；累计赔付支出 506.6 亿元，同比增长 24.4%；保险深度 6.3%，同比上升 0.6 个百分点，保险密度 6 501.9 元/人，同比增加 842.6 元/人。

1. 财产险公司保费收入稳步增长，承保利润率略降

2015 年，财产险公司实现保费收入 360.7 亿元，同比增长 9.6%，占辖区保费总规模的 25.7%。其中，车险保费收入 243.7 亿元，同比增长 8.7%，占比 67.6%。累计赔款支出 215.7 亿元，同比增长 13.5%。产险公司综合赔付率 62.3%，同比下降 0.1 个百分点；综合费用率 37.3%，同比上升 1.3 个百分点；承保利润率 0.4%，同比下降 1.2 个百分点。

2. 人身险公司保费收入快速增长，退保率微幅上升

2015 年，人身险公司实现保费收入 1 043.2 亿元，同比增长 18.8%。其中，寿险业务保费收入同比增长 9.8%，健康险和意外险保费收入同比分别增长 64.9% 和 9.7%。寿险产品中，普通寿险保费收入 350 亿元，占比 45%；分红寿险 424 亿元，占比 54.4%；投连险、万能寿险占比分别为 0.1% 和 0.5%。寿险新单期交率 24.9%，同比上升 1.4 个百分点；退保率 5.4%，同比上升 0.9 个百分点。

3. 外资财产险公司市场份额下降，人身险公司保费收入增长较快

2015 年末，在京外资财产险公司 14 家，较上年增加 1 家；保费收入 15.4 亿元，同比下降 5.5%；市场份额 4.3%，同比下降 0.7 个百分点。外资人身险公司 24 家，同比增加 2 家；保费收入 180.3 亿元，同比增长 23.7%；市场份额 17.3%，同比上升 0.7 个百分点。

4. 农业保险产品体系进一步丰富，社会服务功能增强

2015 年末，北京地区 7 家政策性农业保险公司服务覆盖北京 13 个区县以及首农集团等龙头企业，形成了 23 个市统颁险种、11 个创新险种在内的农险产品体系。全市农业保险实现保费收入 5.7 亿元，同比增长 27.1%；参保农户 10.6 万户次。赔款支出 4.5 亿元，同比增长 8.2%。为农业企业提供“农保贷”农业保险质押贷款项目，全年为农户提供贷款支持超过 1 400 万元。

---

① 数据来源：全国中小企业股份转让系统官方网站。

② 本小节数据来源于：北京市保监局。

5. 加强从业人员分类管理，保险市场秩序明显好转

2015 年，北京地区开展人身保险销售从业人员销售资质分类管理试点工作，截至年末，共有 3.1 万人获得分红险和万能险销售资质，1 064 人获得投连险和变额年金险销售资质。全年保险业消费者投诉974 件，同比下降 81.1%，保险市场秩序明显好转。

### （四）需要关注的问题

1. 银行业资产质量持续下行，信用风险防控压力加大

受总部经济影响，金融风险在北京存在滞后反应，2015 年辖内银行业金融机构信用风险与全国相比仍处于较低水平，但不良贷款反弹压力也在加大。2015 年，北京市银行业金融机构逾期贷款持续增长，年末逾期贷款较年初增长 37.62%，逾期 90 天以上贷款与不良贷款比率较年初增加 18%。同时，辖内法人银行关注类贷款迁徙率 39.51%，同比提高 31.89 个百分点，资产质量劣变可能性加大。

2. 个别银行内控建设薄弱，内控合规风险突出

受利益驱动，个别银行与票据中介合作，违规开展票据代理、代持业务，内控合规风险突出。个别银行内控建设薄弱，员工管理存在不足，“飞单”、“私售” 事件持续暴露。银行柜面业务审查不严格、管理存疏漏、审核不到位等违规情况多发，存在一定的操作风险隐患。

3. 杠杆融资加大资本市场波动风险，跨市场风险可能上升

2015 年，证券市场各类创新迭出，融资融券、股权质押融资等创新工具不断涌现，与此同时，银行理财和社会各类场外资金涌入市场，利用各种配资模式开展杠杆融资交易，助涨助跌，加大市场波动；在资本市场持续宽幅波动情况下，个别银行理财产品配资股票出现跌破预警线甚至无法平仓的情况，市场风险跨行业传染可能性上升，值得高度关注。

4. 保险业资产负债匹配问题突出，资金运用风险值得关注

长期以来，保险公司“长钱短投”期限错配问题突出，面临利差损失和投资收益成本错配风险。但与此同时，部分中小保险公司大力发展短期限、高成本负债用于股权等长期限投资，“短钱长投”期限错配，导致流动性风险上升，还要承受股权市场价格波动风险，甚至出现偿付能力不足。特别是随着保险公司投资范围扩大，债务信用风险、资本市场波动风险、不动产投资风险上升，值得高度关注。

5. 非法集资呈高发态势，金融市场秩序受威胁

2015 年，北京市非法集资案件呈多发态势，多集中于投资理财、私募股权投资基金、网络借贷等高发领域，已经严重影响到正常的金融市场秩序。虽然私募基金已实施备案制改革，但存在备案门槛低、监管不足等问题，仍处于“底数不清、情况不明”状况。当前，借助互联网金融平台，利用私募基金从事非法集资活动，值得高度关注。

## 三、总体评估与政策建议

### （一）总体评估和定量评价

2015 年，北京市经济平稳增长，银行业资产规模稳步增长，资本充足情况良好；证券公司经营

平稳；保险业发展态势良好；金融市场整体运行平稳；社会融资结构继续优化，金融基础设施建设继续改善。

人民银行营业管理部金融稳定定量评估模型结果显示，北京市2015年金融稳定状况综合得分与去年基本持平，整体保持稳定。在选取的29项指标中，共有10项指标得到改善，11项指标保持稳定，8项指标相对恶化。其中，在15项金融指标中，5项指标改善（银行业流动性比例、证券业净资产负债率、保费增长率、上证综合指数增幅、月拆入加权平均利率），2项指标相对恶化（证券业资产利润率、寿险公司退保率）；在13项经济指标中，5项指标改善（居民消费价格指数、企业部门利润增长率、收入成本比、房地产业贷款比率、房屋销售价格指数），4项指标相对恶化（地区GDP增长率、工业生产者价格指数、主营业务收入增长率、房地产投资增速），4项指标保持稳定；金融生态指标表现有所下降（见表1）。

**表1　　2015年北京市金融稳定评估指标变化情况**

| 一级分类 | 二级分类 | 指标数量 | 变化个数 | | |
|---|---|---|---|---|---|
| | | | 改善 | 稳定 | 恶化 |
| 金融运行指标 | 银行业指标 | 7 | 1 | 5 | 1 |
| | 证券业指标 | 3 | 1 | 1 | 1 |
| | 保险业指标 | 3 | 1 | 1 | 1 |
| | 金融市场运行指标 | 2 | 2 | 0 | 0 |
| | 金融运行指标合计 | 15 | 5 | 7 | 3 |
| 经济运行指标 | 区域经济运行指标 | 6 | 1 | 3 | 2 |
| | 企业部门指标 | 3 | 2 | 0 | 1 |
| | 房地产部门指标 | 3 | 2 | 0 | 1 |
| | 住户部门指标 | 1 | 0 | 1 | 0 |
| | 经济运行指标合计 | 13 | 5 | 4 | 4 |
| 金融生态指标 | 融资结构指标 | 1 | 0 | 0 | 1 |
| 合计 | | 29 | 10 | 11 | 8 |

### （二）政策建议

1. 加强全面风险管理，防范风险因素相互叠加

辖内银行业金融机构应加强全面风险管理，既要高度重视资产质量劣变压力，也要防控银行理财资金等表外资产风险；加强利率定价能力建设，完善投资限额管理，防控金融市场波动风险；加强员工管理，完善内部工作流程体系和责任追究机制，严控操作性风险和声誉风险，防止各种风险相互叠加。

2. 加强证券业创新风险识别，防止风险跨行业传递

加强对证券创新业务风险识别与监测，强化风险防控措施。提高对杠杆融资的监管力度，保持市场活力，防范过度投机；加强对银行理财等资金参与资本市场情况的监测与管控，防范风险交叉传染。

3. 完善资产负债匹配管理，防范保险公司投资风险

保险公司应进一步完善资产负债管理架构，促进资产端与负债端平衡配置；根据投资收益适当

调节负债成本；按照偿付能力要求严格控制短期限产品发展，提高公司内部风险意识，加强风险识别和管理能力，保证保险资金安全运用。

4. 加强统筹协调，维护金融秩序

进一步加强政府管理部门统筹协调，形成监管合力，严厉打击金融诈骗、非法集资等金融犯罪。

总　纂：付喜国
统　稿：董洪福　项银涛
执　笔：刘文权　田　娟　李艳丽　张素敏　孙伊展　楼　丹

# 天津市金融稳定报告摘要

2015年，在国际经济形势复杂多变、国内经济下行压力加大的情况下，天津市主动适应经济发展新常态，坚持稳中求进、改革创新，抢抓五大战略机遇，积极应对各种挑战，全市经济运行总体平稳，经济结构持续优化，发展活力不断增强，金融服务社会经济的作用进一步显现，金融市场总体运行平稳。

## 一、经济与金融稳定

### （一）天津市经济转型升级效果进一步显现

2015 年，天津市实现生产总值 16 538. 19 亿元，同比增长 9. 3%，增速较上年回落 0. 7 个百分点，但仍高于全国平均增速 2. 4 个百分点。分三次产业看，第一产业实现增加值 210. 51 亿元，同比增长 2. 5%；第二产业实现增加值 7723. 60 亿元，同比增长 9. 2%；第三产业实现增加值 8604. 08 亿元，同比增长 9. 6%。

1. 产业结构优化升级，服务业主导地位初步确立

全年服务业增加值占全市生产总值的比重为 52%，首次超过第二产业，初步形成“三二一”产业结构，经济发展由工业主导向服务业主导转变。现代都市型农业发展加快，观光农业、生态农业成为新亮点，粮食产量同比增长 3. 3%，实现“十二年”连增。工业结构调整稳步推进，全年规模以上工业增加值同比增长 9. 3%。八大优势产业①完成工业增加值占全市工业的 87. 9%，同比增长 9. 4%，拉动全市工业增长 8. 2 个百分点。

2. 内需拉动作用明显，投资消费协同增长

全年全社会固定资产投资 13 065. 86 亿元，同比增长 12. 1%，投资总量较上年增加 1 411. 78 亿元。实体投资 7 846. 45 亿元，同比增长 10. 6%，占城镇投资的 63. 5%。消费升级趋势明显，宽带和移动互联网提速降费刺激信息消费，房地产销售趋好和家居家装更新换代带动相关消费走旺，文化娱乐、休闲旅游成为新的消费热点。全年社会消费品零售总额 5 245. 69 亿元，同比增长 10. 7%，增速较上年上升 4. 7 个百分点。全年外贸进出口总额 1 143. 47 亿美元，同比下降 14. 6%，贸易逆差 119. 81 亿，同比下降 58. 3%。自由贸易试验区挂牌运营，制度创新全面展开，外商投资稳步增长。年内新批外商投资企业 1 035 家，合同外资金额 313. 57 亿美元，同比增长 37. 4%。

3. 财政收入稳步增长，居民收入持续增加

全年一般公共预算收入 2 666. 99 亿元，同比增长 11. 6%。其中，税收收入 1 577. 94 亿元，同比

① 八大优势产业是指航空航天、石油化工、装备制造、电子信息、生物医药、新能源新材料、国防科技和轻工纺织。

增长6.1%，占一般公共预算收入的59.2%。从纳税主体看，服务业税收和民营经济税收比重分别达到65.9%和79.5%；从主体税种看，增值税同比下降0.3%，营业税和企业所得税同比分别增长4.8%和10.7%。居民收入稳定增加，20项增收措施全面落实，企业养老金实现十一连增，最低工资标准进一步提高。全年城镇常住居民人均可支配收入34 101元，同比增长8.2%；农村常住居民人均可支配收入18 482元，同比增长8.6%。农村居民收入增长快于城镇居民，城乡居民收入差距进一步缩小。

4. 消费价格温和上涨，生产价格持续走低

2015年，天津市居民消费价格指数总体呈现出低位运行的格局，全年累计增长1.7%，高于全国平均水平0.3个百分点，涨幅较上年下降0.2个百分点。食品价格依然是推动消费价格指数上涨的主要因素，但影响力明显减弱，服务价格上涨的影响较为明显。工业生产者出厂价格和购进价格指数延续2012年负增长的态势，且降幅呈现快速扩大的趋势。2015年，天津市工业生产者购进价格同比下降7.6%，降幅较上年扩大4.7个百分点；工业生产者出厂价格同比下降9.7%，降幅较上年扩大6个百分点。

5. 社会融资规模总量平稳，直接融资占比上升

受外币贷款、表外贷款增长放缓以及企业债券大量到期的影响，2015年全市社会融资规模4 474亿元，同比减少345亿元，延续了2014年同比少增趋势。从结构上看，银行业金融机构表内贷款和直接融资占比明显上升，分别为56.8%和23.4%，较上年分别上升8.4和1.5个百分点；表外融资占比18.1%，较上年下降9.7个百分点。

### （二）经济运行中需关注的方面

1. 经济下行压力较大，工业稳增长困难较多

一是动力转换有待加快。部分传统行业增长乏力，石油加工、化学制品两个行业分别增长4.5%和7.8%，低于全市工业平均增幅，电子信息行业下降2.7%。新兴产业虽然加快成长，但整体规模偏小，短期内难以弥补传统行业回落带来的影响。二是新增项目贡献减弱。实体项目回报率不高，致使企业投资意愿不强，投资增长后劲不足。工业投资仅增长5.0%，较上年回落10.2个百分点；新增规模以上工业企业487家，同比少增63家，且户均企业规模有所减小。三是企业面临多重困难。四季度景气调查结果显示，样本企业中38.7%的企业认为产品需求不足、订单减少影响了企业的生产经营，市场需求不足成为制约企业发展的首要因素，此外用工成本上升和资金紧张也制约了企业的进一步发展。

2. 世界经济复苏不及预期，外贸出口形势不容乐观

受发达国家“再工业化”和发展中国家竞争的双重挤压，加上劳动力成本上升、出口结构转型等多种因素影响，天津市外贸出口增幅逐月回落，自9月份开始由增转降。一是外资企业出口支撑乏力。外商及港澳台商投资企业出口占全市的62.8%，出口额同比下降4.6%。二是主要贸易方式出口下降。一般贸易和加工贸易出口分别占全市的43.1%和48.2%，出口额同比分别下降3.8%和4.9%，而上年为分别同比增长11.2%和3.6%。三是主要出口市场持续低迷。传统市场中，对美国、韩国、日本出口额同比分别下降18.6%、19.8%和10.0%；新兴市场中，对巴西、俄罗斯出口额同比分别下降34.0%和38.8%。

## 二、金融业与金融稳定

### （一）银行业整体运行平稳

1. 银行业基本情况

2015 年，天津市新设银行业金融机构 5 家，分别为金城银行、物产集团财务公司、渤海钢铁集团财务公司、中信金融租赁公司和华泰汽车金融公司。截至年末，天津市共有银行业金融机构 97 家，其中法人机构 42 家，分行级机构 55 家。机构组织体系更加完善，包括中资银行 49 家、外资银行 25 家、信托投资公司 2 家、财务公司 6 家、金融租赁公司 6 家、汽车金融公司 2 家、消费金融公司 1 家、货币经纪公司 1 家以及兴农贷款公司 5 家。

2. 银行业稳健性评估

（1）资产规模扩张较快，负债来源日趋多样化。截至 2015 年末，天津市银行业金融机构资产总额 44 905. 94 亿元，比年初增长 14. 8%；负债总额 42 998. 49 亿元，比年初增长 14. 7%。从负债构成的角度看，各项存款占比仍最高，但较年初出现了明显下降，而同业往来负债占比达到 22. 7%，较年初上升 4. 1 个百分点。

（2）存款余额加速增长，新增中长期贷款占比明显上升。截至 2015 年末，天津市银行业金融机构各项存款余额 28 149. 37 亿元，比年初增加 2 969. 13 亿元，增额同比增加 1 552. 32 亿元。各项贷款余额 25 994. 68 亿元，比年初增加 2 664. 92 亿元，增额同比增加 306. 18 亿元；其中年内新增中长期贷款 1 440. 55 亿元，占全部新增贷款的 54. 1%，占比较上年上升 4. 9 个百分点。

（3）资产质量持续下降，但整体风险可控。2015 年，天津市银行业金融机构不良贷款余额、不良贷款率再次出现“双升”，年末不良贷款余额 412. 02 亿元，比年初增加 176. 29 亿元；不良贷款率 1. 49%，比年初提高 0. 53 个百分点。虽资产质量持续下降，但不良贷款率仍低于全国平均水平 0. 18 个百分点。

（4）经营压力明显增大，盈利水平出现下降。2015 年，在信贷有效需求不足、贷款收益下降、负债成本提升和不良高企等因素的共同作用下，天津市银行业金融机构盈利水平出现明显下降，全年仅实现净利润 479. 66 亿元，同比减少 73. 70 亿元。

（5）资本充足率满足监管要求，抵御风险能力良好。天津市金融风险监测系统显示，2015 年天津市法人银行中，虽然有过半数机构资本充足水平出现下降，但仍全部满足监管要求。主要法人银行中，除渤海银行和天津银行资本充足率分别下降了 0. 6 个和 0. 4 个百分点外，天津农商银行、滨海农村商业银行、中德住房储蓄银行和企业银行分别上升了 0. 7 个、0. 5 个、1. 1 个和 0. 1 个百分点。

3. 银行业发展中需要关注的方面

（1）需关注经济转型升级过程中蕴藏的不良贷款持续上升的隐患。天津市银行业金融机构信贷资金主要投向于传统的制造业、交通运输业、批发零售业、房地产业、水利、环境和公共设施管理业以及租赁和商务服务业，在宏观经济低迷以及供给侧改革的背景下，上述行业去库存、去产能的压力较大，企业易出现经营危机。2015 年，上述行业中有四个不良贷款额出现了明显增加，其中批发零售业和制造业最多，分别达到 68. 13 亿元和 35. 39 亿元。今后随着去库存、去杠杆的进一步推进，需持续关注地区资产质量的变化情况，防范不良贷款的集中爆发。

（2）需关注商业银行负债管理方面存在的主要问题。一是流动性风险管理存在薄弱环节。目前天津市多数法人银行可以对表内部分科目进行期限分析，但对表外科目的潜在流动性需求分析水平有待提高。二是客户管理的主动性尚需加强。应进一步强化单位存款账户开户信息登记管理，健全业务系统功能设置，保证存款保险制度的有效落实。三是负债产品创新能力需进一步提升。应着力弥补商业银行在同质化程度、产品创新层次、新产品市场认可度方面存在的不足，促进商业银行的长期发展。

**（二）证券期货机构经营实力稳步提升**

1. 证券业基本情况

截至2015年末，天津市有境内上市公司42家，新三板挂牌公司92家；证券公司1家，证券公司分公司15家，证券营业部132家；基金管理公司1家，已登记的私募基金管理人达499家，已备案的私募基金产品数达383只；证券投资咨询公司1家，证券信用评级公司1家，期货公司6家，期货营业部29家，期货交割库50家。

2. 稳健性评估

（1）证券公司发展迅速，盈利能力明显提升。截至2015年末，渤海证券公司总资产451.73亿元，比年初增长96.7%；总负债301.15亿元，比年初增长80.6%。净资产150.58亿元，比年初增长139.3%；净资本148.38亿元，比年初增长162.9%。托管市值1 125.69亿元，比年初增长18.7%。全年实现营业收入33.21亿元，同比增长78.8%；实现净利润13.93亿元，同比增长99.0%。

（2）基金管理公司规模不断扩大，管理能力进一步提高。截至2015年末，天弘基金管理公司总资产42.00亿元，净资产32.70亿元，比年初分别增长47.1%和336.0%；全年实现净利润12.43亿元，同比增长105.8%。该公司管理基金总数46只，同比增加30只。开放式基金份额6 732亿份，比年初增加825.95亿份；开放式基金资产净值6 739.30亿元，比年初增长14.3%。

（3）期货公司资产规模稳步增长，业务发展稳定。截至2015年末，天津市法人期货公司总资产61.00亿元，比年初增长46.3%；净资产20.46亿元，比年初增长80.6%；客户保证金39.85亿元，比年初增长29.3%。全年代理交易量7148.71万手，同比增长33.7%；代理交易额82 168.6亿元，同比增长60.1%。

（4）上市公司市值稳步增长，融资能力有所增强。截至2015年末，天津市境内上市公司总股本544.8亿股，流通股本488.17亿股。总市值6 221.4亿元，比年初增长16.9%；流通市值5 350.97亿元，比年初增长18.3%。全年上市公司融资总额325.37亿元，同比增长63.6%。其中，新三板发行股票融资9.56亿元，资产证券化融资6.33亿元，上市公司再融资122.48亿元。

3. 证券业发展中需要关注的方面

（1）需关注部分期货公司亏损问题。2015年，期货市场价格竞争激烈，部分公司业务手续费下降。受此影响，设在天津市的期货营业部全年亏损金额779.18万元，法人机构中津投期货公司亏损1 090.27万元。

（2）需关注证券市场大幅波动带来的风险。2015年，受证券市场大幅波动的影响，公司上市步伐缓慢，几乎停滞。全年IPO公司1家，同比减少3家；拟上市公司16家，其中过会公司0家，在审公司9家，辅导公司7家。

## （三）保险业服务社会和经济作用持续加强

1. 保险业基本情况

截至2015年末，天津市保险市场共有总、分公司61家，其中，财产险公司26家，人身险公司35家；保险从业人员6.36万人。全市保险公司总资产1 556.91亿元，比年初增长13.6%；共实现保费收入398.34亿元，同比增长25.4%；保险业赔付139.53亿元，同比增长33.7%，较上年提高31.4个百分点。

2. 保险业稳健性评估

（1）财产险公司业务险种发展平稳，企财险赔付明显提高。2015年，财产险公司实现保费收入123.16亿元，同比增长10.4%。其中，车险保费收入90.31亿元，同比增长8.6%；农业保险保费收入2.57亿元，同比增长30.3%；责任保险保费收入3.98亿元，同比增长22.9%。全年赔款支出67.95亿元，同比增长11.0%，较上年上升8.7个百分点；其中企财险赔款支出同比增长137.2%，较上年上升110.1个百分点。

（2）人身险公司产品结构调整效果显著，银邮代理渠道保费收入大幅增加。2015年，人身险公司实现保费收入275.18亿元，同比增长33.4%。从产品结构看，普通寿险实现保费收入126.25亿元，占人身险公司保费收入的45.9%，较上年上升13.3个百分点；分红保险实现保费收入107.88亿元，占人身险公司保费收入的39.2%，较上年下降11.5个百分点。从渠道结构看，银邮代理渠道实现保费收入122.06亿元，同比增长65.8%。

（3）法人机构偿付能力充足，整体盈利能力较好。2015年末，华夏人寿、光大永明、恒安标准、渤海人寿、渤海财险和爱和谊日生同和的偿付能力充足率分别为171.7%、359.8%、296.6%、4 444.1%、276.0%和213.6%。6家法人保险公司中，除爱和谊日生同和亏损0.91亿元外，新成立的渤海人寿实现净利润0.43亿元，华夏人寿和恒安标准持续盈利，分别实现净利润12.40亿元和2.94亿元，光大永明和渤海财险扭亏为盈，分别实现净利润1.50亿元和1.05亿元。

3. 保险业发展中需要关注的方面

（1）需关注保险资金跨业投资风险。近年来，天津市法人保险公司资金运用金额快速增长，受政策不断放开的影响，资金运用渠道日益丰富，除了传统的银行存款、债券投资以外，部分公司已经开始涉足未上市公司股权投资、资产支持计划等创新领域。在多元化配置资产、有力支持实体经济的同时，保险公司要关注跨业投资带来的流动性、传染性等风险，从而获取稳定的投资回报，保证公司健康发展。

（2）需关注退保金增加对人身险公司稳健经营的影响。2015年，天津市人身险公司退保金额50.15亿元，同比增长24.5%，退保率4.7%，同比上升0.2个百分点。由于退保金额和退保率的增加会对寿险公司运营的现金流、业务质量等造成较大压力，应持续关注人身险公司的退保问题，保证公司的稳健经营。

## （四）金融改革与创新持续深化

1. 稳步推进银行业金融机构体制机制改革

一是组织架构调整突出发展重点。交通银行天津市分行将营业部和滨海分行两家营业机构翻牌组建成两个大客户部，提升重点客户授信业务发起层级，逐渐建立客户分层营销体系。天津银行在成都、广州及西安地区组建了投资银行一部、投资银行二部和投资银行三部，突破网点限制，拓展业务营销触角；在上海分行建立汽车金融团队，试水行业金融。二是产品创新密切贴合形势。为完善小微企业贷款服务，2015 年，天津市实施了中小微企业贷款风险补偿机制，风险补偿金的资金规模、补偿力度和受益范围均列全国最大最多，全年中小微企业表内外贷款新增同比增长 30.6%，各机构也创新推出了很多特色产品。如建设银行天津市分行推出了小微企业“缴贷通”业务、渤海银行推出了“小额快捷通——小微企业连续贷”产品、浦发银行天津分行设计了“天津滨海高新技术产业开发区科技型中小企业信用贷款风险补偿机制项下融资模板”，独创了“科创天使指数”。三是内控和风险管理日趋精细化。年内天津市银行业金融机构以信用风险管理为重点，积极开展内控制度梳理，不断健全制度体系建设。如工商银行天津市分行建立了不良贷款核查工作机制；农业银行天津市分行实行穿透式管理，有效发挥内委会监督审议平台作用。

2. 大力开展金融创新支持京津冀一体化建设

一是创新区域金融合作机制。多数商业银行在总行层面成立了京津冀协同发展领导小组或工作小组，国家开发银行、中国银行、建设银行驻津一级分行建立了跨省市合作机制，推动三地协作，分享客户资源和项目信息。二是深化管理机制创新。加强对京津冀协同发展的资源投入与倾斜，从组合管理和异地信贷方面在区域内建立一体化授信管理模式；对重大项目实行总行名单制统一管理，同时建立审批绿色通道、专项额度支持、存贷比考核优惠等配套政策；建立评级、分类、准入互认机制，区域内同一客户（项目）评级、客户分类、项目准入结果对三地机构同时适用。三是创新金融产品和金融服务方式。设立专项基金，支持符合京津冀区位功能划分与产业发展定位的项目融资；利用“互联网 + 金融”的方式，为京津冀地区大宗商品线上交易提供资金结算和融资便利；通过“股权 + 债权”、“银行 + 非银”等模式，为区域内大型央企和市属企业外迁搭建跨市场的综合金融服务平台；创新推出京津冀协同卡，为三地客户提供“三地七市、协同发展、优惠便利、七维一体”的综合金融服务。

3. 高效推动落实天津自贸区金改政策

2015 年 12 月 9 日，中国人民银行正式发布天津自贸区“金改 30 条”，涵盖了扩大跨境人民币使用、深化外汇管理改革、促进租赁业发展、支持京津冀协同发展，以及完善金融服务功能等方面的金融创新政策。经国家外汇管理局批复，12 月 18 日，国家外汇管理局天津市分局发布落实“金改 30 条”的首个实施细则。人民银行天津分行组织开展了一系列政策宣传、解读和培训等活动，通过召开新闻发布会、公布首批创新案例等多种形式，指导金融机构用足用好用活“金改 30 条”政策，有效扩大天津自贸区影响力和凝聚力。截至 2015 年末，全市金融机构累计为区内企业办理跨境双向人民币资金归集 171 亿元、国内外汇资金归集 44.5 亿美元；为区内 A 类企业办理货物贸易收汇未经过待核查账户业务 9.2 亿美元；直接办理企业投资项下各类外汇登记 212 笔，涉及金额近 200 亿美元；办理外汇资本金意愿结汇 6 390 万美元、外债资金意愿结汇 5 480万美元；办理境内融资租赁业务收取外币租金 4 631 万美元，为境外机构办理外汇衍生品交易金额 8.2 亿美元。本次出台的“金改 30 条”涵盖的政策内容涉及面广、政策支持力度大、含金量高，将为增强天津自贸试验区建设的凝聚力、辐射力和带动力提供有力的政策支撑，也将对天津自贸区的建设与发展起到引领和推动作用。

## 三、金融市场与金融稳定

### （一）货币市场交易活跃

1. 交易量大幅增长

2015 年，天津市银行间同业拆借市场累计完成信用拆借 1 926 笔，同比下降 7.9%；累计金额 8 552.75亿元，同比上升 37.1%；净融入资金 7 202.65 亿元，同比增加 1.29 倍。天津市债券回购累计成交 150 620.4 亿元，同比增加 1.27 倍。其中，质押式回购 128 874.2 亿元，同比增加 1.14 倍，占全部回购交易的 85.6%；买断式回购 21 746.21 亿元，同比增加 2.46 倍，占全部回购交易的 14.4%。

2. 市场交易仍以短期为主

隔夜和 7 天拆借占全部拆借成交金额的 86.9%。在回购交易中，7 天以内的投资品种占全部回购交易额的 96.2%。

3. 市场利率回落

拆入加权平均利率 2.1729%，同比下降 1.1379 个百分点，拆出 2.6379%，同比下降 0.4200 个百分点。质押式回购中，正回购加权平均利率 2.095%，同比下降 0.9387 个百分点；逆回购 1.9278%，同比下降 1.0564 个百分点。买断式回购中，正回购加权平均利率 2.0665%，同比下降 1.2159 个百分点；逆回购 2.4425%，同比下降 1.0373 个百分点。

4. 资金集中度下降

天津银行和渤海银行合计拆借资金 2 219.50 亿元，占全市拆借总量的 26.0%，同比下降 28.3 个百分点；累计回购金额 76 608.08 亿元，占全市回购总量的 50.9%，同比下降 3.0 个百分点。

### （二）银行间债券市场创新成果显著

1. 银行间债券市场交易量大幅增长

2015 年，天津市银行间债券市场现券买卖成交金额 22 158.10 亿元。其中，买入量 11 497.28 亿元，卖出量 10 660.82 亿元，同比均增长 1.23 倍。从交易券种看，政策性金融债、企业债和国债仍是市场主要交易品种，合计占比达 75.4%。从收益率看，现券买入收益率 4.0160%，卖出收益率 4.0141%，同比分别下降 1.6737 和 1.8763 个百分点。

2. 企业通过银行间债券市场融资创新品种不断涌现

近年来，天津市非金融企业债务融资工具发行持续保持上升势头，但受整体经济形势影响，增速有所放缓。2015 年，天津市非金融企业发行债务融资工具 1 321.6 亿元，同比增长 0.3%。年内，先后发行 3 单永续票据，金额总计 80 亿元；发行全国首单保障房中期票据，金额为 47.80 亿元；发行信贷资产支持证券 3 期，金额共计 95.63 亿元；另有小城镇集合票据项目均已完成备案，募集资金合计 50 亿元。

### （三）外汇市场跨境收付出现下滑

1. 跨境收付六年内首次下滑

2015 年，天津市非银部门跨境收付总额 1 877.9 亿美元，同比下降 5.9%，自 2010 年以来首次下滑。其中，收入868.8亿美元，支出1 009.1亿美元，收支逆差140.3亿美元，同比扩大4.1%。天津市银行代客结售汇总额1 005.8亿美元，同比下降6.2%。其中，结汇396.4亿美元，售汇612.1亿美元，结售汇逆差217.1亿美元，同比扩大2.3倍。结售汇逆差扩大主要是受企业持汇意愿增强、企业外币融资减少和外币负债去杠杆化操作、以及“内购外结”等套利交易的增长等多重因素共同影响。

2. 银行间外汇市场成交量保持快速增长

2015年，天津银行间外汇市场会员仍维持8家，其中新增加1家会员单位为金城银行，由于外换银行（中国）有限公司被韩亚银行（中国）有限公司吸收合并减少了1家。2015年，天津银行间外汇市场成交额173.79亿美元，同比增长12.7%。即期市场交易、远期市场交易、掉期市场交易占比分别为76.0%、1.4%和22.6%。

## 四、政策建议

### （一）加快推进经济转型升级，夯实金融体系稳健运行基础

一是推动制造业转型升级，要做大做强优势支柱产业，大力发展战略性新兴产业，改造提升传统产业。深入实施企业转型升级行动，推进一批技术改造项目，打造一批“专精特新”产品，扶持一批企业向产业高端和现代服务业转型。二是推动现代服务业发展实现新突破，要积极发展现代金融、现代物流、研发设计等产业，加快发展会计审计、法律服务、信用评估等中介服务，大力发展电子商务，促进与传统商业的有机融合，培育大数据产业。三是推动开放型经济加快发展，要加快外贸转型升级，着力培育贸易型总部企业和外贸综合服务企业，积极发展保税贸易、离岸贸易、服务外包等新型业态，建设跨境电子商务综合服务平台，提升进口商品集散功能。

### （二）积极推动金融制度、产品、工具和服务模式创新，提升金融服务的能力和水平

一是推进自贸试验区金融改革创新，要扩大自贸试验区金融业对内对外开放，为企业利用境内外两个市场、两种资源创造政策环境，大力提高金融国际化水平。二是发展融资租赁等新型金融业态，要巩固保持天津市在融资租赁领域的全国领先优势，不断推进融资租赁业政策创新、制度创新和业务创新，加速建设机构集聚、政策制度健全、服务功能完备的国家租赁创新示范区。三是要大力发展直接融资，要结合注册制改革、新三板扩容、债券发行创新等资本市场重大改革措施，加快企业上市和挂牌融资、规范发展股权投资机构、推广新型融资工具，积极引导企业利用资本市场融资，扩大直接融资比重，提高资产证券化水平。

### （三）强化重点领域风险管控，增强系统性、区域性风险防范有效性

一是银行业应建立健全以信用风险为核心的全面风险管理体系，制定科学的授信政策，注重“大风险”条线的队伍和技术建设，动态调整风险防控和业务发展的平衡，探索大数据风险监测新手段和风险管控模式革新，将风险探查关口前移。二是证券业应把握好创新与风险管理之间的平衡点，提升发挥市场活力和加强自律的平衡，建立健全更为有效的流动性和净资本管理机制。三是保险业应以偿二代正式实施为契机，强化资产负债管理和防范匹配风险主体责任，牢牢树立资产负债管理

风险管理理念，加强组织体系、运作机制和技术建设，坚持审慎的产品定价策略和投资策略。四是应进一步加强金融监管协调，完善金融稳定工作机制，要尝试建立适合影子银行、互联网金融等新型业态发展特点的统计分析制度，了解和掌握相关行业发展动态，强化对与金融业机构关联大、可能引发系统性风险的机构和组织的监测，构建风险防火墙，防止其向金融业交叉传染风险。

总　　纂：李文茂
统　　稿：李泽军　卢德钢　李晓迟　杨彩丽
执　　笔：李晓迟　杨彩丽
其他参与写作人员：孙勇军　侯玉玲　刘　冬　钟　辉　李西江　刘亚楼
寇霭婷　宋兴虎　李　磊　杨颂强　李　蓉

# 河北省金融稳定报告摘要

2015年，河北省积极应对严峻复杂的经济环境，保持定力、对冲压力，认真贯彻落实中央重大决策部署，着力稳增长、调结构、促改革、治污染、惠民生、防风险，经济运行总体平稳。但受我省经济增速放缓以及压减产能、节能减排等因素影响，经济领域各类隐性风险逐步显性化，金融稳定工作任重道远。

## 一、河北省经济金融体系平稳运行

### （一）经济运行缓中趋稳，产业结构进一步优化

2015年，河北省经济金融基本面总体良好，在化解产能过剩、保障国家重大活动需要等压力下，经济增速仍达到6.8%的水平，同比加快0.3个百分点，逐渐缩小与全国GDP增速的差距，全年实现国民生产总值达到29 806.1亿元，综合经济实力稳步增长。随着加大化解过剩产能和结构调整的力度，加快传统产业改造提升步伐，产业结构发生积极变化，全年固定资产投资增长10.4%，社会消费品零售总额增长9.4%。三次产业保持增长，产业结构调整深入推进，服务业增速继续加快，同比提高1.5个百分点，快于全省生产总值4.4个百分点，GDP占比已经与第二产业占比接近。财政收入总体平稳，累计达到4 047.7亿元，增长7.5%，增速比上年加快4.4个百分点。城乡居民收入持续增长，农村居民收入增速快于城镇，城乡居民收入差距进一步缩小。2015年，全省城镇居民人均可支配收入26 152元，增长8.3%。物价低位平稳运行，全年居民消费价格同比上涨0.9%，涨幅同比回落0.8个百分点，各月累计波动幅度在0.3个百分点以内。

### （二）金融业运行稳健，运行质量和效益稳步提升

银行业改革深入推进，法人治理结构进一步完善，金融服务深度和广度不断提升，整体抗风险能力显著提高。截至2015年年末，河北省银行业金融机构资产总额58 715亿元，较上年增加5 899亿元，增长11.2%；本外币贷款余额32 608亿元，居全国第10位，比年初增加4 556亿元，重点领域信贷投放进一步加强；农村信用社股份制改造工作成效明显，全年完成72家改制工作，其中已开业农商行25家，已开业股份制信用社47家，3家市级联社改制为区域审计中心等，银行业机制体制改革效果显著，整体经营实力明显提升。

多层次资本市场建设取得进展，服务实体经济的能力显著增强。证券业机构数量不断增加，经营效益成倍增长，发展环境进一步优化，证券市场交易活跃。全年实现证券交易额7.54万亿元，增长186.63%，创历史新高。证券公司累计营业收入65.73亿元，同比增长165.68%，累计净利润

36.39亿元，同比增长219.88%，财达证券具有较强地方区域优势，全年累计实现营业收入38.82亿元，同比增长98.95%，抵御风险能力显著增强。期货经营机构主要经营指标趋向好转，风险仍然可控。上市公司总数较上年增加3家，占全国上市公司的1.87%，居全国第14位。上市公司直接融资总额403.32亿元，较去年增加2.04倍，占全国上市公司融资额的2.87%。“新三板”挂牌公司实现各市全覆盖，股权交易市场规范运行，成为优质中小微企业融资的重要平台。

保险业保障作用和服务作用得到充分发挥。2015年，河北省各类保险公司省级分公司总数较去年增加1家，达到61家，分支机构4 501家，较去年增加321家，保险业覆盖面进一步扩大。保险业总资产达到2 499.38亿元，总资产居全国第10位，累计实现保费收入1 163.11亿元，居全国第8位，较上年增加231.16亿元，同比增长24.80%。保险密度为1570.8元/人，增幅高于全国水平，保险深度为3.90%，超过全国水平0.31个百分点。2015年，河北省保险业累计承担风险总额32.68万亿元，较上年增加12.87万亿元，增长65.01%，继续保持高速增长。河北省保险业累计赔付支出461.92亿元，同比增长16.93%。

### （三）社会金融活动稳中趋缓，整体风险可控

2015年，各社会融资主体一定程度上满足了企业差异化的融资需求，但受经济下行影响，社会融资规模减少。河北省拥有小额贷款公司618家，增加10家，累计发放贷款322.42亿元，同比下降26.99%，实现净利润9.84亿元，同比减少27.65%，业务规模和盈利水平有所放缓；融资性担保机构485家，资本金总额达到650亿元，业务规模整体萎缩；典当机构达到443家，资产总额82亿元，年内发放资金303.04亿元，同比减少3.22%；民间借贷平均加权利率14.9%，维持历史低位。

### （四）金融生态环境持续改善

河北省委、省政府不断加大对金融生态环境建设的支持力度，法制环境日益改善，诚信建设不断加强，行政和投资环境逐步优化。支付清算系统日趋完善，社会信用体系建设继续推进，反洗钱工作开展卓有成效，跨境人民币业务不断为实体经济注入新的活力，金融知识宣传培训和投资者风险教育力度加大，金融法治环境进一步改善。金融监管机制不断健全，监管合作逐步深入，人民银行及金融业各监管机构和地方金融监管机构协调配合，积极推动金融体系改革，加大执法检查和查处力度，严厉打击非法集资活动。2015年，人民银行石家庄中心支行与河北证监局签署监管合作备忘录，强化了监管合作。存款保险制度落地实施并在我省平稳有效运行，金融秩序更加规范。

## 二、维护河北省金融稳定需关注的问题

### （一）经济运行稳中有忧，潜在风险不容忽视

一是经济下行压力依旧较大。主要表现在“四降一升”，经济增速下降、工业品价格下降、实体经济盈利下降、财政收入增幅下降、经济风险发生概率上升。二是产业结构调整任务艰巨。服务业投资后劲不足，高新技术产业比重偏低。三是工业企业提质增效困难重重。实体经济杠杆率偏高，工业企业效益连年下滑，单位企业实现利润处于较低水平，与我省工业大省的低位不相适应。四是资金跨行业，跨市场流动，加剧了风险的隐蔽性、蔓延性。新常态下大型企业集团普遍呈现出了融

资多元化发展、资金跨市场流动加剧的特点，资金流向和资金用途的监控难度加大，风险隐蔽性更强，风险的传导和蔓延更加难以控制。

### （二）金融业稳健发展面临新挑战，改革创新仍需加强

银行业资产质量风险隐患上升。随着“压减产能”的逐步实施，可能加速银行业违约信用风险暴露。利率市场化的完成，银行业息差收窄，不断压缩其盈利空间。中小法人金融机构的内部管理制度有待进一步完善，整体抗风险能力较弱。互联网金融融资多元化对银行负债产生影响。同时，非法集资活动多发，社会金融风险向银行体系传导，风险管控难度加大。

资本市场与经济发展协调程度不匹配。法人金融机构，盈利模式单一，实力偏弱，直接融资比重偏低。上市公司、“新三板”公司数量较少，私募投资基金起步晚、发展慢，期货市场还不发达，中介机构服务实体经济能力较弱，受经济下行压力影响，部分上市公司经营业绩下滑、个别上市公司面临退市风险。保险业发展同样存在压力。市场竞争机制及业务结构调整还需进一步加强，退保与满期给付风险应予高度关注，保险的深度和广度有待拓展。

### （三）社会融资活动风险逐渐显现

社会金融活动主体因资金投入领域集中、业务单一、缺乏诚信意识和契约精神等因素制约，抗风险能力较弱，且风险分散功能未充分发挥。同时，社会融资主体大多与金融机构和金融市场联系紧密，部分金融业务产品互相交叉，与银行信贷资金互相绑定，跨市场跨机构传导风险加剧，导致单个风险极易演变成局部性甚至区域性金融风险。具体来看，小额贷款公司业务规模和盈利水平有所放缓，融资担保行业违约风险进一步暴露，典当行不良率增幅较快，民间融资缺乏有效监管，甚至触碰非法集资、非法吸收公共存款的红线，风险日益显现。

### （四）金融生态环境仍需优化

新常态下经济金融形势复杂多变，金融监管协调能力面临新的挑战。金融市场发展相对滞后，分割严重，尤其是农村金融生态环境仍有待改善。非法集资等非法金融活动仍然活跃，法制宣传和执法检查力度亟须加强。信用体系及信息共享机制仍然较为薄弱，各种非法金融活动时有发生，信用信息的有效归集和评估能力不足，金融风险防范难度较大。

## 三、维护金融业健康稳定发展的建议

### （一）继续加快经济结构调整，构建良好金融生态环境

一是主动适应新常态，继续扩大有效需求，强化多点支撑，从供需两侧推进结构性改革，促进供需有效对接，形成经济发展的持久拉动力。二是着力化解过剩产能，贯彻落实去产能、去库存、去杠杆，降成本，补短板的“三去一降一补”任务，通过减税降费等举措，减轻企业成本，释放供给端活力，矫正要素配置扭曲问题。三是注重培育和发展地方资本交易市场，探索建立网络金融和银行间金融市场，深化完善各类企业和机构区域性金融资产交易市场，探索性推出区域性资金价格指数，建立健全增信机制，规范社会金融活动，促进和提高金融机构间与企业间的交易活跃度。四

是围绕打造产业升级实验区，精准实施产业政策，坚持加减乘除并举，改善生态环境，推动产业提质增效升级，分业实施，精准帮扶，加快建设河北省现代产业体系。

**（二）鼓励推动金融创新，加快深化金融业改革**

2016年是“十三五”的开局之年，京津冀协调发展全面推进，要继续坚定不移的推进创新发展。一是结合我省产业结构调整、环境污染治理任务艰巨的特殊情况，锐意改革，大胆创新，实现从看重增长速度到主要看质量和效益的发展方式转变，优化金融资源配置，深化经济体制改革的主线，充分发挥市场在资源配置中的作用。二是主动作为，积极推动辖内法人银行业机构深化改革，完善公司治理，加快发展转型；继续加大农信社改革推进力度。加快推进农信社“双改”工作。三是高度关注金融体制改革和利率市场化改革进程，指导辖内银行业机构尤其是中小法人机构，加快转型步伐，找准市场定位，切实做好打基础、利长远的工作，实现辖内各类银行业机构共同稳步发展。四是在防范风险的前提下，加快发展资产证券化，通过盘活存量资产，进一步推动我省产业转型升级，培育新的经济增长点。

**（三）强化重点领域风险防控，确保不发生系统性、区域性金融风险**

加强对新常态下经济金融运行、产业政策变化的监测分析，提高对区域性、行业性、系统性风险的识别、研判和预警能力，切实做好信用风险、市场风险以及操作风险管理，避免由宏观环境的外部风险转移为银行经营的内生性风险。一是关注银行业不良贷款的潜在风险，重点做好辖内商业银行不良资产真实性现场评估。二是关注地方法人银行业金融机构经营风险，加大对实体经济的监测评估和风险防范力度。三是强化对跨行业、跨市场风险及风险传递的监测研判。密切关注资本市场的变动，切实加强和提高对跨行业、跨市场风险传染的分析研判，防止风险积聚、交叉感染。四是规范民间融资健康发展，由政府相关部门牵头搭建民间融资风险防控平台，加大打击非法集资力度，形成长效机制，加强监管部门间协调沟通。

总　　纂：陈建华　贾广军
统　　稿：李　伟　陈　芳　胡利峰　杨辉平　王丽英
执　　笔：高　远　梁雅楠　黄　倩　靳凤菊　杨　冀
　　　　　李　鹏　王聿孜　林红家　高一雄　王　彪

# 山西省金融稳定报告摘要

2015年，面对经济下行压力持续加大的困难局面，山西省坚持稳中求进工作总基调，主动适应引领新常态，统筹推进各项工作，经济发展取得新成就。全省金融业总体运行平稳，金融改革创新深入推进，金融业服务实体经济的能力进一步提升。金融基础设施建设持续加强。但同时，经济金融发展中的不利因素增多，经济金融保持稳健运行的挑战加大。

## 一、区域经济运行与金融稳定

### （一）经济运行进入新常态

1. 经济增速持续回落，产业结构积极变化

初步核算，2015年，山西省地区生产总值12 802.58亿元，按可比价格计算，同比增长3.1%，增速比上年回落1.8个百分点，低于全国平均水平3.8个百分点，增速连续5年下滑。第一、第二、第三产业增加值分别完成788.14亿元、5 224.26亿元和6 790.18亿元，分别增长1.0%、下降1.1%和增长9.8%。第三产业增加值占比53.0%，比上年提高8.5个百分点（见图1）。

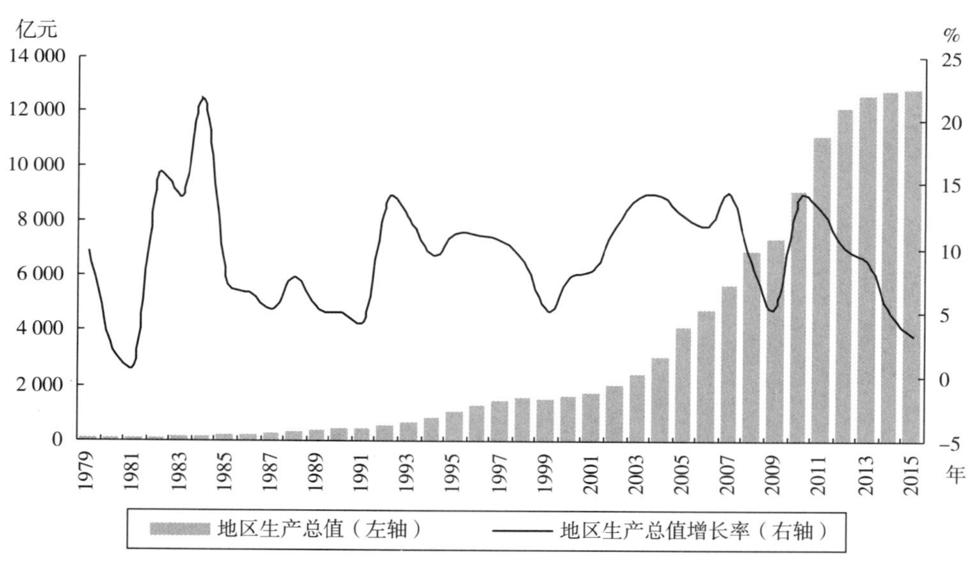


数据来源：山西省统计局。

**图1 山西省生产总值及其增长率**

2. 投资增速大幅提升，投资结构持续优化

2015 年，山西省固定资产投资完成 13 744.6 亿元，增长 14.8%，高于全国水平 4.8 个百分点。分产业看，三次产业投资比例由 2014 年的 7.4:41.8:50.8 转变为 10.9:37.9:51.2（见图 2）。

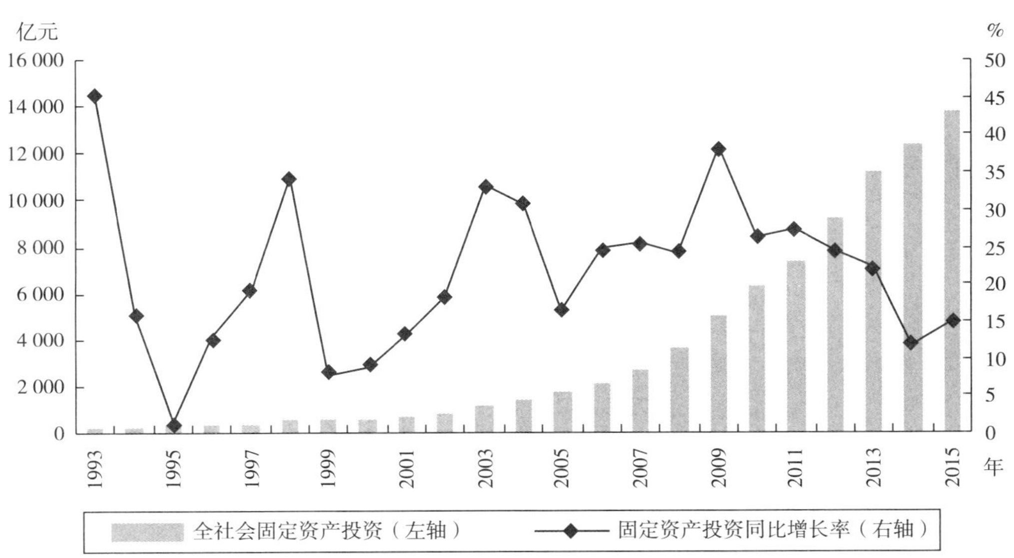


数据来源：山西省统计局。

**图 2 山西省固定资产投资及其增长率**

3. 消费市场持续下滑

2015 年，山西省社会消费品零售总额完成 6 029.96 亿元，增长 5.5%，结束了多年来的两位数高增长态势，增速连续 7 年下滑。按经营单位所在地分，城镇、乡村消费品零售额分别增长 5.4%、5.7%。按消费形态分，餐饮、商品零售分别增长 5.0%、5.5%。

4. 财政收入大幅下降，财政支出平稳增长

2015 年，山西省一般公共预算收入 1 642.2 亿元，下降 9.8%；一般公共预算支出 3 443.4 亿元，增长 11.2%。其中，教育、医疗卫生、社会保障和就业等民生支出 2 900 亿元，增长 12.3%，占全省一般公共预算支出比重 84.2%，比上年提升 0.8 个百分点。

5. 物价水平涨幅较低，工业经济通缩压力加大

2015 年，山西省居民消费价格上涨 0.6%，涨幅较上年回落 1.1 个百分点，低于全国 0.8 个百分点。全省工业生产者出厂价格比上年下降 12.3%，工业生产者购进价格下降 6.9%，出厂与购进价格倒挂已持续 58 个月，工业经济通缩压力不断积聚（见图 3）。

6. 居民收入持续增长，就业形势总体稳定

2015 年，山西省居民人均可支配收入 17 854 元，增长 8.0%。按常住地分，城镇居民人均可支配收入 25 828 元，增长 7.3%；农村居民人均可支配收入 9 454 元，增长 7.3%。全省城镇新增就业人数为 51.48 万人，转移农村劳动力 37.65 万人。城镇登记失业率为 3.51%。

7. 进出口大幅下降

2015 年，山西省进出口总额 147.2 亿美元，下降 9.3%。其中，出口总额 84.2 亿美元，下降

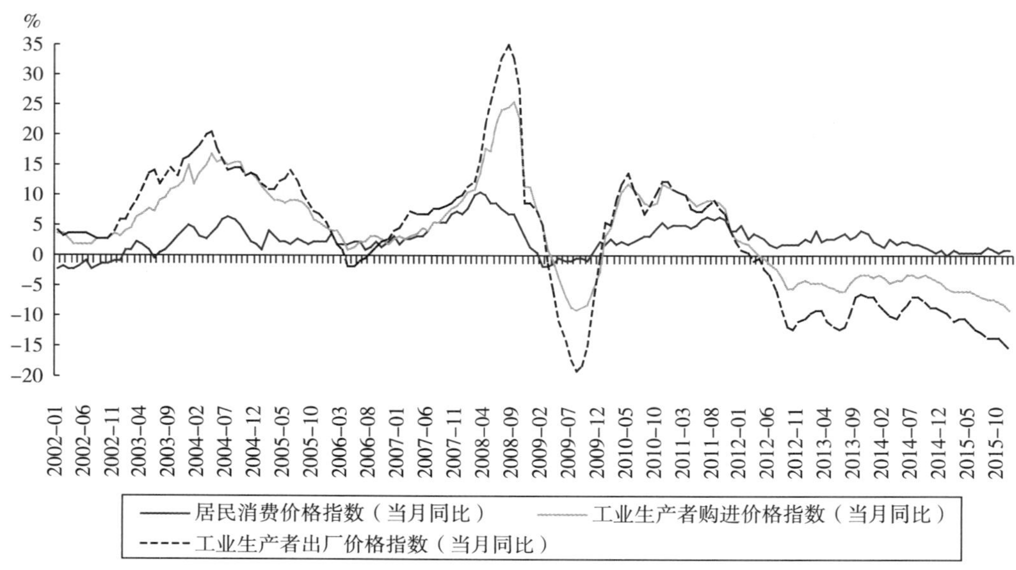


数据来源：山西省统计局。

**图 3　山西省居民消费价格和生产者价格变动趋势**

5. 8%；进口总额 62. 9 亿美元，下降 13. 7%。进口下降幅度大于出口下降幅度，造成衰退型顺差高企。全年贸易顺差额达到 21. 3 亿美元，较上年同期增长 29. 0%。

### （二）经济运行中需关注的问题

1. 工业经济低位承压运行

2015 年，山西省工业经济下降 2. 8%，首次负增长，低于去年同期 5. 8 个百分点。一方面传统行业量价齐跌。2015 年煤炭、炼焦、冶金工业价格指数分别下滑 18. 1%、19. 4%、15. 4%。在产品价格下降的同时，产量降幅也不断扩大（除原煤产量增长外），其中焦炭、钢材产量分别下降 8. 4%、9. 2%，降幅分别扩大 4. 9 个、14 个百分点。另一方面新兴产业接替不足。装备制造业、医药工业等新兴产业规模小、比重低，难以弥补传统产业下滑对工业经济的增长的影响。

2. 煤炭行业供需矛盾加剧

煤炭呈现产量增长、需求缩减、价格下跌、效益深度下滑态势。2015 年，山西省煤炭产量 9. 4 亿吨，增长 0. 6%。产量增加、有效需求不足加剧了煤炭价格的下滑。2015 年 12 月全省吨煤综合售价与 2011 年 5 月最高点相比，每吨下跌 431. 8 元，下降 65. 8%。煤炭行业亏损加剧，2015 年全行业累计亏损 94. 25 亿元，同比减利增亏 108. 29 亿元，已连续 18 个月亏损。

## 二、金融业与金融稳定

### （一）银行业

2015 年，山西省银行业经营规模稳步扩大，存款增速企稳回升，贷款增量创历史新高，贷款期限和投向结构不断优化，但信用风险持续暴露，集中度、担保圈风险积聚，农村金融机构经营恶化、风险防控压力加大。

1. 银行业运行和发展情况

（1）经营规模稳步扩大。截至2015年末，山西省银行业资产总额、负债总额、所有者权益同比分别增长9.47%、9.38%、12.36%。分类型看，国有商业银行、股份制商业银行、农村金融机构分别占总资产比例为38.38%、13.15%、23.36%，规模占比保持稳定。

（2）存款增速企稳回升，贷款保持合理增长。截至2015年末，山西省银行业人民币各项存款余额同比增长5.3%，增速仍处全国最后，但存款增速在下半年开始企稳回升，同比增速由上半年1.2%平稳上升至全年5.3%。全省银行业人民币各项贷款余额同比增长12.3%，比去年同期提高2.0个百分点，在全国排第二十二位；各项贷款比年初新增较多，贷款增量创历史新高（见图4）。

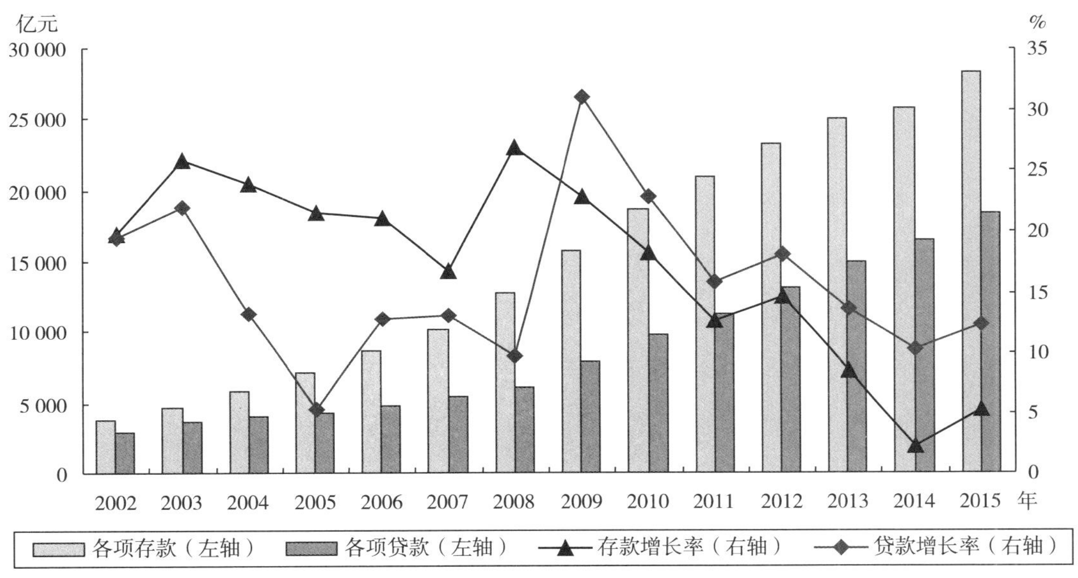


数据来源：人民银行太原中心支行。

**图4 山西省银行业金融机构存贷款余额及其增长率**

（3）贷款期限和投向结构不断优化。2015年，山西省银行业人民币短期贷款同比多增707.1亿元，中长期贷款同比少增10.6亿元。中长期贷款新增额占全部新增额35%，同比下滑13.3个百分点。全年全省银行业投向采矿业新增贷款占各项贷款新增额24.5%，低于去年同期10.6个百分点；投向农林渔牧业、批发零售业、文化体育新增贷款同比多增13.5亿元、75.8亿元、7.2亿元。

（4）盈利能力有所减弱。2015年，山西省银行业实现利润同比减少26.37亿元，下降8.05%，降幅较大。在利差不断收窄、拨备计提不断增多的背景下，商业银行盈利水平普遍下降。从单家机构看，全省27家主要金融机构中，有15家同比减盈，仅有12家增盈。

2. 银行业稳健性评估

（1）信用风险持续加大。截至2015年末，山西省银行业不良贷款余额比年初增加123.6亿元，不良贷款率比年初上升0.17个百分点。从贷款形态看，全省银行业正常类贷款占比86.77%，关注类贷款占比8.48%，分别较上年下降1.10个、上升0.93个百分点。

（2）贷款集中度风险突出。一是贷款行业集中度高，贷款集中行业不良贷款占比较高。煤焦冶电四大行业贷款余额占各项贷款的比例超过50%，四大行业不良贷款占全部不良贷款的36.5%，新增不良贷款占全部新增不良的58.1%。二是贷款客户集中度高，贷款集中客户风险加速暴露。授信5 000万元以上的大客户授信总量占全省法人客户授信总额的90.4%，涉及贷款总量占各项贷款的73.7%。全省多头授信企业（授信银行2家及以上）2130家，授信额度、贷款金额分别占法人客户授信的78.8%和各项贷款的45.3%。多头授信企业贷款风险快速上升，不良贷款余额较年初增长65.8%，不良贷款率较年初上升1.2个百分点。

（3）担保圈潜在风险不断积聚。一些大型民营企业信贷违约风险持续发酵，并通过担保链、资金链、供应链等路径进一步放大和扩散，呈现出行业较为集中、融资总量大、风险传递快、波及面广等特点，成为引发区域性风险的重大隐患。

（4）兑付违约、违规经营等引发的风险事件频发。一是受外部经济形势和产业结构影响，辖区企业经营困难，偿付压力加大。2015年，辖区发生了多起信托项目兑付违约事件。二是部分金融机构经营管理不到位，内部控制薄弱，存在借、冒名贷款，私自销售第三方理财产品等违规行为。三是部分民营企业家发生意外或涉案，对企业经营管理及债务偿还能力产生较大影响。

### （二）证券期货业

2015年，山西省证券期货机构资本实力不断增强，代理交易规模稳步扩大，投资者数量稳定增加，市场秩序良好，但证券公司业务结构较单一，期货公司抗风险能力较弱，服务实体经济的能力有待提升。

1. 证券期货业运行和发展情况

（1）证券经营机构稳步增加，交易规模和利润大幅增长。截至2015年末，山西省有2家证券公司、23家证券分公司和150家证券营业部，比上年新增5家营业部。辖区投资者资金账户开户数、累计代理证券交易金额同比分别增长39.39%，191.07%。2家证券公司营业收入、净利润同比分别增长99.84%，142.82%。

（2）期货经营机构数量减少，经营持续亏损。截至2015年末，山西省有3家期货公司和27家期货营业部，比上年减少1家期货公司、2家营业部。2015年5月，辖区最大的期货公司中辉期货迁址上海。3家公司持续亏损，与上年同期相比，亏损有所增加。

（3）私募基金产业快速发展。截至2015年末，辖区已在中国证券投资基金业协会完成登记的私募投资基金管理人85家，备案的私募基金46只，管理规模53.55亿元。其中，私募股权投资基金管理人44家，私募证券投资基金管理人21家，创业投资基金管理人19家，其他投资基金管理人1家。

（4）上市公司平稳发展。截至2015年末，山西省境内共有A股上市公司37家，其中主板30家，中小板4家，创业板3家；新三板挂牌公司32家；上市公司总股本694.46亿股，流通股本565.01亿股；总市值5 863.70亿元，流通市值4 678.31亿元，总市值在全国排第20位，在中部六省排第5位。本年新增2家上市公司和28家新三板公司。

（5）上市公司融资和并购重组有序推进。2015年，辖区新增永东股份、东杰智能2家深交所上市公司，共实现IPO融资6.45亿元；辖区上市公司通过定向增发股份和发行公司债实现再融资金额同比增长419.15%；太原刚玉、永泰能源等4家上市公司并购重组累计实现156.44亿元，增长1 266.89%。

（6）直接融资规模大幅增长，融资工具不断丰富。2015 年，山西省直接融资金额同比增长 42.44%。其中，银行间市场实现融资占比 66.29%，资本市场直接融资占比 33.71%。

（7）多措并举稳定股价，有力应对股市异常波动。在 2015 年 6 月中旬至 7 月上旬股市出现异常波动后，山西证监局、山西省国资委、证券行业协会等市场各方积极应对，采取多项措施，防范可能发生的系统性风险。

2. 证券期货业稳健性评估

（1）证券公司抗风险能力较强，盈利模式有待改善。2015 年，2 家法人证券公司监管指标表现良好，流动性充足，抵御风险能力较强，但创新业务发展缓慢，依赖经纪业务的盈利模式仍未改善。2015 年，证券公司经纪业务收入占营业收入的 67.79%，融资融券、资产管理、财务顾问等创新业务收入增长较快，但在营业收入中的占比仍较低。

（2）期货经营机构持续亏损，服务实体经济的深度有限。2015 年，辖区期货经营机构代理交易量、交易额呈增长态势，但亏损 386.02 万元，其中，3 家期货公司亏损 1 250.08 万元。我省企业对期货套期保值业务工具运用不够充分，加之与期货市场紧密联系的煤焦钢铁现货市场价格一路下行，影响了期货市场的发展及服务实体经济功能的发挥。

（3）上市公司数量较少，资本运作能力有待加强。截至 2015 年末，山西省只有 37 家上市公司，数量在中部六省中排第五；我省拟上市公司资源不足，在证监会待审企业只有壶化集团 1 家，备案的拟上市企业也只有 5 家；新三板有挂牌公司 5178 家，而辖区挂牌公司数量仅 32 家。

### （三）保险业

2015 年，山西省保险业业务增势良好，发展质量提升，服务实体经济的能力进一步提高。但市场集中度较高，区域发展不均衡等问题值得关注。

1. 保险业运行和发展情况

（1）分支机构建设有序推进，行业发展水平不断提高。截至 2015 年末，全省有法人保险公司 1 家；省级分公司 47 家，其中，财产保险公司 24 家，人寿保险公司 20 家，较上年新增 1 家，养老保险公司 2 家，健康保险公司 1 家。保险深度 4.58%，较上年提高 0.93 个百分点；保险密度 1 601.33 元/人，较上年增加 325.63 元/人，两项指标位居中部六省首位。

（2）保费收入增势良好，赔款给付同比增长。截至 2015 年末，全省累计实现保费收入同比增长 26.08%，增速较全国高 6.08 个百分点，位居全国第 7，是近年来最好水平。赔款与给付支出同比增长 17.48%。

（3）重点领域不断突破，服务社会能力稳步提高。一是农业保险领域持续拓宽。2015 年，山西省农业保险将旱灾纳入保障范围，地方财政支持的特色农业保险覆盖全省 11 个市 32 个县区，农业特色品种达到 25 款，为 381.84 万农户提供风险保障 421.15 亿元。二是保障和改善民生。城乡居民大病保险签约 22 个项目，实现 11 个市全覆盖，保险公司为全省 2 450.1 万城乡居民每人提供最高 40 万元的大病医疗保障，承办以来累计赔付近 9 亿元，12.8 万人次直接受益。大病保险带动商业健康保险增速达 42.5%。三是支持实体经济发展。保险资金新增投资累计 172.7 亿元，是上年的 3.8 倍。

2. 保险业稳健性评估

（1）法人保险公司偿付能力充足，经营情况有待改善。截至 2015 年末，山西省法人保险公司中煤财险偿付能力充足率高于 150% 的监管标准，属于充足 II 类公司，但其经营仍未摆脱亏损局面，

2015 年利润亏损 0.66 亿元，承保利润率 -43.82%。

（2）市场集中度较高。截至 2015 年末，全省财产险市场共有 24 家公司，其中，人保财险 1 家公司保费市场份额占 34.56%，最大五家公司保费市场份额占 76.01%。人身险市场共有 23 家公司，其中，中国人寿 1 家公司保费市场份额占 26.64%，最大五家公司市场份额占 63.41%。

（3）区域发展仍不均衡，保费分布差异较大。分区域看，2015 年，全省保费规模较大的太原、运城、临汾三市合计占比 48.41%，但晋城、忻州、阳泉、朔州四市合计占比仅为 19.32%。保费增速最低的大同市为负增长。

## 三、社会金融活动

### （一）发展现状

小额贷款公司平稳发展。截至 2015 年末，全省备案开业的小额贷款公司 590 家，注册资本金达到 378 亿元，贷款余额 310 亿元。贷款期限主要以短期贷款为主，额度以小额为主，贷款方式以保证贷款为主。

融资性担保公司稳健发展。截至 2015 年末，全省已领取融资性经营许可证的融资性担保机构有 235 家，从业人员 2 819 人，注册资本金同比增长 23.54%，在保责任余额同比下降 3.65%，实现营业收入同比下降 16.03%。

典当行规范发展。截至 2015 年末，全省共有典当行 272 家，从业人员 2092 人。全行业注册资本同比增长 14.1%，典当余额同比增长 7.53%，典当总额同比下降 7.51%；利息收入同比下降 24.62%。

### （二）存在问题

小额贷款公司发展面临的问题：一是身份定位使小额贷款公司在法律维权、财税扶持、融资等方面面临难题。二是受宏观经济下行影响，小额贷款公司经营困难，停业机构数有所增加。三是部分小额贷款公司管理粗放，风险管控能力较弱。

融资性担保公司运行中存在的问题：一是受企业经营困难影响，代偿金额大幅增长。二是担保倍数较低，担保功能未完全发挥。

典当行发展面临的问题：一是全省典当行业近年来首次行业整体亏损，行业亏损率近四成。二是典当行经营环境恶化、竞争加剧。三是部分典当企业管理水平较差，诚信经营意识不强。

## 四、地方金融改革与创新

### （一）地方金融工作力度空前，金融振兴扎实推进

2015 年 5 月 29 日，山西省召开金融振兴大会。这次会议体现了地方党委和政府对金融工作的空前重视，对加快全省金融振兴，解决金融业发展滞后、体系不完善等问题，优化金融生态环境，促进经济金融良性互动具有重要意义。

### （二）农村金融机构改革不断深化，金融覆盖面稳步扩大

2015 年，全省共有 8 家农村信用社改制为农村商业银行，农村合作金融机构治理结构不断优化。村镇银行设立步伐加快，业务发展迅速。截至年末，全省共有 57 家村镇银行，新增 8 家，存贷款余额同比分别增长 30.84%、29.81%。

### （三）新型地方金融机构相继组建，地方金融体系不断完善

山西省整合地方金融资源，挂牌成立了山西金融投资控股集团有限公司。华融晋商资产管理公司、晋商消费金融公司等新型金融机构筹建工作也在积极推进。

### （四）众筹、P2P 等普惠金融业态创新发展

2015 年 4 月 20 日，众筹平台山西高新普惠资本投资服务有限公司开业运行，截至年末，参与平台挂牌项目投融资的社会投资者已达数百人。9 月 29 日，国资系互联网 P2P 平台山西省金融资产交易中心（简称晋金所）正式启动，先后推出多款理财产品。

## 五、金融基础设施与金融稳定

### （一）金融法制环境持续改善

法治建设及宣传工作进一步加强。立法法、商业银行法等金融基础法律法规的修订和颁布，为金融业的持续、健康发展创造了更为完善的法治环境，也为金融创新提供了法律支持。人民银行太原中心支行组织全省金融机构采取多种形式开展金融法制宣传活动，社会公众遵守金融法律的自觉性和依法维权意识明显提高。

对金融违法行为依法予以查处。人民银行山西辖内各级分支机构 2015 年共作出行政处罚决定 125 件，有效维护了辖区金融秩序。

金融消费权益保护不断深化。金融消费权益保护信息管理系统在全省成功上线运行，信息沟通和传递进一步加强，投诉处理和信息反馈效率显著提升。全年全省人民银行系统共受理金融消费者投诉 429 件、咨询 5 048 件，消费者满意度 100%。

### （二）支付结算体系平稳高效运行

支付结算业务系统平稳运行。2015 年，山西省二代支付系统上线工作全面完成，98 家银行网点加入现代化支付系统；88 家银行机构加入人民币银行结算账户管理系统，170 家机构加入电子商业汇票系统，26 家机构加入同城票据交换系统。现代化支付系统[①]业务量、金额同比分别增长 70.35%、9.15%。

---

① 包括大额支付系统、小额支付系统、支票影像交换系统和网上支付跨行清算系统。

非现金支付工具投放和使用量持续上升。截至 2015 年末，山西省 36 家发卡机构累计发卡同比增长 9.41%。特约商户、POS、ATM 累计数同比分别增长 9.56%、12.5%、9.6%；全省银行卡特约商户交易笔数和金额同比分别增长 32.2%、15.55%。

农村支付环境建设稳步推进。截至 2015 年末，山西省在农村地区服务点覆盖率和受理终端覆盖率均达到 100%，平均每个行政村覆盖 2~3 个服务点、3 台左右支付终端。

支付结算监管持续深入。合规开展行政许可事项，全面开展支付结算综合执法检查，加强支付机构监管，整肃支付服务市场秩序。

### （三）征信管理和服务水平显著提升

征信系统运行平稳。截至 2015 年末，山西省征信系统累计收录 23.3 万户企业和 1 663 万自然人，新接入 76 家机构用户。全年累计提供企业系统查询 40.6 万次，个人系统查询 378 万次，累计向审计署太原特派办、山西证监局、公检法机关、太原市中小企业局等部门提供征信查询 450 余笔（户）。全省金融机构通过查询征信系统拒绝有潜在风险的贷款 104.22 亿元。

中小（微）企业和农村信用体系建设全面推进。截至 2015 年末，全省共为 6.3 万户小微企业和 414 万农户建立了信用档案，其中，8 066 户小微企业和 213 万信用户获得了银行贷款。全年支持 2.6 万余农村创业青年获得贷款 24.92 亿元。

信用评级和机构信用代码工作平稳运行。截至 2015 年末，全省参加资信评级的借款企业和担保机构共 425 户，全年共完成 8.46 万户新设机构的信息采集和代码证发放工作。

征信市场秩序有效规范。全面开展征信管理综合执法检查、专项执法检查和征信信息泄露风险防范排查工作，有效规范金融信用信息基础数据库接入机构的征信业务行为。积极开展辖内征信机构摸底排查工作，完成了对 27 家征信机构的摸底工作。积极采取措施妥善处置大同天镇县农民“被贷款”引发的征信集中查询事件，有效维护信息主体权益。

### （四）反洗钱监管持续深入

监管工作方式不断创新。首次采取现场检查与风险评估相结合的工作方法，对 5 家城商行法人机构反洗钱现场检查的同时，同步完成对其洗钱风险评估工作。通过检查评估，被查机构全面梳理了本机构反洗钱内控制度与相关工作流程，查找了存在的薄弱环节和漏洞，纠正了不足，完善了反洗钱工作机制，提升了洗钱风险防控能力。

监管有效性不断提升。强化对新设机构的指导管理，严把准入关。整合监管资源，实施分类管理差别监管。做到了重点监管违规处罚，起到了典型示范效应。针对走访机构反洗钱工作存在的各类问题，提出整改意见，并给予业务指导。持续开展了反洗钱工作评估。

### （五）货币流通环境进一步优化

加大反假货币工作力度。2015 年，全省人民银行加大反假货币宣传力度，大力普及货币防伪知识，全面推进人民币整洁度和反假货币综合治理水平，打造良好的人民币流通环境，辖区未发生假人民币大量集中出现的情况。全年全省累计收缴假人民币金额和数量同比减少，结束了 2012 年以来逐年增长的局面。

加强现金收支管理。全年累计净投放 136.28 亿元，组织对 784 个银行网点开展了人民币收付业务检查。完成新版人民币发行前机具升级和人员培训。开展人民币净化工程，推进社会化清分业务发展。

## 六、总体评估与政策建议

### （一）总体评估

参照人民银行上海总部定量评估方案，采用专家调查法、层次分析法等技术方法，对山西省金融稳定状况进行了综合评价。结合山西省经济金融发展对部分指标阈值及标准值计算方法进行修正，在纵向比较中为排除指标权重变化对评价结果的影响，全部采用2015年专家调查法的权重进行计算。评估结果表明，2015年山西省综合得分较低，连续两年处在金融稳定等级评估C类一般区间。经济增速下滑是评估结果偏低的主因。纵向对比评估结果，区域经济发展势头趋缓，金融机构发展保持平稳，金融生态环境有所恶化。

### （二）政策建议

1. 推进供给侧结构性改革，加快产业转型升级

推动煤炭行业脱困转型，运用依法淘汰、行业重组等措施化解煤炭过剩产能，严控增量，主动减量，优化存量；推动煤电、煤化等煤炭上下游行业联营，构建煤电用产业链条；积极争取国家政策支持，加快煤炭行业脱困转型步伐。加快转型综改实验区建设，深化重点领域和关键环节改革，做大做强战略性新兴产业，加快发展现代服务业，积极发展新兴业态。

2. 深化金融改革和创新，提升金融服务质量效益

加快金融改革发展，支持金融机构创新金融产品和融资模式，发展普惠金融和绿色金融。深化地方金融机构改革，积极推动新型金融机构组建，稳步推进农信社改革，加快村镇银行设立步伐。加快多层次资本市场建设，创新融资工具和手段。加大直接融资比重，优化企业负债结构。支持证券期货、保险机构开展业务创新，优化业务结构。推动企业开展套期保值业务，加大期货市场服务实体经济的能力。稳步扩大保险覆盖面，扩宽保险服务领域，推进保障型险种快速发展，充分发挥保险业保障实体经济的功能。

3. 强化风险防范和化解工作，守住区域金融稳定的底线

金融机构应支持企业技改升级、并购重组，在助力企业发展中化解金融风险。监管部门应加强对产能过剩行业、担保圈、多头授信、跨市场融资等重点领域和P2P、众筹、第三方理财机构、私募基金等新兴业态的金融风险研究和监测，密切关注负面舆情、“飞单”销售、信托违约等高发风险，制定相应的应急预案，提高风险防控能力。多部门应积极推动风险处置工作，盘活金融机构存量资产，提高资金使用效率。

4. 加强金融基础设施建设，优化金融生态环境

推动金融相关基础法规的建设，参与相关法规征求意见，加大金融法规宣传力度，推进金融消费者权益保护工作；进一步完善支付结算体系，提高清算服务的安全、稳健、便利性；推进社会信用体系建设，提升征信管理和服务水平；严厉打击洗钱行为，加强反洗钱监管，加大现场检查力度，创新非现场监测手段；扎实推进反假货币和现金管理工作，货币流通环境进一步优化；严厉打击逃

废债行为，依法清欠、曝光不诚信行为，保护金融机构合法债权，加强金融诚信环境建设；严厉打击非法集资、非法理财等违法金融活动，创造良好的金融生态环境。

总　　纂：赵志华　毛德君
统　　稿：卓小岩　任桂花
执　　笔：吴晋科　杨　明　张晓红　李坚强
其他参与写作人员：武　洋　孙树恩　姚志强　张小红　薄利华　郭立平
马　丽　张雅婷　马儒静　刘　飞　王　军　祝丽君

# 内蒙古自治区金融稳定报告摘要

在宏观经济下行压力不断加大的背景下，2015 年内蒙古经济增长实现了新常态下的新发展，主要指标处于合理区间，产业结构向产业多元转变，服务业发展步伐明显加快。金融业保持平稳运行。银行业资产负债规模稳步扩大，存款增量创近 4 年来最好水平，信贷结构继续优化；证券市场交易规模大幅提高，业务辐射范围不断拓宽；保险业保费收入增势强劲，助推经济功能日趋增强。由于宏观经济持续低位运行，企稳向好的基础尚不稳固，煤炭、钢铁等重点行业和房地产等重点领域信贷风险不断积聚。加之金融机构公司治理尚不完善，内控管理仍不到位，风险管理意识不强等因素影响，全区金融稳定状况不容乐观。银行业信贷资产质量持续下滑，风险弥补和吸收损失能力不强，盈利能力不断下降；证券公司盈利模式单一，收入增长受资本市场行情影响较大；保险业寿险退保金额持续上升，应收保费风险较大。

## 一、宏观经济环境

2015 年，全区经济整体发展势头良好，虽有一定程度下行，但仍在合理区间，增长的质量和效益有所提高，总体实现了稳中有进、稳中有好、稳中提质。

### （一）经济总量稳步增长

初步核算，2015 年全区生产总值 18 032.8 亿元，增长 7.7%，同比下降 0.1 个百分点，高于全国平均增速 0.8 个百分点，总量居全国第 16 位。人均生产总值 71 903 元，按年均汇率折算为 11 547 美元，全国排名第 6 位，增长 7.4%。

### （二）经济结构持续优化

第一、第二、第三产业实现增加值分别为 1 618.7 亿元、9 200.6 亿元和 7 213.5 亿元，分别增长 3%、8% 和 8.1%。三次产业占比由上年的 9.2:51.3:39.5 调整为 9:51:40，第三产业比重上升，产业结构持续优化。

### （三）农牧业生产稳中有进

全年粮食作物总播种面积 572.7 万公顷，增长 1.3%；粮食总产量 2 827 万吨，创历史新高，增长 2.7%，居全国第 10 位。牲畜总头数达 13 585.7 万头（只），增长 5.2%。

### （四）固定资产投资平稳增长

全区完成固定资产投资额 13 824.8 亿元，增长 14.5%。其中，500 万元以上项目固定资产投资额 13 651.7 亿元，增长 14.5%。房地产开发投资 1 081.05 亿元，下降 21.1%。

**（五）消费市场稳步发展**

全区实现社会消费品零售总额6 107.7 亿元，增长8%。其中，城镇实现社会消费品零售额5 538 亿元，占比 90.7%，增长 7.7%；乡村实现社会消费品零售额 569.7 亿元，增长 10.7%。

**（六）财政和居民收入继续增长**

全区一般公共预算收入 1 963.5 亿元，增长 6.5%。居民人均可支配收入 22 310 元，居全国第 10 位，增长 8.5%；其中，城镇和农村牧区常住居民人均可支配收入分别为 30 594 元和 10 776 元，增长 7.9% 和 8%。

## 二、金融业发展情况

**（一）银行业**

2015 年末，全区共有各类银行业金融机构 190 家，其中全国性银行分支机构 17 家，地方法人银行业金融机构 173 家。年内新设立 2 家村镇银行和 2 家财务公司，3 家农村信用社改制为农村商业银行。2015 年全区银行业总体运行平稳，存款增速逐步回升，信贷结构继续优化，盈利结构逐步改善，宏观调控成效明显。

1. 资产负债规模稳步扩大

2015 年末，全区银行业金融机构资产总额 27 359.80 亿元，增长 13.91%，增速上升 1.32 个百分点。负债总额 26 454.02 亿元，增长 14.93%，增速上升 1.95 个百分点。

2. 存款平稳增长，理财产品和大额存单快速增长

2015 年末，全区银行业金融机构人民币各项存款余额 18 077.60 亿元，增长 10.97%，增速低于全国 1.47 个百分点，同比提高 4.21 个百分点，全年新增存款 1 641.32 亿元，同比多增 609.64 亿元。理财产品规模增长迅速，对存款的分流作用不减。2015 年末，法人银行业金融机构理财产品余额 980.52 亿元，增长 47.54%。5 家法人机构成功发行同业存单 363.9 亿元，包商银行首次发行大额存单 10.1 亿元。

3. 贷款较快增长，信贷结构继续优化

2015 年末，全区银行业金融机构人民币各项贷款余额 17 140.67 亿元，增长 14.65%，增速高于全国 1.2 个百分点，同比回落 0.82 个百分点。

4. 利润水平持续下滑，盈利结构有所改善

2015 年，全区银行业金融机构实现净利润 89.12 亿元，下降 67.59%；中间业务收入比率 10.72%，同比上升 1.04 个百分点，结构有所改善。

**（二）证券业**

2015 年末，全区共有法人证券公司 2 家，区外证券公司设立的分公司 6 家、营业部 91 家。2015 年，2 家法人证券公司在北京、上海、深圳、杭州、南宁等城市新设立营业部 66 家，截至年末共有

营业部 164 家，业务辐射范围不断扩大。2015 年，证券公司交易规模大幅提高，盈利能力持续增强，市场运行总体健康平稳。

1. 法人证券公司实力不断壮大

2015 年 10 月恒泰证券公司在香港成功上市，实收资本显著增加。截至年末，法人证券公司总资产 425.61 亿元，增长 82.71%；净资本 77.67 亿元，增长 58.64%。

2. 证券交易活跃，多项交易指标显著提升

2015 年，由于股市交易活跃，股民参与程度和客户交易等指标大幅增长。年内法人证券公司新增客户 91.09 万户，较上年多增 72.21 万户。托管股票总市值 1 308.12 亿元，累计实现证券交易额 27 384.64 亿元，累计代理买卖证券额 161.38 亿元，均创近三年新高，分别增长 90.94%、184.77% 和 96.25%。

3. 盈利能力持续增强，创新业务快速发展

2015 年，法人证券公司实现营业收入 50.90 亿元，增长 136.58%；利润总额 27.28 亿元，增长 149.34%。随着创新业务的不断发展，融资融券业务规模呈跨越式增长，年末融资融券额 71.46 亿元，增长 28.53%。

### （三）保险业

2015 年末，全区共有保险公司省级分公司 39 家，其中财险公司 22 家，寿险公司 17 家。下设中心支公司（分公司）309 家，较上年增加 26 家，支公司及以下分支机构 2 114 家，较上年增加 297 家。全区保险业呈较快发展态势，保费收入增速高于支出增速，并从多方位加强与经济领域的融合，服务经济社会能力不断增强。

行业规模逐步壮大。全区保险公司资产总额 775.96 亿元，增长 17.14%；负债总额 847.29 亿元，增长 20.26%。保费收入增势强劲。全区累计实现原保险保费收入 395.48 亿元，增长 25.96%，增速上升 11.66 个百分点。赔付支出平稳增长。全区保险业赔付支出 124.54 亿元，增长 12.76%，增速上升 2.92 个百分点。

### （四）准金融机构①

2015 年末，全区共有准金融机构 994 家，同比减少 43 家。其中，融资性担保法人机构 197 家，同比减少 4 家；小额贷款公司法人机构 538 家，同比减少 32 家；典当行 259 家，同比减少 7 家。全区准金融机构业务发展缓慢，业务量出现不同程度的下滑，盈利能力有所下降。

1. 融资性担保机构业务发展放缓

2015 年末，全区融资性担保法人机构注册资金 206.2 亿元，增加 8.2 亿元，累计为 5.2 万户中小企业融资担保 1 818 亿元，在保责任余额 316.3 亿元，下降 6.6%，全年新增担保额 196.6 亿元，增速下降 26.8%。

2. 小额贷款公司业务量下滑

2015 年末，全区小额贷款公司注册资本金 371.7 亿元，同比减少 24.6 亿元；贷款余额 348 亿元，下降 5.98%；存量贷款户数 3.2 万户。小额贷款公司发放的贷款八成以上投向三农和小微企业，

① 本报告中准金融机构包括融资性担保公司、小额贷款公司和典当行。

其中涉农贷款26亿元，占比26.2%；小微企业贷款59.2亿元，占比59.7%。

3. 典当行盈利能力下滑

2015年末，全区典当总额29.72亿元，同比减少2.42亿元；典当余额18.64亿元，同比减少0.74亿元；累计绝当金额0.50亿元。利息及综合服务费收入0.94亿元，全年亏损0.15亿元。

## 三、金融风险状况分析

### （一）银行业

1. 信贷资产质量差，防控形势严峻

自2012年起，全区银行业金融机构不良贷款余额和不良贷款率已连续三年“双升”，2015年末不良贷款余额创2005年以来新高（见图1）。年末不良贷款余额765.04亿元，增长53.43%。不良贷款率4.36%，上升1.10个百分点。关注类贷款占比9.56%，上升3.01个百分点。2015年，全区不良贷款呈现两个特点：一是新增不良贷款主要集中于国有商业银行，全年新增不良贷款158.0亿元，占比59.31%。二是新增不良贷款主要集中于中型企业，新增额为127.50亿元，占企业新增不良贷款的61.70%。这些特点表明信贷风险正在从小微企业向大中型企业、从地方中小法人银行向国有大型商业银行蔓延（见图1）。

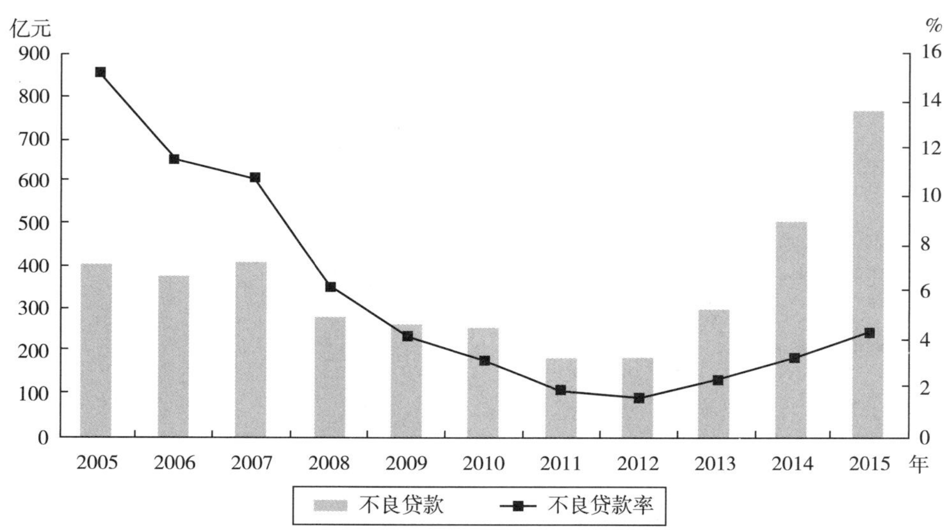


数据来源：内蒙古银监局。

**图1　全区银行业金融机构不良贷款变化情况图**

2. 贷款损失准备严重不足，风险抵补水平明显下降

2015年，全区银行业金融机构贷款损失准备提取明显增加，但由于不良贷款上升较快，整体拨备水平呈现明显下降趋势（见图2）。年末全区银行业金融机构贷款损失准备余额570.60亿元，增长25.62%。拨备覆盖率74.58%，下降16.52个百分点。

3. 地方法人机构资本充足水平有所下降，部分机构资本严重不足

2015年，全区地方法人金融机构核心一级资本充足率9.84%，下降0.91个百分点，资本充足率

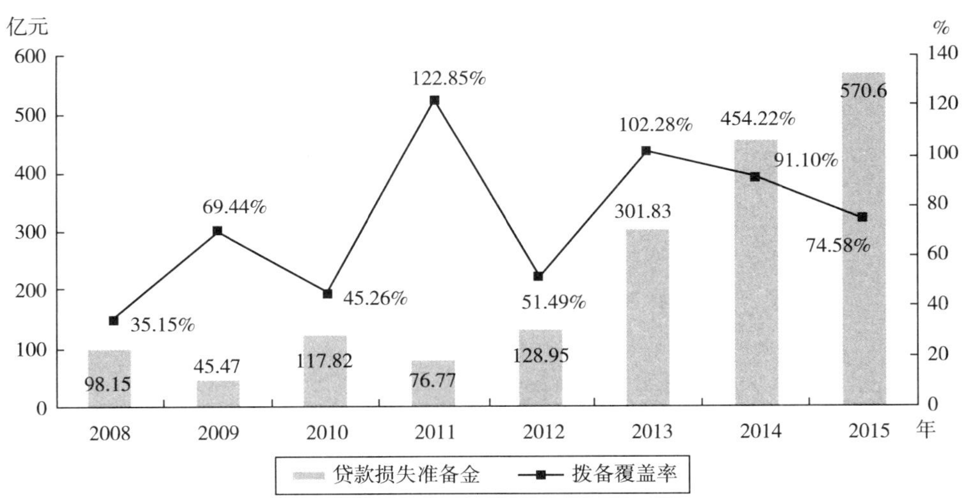


数据来源：内蒙古银监局。

**图 2　全区银行业金融机构风险抵补情况图**

11. 38%，下降 0. 04 个百分点。全区 31 家法人机构资本充足率低于监管要求，占法人金融机构的 19. 02%。其中有 16 家机构的资本充足率为负值，同比增加了 9 家。

4. 利润大幅下滑，盈利能力不断下降

2015 年，全区银行业金融机构实现净利润 89. 18 亿元，下降 67. 57%，降幅同比扩大 43. 42 个百分点，创近年来新低（见图 3）。资产利润率 0. 35%，下降 0. 86 个百分点。国有商业银行和股份制商业银行利润出现大范围的下滑，全年实现净利润 -38. 79 亿元，一半以上的机构出现亏损。城市商业银行的利润略有增长，全年实现净利润 44. 30 亿元，同比增加 0. 41 亿元；农村金融机构利润有所下降，实现净利润 35. 91 亿元，同比减少 6. 46 亿元。全区有 15 家法人银行出现亏损，占全部法人银行机构的 8. 67%。全区银行业利息净收入 663. 35 亿元，减少 6. 19 亿元。

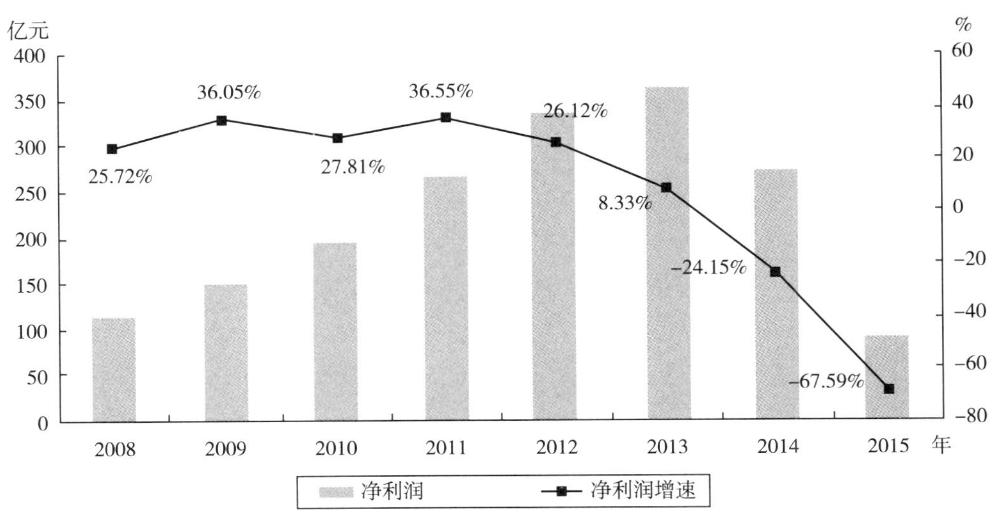


数据来源：内蒙古银监局。

**图 3　全区银行业金融机构净利润变化情况图**

5. 短期流动性风险可控，但不稳定性因素增多

2015 年，全区银行业金融机构整体流动性充足，年末地方法人银行业金融机构流动性比例 57.16%，上升 10.47 个百分点；存贷款比例 65.87%，上升 3.63 个百分点；核心负债依存度 50.95%，下降 3.42 个百分点，除存贷比略有上升外，其余两项指标均出现了积极变化，但仍存在一些不稳定性因素。一是存款增长的稳定性减弱。自 2013 年 5 月以来，全区银行业金融机构各项存款增速低于贷款增速，特别是 2014 年以来，存款增速下降趋势明显。二是银行负债结构发生变化。年末，全区银行业金融机构各项存款占负债的比重为 67.90%，较 2010 年末下降了近 10.95 个百分点。同时，稳定性较差的同业负债快速增长，对于部分资产负债错配严重的中小银行，流动性风险管理难度加大。

6. 逾期贷款快速增长，五级贷款分类的偏离度上升

2015 年，全区银行业金融机构逾期贷款快速增长。年末逾期贷款余额达 1 136.70 亿元，增长 75.96%，占银行业各项贷款余额的 6.48%，占比上升 2.26 个百分点。其中，逾期 90 天以上贷款余额 741.58 亿元，增长 110.93%，增速上升 24.74 个百分点。逾期贷款的快速增长表明经济下行的压力已经从实体经济传向银行业。全区银行业逾期贷款快速上升的同时，信贷资产分类的准确性也在下降，主要表现为五级贷款分类的偏离度较高。2015 年末，全区银行业金融机构逾期 90 天以上贷款与不良贷款的比例为 96.93%，上升 26.43 个百分点，是自 2008 年以来最高的一年。2015 年全区各类机构该比值均表现为上升，其中村镇银行上升 120.12 个百分点。信贷资产分类不准确，不仅掩盖了风险，还将导致贷款损失专项准备的计提不足，进而影响资本充足率、净利润的准确性和真实性（见图 4）。

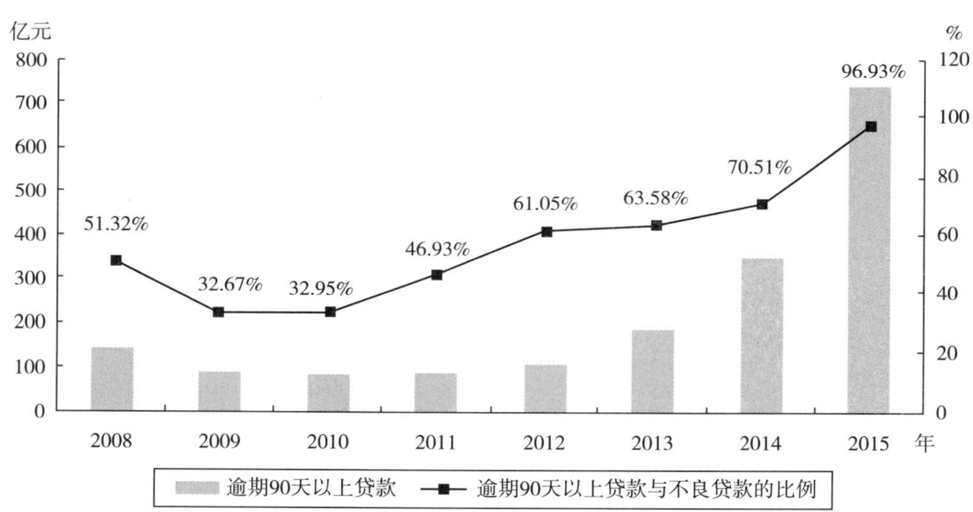


数据来源：内蒙古银监局。

**图 4 全区逾期 90 天以上贷款年度变化情况图**

## （二）证券业

1. 证券公司整体经营稳健，但负债增长较快

近年来，我区法人证券公司不断完善风险控制制度，建立了以净资本为核心的动态监管体系，

各项风险控制指标数值均远高于监管标准和预警标准。由于负债增长快于资产增长，部分风控指标较上年有所下降，但仍符合监管规定，风控机制总体运行有效。

2. 盈利模式单一，收入与市场行情变化相关性大

手续费及佣金收入仍然是我区证券公司主要的收入来源，比重由上年的45.52%升至49.76%，证券公司盈利模式单一、收入增长与资本市场行情相关性较高的问题难以改善。

3. 创新业务面临较大风险挑战

随着证券公司创新业务的快速发展，在资金来源、资金投向具有的跨行业、跨机构和跨市场特征，可能会使风险在资本市场出现较大波动时，向其他行业和市场传染。

### （三）保险业

1. 财产险公司保费收入增速放缓，赔付率维持较高水平

2015年，全区财险公司原保险保费收入156.70亿元，增长8.38%。由于代为追偿的成本攀升，年末财险公司赔付率为59.87%，上升1.57个百分点，继续维持较高的水平。

2. 应收保费风险较大

2015年末，全区保险公司应收保费额为11.42亿元，上升29.34%，年末平均应收保费率为7.29%，上升了4.48个百分点，已接近8%的预警指标值。

3. 寿险业退保金额快速增长

2015年，全区保险公司退保金额43.13亿元，增长46.28%，退保率为5.15%，上升0.84个百分点。人身险前期大量销售高现金价值产品，投保人策略性退保是退保率上升的主要原因，退保金额高位运行，将导致保险公司的经营性现金净流入量下降，加大流动性压力。

## 四、影响金融稳定的因素分析

### （一）经济环境

1. 经济转型尚需时日，风险传递压力增加

进入21世纪以来的前10年，内蒙古自治区依靠低廉的要素成本优势创造了经济的持续高速增长，但同时也积累了多重矛盾。首先，伴随着要素成本的上升和环境承载能力的下降，以往的高投入、高消耗、高排放进而获取高增长的发展方式将不可持续。其次，我区经济发展主要依赖资源密集型行业，产业低端化和低附加值特征明显，生产成本上升和产品价格下降使企业利润减少，经营困难。这些都是影响经济发展质量的因素，并成为实体经济风险向金融体系传递和累积的重要渠道。

2. 固定资产投资快速增长的动力不足，企业经营效益持续下滑

2015年，全区固定资产投资增速放缓，低于上年同期1.2个百分点；施工项目数和新开工项目数增长缓慢，增速分别下降4.2个和6.7个百分点，固定资产投资保持较快增长的动力有所不足。同时企业利润持续下滑，亏损面继续扩大。2015年末，全区工业生产者出厂价格跌幅高于购进价格跌幅1.9个百分点，工业企业利润空间进一步收窄。全区规模以上工业企业利润总额940.48亿元，下降23.8%，亏损企业亏损额520.18亿元，增长35.3%，企业亏损面达到25.5%，同比上升4.94

个百分点，企业经营状况持续恶化。

3. 重点行业发展困难，信贷风险日益积聚

近年来，煤炭、钢铁等产能过剩行业产品需求低迷，价格大幅下降，效益严重下滑，信贷风险逐步显现。2015 年，全区煤炭开采和洗选业实现利润 328.85 亿元，下降 27.1%，黑色金属及压延加工业净亏损 57.59 亿元，同比增亏 75.98 亿元。年末，全区煤炭行业和钢铁行业不良贷款余额分别达 72.76 亿元和 1.98 亿元，分别增长 62.04% 和 40.77%；不良贷款率分别为 5.24% 和 0.82%，同比分别上升 1.63 个和 0.09 个百分点。其中钢铁行业信贷风险在局部地区和部分地方法人金融机构表现更为突出。此外，房地产行业持续下行，开发投资额持续下降，商品房销售面积和销售额均下降，不良贷款大幅增加。年末全区房地产业不良贷款余额 33.84 亿元，增长 121.18%；不良贷款率 3.03%，同比上升 1.26 个百分点，房地产业信贷风险逐步显现。

4. 政府融资平台后期还款压力增大，风险隐患不容忽视

2015 年末，全区地方政府融资平台贷款余额 2 071.54 亿元，增长 3.61%，占全区人民币各项贷款余额的 12.09%。目前我区地方政府融资平台不良贷款率处于较低水平，但增速较快，需引起关注。年末政府融资平台不良贷款余额 1.9 亿元，增长 2.24 倍。政府融资平台关注类贷款余额 235.06 亿元，增长 39.36%，关注类贷款占比 12.22%，较上年同期上升 3.78 个百分点。未来 5 年内到期的贷款占比为 46.56%，将迎来平台贷款集中还款期。

5. 中小微企业不良贷款增速快，信贷风险偏高

由于宏观经济持续下行，企业难以走出困境，不良贷款迅速增加，信贷风险较大。2015 年末，全区中型企业贷款余额 3 799.37 亿元，增长 15.8%，占企业贷款的 32.36%；中型企业不良贷款 200.1 亿元，增长 2.76 倍，占企业不良贷款的 46.07%；不良贷款率 5.27%，高于银行业金融机构不良贷款率 0.91 个百分点，同比上升 3.06 个百分点。全区用于小微企业贷款[①]余额 4471.96 亿元，增长 12.50%，占全部企业及个人经营性贷款的 38.09%；小微企业不良贷款 230.4 亿元，占全部企业及个人经营性不良贷款的 53.05%，不良贷款率 5.15%，同比上升 0.07 个百分点，高于全区金融机构不良贷款率 0.79 个百分点。

6. 民间借贷违约案件大幅增加，风险的传染性和复杂性加大

受民间资金较为充裕、小微企业资金需求大且融资难、民间借贷中介机构数量增多、以及 P2P 网贷中介服务兴起等诸多因素的影响，近年法院民间借贷案件收结案数量大幅攀升。2015 年末，全区法院新收一审民间借贷纠纷案件 70 730 件，诉讼标的额 518.81 亿元，分别增长 33.46% 和 51.58%；结案和结案标的额分别增长 30.74% 和 25.89%；新收一审非法集资案件 159 件，增长 62.24%。

### （二）金融机构内部环境

1. 公司治理结构不完善，运行机制不健全

多数地方法人银行机构尚未真正建立起完善的现代公司治理架构，不同程度的存在职责权限不清晰、董事会运作不规范、关联交易无法得到有效控制、独立董事和监事会的监督、制衡作用十分有限等问题，影响机构整体稳健经营。

① 用于小微企业的贷款包括小微企业贷款、个体工商户贷款和小微企业主贷款。

2. 内控管理不到位，风险管理意识薄弱

长期以来，地方法人金融机构普遍存在制度不完善、执行不到位的问题，内部控制难以对高管层的违规行为进行制约，风控部门和审计督查部门隶属于业务决策体制，独立性无法保证，高管层为了完成短期盈利目标，使金融机构实际承担的风险水平超过自身的承受能力，导致金融机构经营陷入困境。

3. 风险管理组织架构设置不合理，风险管理量化指标可操作性较差

近年来法人金融机构风险管理组织架构设置不尽合理，高管行为仍然可能凌驾于风险管理委员会之上。对风险的识别以定性分析和主观经验为主，在客观化、技术化、数量化、制度化方面有所欠缺，风险管理处于被动状态。

4. 盲目追求贷款规模和短期效益，不良资产大量积聚

在经济快速发展时期，部分银行机构缺乏审慎经营意识，个别机构甚至偏离服务方向和市场定位，“脱农去农”思想严重，热衷于投放大额贷款，盲目发放异地贷款，而忽视了风险管控和内部管理。在经济增速下行阶段，贷款快速增长带来的负面效应集中显现，使部分机构大量的大额贷款、异地贷款形成不良。

### （三）金融生态环境

1. 信用环境

（1）银行信贷违约风险加大。自 2012 年以来，全区银行业金融机构不良贷款额和不良贷款率逐年上升，3 年间不良贷款余额增长了 3.14 倍，不良贷款率上升了 2.77 个百分点。区内 12 个盟市中有 4 个盟市的平均不良贷款率高于5%，其中最高的达到 12.12%。地方法人金融机构贷款大量逾期，2015 年末，地方法人银行业金融机构逾期贷款 486.36 亿元，占各项贷款余额的 10.79%。

（2）逃废金融债务现象增多。据对呼伦贝尔市、鄂尔多斯市、乌兰察布市和乌海市的调查，2015 年末，4 市发生逃废金融债务的企业和个人共 2 927 户，涉嫌逃废债金额 31.95 亿元，占当地金融机构不良贷款的 14.38%。

（3）金融机构违法违规案件增加。2015 年辖区金融机构共向人民银行呼和浩特中心支行上报重大金融风险案件 28 起，同比增加 11 起，涉及金额 17.5 亿元，同比增加 14 亿元，其中违法放贷和冒名借名贷款案件 7 起，金额 1.05 亿元。

2. 政策环境

（1）政府行政干预形成不良贷款。部分农村合作金融机构尤其是高风险农村信用社不良贷款中，相当一部分是因地方政府干预推行的实物或产业化项目贷款所形成的，这类贷款农牧民基本认为是政府的帮扶而不愿偿还，致使成为部分农村信用社的沉重包袱，难以清收。

（2）地方金融监管有待完善。由于受小贷公司、融资性担保机构、典当行等机构的监管经验、人员水平、网络技术等条件限制，地方金融管理体制中存在信息不对称、交流沟通不顺畅、不能及时准确统计和共享相关数据信息、重审批轻监管等现象，制约着准金融机构的稳健发展。据对 157 家法人银行机构的问卷调查显示，有 6 家机构认为地方政府未能对具有融资功能的非金融机构进行有效管理且由于管理不到位导致发生重大风险事件，有 4 家机构认为地方政府未能有效落实中央和地方金融监管职责分工且未建立健全地方金融风险应急处置机制。

## 五、金融稳定总体评估

从宏观经济、金融机构和金融生态环境三方面选取 27 项指标，运用层次分析法和专家调查法对全区金融稳定状况进行定量评估①，评估结果显示，2015 年全区金融稳定综合评估值为 54 分，已连续三年出现下降，经济金融运行中不稳定因素和风险暴露程度继续加大。

从宏观经济层面看，2015 年全区经济运行整体平稳，主要经济指标处于合理区间，投资消费稳定增长，居民收入继续提高，物价涨幅稳中有落，但由于经济持续增长的基础还不稳固，增长动力不足，结构性矛盾还比较突出，实体经济增速持续放缓，投资和消费增速持续下降，城乡居民收入增速不同程度出现回落，导致宏观经济得分下降 9.3%（见图 5）。

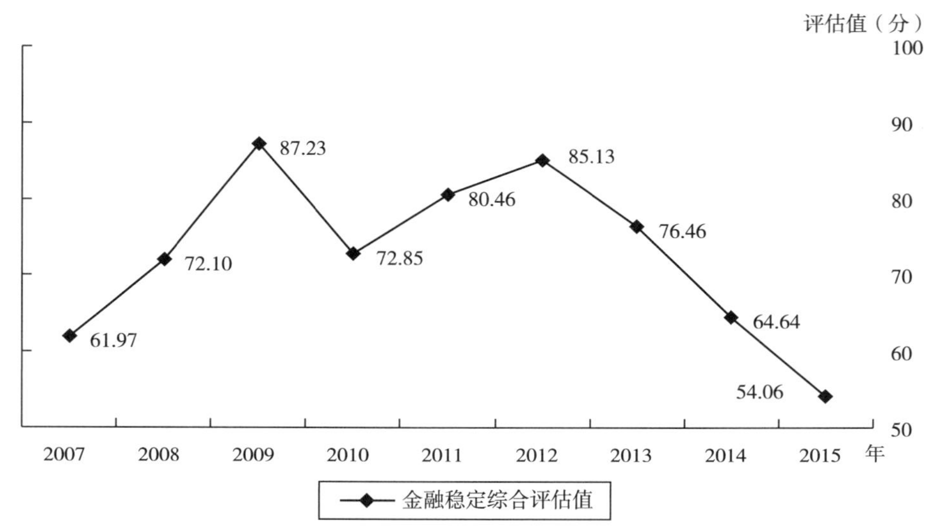


数据来源：根据内蒙古统计局、内蒙古银证保监管局数据计算。

**图 5　2007—2015 年全区金融稳定综合评估值变化情况图**

分行业看，金融业总体运行平稳。银行业机构改革持续深化，资产规模保持适度增长，为地区经济发展提供了有力支撑，但由于全区银行业金融机构不良贷款继续大幅反弹，利润增速明显下滑，法人机构资本充足水平继续下降，银行业机构经营管理中的潜在风险不断暴露，使银行业得分下降 21.6%。证券业受 2015 年股市交易活跃影响，证券机构经营状况和盈利水平明显提升，得分增长 4.4%。保险业保费收入增速明显提高，资产规模稳步扩大，服务社会和经济的作用持续加强，但由于应收保费率同比快速上升 4.48 个百分点且所占权重较大，使保险业得分下降 51.2%，退保风险不

① 按照人民银行上海总部的定量评估方案，定量评估模型中，宏观经济指标包括：国内生产总值增长率、第三产业增加值增长率、全社会固定资产投资增长率、社会消费品零售总额增长率、实际利用外资增长率、城镇居民可支配收入增长率、农村人均纯收入增长率、居民消费价格指数、城镇登记失业率、典型城市房地产销售价格指数。银行业指标包括：资本充足率、不良贷款率、资产利润率、流动比率、银行业金融机构资产总额。证券业指标包括：净资本充足率、净资本负债率、资产利润率、证券法人机构资产总额。保险业指标包括：应收保费率、保费收入增长率、寿险公司退保率、保险公司资产总额。金融生态环境指标包括：法制环境调查综合得分、地方财政收入占地区生产总值比重、银行服务密度、征信数据库覆盖率。权重确定方法为层次分析法和专家调查法。

容忽视。

从金融生态环境看，银行服务密度继续加大，地方财政收入占 GDP 比重和征信数据库覆盖率变化较小，但由于金融案件数量增多导致法制环境得分下降，所以整体得分较上年变化较小，未来需引起对金融生态环境建设的重视，从而为区域金融发展提供稳定的外部环境（见图6）。

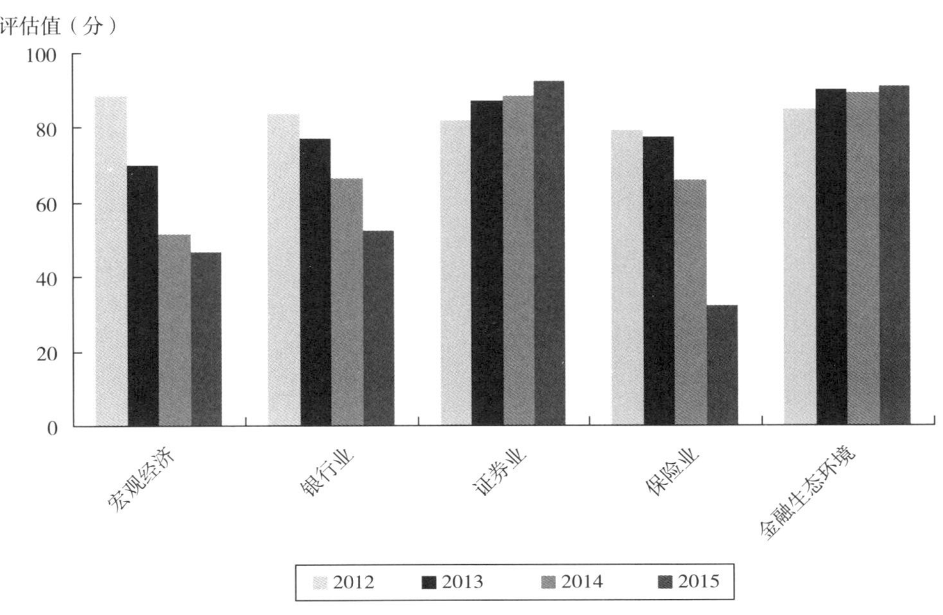


数据来源：根据内蒙古统计局、内蒙古银证保监管局数据计算。

**图6　2012—2015 年全区分模块金融稳定综合评估值图**

总　　纂：牧　人

统　　稿：尹志成　赵建国　高晓芬

执　　笔：郭　研　高　菲　王　璐　吕明旭　闵德明　道日娜

# 辽宁省金融稳定报告摘要

2015年辽宁省经济增速持续放缓，有效投资增长乏力，企业经营状况非常困难，经济形势严峻。金融体系则保持稳健发展，银行业金融机构存贷款平稳增长，不良贷款率有所下降；证券业整体运行平稳，中小企业融资规模不断提高，证券公司业务创新稳步推进；保险业稳步发展，服务领域不断拓宽，风险保障和经济补偿功能不断增强。非银行机构发展迅速，有力支持了地方小微企业发展。金融基础设施不断完善，服务经济的能力和水平不断提高。金融生态环境进一步优化，为经济发展提供了有效的金融支持。

## 一、辽宁经济运行

2015年，辽宁省地区生产总值28 743.4亿元，同比增长3.0%，低于全国3.9个百分点，增速较2014年下降2.8个百分点。其中，三大产业增速分别为3.8%、-0.2%、7.1%，二产增速持续放缓，三产成为稳定经济的主要力量。

1. 工业经济增速减慢，产业结构逐步调整

2015年，辽宁省规模以上工业增加值累计同比下降4.8%，低于全国10.9个百分点，降幅较2014年扩大9.6个百分点。规模以上工业企业完成工业增加值同比增速已连续16个月呈负增长态势，12月当月同比下降12.7%。辽宁省经济下行压力虽然持续加大，但全年经济运行总体呈现缓慢回升态势，季度增速分别为1.9%、2.6%、2.7%、3.0%；三产结构有所优化，三大产业占比分别为8.3%、46.6%和45.1%，第三产业占比较2014年提升3.4个百分点，对经济增长的贡献率不断提升。

2. 投资增速持续负增长，消费对经济增长贡献相对增强

2015年，辽宁省固定资产投资完成额17 640亿元，累计同比下降27.8%，低于全国37.8个百分点，跌幅较2014年扩大26.3个百分点，固定资产投资连续负增长且跌幅呈现扩大趋势。2015年，辽宁省社会消费品零售总额累计12 774亿元，同比增速为7.7%。

3. 外贸形势不容乐观，外商投资阶段性回暖

2015年，辽宁省外贸进出口总额961亿美元，同比下降15.7%，超过2009年经济危机爆发时的降幅，创近30年以来纪录。实际利用外资52亿美元，按可比口径同比下降34.3%，值得关注的趋势是，2015年下半年外资流入21亿美元，同比增长24.2%。全年对外直接投资中方投资额37亿美元，同比增长11.2%。

4. 价格水平低位运行，结构性通缩压力持续加大

2015年，辽宁省居民消费价格指数（CPI）同比上涨1.4%，与全国CPI持平，涨幅较2014年

同期下降0.3个百分点，其主要受食品类价格推升影响。工业生产者出厂价格指数（PPI）为93.9，12月当月指数为93.3，PPI跌势暂缓。

5. 跨境收支总量首次下降，人民币占比进一步提高

受涉外经济基本面低迷的影响，全年辽宁省跨境收支同比绝大多数月份为负增长，跨境收支总量下降，跨境资金流出倾向增强，收支顺差降幅显著。全年跨境收支总量1 293亿美元，同比下降11.1%。2015年，辽宁省共发生跨境人民币业务1 671.46亿元。人民币占本外币跨境结算总额的21%，同比提高2个百分点。跨境人民币业务开展以来，全省跨境人民币结算金额达5 261.97亿元，累计为企业节约成本超过100亿元。目前，全省已有65家银行的592家分支机构办理了跨境人民币结算业务，较上年新增90家银行分支机构，涉及企业4599家，较上年增加1 329家企业，境外地域涉及132个国家和地区，较上年增加18个国家和地区。

6. 居民收入增速同比回落，财政收支矛盾突出

2015年，辽宁省城镇常住居民人均可支配收入31 126元，增长7.0%，增速比2014年回落1.9%；农村常住居民人均可支配收入12 057元，增长7.7%，增速比2014年回落2.4个百分点。农村收入增长持续高于城镇收入增长，城乡收入差距逐渐缩小。2015年，辽宁省一般公共预算收入2 126亿元，同比下降33.4%，跌幅较2014年扩大28.8个百分点，辽宁省财政支出4 618亿元，同比下降9.1%，财政收支矛盾突出。

当前经济运行中需要关注的问题：一是去产能、去库存、调结构尚需时日，供给侧改革任务艰巨。工业产品供过于求矛盾较为突出，初级产品、落后产品产能过剩。从目前情况看，重工业比重大，升级改造困难，且以产能过剩行业居多，传统工业去产能化尚需时日，新兴产业在辽宁并未形成完备体系和核心竞争力，创新驱动能力尚显不足，增长点尚未形成，供给侧改革任务艰巨。二是投资效率持续下降，地方政府债务负担沉重。目前辽宁省投资规模效益（GDP增加额与固定资产投资总额的比值）递减明显，从2000年的0.31下降为2015年0.01。投资规模过大、产能过剩严重、负债率过高等状况将持续影响投资的效率。辽宁省地方政府债务规模在2015年末达到9 138.7亿元，而辽宁省当年一般公共预算收入仅为2 125亿元，加上政府性基金收入、上级补助、发行债券收入等各项政府收入合计约7 400亿元，债务率已经超100%的警戒线。三是房地产开发端依旧低迷，市场环境不容乐观。2014年以后房地产市场进入萧条期，房地产开发投资增速2014年降为－17.8%，2015年下降至－32.9%。2015年以来，房地产市场虽有所回暖但并不乐观，居民观望氛围依然较重，市场供给偏多，房企去库存压力依然很大。四是稳定性就业总体呈现下滑态势，隐性失业问题凸显。2015年以来，辽宁省整体就业形势十分严峻。实有失业人员增加，就业质量下降显著。1—11月，辽宁省新增单位就业52.7万人，占总数的65.2%；新增灵活就业28.1万人，占总数的34.8%，远远高于年初的20.4%。稳定的单位就业向短期的灵活就业转化，就业稳定性较低。随着经济下行压力的影响，部分大型企业在可承受的前提下，采取减薪不减人、转岗培训、放假等举措，隐性失业问题也不容忽视。

## 二、金融业

### （一）银行业

2015年，辽宁省银行业资产负债规模平稳增长，银行之间经营出现分化。截至12月末，辽宁省

银行业金融机构资产总额66 799.50亿元，同比增长15.49%，负债总额64 218.87亿元，同比增长15.52%。经济下行和企业困难对银行经营形成了考验，但同时也倒逼银行调整资产负债结构，创新金融产品和服务，促进了银行之间的分化。城市商业银行资产负债规模增速保持在35%以上，国有商业银行增速保持在5%左右。

各项存款持续较快增长，财政存款增长乏力。12月末，辽宁省金融机构本外币各项存款余额47 758亿元，同比增长10.6%，增幅比2014年同期高3.9个百分点。本外币住户存款余额23 996亿元，比年初增长1 922亿元，同比多增244亿元。财政存款增长明显乏力。12月末，广义政府存款余额6 873亿元，较年初下降123亿元，同比多降618亿元。政府存款下降主要受财政收入下降影响。

贷款增长有所放缓，信贷结构更趋合理。截至2015年末，辽宁省金融机构本外币各项贷款余额36 283亿元，同比增长9.8%，低于2014年同期1.27个百分点。全年贷款累计增加3 244亿元，同比多增7亿元。批发和零售业、交通运输、仓储和邮政业、租赁和商务服务业、个人贷款新增贷款分别为547.17亿元、425.96亿元、275.40亿元和455.08亿元，信贷政策在总体上体现了绿色信贷和低碳经济的发展要求。从服务重点看，截至12月末辽宁省银行业用于小微企业贷款7 978.47亿元，比年初增加938.02亿元，增长13.32%；涉农贷款余额7 395.7亿元，同比增长11.4%，高于各项贷款增速1.6个百分点，银行支持小微企业和涉农贷款的力度持续加大。

贷款利率波动下行，存款利率稳中趋降。2015年年初以来，辽宁省各期限人民币贷款利率逐月波动下行，由2015年1月份的7.04%波动下行至2015年12月份的5.99%，下降了105个基点。2015年10月24日，人民银行放开了商业银行一年期以内（含一年）定期存款和活期存款利率上限，存款利率市场化迈出了关键的一步。2015年12月，辽宁省银行机构定期存款加权利率为2.19%，比6月份下降了103个基点；银行活期存款加权利率为0.35%，较6月份下降了5个基点。

银行机构利润持续下降，不良贷款防控形势严峻。截至12月末，辽宁省银行业金融机构净利润589.87亿元，同比下降2.46%。辽宁省银行业金融机构不良贷款余额1 016.52亿元，较年初增加31.91亿元，不良贷款率2.81%，较年初下降0.18个百分点。

银行业需要关注的问题：一是受经济增速持续放缓影响，银行信贷资产劣化压力增大，部分行业信用风险突出。12月末，辽宁省银行业逾期贷款余额1 309.93亿元，较年初增加561.15亿元，增长26.53%，其中逾期90天以上贷款988.33亿元，比年初增加412.23亿元，增长31.69%，逾期贷款的较快增长将会推动不良贷款惯性走高。二是重点行业信用风险突出。房地产市场持续低迷，信用风险逐渐暴露。12月末，辖内银行业房地产不良贷款余额28.46亿元，比年初增加1.2亿元。此外商贸行业、传统支柱行业受经济下行压力的影响风险也逐步暴露明显，不良贷款率攀升。三是融资平台贷款偿还压力较大，潜在风险不容忽视。截至12月末，辽宁省共有全口径地方政府融资平台179户，贷款余额2 993.92亿元，不良贷款余额2.75亿元，不良贷款率0.1%。平台贷款中，以土地抵押或收益权质押的贷款余额1 457.62亿元，占全部平台贷款余额的48.69%，债务偿还对土地出让收入的依赖度较高。四是个人还款能力下降，个贷风险开始显现。12月末，个人不良贷款余额47.34亿元，较年初增加18.41亿元，增幅达63.65%。其中，个人住房按揭不良贷款24.37亿元，占全部个人不良贷款的51%，较年初增加11.47亿元，占全部个人新增不良贷款的62%。

### （二）地方法人银行

辽宁省内共有法人银行139家，其中，城市商业银行15家，农村商业银行19家，农村信用社45家，村镇银行60家。资产总额25 898. 92亿元，负债总额24 075. 18亿元，净利润186. 51亿元，不良贷款484. 923亿元，存款15 725. 15亿元，贷款9 992. 75亿元。

城商行发展较快，资本补充压力较大。截至20 15年末，辽宁省城市商业银行资产总额20 190亿元，同比增长36. 67%，负债总额18 776. 89亿元，同比增长37. 63%。城商行的资产负债规模增长较快，占辽宁省银行业金融机构资产负债规模的30%。2015年城商行实现利润155. 85亿元，同比增长14. 93%。不良贷款余额85. 52亿元，较年初增加2. 73亿元，不良贷款率1. 29%，较年初下降0. 08个百分点，低于全省平均不良率1. 52个百分点。辽宁省城商行近几年发展较快，不良贷款控制较好，盈利水平逐步提高，但随着城商行的规模扩张，资本补充压力越来越大。

农信社历史包袱沉重，改革转制存在困难。截至2015年末，辽宁省内农村信用社资产总额2 366. 04亿元，同比增长4. 23%，负债总额2 255. 66亿元，同比增长4. 41%。不良贷款余额340. 44亿元，较年初下降39. 96亿元。

农商行股份制改革效果明显，但整体实力有待提高。截至2015年末，辽宁省内农村商业银行资产总额2 694. 48亿元，同比增长2 4. 61%，负债总额2465. 83亿元，同比增长25. 87%。2015年农商行实现利润19. 79亿元，同比下降11. 23%。

### （三）证券业

辽宁省上市公司数量微增，融资再融资能力有所提高。截至2015年末，辽宁省共有境内上市公司76家，同比增加4家，其中主板上市公司52家，同比增加3家；中小板13家，与2014年持平，创业板11家，同比增加1家。总股本882. 81亿股，同比增长15. 88%，总市值9 016. 83亿元，同比增长55. 12%，截至2015年末，辖区上市公司本年完成首发融资17. 99亿元，同比增长23. 55%；上市公司实现再融资180. 25亿元，同比增长53. 15%；5家公司成功实施了并购重组，优化了产业结构，切实提升了公司质量；上市公司累计发行公司债460. 5亿元。新三板挂牌公司114家，同比增加73家。

证券期货市场运行相对平稳，交易规模逐步扩大。2015年，辽宁省证券经营机构不断增加，市场交易规模稳步扩大。截至2015年末，辽宁省共有法人证券公司3家，证券咨询公司5家、证券分公司21家，证券营业部302家，比上年新增29家；辽宁省（不含大连）在沪深开户数为622万，同比增长24. 64%，证券全年累计成交金额为9. 36万亿元，同比增长206. 5%，股票累计成交金额为7. 45万亿元，同比增长144. 03%，基金累计成交金额达到4 666. 11亿元，同比增长439. 43%；而大连市证券行业在沪深开户数为211万，累计实现营业收入39. 51亿元，累计实现净利润18. 49亿元。期货开户数、交易量保持稳定的增长态势。截至2015年末，辽宁省共有期货公司5家，期货分公司4家，期货营业部91家，从业人员1137人。开展期货经纪业务的公司2家，具备资产管理业务资格以及投资咨询业务资格的公司1家。截至2015年末，辽宁省（不含大连）期货行业开户数30 591户，同比增长17. 51%，全年累计成交量4 079万手，同比增长9. 68%，累计成交金额5. 47万亿元，同比增长30. 23%，保证金累计金额为233. 38亿元，同比增长5. 6%。大连市期货行业在2015年累计实现营业收入4. 15亿元，累计实现净利润6 865. 36万元。

法人证券公司盈利水平大幅提升，业务创新稳步推进。截至2015年末，辽宁省法人证券公司实现营业收入25.32亿元，同比增长105.85%，净利润10.93亿元，同比增长142.8%。

证券业运行中需要关注的问题：一是经济下行加剧上市公司经营困难，市场融资功能仍需强化。与全国发达地区相比，辽宁地区资本市场发展相对滞后上市公司利用资本市场的投融资和资源配置功能，实现转型升级和结构调整的能力较弱。2015年，辽宁省上市公司首发筹资金额增速23.55%，其中大连市上市公司在2015年的首发筹资规模仅为1.96亿元，再筹资金额增速减缓为52.01%，远低于2014年的170.33%。二是股市波动对证券期货行业产生深层次影响，业务发展模式亟待转变。从证券行业来看，2015年资本市场的异常波动加剧了证券机构经营管理、风险防控的难度。三是法人证券公司发展规模较小，服务实体经济功能不足。

### （四）保险业

保险行业快速发展，规模不断增大。2015年末，辽宁省保险业共有保险公司法人机构4家，省级分公司111家，共有保险营销员27.86万人。2015年，全省保险业共实现保费收入941.35亿元，同比增长24.36%，比全国平均水平674.51亿元多39.56%。共发生赔付支出371.93亿元，同比增长27.79%，比全国平均水平240.95亿元多54.36%。保险密度2189.19元，保险深度3.3%。全省保险业总资产2 335.82亿元，同比增长15.87%，其中财产险公司223.22亿元，同比增长46%，寿险公司2 112.60亿元，同比增长13.4%。

改革推向深入，人身险保费收入大幅增长。2015年全年，辽宁省人身险实现保费收入663.46亿元，同比增长33.39%。其中寿险实现保费收入541.43亿元，健康险业务保费收入105.54亿元，意外险保费收入16.49亿元。人身险赔款和给付支出203.32亿元，同比增长37.37%。其中人身意外伤害支出4.02亿元，健康险支出26.42亿元，寿险支出172.88亿元。销售渠道仍以银行邮政代理和个人为主，其中银行邮政代理实现保费321.24亿元，市场占比50.05%，个人代理渠道，全年实现保费收入276.87亿元，市场占比43.14%。

部分险种受经济形势影响较大，财产险赔付支出增幅大于保费收入。2015年，全年实现保费收入277.89亿元，同比增长7.15%。赔款和给付支出增幅略大于保费收入，全年赔款支出168.42亿元，同比增长17.93%。2015年，机动车险占比依然较高，全年实现保费收入217.59亿元，占比76.06%。而受宏观形势影响，工程险全年保费收入1.11亿元，同比下降60.98%，货物运输保险保费收入3.55亿元，同比下降25.90%。

服务领域不断拓宽，保障功能有效发挥。2015年累计为社会提供风险保障15（不含大连）万亿元，其中，责任保险保费收入达9.15亿元，同比增长18.05%，责任险赔付支出4.14亿元，同比增长6.02%。农业保险保费收入16.25亿元，同比增长42.16%，赔款支出18.44亿元，同比增长22.68%；大病保险保费收入5.3亿元，支付补偿款4亿元（不含大连）。

保险业需要关注的问题：一是外部形势变化导致保险业风险增大。首先，宏观经济下行压力增大导致信用风险向保险业传导，承保风险敞口持续增大。其次，产业融合使得保险经营领域不断延伸，产生了新的风险点。二是行业内生风险依然存在，如满期给付和退保风险，销售误导因素造成客户极易产生利益诉求和案件风险。

## 三、非金融机构

### （一）融资性担保公司

截至 2015 年末，辽宁省共有融资担保机构 403 家，注册资本总额 491.2 亿元；全年累计实现担保额 1 049.7 亿元，同比少增 91.8 亿元，同比下降 8%；在保余额 1 932.8 亿元，同比增长 7.4%；累计担保代偿额 21.3 亿元，代偿率 2.31%；在保企业 8 643 户，平均放大倍数 3.82。全行业为辽宁省实体经济特别是小微企业发展起到了积极的促进作用。

融资担保业中需要关注的问题：一是融资企业风险正在逐步向担保机构传递，行业风险呈上升态势，风险苗头开始显现，担保代偿增加明显。2015 年代偿率为 2.31%，比 2014 末提高了 0.67 个百分点。二是部分融资性担保机构偏离主营业务，违规运用资本金从事高风险投资，容易导致资金链断裂形成较大风险损失。三是担保公司的盈利模式存在争议，收益与风险严重不匹配。担保机构资金规模较小，抵御风险的能力相对较低。

### （二）小额贷款公司

截至 2015 年末，辽宁省共有 631 家小贷公司挂牌运营，实收资本总额 396 亿元，形成覆盖全省各县区的、为实体经济服务的经营网络。但在经济增速乏力，经济下行的情况下，小额贷款公司贷款谨慎，贷款余额持续下降。截至 12 月末，小贷公司贷款余额 344.14 亿元，比年初下降 28.4 亿元，贷款笔数 7.72 万笔。贷款对象以个人贷款和信用贷款为主。2015 年，全省小额贷款公司累计发放个人贷款 674.85 亿元，占比 64.4%。从贷款方式来看，信用贷款在小额贷款公司全部贷款占比 63.2%。

小额贷款公司需要关注的问题：一是小额贷款公司风险控制不足，影响业务发展。2015 年，小额贷款公司不良贷款率达到 0.63%，比年初提高了 0.33 个百分点。二是贷款利率下降，净利润大幅收窄。截至 2015 年，辽宁省小额贷款公司利润总额 4.57 亿元，同比下降 64%，经营持续性逐年下降。三是受经济下行压力影响，大股东主营行业资金周转困难，抽资意愿强烈。

### （三）非法集资

2015 年，辽宁省共发现各类涉嫌非法集资案件及线索 65 件，涉案金额 17.96 亿元，涉及人数 4 882人。辽宁省政府加强处置非法集资工作，经过近年来持续整治，有效遏制了非法集资高发势头。与 2014 年相比较，非法集资案件数量减少 138 件，发案量占 2014 年同期的 32%；涉案金额占 2014 年同期的 48%；涉案人数占 2014 年同期的 20%。

非法集资方面需要关注的问题：一是投资理财类涉嫌非法集资案件占主流。2015 年辽宁省新发的 65 件投资理财类涉嫌案中非法集资案达 51 件，占全年案件总数的 78%。二是重点地域涉嫌非法集资案件高发频发，沈阳成为重灾区。从辽宁省非法集资案件看，沈阳的案件数量、涉案金额和涉案人数都是全省最高。2015 年全省新发案件 65 起中沈阳发案 52 起，占全省案件比例 80%。沈阳市新发 52 起案件中，有 45 起投资理财类涉嫌非法集资案件，占沈阳发案数的 87%。三是大案要案偶有发生，假借开发房地产名义进行非法集资的案件数量明显减少。2015 年新发的 65 起案件中有 3 起案件集资总额过亿，合计占全年涉案总额的67%。房地产领域非法集资案件3起，涉案金额达15 900万元。四是非法集资形式多样，诱导性较强，风险较高。

## 四、金融基础设施

### （一）支付结算体系

1. 第二代支付系统运行平稳，系统推广工作力度加大

2015年，在上一年度第二代支付系统建设的基础上，大力开展支付系统推广工作，支付信息统计分析系统正式上线运行。支付系统运行平稳，业务量小幅增长。截至2015年末，辽宁省支付系统共处理大额支付系统业务3 878.18万笔，发生金额116.90万亿元，同比分别增长7.67%和7.55%，日均处理业务15.58万笔，发生金额为0.47万亿元。共处理小额支付系统业务8 321.62万笔，发生金额0.91万亿元，同比分别增长25.57%和14.29%，日均处理业务22.99万笔，金额5.16亿元。支票影像交换系统共处理支票业务57 591笔，金额51.73亿元，同比分别增长5.16%和5.92%。日均处理支票业务159笔，金额0.14亿元。

2. 收单市场的监管力度进一步加大，银行卡受理环境进一步改善

截至2015年末，累计完成对辖区19家收单机构的执法检查，并对其中6家机构的相关不合规内容作出了罚款24万元的行政处罚，在辖区进行了全面的整顿与整改，有效地净化了辖区银行卡收单市场。截至2015年末，全省银行卡累计发卡18 539万张（借记卡与信用卡比例为12：1），同比增长16.7%。人均持卡数量为4.22张，同比增长13.7%。银行卡渗透率达到49%，同比提高0.38个百分点，银行卡消费快速增长，对拉动内需起到了积极的促进作用。全省POS机具数量为518 640台，同比增长54%。

3. 加强助农取款工程建设，农村支付环境持续改善

截至2015年末，辽宁省共建立银行卡助农取款点22 718个，同比增长89.6%，14个地市全部实现了助农取款服务终端机具“村村通”。2015年，实现助农取款业务交易笔数1 048.67万笔，交易金额14.6亿元，同比分别增长31.2%和33.9%。全省农村地区人均持卡量为1.76张，同比增长29.3%。助农惠农业务覆盖率稳步提高，农村地区尤其是偏远地区支付环境进一步得到改善。

支付结算体系需要关注的问题：一是相关政策法规需进一步提升法律层次。现有相关政策文件法律地位较低，有时表现为不能满足监管需要。同时，由于支付业务创新较快，原有部分法规无法适应新业务的监管。二是客户备付金管理需进一步加强。部分支付机构客户备付金管理存在风险隐患，应给予持续重点关注。三是银行卡收单市场管理需进一步加强。银行卡收单市场竞争日趋激烈，违规乱象凸显。

### （二）法律环境

辽宁省立法机制不断健全，立法工作取得新成效。全年制定政府规章和提请辽宁省人大审议地方性法规草案11件。行政执法工作机制不断完善，执法行为更加规范，监督机制日趋完善，执法水平不断提升。2015年，全省法院受案810 217件，同比上升26.01%。审执结各类案件685 387件，同比上升20.92%。随着经济下行压力持续加大，全省法院金融借款案件上升75.93%，民间借贷案

件上升54.30%，借款合同案件上升50.04%，买卖合同案件上升29.17%，民商事执行案件上升34.08%。审结民商事案件432 874件，同比上升20.48%。依法审结破坏市场经济秩序犯罪案件2 279件。全省检察机关全年批准逮捕各类刑事犯罪嫌疑人26 342人，起诉43 630人。

法律环境方面需要关注的问题：一是密切关注《存款保险条例》运行相关法律问题。二是互联网金融健康发展与监管相关法律问题值得关注。三是简政放权，转变监管理念，加强事中事后监管，规范行政执法信息公示工作。

### （三）反洗钱体系

1. 反洗钱监管有效性进一步提升

2015年，在持续加大对银行业监管的同时，加强了对保险公司、证券公司的反洗钱监管力度。累计对67家金融机构及其分支机构开展了反洗钱专项现场检查，其中对43家省级及总部级保险公司、证券公司开展现场检查。考核评级金融机构55家，监管谈话金融机构19家，监管走访金融机构53家，采取现场检查回访、复查、开业指导等其他措施涉及金融机构23家。

2. 可疑交易资金监测稳步推进

2015年，累计接收重点可疑交易报告287份，涉及金额2 105亿元，可疑交易报告数量与上一年基本持平，但涉及金额大幅度增加。国有银行和股份制商业银行上报的可疑交易占报告总量的86%，主要集中在电子银行业务、自助终端业务、柜面业务、现金业务。此外，可疑交易报告中还涉及了部分证券业务及支付业务。

3. 案件调查与报案成果明显

2015年，共协助公安机关调查涉嫌洗钱的可疑交易线索44个，调查次数为47次，主动向公安机关移送可疑交易线索9个，涉及金额64.26亿元，集中在地下钱庄洗钱、毒品洗钱及恐怖融资几方面。移送的9个线索中有2起被公安机关成功立案并最终破案，有力支持了省内反恐、反腐、禁毒以及打击地下钱庄等相关犯罪工作。

反洗钱方面需要关注的问题：一是小型机构可疑交易自主监测的能力有限。二是金融机构反洗钱约束激励机制缺乏。

### （四）征信体系

1. 金融信用信息基础数据库稳定运行

截至2015年末，企业征信系统共征集辽宁省39万户企业及其他组织的信用信息，开通查询用户5 104个，月均查询量10万次；个人征信系统共收录辽宁省3 154万自然人、5 540万个信贷账户信息，开通查询用户2.2万个，月均查询量达58万次。继续推动村镇银行、小额贷款公司和融资性担保公司接入征信系统，目前已有46家村镇银行和31家小贷公司成功接入。大力推广中征应收账款融资服务平台，已成交融资业务221笔，金额178亿元。

2. 征信监管力度进一步加强

对省内28家银行业金融机构进行征信业务检查，严肃处理违法违规行为。信息主体权益保护机制进一步完善，省内共接受异议申请并及时办理业务2 647笔。稳妥做好机构备案工作，已有七家企业征信机构和十家评级机构完成备案。组织对评级机构进行现场检查，有效地规范了评级业务。

3. 社会信用体系建设协调推进

辽宁省累计建立小微企业信用档案82 542户，通过搭建深化实验区建设、创设信息平台和发放小企业联保贷款等方式有效解决小微企业贷款难问题。组织在辽阳建立农民专业合作社的信用评价体系，联合地方政府在铁岭西丰探索农村信用体系建设的新模式，取得显著成效。全省农村信用社和邮政储蓄银行征集了456万户农户信用档案，对其中的333万农户进行了初步信用评价，对已进行信用评价的335万农户累计发放贷款4 571亿元，贷款余额637亿元。

4. 征信服务水平进一步提升

辖区人民银行系统全年累计提供查询服务118万次，比上年增加48%。辽宁省内个人信用报告互联网查询试点工作稳步推进，全年有39.7万人通过查询验证。继续在沈阳和大连开展商业银行网点代理查询工作，四家代理网点全年累计提供查询服务6.3万次，日均查询两百余次，查询量稳步增加。在全省10个城市引入自助查询终端提供信用报告查询服务，有效满足了社会公众的征信需求。

征信体系方面需要关注的问题：一是征信行业具有广阔的发展前景，各类征信机构不断设立，征信业务更加复杂多样，服务领域不断拓展，也给征信监管带来挑战。二是信用报告在金融领域广泛应用，成为金融机构控制风险的必要手段，如何在更大范围内完善守信激励和失信惩戒机制值得进一步研究。

### （五）金融生态环境

2015年，辽宁省深入贯彻落实国家《社会信用体系建设规划纲要（2014—2020年）》，大力推进社会信用体系建设，完成《辽宁省社会信用体系建设“十三五”专项规划》初稿编制工作；印发《关于落实<关于对重大税收违法案件当事人实施联合惩戒措施的合作备忘录>的通知》；转发落实人民银行总行等国家四部委《关于进一步做好诚信文化教育工作的通知》；出台《辽宁省公共信用信息管理办法》，加强地方信用法规建设；组织沈阳市创建国家社会信用体系建设示范城市，获国家批准，全省社会信用体系建设迈入新阶段。开展第三届辽宁省诚信示范企业评选工作，在1 375家企业中评出109家省诚信示范企业名单，省（中）直22个部门联合出台38条诚信示范企业优惠政策，涵盖税收、海关通关、融资服务、人才引进等多个领域。奖励守信同时不断加大失信惩戒力度，通过降低信用报告评级、设置工程投标准入门槛等措施进行惩戒。开通的12346公益投诉举报电话已收到失信投诉举报694件，其中有5件纳入省失信企业黑名单进行联合惩戒。以“诚信辽宁、诚信企业”建设为主线，开展“信用中国网·辽宁信用周”和“信用辽宁网·辽宁信用月”主题宣传活动，全面展示了信用工作成绩，扩大“信用辽宁”建设工作在全社会的影响力。

总　　纂：薛　静　于大鹏　金庆鹏
统　　稿：刘　涛
执　　笔：由　华　高　鹏　许　胜　谭福梅　姜　林
王　珏　张欣宜　孟　楠

# 吉林省金融稳定报告摘要

2015年吉林省经济增长缓中趋稳，粮食生产再创新高，固定资产投资小幅上涨，物价总体保持稳定，但工业、进出口、房地产等方面持续低迷，全省稳增长的压力依然十分艰巨。金融业整体运行稳健，银行业保持了较好的发展势头，证券行业交易活跃，保险业实现较快发展，各金融市场交易融资功能充分发挥。金融基础设施建设不断完善，金融消费者权益保护工作进一步加强。

## 一、区域经济运行与金融稳定

2015年吉林省生产总值季度增速逐步提高，第一至第四季度分别为5.8%、6.1%、6.3%和6.5%，全年实现地区生产总值为14 274亿元，同比增长6.5%。分产业看，第一、第二、第三产业分别实现增加值1 596.28亿元、7 337.06亿元和5 340.77亿元，同比分别增长4.7%、5.6%和8.3%（见图1）。

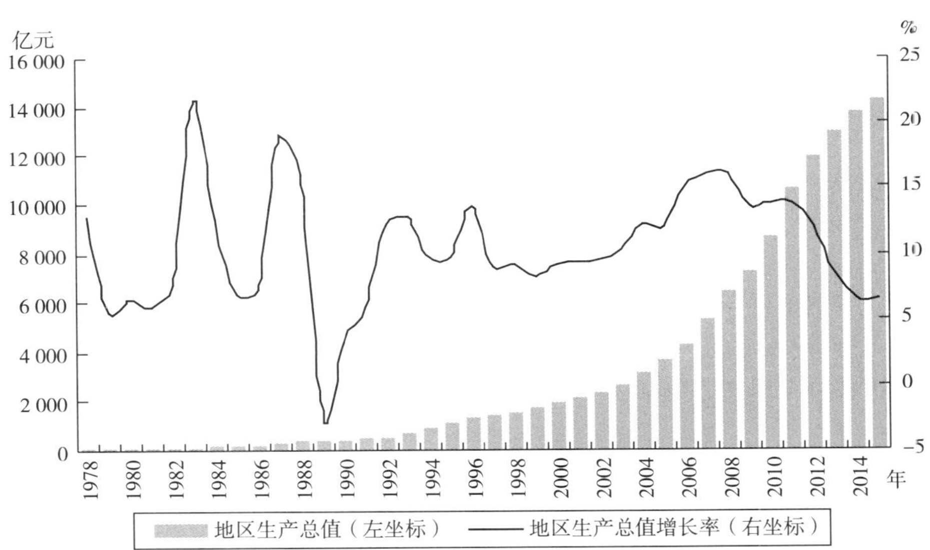


数据来源：吉林省统计局。

**图1 1978—2015年吉林省地区生产总值及其增长率**

### （一）粮食生产再创历史新高，单产全国第一

2015年，吉林省实现农林牧渔业总产值2 880.62亿元，同比增长4.2%；实现农林牧渔业增加

值1 644.62 亿元，同比增长4.7%。2015 年全省粮食生产继续稳产高产，总产量达到729.4 亿斤，在全国居第4 位，粮食总产量再创历史新高。畜牧业生产也保持平稳增长，全年全省畜牧业增加值同比增长4.9%，增速高于上年同期3.7 个百分点。

**（二）工业经济底部微弱企稳，但仍存在较大的下行压力**

2015 年，吉林省工业增加值7 337 亿元，同比增长5.6%，低于上年同期增速1 个百分点，且较全国同期增速低0.4 个百分点，其中，规模以上工业增加值同比增长5.3%，低于全国平均水平0.8 个百分点。当前主要关联指标中，部分指标仍然较为低迷：一是工业产成品价格持续下滑，1—12 月，全省工业生产者出厂价格下降4.7%，工业企业盈利能力明显减弱。二是景气指数持续位于荣枯线以下。12 月份，全省制造业采购经理指数（PMI）为49.78%，连续5 个月位于临界点以下。三是铁路运输量大幅下降，公路运输量增速同比下滑。1—12 月，全省铁路货物发送量完成4 070.9 万吨，同比减少29.3%。全省公路累计完成货运量4.4 亿吨，同比增长6.1%，比去年同期增速下降3.8 个百分点，且比1—11 月份增速下降0.2 个百分点。

**（三）投资小幅上涨，消费需求微弱回升，但限上企业消费品零售额增长乏力，进出口同比大幅下滑**

1. 固定资产投资小幅上涨

受房地产投资低迷等因素影响，吉林省固定资产投资增速减缓。2015 年，全省共完成固定资产投资（不含农户）12，508.6 亿元，同比增长12.6%，高于当期全国平均增速0.6 个百分点（见图2）。

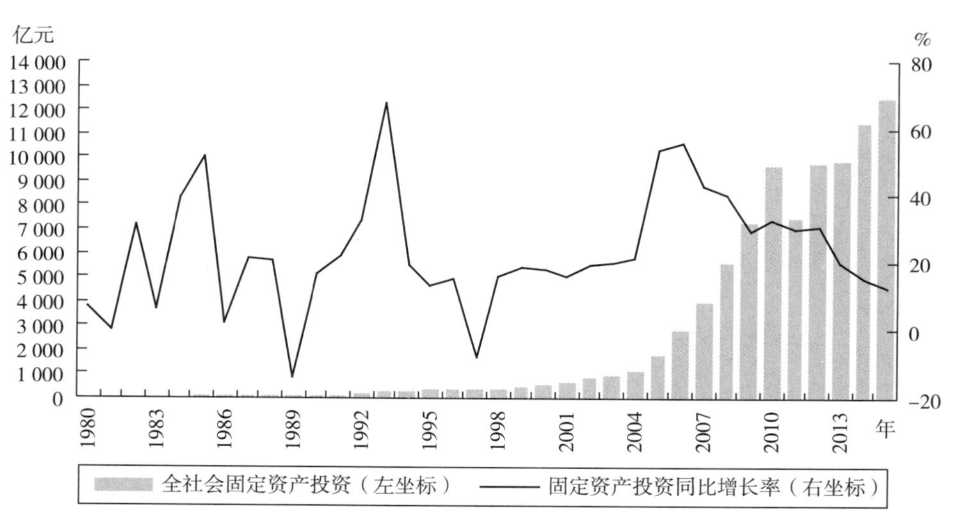


数据来源：吉林省统计局。

**图2 1980—2015 年吉林省全社会固定资产投资总额及其增长率**

2. 消费需求小幅回升，但中期前景仍不明朗

2015 年，吉林省社会消费品零售总额6 646.5 亿元，同比增长9.3%，但低于全国平均水平1.4 个百分点。全省消费市场呈现回暖迹象，但仍面临多项制约因素。一是消费需求增长动力不足，特

别是占限上社零额比重较大的成品油和汽车等重点商品，由于国内油价连续下调，乘月车销售额持续下滑，对全省社零额增长拉动力减弱。二是网络购物分流实体店销售，全省网络零售额约 760 亿元，分流省内消费品市场明显，导致传统限上零售企业销售不断下滑。

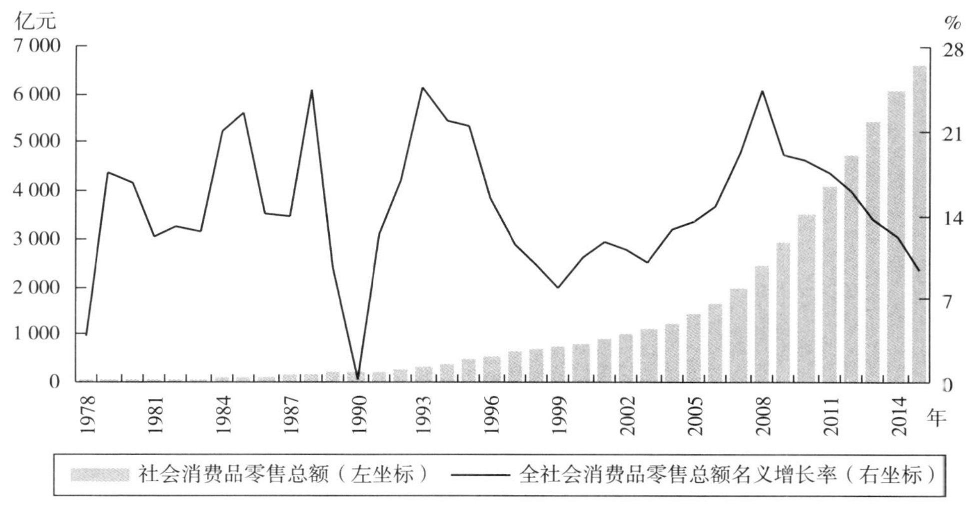


数据来源：吉林省统计局。

**图 3　1978 –2015 年吉林省社会消费品零售总额及其增长率**

3. 外贸进、出口均呈下降趋势

2015 年，吉林省进出口总额 189. 4 亿美元，同比下降 28. 2%。其中，出口同比下降 19. 5%，进口同比下降 30. 7%，逆差规模达到 96. 3 亿美元。具体来看，进出口降幅连续 9 个月扩大。自 4 月起，进出口累计降幅开始扩大，降幅扩大趋势持续 9 个月，且进口、出口降幅均呈逐月扩大趋势。

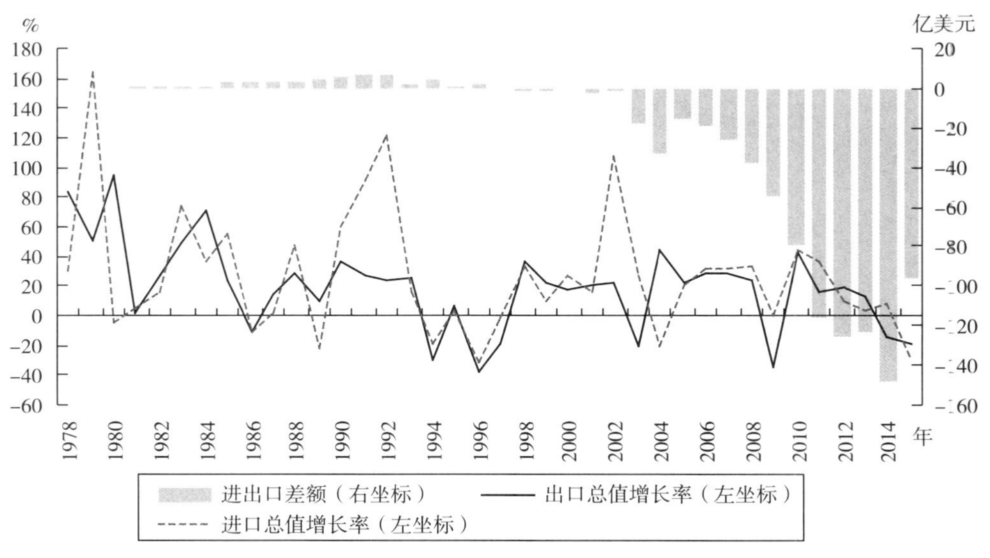


数据来源：吉林省统计局。

**图 4　1978 –2015 年吉林省外贸进出口变动情况**

**（四）财政支出进度加快**

从收入方面来看，2015 年，吉林省地方级收入累计 1 229. 3 亿元，同比增长 2. 2%，低于全国平均水平 7. 2 个百分点。其中，全省税收收入 867. 1 亿元，同比减少 17. 3 亿元，下降 2%。从支出方面来看，2015 年，吉林省财政支出 3 217. 1 亿元，同比增长 10. 4%。其中，教育、科学技术、社会保障和就业、医疗卫生与计划生育、农林水等支出继续保持 2 位数增速。

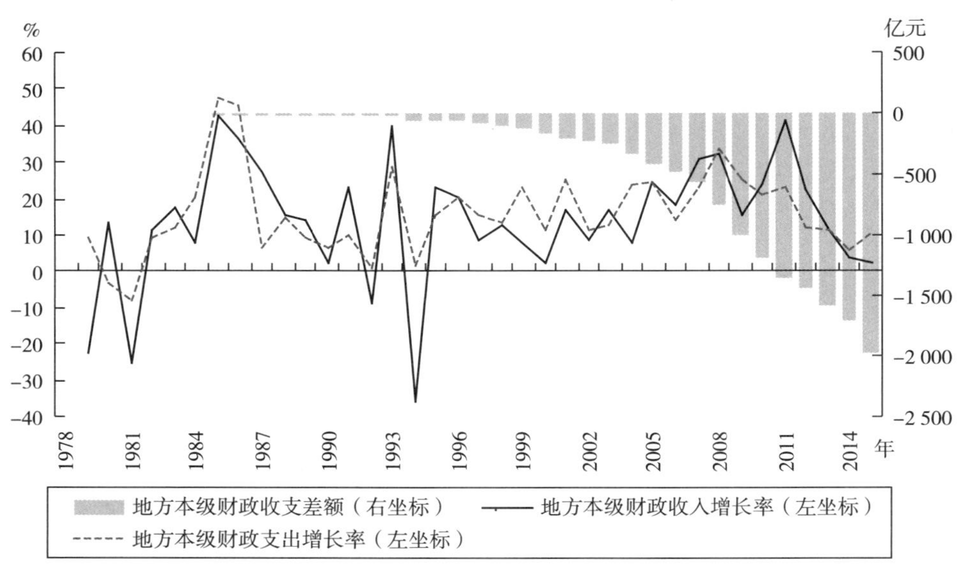


数据来源：吉林省统计局。

**图 5　吉林省财政收支状况**

**（五）房地产市场下降趋势减缓，房价相对稳定**

2015 年，吉林省房地产开发投资额 924. 2 亿元，同比下降 10. 3%，降幅较 2014 年收窄 7. 4 个百分点；全年房地产开发企业购置土地面积 793. 19 万平方米，同比下降 14. 56%；房屋新开工面积 2 063. 7万平米，同比下降 36. 7%；房屋施工面积 11 566. 5 万平方米，同比下降 5. 7%；房屋竣工面积 1 287. 4 万平方米，同比下降 18. 2%。房屋销售面积同比降幅明显收窄，销售额略有增长，商品房销售面积 1 491. 9 万平米，同比下降 5. 7%，降幅较上年收窄 22. 9 个百分点；商品房销售额 816. 87 亿元，同比增长 1%；商品住宅平均销售价格 5 213 元/平方米，同比上升 8. 4%。

**（六）消费品物价持续稳定，工业品物价持续下滑，城乡居民收入增长趋缓**

2015 年，吉林省 CPI 上涨 1. 7%，高于全国 0. 3 个百分点，列全国各省第 7 位。全省 PPI 下降 4. 7%，但比全国高 0. 5 个百分点，列全国各省第 14 位。其中，石油和天然气开采业同比累计下降 36. 0%，比上年同期低 37. 7 个百分点；黑色金属冶炼及压延加工业同比下降 21. 0%。

2015 年，吉林省城镇常住居民人均可支配收入 24 300 元，同比增长 7%，增速较上年同期下降 1. 8 个百分点；全年农村常住居民人均可支配收入 11 200 元，同比增长 5%，增速较上年同期下降 5. 2 个百分点。

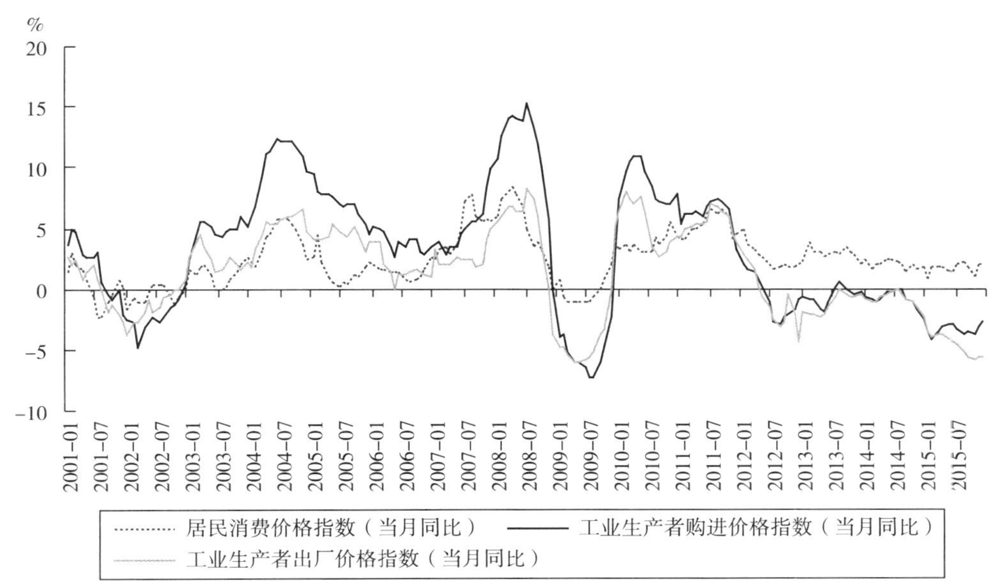


数据来源：吉林省统计局。

**图6　2001—2015年吉林省居民消费价格和生产者价格变动趋势**

## 二、金融业与金融稳定

### （一）银行业分析

截至2015年末，吉林省银行业金融机构资产总额27 153.78亿元，同比增长19.76%；负债总额26 296.85亿元，同比增长19.85%。本外币存款余额18 683.80亿元，增长11.90%，本外币贷款余额15 308.84亿元，同比增长20.55%。

1. 社会融资规模小幅回落，信贷投向进一步优化

2015年，吉林省社会融资规模为2 710亿元，同比减少6.9%。其中金融机构表内贷款融资占比96.5%，比上年同期提高33个百分点，表外贷款融资占比－11.2%，比上年同期下降36.9个百分点，直接融资占比10.6%，比上年同期提高3.8个百分点。信贷投向结构进一步优化，增加对小微企业、“三农”领域的支持。2015年全年投向小微企业、“三农”领域的贷款增速为25.3%和21.2%，分别高于全部贷款平均增速4.7和0.5个百分点。

2. 资产质量略有下降，经营效益有所降低

截至2015年末，吉林省银行业金融机构不良贷款余额比年初增加58.51亿元，不良贷款率3.68%，比年初下降0.3个百分点。2015年，吉林省银行业金融机构累计实现净利润276.25亿元，同比较少10.74亿元，比上年同期下降3.74%。

3. 地方主要法人银行业金融机构运营平稳，涉农金融机构改革继续推进

2015年末，吉林银行资产总额3 158.52亿元，同比增长32.66%，全年实现利润28.34亿元；其中，农村商业银行资产总额3 479.30亿元，不良贷款率1.75%，保持了较好的经营状况。年内，有7家农村商业银行开业，15家村镇银行开业，辖内农村商业银行和村镇银行的数量分别达到28家

和56家。

2015年吉林省银行业总体保持稳健运行，但发展中仍面临着一些困难和问题需要密切关注。一是不良贷款不断暴露，风险防控压力加大。二是部分农村信用社状况长期较差，个体风险仍然偏高。三是个别大型企业财务情况恶化，债务偿还能力下降。

### （二）证券业分析

2015年，吉林省证券业总体结构保持稳定，证券交易规模大幅提高，多层次资本市场体系不断完善，资本市场融资功能有效发挥，券商创新政策效果明显，行业抗风险能力持续提升，市场运行总体健康平稳。

1. 证券业总体结构稳定，业务规模大幅提高

截至2015年末，吉林省法人证券公司2家，证券分公司19家，新增5家，证券公司营业部127家，新增8家。吉林省辖内法人期货公司2家，境外期货业务持证企业1家，期货公司营业部10家。证券市场交易活跃，业务规模大幅提升。从总量规模看，2015年吉林省证券市场交易总额51 627.74亿元，同比增长184.28%，交易总额占同期全国的0.65%。辖区证券营业部资金账户数量227万户，同比增加44万户，占全国的2.00%。账户数量全国排名第22位。从交易品种看，融资融券规模继续增长，截至2015年末，吉林省共有102家证券营业部开展融资融券业务，开立融资融券信用资金账户5.5万户，同比增长25%，已获批可使用授信额度2 194.90亿元，同比增长9.4%。

2. 多层次资本市场体系不断完善，资本市场融资功能有效发挥

一是主板和创业板市场。2015年末，吉林省上市公司数量为40家，占全国上市公司总数的1.42%，在31个省区中位列第19位。上市公司共募集资金123.97亿元，其中定向增发97.79亿元，发行公司债券26亿元。二是“新三版”市场。截至2015年末，吉林省共有41家“新三板”挂牌公司，占全国挂牌公司总数的0.76%，排名第22位，挂牌公司合计融资3.25亿元，占全国总数的0.26%。三是区域股权市场。吉林股权交易所是吉林省非上市公司股权交易的场所。截至2015年末，吉林股权交易所累计挂牌企业324户，全年通过场内增资、银行贷款、股权质押等方式为98户挂牌企业实现融资23.4亿元。

3. 直接融资业务稳步发展，融资结构持续调整

2015年，在吉林省社会融资规模高位小幅回落的情况下，吉林省直接融资业务稳步增长，融资结构渐趋合理。吉林省境内直接融资金额287.57亿元，较2014年增加90.03亿元，增长45.58%；占全省社会融资规模总额的10.61%，比上年同期提高3.8个百分点。其中，非金融企业股票融资98.26亿元，同比减少0.38%；企业债券融资金额189.31亿元，同比增加91.42%。

4. 私募市场较快发展，业务规模不断扩张

截至2015年，在基金业协会登记的吉林省私募基金管理人114家，比上年同期增加83家，增长267.74%，占全国登记总数的0.46%，位居东北三省第一。吉林省私募基金管理人共管理私募基金46只，比上年同期增加32只，增长228.57%；管理基金规模60亿元，比上年同期增加35.77亿元，增长147.63%。

5. 法人证券机构盈利水平大幅提升

吉林省法人证券公司2家，东北证券仍是辖内唯一的上市证券公司。一是盈利水平同比大幅增长。2015年，东北证券实现营业收入58.86亿元，同比增长116.58%；净利润率41.80%，同比增

加4.06个百分点；权益净利润率22.49%，同比增加10.38个百分点。

6. 上市公司资本运作频繁

2015年，吉林省上市公司40家，上市公司资本运作较为频繁，除定向增发股票、发行公司债券外，5家上市公司已完成并购重组，涉及金额53.59亿元，另外3家公司合计120.55亿元的重组方案正在推进中，同时7家公司推出了股权激励、员工持股计划。截至2015年末，吉林省A股上市公司总股本346.46亿股，总市值4 948.56亿元，同比增长41.83%。

2015年，国内资本市场剧烈波动，证券业务和证券公司的杠杆水平不断升高，其中积累的风险仍需密切关注。

### （三）保险业分析

2015年，吉林省保险业资产实力稳步增强，保费收入规模快速增长，法人保险公司偿付能力保持稳定，保险综合服务功能稳步提升，市场整体保持平稳发展态势。

1. 资产实力稳步增强，市场组织体系不断完善

截至2015年末，吉林省保险业平稳发展，资产实力稳步增强，全行业分公司以上资产总额达到1 051.44亿元，同比增长23.02%。吉林省法人保险公司3家，分别为安华农业保险公司、都邦财产保险公司以及鑫安汽车保险公司。省级保险分公司32家，比去年增加4家，按业务性质划分，财产险公司15家，人身险公司17家。

2. 保费收入快速增长，保险保障功能有效发挥

2015年，吉林省保费收入规模431.32亿元，同比增长30.7%，增速排名全国第3位，高于全国平均水平10.7个百分点，是近五年来的最高增速。其中，产险公司保费收入126.68亿元，同比增长12.75%。人身险公司保费收入304.64亿元，同比增长39.97%。保险保障功能进一步发挥，全年保险赔款给付支出126.38亿元，同比增长12.83%。其中财产险公司赔款支出65.2亿元，同比增长11.7%，人身险公司赔付支出61.17亿元，同比增长14.06%。保险深度为3.02%，比上年提高0.63个百分点；保险密度为1 565.56元/人，比上年增加365.56元/人，增幅达30.46%。

3. 行业整体利润增长较快，法人保险公司偿付能力保持稳定

2015年吉林省保险业承保利润6.37亿元，同比增长2.07亿元，增幅48.04%。其中，财产险公司承保利润5.77亿元，同比增加1.78亿元，增幅44.78%；寿险公司承保利润0.59亿元，同比增加0.28亿元，增幅89.87%。三家法人保险公司偿付能力保持稳定，抗风险能力持续提高。其中，都邦保险偿付充足率190.42%，安华保险偿付能力充足率228.00%，鑫安汽车保险偿付能力充足率2 294.37%。

4. 行业综合服务功能稳步提升

2015年吉林省保险业着力发挥经济补偿、资金融通、社会管理等功能，积极主动参与、支持地方经济建设。截至2015年末，吉林省保险业共为14 000余家小微企业提供包括小额信贷保证保险、企业财产保险、意外伤害保险、责任保险等类型的风险保障，承保标的总额1 700多亿元。

在吉林省保险业平稳发展的同时，仍应看到一些问题需要继续予以重视和纠正，如寿险公司满期给付和退保率上升；保险中介市场代理活动不规范；保险产品偏重投资性，脱离保险保障的本质等。

## 三、金融市场与金融稳定

截至2014年末，吉林省拥有全国银行间同业拆借市场会员机构44家；场外融资电子备案系统备案的会员机构为78家；全国银行间债券市场会员机构51家。

### （一）同业拆借市场

1. 市场交易量持续增长，融资意愿依然较强

2015年，吉林省同业拆借累计成交4 246笔，累计成交6 778.58亿元，同比增长286.32%。其中，拆出1 148笔，累计成交961.02亿元，同比减少42.3%；拆入3 098笔，累计成交5 817.55亿元，同比增长756.21%，累计净融入资金4 856.53亿元，同比增长528.54%。

2. 市场流动性相对宽松，利率水平大幅回降

2015年，吉林省银行间市场利率水平继续回落，场内市场同业拆入加权利率2.33%，同比下降了1.19个百分点；同业拆出加权利率3.66%，同比下降了0.12个百分点。

### （二）全国银行间债券市场

2015年，现券市场交易活跃，现券市场累计成交38 829笔，交易金额4.91万亿元，同比增长418.01%，净变现债券656.14亿元。回购市场累计成交41 860笔，累计成交金额13.29万亿元，同比增长97.98%。2015年现券买入加权收益率3.79%，卖出加权收益率3.86%。质押式正回购加权利率1.97%，下降1.02个百分点，质押式逆回购加权利率2.52%，下降0.68个百分点；买断式正回购加权利率2.53%，下降0.71个百分点，买断式逆回购加权利率3.95%，下降0.42个百分点。

### （三）外汇市场

1. 跨境收付规模下降

2015年，吉林省非银行部门跨境收付总额258.4亿美元，同比下降25.6%。在货物贸易进口支付和投资收益汇出等因素影响下，全省跨境收付逆差139.9亿美元，同比下降17.6%。

2. 结售汇整体呈现下降趋势

银行结售汇总额201.7亿美元，同比下降4.1%，其中，结汇45.3亿美元，同比下降23.1%；售汇156.4亿美元，同比增长3.3%，增速下降9个百分点。结售汇逆差111.1亿美元，同比增长20.1%。其中，货物贸易逆差72.3亿美元，同比下降5.7%；服务贸易逆差28.6亿美元，同比增长11.3%；资本与金融项目下国内外汇贷款逆差14.5亿美元，同比增长3.5倍，成为全年结售汇逆差增长的主要因素。

3. 人民币跨境收付规模有所下滑，人民币成为第三大结算币种

2015年，吉林省人民币跨境收付总额73.6亿美元，同比下降42.9%；占全省跨境收付总额的28.5%，同比下降8.6个百分点；跨境收付逆差47.3亿美元，同比下降27%。境外贷款和货物贸易分别是人民币跨境收入和支出的主要项目，占比分别为84.1%和63.9%，境内外人民币利差收窄导致的境外人民币贷款减少和进口持续低迷导致的货物贸易支出下降是人民币跨境收付规模下滑的主要原因。

### （四）票据市场

1. 票据承兑签发业务总量下降

截至2015年末，吉林省商业汇票余额909.9亿元，比同期增加149.3亿元；累计签发商业汇票1924.2亿元，比同期减少949.7亿元。

2. 票据融资总量呈上升态势

截至年末，吉林省商业汇票贴现余额718.7亿元，同比增加409.3亿元，累计贴现量达47 451.9亿元，同比增加29 861.4亿元。其中银行承兑汇票贴现余额713.6亿元，同比增加404.6亿元 累计贴现47 237亿元，同比增加29 762.2亿元，农村信用社票据融资量增加明显。

## 四、金融基础设施与金融稳定

### （一）征信体系建设

2015年，吉林省征信体系建设稳步推进，金融生态环境持续改善。截至2015年末，金融信用信息基础数据库累计收录吉林省16.8万户企业，1824万自然人信用信息。征信系统全年向省内金融机构提供查询服务380余万次，为金融机构支持地方经济发展、防范金融风险提供了有力信息支撑。省政府印发《吉林省企业信用联合奖惩实施办法》，信用奖惩机制不断完善。小微企业与农村信用体系建设稳步推进，累计为全省4.8万小微企业与346万农户建立了信用档案，信用信息应用与评价取得初步成效。中小企业与农村信用体系建设工作全面推进，广泛开展信用企业、农村青年信用示范户等评定工作。信用宣传教育力度不断加大，全省组织开展信用宣传培训活动20余次，覆盖公众30余万。社会公众信用意识不断提升，全年65.8万个人主动查询本人信用报告，同比提高三成。

### （二）支付体系建设

2015年吉林省支付体系平稳高效运行，支付业务量稳步增长，社会资金交易规模持续扩大。全省各支付系统全年共处理支付业务4.91亿笔、金额53.83万亿元，同比分别增长72.02%和28.76%。

非现金支付业务增长较快。全年共发生票据等非现金支付业务13.35亿笔、金额52.01万亿元，同比分别增长37.06%和160.70%。其中，票据业务472.15万笔、金额2.23万亿元，同比分别下降28.13%和25.17%；银行卡业务12.59亿笔、金额8.82万亿元，同比分别增长32.67%和24.93%。

银行卡受理环境不断改善，银行卡消费继续增长。截至2015年末，银行卡跨行清算系统联网商户24.77万户、联网POS机具32.23万台、ATM1.48万台，同比分别增长29.62%、22.77%、20.75%。累计发行银行卡8 507.86万张，同比增长8.99%，人均持有银行卡3.09张。全年银行卡消费5 733.90亿元，同比增长22.12%。

银行卡信贷规模稳步增长，授信使用率持续提升。截至2015年末，银行卡授信总额781.45亿元，同比增长13.87%；应偿信贷余额305.50亿元，同比增长20.40%。授信使用率达39.09%，较上年提高2.12个百分点。逾期半年透支余额2.11亿元，同比下降34.06%，占应偿信贷余额0.69%，占比较上年下降0.57个百分点。

### （三）反洗钱体系建设

2015 年，人民银行长春中心支行通过开展现场检查等工作，共发现案件线索 3 件，并移交公安机关立案侦查。通过开展现场走访，对存在反洗钱意识不强、内控制度有效性不足、系统建设滞后等问题的金融机构提出了整改意见。吉林省法人金融机构充分发挥作为反洗钱工作第一道防线的作用，积极开展“打击利用离岸公司、地下钱庄转移赃款专项行动”，及时将现场检查发现的涉嫌地下钱庄洗钱重点可疑交易线索上报总行并移交公安机关，安排部署对相关账户开展行政调查工作，查明涉案人员持有、控制的其他账户情况，短时间内协助吉林省公安厅成功破获了公安部督办的“9.01”地下钱庄案件。

### （四）金融消费者权益保护

2015 年，人民银行长春中心支行以切实保护金融消费者合法权益为核心，多措并举，推进辖区金融消费权益保护工作稳步开展。将金融消费权益保护、新增境内金融机构分支机构信息编码推进工作与“两管理、两综合”制度实施相衔接，拓宽金融消费权益保护工作深度和广度。完善金融消费纠纷处理机制。完成金融消费权益保护信息管理系统试点运行工作，实现辖区银行业金融机构全覆盖，金融消费者投诉咨询受理渠道进一步畅通。充分发挥“12363”金融消费权益保护咨询投诉电话平台作用，妥善处置消费者投诉 261 笔、咨询 568 笔。组织开展“金融消费者权益日”及“金融知识普及月”活动，将普及金融知识与提升金融消费者金融技能、强化金融消费者风险意识和责任承担意识结合开展，不断提升金融消费者教育的针对性和有效性。全辖累计组织宣传活动 7 739 场，发放宣传资料 402 万余份，媒体报道 464 次，受众人数 543 万余人。

### （五）反假币体系建设

反假货币工作机制进一步完善，成效显著。吉林省反假货币联席会议机制、联络会议机制、综治考核机制、假币信息临测机制进一步得到建立健全。反假货币宣传力度不断加大，各地区、各部门围绕“堵源截流、打防结合、综合治理、重在长效”的总体要求，制定了切实可行的打击假币整治措施。打击整治假币违法犯罪专项行动取得丰硕成果，破获了“7.21”、“8.12”等系列假币大案。

## 五、评估和政策建议

1. 主动适应经济发展新常态，合理优化金融资源配置

结合“去产能、去库存、去杠杆、降成本、补短板”的总体任务，有进有退，促进区域经济实现转型升级。抓住东北老工业基地振兴战略机遇，有效发挥金融服务实体经济作用，做好农村金融综合改革试点，支持“三农”经济发展。助推经济实现稳增长、调结构、惠民生、防风险，形成经济与金融良性互动的模式。

2. 深化金融改革，提高金融系统的抗风险能力

金融机构应优化升级经营服务，降低实体经济融资成本。继续深化和完善政策性银行和大型国有商业银行股份制改革，积极推进商业银行资产证券化改革。促进地方法人金融机构进一步充实资本金，完善公司法人治理结构，大力推进农村信用社向农村商业银行转型。提高辖区上市公司经营

质量，加快构建多层次资本市场体系；充分发挥保险业保障功能，优化调整保险机构业务结构。

3. 加强重点领域和高风险金融机构的风险监测工作

加强对地方政府融资平台、房地产和产能过剩行业等领域的风险监测，在降杠杆过程中注意对风险的监测预警。在利率市场化改革不断深入的背景下，督促金融机构针对流动性风险管理的不足，及早调整风险偏好，完善风险管理手段，处理好支持实体经济发展与风险防范的关系。

4. 完善金融安全网建设，继续打造良好金融生态环境

进一步加强金融监管合作，加快推进存款保险制度建设。加大打击非法集资、高利贷等非法金融活动力度，规范发展网络金融。强化信用卡风险管理，大力推进农村地区支付结算服务网络建设。完善社会信用体系建设，健全中小企业和农户征信信息系统。健全全方位的反洗钱体系，严厉打击洗钱犯罪。建立健全区域金融消费者投诉解决机制，加大对金融消费者合法权益的保护力度。打造健康、高效、稳定的金融生态环境，形成区域金融业稳健运行的良好基础。

主　　任：张文汇
副 主 任：裴绍军
总　　纂：刘仁龙　李柏秋
统　　稿：刘　健
执　　笔：王春萍　白云峰　冯　叶　石　磊　刘大为
刘晓明　刘　镇　李红梅　李志刚　张　鹏
杨　珩　周飞虎　赵　锋　郭佩颖　曹　楠
董凯军

# 黑龙江省金融稳定报告摘要

2015年，面对前所未有的经济下行挑战，黑龙江省主动适应经济发展新常态，牢牢把握“稳中求进”工作总基调，发挥优势，多点培育，积极加大产业结构调整，扎实推进“五大规划”发展战略和“十大重点产业”建设，着力构建“龙江丝路带”，实现经济平稳发展。现代化农业发展步伐加快，粮食生产实现“十二连增”；第三产业实现多元发展，增速高于全国平均水平；居民消费价格指数总体稳定。金融业运行总体稳健。银行业资产规模稳步扩大，积极支持“供给侧结构性改革”；资本市场稳健运行，企业上市融资取得新进展；保险业整体实力进一步增强，服务经济社会发展能力持续提高；具有融资功能的非金融机构适度发展，对传统金融业形成良好补充。

## 一、经济运行与金融稳定

### （一）经济运行基本情况

1. 经济缓中企稳

2015年，面对错综复杂的国际形势和国内经济下行压力加大的不利局面，黑龙江省着力稳增长、调结构、促改革、惠民生，经济运行保持了总体稳定、稳中有进的良好态势。全年实现地区生产总值15083.7亿元，同比增长5.7%，增幅比上年同期提高0.1个百分点（见图1）。

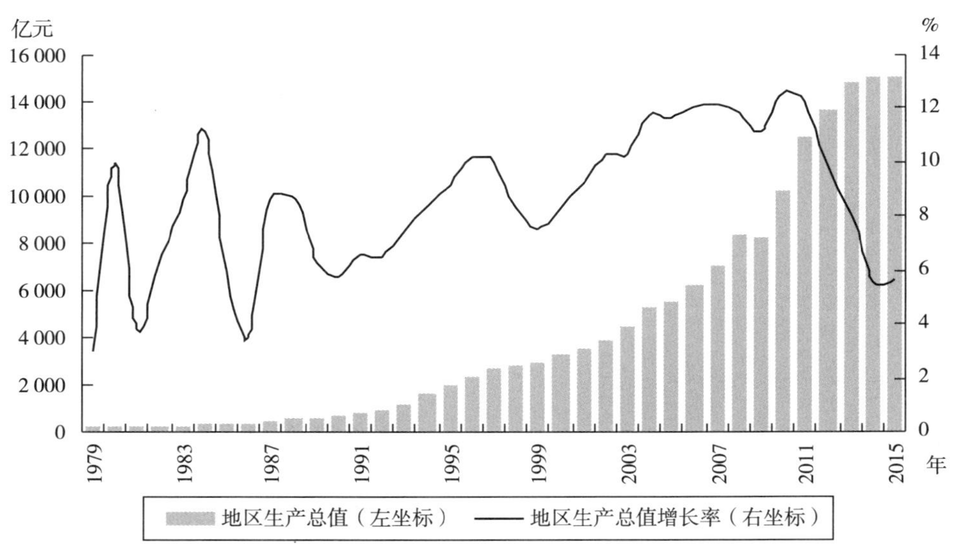


数据来源：《黑龙江统计年鉴》，《黑龙江统计月报》。

**图1　1979—2015年黑龙江省地区生产总值及其增长率**

2. 产业结构进一步优化

2015 年，全省第一、第二、第三产业分别实现增加值 2 633. 5 亿元、4 798. 1 亿元和 7 652. 1 亿元，同比分别增长 5. 2%、1. 4%、10. 4%。三次产业构成比由 2014 年的 17. 7∶37. 2∶45. 1 调整为 17. 5∶31. 8∶50. 7，总体呈现第一产业保持平稳；第二产业增幅回落；第三产业加快发展、比重明显提升的态势。

现代农业发展步伐加快，实现粮食生产“十二连增”。2015 年，黑龙江省深化“两大平原”现代农业综合配套改革试验，积极推进新型农业经营主体、农村土地管理制度、农村金融服务、农产品价格形成机制和农业支持政策改革创新。扎实开展“千亿斤粮食产能工程”，全年粮食总产达到 1 369. 6亿斤，实现粮食生产“十二连增”。农村宅基地使用权、集体建设用地使用权、集体林权确权发证分别完成 82. 8%、72. 8% 和 98. 4%；农村土地流转和规模经营面积达 6 897 万亩、6 389 万亩，同比分别增长 6% 和 7%。全省绿色食品认证面积超过 7 000 万亩，52 种农副产品获得国家地理标志认证。建设“互联网 + 农业”绿色有机种植示范基地 228. 8 万亩，推广全生产过程展示营销、点对点营销、集团或个人定制营销。

工业经济持续低迷，规模以上工业增幅持续回落。2015 年，黑龙江省规模以上工业实现增加值 3 229. 5 亿元，同比增长 0. 4%，增幅比上年同期回落 2. 5 个百分点，低于全国平均水平 5. 7 个百分点。从产业看，装备制造、石化、能源、食品等四大支柱产业实现增加值 2 634. 7 亿元，占全省工业的 81. 6%。但受能源价格下降、工业结构调整转型等因素影响，能源工业持续负增长，石油和天然气开采业年初以来增速逐季下降，煤炭开采和洗选业前景不容乐观。“四大煤城”中双鸭山市全年规模以上工业增加值下降 6. 3%，其他三个煤城增速均在 6% 以下；大庆市全年规上工业增加值下降 4. 8%，工业企业利润同比减少超五成。

第三产业多元发展，旅游业发展势头良好。2015 年，黑龙江省借助整体生态化优势，强化市场营销，引入外部需求，大力推进旅游、健康、养老、文化等产业发展。举办百强旅行社和全国重点旅行社推介会、湿地论坛暨夏季生态旅游产品推介会、夏季和冬季旅游 12 省 16 站巡回推介活动、中国旅游产业发展年会暨冰雪旅游峰会。哈尔滨机场旅客吞吐量在上年增长 18% 的基础上再增长 14. 8%；冰雪大世界、亚布力、雪乡等重点景区收入大幅增长。新建民办养老机构 180 个，其中引进亿元以上项目 30 个。全省广播电视网络系统转制重组，实现全省一网；组建黑龙江广播影视传媒集团和新媒体集团。全省全年实现旅游总收入 1 361. 4 亿元，增长 27. 7%；共接待游客 1. 3 亿人次，增长 21. 9%。

3. 财政收支出现分化

2015 年，受能源价格下降等因素影响，黑龙江省公共预算收入持续低位运行，但增速逐月回升。全年实现公共预算收入 1 165. 2 亿元，同比下降 10. 4%，增幅较上年同期回落 12. 2 个百分点；税收收入实现 880. 3 亿元，同比下降 9. 9%，增幅较上年同期回落 17 个百分点。与财政收入下降形成对比，全省共完成公共财政预算支出 4 022. 1 亿元，同比增长 17. 1%，增幅较上年同期提高 15. 2 个百分点。其中，社保就业、医疗卫生、节能环保、农林水事务等民生领域财政支出增长较快，同比分别增长 20. 8%、16. 6%、39. 4%、39. 8%，占公共财政预算支出的比重稳步攀升，财政支出“保民生”、“惠民生”的属性进一步显现。全省积极落实结构性减税政策，将 8. 5 万户企业纳入“营改增”试点范围，为企业减税 25. 4 亿元；免征 53. 2 万户企业增值税 14. 8 亿元；免征 23. 7 万户小微企业营业税和企业所得税 9. 5 亿元。取消、停征 25 项涉企收费基金项目，减轻企业负担 15. 4 亿元。积极财政政策作用进一步发挥（见图2）。

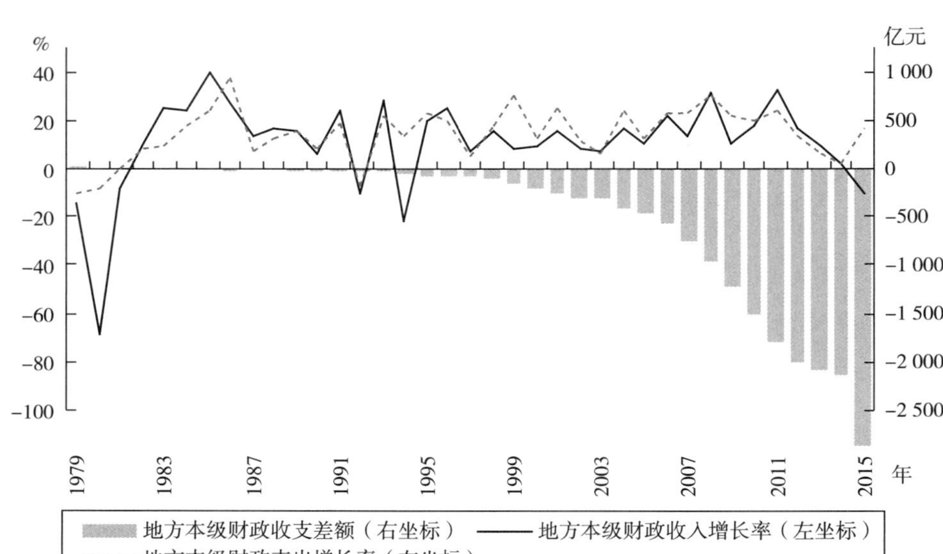


数据来源：《黑龙江统计年鉴》，《黑龙江统计月报》。

**图 2 1979—2015 年黑龙江省财政收支状况**

4. 固定资产投资增速略有回升

2015 年，全省完成固定资产投资 9 884.3 亿元，同比增长 3.1%，增速比上年同期提高 1.6 个百分点。从三次产业看，第二、第三产业比重较大，分别占全省投资的 39.2% 和 51.6%；从地区看，多数地区投资增速在回升，全省 13 个市（地）中，有 8 个市（地）投资增速比上年回升或降幅趋缓；从行业看，装备、石化、能源、食品四大工业主导产业完成投资 2 714.1 亿元，同比增长 0.6%，增速较上年提高 2.7 个百分点。其中，装备工业固定资产投资 844.5 亿元，增长 22.6%；石化工业投资 225.0 亿元，下降 9.0%；能源工业投资 655.4 亿元，下降 18.4%；食品工业投资 989.1 亿元，增长 3.1%。

5. 居民消费价格总体稳定

2015 年，黑龙江省 CPI 同比上涨 1.1%，涨幅比上年同期回落 0.4 个百分点，低于全国平均水平 0.3 个百分点，自 2014 年 1 月以来已连续 24 个月处于 2% 以下。2015 年以来，CPI 环比增速较为平稳，每月均保持在［−1，1］区间波动。

6. 外贸进出口持续下降

2015 年，全省实现进出口总额 209.9 亿美元，同比下降 46.1%，低于全国平均增速 38.6%。其中，出口总额 80.4 亿美元，同比下降 53.7%，低于全国平均增速 50.9 个百分点；进口总额 129.5 亿美元，同比下降 39.9%，低于全国平均增速 25.8 个百分点。在传统外贸动力逐渐失速的情形下，黑龙江省新的外贸支撑点尚未显现。虽然国有企业出口总值增长 18%，但弥补不了对俄贸易和机电产品下滑所带来的缺口。2015 年，全省对俄贸易实现进出口总额 108.5 亿美元，占全省进出口总额的 51.7%，同比下降 53.4%；机电产品出口 26.1 亿元，同比下降 45.6%（见图3）。

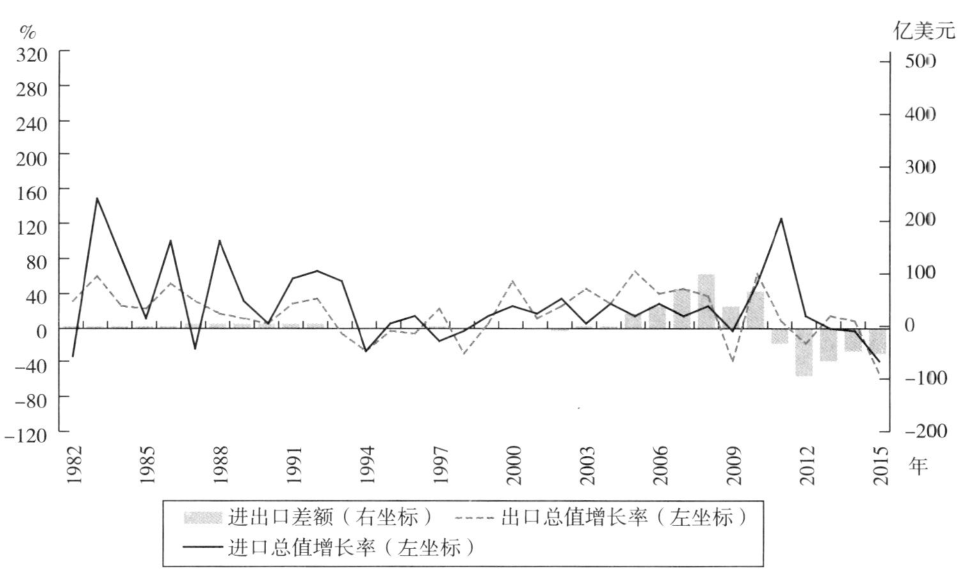


数据来源：《黑龙江统计年鉴》、《黑龙江统计月报》。

**图3　1982—2015年黑龙江省外贸进出口变动情况**

### （二）宏观经济运行中影响金融稳定的风险因素

1. 部分地区支柱产业发展困难，资金较为紧张

2015年，受能源价格下降、产能过剩等因素影响，全省12市（地）中，近半数地区生产总值增速低于4%（大庆、伊春为负增长）。其中，大庆油田原油减产150万吨，使全市生产总值同比减少1 087亿元，石油石化企业经营困难；佳木斯地区主体工业电机、煤机、电缆等公司生产经营状况普遍不佳，订单分别同比减少28.3%、32%、26.7%；“四煤城”大部分煤矿关停，其余的进行整合，龙煤集团面临全年亏损、生产效率低、大量企业职工下岗分流的严峻形势；伊春西林钢铁集团生产经营状况不佳，企业现金流仍十分紧张，存在大量不良贷款。此外，粮食收购仓储积压严重，稻米加工企业产品销量大幅萎缩，低收益难以覆盖高成本，部分粮食仓储和稻米加工企业存在资金链断裂风险。

2. 房地产市场进入库存消化期，产业链风险亟须关注

2015年，全省房地产开发完成投资992.1亿元，同比下降25.1%，降幅比上年同期扩大8.4个百分点。新开工面积2 181.8万平方米，同比下降33.5%，新建住房基本是前几年签下的项目。商品房销售面积1 996.6万平方米，同比下降19.4%。全省多数地区属三、四线城市，房地产去库存压力较大，存在资金回笼不畅等问题。

3. 内外需求不足，供需矛盾较为突出

在全球经济不景气、我国经济下行压力加大背景下，黑龙江省需求不足，企业回款困难，银行不良信贷资产增加，尤其是外贸企业出口货物经常出现滞销甚至被罚没，部分国外买方客户不能及时支付企业货款，银行贸易融资贷款无法得到偿还。全省出口总额同比下降53.7%；其中，对俄出口额同比下降73.9%。

## 二、金融业与金融稳定

### （一）银行业

1. 银行业基本情况

2015 年，全省银行业金融机构积极贯彻落实国家和地方宏观调控政策，认真执行稳健的货币政策，全力支持经济转型和社会发展。银行业运行总体平稳，供给侧改革初见成效。

资产规模稳步扩大，贷款保持高速增长。截至 2015 年 12 月末，黑龙江省银行业金融机构资产总额达 3.3 万亿元，同比增长 19.4%；负债总额达 3.2 万亿元，同比增长 19.9%。全省本外币各项存款余额 2.1 万亿元，同比增长 8.5%，增速较上年同期提高 1.2 个百分点；各项贷款余额 1.7 万亿元，同比增长 20.6%，增速较上年同期提高 3.5 个百分点，继续保持高速增长态势（见图 4、图 5）。

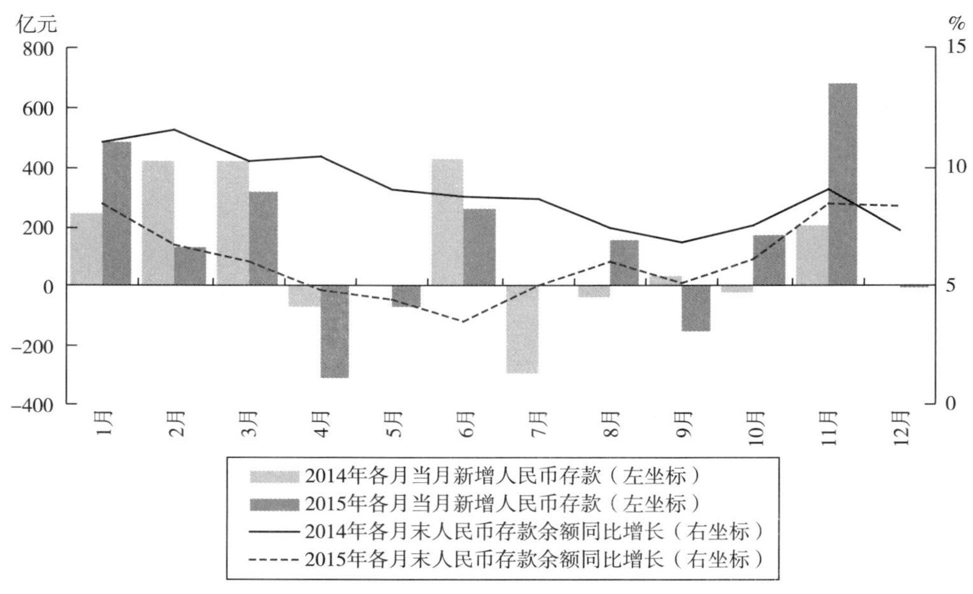


数据来源：中国人民银行哈尔滨中心支行。

**图 4 2014—2015 年黑龙江省金融机构存款变化情况**

金融改革进一步深化，市场体系不断完善。截至 2015 年末，全省银行业金融机构网点 6 637 个，比上年增加 63 个；法人机构 104 家，其中，城商行 2 家、农商行 10 家、农村信用社 70 家、村镇银行 22 家。《存款保险条例》顺利实施，市场化风险处置机制初步建立。渣打银行哈尔滨分行完成筹建工作。哈尔滨银行启动消费金融公司筹建工作。

积极支持“供给侧改革”，主要指标呈现“三回落”。一是产能过剩行业中长期贷款增速回落。截至 2015 年 12 月末，全省产能过剩行业的中长期贷款余额同比下降 29.8%，比上年同期低 44.3 个百分点。其中，煤炭开采业中长期贷款余额下降 26.2%，黑色金属冶炼和压延业下降 62.3%。产能过剩行业贷款增长持续下降，反映了实体经济“去产能”的实际变化。二是房产开发贷款增速回落。截至 2015 年 12 月末，全省房地产开发贷款余额同比增长 9.3%，增速比上年同期下降 19.4 个百分

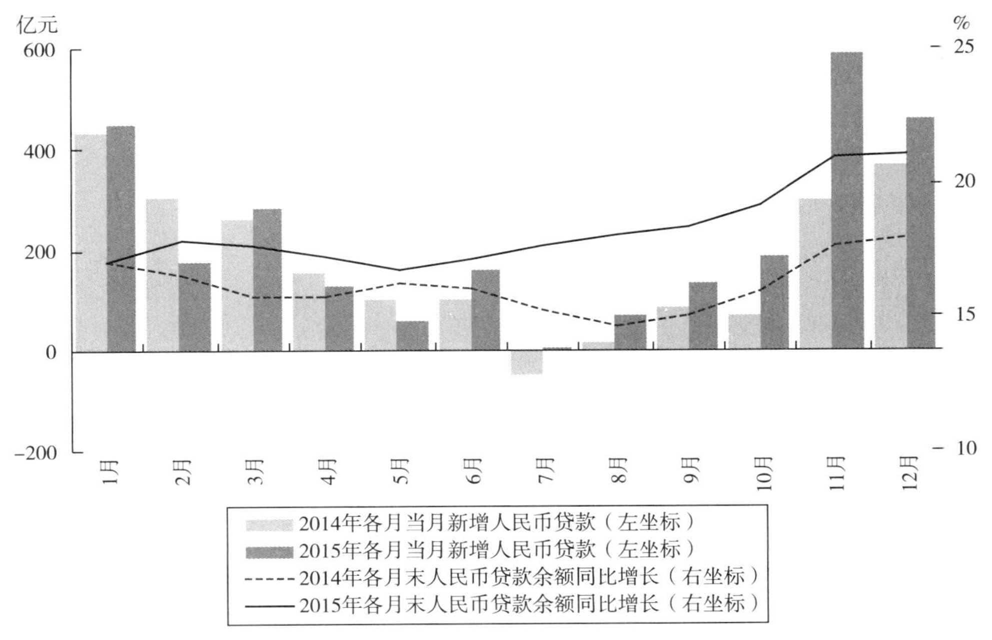


数据来源：中国人民银行哈尔滨中心支行。

**图5 2014—2015年黑龙江省金融机构贷款变化情况**

点，反映房地产潜在供给下降，“去库存”趋势开始显现。三是企业贷款利率大幅回落。2015年末，全省企业贷款加权平均利率5.1%，比去年同期下降107个基点，已连续14个月下降，企业融资成本不同程度下降。

不良贷款增幅较大，不良率继续下降。截至2015年12月末，全省金融机构不良贷款余额620亿元，比年初增加84.5亿元，同比增长15.8%；不良贷款率3.6%，比年初下降0.2个百分点（剔除农发行政策性因素，不良贷款率2.7%，比年初上升0.4个百分点）。全省金融机构关注类贷款余额854.5亿元，同比增长65.4%。

2. 银行业面临的主要问题

信贷风险逐渐暴露，银行机构资产质量下迁压力加大。2015年，全省金融机构不良贷款和关注类贷款余额持续上升，信贷资产质量下迁压力依然较大。特别是关注类贷款余额，占比自2014年底开始持续攀升，到2015年12月末达到4.9%，比年初提高1.3个百分点，为近四年新高，2015年当年同比增幅更是超过60%。关注类贷款激增，一定程度上说明实体经济运行压力还在持续向金融领域传导，信用风险暴露将进一步增多。

表外业务高速增长，风险管控与发展规模不相适应。2015年，全省银行业表外业务呈高增长态势，全省银行业金融机构表外业务余额5 325.4亿元，同比增长23.1%，增幅较去年同期提高22.6个百分点。其中，委托贷款、承诺、承兑汇票等表外融资余额为4 599.4亿元，同比增长24.2%，增速高于各项贷款平均增速3.6个百分点，业务量约为传统信贷业务总量的1/3。但由于信息披露不充分、授信管理不完善等原因，我省银行业表外业务风险管控与发展规模存在不相适应的情况，对表外业务风险状况的监管有待进一步加强。

银行业金融机构费用损失上升，盈利水平有待提高。2015年，全省金融机构共实现营业收入

834.4亿元，同比仅增长0.3%；净利润240.5亿元，同比下降13%。利润下降主要受资产减值损失增加、营业费用增长较快影响。2015年，全省金融机构资产减值损失136.8亿元，同比增长33.6%；业务及管理费用346.7亿元，同比增长4.1%。

银行员工违规及非法集资等事件增多，案件防控形势依然严峻。2015年，全省银行业金融机构案件呈多发趋势，并呈现以下特点：一是案件类型多样化。既有侵吞、挪用客户资金的内部案件，也有员工参与小贷公司、理财公司、非法集资引发纠纷的外部案件；既有基层员工参与的案件，也出现部门（网点）负责人参与的案件。二是作案手法普遍偏低。作案手段大多数没有过多的科技含量，盗取尾箱款、截留盗支储户存款仍为案件的主要方式。案件作案手段虽然简单却屡屡得逞，反映出银行机构存款和柜台业务内部管理和业务控制流程、执行层面存在漏洞。一线柜台人员操作风险需要关注。2015年，黑龙江省非法集资发案数增长率为58.3%。

### （二）证券期货业

1. 证券期货业基本情况

2015年，黑龙江省证券期货业紧抓市场机遇，严控业务风险，行业总体运行平稳，未发生影响区域金融稳定的事件，资本市场融资取得新进展。

企业上市工作取得新进展，上市公司分布较为集中。截至2015年12月末，黑龙江省共有上市公司35家，较上年增加3家（珍宝岛、威帝股份、中飞股份）。其中，主板公司30家，中小板公司3家（誉衡药业、博实股份、葵花药业），创业板公司2家（九洲电气、中飞股份）。上市公司总市值4 910.7亿元。从控股构成看，中央企业控股公司依然占主导地位。从地域分布看，哈尔滨、齐齐哈尔和牡丹江三地的上市公司数量共达到31家，合计占比超过90%。其中，仅哈尔滨就有上市公司26家，在辖区上市公司占比74.3%。从行业构成和市值占比看，35家上市公司广泛分布于制造业、农业、电力及水的生产和供应业等9个行业。其中，22家公司集中于制造业，占辖区上市公司总数的62.9%。

目前，黑龙江省尚有S佳通未进行股权分置改革，S佳通也是我国资本市场唯一尚未提出股权分置改革方案的上市公司。

多层次资本市场建设及投资基金取得进展。哈尔滨股权交易中心开市，为中小微企业提供登记托管、挂牌交易、转板上市等服务，黑龙江省绿地股权金融资产交易中心成立，为私募股权众筹融资提供交易平台，哈轴股权重组引入私募基金7亿元。政府与社会资本发起设立16只天使、风险投资基金，规模达23.5亿元。总规模20亿元的龙财盘实和龙财中植高新技术创业投资基金运营（见表1）。

**表1　　2015年黑龙江省证券业基本情况表**

| 项目 | 数量 |
|---|---|
| 总部设在辖内的证券公司数（家） | 1 |
| 总部设在辖内的基金公司数（家） | 0 |
| 总部设在辖内的期货公司数（家） | 2 |
| 年末国内上市公司数（家） | 35 |
| 当年国内股票（A股）筹资（亿元） | 78.89 |
| 当年发行H股筹资（亿、港元） | 116.4 |
| 当年国内债券筹资（亿元） | 115.2 |
| 其中：短期融资券筹资额（亿元） | 77 |
| 中期票据筹资额（亿元） | 8.5 |

数据来源：黑龙江证监局。

证券机构营业收入大幅增加，亏损面相应减少。截至2015年12月末，全省共有法人证券公司1家，证券公司分公司12家，证券营业部150家，其中，江海证券32家，异地证券公司所属营业部118家。辖区证券营业部从业人员数量2 754人（正式员工和外部经纪人），另一线营销人员1 964人。2015年，受益于资本市场活跃交易，辖区证券经营机构实现营业收入49.2亿元，同比增长165.4%。其中，手续费及佣金收入为42亿元、利息收入7.1亿元，同比分别增长162.2%、153.6%。辖区证券经营机构实现净利润27.4亿元，同比增长达256.3%以上。共有26家证券营业部出现亏损，亏损面接近17.3%，年度累计亏损额2 014.8万元，较去年减亏1 362万元，亏损机构多为当年新设的营业部。

2015年，辖区法人证券机构——江海证券收入水平显著提升，实现营业收入20.1亿元，同比增加84.6%；当年累计实现净利润8.5亿元，同比增加119.9%。

期货公司交易活跃，亏损状况略有改观。截至2015年12月末，辖区共有法人期货公司两家，期货公司总资产2.4亿元，同比增长24.6%，主要原因为大通期货增资8 000万元；营业收入933.8万元，同比增长12.4%；净利润-342.7万元，同比减亏5.9%。营业收入增加主要原因是2015年市场交易行情活跃，但成本费用控制不理想，导致仍处于亏损状态，但亏损状况略有改观。

2. 证券期货业面临的主要问题

市场份额占比偏低，发展速度有待加快。从总量分布看，2015年，黑龙江省生产总值约占全国总量的2.2%，而全省上市公司总市值仅占全国总量的约1.2%，仅是中国石油流通市值的约三分之一，总市值与中国石化相当，资本市场发展水平与经济社会总体发展水平严重失衡。从机构分布看，截至2015年末，黑龙江省上市公司数量仅占全国总数的1.2%，远远低于全国平均87家的水平；黑龙江省证券公司仅1家，低于全国平均3.8家的水平；期货公司2家，低于全国平均5家的水平；基金公司尚处空白，没有具备证券期货业务资格的法人类会计师事务所和资产评估事务所。

风险管理能力与业务扩张能力不相匹配，创新业务存在未知的经营风险。近年来，证券机构积极拓展新业务领域，以融资融券、代销金融产品等为代表的创新业务直接改善了行业的盈利模式，但很多创新业务对行业、对机构及监管部门，都处于不同程度的陌生领域，存在可能发生的未知风险。部分机构定向资产管理等创新业务发展较为迅速，但其合规管理与风险控制部门的人才引进、系统配备等资源投入进展缓慢，合规与风险管理能力有待进一步提升。

### （三）保险业

1. 保险业基本情况

2015年，黑龙江保险业积极应对宏观经济下行等不利因素影响，不断完善市场体系和保障功能，服务经济社会发展的能力进一步增强。

市场体系进一步完善，行业整体实力进一步增强。截至2015年末，黑龙江保险市场共有主体44家，较年初增加3家（农银人寿、和谐健康、中华联合）。其中，财产险公司20家（含1家法人机构），人身险公司24家。保险公司分支机构2 443家。保险专业中介法人机构54家，保险兼业代理机构6 507家，保险公司销售从业人员18万人。

2015年，全省保险业共实现保费收入591.8亿元，同比增长16.7%，业务规模列各省（自治区、直辖市）第16位，位次与上年持平。其中，财产险公司累计实现保费收入133.6亿元，同比增长9.5%；人身险公司累计实现保费收入458.2亿元，同比增长19%。截至2015年12月末，全省保险公司总资产 1 467. 8 亿元，较年初增长 19. 5%（见表 2）。

**表 2　　2015 年黑龙江省保险业基本情况表**

| 项目 | 数量 |
|---|---|
| 总部设在辖内的保险公司数（家） | 1 |
| 其中：财产险经营主体（家） | 1 |
| 寿险经营主体（家） | 0 |
| 保险公司分支机构（家） | 44 |
| 其中：财产险公司分支机构（家） | 20 |
| 寿险公司分支机构（家） | 24 |
| 保费收入（中外资，亿元） | 591. 8 |
| 其中：财产险保费收入（中外资，亿元） | 133. 6 |
| 人身险保费收入（中外资，亿元） | 458. 2 |
| 各类赔款给付（中外资，亿元） | 169. 3 |
| 保险密度（元/人） | 1 544 |
| 保险深度（%） | 3. 9 |

数据来源：黑龙江保监局。

保险改革逐步深化，服务经济发展能力进一步提升。2015 年，全省保险业加强对“龙江丝路带”沿线重点国家风险保障，研究开发俄罗斯国别市场，成功承保蒙古国 BT 项目。商车险改革试点工作稳步推进。在哈尔滨呼兰区试点开办涉农小额贷款保证保险业务，支持了 114 个种养大户和 17 家农民专业合作社获得信贷资金 2 323 万元。全年为全社会提供风险保障 7. 5 万亿元，保险业赔款与给付 169. 3 亿元，同比增长 9. 4%，保障功能进一步提高。

2. 保险业面临的主要问题

保险种类分布不均，业务失衡存在潜在的流动性风险。保险业务集中于人身险和车险，其他领域的保险业务相对发展较少，特别是在县域地区，该现象表现得更为明显，业务发展不均衡导致潜在的流动性风险。例如，截至 2015 年 9 月末，中国人寿保险公司黑龙江省某地分公司保费收入占当地市场份额的 36%，赔款、退保和满期给付金额分别占当地市场份额的 52. 29%、58. 8%、71. 66%，其比例均远超保费收入占比。可以看出我省早期市场份额大、发展早的寿险公司目前正面临着赔款、退保和给付的高峰期，面临着较大的流动性风险。

农业保险风险大，农险业务发展有待强化。由于在县域开办农业保险业务风险大，经营成本高，部分保险公司对开办农业保险业务积极性不高，导致市场主体偏少。为数不多的市场主体主要承保有财政补贴的几种农业保险产品，不能满足日益丰富的农业生产需求。另外，部分地区，尤其是县域地区亩保费标准较低，造成保险金额也较低，保障程度没有达到直接物化成本，直接影响了农户的参保积极性，进一步影响了农业保险覆盖面。

### （四）具有融资功能的非金融机构

1. 非金融机构基本情况

2015 年，黑龙江省小额贷款公司、担保公司等具有融资功能的非金融机构充分发挥自身优势，积极满足小微企业、个体工商户、“三农”领域的资金需求。截至 2015 年末，全省共有小额贷款公司389家，贷款余额197.3亿元，同比增长9.7%，对传统金融业形成良好的补充。实现小额贷款公司在新三板市场登陆的突破。全省共有融资担保机构法人机构179家，在保责任余额545.7亿元，同比增加2.9%。其中，涉农在保责任余额94.4亿元，占比17.3%，同比增长4.7%；小微企业在保责任余额395.6亿元，占比72.5%，同比增长3.3%。成立了大学生创业贷款担保公司，全年实际为大学生创业担保276笔，提供担保贷款2 122万元，切实解决了大学生创业初期的融资需求。

2. 非金融机构面临的主要问题

融资渠道单一，持续发展能力不足。目前，除鑫正担保、东北再保险等少数几家公司具有国资背景以外，绝大部分小额贷款公司、担保公司主要依靠股东提供的资本金经营。而且，小额贷款公司、担保公司被定性成工商企业，后续资金补充、抵押登记、税费减免等都面临诸多困难和障碍。

市场秩序有待进一步规范。目前，社会上充斥着大量以贷款公司、投资咨询公司名义进行非法集融资活动的机构，这些机构通常属于无证无照经营，随意性强、稳定性差，而且处于监管盲区，严重影响了依法设立、合规经营的机构的社会形象，扰乱了金融市场秩序。

## 三、金融市场与金融稳定

### （一）金融市场基本情况

2015年，黑龙江省金融市场平稳运行，产品创新不断深化，金融市场对促进经济结构调整和转型升级的基础性作用进一步发挥。

1. 同业拆借市场交易金额下降，市场整体状况出现新变化

2015年，黑龙江省累计进行信用拆借交易成交金额986.4亿元，同比下降15.7%，成交金额占同期全国交易总量的比重约0.2%。其中，拆入金额583.3亿元，同比增长3.8%；拆出金额403.1亿元，同比下降33.6%。市场整体状况出现新变化，近年来首次呈现资金净融入状态，金额为180.2亿元。从交易品种看，拆借交易主要集中在短期品种；从交易机构看，拆借交易主要集中在城市商业银行，财务公司和农商行的交易也较为活跃。其中，交易量最大的哈尔滨银行、黑河农商行、东方集团财务公司三家机构交易额合计占黑龙江省成交总额比重达92.9%。

2. 债券市场交投活跃，加权平均收益率同比下降

2015年，黑龙江省银行间债券市场累计成交金额8.4万亿元，同比增长42.7%。其中，质押式回购累计成交金额5.6万亿元，同比增长40.9%，质押式回购加权平均利率为2.13%，比去年同期下降79个基点；买断式回购累计成交金额1.2万亿元，同比增长4.9%，买断式回购加权平均利率为2.83%，同比下降61个基点。现券累计交易金额1.5万亿元，同比下降115.6%，现券成交收益率为4.11%，同比下降164个基点。

3. 票据市场平稳运行，贴现业务大幅增长

截至2015年12月末，全省签发商业汇票余额为540.7亿元，同比增长2.8%；票据贴现余额为792.5亿元，同比增长110.6%，其中，银行承兑汇票贴现余额为781.7亿元，占比为98.6%。金融机构累计签发承兑汇票1 089.4亿元，额度与上年同期持平；累计办理票据贴现1 935.7亿元，同比增长468%（见表3）。

表 3 2015 年黑龙江省金融机构票据业务量统计 单位：亿元

| 季度 | 银行承兑汇票承兑 | | 贴现 | | | |
|---|---|---|---|---|---|---|
| | | | 银行承兑汇票 | | 商业承兑汇票 | |
| | 余额 | 累计发生额 | 余额 | 累计发生额 | 余额 | 累计发生额 |
| 1 | 472.9 | 196.0 | 550.0 | 1 716.0 | 5.2 | 63.2 |
| 2 | 501.0 | 600.1 | 690.0 | 8 840.0 | 7.8 | 110.0 |
| 3 | 516.8 | 822.7 | 705.0 | 14 632.0 | 10.5 | 124.6 |
| 4 | 534.4 | 1 089.4 | 781.7 | 19 212.0 | 10.7 | 144.9 |

数据来源：中国人民银行哈尔滨中心支行。

4. 社会融资规模小幅回落，直接融资占比较低

2015 年，全省社会融资规模增量 1 964.8 亿元，比上年同期少增 766.3 亿元。对实体经济发放的人民币贷款是贡献率最大的融资来源，占同期社会融资规模的 142.1%，比上年提高 68.9 个百分点；信托贷款、未贴现的银行承兑汇票出现较大负增长；企业债券和股票等直接融资增量合计 194.7 亿元，比上年少增 67.4 亿元，占全省社会融资规模的 9.9%，低于全国平均水平 14.5 个百分点。

### （二）金融市场发展需关注的问题

1. 直接融资占比依然偏低

一直以来，黑龙江省企业融资以间接融资为主，直接融资占比始终处于较低水平。一方面是由于企业自身缺乏直接融资的意识和观念，对直接融资为企业发展带来的益处认识不到位，或者企业信用等级、财务制度不达标等因素；另一方面也有我省债券融资发展战略规划与激励引导政策尚不完善的原因。

2. 债券融资结构性失衡

长期以来，黑龙江省在银行间债券市场的发债企业主要是集中在省会的大型企业，各市（地）和中小企业债券融资发展缓慢。2015 年前 11 个月，全省共有 6 个城市 17 户企业发债融资，其中，哈尔滨市企业新发债券累计融资 217.5 亿元，占全省的 77.3%。债券融资结构性失衡现象表现的较为突出。

## 四、金融基础设施与金融稳定

### （一）金融基础设施建设情况

1. 支付体系建设成效显著，支付服务稳步提升

截至 2015 年末，黑龙江省共有商业银行支付系统直接参与者 4 家、间接参与者 3 227 家。大小额支付系统共处理业务金额 43.6 万亿元，同比分别增长 9.8%。同城票据清算系统共处理业务金额 8 725.6亿元，同比增长 41.1%。非现金支付业务持续稳步增长，全省银行卡发卡总量达到 12 298 万张，布放 POS 31.3 万台、ATM 14 250 台，同比分别增长 11.7%、18.6%、13.2%，全省人均持卡量达到 3.2 张。银行结算账户数量平稳增长，全省共有各类银行结算账户 1.1 亿户，同比增加 1 580 万户，增长 16%。非金融机构支付服务管理加强，3 家法人支付机构获得人民银行总行颁发的支付业

务许可证，26 家支付机构分公司进行了备案。截至 2015 年末，全省法人支付机构客户备付金总额为 3 023.1 万元；预付卡发行总量为 2.4 万张、金额 3 558 万元。

2. 征信系统平稳运行，信用体系建设不断完善

截至 2015 年末，企业征信系统已收录全省企业及其他组织 17.8 万户，同比增长 2.7%，提供企业信用报告查询 20.8 万份；个人征信系统共收录 2 404 万自然人信息，同比增长 2.5%，提供个人信用报告查询 532 万份。农村信用体系试验区建设继续深化。截至 2015 年末，全省共有 29 个县（市）建立了县域信用信息中心，共采集入库 100.5 万户农户、7 227 个农民专业合作社信用信息；在全省范围内选取试点县，推进货币政策工具与“三信”评定结果相结合应用的试点工作。中小微企业信用体系建设稳步推进。截至 2015 年末，全省共为 3.5 万户中小企业建立了信用档案，其中有 1.1 万户中小企业取得了银行授信意向。

3. 反洗钱工作扎实开展，监管效果进一步增强

2015 年，对全省 565 家金融机构进行了考核评级工作、对 305 家金融机构和支付机构进行了监管走访、对 235 家金融机构进行了现场检查、对 36 家金融机构进行了约见谈话、对 1 家金融机构进行了行政处罚。配合公安、海关等部门开展对涉恐、地下钱庄等 14 起案件进行协查。全年共接收金融机构报送的重点可疑交易报告 18 份，其中，2 份疑似恐怖融资线索已移交公安机关。

4. 执法力度进一步加强，金融法治环境优化明显

2015 年，全省人民银行系统进一步加大综合执法检查和综合评价工作力度，累计开展综合执法检查 17 次，综合评价金融机构 253 个，辖区金融机构认真贯彻落实人民银行各项政策和管理规定，依法合规经营意识和金融服务水平不断提高。组织开展黑龙江省打击利用离岸公司和地下钱庄转移赃款专项行动，配合公安机关破获多起大案要案，破案率超过 70%，涉案金额 6 000 余亿元人民币，进一步优化了黑龙江省金融环境，防范和化解了金融风险。

### （二）金融基础设施建设薄弱环节亟须加强

1. 非银行支付机构业务迅速发展，客户备付金混业监管亟待创新

从事多种支付服务的非银行支付机构客户备付金资金管理规模庞大、交易复杂，导致备付金监管难度不断增大。各备付金银行要不断升级备付金存管系统功能，实现与支付机构间的备付金信息自动校验，严格执行客户备付金协议，按规定设定账户权限。各级人民银行要加紧研究建立支付机构非现场监管电子化手段，在单一业务备付金监管工具基础上，确定混业监管框架和模式，加强规范和引导。严密关注支付机构业务亏损与资本充足率情况，严防资金抽逃。

2. 信用意识培育仍需加强，信用信息管理有待规范

目前征信系统信用信息应用范围逐步扩大，但在信用信息管理等方面仍存在一些薄弱环节，如查询用户盗用、个人信用信息泄露等。因此，应加大征信宣传力度，引导公众关心自身信用记录，培养公众提高风险意识，防止个人信息被盗用而损害自身的信用权益，提高自我防范能力；引导商业银行正确使用信用信息和信用评级结果，完善负面信息解决机制；加强对数据上报机构数据质量管理，从源头上杜绝征集主体对被征集人主体权益的侵害；加快研究开发企业和个人征信产品，提供多元化的征信信息服务。

3. 反洗钱法律法规尚需完善，新业务领域反洗钱监管有待加强

目前正在执行的《金融机构大额交易和可疑交易报告管理办法》等反洗钱法规，一定程度上已

不适应当前反洗钱监管工作要求。特别是随着反恐工作形势的日益严峻，《金融机构报告涉嫌恐怖融资的可疑交易管理办法》也亟待进一步细化。此外，对互联网金融、虚拟货币等新业务领域洗钱风险研判、监管工作，还需进一步加强。

## 五、2016 年展望

2016 年是实施“十三五”规划的开局之年，黑龙江省将按照“五位一体”总体布局和“四个全面”战略布局，牢固树立和贯彻落实创新、协调、绿色、开放、共享的发展理念，适应经济发展新常态，坚持改革开放，坚持“稳中求进”工作总基调，深入推进“龙江丝路带”建设，着力加强结构性改革，提高供给体系质量和效率，提高投资有效性，加快培育新的发展动能，改造提升传统比较优势，增强持续增长动力，着力稳增长、调结构、惠民生、防风险，精准发力、扎实起步，努力实现“十三五”时期全省经济社会发展的良好开局。

综合考虑，2016 年，黑龙江省经济增长预期目标为 6% ~6.5%；居民消费价格指数涨幅控制在 3% 以内；城镇登记失业率控制在 4.5% 以内；城乡居民收入增长与经济增长基本同步。预计单位地区生产总值能耗下降约 3.5%。从金融行业看，黑龙江省已实现连续三年信贷较高增长，信贷持续高速增长将有所放缓。全省信贷投放将遵循“去产能、去库存、去杠杆、降成本、补短板”总体原则，继续加大对“两大平原”建设、装备制造业、高新技术产业及现代服务业的信贷投放力度，满足其发展的资金需求，有力支持实体经济发展。

总　　纂：黄丽新
统　　稿：亢　玉
执　　笔：梁　蒙　董　磊
参与写作人员：杜志文　包艳龙　孙晓丹　那　颂　刘　爽
李　丹　李卓南　李思媛　杨　捷　别丹丹
金明慧　高　磊　徐　扬　鲁　荣　窦凌蛟

# 上海市金融稳定报告摘要

2015年，上海市积极应对严峻复杂的外部形势变化，主动适应经济发展新常态，全力推进创新驱动发展、经济转型升级，各项稳增长政策效应逐步显现，全市经济运行总体平稳。上海市金融业坚持改革创新，稳步推进各项工作，注重服务实体经济，有力地支持了上海市国际金融中心、科技创新中心和中国（上海）自贸试验区建设。

## 一、经济与金融环境

### （一）上海经济金融运行总体平稳有序

2015年，上海市实现生产总值24 964.99亿元，按可比价格计算，同比增长6.9%，增幅比2014年回落0.1个百分点。

1. 固定资产投资增速持续放缓

2015年，上海市完成固定资产投资总额6 352.7亿元，同比增长5.6%；增速比2014年回落0.9个百分点。从三大投资领域看，城市基础设施投资全年增长34.8%，房地产开发投资全年增长8.2%，工业投资全年下降17.2%。

2. 消费保持平稳增长

2015年，上海市社会消费品零售总额10 055.76亿元，同比增长8.1%。分行业看，批发零售业增长8.2%，住宿餐饮业增长7.3%。分业态看，无店铺零售额增长26.9%，增势明显好于传统商业。2015年，通讯器材、机电产品、家用电器和音像器材类商品零售额均达到两位数增长，消费结构持续升级。

3. 外贸结构不断优化

2015年，上海市全年进出口总额28 060.88亿元，同比下降2.1%。其中，出口12 228.56亿元，同比下降5.3%；进口15 832.33亿元，同比增长0.5%；贸易逆差3 603.77亿元。2015年，上海市贸易方式更趋合理，民营企业对外贸易显示活力，出口商品结构进一步优化，贸易条件明显改善，对外贸易效益有所提升。

4. 财政收入持续增长

2015年，上海市完成一般公共预算收入5 519.5亿元，同比增长13.3%，增速比2014年提高1.7个百分点。全年完成一般公共预算支出6 191.56亿元，同比增长19.5%，增速比2014年提高10.8个百分点。

5. 工业企业经济效益增速回落

2015年，上海市规模以上工业企业实现利润总额2 650.59亿元，同比下降0.9%。其中，汽车制造业利润下降3.5%；石化制造业和生物医药制造业利润分别增长1.4倍和24.9%，成为支撑全市工业利润增长的主要力量；钢铁、电子信息和成套设备制造业利润继续收缩，分别下降78.4%、11.4%和19.3%。

6. 居民收入保持增长态势

2015年，上海市城镇和农村居民人均可支配收入分别为52 962元和23 205元，同比分别增长8.4%和9.5%；扣除价格因素，实际增长分别为5.9%和6.9%。就业形势总体稳定，2015年末，城镇登记失业人数24.81万人，比2014年末减少0.82万人。

7. 金融业稳步发展

2015年，上海市实现金融业增加值4 052.23亿元，同比增长22.9%。银行间市场总成交金额704.26万亿元，同比增长94.8%。上海黄金交易所总成交金额10.78万亿元，同比增长68.8%。上海证券交易所总成交金额266.37万亿元，同比增长1.1倍；其中股票成交金额133.1万亿元，同比增长2.5倍。上海期货交易所总成交金额63.56万亿元，同比增长0.5%。中国金融期货交易所总成交金额417.76万亿元，同比增长1.5倍。上海市原保险保费收入1 125.16亿元，同比增长14%；保险赔付支出473.59亿元，同比增长25.1%。

### （二）促进经济增长和金融稳定的重要举措

1. 产业结构调整取得积极进展，服务经济支撑作用明显增强

服务业为主的产业结构基本形成，金融业和房地产业成为引领全市服务业较快发展的两大支柱行业。2015年，上海市第三产业增加值同比增长10.6%，第三产业增加值占全市生产总值的比重为67.8%。传统制造业面临较大转型压力，规模以上工业总产值同比下降0.8%。部分重点行业比较优势弱化，战略性新兴产业仍处于培育壮大期，增长波动较大。2015年，上海市全力推进具有全球影响力的科技创新中心建设，为传统制造业转型升级和新兴产业创新发展提供支持，为经济转型发展提供新动力。

2. 深入推进上海自贸区金融改革，国际金融中心建设取得新进展

一是人民银行上海总部配合总行研究起草了《进一步推动中国（上海）自由贸易试验区金融开放创新试点 加快上海国际金融中心建设方案》，经国务院批准后于2015年10月正式发布。方案提出了深化上海自贸区和国际金融中心建设的40条新措施，为全国深化改革和扩大开放探索新途径。二是大力简化程序，为经济主体提供本外币一体化的自由贸易账户服务。截至年末，42家上海市金融机构提供自由贸易账户相关金融服务，开立4.4万个自由贸易账户，累计办理跨境结算折合人民币近4.4万亿元。三是上海自贸区率先建立宏观审慎的本外币一体化境外融资制度，实现经济主体自主从境外融资，防范外债结构和总量过度膨胀的风险。截至年末，企业通过自由贸易账户获得的本外币融资总额折合人民币3 197亿元，人民币平均利率为4.14%，降低了经济主体的融资成本。四是率先发行首批跨境同业存单，推进金融开放。8家机构完成首批发行29亿元，发行利率从3.05%到3.30%不等，比同一机构境内发行同业存单低5~10个基点。五是持续推进黄金“国际板”建设，加强自贸区与上海国际金融中心建设的联动。推出“黄金沪港通”，启动了内地与香港两大主要黄金市场的互联互通。推出各类资产质押和充抵保证金业务，引导国际会员参与主板合约交易。截至年末，“国际板”累计成交黄金4 800吨，金额达1.13万亿元。六是不断完善现代跨境金融安全网，有效防范金融风险。建立了日常的宏观审慎管理框架和异常时期的总量调控和应急管理工具储

备，在境内实施本外币一体化的管理框架，对境外活动探索延伸监测。建立跨境资金监测分析与协调机制，实现对各类跨境金融风险监测的全覆盖。建成以自由贸易账户为核心的强大的监测管理信息系统，加强“反洗钱、反恐怖融资、反逃税”监测。

3. 继续实施稳健的货币政策

2015 年，人民银行上海总部按照总理指示和总行工作会议精神，认真贯彻落实总行各项货币信贷政策，抓好各项重点难点金融改革任务，大力推动自贸区金融改革，支持上海科创中心建设；继续完善宏观审慎管理手段，引导货币信贷平稳适度增长。保持流动性合理适度；加强定向调控与信贷政策的配合，切实优化信贷结构，支持上海经济转型发展；当好风险监测管理的前哨，坚决守住不发生系统性和区域性金融风险底线。

### （三）经济金融运行中需要关注的方面

1. 关注国际经济形势对上海经济发展的影响

2015 年，全球经济增长乏力，国际需求不足导致上海市对主要经济体出口额同比均减少 5% 以上，全年外商直接投资实际到位金额仅增长 1.6%，远低于近五年平均水平。展望 2016 年，美国正式步入加息通道或引发外资从新兴经济体撤离，多国货币汇率走势的不确定性增加，大宗商品价格可能会持续下跌，全球经济增速将在低位徘徊，外部需求不足仍是制约上海市经济增长的重要因素之一。

2. 关注上海市企业信贷风险

2016 年，上海市部分传统行业和企业在向现代服务业和先进制造业转型升级的过程中将可能呈现低增长、低效益的发展态势，直接反映为商业银行不良贷款的增长。小微企业的运营面临压力，经营状况恶化、利润整体下滑、缺乏稳定的还款来源等问题将可能导致小微企业违约概率上升。此外，长三角区域金融风险的传递也不容忽视。

## 二、银行业

### （一）上海银行业发展运行情况

1. 资产负债增速平稳，结构趋于多元化

2015 年，上海市银行业金融机构资产负债规模平稳增长。截至年末，上海市银行业金融机构资产总额 12.98 万亿元，同比增长 15.19%；负债总额 12.49 万亿元，同比增长 14.99%。本外币各项存款余额 7.76 万亿元，同比增长 9.09%；本外币各项贷款余额 5.27 万亿元，同比增长 9.52%。从资产结构来看，非信贷资产占比过半。从负债结构看，批发性融资占比提升，存款活期化特征明显。

2. 改革继续深化，市场主体稳健经营

一是金融持续开放。2015 年上海首家民营银行华瑞银行获批在自贸区开业，3 家民营非银行金融机构开业或批筹。金融中心、科创中心、自贸区等政策和体制机制红利对银行业转型引领和经营推动的效应不断增强，外币贷款、跨境结算、资金集中运营、境外贷款等成为创新热点。二是新兴业务和商业模式不断创新。上海银行业新兴业务快速发展，不断创新。自贸区内海外并购、内保外贷、绿色信贷等 7 项创新试点业务获得支持，大力推动投贷联动、风险分担、损失抵补等制度创新。

三是《存款保险条例》出台促进银行业稳健性经营与转型发展。

3. 银行参与金融市场业务大幅提升

一是衍生交易业务保持较快增长。截至年末，在沪法人银行（不含交通银行总行）持有的衍生产品交易头寸名义本金余额为13.53万亿元，同比增长28.7%。全年辖内衍生交易业务交易发生量为63.62万亿元，同比增长26.2%。二是掉期（互换）产品占据上海市银行业衍生产品市场首位。2015年，上海银行业掉期（互换）产品占比高达86.02%，同比上升近3个百分点。三是与资本市场关联的股权类产品增长快、余额波动大。投资科目中股权类产品增长较快，衍生交易中股权类业务波动明显。资本市场变动对股权类产品影响显著。

### （二）上海银行业机构稳健性评估

1. 资本充足率略有增长

上海市银行业机构资本充足率同比略有增长。截至年末，上海中资法人商业银行平均资本充足率12.56%，同比上升0.02个百分点；外资法人银行平均资本充足率19.69%，同比上升1.79个百分点。总体上看，新设银行、轻资产业务占比较高的银行资本充足率较高，而传统贷款业务占比较高的银行资本充足率相对较低。

2. 资产质量总体可控

2015年，上海市银行业加大不良资产处置力度，仍延续不良贷款余额和不良贷款率双增的局面，但情况好于预期。截至年末，上海银行业机构不良贷款余额480.12亿元，比年初增加52.99亿元，同比少增16.4亿元；不良贷款率0.91%，比年初上升0.02个百分点，同比少增0.06个百分点。从不良贷款机构分布情况看，城商银行不良贷款增幅较大，不良贷款余额63.20亿元，同比增长25.46%；不良贷款率1.41%，同比增加0.2个百分点。在沪法人银行业机构拨备覆盖率为273.22%，较年初下降11.25个百分点。

3. 金融机构盈利保持较快增长

2015年，上海辖内银行业金融机构实现净利润1 380.5亿元，同比增长17.5%。上海市中资法人银行实现税前利润781.32亿元，同比增长16.92%；外资法人银行实现税前利润155.01亿元，同比增长32.95%。在沪各家商业银行大力加强产品创新，努力提供全产品金融服务，全面拓宽非利息收入来源。非利息收入增长贡献度占比过半。2015年，辖内银行业非利息收入对营业净收入同比增长的贡献度上升至52.6%，较2014年同期上升12.4个百分点。

### （三）上海银行业发展中需要关注的方面

1. 关注重点行业、重点领域的信贷风险

2015年，上海小微企业、低端制造业、石油、煤炭、采矿等产能过剩行业的信用风险持续暴露；风险从小企业向中小企业蔓延，并从企业向个人、信用卡转移。2015年，上海市房地产贷款不良率小幅上升。需要关注的是目前上海房地产交易市场上参与首付贷市场的群体比较复杂，部分互联网P2P平台、小贷公司、房产经纪网站、房产中介和部分开发商等参与其中。因此要高度警惕首付贷客户，防止恶意炒作，将房价下降的风险留给银行。此外，受传统行业景气低迷影响，外贸、汽车等行业的信贷风险有所上升。

2. 关注互联网票据业务及风险

2015年，商业银行理财产品收益率持续下跌，为吸引客户，互联网理财平台纷纷推出了年化收益率在6%～8%的票据类产品，将企业持有的银行承兑汇票包装成理财产品销售。互联网票据理财产品由理财平台向公众发行产品，为持票企业融资，涉及非法集资，而且由于理财投资者不享有票据质权、不享有票据背书权利，容易出现票据兑付风险。

3. 关注风险的交叉传染

一是跨行业、跨区域传导，主要表现为信用风险由以往在敏感行业和区域扩散转变为沿着交易链、产业链和担保链大范围较快传导。二是跨业务、跨品种传导，主要表现为由单一信贷领域向涉及债券投资、理财投资、资产证券化等多领域交叉发散传染。三是跨平台、跨市场输入性风险上升，主要表现为社会上非法集资等案件增多，社会金融风险对银行业的传染压力不断加大。

4. 关注资产负债管理面临的挑战

当前银行资产负债表结构已经有较大的变化。从负债方看，银行利用保证金、理财、同业等渠道吸收市场化负债资金来弥补传统存款增长的不足，满足业务扩张的需求，负债的稳定性将降低；从资产方看，银行在金融市场投资、主动负债等比重将逐步提高，表外业务也将不断增长，资产负债管理的对象将更加多元化，结构趋于复杂化。由于利率市场化催生大量金融创新产品和工具，将使资产负债高度杠杆化，管理的复杂性增加，资产负债不匹配进一步加剧。目前银行多采取净利差、缺口、久期等静态的流动性管理办法，动态监测和管理的手段尚显不足。加之美元加息和人民币阶段性贬值，资金外流压力明显加大，对银行的流动性风险管理能力提出更高要求。

## 三、证券业

### （一）上海证券业发展运行情况

截至2015年末，上海市共有证券公司23家，总资产15 010.56亿元、净资产3 464.67亿元、净资本3 117.72亿元，同比分别增长63.72%、80.08%及115.14%。共有基金公司45家，管理公募基金1 043只，基金总净值26 108亿元，同比分别增长30.87%和104.47%。共有期货公司31家，总资产1 392.82亿元（含客户权益）、净资产174.29亿元、净资本143.68亿元，同比分别增长62.82%、34.13%及36.50%。

1. 行业规范

2015年，上海市证券公司着力健全以风险限额授权为核心的风险治理架构，业务管控、合规管理、信息隔离墙制度较为健全，内部责任追究制度能较为有效地执行。2015年分类评价中，上海共11家证券公司参评，其中5家公司被评为A类AA级。基金公司不断加强内部管控，内幕交易防控等机制进一步健全，创新业务、突发事件处理等风控措施进一步完善。上海基金同业公会通过诚信平台营造诚实守信行业环境，行业自律管理机制运作顺畅。期货公司合规管理能力不断提升，首席风险官在合规管理和内部控制中的核心作用进一步发挥。2015年分类评价中，上海市共11家期货公司被评为A类，其中AA级5家。

2. 行业创新

2015年，上海市证券公司业务领域拓展，创新不断涌现。在服务实体经济方面持续取得成效，项目收益债、跨境并购等项目推出并获得市场关注；资产证券化项目涉足保障房类、公共服务类、基础设施、消费金融、融资租赁等诸多领域。基金公司股权治理结构进一步优化，民营和专业人士持股全面放开。期货公司向业务多元化、差异化、专业化方向发展，期货公司风险管理子公司开展的合作套保、点价交易、期权交易、仓单质押、基差套利等创新业务稳步推进。上海自贸区获准扩区后，区内法人证券期货经营机构及其分公司共有164家，6家证券公司成立了专门的自贸区分公司。

3. 国际化

2015年，上海市证券经营机构积极拓展海外业务。5家证券公司、8家基金公司已在香港设立子公司并取得相关业务牌照，证券公司、基金公司借助香港子公司获准开展QFII及RQFII业务。截至年末，共11家证券公司开展港股通业务，开户人数22.43万，客户累计交易量1 189.88亿元，持仓余额164.21亿元。上海两家基金公司率先开展内地与香港基金互认业务。

4. 证券市场融资

截至2015年末，上海市共有上市公司224家，占全国7.9%，市值约占全国11.6%。2015年，上海上市公司境内资本市场直接融资3 574.93亿元，其中，IPO融资494.80亿元，股票再融资（含发行股份购买资产）1 946.56亿元，债券融资1 133.57亿元。

### （二）上海证券机构稳健性评估

1. 证券公司资产规模增长

2015年，上海市证券公司总资产15 010.56亿元，同比增长63.72%；净资产3 464.67亿元，同比增长80.08%。另外，上海市证券公司合计净资本、托管证券市值、客户资金、资管规模、金融资产均较2014年末大幅上升，幅度分别为115%、50%、72%、87%和117%。

2. 辖区公司风险管理水平有所提升

2015年，上海市证券公司流动性监管指标较2014年末有较大幅度提升。2014年末净稳定资金率较低的个别公司，在2015年末均已提升到较为安全的水平。从财务杠杆来看，截至年末，辖区证券公司杠杆率从年初的3.4倍下降至3.05倍，财务结构更加稳健。

3. 盈利水平明显上升

2015年，上海市证券公司营业收入及净利润较2014年增幅明显。营业收入1 262.31亿元，同比增长143.53%，其中经纪、自营、资管、融资类业务收入分别较2014年增长164%、101%、257%和241%；实现净利润581.42亿元，同比增长174.91%。

4. 业务转型不断推进

2015年，上海市证券公司多元化业务收入占营业收入的比例提高到了20%以上。公司业务领域从单一场内拓展到多层次资本市场，从权益类产品扩展到FICC，从股票市场扩展到银行间业务，从境内市场扩展到国际市场，自贸区业务、海外并购进入试水阶段。

### （三）上海证券业发展中需要关注的方面

1. 关注市场风险的传递和叠加

一是实体经济向证券市场的风险传递。证券经营机构通过投行、资管、资产证券化、金融产品销售等业务，越来越深入地涉及地方融资平台、房地产、信贷、中小企业等实体经济领域。在金融市场各层次中，证券市场天然处于风险等级的较高层，易成为风险出清的环节所在。二是金融行业间风险的渗透。证券公司正逐步向全能型投资银行转型，不同行业业务之间的相互渗透越来越强，单一领域的风险爆发或单个黑天鹅事件，都可能会形成“蝴蝶效应”，向外渗透、传递。三是全球市场一体化带来的冲击。国际市场的波动带动中国股市波动，中国股市波动也对全球市场造成重大影响，市场波动加剧。

2. 关注创新发展带来的挑战

证券行业持续推进创新发展并进入深化转型阶段。伴随深化改革、对外开放和简政放权的步伐，行业的组织、业务和产品模式越来越复杂，走出去、迎进来的速度加快，外部竞争日益激烈，受到互联网冲击的影响加大，行业生态将面临革命性变化。与此同时，原有的风险边界打破，风险敞口加大，并不断出现新的风险因素，对行业现有的风险管理和内部控制机制带来较大挑战。

3. 关注机构流动性风险的防控

近年来，在证券行业转型发展的大趋势下，上海证券机构杠杆倍数从2013年初的1.65上升到2015年末的3.05倍左右，提高了资金运用效率和资产收益率，但同时面临的流动性风险也随之显著增长。从债务融资结构来看，主要为银行间同业拆放、短期融资券等三个月以内的负债，而发展迅速的信用类业务中，资产期限通常在三个月以上甚至长达一年，期限错配的风险增大。若货币市场利率升高，将影响银行间拆借资金等融资渠道，可能进一步引发公司的流动性风险。

## 四、保险业

### （一）上海保险行业发展运行情况

1. 保险机构持续聚集，保险市场体系不断完善

截至2015年末，在沪保险总公司55家；保险省分公司95家；保险中介法人机构215家；航运保险等功能性保险机构近70家，基本形成中外资互动互促、综合性与专业性齐头并进，保险法人公司和保险中介机构参差分布，原保险、再保险、保险资管和保险中介协调发展的现代保险市场体系。

2. 上海保险市场逐步向好，行业转型升级成效明显

2015年，上海保险业市场规模保持持续增长，结构调整继续深入，行业发展质量与内涵显著提高。一是规模快速增长。2015年，上海市原保险保费收入累计1 125.16亿元，同比增长14.03%。二是业务结构调整显现。从产险看，非车险保费收入占比37.54%。从寿险看，健康险同比增长41.20%，年金保险同比增长71.80%，传统型寿险同比增长44.72%。三是发展质量和效益凸显。产险承保利润同比增长50.86%，寿险新单业务同比增长31.50%。四是保险业资本实力日趋雄厚。截至年末，上海保险业资产2.52万亿元，同比增长26%，占全国保险业总资产的20.38%；保险资产管理公司受托管资产规模大幅增长至近5万亿元，占全国保险业总数的44.72%。

3. 保险保障功能成效显著

一是保险为经济社会运行提供全面风险保障的能力更强，全年为上海经济社会发展共提供风险保障218.87万亿元，同比增长14.71%；保险业赔款与给付共计473.59亿元，同比增长25.07%。二是支撑经济发展的能力显著增强。出口信用保险支持上海出口贸易314.91亿美元，向“一带一路”沿线58个国家提供买方授信额度42.2亿美元，支持承保金额74亿美元。三是对“三农”的支持力度更加有力。上海保险业为超过17万余户/次提供233.16亿元风险保障，创新推出鸡蛋价格保险、家庭农场综合保险和养蜂气象指数保险。四是对接城市更新改造计划方式更加灵活。保险资金

创新股权投资方式，通过设立基金、发起股权计划、认购基金、募集产品、直接控股等方式，参与上海城市更新建设。五是参与社会治理作用更加突出。上海保险业向“东方之星”客船翻沉事件相关67位客户家属支付赔款1 179.61万元；为“灿鸿”台风受灾户支付赔款近4 000万元。

4. 关键保险要素市场平台顺利落户

2015年，中国保险投资基金的管理公司——中保投资有限责任公司在沪成立并成功募集第一期400亿元资金，上海保险交易所方案获国务院批准同意。这两大创新型保险要素市场平台将为上海国际金融中心建设注入新的动力，更有利于调动国际和国内保险要素资源服务上海国家战略的实施，进一步增强上海在长三角经济带和“一带一路”战略中的龙头和枢纽地位。

5. 上海保险业改革推进情况

一是贯彻落实保险改革新举措。在全国率先实施了航运保险产品注册制重大改革，成功推动上海航运保险协会代表中国保险业正式加入IUMI。二是积极推动自贸区新一轮保险创新开放。系列保险政策为“金改40条”注入建设国际保险中心的重要内涵，简政放权深化行政审批制度改革，全国11家航运保险运营中心全部落户上海，其中有8家设在自贸区。三是着力提升保险服务经济社会大局能力。以大病保险为重点构筑国际大都市民生保障网，创新保险服务特大城市治理模式，多方位支持上海科技创新中心建设，推动“互联网+保险”跨界交融发展，提升保险业服务能力。

### （二）上海保险机构稳健性评估

1. 整体实力明显增强，盈利能力大幅提高

截至2015年末，上海法人保险机构①总资产共计11 594.33亿元，同比增长45.87%。其中，产险公司总资产2 749.37亿元，同比增长114.72%；人身险公司总资产8 694.22亿元，同比增长32.19%；资产管理公司总资产150.74亿元，同比增长65.98%。

2015年，上海法人保险机构共实现净利润191.61亿元，同比增长65.08%。其中，产险公司实现净利润32.03亿元，同比增长70.74%；人身险公司实现净利润123.05亿元，同比增长53.54%；资产管理公司实现净利润36.53亿元，同比增长112.76%。

2. 保费收入稳步增长，业务结构明显优化

截至2015年末，上海法人保险机构实现原保费收入2 864.53亿元，同比增长40.08%。从财产险公司来看，车险保费收入占财产险公司业务收入比重为71.39%，较2014年同期下降1.28个百分点。从人身险公司来看，普通寿险保费收入同比大幅增长71.51%，占人身险保费收入的比例也较2014年上升4.52个百分点。

3. 偿付能力充足率总体良好，风险整体可控

按照保监会《保险公司偿付能力管理规定》的划分标准，截至2015年末，上海40家保险公司偿付能力充足率情况整体良好，有39家保险公司偿付能力充足率高于150%，属于充足II类公司，仅有1家保险公司属于关注类公司。上海法人保险公司偿付能力充足率总体良好，风险整体可控，没有出现系统性和区域性风险。

---

① 包括法人注册地在上海的41家保险公司和6家保险资产管理公司全国分支机构的汇总数据，未包括东方人寿保险股份有限公司（2004年起停业整顿至今）、泰康资产管理股份有限公司和3家再保险公司。由于太保集团尚未披露2015年年报，因此未包括太保集团、太保寿险和太保产险的数据。下同。包括人寿保险公司、养老险保险公司和健康保险公司。下同。

4. 保险资金运用余额稳步增长，投资收益率明显上升

截至2015年末，上海法人保险机构保险资金运用余额达9 486.04亿元，同比增长36.59%；实现投资收益686.06亿元，同比增长84.88%；投资收益率达7.23%，较2014年提高1.89个百分点。保险资金在上市股票投资、证券投资基金和基础设施投资上的投资比例分别较2014年上升3.78个、7.24个和1.73个百分点。

### （三）上海保险业发展中需要关注的方面

1. 关注资金运用风险

目前保险资金运用风险因素增多。一是债务违约因素。实体经济利润下滑，企业信用资质下降，固定收益品种违约事件不断增多，债务信用风险持续加大。二是资产负债错配因素。保险业“长钱短用、短钱长用”的现象仍然不同程度存在。三是资本市场震荡因素。6月中旬以来，资本市场回调导致行业投资收益缩水、浮盈削减。四是利率下行的因素。随着基准利率步入下行通道，新增保险资金投资的固定收益率将呈现走低趋势，这将拖累整体投资收益水平。

2. 关注人身险满期给付与退保风险

从人身险公司前期业务结构来看，2016年仍然是满期给付的高峰期，行业面临的集中给付和非正常退保的压力较大。一是银保渠道粗放式发展的弊端集中显现，退保问题较为突出。二是高现金价值产品客户投资周期短，造成险企负债期限较短，加上即使客户提前退保仍能获得较高的现金回报的条款，使得这些产品在销售之初，就已埋下退保“隐患”。如果业务增长放缓或资产负债匹配不合理，满期给付和退保可能对公司的流动性造成不利影响。

3. 关注承保风险

从人身险公司来看，需要重点关注新的利差损风险。部分寿险公司为拓展市场规模，前期销售了大量高预定利率产品，随着基准利率步入下行通道，利差损风险将会在未来年度逐步暴露。从财产险公司来看，需要重点关注与宏观经济密切相关的融资性保证保险产品风险。从历史经验数据来看，部分公司曾出现过综合成本率攀升、承保严重亏损、业务风险集中爆发的情况，加之当前的经济增速放缓，相关承保风险不容忽视。

4. 关注跨市场交叉传递风险

保险与实体经济、与其他金融业机构的接触面和渗透度大幅提高，来自宏观经济运行和其他金融市场风险因素，如资本市场大幅异常波动、信托产品、P2P、互联网金融等金融产品和渠道，都可能通过多种形式对保险业产生交叉传染和风险传递。

## 五、金融基础设施建设

### （一）支付体系建设稳步推进

2015年，人民银行上海总部不断深化自贸区支付结算业务创新，支持实体经济发展。制定并印发了《关于进一步推进自由贸易账户业务发展的若干意见》，进一步推进自由贸易账户业务发展，完善自贸区资金清算渠道。切实做好二代支付系统准入管理，组织中央银行会计核算数据集中系统子系统及相关业务功能的推广应用。推广和规范非现金支付工具使用，积极推广电子商业汇票业务，

加强票据信用管理。强化支付服务市场监管，切实防范支付业务风险。

**（二）深入推进征信体系建设，促进实体经济发展**

截至2015年末，上海市各金融机构共开通个人征信系统查询网点2 398个，用户15 208个。企业征信系统查询网点1 865个，查询用户5 236个，月均查询量分别为1 449万次（个人）和36.41万次（企业）。2015年，人民银行上海总部不断拓展征信系统接入范围，在全国率先探索保险、证券、融资租赁行业接入征信系统。大力推广应收账款融资服务平台，融资金额突破500亿元人民币。积极维护信用信息主体合法权益，建立信用评级市场化监测和分析体系。

**（三）反洗钱工作深入开展**

2015年，人民银行上海总部坚守安全底线，探索自贸区反洗钱风险监测与评估。探索建设了“反洗钱、反恐怖融资、反逃税资金监测系统”（以下简称“三反”），形成了央行与金融机构各有侧重、优势互补、并行互动的自贸区“三反”资金监测两道防线。依法开展反洗钱监管和行政调查，2015年依法开展了对2家银行机构的反洗钱执法检查和1家支付机构的反洗钱监管走访。督导在沪法人机构建立洗钱风险自评估工作机制，完善跨部门反洗钱合作机制。

总　　纂：杜要忠
统　　稿：王新东　谢　斌　张雅楠　苗冬骁
执 笔 人：王新东　谢　斌　张雅楠　苗冬骁　张国文　郭　芳
参与写作人员：李冀申　包　钧　雷宗怀　吴培新　李腾飞
张　昀　周　婧　钱国根　董宝茹　孙　慧
韩爱华　陈　露　刘玉华

# 江苏省金融稳定报告摘要

2015年，面对错综复杂的国内外经济环境，江苏省坚持稳中求进工作总基调，主动适应经济发展新常态，统筹做好稳增长、促改革、调结构、惠民生、防风险各项工作，经济运行总体平稳，金融业改革有序推进，金融机构实力不断增强，金融基础设施建设不断完善，金融体系总体稳健。

## 一、江苏经济运行情况

2015年江苏经济运行总体平稳，主要经济指标保持在合理区间。全年全省生产总值增长8.5%，增速比上年下降0.2个百分点。从年内来看，全省四个季度的生产总值增速分别为8.4%、8.5%、8.5%、8.5%，呈现企稳迹象。从经济运行的特点看：一是工业生产增长有所企稳。全年全省规模以上工业增加值同比增长8.3%，已连续三个季度维持8.3%的增速。二是固定资产投资增长有所放缓。全年全省固定资产投资同比增长10.5%，增速比上年同期回落5个百分点。但从年内季度增速看，降幅有所收窄。三是消费增长稳中有升。全年全省社会消费品零售总额同比增长10.3%。四是出口低位窄幅波动。全年全省出口同比下降0.9%，比2015年前三季度上升0.5个百分点。扣除春节因素导致的异常值之外，2015年各月出口增速在-2.7%至2.1%的低位区间内波动。五是CPI温和上升。全年江苏CPI同比上涨1.7%，涨幅同比回落0.5个百分点。12月份CPI同比上涨2.2%，涨幅较上月上升0.5个百分点。

当前经济运行中值得关注的问题主要有以下几个方面：

### （一）微观经济主体信心明显回落，经济内生增长动能不足

受全球市场需求整体低迷、国内工业领域过剩产能出清缓慢以及经济结构持续调整等因素影响，经济增长面临的挑战和压力依然较大，微观经济主体预期屡创新低，经济内生增长动力明显不足。

人民银行南京分行企业家问卷调查显示，2015年四季度企业家宏观经济热度指数、信心指数较上季度分别下降1.84个和2.99个百分点，比上年同期分别下降6.96个和13.08个百分点。从较长时序看，这两项指数几乎逼近2009年第一季度金融危机深度下挫时水平。人民银行南京分行银行家问卷调查结果显示，2015年第四季度银行家宏观经济热度指数分别比上季度、上年同期下降0.33个、5.59个百分点，为2010年以来最低水平。

由于企业对经济前景信心不足，加之土地、环境、资金等约束强化，企业投资意愿持续走低，经济内生增长动力难以明显启动。企业家问卷调查显示，第四季度企业固定资产投资指数、预期指数分别较上季度下降1.24个、2.17个百分点，较上年同期分别下降2.24个、4.36个百分点，已连

续10个和17个季度处于50%以下收缩区间。与此同时，制造业企业信贷需求和银行贷款投放意愿均有所减弱。银行家问卷调查结果显示，2015年第四季度制造业贷款需求指数较上季度下降4.97个百分点，制造业贷款审批指数比上季度下降1个百分点，均处于持续收缩区间。

**（二）内外需疲软对宏观经济的负面影响持续显现**

从外部环境看，世界经济仍处于深度调整期，主要经济体走势进一步分化，国际金融市场和大宗商品价格波动加大，跨市场、跨区域的金融风险不断累积，全球经济将延续低速增长的态势。2015年以来，江苏对外贸易同比下降，尽管下半年以来降幅环比收窄，但进出口总额增幅仍同比回落4个百分点左右，全年出口实现正增长面临较多困难。需求不足也进一步导致出口产品价格持续下跌，许多产品出现“量增值不增”的情况。

从国内看，随着经济发展进入新常态，国内经济继续呈现深度调整之势，新动力不足和旧动力减弱的矛盾仍然突出。第四季度江苏工业企业景气调查显示，企业经营景气指数①较上季度和上年同期分别下降0.51个、5.47个百分点，连续2个季度处于50%以下景气收缩区间；订单指数②比上季度下降1.49个百分点，连续6个季度处于50%以下收缩区间；出口订单指数③分别比上季度和上年同期下降1.64个、1.97个百分点，连续5个季度处于50%以下景气收缩区间且不断走低。

**（三）就业市场供需基本稳定，但隐性失业问题日益突出**

截至2015年12月末，全省各级公共就业服务机构登记招聘岗位641.6万个，登记求职劳动者605.56万人，市场求人倍率为1.06，与上年同期基本持平。据了解，目前就业市场基本稳定，主要是因为第三产业吸纳就业较多，在一定程度上承接了第二产业劳动力需求的转移，发挥了“就业稳定器”的作用。

虽然目前全省就业形势基本稳定，但经济增长放缓、结构调整以及产能过剩出清对就业的冲击逐步显现，就业压力有所加大。主要表现在以下三个方面：一是裁员减员企业较多，产能过剩行业裁员尤甚。人民银行南京分行调查显示，16.74%的企业2015年发生裁员减员现象，制造业企业裁员减员的占比为22.62%，其中纺织服装家纺、船舶、钢铁水泥玻璃等建材制造业企业裁员减员的占比分别为31.58%、28.57%和26.92%。二是员工流失率下降，留工难有所缓解。在就业压力有所加大的背景下，企业反映2015年员工跳槽意愿明显减弱，员工流失率下降，留工难有所缓解。三是隐性失业现象明显增加。据调查了解，2015年以来，省内企业尤其是产能过剩行业中变相裁员、停产放假、缩短工作时长等各种隐性失业现象明显增加。人民银行南京分行调查显示，半数以上（51.16%）的企业认为2015年以来本行业中隐性失业增加。

---

① 经营景气指数=判断企业经营“较好”的企业比例+0.5*选择“一般”的企业比例，该指标值越高表明企业判断经营状况越好，反之亦反。

② 国内订单指数=判断国内产品订单较上季“增加”的企业占比+0.5*判断“持平”的企业占比，该指标值上升，说明目前国内需求有所回升，反之亦反。

③ 出口订单指数=选择本季出口定单“增加”的企业比例+0.5*选择本季“持平”的企业家比例，该指标值上升，说明本季出口增加，反之亦反。

## 二、金融业

### （一）银行业

2015 年全省银行业运行总体稳健。一是资产负债规模不断扩大。截至 2015 年末，全省银行业金融机构资产总额 13.64 万亿元，比年初增加 1.43 万亿元，负债总额 13.21 万亿元，比年初增加 1.4 万亿元；二是存贷款保持平稳增长。全年全省金融机构人民币存款余额 10.8 万亿元，比年初新增 1.18 万亿元；贷款余额 7.89 万亿元，比年初增加 9 285 亿元，同比多增 1 784 亿元，超过 2009 年 9 138亿元的历史最高水平；三是盈利水平有所下降。2015 年全省银行业金融机构共实现净利润 1 450.82亿元，同比减少 68.47 亿元。

银行业存在问题主要表现为以下几个方面：

1. 部分重点行业经营压力较大，大中型企业风险明显上升

受宏观经济环境和深层次矛盾影响，经济下行压力依然较大，部分行业信用风险较为突出。截至 2015 年末，全省制造业和批发零售业不良贷款率分别比全省金融机构总体不良贷款率高 1.83 个和 1.92 个百分点[①]。对省内一些重点行业发展的监测显示：一是钢贸行业信贷风险基本见底。二是光伏行业总体回暖。三是船舶行业经营下行压力明显加大。四是大中型企业信贷风险明显上升。

2. 中小企业担保圈风险和企业债违约风险不容忽视

2015 年以来，全省重点地区担保圈风险化解已初见成效，但部分地区中小企业深陷担保圈困局的状况未有明显改观。部分地区担保圈几乎覆盖当地支柱行业所有企业，涉及授信银行家数多、贷款余额和担保金额高，且与民间借贷清算、房地产和过剩产能淘汰三者叠加共振，行业性、区域性风险极易传染放大。与此同时，企业债券违约风险有所上升。主要有以下两方面原因：一是受经济下行、行业不景气影响。二是部分企业因管理决策不力或公司治理漏洞导致经营困难。

3. 银行业机构资产质量持续下降，且潜在不良规模较大

虽然不良贷款率一直比较平稳，但实际信贷资产质量劣变速度可能远远快于数据反映的情况。一方面，隐性不良贷款规模持续上升。另一方面，目前不良贷款规模是商业银行清收处置后的结果。随着银行处置不良贷款的核销和拨备计提规模上升，资产减值损失计提显著增加。

### （二）证券业

2015 年以来，江苏证券期货业综合实力稳步增强，发展态势总体良好。一是上市公司数量继续保持快速增长，首发融资与再融资均衡发展。全年全省 22 家公司实现首发上市，募集资金 107.69 亿元，再融资总额超千亿元，接近上年同期总额的两倍。二是证券期货业资本实力不断增强。截至 12 月底，6 家法人证券公司净资本达 876.09 亿元，同比增长 116.64%。全年 6 家法人证券公司实现净利润 155.34 亿元，超过去年同期总数的两倍。

证券业存在的问题主要表现为以下几个方面：

1. 法人证券公司经营受市场巨幅波动影响，但风险可控

2015 年上半年开始到盛夏之际，我国股票市场经历了一场罕见的大起大落。特别是 6 月下旬到

---

① 数据来源：江苏银监局。

7 月下旬，股市急剧震荡下行，1 个月内最大跌幅超过 30%，辖内法人证券公司经营也受到冲击。一是业务经营受到较大影响，月度营业收入和净利润明显减少。有的公司更因自身投资失利，第三季度出现亏损。二是融资融券规模和客户数持续下降。三是股票质押业务规模有所增加，但未出现账面浮亏和实际亏损。

2. 银行资金多渠道流入股市，潜在风险值得重视

一是银行理财资金呈现多渠道流入股市的态势，潜在风险不容忽视。个人消费贷款成为多家银行个贷业务中的重点，银行难以防止客户挪用贷款资金入市。受股市波动影响，个别理财产品未达预期甚至亏损，引发群访事件。二是上市公司股票质押物估值大幅缩水，导致银行信贷风险隐患显性化。

3. 股票市场巨幅波动对实体经济的影响需持续观察

从国际经验来看，股市巨幅波动风险主要通过“资产负债表渠道”、“信贷渠道”产生冲击，压低实体经济总需求、降低金融机构向实体经济提供融资的能力，从而拉低经济增长。从国内情况看，不利于注册制的稳定推出以及企业拓宽融资渠道结构、推动产业转型升级和创新发展等，进而影响金融服务实体经济的效率。短期内，对实体负面影响有限，但从长期来看，随着资本市场的发展，直接融资比例的上升，股市巨幅波动对实体经济的影响势必增大，需要持续关注。

### （三）保险业

2015 年以来，江苏保险业呈稳健运行态势。一是业务规模继续居全国前列。全年实现保费收入 1 990 亿元，同比增长 18%，其中人身险保费 1 318 亿元，财产险保费 672 亿元；二是服务经济社会、保障民生的能力不断增强。全年累计赔款和给付 730 亿元。

保险业存在的问题主要表现为以下几个方面：

1. 寿险公司经营风险有所积聚

一方面，退保风险形势严峻，需进一步防范。退保风险主体有扩散的趋势，部分公司的退保率较高，且多数为中小保险公司。这主要和去年同期部分中小公司大量销售短期高现价产品，一年期后大量客户退保有关。另一方面，营销员考试制度改革带来的影响不容忽视。从 2015 年 6 月份开始，保监会决定取消延续多年的保险营销员资格考试。但各公司增员活动一刻未停，仅 6 月份单月全省就增加 2.85 万名保险营销员，人员素质良莠不齐，为后期销售误导的发生和侵害保险消费者合法权益的问题出现埋下了隐患。

2. 中小财险公司发展较为乏力

一方面，市场集中度进一步提高。2015 年末，江苏财产险保费规模前五家主体的市场份额达到 79.85%，较上年同期提高了 0.6 个百分点。其他近 30 家公司的平均市场份额低于 1%。另一方面，业务规模集中度提高的同时，承保利润进一步向大公司集中，半数中小财险公司存在亏损，面临较大盈利压力。

### （四）具有融资功能的非金融机构和民间融资

具有融资功能的非金融机构和民间金融活动风险持续暴露，风险传染和维稳处置压力不断加大。一是小额贷款公司不良贷款持续快速上升。二是融资性担保公司代偿金额大幅上升。三是农民资金互助合作组织风险仍然较高。四是非法集资案发数处于历史高位。在当前经济下行压力加大背景下，

非正规金融机构和民间融资的风险容易传导到正规金融体系从而引发金融风险。

**（五）互联网金融和财富管理类公司**

财富管理类公司等新金融业态野蛮生长，互联网金融风险集中显现。据江苏省金融办调查摸底，截至2015年11月末，全省财富管理类公司总数增幅达37.03%。这些财富管理公司主要以老年人为目标客户群，以精细包装、高利诱惑等手段募集资金。因存在监管真空，上述乱象聚积的行业风险逐步暴露，省内多家财富管理公司发生提现困难。此外，不同于银行系互联网金融，社会资本成立的P2P公司经营混乱现象较为突出，风险呈集中暴露态势。

## 三、金融改革与创新

**（一）银行业**

1. 开发性、政策性金融改革继续推进

国家开发银行依托国家信用，大力支持江苏新型城镇化、产业转型升级和区域协调发展。一是探索创新融资模式，推进融资平台市场化进程。率先完成全国首单定向置换债发行及置换工作。二是统筹资源配置，支持省内重大项目建设。三是坚持普惠金融发展理念，推进棚户区改造。创新组建全国首个差异化银团，全年新增棚改授信797亿元，居全国第一位。

农业发展银行坚持政策性业务的主体地位，审慎把握商业性业务发展，不断加大信贷支农力度。一是不断拓宽发展平台，与省内13家地市政府及水利厅签订战略合作协议；开办了重大水利专项过桥、农村人居环境、棚户区改造、中国农发重点建设基金等业务，创新支持土地流转、陆海统筹和仓储设施建设。二是创新支持新型城镇化，促进城乡统筹发展。三是主动支持农业现代化，推动农业转型发展，多种形式支持土地流转和规模经营，“沛县模式”获省政府“农村综合改革优秀奖”。

进出口银行充分发挥支持外贸发展作用，促进国际经济合作和国民经济发展。一是制定行业客户准入标准，在严控产能过剩行业贷款总量的同时，对管理规范、技术实力强的企业，支持其转型升级。二是深化银政合作，与江苏省商务厅合作搭建江苏企业国际化基金运作机制；与江苏省农委联合开展第三批重点农业部行合作项目遴选申报工作，推动江苏农业企业国际化发展。三是探索支持旅游文化项目。四是着力打造中小微企业信贷特色业务。

2. 大型商业银行改革进一步深化。

一是部门配置结构更加合理，部门职责定位更加明确。如交通银行将风险管理部与资产保全部整合，将放款中心、贷后管理职能调整至授信管理部，实现了贷前、贷中和贷后的一体化管理。二是丰富内控管理方法，提升风险管理水平。如中国银行调整内部控制三道防线组织架构，明晰三道防线的检查职责分工和报告路线，并通过内控管理联席会议机制、问题整改机制、异常情况及时揭示及快速反应机制、风险内控资源配置机制等保障新体系有效落地，夯实内部控制基础。建设银行启动“合规官”试点工作，在省分行、二级分行、县级支行设立合规官，在营业网点明确委派营运主管兼管合规工作，在各级机构内设部门设立合规团队或岗位，建立自上而下、独立有效、责任明晰的合规管理组织体系。三是优化信贷结构，强化对实体经济和小微企业的信贷支持。如工商银行抓好“小微企业创业贷”、“科贷通”等新型产品发展，完善授权审批，小微企业贷款新增147亿元；

“融 e 购”签约商户 526 户，交易额 220 亿元，同比增加 200 亿元。农业银行“三农事业部”已统一对外挂牌，运营质效明显提升，接连推出“金农贷”、“富渔贷”、“美丽乡村贷”等系列产品，加强对各类新型农业经营主体贷款支持，对省级和国家级龙头企业综合服务覆盖率 87.6%。

### （二）证券业

1. 完善资源配置体系，发展多层次资本市场

2015 年江苏省内场外市场建设实现重要突破，新三板挂牌公司发展迅速。截至 2015 年 12 月底，总量已经达到 651 家，2015 年共有 165 家挂牌公司通过增发募集资金 85 亿元，江苏股权交易中心已有 328 家公司挂牌。东海证券、创元期货、南京证券已经在新三板挂牌。省内已备案私募基金管理人 1 063 家，位居全国前五，管理基金 1 132 只，管理基金规模达到 1 786 亿元，同比大幅增长。

2. 打造公平服务体系，完善投资者权益保护机制

一是加强了现场检查，将投资者公平保护和适当性管理的内容纳入专项检查计划，强化了监督管理。二是强化投资者诉求首问负责制，要求省内各机构做到投诉处理专人负责、全程负责。同时探索宣传推广部分机构的创新做法，如推选服务监督员、投资者接待日制度等。三是积极配合参与行业调解纠纷解决机制，推进省上市公司协会、证券业协会和期货业协会通过专业调解方式解决纠纷，与南京市中级人民法院就调解与诉讼工作建立协作机制，当投资者与市场各方发生纠纷时进行调解，最大限度保护投资者的合法权益。

### （三）保险业

1. 农业保险工作迈上新台阶

推出了高效设施农业保险、特色种养殖农业保险、价格指数型农业保险等险种，风险保障水平不断提高。累计开办了 49 个政策性农业保险险种，并开发了 17 个具有江苏特色的农产品保险。

2. 环境污染责任保险取得新进展

指导保险业聘请建立风险评估专家组，探索创建全流程风险管理服务体系。已有 11 个省辖市启动了环责险县（区）统保试点，2 962 家次企业接受了专业的环境风险评估，排查较大风险隐患 2 000多个。

3. 医疗责任保险实现新发展

联合省卫计委、省司法厅等部门共同制定了《江苏省医疗纠纷处理条例》，推动医疗责任保险在医疗纠纷处理中发挥更加重要的作用。

4. 科技保险继续走在全国前列

目前江苏省是全国唯一设立科技保险专营机构的省份，2015 年保监局与省经信委、财政厅联合下发了《关于开展江苏省重大装备（首台套）保险试点工作的通知》，建立起省级财政保费补偿机制，全年共承保 2 900 多家次高科技企业。

## 四、金融基础设施

### （一）支付体系

全面完成第二代支付系统推广应用。2015 年，人民银行南京分行组织 6 家银行一级分行支付系

统直接参与者切换为第二代支付系统。至此江苏省已全面完成第二代支付系统切换组织工作。

组织做好中央银行会计核算数据集中系统（ACS）相关建设工作，并配以开展业务和技术培训、建立省内沟通交流平台、明确责任单位等辅助工作。

推进农村支付服务可持续发展。一是大力推进农村金融综合服务站的建设，实现在全省无银行网点行政村全覆盖的目标。二是探索农村金融综合服务站多元化建设模式。指导辖内金融机构积极构建农村电商支付、信贷、征信等金融服务平台。三是夯实农村地区金融基础设施。鼓励辖内银行机构通过设立“离行式自助服务区”，布放存取款一体机等自助设备加快农村地区基础设施投入。

### （二）信用环境

1. 积极推进与政府相关部门的共建工作

一是根据《江苏省社会信用体系建设规划纲要（2014－2020年）》内容和人民银行总行工作部署，研究和探索在地方信用体系建设中的职责定位、工作机制和内容，并通过实施意见、工作措施等形式进行明确，努力发挥人民银行在地方信用体系建设中的重要作用。二是跟踪了解地方信用体系建设及数据库运行情况，结合实际推进企业信息共享、征信宣传、征信研究等共建工作。

2. 继续深化中小企业信用体系建设工作

一是指导江苏辖内中心支行加强与地方政府的沟通协作，不断深化中小企业信用体系共建工作。二是组织开展企业综合信息管理系统推广上线工作。三是继续加强中小企业非银信息采集工作，推动各市中心支行围绕“数据库＋网络”的方式，加快建立地方信用信息服务平台。

3. 大力推进农村信用体系建设工作

一是继续推进江苏省农户及农村经济合作组织信用信息系统建设。二是在依法合规的基础上，进一步推动全省农户及农村经济主体信用信息采集和应用工作。三是积极推进农户信用评价和“信用户”“信用村”“信用乡镇”评定，强化评价结果的应用。

### （三）反洗钱

严格依法行政，落实“双罚制”法律要求。一是运用自主开发的反洗钱通用数据分析系统完成数据筛选任务，为开展现场检查提供了数据线索，也进一步验证和完善了系统各项功能。二是落实风险为本的原则，选取考核评级等级较低、反洗钱工作比较薄弱、存在一定风险的机构开展现场检查，重点检查被查单位反洗钱内控体系建设、客户洗钱风险等级划分、客户身份识别、大额和可疑交易报告以及相关反洗钱业务系统的开发和运行等情况。同时，有的放矢地指导其进行整改，充分发挥了执法检查的效能。

强化法人监管，指导法人金融机构全面提升反洗钱工作有效性。一是组织开展法人金融机构洗钱风险自评估，科学配置和优化反洗钱工作资源，有效防范和化解洗钱风险。二是全面了解农信社类银行机构在反洗钱履职中的重点、难点问题，探索建立反洗钱监管横向与纵向联动机制。三是对相关农信社类银行机构和村镇银行大额和可疑交易报送情况进行调查核实，解决农信社类银行机构可疑交易报送数量偏高和部分村镇银行大额交易零报告的现象。

### （四）金融生态环境建设

2015年，继续扎实推进县域金融生态环境建设工作。一是排查县域金融生态环境突出问题，运用适当方式加以提示、预警，推动有关县（市、区）政府采取切实措施加强金融生态环境建设。二是完善金融生态环境综合评估指标体系，并根据此套评价指标体系，对全省69个设乡、镇的县（市、区）金融生态环境进行综合评估。三是组织做好2015年度金融生态县综合评估、评审考核及风险警示工作。2015年新评定出4个金融生态优秀县，8个获得“金融生态优秀县”称号满三年的县（市、区），经重新评审，获得继续认定。同时，对金融生态环境存在突出问题的9个县（市、区）提出风险警示，对金融生态创建工作推进不力的5个县（市、区）制发督办通知书。

总　　纂：李　军
统　　稿：马军伟
执　　笔：张　曦　杨　洋　郝雨时
其他参与写作人员：周晨阳　倪海鹭　王　凡

# 浙江省金融稳定报告摘要

2015 年，浙江省经济运行基本平稳，银行业存贷款规模增长平稳，信贷结构持续优化，法人银行机构经营状况良好，总体运行情况尚属稳健。证券业发展势头较好，多层次资本市场建设持续推进，资本市场支持实体经济力度不减，证券期货公司经营状况良好。保险业积极推进改革创新，市场体系日益完善，资产规模稳步增长，服务领域进一步拓宽，小额贷款公司、融资性担保公司、典当行等具有融资功能的非金融机构继续发挥补充作用，温州、丽水、台州等区域金融改革稳步推进，金融基础设施持续完善。总体看，2015 年浙江省金融稳定状况较好，但未来面临的形势仍然不容乐观。

## 一、浙江省经济运行情况

2015 年，全省地区生产总值 42 886 亿元，增长 8%，高于预期目标 0.5 个百分点，高于全国 1.1 个百分点。

### （一）经济运行概况

1. 从供给端看：工业经济总体放缓，但企稳态势初显

全年规模以上工业增加值 13 193 亿元，同比增长 4.4%。分行业看，在规模以上制造业 31 个行业大类中，增加值增长 10% 以上的只有 5 个行业，25 个行业增加值增速比上年回落。分产业看，高新技术产业、战略新兴产业、装备制造业增加值分别增长 6.9%、6.9% 和 6.3%，增幅均高于规模以上工业。服务业经济快速增长，对经济的引领作用增强。服务业增加值比上年增长 11.3%，占 GDP 的 49.8%，拉动 GDP 增长 5.3 个百分点，增长贡献率达 65.7%。其中，信息传输、软件和信息技术等行业发展势头较好，营业收入增长 35.7%。“双创”持续升温，市场活力进一步释放。一是科技创新投入增加。1—11 月，规模以上工业科技活动经费支出 704.3 亿元，增长 5.1%，增幅高于主营业务收入 6.3 个百分点。二是新设企业持续增加。截至年末，全省在册市场主体 471 万户，比上年增长 12%；注册资本总额 9.6 万亿元，增长 27.8%。

2. 从需求端看：投资保持较快增长，房地产投资首次负增长

2015 年，固定资产投资 26 665 亿元，比上年增长 13.2%，高于全国 3.2 个百分点。房地产投资渐趋理性，开发投资首次出现负增长，同比下降 2.1%，低于全国 3.1 个百分点。消费增长稳中趋升，与房地产相关的商品销售增长较快。社会消费品零售总额 19 785 亿元，比上年增长 10.9%，其中，通过网络实现零售额增长 36.2%。从分类商品看，与房地产业相关的家具、建筑装潢材料、五金电料等增长较快，分别增长 59.3%、43.3%、27.5%。出口实现小幅增长，增长势头好于全国。

在外需持续低迷情况下，我省出口仍然实现小幅增长。全省进出口总值 3 474 亿美元，比上年下降 2.1%，其中，出口增长 1.2%，增幅比全国（-2.8%）高 4 个百分点。

3. 从收入看：财政收入平稳增长，民生支出继续加大

全年公共财政预算收入 4 810 亿元，比上年增长 7.8%。公共财政预算支出 6 648 亿元，增长 21.1%。其中，交通运输、住房保障、节能环保、城乡社区、商业服务、文化体育和传媒支出增长均在 34% 以上。企业利润平稳增长，经营效率有所提高。1—11 月，规模以上工业企业在 PPI 连续下降且降幅扩大情况下实现利润 3 292 亿元，增长 6.2%；主营业务利润率为 5.8%，高于全国 0.28 个百分点。每百元主营业务收入中的成本为 84.8 元，低于全国 1.2 元。劳动生产率为 19.3 万元/人，同比增长 8.1%。居民收入平稳增长，城乡收入差距缩小。全省居民人均可支配收入 35 537 元，比上年增长 8.8%。城镇、农村居民人均可支配收入分别比上年增长 8.2% 和 9.0%；城乡居民收入倍差从上年的 2.09 缩小至 2.07，低于全国的 2.73。

### （二）经济运行中需要关注的问题

一是部分行业“去产能”困难较大。人民银行杭州中支测算①，浙江产能过剩情况总体要好于全国，产能过剩指数为54.4，低于全国（64.7），但化纤、钢铁等传统行业产能过剩问题严重，且在工业经济中占比较高，去产能影响不容忽视。二是房地产“去库存”压力较大。根据 2015 年 12 月的相关数据测算，全省新建商品房去化周期为20.2 个月；新建商品住宅去化周期为13.5 个月。按照住建部门去化周期大于 12 个月即为高库存区域的标准，浙江省仍然处于高库存状态。三是经济主体“去杠杆”任务较重。近年来，浙江去杠杆取得了一定成效，但与全国相比，浙江杠杆率仍然偏高。从公开渠道掌握的最大统计口径②计算，2015 年 12 月末，浙江债务规模约为 9.6 万亿元，占全国的 7.2%，高于同期生产总值占比 0.9 个百分点。

## 二、银行业

2015 年，浙江省银行业存贷款增长平稳，总体运行情况较为稳健。但不良贷款继续反弹，银行机构声誉风险上升成为影响银行业稳健运行的主要风险。

### （一）银行业稳健性评估

1. 存款增速回升，企业存款大幅多增

受企业投融资需求回落、资本市场波动加剧以及 P2P 等互联网金融风险暴露等因素影响，企业和居民资金逐步回流银行体系。年末，浙江省各项存款余额 90 301.6 亿元，同比增长 10.2%；全年新增存款 8 704.7 亿元，同比多增 1 379.7 亿元。其中，企业存款较年初新增 2 026.3 亿元，同比大幅多增 1 238 亿元；住户存款较年初新增 2 457.2 亿元，同比多增 461 亿元。

---

① 产能过剩指数测算方法：根据 37 个细分行业的资产负债率、流动资产周转率和销售利润率三项指标，并经标准化处理，然后按照聚类分析方法，将 37 个细分行业按照产能过剩严重程度分为四类，分别赋予分值：4、3、2、1，分值越高，产能过剩越严重。在此基础上，以各细分行业销售收入占全部工业销售收入的比重乘以整个工业经济占 GDP 的比重之积为权重，最终计算得到该省的产能过剩指数。

② 即社会融资规模存量中的 6 项：本币贷款 + 外币贷款 + 委托贷款 + 信托贷款 + 未贴现的银行承兑汇票 + 债券。其中债券存量数据来源于 Wind 数据库，其他数据来源于人民银行杭州中心支行。

2. 贷款增速较为平稳，贷款结构持续优化

2015 年末，浙江省金融机构本外币贷款余额 76 466. 3 亿元，同比增长 7. 09%；全年新增贷款 4 957. 5亿元，同比少增 785. 9 亿元。从信贷投向看，对小微企业支持继续加大。2015 年，全省新增小微企业贷款 1 939 亿元，同比多增 69. 5 亿元，年末小微企业贷款余额 19 506 亿元，占全部企业贷款余额的 40. 6%，较上年末提高 0. 9 个百分点。

3. 利润水平持续下滑，中间业务收入占比提升

全年浙江省银行业金融机构实现利润 584. 94 亿元，比上年减少 289. 85 亿元，降幅为 33. 13%，已经连续四年出现下降且降幅逐年加大。17 家全国性商业银行分支机构中，已有 7 家出现亏损。利润出现下降主要是由于不良贷款余额的攀升及处置力度的加大，各银行大幅计提了拨备。中间业务收入率 17. 17%，比年初上升 1. 96 个百分点，盈利结构继续改善。

4. 不良贷款持续反弹，资产质量下行压力较大

2015 年末，浙江省银行业金融机构不良贷款额 1 808. 49 亿元，比年初增加 411. 52 亿元；不良贷款率 2. 37%，比年初上升 0. 41 个百分点。全省不良贷款已经连续四年“双升”，其中，8 月份不良贷款余额和不良贷款率创出近年来的高点。关注类贷款比例达 4. 44%，比年初上升 0. 29 个百分点，处于历史高位。

5. 中小法人银行机构经营状况较为稳健

2015 年末，浙江省法人银行机构[①]资产总额 42 383. 6 亿元，负债总额 38 703. 43 亿元；各项存款余额 2 7931. 1 亿元，各项贷款余额 20 827. 66 亿元。全年共实现利润 434. 53 亿元，占全部银行机构利润的 74. 29%。不良贷款率 1. 58%，比年初上升 0. 24 个百分点，仍低于全省平均水平。核心一级资本充足率 11. 79%，加权资本充足率 13. 77%，拨备覆盖率 254. 36%，各项指标均高于监管要求，抗风险能力较强。

### （二）银行业运行中需要关注的主要问题

1. 信用风险防控压力不减

一是企业经营仍显困难。浙江省经济各项宏观经济指标趋好，但微观主体经营仍显困难。二是担保链风险仍在延续。以保证方式发放的企业贷款占比仍在三分之一以上，部分前期已处置企业风险再度暴露。三是逃废债行为继续蔓延。部分地区甚至出现了逃废债的产业链，严重破坏金融生态环境，影响银企良性互动。

2. 银行机构声誉风险上升

省内部分银行先后发生内部员工涉案事件，个别案件涉及银行高管、金额较大，反映银行内控制度和执行上的缺陷。同时，也出现了个别银行员工或前员工参与非法集资、银行理财产品出现亏损，导致银行营业场所发生群众聚集，对银行机构的正常经营和声誉造成了严重影响。

3. 盈利能力持续下滑

2012 年以来，受经济增速放缓、利率市场化、金融脱媒等因素的影响，浙江省银行业净利润出现连续下滑态势。虽然银行因新发生不良贷款和处置不良贷款大幅计提了拨备是主要原因，但经济增速放缓、利率市场化收窄净息差、金融脱媒挤压盈利空间、负债成本上升等其他趋势性的因素也

---

① 包括城市商业银行、农村商业银行、农村合作银行、农村信用社、村镇银行。

不容忽视。2015 年，银行机构净利差下降 0.43 个百分点。

4. 交叉性业务风险累积

交叉性金融业务普遍存在监管套利、期限过度错配等问题，传染性风险大幅提升，一旦遇到资本市场大幅波动等突发事件，极易导致信用风险和流动性风险，风险将迅速传染。目前，省内个别机构在交叉性金融业务发展较快，应引起关注。

## 三、证券业

2015 年，在股票市场大幅波动的背景下，浙江证券行业发展势头较好，多层次资本市场建设持续推进，资本市场支持实体经济力度不减，证券期货公司业绩大幅增长，法人证券公司资本充足情况良好。

### （一）证券业稳健性评估

1. 资本市场支持实体经济力度不减

全年浙江省境内上市公司累计融资 1 475. 57 亿元，比上年增长 1. 19 倍。其中，首发融资 146. 42 亿元，同比增长 1. 2 倍；增发融资 1 135. 85 亿元，同比增长 1. 5 倍；优先股融资 48. 50 亿元；公司债融资 144. 79 亿元，同比增长 3. 67 倍。区域差异化股权融资体系不断完善，年末，浙江股权交易中心挂牌企业 3 162 家，比上年增加 1 574 家；新三板挂牌企业 411 家，比上年增加 342 家。

2. 证券期货机构经营态势良好

全年浙江省证券经营机构累计代理交易额 62. 9 万亿元，同比增长 2. 03 倍；实现手续费收入 278. 45 亿元，利润总额 190. 71 亿元，分别同比增长 1. 79 和 2. 52 倍。期货经营机构代理交易额 131. 24 万亿元，同比增长 1. 14 倍；实现手续费收入 18. 86 亿元，同比增长 18. 99%；利润总额 11. 61 亿元，同比增长 35%。

3. 法人证券公司资本充足情况良好

2015 年末，证券公司总资产 1 108. 97 亿元，同比增长 7. 66%；净资产达 198. 64 亿元，同比增长 2. 2%；净资本 182. 44 亿元，同比增长 6. 08%。净资本/净资产为 91. 84%，净资本/负债为 20. 04%，净资产/负债为 21. 82%，均高于监管标准。

4. 证券公司业务结构持续优化

2015 年，法人证券公司营业收入 102. 23 亿元，同比增长 53. 33%；净利润 39. 72 亿元，同比增长 68. 16%。在证券行业创新步伐加快的背景下，省内证券公司积极参与业务和产品创新，主动寻求新的利润增长点，资产管理、融资融券、约定式购回等各类新型业务快速发展。

### （二）证券业运行中需要关注的问题

1. 市场大幅波动带来一系列不利影响

一是受股票大幅下跌影响，部分上市公司大股东股权质押出现风险。二是影响上市公司再融资和并购重组进度，相关的省属国有企业混合所有制改革也将有所延滞。三是受股票市场深度调整影响，省内部分私募证券投资基金面临较大压力，部分私募股权投资基金前期高价投资项目也存在潜在损失。

2. 跨市场业务的金融风险值得关注

2015 年，在资本市场快速上涨的刺激下，场外配资市场发展迅速，民间资金快速涌入，伞形信托、分级基金等杠杆工具广泛运用，部分杠杆工具将银行、信托、保险与资本市场连接在一起。在现有的分业监管模式下和监管制度框架下，存在业务规则不明确甚至空白等问题，容易造成监管真空。同时，部分场外业务借助互联网开展，方式更加多样与隐蔽，对当前的监管带来了极大挑战。

3. 部分上市公司经营风险有所上升

在宏观经济结构持续调整以及经济社会改革步伐加快的背景下，部分上市公司经营风险有所显现。如受“泽熙”案件影响，浙江省内上市公司宁波中百、康强电子、美邦服饰、向日葵、明牌珠宝等实际控制人或高管先后接受相关部门调查，被媒体关注后反复炒作，带来一定不利影响。

4. 上市公司募集资金后存在盲目投资风险

2015 年，受股票市场火爆影响，浙江省内多家上市公司在资本市场中通过 IPO 和再融资获得大量资金。虽然省内部分上市公司募集资金整体投向较合理，但由于企业上市公司的再融资渠道的越来越通畅，其操作的弹性也越来越大，投资项目具有一定的盲目性和不确定性，造成主业不振，投资项目不理想而使公司陷入困境。

## 四、保险业

2015 年，浙江省保险业积极推进改革创新，市场体系日益完善，资产规模稳步增长，服务领域进一步拓宽，保险深度达到 3. 35%，保险密度达 2 603. 5 元/人，现代保险经济补偿和风险保障功能有效发挥。

### （一）保险业稳健性评估

1. 业务规模平稳增长，保险补偿功能有效发挥

全年新增各类保险机构 104 家，保险公司资产总额比年初增加 505. 36 亿元。全年共实现原保险保费收入 1 435. 33 亿元，排名全国第 5 位，收入同比增长 14. 09%；保险业赔付支出 558. 82 亿元，同比增长 17. 74%。

2. 保险覆盖面继续扩大，服务领域稳步拓宽

发展小额贷款保证保险，建立省级补偿机制，启动农村“三权”保证保险试点，累计帮助超过 2. 2 万家小微企业获得贷款 127 亿元。大病保险取得突破性进展，逐步建立全省统一的覆盖职工、城乡居民的大病保险制度，老年人意外保险和残疾人意外伤害保险试点项目启动，已覆盖近 100 万老年人和 30 多万名残疾人。

3. 车险保费收入增速放缓，财产险公司保费增速下滑

2015 年，浙江省财产险公司保费收入同比增长 11. 18%，增速回落 3. 02 个百分点，为 2004 年以来最低。保费收入增长放缓主要受车险保费增速下滑影响，增速比上年同期回落 3. 93 个百分点。

4. 保障类业务增长较快，人身险公司业务结构持续优化

2015 年，人身险公司保障类业务持续较快增长，普通寿险产品保费占比显著提高，险种占比达 33. 24%，上升 5. 21 个百分点；分红险保费占比 48. 83%，下降 6. 35 个百分点。从质量看，新单期缴率全国 10. 60 个百分点。

### （二）保险业运行中需要关注的问题

1. 财产保险业务发展陷入瓶颈

车险保费增速将随着经济下行和城乡车辆消费日趋饱和明显下滑，传统非车险保费也将受固定投资需求下降影响进入下行通道。伴随着商业车险费率改革进入窗口期、费率市场化以及互联网保险公司的服务创新，保费收入在未来几年内将持续保持低速增长的态势，部分风险识别和控制能力低下的公司将陷入经营困境。

2. 资产负债管理弱化

当前，市场利率已进入下行通道，传统投资领域回报率不断走低，金融机构普遍面临“资产荒”，保险公司平衡资本消耗和收益的难度大幅增加。部分经营激进的机构采取了资本驱动负债的策略吸引保费，资产负债面临“短线长配”的风险。部分保险公司法人治理缺位，内控不足。

3. 人身险退保风险仍然值得关注

2015 年，浙江省退保率 5. 18%，15 家人身险公司退保率高于 5%。目前，保监会已拟出台高现价产品监管要求，再加上“偿二代”监管的全面施行，高现金价值产品的资本金要求提高，偿付能力面临更大压力，部分中小险企为应对流动性压力可能以非理性竞争的手段抢占市场，隐含较高的风险隐患。

## 五、社会金融活动

2015 年，浙江省具有融资功能的非金融机构①业务规模有所下降，三类机构的资产质量不佳，盈利下降明显，信用风险呈不断扩散趋势，减资、撤资和退出经营的企业有所增加 。

### （一）小额贷款公司稳健性评估

1. 贷款总量及增速持续下滑

2015 年末，浙江省正式注册小额贷款公司 336 家，比 2014 年末减少 4 家。全年累计发放贷款 1 916. 96亿元，同比下降 33. 69%；年末贷款余额 791. 36 亿元，同比下降 13. 05%。

2. 非信用贷款占比上升

信用风险高发背景下，小贷公司更偏向于有担保的非信用贷款。年末，全省小额贷款公司抵押、质押和保证等非信用贷款余额 761. 28 亿元，占全部贷款余额的 96. 20%，同比提高 0. 74 个百分点。

3. 机构盈利大幅下滑

全年浙江省小额贷款公司实现营业收入 88. 46 亿元，同比下降 30. 72%。全年共实现净利润 20. 44 亿元，同比大幅下降 64. 92%。

### （二）典当行稳健性评估

1. 业务规模持续下降

截至 2015 年末，浙江省典当行共 493 家，较 2014 年减少 11 家；全年累计发放典当贷款总额

① 包括小额贷款公司、典当企业和融资性担保公司。

349.98 亿元，同比下降 4.97%。

2. 盈利不断下降

2015 年浙江省典当行利润总额 1.45 亿元，同比下降 19.18%；净利润 0.95 亿元，资本利润率 1.55%，较上年下降 0.33 个百分点，全行业整体经济效益下降，资本回报率下降。亏损企业 199 家，比上年增加 17 家，亏损面 44.03%，亏损总额 0.62 亿元，同比增长 2.69%。

3. 业务风险不断上升

截至 2015 年末，浙江省典当行共有逾期贷款 4 003 笔，比上年增加 531 笔，逾期余额 13.16 亿元，同比增长 9.76%。逾期贷款余额占典当贷款余额的 19.61%，同比上升 4.35 个百分点。全年发生绝当金额 1.43 亿元，同比增长 10.4%。

### （三）融资性担保机构稳健性评估

1. 业务规模持续下滑

截至 2015 年末，浙江省融资性担保机构共 439 家，较上年减少 47 家。融资性担保责任余额 713.51 亿元，同比下降 8.02%。担保责任发生额共计 892.73 亿元，同比下降 10.90%；担保业务收入 12.47 亿元，同比下降 14.69%。

2. 盈利水平同比上升

2015 年，浙江省融资性担保机构实现净利润共计 2.01 亿元，较上年同期增加 0.92 亿元。2015 年累计担保代偿额 30.54 亿元，同比增长 34.22%；担保代偿率 3.29%，较上年同期高出 1.10 个百分点。

3. 业务杠杆处于低位

截至 2015 年末，浙江省融资性担保公司担保放大倍数为 2.35，担保杠杆率小幅回升，同比、环比分别上升 0.04、0.02，但仍处于低位运行，担保公司业务发展潜力不足。

### （四）值得关注的问题

1. 行业发展持续萎缩

部分小额贷款公司利润大幅下滑，部分股东信心不足，减资、撤资现象有所增多，机构数量减少 4 家。部分典当行经营风险不断上升，涉案涉诉无暇正常经营，全年共有 14 家典当行和 9 家分支机构被注销典当经营资格。部分融资性担保公司退出经营，2013—2015 年，全省各有 31、72、47 家担保企业退出市场。

2. 风险不断上升

小额贷款公司不良和逾期贷款大幅攀升，个别小贷公司年末不良率超过 30%。典当行逾期贷款率不断上升，客户纷纷出现还款危机，典当诉讼案件增加。融资性担保机构代偿风险加大，代偿余额增长 8.79%，担保损失率提高 0.17 个百分点，创近年来新高。

3. 业务模式有待改进

部分小贷公司“垒大户”现象依旧突出，对单一客户超额放贷或“多人授信、一人所用”等违规经营情况较为突出。典当行经营特色不够明显，存在扎堆与跟风现象，业务同质化较为明显，大部分典当行都开展动产（主要为汽车）质押典当，在市场严重饱和后，出现新的积压与亏损。

## 六、金融改革与创新

### （一）温州金融综合改革

1. 推动温州民营银行试点

温州民商银行顺利完成有关接入人民银行业务系统的各项工作，已于2015年3月26日正式对外营业，整体业务情况良好。

2. 稳步推进直接债务融资

2015年温州地方法人金融机构发行“三农”专项债、小微专项债和二级资本债券共计55亿元，占“金改”以来金融债发行量的71%；非金融企业直接债务融资工具共发行95亿元，并成功发行首单超短期融资券。

3. 积极推进贸易投资便利化

深化温州外商投资企业外汇资本金意愿结汇试点，截至2015年末，22家外资企业办理意愿结汇2 536.78万美元。持续推动跨国公司外汇资金集中运营业务增点扩面。

4. 推动延长贷款期限类信贷产品创新

2015年温州市银行机构累计发放各类循环制、年审制等延长实际使用期限类贷款11.26万笔、574.5亿元。

5. 推进金融数据共享工作

优化金融业综合统计报表体系，积极探索构建金融业综合统计分析框架，推进温州市金融业综合统计工作和经济金融数据共享平台建设。

6. 加强征信中心温州分中心建设

2015年新增应收账款融资服务平台注册用户623家，完成融资交易971笔，金额91.3亿元，综合排名全省第一。

### （二）丽水农村金融改革

1. 支持农村普惠金融产品创新

丽水辖内3县（市）纳入全国农村“两权”抵押贷款试点，全市“三权”抵押贷款扩面增量。截至2015年末，丽水市“三权”抵押贷款余额达到82.76亿元，新增19.59亿元。引导金融机构创新推出生态公益林未来收益权质押贷款业务，深化茶园、石雕、村集体经济股权、农副产品仓单等抵（质）押贷款，截至2015年末，该类贷款余额已突破10亿元。

2. 推动多层次农村担保体系建设

2015年，已建成村级互助担保组织170家，累计为农户提供担保7.55亿元。政府出资成立融资性担保公司2家、政府担保基金4个。成立村级资金互助会367个，占全省总数的41.52%。

3. 深化农村信用体系建设

升级农户信用信息系统，稳步推进“四信”工程建设。截至年末，丽水市农户信用信息系统更新率达到96%，共征集入库“六权”信息近30余万条；创建信用县2个、信用乡（镇）38个、信用村905个，评定信用农户41.3万户，其中35.53万信用农户累计获得贷款386.32亿元。拓展信用体系建设成果在社会管理方面的运用，在全国率先试点将农村食品安全信息纳入征信体系，有效助推农村食品安全体系建设。

4. 推动现代支付体系建设

推进电子支付业务在农村地区的普及应用，促进电子支付与电子商务协调发展。截至年末，丽水市新建“网上支付应用示范区”10 个。425 个农村金融服务站实现与村级电子商务服务点合作共建。全年共办理各类银行卡助农服务 101.85 万笔、金额 4.75 亿元，同比分别增长 35.8% 和 56.8%。

### （三）台州小微金融改革

1. 推动台州小微金融改革上升为国家层面的改革试验区

2015 年 12 月 2 日，国务院常务会议决定建设浙江省台州市小微企业金融服务改革创新试验区。

2. 搭建了由人民银行管理、财政拨款建设的非营利性的金融服务信用信息共享平台

2015 年，平台已征集 12 个部门涉及 51 万企业与个体工商户的 3 800 多万条信用信息，月均查询量达 10 万多笔；进一步发挥信保基金外部增信作用，累计出具保函 1 049 笔，担保授信金额 16.17 亿元。

3. 大力推广权利质押金融产品

台州成为除国家工商总局之外全国唯一的商标专用权质押登记受理点，2015 年共办理商标权质押登记 288 笔，占全国办理总量的 40% 以上，授信总额超 10 亿元，发放贷款突破 6 亿元。

4. 积极开展小微金融组织体系与服务创新

截至 2015 年末，台州市已设立小微金融服务专营机构 263 家，设立社区银行 70 余家。推动电商金融等新型金融发展，在全省率先试点推进电商金融综合普惠服务网点建设，目前已设立 25 个。

## 七、金融基础设施

### （一）支付体系稳健性评估

2015 年，全省各类支付清算系统运行平稳，共处理业务 39 亿笔、金额 413 万亿元，同比分别增长 36.45% 和 9.52%。顺利完成第二代支付系统省内推广应用工作，15 家法人银行机构、1 家集中代收付中心、51 家非法人银行机构直接参与者全部完成第二代支付系统上线运行工作。推动省内银行机构不断创新电子支付产品和服务，支持省内银行机构、支付机构结合杭州市跨境电子商务综合试验区建设，创新跨境电子支付产品和服务，指导并支持 15 家银行机构正式发布 HCE 云支付产品。深化实施农村“易（e）支付工程”，推进农村地区电子支付业务应用，改善农村地区支付服务环境。全省农村地区网上支付交易笔数和金额分别增长 25% 和 27.7%，手机支付交易笔数和金额分别增长 1.27 倍和 1.73 倍。已设立 2.3 万个银行卡助农服务点，覆盖 1.95 万个行政村，各类银行卡助农服务笔数和金额分别增长 1.1 倍和 1.2 倍。

### （二）征信体系稳健性评估

截至 2015 年末，个人和企业征信系统共收录浙江省 3 623.1 万自然人和 138.9 万户企业及其他经济组织的信用信息，月均查询量 358.3 万次，为金融机构防范信用风险提供保障。74 家小贷公司、

村镇银行等小微机构接入征信系统，征信系统的覆盖面有效扩大。社会化的征信机构开始起步，6 家企业征信机构通过备案并开展企业征信业务，芝麻信用个人征信机构获准开展个人征信业务准备工作。信用评级市场日臻成熟，全年共完成 5 414 家借款企业的信用评级，首次试点开展了对 7 家银行机构的信用评级。农村和中小企业信用体系建设专项工程全面深化。加强“三信”创建成果运用，评定信用户 131 万户，创建信用村 4 121 个、信用乡 183 个，“整村批发、集中授信”信贷业务累计为 49 万农户授信 816 亿元。深化中小企业省级试验区建设成效，与省工商局签署合作协议推进中小企业信息共享，通过应收账款融资服务平台为 918 家企业（中小微企业占 92%）促成融资 988 亿元。

### （三）反洗钱体系稳健性评估

2015 年，全省反洗钱反恐怖融资工作持续推进。反洗钱监管成效不断提升，全省（不含宁波，下同）共对 62 家机构进行现场检查，完成对 22 家机构和 26 名个人处罚。开展银行小法人机构“帮扶年”活动，组织反洗钱义务机构开展洗钱风险自评估。探索证券业洗钱类型分析试点工作，初步完成《证券业可疑交易类型和识别点对照表》。针对反恐怖融资工作的重要性和紧迫性，部署辖内反恐重点地区金华、绍兴开展涉恐融资风险评估。发布 35 期反洗钱风险提示，可疑交易报告质量不断提升。全省移送可疑线索 211 起，其中立案 68 个（50 起线索），破获 47 起，其中打击利用离岸公司和地下钱庄转移赃款专项行动成果尤为突出，移送并协助破获涉案金额 5000 多亿元的系列地下钱庄案。加强洗钱定罪宣传引导，洗钱定罪工作取得重大突破，成功推动 8 起以《刑法》第 191 条洗钱罪立案（移送起诉），其中宣判 4 起。

## 八、金融稳定总体评估

2015 年，浙江省经济增长平稳，金融业总量合理增长，金融改革与创新不断推进，金融结构相对合理，社会金融活动补充功能继续发挥，金融基础设施较为完善，整体金融稳定状况较好。人民银行杭州中心支行运用区域金融稳定定量评估模型对浙江省 2015 年区域金融稳定状况进行定量评估，结果显示，总分比 2014 年减少 1 分，区域金融稳定状况总体较好。从分项指标看，宏观经济得分较 2014 年略有减少，主要是全社会固定资产投资增长率和实际利用外资增长率下降较多；金融机构中银行部分指标有所下降，但仍大幅好于最低监管标准，因此得分继续保持满分，金融总体运行质量和效益保持平稳；金融生态环境得分与 2014 年持平，金融活动发展基础仍然稳固。

总　纂：陆志红
统　稿：胡卫华 潘晓斌
执　笔：王　勇　王　甲　刘少英　芦华征
吴　云　胡虎肇　温　闻　潘晓斌

# 安徽省金融稳定报告摘要

2015年，面对复杂多变的国内外发展环境和经济下行压力，安徽省坚持稳中求进工作总基调，主动适应经济发展新常态，大力推进"调结构转方式促升级"行动计划，以提高经济发展质量和效益为中心，统筹做好稳增长、促改革、调结构、惠民生、防风险各项工作。经济发展呈现出结构调整优化、发展活力增强的积极变化，全省财政收入较快增长，政府性债务风险总体可控，非金融企业效益水平和居民收入保持稳定。金融业方面，以深化改革、促进发展为主线，提升金融服务实体经济能力，加强金融风险管控，加大金融基础建设，完善金融消费者权益保护机制，优化金融生态环境，全省金融业运行整体稳健。但经济金融运行中的机遇与挑战并存，新老问题交错叠加，可能使潜在风险进一步暴露，防范区域性金融风险面临一定的压力。

## 一、区域经济运行与金融稳定

2015年，安徽省经济继续保持平稳较快发展态势，初步核算，全年实现地区生产总值（GDP）22 005.6亿元，按可比价格计算，比上年增长8.7%，增速高于全国1.8个百分点。GDP增幅居全国第9位、中部第3位。其中，第一产业增加值2 456.7亿元，增长4.2%，增幅比上年回落0.4个百分点、比全国高0.3个百分点；第二产业增加值11 342.3亿元，增长8.5%，增幅比上年回落1.8个百分点、比全国高2.5个百分点；第三产业增加值8 206.6亿元，增长10.6%，增幅比上年提高1.8个百分点、比全国高2.3个百分点。

### （一）区域经济运行情况

1. 经济运行总体平稳，发展活力不断增强

2015年以来，安徽省精准发力支持实体经济，深入实施创新驱动发展战略，调结构转方式促升级迈出新步伐。按常住人口计算，全年全省人均GDP为35 997元，比上年增加1 572元；人均GDP折合5 779美元，比上年增加175美元。全社会劳动生产率50 862元/人，比上年增加2 303元/人。经济增速波动较小，分季度看，季度间波动幅度在0.1个百分点以内，经济增速仍保持在8.6%以上的较高发展水平。

2. 发展方式加快转变，结构调整成效明显

2015年，一、二、三次产业比例由上年的11.5:53.1:35.4调整为11.2:51.5:37.3。重点地区优势保持，区域发展更加协调，皖江示范区继续领先，合肥经济圈稳中有进，皖北地区增幅提升较多。

3. 三大需求平稳增长，结构持续改善

一是消费较快增长，消费结构优化。2015年，全省社会消费品零售总额达8 908亿元，扣除价

格因素，比上年实际增长12.3%，增幅比全国高1.3个百分点，位列全国第6位、中部第4位。全省纳入统计的178家开展网络零售业务的限额以上批发零售企业，实现网上零售额114.5亿元，增长77.8%。

二是投资稳中趋缓，投资结构改善。2015年，全省固定资产投资23 965.6亿元，增长12.7%，增幅比上年同期回落3.8个百分点，但比全国高2.7个百分点，居中部第6位。供给侧投资及高新技术投资结构进一步优化，固定资产投资中基础设施和技术改造投资分别增长19.6%和14.4%，高于全部投资6.9和1.7个百分点，投资额占比分别由上年的16.5%、23.7%提高到17.5%和24%；信息传输软件和信息技术服务业和铁路、船舶、航空航天和其他运输设备制造业生产性服务业分别增长71.9%、60.1%；房地产开发投资增速持续放缓，仅增长2%，增速较上年回落4.5个百分点。

三是对外贸易有所下降，质量效益不断改善。2015年，全省进出口总额488.1亿美元，比上年下降0.8%。其中，出口331.1亿美元，增长5.2%；进口156.9亿美元，下降11.3%；进出口总额、进口额居中部地区第2位，出口额居第3位。

4. 消费价格水平保持稳定，生产价格水平持续回落

2015年，全省居民消费价格上涨1.3%，比全国低0.3个百分点；全年农业生产资料价格上涨1.6%，固定资产投资价格下降3.1%；工业生产者出厂价格、购进价格连续45个月同比下降，全年两项指标分别下降6.1%和6.5%。

### （二）需要关注的问题

1. 外部经济复苏依然脆弱，外部贸易环境较为复杂

2015年以来，全球经济形势更趋复杂多变，主要经济体增长态势和货币政策进一步分化，国际金融市场和大宗商品价格波动加剧，地缘政治等非经济扰动因素增多。从省内发展后劲看，利用外部资金发展后劲仍显不足。全年实际利用外商直接投资增速持续放缓，同比增长10.4%，较上年下降5.1个百分点；全年固定资产投资利用外资62.5亿元，下降24.5%。

2. 内需增长动力有待提升，经济面临结构继续调整压力

近年来，全省投资增速发展快，对经济增长贡献度和拉动力高，但后续投资稳定增长的压力较大，经济面临结构继续调整的压力。与此同时，消费短期难以出现明显提振，市场消费需求回升缓慢，有效需求不足状况仍未根本改变。

3. 煤炭钢铁等部分行业产能过剩矛盾突出，化解产能过剩压力较大

2015年，随着供给侧改革和去产能步伐的深入推进，钢铁、建材、有色、煤炭等产能过剩行业的生产步伐可能进一步放缓，资源品消费不足、价格下跌、企业经营效益持续下滑等问题突显，而安徽省作为资源和能源大省，经济结构调整压力不断加大。

4. 人口红利呈削弱态势，就业结构矛盾仍较突出

近年来，安徽省老年人口比重持续提高，人口老龄化程度不断加深。截至2015年末，全省老年系数（65岁及以上老年人口占总人口比重）为11.73%，比上年提高0.33个百分点；全省16~59岁劳动年龄人口3 892万人，占总人口比重63.3%。

## 二、金融业与金融稳定

### （一）银行业

1. 银行业发展基本情况

（1）资产负债增速有所放缓，股份制银行下降明显

至2015年末，安徽省银行业金融机构资产总额4.52万亿元，同比增长12.84%，增幅较上年同期下降1.35个百分点。分机构看，股份制商业银行资产总额较年初减少513.46亿元，降幅达11.34%。年末，全省银行业机构负债余额4.36万亿元，同比增长13%。增幅较上年同期下降1.1个百分点。其中，股份制商业银行负债总额较年初减少525.06亿元，降幅达11.76%。

（2）存款增速由降转升，波动性有所降低

至年末，全省银行业金融机构本外币合计各项存款余额34 826.2亿元，同比增长14.3%，增幅比上年提升2.6个百分点。从存款增量分析，金融机构存款增量逐季下滑，存款增幅下半年回升趋势明显；从存款类别分析，住户存款平稳增长，非金融企业存款明显增加，财政性存款增长波动明显。

（3）各项贷款平稳增长，投放节奏较为均衡

至2015年末，全省银行业机构本外币合计各项贷款余额为26 144.4亿元，同比增长14.9%，增速较上年同期下降0.73个百分点。从贷款增量看，信贷季节投放节奏较为均衡；从贷款类别看，住户贷款增速持续回落，非金融企业及机关团体贷款保持较快增长，票据融资持续快速增长。

（4）不良贷款双升，机构间和区域间信用风险均较突出

至2015年末，全省银行业金融机构不良贷款余额和不良贷款率较年初分别上升149.03亿元和0.37个百分点，各类型机构均面临不良贷款反弹压力。从地区分布看，全省16市银行业机构不良贷款余额均增加。

（5）地方法人银行业机构资本水平总体充足

至2015年末，徽商银行、农村商业银行、村镇银行的资本充足率分别为13.21%、13.52%、22.08%。

2. 需要关注的问题

（1）银行业机构不良贷款反弹压力加大，信贷资产质量呈向多行业、多领域劣变趋势

一是信贷资产质量向下迁徙明显，信用防控压力较大。2015年以来，受经济下行压力增大、企业风险逐步暴露等因素影响，银行业金融机构资产质量呈劣变趋势。同时，逾期贷款和关注类贷款增长较快，信贷资产潜在风险暴露压力较大；信贷资产劣变范围不断扩大。

二是重点行业和重点领域信用风险仍需关注。地方政府融资平台信贷规模持续增加，需防范财政风险向金融风险的传导；房地产贷款增速快、占比高，风险不断上升，年末全省房地产不良贷款余额同比增长70.49%；产能过剩行业信贷风险依然较大，至2015年末，全省钢铁、水泥、平板玻璃、船舶行业不良贷款余额2.15亿元。

（2）流动性水平总体平稳，部分法人机构流动性风险管理压力较大

法人机构流动性水平总体平稳。至2015年末，银行业法人机构超额准备金率3.19%，比年初下

降0.47个百分点；平均备付金率3.77%，比年初下降0.49个百分点。村镇银行流动性水平下降较多，至2015年末，村镇银行流动性比例较年初下降4.75个百分点。

（3）利润增速明显回落，机构间盈利分化特征明显

随着贷款增速放缓、信用风险不断暴露以及银行业整体息差水平不断收窄，银行利润虽保持正增长，但增速大幅回落。2015年，全省银行业金融机构实现利润总额473.70亿元，同比增长0.31%，增速较上年回落6.49个百分点。

（4）法人机构的交叉性金融业务快速发展，潜在风险亟须关注

近年来，安徽省农商行交叉性金融业务快速发展，农商行之间的业务关联度和风险敞口不断增大，需进一步关注潜在金融风险在区域农商行之间的传染和扩散。

（5）操作风险事件时有发生，银行内控管理亟待加强

2015年以来，辖内银行机构操作风险事件有所增多，发生数起储户存款被非法转走事件，银行内控合规管理亟待加强。

**（二）证券业**

1. 证券业发展基本情况

（1）证券期货市场交投活跃，证券市场交易额大幅增长

至2015年末，安徽省共有2家法人证券公司、20家证券分公司、231家证券营业部；3家法人期货公司、36家期货公司营业部。全年全省证券累计交易量8.25万亿元，同比增长211%；期货经营机构累计代理交易额25.9万亿元，同比增长72%，上年同期为下降18.67%。

（2）证券期货机构资产规模大幅扩张，盈利水平大幅提升

至2015年末，全省证券经营机构客户资产总额4 851.15亿元，同比增长29.76%；累计实现营业收入和利润总额达68.3亿元和40.39亿元，同比分别增长163.21%和191.67%。

（3）证券机构创新业务延续快速发展势头

至2015年末，辖区内两家法人证券公司融资融券业务收入7.33亿元，占营业收入总额的19.91%，创新业务已成为仅次于经纪、自营、投行的重要业务。

（4）区域多层次资本市场体系建设稳步推进，场内场外市场发展齐头并进

2015年，安徽省全力促进资本市场持续健康发展，场内市场发展稳居全国第一方阵，场外市场发展进度位居全国前列，多层次资本市场体系发展不断推进。

（5）直接融资规模快速增长，融资形式多样化

2015年，全省企业直接融资总额2 955亿元，较上年增加1 217亿元，同比增长70%，居中部第1位，全国第10位。

（6）私募基金发展加快，组织形式和类型多样

至2015年末，全省已登记私募基金管理人209家，约为上年同期的5倍，管理规模约647亿元；183只私募基金产品完成备案，实缴规模345.01亿元。

2. 需要关注的问题

（1）资本市场异常波动，交易杠杆化加大市场风险

2015年，全省投资者账户数同比增长达到62.05%；证券累计交易量达到上年同期的3.11倍。在投资者非理性投资心理和场内外配资的共同作用下，市场杠杆迅速扩大。同时，大量资本涌入场

外非正规的股票配资行业，催生了大量场外高杠杆股票交易，对市场稳健发展造成严重冲击。

（2）证券公司负债增长较快，风险控制指标保持稳定

至2015年末，两家法人证券公司资产总额同比增长43.14%，负债总额同比增长58.47%。年末2家法人证券公司合并计算的净资本/净资产、净资本/负债、净资本/风险准备之和较年初分别提高65.75个、11.55个、334.18个百分点。

（3）期货公司盈利压力有所缓解，风险控制水平有待提升

从3家法人期货公司来看，全年实现营业收入4.69亿元，同比增长26.95%；实现净利润0.54亿元，同比下降0.24%。至年末，3家法人期货公司的净资本合计9.68亿元，同比增长23.08%；从资产和负债结构分析，3家法人期货公司的净资本与净资产比例、负债与净资产比例指标值变化较为稳定。

（4）股市异常波动可能对辖内法人金融机构股权质押融资业务产生风险

至2015年末，上市公司股权质押股份数量累计达116.81亿股，股权质押总市值达1 167.87亿元，尤其是2015年以来增长迅速，2015年质押笔数和质押市值占比分别达39.45%和57.46%。从参与交易的法人机构类型看，主要为国元证券、徽商银行以及部分农村商业银行。

（5）上市公司盈利能力有所下降，偿债压力增大

至2015年第三季度末，全省上市公司实现净利润162.33亿元，同比小幅下降4%。在经济增速趋缓的新常态下，净利润的下降导致上市公司整体偿债压力增大。

（6）合规性风险和信息安全风险管理压力较大

一是经营模式变化导致合规管理工作压力增大。二是互联网金融大力发展，信息化建设与信息安全保障工作面临挑战。

### （三）保险业

1. 保险业发展基本情况

至2015年末，安徽省共有保险法人机构1家，省级分支机构56家（外资保险公司5家），专业保险中介机构53家，全年新设互联网保险公司3家（众安产险、中铁自保、泰康在线）。全省保险业资产总额1 538.03亿元，同比增长29.56%，增速较上年同期提高22.59个百分点。全省保险深度和保险密度分别为3.17%和1 145.77元/人，较上年同期分别提高0.43个百分点和207.59元/人，保险业服务实体经济能力显著增强。

（1）保费收入保持较快增长趋势，产险和寿险走势分化

2015年，全省实现原保费收入698.92亿元，同比增长22.13%，增速较上年同期提高3.64个百分点；保费规模居全国第13位。其中，财产险业务实现保费收入273.35亿元，同比增长13.21%，高于全国平均水平2.23个百分点；人身险业务实现保费收入425.57亿元，同比增长28.63%，高于全国平均水平3.64个百分点。

（2）风险保障能力持续增强，寿险赔付支出增势显著加大

2015年，全省累计赔款与给付276.9亿元，同比增长18.13%，增速较上年同期提高13.01个百分点。其中，财产险业务赔付支出140.16亿元，同比增长10.02%，较上年同期小幅回落0.5个百分点；人身险业务赔付支出136.75亿元，同比增长27.78%，增速较上年同期大幅提高28.43个百分点。

（3）产品结构调整深入推进，切实服务国计民生

财产险方面，受益于政策红利和现实需求，非车险业务增速加快；人身险方面，受益于费率改革、保障需求增加和市场利率下行等因素，普通寿险、健康险以及新渠道业务发展迅速。

（4）农业保险风险保障作用突出

2015 年，农业保险实现保费收入 23. 12 亿元，同比增长 23. 33%，较上年同期提高 22. 87 个百分点；农业保险赔付支出 10. 72 亿元，同比增长 4. 37%。提供风险保障近 588 亿元。

2. 需要关注的问题

（1）寿险业务偿付和退保压力持续加大

2015 年，赔付金额达 136. 75 亿元，增速由降转升，大幅增长 26. 89%；全年退保额 129. 78 亿元，退保率 7. 19%。

（2）财产险增速持续下滑，市场结构失衡现象仍较突出

在机动车市场发展总体放缓的经济形势下，车险业务增速持续放缓，如 2013 年、2014 年、2015 年车险保费收入增长分别为 22. 12%、19. 75%、15. 13%，进而导致财产险保费收入增速连年放缓。

（3）保险市场集中度较高，区域发展不平衡问题仍较突出

一是机构集中度方面总体较高，但有减弱趋势。全省前 5 家财产险、寿险公司保费收入的市场份额分别为 80. 81% 和 62. 48%，分别较上年同期下降 0. 45 个百分点和 3. 94 个百分点。二是区域集中度总体稳定，与人口相关性较高。

## 三、金融市场与金融稳定

### （一）货币市场发挥短期头寸调节作用的重要性增强

1. 同业拆借市场交易大幅增长，拆借交易机构明显增多

2015 年，安徽省参与银行间市场信用拆借交易共 1 074 笔，成交金额 3 417. 11 亿元，同比增长 44. 13%。从资金流向看，净融入资金 2 420. 5 亿元。

2. 债券回购交易快速增长，短期质押式回购交易主导地位增强

2015 年，安徽省共有 33 家地方法人金融机构参与债券回购交易，累计成交 122 467. 1 亿元，同比增长 72. 1%，增速较上年提高 50. 8 个百分点。

3. 票据融资增速快速回升，融资利率总体下行

2015 年，全省金融机构票据融资规模保持较快增长势头，年末全省票据融资余额 1 582. 5 亿元，同比增长 59. 6%，比上年末提高 13. 3 个百分点。

### （二）债务融资规模和工具创新取得新突破

1. 银行间债券交易大幅增长，交易机构和品种相对集中

2015 年，全省共有 24 家金融机构参与了现券买卖交易，累计成交 13 150 笔，成交金额 24 077. 4 亿元，同比增长 49. 9%。政策性金融债、国债和定向工具是成交量排名前三的现券交易品种，分别占成交总额的 60. 3%、12. 5% 和 10. 7%。

2. 债务融资规模大幅增长，融资结构持续改善

2015 年，全省直接债务融资规模保持高速增长态势。全省发行债务融资工具和金融债券（含同

业存单、资产证券化）2 391.05 亿元，是上年同期的 2 倍。

### （三）外汇市场业务总体稳健发展

1. 银行间外汇市场交易大幅下滑，外币对交易量持续快速增长

2015 年，安徽省仅有 1 家金融机构参与银行间外汇市场，即期结售汇交易累计成交折合 55.8 亿美元，同比下降 35%，均为询价交易。外币对交易大幅增长，全年累计交易折合 58.9 亿美元，为上年的 4.87 倍。

2. 跨境收支顺差大幅减少，经常、资本账户出现分化

2015 年，全省银行代客跨境收支总额 718.6 亿美元，同比增长 6.5%；净顺差 32.5 亿美元，大幅下降 54.4%。分账户看，经常账户顺差扩大，资本与金融账户转为逆差。

3. 涉外主体购汇意愿显著增强，银行代客结售汇转为逆差

2015 年，全省银行代客结售汇总额 413.9 亿美元，同比增长 8.3%，其中售汇 223 亿美元，增长 28%。银行代客结售汇由上年的净结汇 33.6 亿美元转为净售汇 32.1 亿美元。

4. 外债规模小幅下降，积极拓展银企跨境融资需求

至 2015 年末，全省登记外债余额 48.62 亿美元，同比下降 4.23%。全省积极支持境内中资企业扩大跨境融资规模，继续推动跨国公司外汇集中运营业务开展，切实支持实体经济发展。

### （四）商业银行黄金业务平稳发展

1. 商业银行黄金代理业务增速放缓，代理个人黄金延期交易占比较高

2015 年，金融机构代理上海黄金交易所产品业务累计成交 23 321.32 千克，合计成交金额 54.66 亿元，同比分别增长 12.22% 和 5.4%。从交易品种来看，以代理个人黄金延期和代理对公黄金现货为主。

2. 黄金交易持续活跃，账户金业务交易量明显增长

2015 年，全省金融机构黄金交易继续保持活跃，商业银行境内其他黄金业务累计成交 194 829.55千克，铜板增长 46.11%；合计金额为 138.55 亿元。账户金业务交易量明显增加，全年累计成交 39 183.25 千克，金额 43.3 亿元，同比分别大幅增长 161.23% 和 50.76%。

### （五）民间借贷活跃度有所下降

1. 企业民间融资规模小幅下降，民间融资在企业融资中的作用弱化

对安徽省 222 户企业开展的民间融资监测显示，企业民间融资发生额和余额呈“双降”走势，中介机构在企业民间借贷中的作用逐步弱化。

2. 融资中介机构融出资金减少，市场融资需求趋于谨慎

对 67 户不同类型民间融资中介机构的监测显示，民间融资需求本季和预期指数双双下行，市场活跃度指数创有调查以来的新低。

3. 民间借贷费率整体较高，不同来源、期限的借款利率差异较大

调查显示，企业民间借贷的加权平均利率整体保持稳定，呈先降后升趋势。

### （六）利率市场化改革稳步推进

1. 贷款利率水平总体略升，利率波动下降

2015 年，全省金融机构人民币贷款加权平均利率为 6.75%，比上年下降 93 个基点，全省金融机构贷款利率水平总体呈现向下趋势。

2. 利率市场化改革取得关键性进展，存款利率差异化定价明显

2015 年以来，存款利率浮动上限逐步取消，全省各类金融机构定价差异化趋势显现。

3. 发挥货币政策工具的价格导向作用，引导实体经济利率下行

2015 年，对金融机构运用支农、支小再贷款资金发放的涉农和小微企业贷款，实施利率上限管理，即金融机构再贴现票据的贴现利率不得高于同期同档次票据直贴加权平均利率。

## 四、地方金融改革与金融稳定

### （一）银行业改革稳步推进，服务地方经济发展能力增强

至 2015 年末，安徽省共有银行业法人金融机构 163 家，较上年增加 9 家。其中，城市商业银行 1 家、农村商业银行 83 家、村镇银行 66 家、资金互助社 1 家、信托投资公司 2 家、财务公司 6 家、汽车金融公司 2 家、金融租赁公司 2 家。银行业法人金融机构资产总额、存款、贷款余额分别为 16 045.98亿元、11 073.85 亿元和 7 854.67 亿元，占同期全省银行业机构相应指标的比重分别为 35.40%、31.80% 和 30.04%，较上年分别提高 3.34 个、0.47 个和 0.27 个百分点。

### （二）证券期货机构创新加快，区域多层次资本市场建设逐渐形成

至 2015 年末，安徽省共有两家证券法人公司、三家期货法人公司和两家证券投资咨询机构。证券期货法人公司盈利能力显著增强，总体风险可控。年末全省境内上市公司总数 88 家，上市公司总股本 886.88 亿股、总市值 1.15 万亿元。

### （三）政策性农业保险服务网络逐步完善，服务三农能力增强

2015 年，国元农业保险股份有限公司实现保费收入 29.68 亿元，同比增长 2.84%；保费收入占全省产险市场份额的 10.23%。

### （四）准金融机构快速发展，风险管理能力仍待加强

国元集团是安徽省属国有独资大型投资控股类企业，控股涉及证券、信托、保险、创投、投资等领域 8 家子公司，全资拥有 3 家实业子公司，参股商业银行、产权交易中心、小额贷款公司等 7 家企业。兴泰控股是经合肥市国有资产管理委员会批准设立，并授权经营的国有独资公司，业务范围涉及银行、证券、保险、信用担保、资产管理、股权交易、信托、基金、融资租赁、典当、创投基金等 13 个金融和泛金融领域。

具有融资功能的非金融机构规范发展。至 2015 年末，安徽省共有小额贷款公司 439 家，较上年减少 22 家；贷款余额 424.75 亿元，同比增长 0.25%。融资性担保机构 360 家，较 2014 年末减少 4

家；融资性担保责任余额1596.13亿元，放大倍数为2.24倍，代偿率4.37%。典当行337家，较年初增加23家；典当机构典当总额272.62亿元，同比小幅下降5.03%；全年实现净利润2.7亿元，同比大幅下降55%。

## 五、金融基础设施与金融稳定

### （一）支付系统运行安全稳健

1. 各类支付系统安全稳定运行，交易金额保持较快增长

一是大、小额支付系统安全、平稳运行，交易金额保持较快增长态势。二是支票影像交换系统业务量继续保持平稳增长。三是中央银行会计核算数据集中系统平稳运行，各项会计核算业务和支付往来业务处理正常。

2. 非现金支付工具平稳较快发展

非现金支付工具业务量保持平稳增长，对加速全省社会资金流通，提高资金使用效率发挥了积极作用。全省共办理非现金支付业务238 796.67万笔，金额70.77万亿元。

3. 资金洼地效应开始显现，清算系统资金持续净流入

2015年，安徽省清算系统资金净流入1 758亿元，是2014年的2.08倍，实现连续三年资金净流入，资金洼地效应开始显现。

### （二）征信体系建设不断完善

1. 征信系统服务应用水平显著增强

2015年，安徽省在夯实征信系统基础建设的同时，加大企业征信系统、个人征信系统和动产融资登记公示系统的推广应用，全面保证系统安全、平稳、高效运行，系统数据质量水平稳步提高，应用成效不断显现。

2. 中小企业和农村信用体系建设取得积极进展

2015年，根据中小企业和农村信用体系建设部署，人民银行合肥中心支行以分片的形式召开两次现场推进会，制定了加强全省中小企业和农村信用体系建设工作方案。截至2015年末，全省采集农户、专业合作社（家庭农场）信息分别超过300万户、1.2万户。

3. 两类机构信用评级管理进一步规范

2015年以来，全省人民银行系统加强与小额贷款公司、融资性担保公司等两类机构的主管部门合作，全年共开展两类机构评级200户，其中融资性担保公司133户，小额贷款公司67户。

### （三）反洗钱工作成效显著

1. 创新非现场监管方式方法，灵活构建差别化监管梯度

一是积极探索研究反洗钱负面清单监管模式。二是积极摸索洗钱风险评估工作。三是灵活运用考核评级、约见谈话、监管走访等非现场监管措施。四是强化对法人及非银机构的反洗钱监管。

2. 深化反洗钱部门合作，合力打击洗钱及其上游犯罪

一是强化金融机构重点可疑交易报告质量管理。二是加大对重点类型案件的协查力度。

### （四）反假币工作扎实推进

1. 保持高压态势、巩固打击成果

一是加大打击假币违法犯罪力度。二是强化假币犯罪警银协调机制。监测站点自建立以来，为公安部门相关工作提供了宝贵线索。假币收缴量较上年大幅下降50%以上。

2. 创新宣传形式、提升宣传实效

按照国务院反假办的要求，结合安徽省实际，在全省组织开展了以2015年版100元纸币防伪特征为主要内容的反假宣传月活动。

3. 加强现场监管、维护金融权益

2015年，围绕反假货币内控制度建设、营业场所公示内容、假币收缴鉴定程序、业务凭证填制、实物保管解缴、现钞处理设备性能、从业人员业务素质等内容，在全省范围内对994个银行业金融机构网点开展反假货币业务检查。

### （五）金融消费权益保护工作顺利展开

1. 监督检查职能有效发挥

全省联动开展检查，覆盖了辖区12家金融机构、71家网点。其中：大型国有商业银行5家，股份制商业银行1家，地方性法人银行机构6家。

2. 农村金融消费权益保护网络建设有力推进

2015年，金融消费权益保护处紧密联系安徽农业大省省情，进一步加强农村金融消费权益保护，继续在全省范围内推广实施由人民银行分支机构、金融机构、农村金融服务室构成的“三级维权网络”建设。

3. 金融宣传普及有声有色

充分利用3. 15、9月、12. 4等关键时间节点，广泛开展金融知识普及宣传。全年，全省金融系统累计开展金融知识进高校、进社区、进乡村等专项宣传活动1 366次，初步达到了宣传金融知识，提升金融素养的目的。

## 六、总体评估与政策建议

### （一）总体评估

2015年，安徽省经济持续健康发展，金融体系整体稳健。银行业机构资产负债规模不断扩大，不良贷款率维持低位；证券期货业机构业务发展较快，直接融资规模持续增加，区域多层次资本市场建设稳步推进；保险业总体保持良好发展态势，服务领域继续拓宽，保障功能和服务作用进一步发挥。同时，在区域经济运行的外部环境复杂多变的情况下，经济结构调整过程中新老问题交错叠加，未来一段时间内金融运行中的潜在风险可能继续暴露，维护区域金融稳健运行面临新的压力和挑战。

1. 宏观经济方面

经济下行压力仍在加大，结构调整和动能转换任务艰巨，投资和出口增速双回落，有效供给不足与有效需求乏力并存；煤炭、钢铁等产能过剩问题凸显；财政收入增收制约因素较多，政府性债务风险总体可控，但需防范财政风险向金融风险的传导；非金融企业效益水平保持稳定，但部分行业和地区的企业生产经营困难加大；居民收入增速放缓，住户部门内部收入分配不均衡，债务负担水平持续增加。

2. 金融业方面

银行业方面，机构不良贷款反弹压力加大；部分村镇银行流动性风险管理压力较大；利润增速持续回落，机构间盈利分化；交叉性金融业务较快增长，跨市场、跨机构的交叉性金融风险关联性加大，业务发展需进一步规范；部分机构操作风险事件时有发生，银行内控管理亟待加强。证券业方面，受经济下行压力不断增大、杠杆化交易等多重因素影响，证券市场波动幅度加大，市场风险和信用风险日益凸显；证券机构负债增长较快，创新业务风险管理亟待提升，合规性风险和信息安全风险管理压力较大；上市公司股权质押融资业务快速增长，需关注其盈利能力有所下降以及股市异常波动可能产生的风险问题。保险业方面，部分寿险业务偿付和退保增加，保险公司资金压力加大；财产险增速持续下滑，车险独大的结构失衡现象仍较突出；市场集中度较高，区域发展不平衡问题仍较突出；保险代理机构经营寿险业务存在风险隐患，保险消费投诉数量增多。

### （二）相关政策建议

2016 年，金融业应积极主动适应经济新常态，着力提升金融服务水平，大力推进区域改革创新，强化基础设施建设，切实保护金融消费者权益，坚决守住不发生系统性区域性金融风险的底线，维护金融市场健康稳定运行。

1. 加快经济发展方式转变，为金融业稳健运行创造良好环境

一是深入推进重要领域改革，以简政放权为突破口，继续深化行政体制改革、财税体制改革、国资国企改革和金融综合改革，注重发挥经济体制改革的牵引作用，加快释放改革红利。二是全力推动产业结构优化升级，促进信息化与工业化深度融合，推动企业加快技术改造、提升精准管理水平，增强传统产业竞争力。三是大力实施创新驱动发展战略，推进创新试点省和合芜蚌自主创新试验区建设，促进科技和经济紧密结合，发挥科技创新对产业升级的核心作用。四是大力发展民营经济，从体制障碍、政策落实等方面，解决民营经济发展面临的突出问题，激发民间投资潜力，促进民营经济快速发展。

2. 推动金融机构持续深化改革，强化风险管控能力

一是巩固和深化金融改革成果，着力加强银行业金融机构公司治理，推进现代金融企业制度建设，强化资本配置和资产损失拨备制度，提高金融机构的稳健性和金融体系的抗风险能力。二是推动证券期货业机构加快业务转型，规范有序开展资产管理、股指期货、融资融券、直投等业务创新，不断提升风险管控能力。三是继续推动保险业机构开展产品与服务创新，推进保险业发展方式转变和结构调整；完善保险业基础设施建设，建立健全保险发展长效机制。四是持续推动融资性担保公司、小额贷款公司、典当行等影子银行机构健康规范发展。

3. 加强金融风险监测分析，建立健全风险评估预警机制

一是完善各类金融风险监测、评估和预警体系，尤其是加强对跨区域、跨行业、跨市场、跨机构金融风险的监测分析。二是加大风险排查力度，着重加强对重点地区、重点机构、重点领域的风险排查，及时掌握潜在风险点和风险因素。三是强化金融监管合作机制建设，探索不同类型合作方

式，完善监管合作内容，推进金融风险监测信息共享。四是切实加强金融风险预警和提示，重点针对金融机构的信用风险、市场风险、操作风险等及时提示，加强风险防范。

总　　纂：刘兴亚　陶　诚
统　　稿：管玉贵　梁　斌　季　军
执　　笔：王　亮　薛晓倩　居　姗
其他参与写作人员：鲁玉祥　孙　韦　石少功　方德发　张　媛
陶　峰　毛瑞丰　徐　惬　陈　磊　张　瑜
丁成林　周　浩　王　娟　王　斌　罗　婷
王祥峰

# 福建省金融稳定报告摘要

2015年，面对错综复杂的国际形势以及国内经济周期性和结构性问题相互叠加的复杂环境，福建省主动适应新常态，着力稳增长、调结构、促改革、惠民生，经济发展稳中有进，多项主要经济指标高于全国平均水平，产业结构调整与转型升级取得新的进展。随着福建自贸试验区正式挂牌和“一带一路”战略中福建作为21世纪海上丝绸之路建设核心区的正式确立，福建经济发展后劲潜力逐渐显现。

## 一、区域经济运行与金融稳定

### （一）区域经济运行总体情况

初步核算，全省实现地区生产总值25 979.82亿元，增长9.0%，回落0.9个百分点，较全国平均水平高2.1个百分点。第一产业增加值2 117.65亿元，增长3.7%，第二产业增加值13 218.67亿元，增长8.7%；第三产业增加值10 643.50亿元，增长10.3%，三产增速五年来首次超过二产。固定资产投资增幅回落，全省完成社会固定资产投资21 628.31亿元，增长17.2%，回落1.6个百分点。消费品市场平稳发展，全省社会消费品零售总额10 505.93亿元，首次突破万亿元大关，增长12.4%，增幅回落0.5个百分点。进出口总额下降，全年进出口总额1 693.6亿美元，下降4.5%，降幅高于全国3.5个百分点。财政支出增速较快，全省公共财政总收入4 143.71亿元，增长8.2%，回落3.4个百分点，低于全国0.2个百分点。全省公共财政支出3 995.77亿元，增长20.8%，增幅提高13.0个百分点，高出全国5个百分点，其中，教育、社会保障和就业、医疗卫生等民生支出增长25%，占总支出比重为76%，较上年提高2.5个百分点。城乡居民收入稳步增长，全省居民人均可支配收入25 404元，增长8.9%，扣除价格因素，实际增长7.1%。农村居民人均可支配收入13 793元，增长9.0%，扣除价格因素，实际增长7.2%。市场价格涨跌不一，全省居民消费价格呈现低幅波动的运行态势，全年上涨1.7%，工业生产者出厂价格下降3.0%，生产资料出厂价格下降5.0%，工业生产者购进价格下降3.9%，跌幅分别扩大1.6个、2.7个和2.2个百分点。农产品生产者价格上涨1.2%，涨幅较上年提高1.7个百分。

### （二）区域经济运行中值得关注的方面

2015年福建经济增长总体呈现“缓中趋稳、稳中有进”的特点，主要经济指标高于同期全国平均水平，但存在的影响经济增长的因素需引起高度关注：一是经济下行压力较大。全省生产总值增速自2010年以来连续5年回落，固定资产投资、社会消费品零售额、出口这三大需求增长均不同程度下降。部分工业先行指标表现疲弱，全年全省用电量下降0.2%，回落9.3个百分点。传统领域大宗商品增长持续下滑，2015年全省限额以上汽车类、石油及制品类商品的零售额同比仅增长7.2%、-5.3%。同时，出口增长较为乏力，纺织服装、鞋等劳动密集型产品或加工环节向东南亚国家等人工成本较低的区域转移。二是企业生产经营及转型升级面临困难。部分企业综合经营成本上升，盈利能力减弱，企业生产经营面临困难。此外，部分企业产业结构较为低端，在产业结构优化过程中存在风险，并逐步传导至债券融资领域，出现偿债风险和债券本息兑付风险。

## 二、金融业与金融稳定

### （一）银行业稳定评估

1. 银行业运行评估

2015年末，全省银行业金融机构资产总额79 990.74亿元，增长33.88%，其中，各项贷款余额33 694.42亿元，增长12.10%，负债总额75 990.16亿元，增长35.07%，各项存款余额36 845.47亿元，增长10.66%。银行业整体资金运用充分，年末存贷比91.45%。村镇银行组建步伐保持较快增长，全年新开业村镇银行7家。引进台资银行取得积极进展，台湾合作金库银行、彰化银行、华南银行福州分行和台湾第一商业银行厦门分行等相继开业。金融支持“三农”发展的力度继续增强。全省涉农金融机构支农力度加大，涉农贷款平稳增长，2015年末中资金融机构涉农贷款余额11 313.41亿元，较年初增加1 169.17亿元。中小法人银行机构整体稳健，经营发展整体向好。银行业改革创新持续深化，国家开发银行、中国进出口银行和中国农业发展银行福建省分行继续深化各项改革，提升支持经济的广度和深度。大型商业银行加大地域特色产品创新，提升综合竞争力。农业银行福建省分行积极服务“三农”和实体经济，不断推进各项业务转型发展。

2. 银行业运行中需要关注的问题

一是不良贷款上升较快。截至2015年末，全省银行业金融机构不良贷款率2.47%，较年初上升了0.66个百分点。从各项垫款和关注类贷款等先行指标数据看，银行业金融机构资产质量下行压力仍然较大。二是银行业流动性风险管理压力上升。2015年全省银行业金融机构中长期贷款增量占全部新增贷款的69.9%，资产期限趋于拉长，而负债稳定性趋于下降，企业活期存款增速下降明显，同时，银行理财产品多为6个月以下，通过滚动发行将短期资金配置到长期项目，增加了期限错配风险和流动性管理压力。三是不良贷款处置难度加大。部分出险企业涉及复杂的担保圈，个别企业主还贷态度消极甚至采取隐匿、转移资产等方式逃避债务。同时，受经济下行影响，金融机构各类抵押物价值缩水、变现困难，流动性下降，银行债权难以得到有效保障，处置难度增大。

### （二）证券业稳定评估

1. 证券业运行评估

截至2015年末，福建省共有3家法人证券公司、5家法人期货公司，3家基金管理公司。法人证券公司总资产为1 358.13亿元，增长56.77%；实现净利润49.36亿元，增长139.84%。证券期货经营机构加快推进业务转型升级，探索开展业务和产品创新，积极开展柜台交易试点、新三板做市业务，参与区域性股权交易市场建设。全省期货经营机构客户保证金规模191.84亿元，增长

71.53%，营业收入13.19亿元，增长56.65%，实现净利润3.60亿元，增长205.08%。上市公司总体发展形势较好，截至年末全省共有境内上市公司99家，总市值15 561.29亿元，增长49.81%。直接融资势头强劲，全省境内上市公司、挂牌企业累计全年实现直接融资超过1 770.46亿元。51家次公司通过海峡股权交易中心对接融资28.44亿元。场外市场建设深入推进，截至年末，全省新三板挂牌企业达135家，融资额35.25亿元。海峡股权交易中心挂牌企业超过1 635家，合计授信额度达205亿元。

2. 证券业运行中需要关注的问题

一是市场主体风险管理及并购重组能力需进一步提升。上市公司行业经营状况分化明显。金融企业净利润增长率远高于其他行业且对全省上市公司整体资产规模及盈利能力有着重大影响。部分上市公司的经营风险和财务风险需引起关注，产能过剩行业上市公司亏损进一步加大。多只债券出现利息违约事项，债券违约风险应引起关注。此外，上市公司并购重组效应受到制约，使得资本市场资源优化配置功能和资本聚集效应得不到充分发挥。二是证券期货业转型发展任重道远。随着互联网企业加速进入证券期货行业，传统的证券期货经营业务受到很大挑战。金融综合经营格局持续深化，业务、产品的跨行业特征日趋明显，跨市场、跨行业风险也进一步加大。证券机构的人才储备与风险管理能力还不能完全适应行业发展需要，证券公司内部合规管理工作有待加强。三是非法证券活动仍时有发生。涉非活动更趋小型化、分散化、网络化，具有更强的欺骗性与隐蔽性。非法从事证券投资理财、非法盗取投资者信息、非法向投资者公开发行股票或变相公开发行股票等行为时有发生。

### （三）保险业稳定评估

1. 保险业运行评估

2015年全省保险业累计实现保费收入（指原保险保费收入，下同）777.6亿元增长13.4%；全省保险业总资产1 804亿元，比年初增长16.3%。保险市场运行总体平稳。财产险方面，车险增速放缓但总体运行平稳，非车险增长压力凸显，产险公司总体盈利。省内（不含厦门，下同）车险累计实现保费收入160.8亿元，增长12.6%，占财产险保费的比重达76.1%，非车险业务保费收入38.5亿元，下降2.3%。人身险方面，新单业务续期业务继续增长，新单期缴结构主要指标趋好。省内人身险公司实现新单保费232.5亿元，增长20.9%，续期业务保费收入187.5亿元，增长10.6%，新单期缴率31%，高于全国4.1个百分点。保险助推经济功能日趋增强，全省保险密度2 034.27元/人，增长12.89%；保险深度2.99%，同比上升0.14个百分点。

参与重点项目建设，新增投资约161.2亿元，工程险为全省在建重点项目提供了2 133亿元的风险保障。出口信用保险公司继续发挥政策性金融工具的作用，提供出口风险保障约210亿美元，支持出口企业获得融资额度24.4亿美元。服务“三农”发展。政策性农险保费收入5.4亿元，累计赔款支出3.1亿元。民生保障水平逐步提高，全年累计为社会承担风险保障总额26万亿元，增长16.7%，累计赔付支出245.1亿元，增长14%；全省累计计提寿险责任准备金1 644亿元，累计发生健康险赔付支出26.7亿元，增长25.8%，为人民生活提供坚实的保障。区域特色与服务稳步推进，依据自贸试验区的策略定位与经济产业特点，开发旅游、商贸、航运、对台跨境等保险业务，推动保险新产品先行先试，打造保险纠纷多元化解决的“平潭模式”。

2. 保险业运行中需要关注的问题

一是财产险增长压力较大，盈利压力明显。受国内经济下行等影响，财产险业务遭遇发展困境，增长乏力，部分险种甚至出现较大幅度负增长。部分保险公司盈利基础薄弱，经营状况不佳。2015年财产险公司成本费用有所攀升，部分中小产险公司和险种出现亏损。二是人身险公司退保风险仍应关注。近年来，人身险保费收入的增长主要依靠的是高现价产品（初步估计占人身险公司新单保费收入约六成），且大多为趸缴产品，可持续缴费能力偏弱，因设计特点，又容易导致退保增长较快，不利于人身险业务的稳定发展。2015 年人身险公司退保及满期给付较上年有所上升，总体风险可控，但仍应密切关注。

## 三、金融市场运行与金融稳定

### （一）金融市场运行状况

1. 货币市场交易活跃

2015 年全省同业拆借、债券回购、现券交易三项成交总额 248 030.92 亿元，增长 69.93%。其中，拆借市场成交 21 824.51 亿元，增长 9.79%；债券回购成交 160 324.6 亿元，现券交易成交 65 881.79亿元，分别增长 72.65%和 98.31%。全省新发行 126 只非金融企业债务融资工具，募集资金 734 亿元。受票据承兑业务量的影响，全省票据融资总量 4 730.06 亿元，创下历史新高。票据市场直贴加权平均利率 4.0676%，转贴现加权平均利率 3.9494%，环比分别下降 191 个基点和 116 个基点。

2. 跨境人民币结算业务快速增长

全年全省银行业机构共办理跨境人民币结算业务 6 260.76 亿元，增长 75.5%。全省参与跨境人民币结算业务的企业达到 9 195 家，开办该项业务的银行分支机构累计达到 947 家，已实现全省地市、县（区、市）全覆盖。跨境人民币业务已基本涵盖贸易结算、投融资结算以及证券投资等领域。福建省外经贸企业发生跨境人民币结算的境外地域扩大至 210 个国家和地区，其中，台湾地区已稳居福建省第二大境外人民币结算地。

3. 黄金市场交易大幅增长

省内开办黄金业务的银行业金融机构（不含兴业银行）积极拓展业务，代理上海黄金交易所黄金交易 1 359.21 亿元，增长 75.55%。省内上海黄金交易所的 4 家会员单位①全年成交总量 1 698 479.68公斤，同比增长 180.58%。

4. 民间融资规模和利率仍居于高位

全年全省监测样本民间融资金额增长 16.77%，加权平均利率 19%。民间融资呈现总体规模稳中有升、表现形式日趋多样、融资利率水平处于高位、融资期限趋于短期化等特点。

### （二）金融市场运行中应关注的问题

一是票据市场存在重“银”轻“商”现象。截至 2015 年末，全省金融机构银行承兑汇票贴现余额 1 030.41 亿元，占贴现总额的 91.39%；年累计直贴 1 991.98 亿元，占累计贴现额的 83.99%。商业承兑汇票贴现余额和累计贴现额占比仍很低，未能发挥其应有的作用。二是民间融资风险向正规

---

① 分别是兴业银行、紫金矿业集团股份有限公司、福州福辉珠宝有限公司、厦门银行。

金融体系蔓延。部分地区出现房地产行企业涉及民间借贷，危及银行信贷资产安全的现象。此外，通过民间借贷形式进行非法集资等犯罪现象增多，民间借贷市场风险加大。三是非涉汇企业参与无实需贸易背景衍生产品交易。商业银行代客人民币与外币掉期业务中，存在无实需贸易背景的纯套利交易，成为银行吸收存款、增加交易量的重要手段，背离了规避风险的初衷，一定程度上抵消了国家宏观金融调控政策的效果。

## 四、金融基础设施与金融稳定

### （一）支付体系

福建省支付体系快速发展。一是支付系统建设推广取得突破性进展。省内 8 家法人银行机构和 33 家省级银行分支机构全部完成二代支付系统切换，实现以法人为单位“一点清算”。二是 ACS 制度规范和应急管理逐步完善，业务处理质量不断提升。省内各级人民银行通过 ACS 发起业务 91 384 笔，成功率 99. 59%，居全国前列。三是商业汇票电子化率大幅提高。全省全年共办理电子商业承兑汇票 41 091 笔，金额 1 855. 78 亿元，电子化率达 37. 5%，比上年提高 20 个百分点，居全国前列。四是农村支付体系建设全面深化，服务能力、监管机制和政策扶持体系进一步完善。五是非金融机构支付服务市场快速发展。全省已有法人支付机构 9 家，备案展业的支付机构分公司 35 家，全年线下支付业务累计清算笔数 1. 95 亿笔、金额 7 281. 26 亿元，同比分别增长 36. 36%、96. 07%。六是在全国率先建成并推广银行账户互联网年检平台。以“在线申报、在线审核”取代传统“纸质申报、柜面审核”，实现银行账户年检的全流程电子化处理。

### （二）信用环境

福建省社会信用体系建设工作稳步推进。一是金融信用信息基础数据库应用和服务水平进一步提升。截至 2015 年末，金融信用信息基础数据库收录全省各类企业 41. 6 万户，涉及人民币贷款余额 2. 17 万亿元，企业系统和个人系统日均查询量分别为 5. 01 万次和 6. 28 万次；全省应收账款质押登记公示系统登记数量 8. 6 万笔，累计查询 15. 81 万笔，登记数量和查询量均名列全国第 9 位；应收账款融资服务平台已注册用户 1 235 家（不含厦门），成交金额 554. 3 亿元。二是全省社会信用体系建设全面推进。出台《福建省社会信用体系建设规划（2015—2020 年）》，完成福建省社会信用体系建设顶层设计。制定《福建省公共信用信息管理暂行办法》，对公共信用信息的范畴、征集、披露、评价、使用、修复、奖惩措施等方面提出明确规范。三是征信和评级市场稳步发展。截至年末，全省在人行备案企业征信机构 2 家。全省共完成信贷市场信用评级企业 1 212 家，其中借款企业评级 1 154家、小额贷款公司 20 家、融资性担保公司 38 家，共接受银行间债券市场信用评级进场前报备材料 114 份。

### （三）反洗钱

2015 年，福建省反洗钱工作紧扣“提升反洗钱工作有效性，”目标，围绕“应对 FATF 第四轮互评估”和“建设法治央行”两条主线，综合运用各类监管措施，努力遏制和协助打击洗钱及其相关犯罪。一是全力开展“打击利用离岸公司和地下钱庄转移赃款专项行动”取得积极成效。全省收集相关重点线索89条，调查立项18项，报案68起，立案20起，破案6起。二是积极组织洗钱风险评估探索实践。出台《福建省金融机构洗钱风险评估指引》和《福建省金融机构洗钱和恐怖融资风险自评估指引》，省内106家法人机构和分支机构开展实践检验。三是不断探索丰富法人监管内容。组织建立一行（司）别一户的监管档案、持续完善“一检查一报告”制度；组织部署18家银行开展法人监管试点，将此项工作向纵深推进。四是有效预防与打击洗钱及其相关犯罪活动。全年重点可疑交易线索报案数、调查次数、破案数同比分别增长25.8%、88.1%和10.5%，其中，地下钱庄、涉毒、涉恐、涉贪、涉税等重点关注类型的报案线索总数同比增长超过1.2倍。

### （四）司法环境

福建省金融司法环境进一步改善。一是加强立法建设，充分发挥地方立法的引领与推动作用。福建省人大常委会组织起草并审议通过关于全面推进依法治省的决议。着力推动重大改革的相关立法，通过了关于在福建自贸区暂时调整实施本省有关地方性法规规定的决定。二是依法促进完善现代市场体系，保障经济发展。福建省司法厅先后登记了厦门仲裁委员会国际商事仲裁院、厦门仲裁委员会平潭分会以及福建仲裁委员会国际商事仲裁院等3个自贸区仲裁分支机构，进一步完善商事裁判制度。三是完善金融案件专业化审判机制。福建省高级人民法院指导各级法院通过设立金融审判庭或合议庭，完善金融案件专业化审判机制，全年审结非法集资、金融诈骗、传销等破坏金融市场经济秩序犯罪等案件3 118件，依法挽回经济损失2.60亿元；审结买卖、担保等合同纠纷案件253 155件，标的总额1 531.79亿元；审结金融借款、民间借贷案件125 549件，标的总额1 070.5亿元。四是畅通金融消费权益维权渠道。福建省人民银行系统2015年共受理591件投诉，办结投诉574件，已办结的投诉群众满意率达95%。

### （五）金融宣传

福建省金融系统结合地域特色，全方位开展金融安全宣传教育活动。一是综合运用各类新闻发布媒介，以宣传解读稳健货币政策内涵为主线，以展示金融支持实体经济发展、服务社会民生为着力点，积极向社会各界传达宏观调控举措和重要金融政策。二是为促进《存款保险条例》稳步实施，组织开展了多维度、多形式、广覆盖的立体式存款保险宣传工作，提升社会公众对存款保险制度的认识。三是贴近公众需求，拓宽宣传渠道。据不完全统计，全年福建省共开展金融知识普及宣传活动2 094次，发放宣传资料97万多份，累计受众超过92万人次。

## 五、政策建议

### （一）加快转型升级，保持经济平稳较快发展

认真落实《福建省实施〈中国制造2025〉行动计划》，推动主导产业强龙头促配套，重点产业提质量创优势，新兴产业加速度上规模，大力推进“互联网+”，促进产业提质增效升级，增强供给结构对需求变化的适应性和灵活性。充分发挥有效投资的关键作用，把投资重点放在调结构、补短板、惠民生上。落实和完善鼓励消费的各项政策，促进旅游、信息、汽车、健康、养老、教育、文化等消费，着力稳定住房消费。坚持“优出优进”，转变外贸发展方式，加快培育以技术、品牌、质

量、服务为核心的竞争新优势。

**（二）深化改革扩大开放，增强发展活力和内生动力**

积极建设21世纪海上丝绸之路核心区。发挥“海丝”发祥地影响力，与港澳台侨携手，构建多层次常态化交流平台与合作机制，推进与沿线国家和地区互联互通、经贸合作和人文交流。加快区域空中通道、海上通道、陆海联运通道和信息通道建设，提升口岸通关功能，促进人员和货物往来便利化。支持有条件的企业“走出去”，推动与沿线国家和地区合作建设产业园区和商贸基地。深入推进自由贸易试验区建设。促进平潭、厦门、福州三个片区彰显特色、差异发展。推动试验区内外联动发展，促进投资贸易便利化，打造一流营商环境。突出项目引进，加强融资租赁、跨境电商、物流、整车进口、海产品交易、大宗生产资料交易、保税展示交易等功能性服务平台建设，加强金融领域开放创新。

**（三）发挥对台独特优势，拓展闽台合作空间**

加强闽台金融合作，最大限度发挥政策效应，支持实体经济发展。向上争取政策，支持福建符合条件的金融机构、企业或两岸合作项目在台湾发行人民币债券融资，争取所筹人民币资金根据需要调回省内使用。拓宽闽台金融机构业务合作范围，引导台湾人民币资金以银行业机构贷款形式回流福建。进一步推动落实资本项目改革政策，促进投资贸易便利化。加大对台资实体经济的支持，积极推动福建自贸试验区资本项目管理改革政策的实施，便利台资企业融资渠道。以台商投资区、台湾农民创业园等为重点，继续引导金融机构通过增设营业网点、创新金融产品等多种方式加强对台资企业的金融服务。继续支持平潭综合实验区新台币兑换业务发展，鼓励特许机构开展创新业务。

**（四）持续推进金融改革，提升支持实体经济发展的能力和水平**

继续推动政策性、开发性金融机构落实改革方案，深化大型商业银行改革，积极支持城市商业银行创新发展。督促各金融机构围绕转换经营机制、强化风险防控，全面提升风险管理和内部控制水平，增强发展的可持续性。加大创新力度，提高金融业务的专业化服务水平和能力，引导各金融机构围绕“三农”、小微企业、经济转型、结构调整等领域，优化金融资源配置，加大资金支持力度，切实提高金融服务实体经济发展的能力和水平。

**（五）加强重点领域风险排查和管控，确保地方金融稳健运行**

进一步加强对区域性风险苗头的预警和管控，密切关注银行业金融机构资产质量和流动性变化、证券公司类信贷杠杆业务发展以及保险公司退保和满期给付等重点领域的风险。重点加强房地产、民间融资、第三方支付机构、互联网金融等领域的风险监测与管控，把各种风险和隐患消除在萌芽状态，防止风险跨行业、跨市场、跨区域传染。同时，督促各金融机构健全风险应急处置机制，及时做好重大事项报告，做好应对风险和突发事件的准备，提升应对各种复杂局面的能力，坚持防患于未然。

**（六）推进金融基础设施建设，优化金融生态环境**

进一步完善支付结算体系，改进支付结算服务，有序发展第三方支付业务。深化征信系统建设，继续拓宽企业和个人征信系统信息覆盖面和服务对象，进一步推进中小企业和农村信用体系建设。持续改善金融法治环境，加大金融执法力度。严厉打击高利贷和非法集资、地下钱庄、非法证券等非法金融活动，积极开展投资者教育宣传，建立防范非法金融活动的长效机制。加强反洗钱、反假币工作力度，严厉打击恐怖融资、洗钱、制贩假币等犯罪活动。扎实做好存款保险制度实施工作，完善金融安全网建设。进一步健全金融消费权益保护机制，维护金融消费者合法权益。加强金融管理部门间的沟通协作，实现金融监管信息共享，提升监管合力。

金融稳定分析小组组长：吴国培
副组长：杨长岩
成　员：赖永文　杨　敏　沈理明　林　晖　郑　平　杨吉惠
江　颖　林路曦　黄　静　魏　芳　陈江宁　林　涵

# 江西省金融稳定报告摘要

2015年，面对复杂严峻的国内外发展环境，江西省主动适应和把握经济新常态，统筹做好稳增长、调结构、促改革、优生态、惠民生各项工作，经济保持平稳较快发展，金融业助推社会经济发展作用有效发挥，经济金融发展呈现稳中有进的良好态势，全省金融状况处于稳定区域，但相关金融风险隐患需要密切关注。

## 一、区域经济运行与金融稳定

2015年，江西省认真贯彻实施稳增长“22条”①，经济发展稳中有进，生产总值实现较快增长，产业、需求结构不断改善，为金融业平稳运行奠定了良好的经济基础。但当前经济下行压力加大，实体经济经营风险更易暴露并向金融体系扩散蔓延，全省经济增长动力相对不足、工业企业经营困难等问题需要关注。

经济增长总体平稳，产业结构持续优化。2015年，全省生产总值16 723.8亿元，增长9.1%，高于全国平均水平2.2个百分点。规模以上工业增加值7 268.9亿元，增长9.2%，增速居全国第5位。财政总收入3 021.5亿元，增长12.7%。民生支出保障有力，民生支出占财政支出比重达77.3%，提高1个百分点。城镇、农村居民人均可支配收入26 500元、11 139元，增长9.0%、10.1%。CPI上涨1.5%，回落0.8个百分点。新增城镇就业55万人，完成年度计划的122.8%，城镇登记失业率3.4%，低于控制目标1.1个百分点。第一、第二、第三产业增加值分别增长3.9%、9.4%和10.0%，占地区生产总值比重由上年的10.7∶52.5∶36.8调整为10.6∶50.8∶38.6，产业结构更趋合理（见图1）。

需求结构不断完善，后续发展动力不足。全省固定资产投资总额16 993.9亿元，增长16.0%，高于全国平均水平6个百分点。社会消费品零售总额5 896亿元，增长11.4%，高于全国平均水平0.7个百分点；网络销售高速增长，电子商务交易额2 800亿元，增长130%。进出口总额426.1亿美元，下降0.3%，比全国少降6.7个百分点。但从后续发展看，增长动力总体乏力需要关注。政府投资能力有所减弱，社会投资意愿出现下降，工业投资增速明显回落，由上半年的16.3%下降至12.8%，同时亿元以上新开工项目数和投资额分别下降13.3%和9.8%。消费后续带动能力不足，传统大宗消费面临瓶颈，信息、文体、健康、养老等新兴消费热点成长仍需时间。出口竞争力不强，传统出口产品竞争力较弱，高科技含量和高附加值产品优势尚未形成。

工业企业经营困难，产能过剩问题仍较明显。全省工业品出厂价格低位徘徊，工业生产者出厂

① 2015年5月，江西省出台《促进经济平稳健康发展的若干措施》，简称“稳增长22条”。

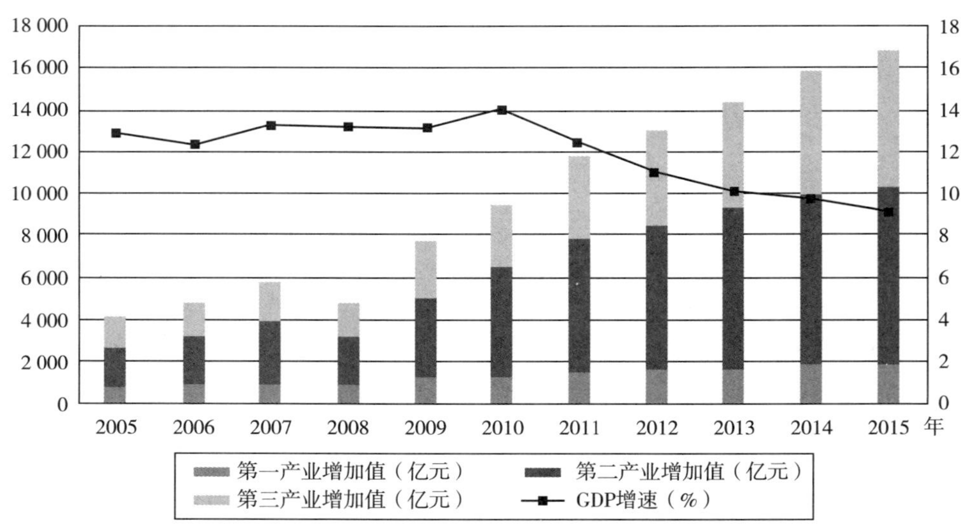


数据来源：江西省统计局。

**图1 江西省经济增长及产业结构调整情况**

价格（PPI）下降6.2%，高于全国降幅1.0个百分点，连续46个月负增长。企业人工、物流等生产成本持续上升，全省工业主营业务成本增长4.6%，企业销售、管理、财务三项费用上升4.8%。盈利能力持续下降，规模以上工业企业利润增长2.4%，回落11.7个百分点。传统资源型产业困难加大，有色产业、钢铁产业利润分别下降11.9%、12.9%。产能过剩、库存高企形势仍较紧张。据调查，四季度企业产能利用率在60%以下的占比38.3%，环比提高1.7个百分点。

创新活力逐步显现，转型升级亟待推进。全省新增3个国家级高新技术产业开发区，2个国家级企业重点实验室，新组建10个产业技术创新战略联盟，15个协同创新体。专利申请和授权量增幅持续位居全国前列，硅衬底蓝光LED技术荣获国家技术发明一等奖。战略性新兴产业不断壮大，电子信息、生物医药产业主营业务收入分别增长14.2%、10%。但与其他省份相比仍存在较大差距。传统产业主营业务收入占规模以上工业比重超过50%，转型升级任务仍然较重。

## 二、金融业发展与稳定状况

2015年，全省金融业着力服务实体经济，全面强化风险管控，各项工作取得显著成效，有力促进了全省经济的平稳较快发展。但信用风险逐步暴露、证券市场发展不足、退保率超过警戒线等问题对金融稳健运行造成较大影响。

### （一）银行业

存款增长有所加快，存款稳定性减弱。2015年末，全省本外币各项存款余额25 042.97亿元，比年初增加3 053.94亿元，增长13.89%，比上年末加快2.80个百分点。全年新增存款上半年多、下半年少，月度波动幅度增大，上半年有5个月存款出现增加，累计增加存款2 145.73亿元，占全年新增存款的70.26%，其中6月最多，增量超过900亿元，且呈现“季末冲高，季后流出”的特征，年中两个季末的次月存款出现负增长。定期存款转活期存款现象显现，住户存款中活期存款多增428.76亿元，定期存款少增179.66亿元；非金融企业存款中活期存款多增613.65亿元，定期存款少增175.24亿元（见图2）。

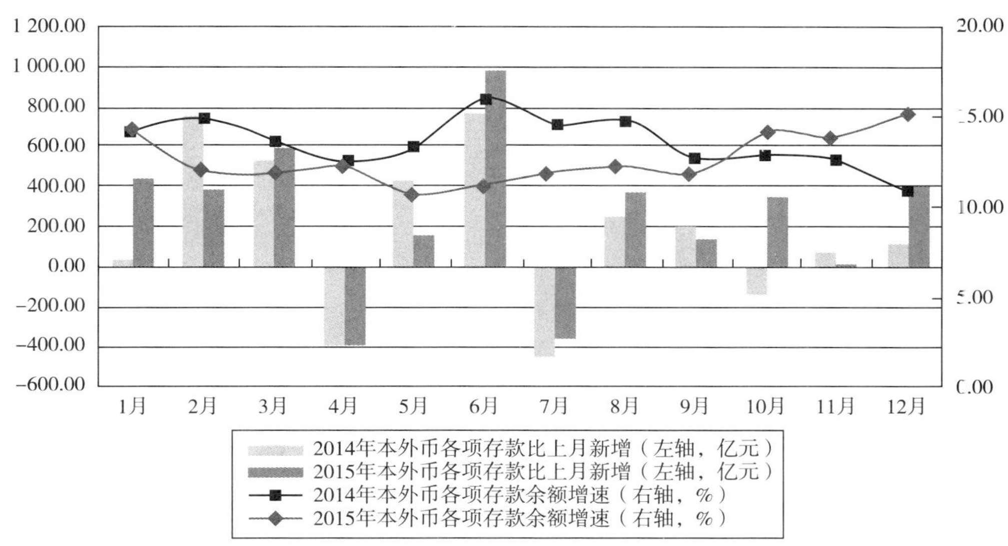


数据来源：人民银行南昌中心支行。

**图2　江西省本外币各项存款余额及增量情况变化**

贷款增长创历史新高，投向偏好趋向谨慎。2015年末，全省本外币各项贷款余额18 561.09亿元，比年初增加2 863.34亿元，增长18.24%，比上年末回落0.90个百分点。信贷帮扶企业力度加大，倒贷机制和倒贷基金实现设区市全覆盖，合计规模37.60亿元，累计帮扶上千家企业融资90多亿元。“连连贷”等续贷产品和服务相继推出，累计办理续贷业务超1 000笔、金额57.30亿元。受实体经济去库存、去产能压力加大，市场需求低迷等因素影响，银行实际信贷需求正在减少，储备项目集中在发电、铁路、公路、水利枢纽等行业，新兴产业、新业态方面的优质项目储备不多，后期信贷投放可能受到影响。全年票据融资冲量现象明显，新增票据融资占全部贷款增量比重13.39%，提高3.76个百分点（见图3）。

不良资产逐步暴露，部分领域潜在风险显现。2015年末，全省银行业不良贷款余额455.40亿元，比年初增加159.90亿元，增长54.11%；不良贷款率2.45%，比年初增加0.57个百分点。风险资产向下迁徙概率加大，关注类贷款余额726.83亿元，增长25.49%，高于各项贷款增速7.25个百分点，逾期贷款净增264.15亿元，较年初增长92.15%。部分领域信贷风险比较集中。全省光伏、钢铁、煤炭等重点行业不良贷款不断增加，仅江西赛维LDK集团不良贷款余额占全省比重高达20%以上。部分银行资金借道信托公司等同业，通过信托、委托贷款方式进入融资平台公司，存在一定风险隐患。房地产库存去化周期较长，6个设区市中心城区商品房住宅库存去化时间超过15个月，企业资金链紧张，对银行信贷安全的影响不容忽视。部分银行对票据业务贸易背景真实性审查不严，垫款风险较大，2015年末各项垫款余额38.93亿元，增长63.64%。担保圈风险相互交织，企业逃废债易引起示范效应，造成圈内相关企业跟随刻意拖延债务，放大企业信贷风险。

经营效益增长放缓，经营管理难度增大。2015年，受资产质量下降银行增加计提拨备63.89亿

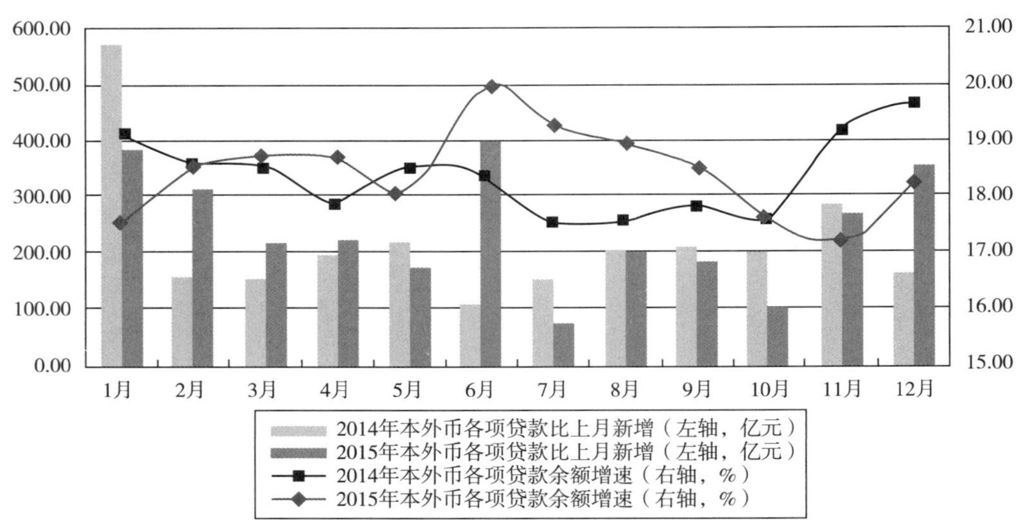


数据来源：人民银行南昌中心支行。

**图3 江西省本外币各项贷款余额及增量情况变化**

元、息差收窄以及地方政府债券置换平台贷款等因素影响，全省银行业金融机构利润增长放缓，实现税后净利润343.30亿元，下降4.50%。依赖追求数量扩张、“垒大户”赚取存贷利差的传统发展模式难以持续，迫切需要加快业务发展转型。而全省银行业机构尤其是中小法人机构创新研发能力普遍较弱，缺乏差异化、特色化的产品和服务，难以形成核心竞争力。此外，跨市场竞争加剧导致银行存款分流效应更加明显，资金在不同市场转移的突发性上升，增加了银行流动性管理难度，部分中小银行资产负债期限错配，流动性风险有所上升。

操作风险和案件数量有所上升，案防基础仍需夯实。2015年，全省银行业发生风险事件17件，增加3件；案件8件，增加7件。风险事件和案件主要表现为银行卡盗刷，企业法人跑路，银行员工内外勾结侵占客户资金、参与金融凭证诈骗、私自虚存现金、收贷不入账、甚至参与民间借贷、非法集资等活动，案防形势仍然不容乐观。有的银行案防基础仍较薄弱，案防主体责任意识不强，业务操作不规范，制度执行不到位，交易信息系统存在缺陷。

### （二）证券期货业

股票市场交投活跃，相关指标增速好于全国。2015年6月中旬以来，全国股市出现了异常波动。江西持续关注辖内市场风险状况，加强客户风险控制，有力促进了全省市场平稳运行。2015年末，全省证券投资资金账户数351.09万户，增长37.62%。累计成交额87 504.44亿元，增长197.36%，高于全国增速17.27个百分点。实现净利润37.73亿元，增长216.26%，高于全国60.11个百分点。境内上市公司总市值4 004.30亿元，增长52.35%，高于全国增速9.18个百分点。

法人证券公司经营稳健，证券市场规模依然偏小。2015年，两家法人证券公司累计成交40 887.16亿元，增长179.86%。增资扩股工作取得突破。中航证券、国盛证券年末净资本分别为30.11亿元、29.53亿元，增长13.40%、11.15%。在2015年分类评价中，其评级分别上升为B类BBB级和A类A级。尽管如此，全省证券市场规模偏小、发展不足的矛盾仍未改变。证券交易额占全国比重为1.56%，仅提升0.09个百分点。境内上市公司数量在中部最少，发展相对缓慢，其年末总市值占全国上市公司市值的0.75%，仅提升0.04个百分点，这与全省生产总值占全国2.47%的比重仍不相符（见表1）。

**表1　　2015年江西省法人证券公司经营情况表**　　单位：亿元、%

| | 中航证券 | | 国盛证券 | |
|---|---|---|---|---|
| | 绝对数 | 增长 | 绝对数 | 增长 |
| 资产总额 | 142.22 | 30.68 | 162.08 | 73.05 |
| 负债总额 | 107.83 | 33.20 | 125.11 | 96.33 |
| 营业收入 | 19.64 | 110.91 | 16.98 | 122.12 |
| 净利润 | 9.00 | 197.73 | 6.73 | 137.31 |

数据来源：中航证券、国盛证券。

期货市场运行平稳，法人机构实力仍然薄弱。2015年末，全省期货投资者账户数3.80万户，增长10.13%；全年累计代理交易额91 327.34亿元，增长74.99%。法人公司瑞奇期货受制于注册资本，主要从事期货经纪业务，手续费收入占比近90%。全年代理交易额增长44.34%，手续费收入下降11.66%，营业收入由上年的7 131.20万元降至5 772.06万元，降幅19.06%。瑞奇期货资产、负债总额仅增长3.75%、1.72%，净资本仅为7 275.56万元，综合实力较弱。

上市公司融资较快增长，多层次资本市场逐步完善。2015年末，全省境内上市公司共35家，新增3家，14家上市公司实现资本市场融资，募集资金107.36亿元，增长64.41%，其中股票融资81.46亿元，增长152.28%，高于全国111.90个百分点，公司债融资25.90亿元。全省“新三板”挂牌企业62家，新增49家；22家“新三板”企业募集资金8.55亿元（2014年仅有1家企业融资1.30亿元）。“新四板”即江西联合股权交易中心正式启动，挂牌展示企业179家，累计为企业实现融资6亿元。

### （三）保险业

行业实现平稳发展，经营水平不断提升。2015年，全省保险市场运行总体平稳，行业规模继续扩大，资产总额907.32亿元，保费规模508.43亿元，首次突破500亿元大关。行业成本费率维持在较低水平，产险公司综合费用率32.34%，低于全国平均水平5.91个百分点。产险公司综合成本率93.69%，下降0.17个百分点。人身险公司业管费用率6.53%，下降0.63个百分点，低于全国平均3.97个百分点。法人公司恒邦财险发展迅速，实现保费收入2.16亿元，保费达成率134.70%，省内市场份额1.26%，市场排名升至第11位（见表2）。

**表2　　2015年江西省保险业主要指标情况表**　　单位：亿元、元/人、%、个

| 指标 | 绝对数 | 增长（增加） |
|---|---|---|
| 资产总额 | 907.32 | 18.33 |
| 保费规模 | 508.43 | 26.98 |
| 保险密度 | 1 113.60 | 228.26 |
| 保险深度 | 3.04 | 0.49 |

注：保险密度中的人口数据从江西省统计局获悉，按全省2015年1%人口抽样调查数据得到。

数据来源：江西保监局。

产险效益较快增长，行业稳收面临难题。2015 年，产险公司承保利润 9.41 亿元，增长 23.35%；承保利润率 6.31%，高于全国水平 4.91 个百分点。但未来保险行业效益增收面临压力，一是商业车险费率改革实施将对产险公司的效益产生影响。从 6 个试点省市①的情况来看，费改后车均保费下降约 7.7%。二是现有部分险种高效益不可持续。农业保险因全省自然灾害发生的频次低、范围小承保利润较高；信用保险因年末承保一笔大额项目险，拉高了整个险种效益。三是人身险市场新单趸交仍占据主导，保费收入占累计新单保费总额的 81%，高于去年同期 0.88 个百分点，高于全国水平 7.48 个百分点。

保障功能有效发挥，退保风险存在隐忧。全省保险业累计赔付 178.06 亿元，增长 25.34%；累计提供 12.67 万亿元风险保障，增长 28.80%。农业保险覆盖全省所有县（区）；大病保险全省全覆盖；校园方责任险全国首次立法推动；蔬菜设施大棚保险启动试点；"险资入赣"规模发展迅速，引进保险合同资金 285 亿元，增长 840.59%。近年来高现金价值产品热销，多数产品 1 至 2 年内即可退保，且投保人退保收益较高，致使退保总金额增长较快。全省退保率 7.24%，增加 1.14 个百分点，超出警戒线 2.24 个百分点，8 家省级人身险公司退保率超过警戒线。

业务结构有待优化，创新能力需要提升。2015 年，全省保险业发展层次、水平仍然较低，产品差异化不足。产险业务主要依赖车险，占比 79.38%。食品安全责任险、火灾公众责任险、环境污染责任险等险种占比极低，健康意外险发展未达到全国平均水平，保证保险下降 16.14%。全省保险业精算、风险管理等行业优势发挥不足，创新能力需要提升。

## 三、融资性准金融机构发展与稳定状况

2015 年，江西省地方融资性准金融机构快速发展，已成为服务中小企业融资的重要力量，但小额贷款公司行业规模下降以及融资性担保公司经营管理不强等问题需要关注。

小额贷款公司行业规模下降，经营发展问题显现。2015 年末小额贷款公司共 222 家，新批开业 4 家。注册资本总额 238.40 亿元，减少 5.60 亿元。累计发放贷款 255.30 亿元，减少 163.70 亿元；贷款利息收入 1.80 亿元，减少 0.90 亿元。部分小额贷款公司内部组织结构和管理机制尚不健全，风险缓释机制仍然缺失，经营风险和发展问题逐步显现。年末不良贷款余额 13 亿元，增加 6.40 亿元；不良贷款率 4.97%，增加 2.60 个百分点。全年仅 40% 小额贷款公司正常经营，15% 无任何信贷业务，6 家退出行业经营。

融资性担保公司经营管理亟须加强，行业发展水平依旧偏低。全年新增再担保机构 1 家、注册资本 7 亿元；融资担保机构 134 家、注册资本 134.30 亿元；在保责任余额 336.10 亿元，减少 16.20 亿元。部分融资担保机构公司治理结构不完善，内部管理松懈，审慎合规经营理念缺失，存在变相开展过桥、拆借等违规活动的现象。全年 45 家融资担保机构发生代偿，金额 6.60 亿元；46 家担保机构进行整改，25 家退出担保行业。此外，融资担保机构担保放大倍数仅 2.50 倍，并较年初下降 0.32 倍。

典当行业务结构有待优化，同质化竞争比较激烈。2015 年末全省典当行共 200 家，典当行平均注册资本 1 264 万元，仅占全国平均水平的 69%。全年典当总额 47.60 亿元，增长 16.40%。125 家典当行实现盈利，其中 5 家利润超 100 万元，75 家典当行发生经营亏损，亏损面达 37.50%。典当行

① 黑龙江、山东、广西、重庆、山西、青岛。

动产、房地产、财产权利三大业务结构不平衡问题较为明显，全省典当企业房地产业务占比达64%，主要依赖房地产业务将给其发展带来较大影响。各种投资公司、寄卖行等机构直接或间接从事典当类似业务，挤占了典当行市场份额，压缩了生存空间。

其他融资性准金融机构发展平稳起步，外部发展环境仍需优化。全省融资租赁企业10家，注册资本提高41.30%；全年投放金额累计34.59亿元，实现利润6643万元，增长148%。184家私募基金管理人备案，备案基金产品93只、规模169.40亿元。创投企业备案13家，新增1家。总体来看，其他融资性准金融机构总体保持平稳起步，但后续发展环境仍待优化，如融资租赁立法滞后，投资基金类企业登记规范仍然缺失。特别是部分机构外部监管不足或不受监管，容易出现非法集资、高利贷和诈骗风险，恶化金融环境。部分地方农民专业合作社违规开办业务，采用类似银行装修和标识对外营业，对区域金融稳定造成不良影响。全年关停违规农民专业合作社47家，拆除类似银行标识16家，清退集资资金300余万元。

## 四、金融市场运行与金融稳定

2015年，江西省金融市场总体上呈平稳健康发展态势，为优化资源配置、支持实体经济发展、促进经济结构调整发挥了积极的作用，但货币市场资金供需结构不平衡等问题需要关注。

债务融资取得突破，成为直接融资主渠道。全省29家企业共发行债务融资工具78只，发行量672.30亿元，增长85.41%；2015年末，全省债务融资工具余额919.80亿元，比年初增加422.70亿元，占新增直接融资的65.15%。

货币、债券市场交易活跃，融资成本大幅下降。全省货币市场和债券市场交易总额12.51万亿元，增长201.63%。同业拆借、债券分别成交202.95亿元、12.49亿元，分别增长24.58%、202.33%。市场利率下行，融资成本下降，同业拆借、质押式回购、买断式回购、现券交易加权平均利率分别下降0.48个、0.99个、1.20个、1.14个百分点（见图4）。

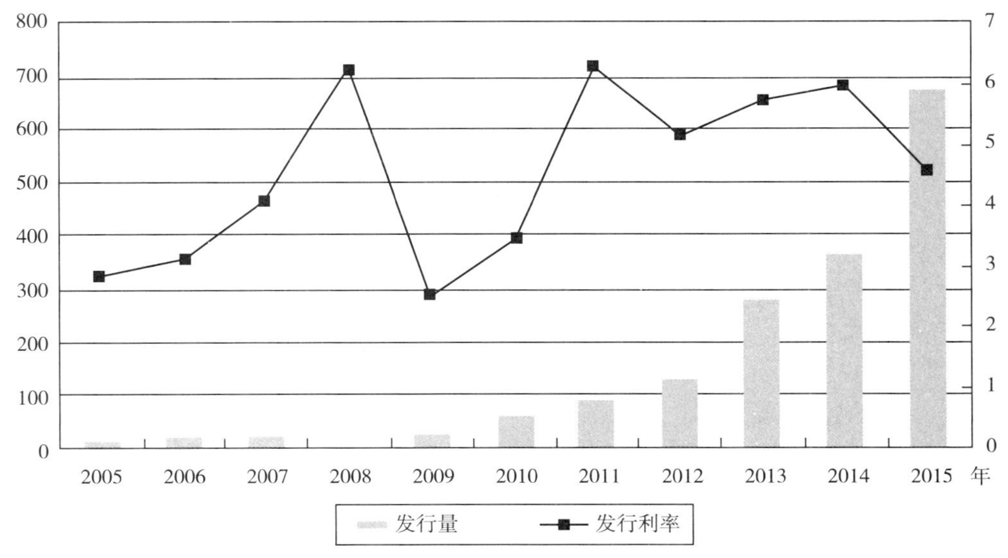


数据来源：人民银行南昌中心支行。

**图4　2005—2015年我省债务融资工具发行量及发行利率走势**

票据签发量小幅下降，贴现利率持续下行。全省银行业金融机构累计签发银行承兑汇票3 572.77亿元，下降4.91%；累计办理票据贴现业务21 272.78亿元，增长54.46%；2015年末票据直贴和转贴加权利率水平分别为3.97%、3.29%，下降1.05个、1.63个百分点。

黄金交易量价齐跌，租赁和远期业务活跃。全省银行业金融机构累计发生各类黄金业务成交量96.30吨，交易均价240.08元/克，成交额231.21亿元，分别下降7.23%、6.41%和13.18%。由于具备降低融资成本和避险的优势，黄金租赁、黄金远期成交量分别增长29.33%、26%。

跨境收支总量增速放缓，资金流出压力显现。2015年，全省跨境收支总额381.37亿美元，增长5.12%，回落14.58个百分点。银行结售汇总额252.28亿美元，增长8.02%，回落4.18个百分点。跨境收支净流入62.49亿美元，下降29.72%；结售汇顺差15.13亿美元，下降81.29%，跨境收支净流入和结售汇顺差为六年来首次下降（见表3）。

**表3　　2015年江西省外汇市场指标表**　　单位：亿美元、%、个

| 指标 | 绝对额 | 增长 |
|---|---|---|
| 跨境收支总额 | 381.37 | 5.12 |
| 银行结售汇总额 | 252.28 | 8.02 |
| 跨境收支净流入 | 62.49 | -29.72 |
| 结售汇顺差 | 15.13 | -81.29 |

数据来源：人民银行南昌中心支行。

## 五、金融基础设施建设与金融稳定

2015年，全省金融基础设施建设扎实推进，成效显著，有力支持了金融体系的稳健运行。但部分机制难以适应金融创新发展需求等问题需要关注。

基础设施高效运行，相关机制建设仍需加强。“12363”金融消费者权益保护热线受理投诉268笔，办结率93.30%、满意率95%以上；金融知识普及教育活动持续深入开展。支付清算系统业务量快速增长，全省银行卡助农取款点布放超过2.50万个。反洗钱监管继续加强，对660家金融机构开展考核评级，现场检查81家；反洗钱和反恐怖融资工作进一步推进，受理重点可疑交易报告49份，开展反洗钱行政调查43起。接入金融城域网各类机构57家，4家城商行和省联社同城、异地灾备能力进一步提高。2015年版100元纸币顺利发行流通，全年共收缴假币280 996张（枚）、金额1 210.59万元。国库业务无纸化建设稳步推进，全省国税、地税系统电子缴税金额占比分别为85.90%、82.40%。金融信用信息基础数据库新增101家小微接入机构，信用报告实现自助设备、网银及互联网等方式查询，应收账款融资服务平台为应收账款质押融资558亿元。基础设施建设取得明显成效，但支付结算基础法规制度、支付创新业务管理制度和支付服务市场监管体制有待完善，人民银行与相关部门反洗钱联动机制、针对互联网金融产品创新的反洗钱监管制度有待健全，国库信息化建设有待加强等问题仍有待解决。

金融稳定长效机制进一步健全，非稳定因素仍需关注。2015年，全省金融稳定机制建设取得长足进步，存款保险制度在辖区平稳推出和顺利实施，金融安全网进一步完善。金融监管合作建设不断深入，全省应急处置基础逐步夯实，打击非法集资、网络犯罪、制贩假币等不法活动的部门联动机制进一步健全。但当前经济下行，风险燃点和触发点很低，企业信用风险加速暴露，影子银行较

为活跃，互联网金融风险不断显现，特别是民间高利贷、非法集资、非法证券期货活动、网络犯罪、票据诈骗等风险事件时有发生，隐蔽性强、危害性大，给区域金融稳定带来挑战。2015 年 9 月末 P2P 问题平台 10 家，5 家跑路，3 家提现困难，2 家停业。全年非法集资公安立案 237 件，涉案金额 130 亿元。

## 六、政策建议

加强结构性改革，促进区域经济增长。积极落实去产能、去库存、去杠杆要求，把供给侧改革放在更加突出位置，积极调整存量，扩大有效供给。对接融入国家长江经济带等区域发展战略，加快昌九一体化进程和振兴苏区发展，积极推动保税区等产业承接平台建设。加快释放消费潜力，培育新兴消费。健全企业帮扶机制，帮助企业降低经营成本。推动工业升级，优化产业结构。突出创新驱动，引领经济转型升级，培育战略新兴产业。

实施稳健货币政策，深化金融体制改革。不断增强货币政策调控的针对性和有效性，为结构性改革营造中性适度的货币金融环境。加强宏观审慎评估管理，引导金融机构稳健经营。坚定推动全省金融体制改革，稳步实施存款保险制度。

发展多层次资本市场，助推经济结构转型升级。继续推动法人证券期货机构增资扩股和创新发展，加强风险管控。鼓励符合条件的优秀企业首发上市，支持辖区上市公司利用增发、配股等多种方式实现再融资和并购重组。推动全省企业通过发行债务融资工具，大力扩大企业直接融资规模，助推经济转型升级和结构调整。

加快保险行业创新，强化保险风险管理。深入贯彻落实新“国十条”、“省八条”，加快保险业发展转型升级、提质增效，积极发展工程险、企财险、货运险等非车险业务，加快保障型、长期储蓄型险种销售，推动保险结构调整、业务转型和发展方式转变。加强对重点保险企业、重点险种、重点渠道的监管，严防满期给付、退保等风险。

加强风险预警防范，维护区域金融稳定。进一步完善金融业风险监测评估体系，加强系统性风险分析预警。加快不良资产处置清收，密切关注影子银行和互联网金融风险，强化监管信息共享和协调合作，防范跨行业、跨市场风险传递。进一步完善风险防范处置应对预案，增强应急管理和风险处置能力，不断健全区域金融风险综合防控体系，切实维护区域金融稳定。

完善金融服务体系，优化金融生态环境。强化金融服务体系功效，加强基础设施制度建设，完善各类新兴金融业态管理规范。加大金融知识普及教育和舆论引导力度，增强社会公众金融素养和风险识别防范能力，坚决打击非法集资，非法证券期货活动等行为，优化全省金融生态环境。

组　　长：王　信
总　　纂：张智富
统　　稿：杨文悦　刘向东
执　　笔：乐林平　罗　婧　曾　霖

# 山东省金融稳定报告摘要

2015 年，山东省金融业总体实力和运行稳健性不断提高，地方金融发展活力明显增强，各项金融改革取得新的成效。全省金融业增加值 3 130. 6 亿元，同比增长 14. 1%，占地区生产总值比重 5%；全省社会融资规模增加 7 599. 7 亿元，居全国第 5 位。但受“三期叠加”及经济结构调整影响，全省经济下行压力持续加大，主要经济指标增势持续放缓，实体经济风险逐步向金融领域传导，银行不良贷款连续 8 个季度“双升”，金融风险形势依然严峻。

## 一、宏观经济与金融稳定

### （一）经济运行基本情况

1. 经济增速略有放缓，三次产业结构继续优化

2015 年，山东省实现地区生产总值 6. 30 万亿元，增长 8. 0%，同比回落 0. 7 个百分点。其中，第一产业增加值 4 979. 08 亿元，增长 4. 1%；第二产业增加值 29 485. 90 亿元，增长 7. 4%；第三产业增加值 28 537. 35 亿元，增长 9. 6%。三次产业比例由上年的 8. 1∶48. 4∶43. 5 调整为 7. 9∶46. 8∶45. 3。

2. 三驾马车差别显现，对外贸易降势趋缓

全年完成固定资产投资 47 381. 46 亿元，增长 13. 9%，同比回落 1. 9 个百分点。社会消费品零售总额 27 761. 41 亿元，增长 10. 6%，同比回落 2 个百分点。进出口总值 2 417. 49 亿美元，累计下降 12. 7%，同比回落 16. 7 个百分点。其中，出口 1440. 61 亿美元，下降 0. 4%；进口 976. 88 亿美元，下降 26. 1%。

3. 工业生产平稳增长，工业效益低位运行

2015 年，山东省规模以上工业增加值增长 7. 5%，增速高于全国 1. 4 个百分点。其中，高新技术产业产值 47 718. 81 亿元，增长 10. 5%。全年规模以上工业企业实现主营业务收入 146 886. 69 亿元，增长 9. 8%；实现利润 8 617. 24 亿元，下降 1. 6%。

4. 地方财政运行平稳，居民收入协调增长

2015 年，山东省公共财政预算收入 5 529. 26 亿元，增长 10. 0%。居民人均可支配收入 22 703 元，增长 8. 8%。其中，城镇居民人均可支配收入 31 545 元，增长 8. 0%；农村居民人均可支配收入 12 930 元，增长 8. 8%。

5. 物价低位运行，就业形势总体稳定

2015 年，山东居民消费价格总水平上涨 1. 2%，其中，城市上涨 1. 4%，农村上涨 0. 9%。农业

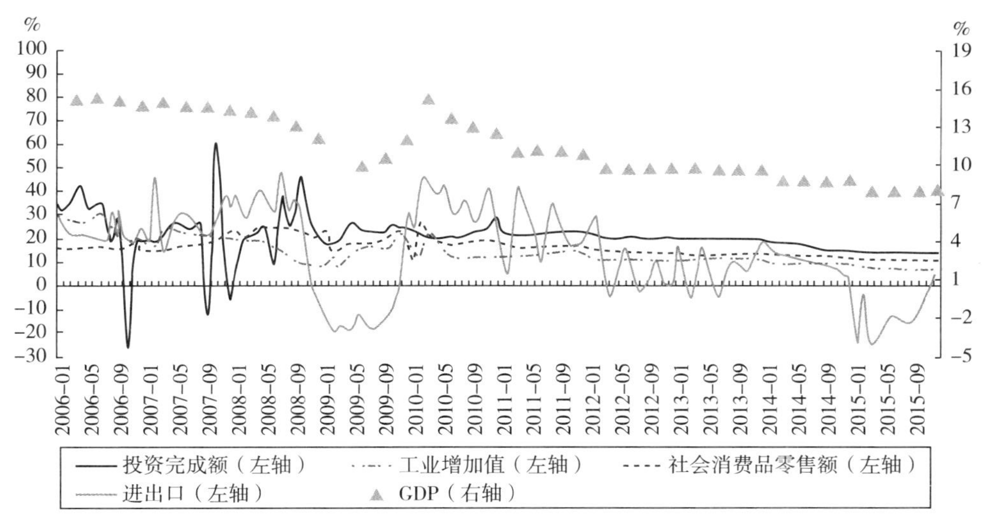


数据来源：山东省统计局。

图 1　2006—2015 年主要经济指标月度增速变动图

生产资料价格、工业生产者出厂价格、工业生产者购进价格分别下降0.7%、4.8%和5.0%。城镇新增就业 116.8 万人，农村劳动力转移就业 127.5 万人。城镇登记失业率3.35%。

### （二）经济运行中存在的问题

一是经济下行压力仍然较大。外需下降过快，固定资产投资乏力，经济增长低于预期，未来经济稳增长压力不减，市场主体对宏观经济预期不乐观。二是企业经营困难。生产领域通缩程度的加深降低了企业预期，经济效益持续下行压缩企业盈利空间，用工成本、化解过剩产能、节能环保以及技术改造投入加大等因素，对企业生产经营形成压力。三是行业、地区发展分化明显。高新技术行业增势良好，传统行业加速回落，产能聚集、同质化发展和环境治理约束对区域风险影响加大。四是房地产市场继续调整。商品住房累计可售面积 18 600 万平方米，增长 4.3%，去库存周期仍然处于高位。五是外贸形势不容乐观。与主要贸易伙伴贸易下滑势头难以扭转，同比均出现大幅下滑。

### （三）经济运行对金融稳定的影响

实体经济风险对全省金融业造成了一定的冲击。一是受经济增速放缓和结构调整影响，部分企业财务问题不断暴露，信用风险防控压力增大。二是企业面临的环保约束明显加强，落实停产、限产等环保整顿措施可能引发风险。三是大宗商品价格持续下跌，银行业收紧贸易融资，大量贸易类企业资金周转困难，贸易类企业不良呈上升趋势。四是房地产市场调整逐步深入，房地产企业信贷风险需持续关注，同时，土地出让收益下降，地方政府融资平台债务风险不容忽视。五是个别大型企业在银行间债券市场出现违约，对区域金融生态环境造成不利影响。

## 二、金融业与金融稳定

### （一）银行业

1. 总体运行状况

（1）资产负债规模平稳增长。2015 年，全省银行业机构资产总额 97 022.2 亿元，同比增长 11.82%；负债总额 93 694.1 亿元，同比增长 11.93%，增速分别较上年上升 2.28 个百分点和 2.43 个百分点。各项存款 76 795.5 亿元，同比增长 9.5%，增速较上年上升 0.4 个百分点；各项贷款 59 063.3亿元，同比增长 10.1%，增速较上年下降 1.8 个百分点。全省存款余额和增加额均居全国第 6 位，贷款余额和增加额分别排全国第 4 位和第 3 位。

（2）信贷支持实体经济的力度进一步增强。年末全省本外币存款余额 76 795.5 亿元，比年初增加 6 935.6 亿元，同比多增 978.7 亿元，服务业、小微企业和重点区域贷款支持力度加大。

（3）地方法人银行机构市场份额保持稳定。资产、负债占比分别为 30.89% 和 29.39%，新增存、贷款市场份额同比分别提高 2.7 个和 2.4 个百分点。

（4）金融机构组织体系更加健全。年末全省国有、政策性、股份制、外资银行二级分行以上机构 239 家，法人银行业机构 252 家，其中，新设村镇银行 24 家，新设财务公司 3 家，金融租赁、汽车金融公司顺利开业。

（5）银行业改革取得新成效。工、农、中、建、交等大型商业银行山东省分支机构继续深入落实股份制改革要求；农业银行山东省分行持续完善“三农金融事业部”管理体制和运行机制；全省 62 家未改制农信社全部达到农村商业银行组建标准，其中挂牌开业 21 家；城商行转型步伐加快，机构下沉和业务创新力度加大；民营银行申设工作稳步推进。

2. 需关注的问题

（1）不良贷款持续反弹，信用风险管控形势依然严峻。2015 年末，全省不良贷款余额 1 219.8 亿元，较年初增加 223.9 亿元；不良贷款率 2.06%，较年初上升 0.21 个百分点。2015 年，全省银行业机构新发生不良贷款 1 352.45 亿元，同比增长 65.73%。年末关注类贷款余额 5 198 亿元，较年初增加 2 355 亿元；逾期贷款余额 2 065 亿元，较年初增加 773 亿元。部分区域信贷风险暴露增加，年末，17 地市中有 9 个地市不良贷款额超过 50 亿元，3 个地市不良贷款率高于 3%。企业担保圈风险隐患仍然较大，全省银行业保证类企业贷款不良率为 3.2%，高于平均水平 1.14 个百分点。部分不良高发地区存在信贷投放大幅缩减的现象，信贷收缩和企业风险暴露相互影响，对区域金融生态环境产生较大负面影响。

（2）资本状况整体充足，部分机构风险抵补能力较差。年末，全省法人银行业机构资本净额 3 769.03亿元，较年初增加 1 067.37 亿元。核心一级资本充足率、资本充足率分别为 11.3% 和 13.44%。拨备覆盖率、贷款拨备率分别较年初上升 0.17 个百分点和 0.33 个百分点。资本充足率、拨备覆盖率较年初下降的机构分别有 99 家和 102 家。资本充足率低于 9.3% 的 6 家，拨备覆盖率低于 100% 的 8 家，均为农村金融机构。

（3）流动性总体良好，部分机构风险管理能力亟待提高。年末，全省法人银行业机构统算流动性比例为 69.02%，核心负债依存度 58.22%，人民币超额备付率 4.1%。部分中小法人机构流动性

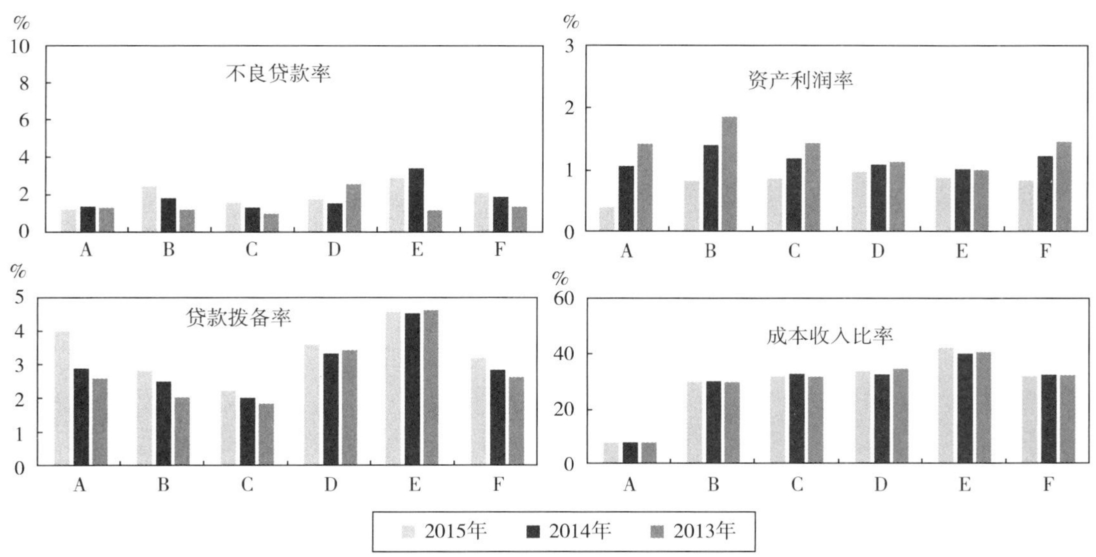


数据来源：山东省银监局。

**图2 2013—2015年银行业主要评价指标状况**

风险管理仍存在不足，存在风险管理机制不健全、组织架构不完善、风险计量水平不足等问题。28家机构备付率不足1%，17家机构核心负债依存度低于40%，55家机构前10大户存款余额占比超过40%。

（4）银行业机构案防、舆情控制和应对群体性事件面临较大压力。评估期内，个别机构因内部案件和管理问题引发了负面舆情和群体性事件，对正常经营造成较大不利影响。

（5）经营利润持续下降，发展转型压力增大。全年实现净利润771.61亿元，同比减少25.2%。分机构类型看，政策性银行、国有银行、股份制银行净利润减少较多，同比分别减少61.05、182.1和33.11亿元，降幅为66.56%、39.74%和20.47%；地方法人银行本年净利润同比增加7.92亿元，增幅8.1%。全省资产利润率0.84%，同比下降0.4个百分点；成本收入比率32.82%，同比上升0.26个百分点；中间业务收入比率14.16%，同比上升0.01个百分点。传统银行业依赖利差和信贷增长的盈利模式亟待转型。

### （二）证券期货业

1. 总体发展状况

（1）机构规模快速增长。全省证券业和期货业总资产合计超1 500亿元，新增证券期货分公司和营业部62家。2家法人证券公司总交易额和客户保证金余额同比分别增长2.6倍和36.1%，净利润同比增长1.9倍。2家法人券商连续五年被评为A级，总资产和净资本同比分别增长60%和99%，各项风控指标均符合预警监管标准。

**表1　　2015年末山东法人证券机构净资本核心风险监控指标**　　单位：%

| 项目 | 中泰证券 | 中信证券 | 监管标准 | 预警标准 |
|---|---|---|---|---|
| 净资本/各项风险资本准备之和 | 586.09 | 916.99 | >100 | >120 |
| 净资本/净资产 | 61.33 | 84.01 | >40 | >48 |

续表

| 项目 | 中泰证券 | 中信证券 | 监管标准 | 预警标准 |
|---|---|---|---|---|
| 净资本/负债 | 37.28 | 45.41 | >8 | >9.6 |
| 净资产/负债 | 60.79 | 54.06 | >20 | >24 |
| 自营权益类证券及证券衍生品（包括股指期货）/净资本 | 66.10 | 2.95 | <100 | <80 |
| 自营固定收益类证券/净资本 | 94.07 | 21.91 | <500 | <400 |

数据来源：中泰证券有限公司、中信证券（山东）有限责任公司。

（2）上市公司融资规模继续扩大。新增12家上市企业，融资65.2亿元。162家境内上市公司总市值达18 893.9亿元，同比增长53.4%。41家上市公司实施再融资，融资494.7亿元，增长45%。在"新三板"挂牌336家，募集资金61.2亿元，同比分别大幅增长2.4倍和25倍。

（3）期货市场建设步伐加快。全省期货公司全年代理交易量同比增长10%；期货投资者开户数、保证金余额同比分别增加1.2万户和7.8亿元。3家期货经纪公司总资产和净资产同比分别增长21.8%和49.4%，三大商品期货交易所累计设立了22个期货品种的56家期货交割库。

（4）积极打造区域性股权交易市场。齐鲁股权交易中心公司制改造顺利完成，累计实现融资约200亿元，与"新三板"初步建立了批量转板机制，已有24家企业成功转板。蓝海股权交易年末挂牌企业达318家，推动企业累计融资近30亿元。年末全省私募股权基金管理机构达434家，注册资本561.84亿元；新增债券融资额4031.8亿元，同比增长33.8%。

2. 需关注的问题

（1）上市公司盈利持续下滑。截至2015年第三季度末，全省上市公司实现营业收入、净利润同比分别下降4.51%和17.03%。其中，80家企业净利润业绩同比下滑，45家净利润下滑速度超过40%，24家上市公司出现亏损。上市公司销售和资金周转难度进一步增大，至第3季末，全省上市公司存货同比增长4.08%，应收账款同比增长17.98%。

（2）法人券商竞争实力有待增强。中泰证券通道业务佣金收入占总收入的比重为57.63%，较全国平均水平高13.71个百分点；投行业务发展滞后，承销与财务顾问收入仅居全国第28位左右；资产管理业务净收入仅占全行业的1.99%。中信证券（山东）公司目前承销和资管收入仍为零。山东证券机构资产证券化、量化做市交易等新兴盈利模式尚待突破。

（3）"两融"业务风险增大。2015年2家法人券商融资融券余额达379.18亿元，同比增长20.2%。受市场行情影响，部分融资融券业务客户、股票质押式回购业务客户被强制平仓。

（4）非法与违规行为有所抬头。2015年监管部门对山东辖区2家上市公司违规违法行为进行了立案调查，承办正式立案案件11起，办结9起，处理涉嫌非法证券期货活动事项7件。

### （三）保险业

1. 总体发展状况

（1）保险机构实力逐步增强。年末全省共有法人保险公司4家，保险公司省级分支机构81家。保险机构数量和从业人员数量均居全国首位。全省保险业总资产3 807亿元，较年初增长17.2%，增速提高5.4个百分点。

（2）业务结构有所改善。全年实现保费收入1 787.6亿元，居全国第3位；保费同比增长

22.9%，较上年上升9.2个百分点。财产险、人身险分别实现保费593亿元和1 194.6亿元，同比增长9.8%和30.6%。农业保险、责任保险等政策性险种增势较强。

（3）保险改革创新不断推进。省政府召开保险资金支持山东经济转型升级暨项目对接签约会议，协议金额达到445亿元。山东率先启动商业车险条款费率市场化改革，约8成车险消费者保费同比下降。寿险费率市场化改革推动普通寿险业务同比增长84.2%。互联网车险业务规模超过专业代理渠道。

（4）服务领域进一步拓展。2015年，保险资金直接投资累计604.1亿元，同比增加51.8亿元。出口信用保险、保证保险分别提供1 912.8亿元和15.5亿元风险保障。农险产品开办县区增至140个，财政补贴险种12个。大病保险累计赔付53.61万人次、15.7亿元。各类责任保险累计承担风险责任3.3万亿元。治安保险县区覆盖面超80%。

2. 需关注的问题

（1）经济下行和政策调整对保险行业产生深层次影响。车险保费增速处于近年来的低点，增速回落6.2个百分点。与经济关联度较高的企财险、货运险增长乏力。部分挂钩创新型投资项目的寿险产品风险管控难度较大。

（2）退保金持续呈现快速增长的态势。全省寿险累计退保257.9亿元，一年期以上健康险累计退保13.6亿元，同比分别增长15.96%和162.8%。

（3）保险机构经营管理风险因素增多。保险业机构营销团队发展过快、人员整体素质有所下降。营销员以保险工具参与民间借贷以及非法集资、销售非保险理财产品等风险应引起高度重视。

### （四）金融业综合经营

1. 金融控股公司

山东省内有山东省国际信托有限公司（简称山东信托）和莱芜钢铁集团有限公司（简称莱钢集团）两家由总行认定的金融控股公司。山东信托控股泰信基金、鲁信资产管理两家金融子公司；莱钢集团控股中泰证券、莱芜市钢城区鲁中小额贷款有限公司。2015年，两家公司总体运行平稳，山东信托管理的信托规模同比下降16.92%，净利润同比增长27.39%。莱钢集团净利润同比下降6.45%。

需关注的问题：一是实体经济领域风险不断暴露，对信托行业规模及资产质量形成一定不利影响。2015年山东信托管理的信托规模、新增资金信托业务规模均明显下降，不良资产余额、不良资产率双升。二是受信贷政策和产业政策影响，莱钢集团融资成本上升，融资规模下降，利润出现下滑。

2. 交叉性金融业务

2015年，金融机构同业业务增势明显，全省银行机构同业负债余额同比增长19.08%，投、融资类同业资产余额合计增长24.22%。跨业投资规模扩张迅速，跨业投资金额增长22.42%。产品代理销售额稳步增长，证券公司资管计划、其他类债券、保险产品销售增幅分别达到285.48%、82.64%和81.14%。银行业理财产品销售出现下滑，全年发行及代销理财产品募集资金同比减少0.36%。证券公司交叉性业务发展平稳，中泰证券资管规模增长20.05%，全年以两融收益权转让方式融入资金共计241.33亿元，利率互换交易名义本金21.2亿元。

需关注的问题：一是地方法人机构跨业投资增长较快。2015年末，辖内农村合作类机构同业投资余额同比增长 185.39%，同业投资在总资产中的占比上升至 18.27%，应收款项类投资增幅达 878.33%。二是辖内法人机构陆续推出开放式、净值型理财产品，增加了机构流动性风险管理难度。三是同业业务中仍存在规避监管的行为。部分机构通过同业业务规避规模控制或监管指标限制，同业业务资金来源和运用在期限和流动性方面存在错配，潜在流动性风险隐患。

## 三、金融市场与金融稳定

2015 年，山东省金融市场继续保持平稳健康运行态势，市场利率总体低位运行，交易量快速增长，债务融资工具发行规模稳步增加，企业参与度不断深化。

一是货币市场与债券市场运行平稳，交易量继续保持快速增长。2015 年，全省共有 138 家市场成员和非法人投资主体参与货币市场和债券市场交易，受市场流动性充裕、资金面总体宽松影响，总成交量大幅增加至 41.4 万亿元，同比增长 74.7%。全年日均融入资金 1 823.5 亿元，融出资金 886.3 亿元，日均净融入资金 937.2 亿元，同比增加 195.3 亿元，增长 26.3%。

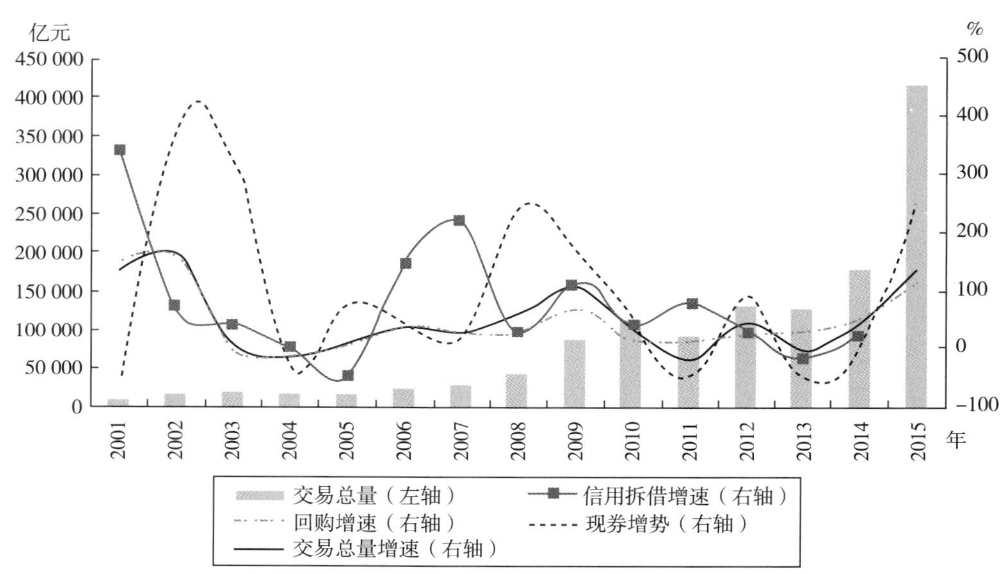


数据来源：中国人民银行济南分行。

**图 3　2001—2015 年货币市场成员交易量变动状况**

二是票据签发规模维持高位，贴现利率居于三年来最低水平。2015 年全省金融机构签发银行承兑汇票规模维持在 12 500 亿元以上，保持基本稳定。2015 年末，山东省金融机构银行承兑汇票签发余额 12 442 亿元，同比增加 907 亿元，同比增长 7.86%。票据贴现市场利率回落，2015 年末贴现加权平均利率降至 3.46%，同比下降 2.43 个百分点，处于 2012 年以来的最低水平。

三是债务融资工具融资规模持续扩大，企业参与度不断深化。2015 年，全省共发行债务融资工具 326 单，同比增加 111 单；实现融资 3 438.9 亿元，同比增长 50.8%，融资额居全国第三。至 2015 年末，全省存续期内的债务融资工具余额 4 602.9 亿元，短期融资券实现较快增长，发行数量和融资规模同比分别增长 95.1% 和 82.1%。全年共有 95 家企业成功发行债务融资工具。2015 年全省债务融资工具平均发行利率为 5.12%，较上年下降 1.38 个百分点。

四是黄金市场成品金产量和利润下降，融资渠道拓宽。2015 年，5 家监测的矿山开采企业开采矿石 10 918. 1 吨，同比减少 3 154. 7 吨；矿山开采企业成品金产量为 110 吨，同比减少 1. 57 吨；8 家重点监测企业销售额和净利润同比分别下降 4. 5% 和 35. 3% 。

## 四、金融服务与金融稳定

2015 年，山东省金融基础设施建设有序推进，为全省金融业健康发展提供了有力支撑。

### （一）金融法治基础不断增强

金融管理部门新制定和修订了多部与金融业和金融基础设施相关的重要制度性文件，规范了互联网金融、股票股权交易、保险资金运用等方面的业务活动。金融消费者权益保护工作有序推进。实现金融消费权益保护信息管理系统在省市县 1 392 家银行业分支机构的全面覆盖，组织开展系统数据核对工作，着力改进投诉受理方式，提升电子化处理水平和数据准确率。

存款保险制度顺利实施。2015 年 5 月 1 日，《存款保险条例》正式施行。按照总行统一部署，济南分行有序推进各项工作措施，确保存款保险制度顺利实施。截至 2015 年末，全省 225 家投保机构已全部办理投保手续，全省投保机构费率水平均为万分之 1. 6，累计交纳保费 2. 32 亿元。保费交纳对投保机构财务影响较小，以 2015 年投保机构经营数据计算，半年度应交保费折算成年度保费后占全部投保机构业务管理费支出、净利润、营业支出的比例分别为 0. 94% ，1. 44% ，0. 77% 。随着金融改革的加快推进，为进一步发挥存款保险机制作用，人民银行将依法推进实施风险差别费率、风险警示、早期纠正和风险处置等工作。

### （二）支付体系平稳运行

2015 年，人民银行济南分行出台多部规章制度，进一步强化对辖内直接参与者、省级银行机构、村镇银行等的管理要求，明确了突发事件分类、报告流程和应急处置等事项，保障了中央银行会计核算工作的连续开展和资金安全。截至 2015 年末，全省支付系统覆盖 9 436 家银行机构网点，同比增长 4. 28% ；全年累计清算资金 190. 87 万亿元，同比增长 18. 8% 。农村支付环境进一步改善。全省县及县以下地区 ATM、农民金融自助服务终端、POS 布放量分别为 2. 2 万台、2. 1 万台、80. 1 万台，同比分别增长 0. 91% 、31. 25% 、3. 49% 。非金融机构支付业务有序发展。山东省共有支付机构 53 家，省内法人支付机构共签约预付卡线下特约商户 26 101 户，银行卡收单线下特约商户 19 633 户。互联网支付业务量 243. 7 万笔，金额 199. 7 亿元。

### （三）信用体系建设持续推进

截至 2015 年末，全省企业信用信息基础数据库收录量增长 2. 67% ，个人信用信息基础数据库收录量增长 2. 0% 。征信服务水平不断提升，全年窗口查询个人信用报告 193. 9 万次，互联网查询个人信用报告 275. 5 万份，同比分别增长 49. 3% 、59. 3% 。小微企业和农村信用体系建设持续推进，全省 17 个地市小微企业和农村数据库基本建成，累计采集小微企业信息 71. 9 万户、农户信息 164. 8 万户。

### （四）反洗钱工作力度加大

人民银行济南分行以预防和打击洗钱犯罪为工作重心，指导金融机构加强对可疑交易的分析，提高可疑交易报告质量，及时进行风险预警。2015 年共对 45 家县级以上机构开展现场检查，对 2 387家金融机构开展反洗钱综合评价，对 41 家机构进行了风险评估，开展监管走访 169 次，约见谈话 71 次，质询 3 次。反洗钱监测与协调合作机制有效运行，创新实施可疑交易报告遴选机制，开展反洗钱行政调查、案件协查 51 个，移送线索 99 个，立案 18 个，与相关部门举行各类情报会商 223 次，发布风险提示 72 期。完成总行跨区域调查 14 个，实施调查 109 次，协助司法机关开展调查 9 个，实施调查 77 次。

### （五）货币流通管理水平不断提升

人民银行济南分行积极开展冠字号码查询及设备贴标工作，强化现金全额清分的监督管理。科学摆布发行基金，建立小面额货币的良性循环机制，确保了全省现金供应合理，市场现金需求满意度和整洁度不断提高。全省企事业单位监测数据显示，流通中人民币整洁度平均水平 94. 2%，各券别需求满意度平均水平 97. 8%，同比提高 0. 5 个百分点。深化城乡反假网络建设，建立反假货币快速反应机制，实现了信息资源共享，提升了区域反假货币风险防控的前瞻性。

### （六）金融知识宣传培训和投资者风险教育深入开展

全年开展征信、反洗钱、反假币宣传逾 5 100 余次，受众超过 220 余万人次，发放宣传资料 320 余万份。积极参与“维护金融稳定 山东在行动”等专题广播节目，围绕金融消费权益保护、社会信用体系建设、反假货币、反洗钱、银行卡使用等工作开展政策解读，正面引导社会认知，受到社会各界的广泛关注和积极响应。

## 五、总体评估与政策建议

按照统一的层次分析模型和权重，对山东金融稳定状况定量评估显示：2015 年综合评分 75. 26，比上年下降 1. 3。其中，经济得分较上年下降 1. 01，说明在“三期叠加”背景下，全省经济下行压力仍然较大，“去产能、去库存、去杠杆”任重道远。全省银行业总体保持平稳运行，存贷款稳步增长，贷款结构稳中向好，但受实体经济下行等因素影响，银行资产质量持续劣变，信贷风险防控压力增大，区域性、行业性金融风险上升，金融生态环境有所恶化，受此影响，银行业得分下降 0. 43，区域金融生态环境得分下降 0. 13。全省证券业经营规模与盈利水平快速增长，上市公司融资规模继续扩大，区域性股权交易市场发展较快，行业得分上升 0. 16。保险业总体保持了良好发展势头，机构资产规模、保费收入大幅增长，得分较上年上升 0. 11。

2016 年，全省金融业面临的风险防范与化解形势依然严峻。全省金融业应继续牢牢把握稳中求进工作总基调，深入贯彻落实中央和省委、省政府决策部署，主动引领经济发展新常态，贯彻“去产能、去库存、去杠杆、降成本、补短板”工作要求，全面深化金融改革，不断提升金融服务水平，切实强化风险管理，牢牢守住不发生系统性区域性金融风险的底线。

**（一）认真贯彻稳健的货币政策，保持货币信贷和社会融资规模合理增长**

引导金融机构紧紧围绕实体经济资金需求，增加信贷投放；认真实施宏观审慎评估，促进金融机构广义信贷合理增长；有针对性引导金融机构落实信贷政策要求，将更多的信贷资源配置到“三农”、小微企业、扶贫开发、节能环保、科技、文化、创业创新等重点领域和薄弱环节，努力缓解企业融资难和融资贵问题。

**（二）加强金融风险监测、预警和报告，坚持金融风险监测全覆盖**

加大风险监测排查力度，深入推进金融机构稳健性现场评估，严格落实银行机构重大事项报告制度，强化对金融创新业务和地方中小金融机构的风险监测，重点关注产能过剩行业、大企业融资担保圈、地方政府债务、房地产市场、互联网金融、非法集资等风险状况。

**（三）深入推进金融机构公司治理和内控建设，切实提高稳健经营水平**

督促各金融机构强化内部控制和风险防范，进一步健全激励约束机制，平衡好业务发展与风险防控、市场规模与经营效益、市场开拓与内控管理等方面的关系。健全完善信贷审批管理，强化内部信贷风险防控，高度重视现金流等第一还款来源，合理确定互保联保授信额度。严防金融机构案件风险。

**（四）完善金融风险应对处置措施，有序推进各类金融风险化解处置**

推动地方政府在区域金融风险处置中发挥主导作用，强化对舆论宣传的管理和引导，防止负面信息发酵和蔓延；优化区域金融生态环境，加大金融债权保护力度，坚决打击恶意逃废银行债务行为。加强金融监管协调和合作，防范跨行业、跨市场风险传递，强化金融市场秩序综合治理，严厉打击非法吸存、发放高利贷、集资诈骗等金融违法犯罪活动。加大金融安全宣传力度，强化金融投资者教育，切实提高社会公众理性投资意识及风险防范能力。

总　撰：苑治亭
统　稿：郑宇明　徐迎军
执　笔：于明星　孔　哲　居　立　林　毅　王　冠
张　宁　杨　猛　袁　征　孙　毅　凌　云

# 河南省金融稳定报告摘要

2015年，河南省经济平稳运行，经济结构持续优化，战略支撑更加坚实，发展后劲持续增强，为全省金融运行创造了良好的外部经济环境。金融运行稳中向好，“金融豫军”继续壮大；银行业总体实力大幅增强，改革创新工作持续推进，信用风险整体可控；证券期货市场运行平稳，规模与效益迅速增长，服务实体经济能力不断增强；保险市场转型升级加快、风险保障能力有效提升；金融市场融资规模继续快速增长，企业融资结构进一步优化。金融体系运行总体保持平稳，金融稳定性进一步增强。

经济金融运行中仍然存在一些不利的影响因素：经济趋稳的基础尚不稳固，去产能、去库存压力较大，供给侧结构改革任务艰巨；银行不良贷款大幅上升，社会风险输入加剧，风险管理亟须加强；上市公司行业结构不合理，后备资源不足；证券期货机构收入结构不合理，创新业务发展不够规范；保险业保险密度深度较低，服务能力有待提升。

## 一、经济运行与金融稳定

### （一）经济运行基本情况

1. 经济保持较高增速，发展方式加快转变

2015年，河南省国内生产总值同比增长8.3%，服务业对经济增长的贡献率为37.9%。经济增长动力从主要由二产拉动向二三产业共同拉动转变。城镇化率同比提高1.65个百分点。规模以上工业单位增加值能耗同比下降11.54%，万元生产总值能耗、二氧化碳排放强度分别下降6%和6.5%（见图1）。

2. 工业结构进一步改善，农业基础更加稳固

2015年，河南省规模以上工业增加值同比增长8.6%；高成长性制造业和高技术产业增加值分别同比增长11.4%和20.0%；产业集聚区工业增加值同比增长13.3%，占全省工业增加值的比重为60.4%。粮食总产量达到1 213.42亿斤，增产58.96亿斤，实现“十一连增”；新建高标准粮田915万亩，新培育农业产业化集群72个，总数达到200个以上。

3. 投资结构持续优化，基础设施投资拉动明显

2015年，河南省固定资产投资同比增长16.5%。高成长性制造业完成投资占全部工业投资的54.7%，同比提高0.5个百分点，传统支柱产业完成投资占全部工业投资的比重为35.4%，同比下降0.2个百分点。全省基础设施投资增长35.1%，对全省投资增长的贡献率为27.6%，同比提高14.7个百分点。

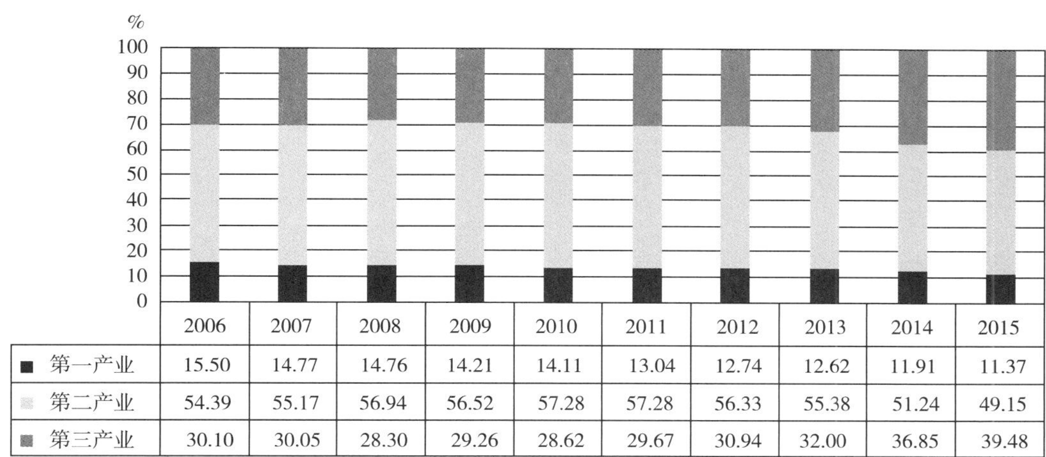


| | 2006 | 2007 | 2008 | 2009 | 2010 | 2011 | 2012 | 2013 | 2014 | 2015 |
|---|---|---|---|---|---|---|---|---|---|---|
| ■ 第一产业 | 15.50 | 14.77 | 14.76 | 14.21 | 14.11 | 13.04 | 12.74 | 12.62 | 11.91 | 11.37 |
| ■ 第二产业 | 54.39 | 55.17 | 56.94 | 56.52 | 57.28 | 57.28 | 56.33 | 55.38 | 51.24 | 49.15 |
| ■ 第三产业 | 30.10 | 30.05 | 28.30 | 29.26 | 28.62 | 29.67 | 30.94 | 32.00 | 36.85 | 39.48 |

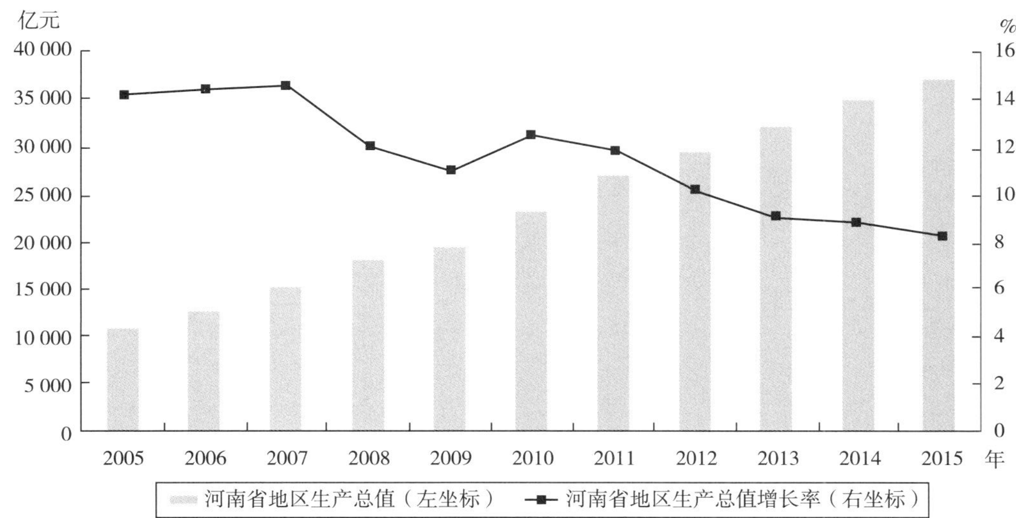


数据来源：河南省统计局。

**图1　2005—2015年河南省GDP结构、增量和增速变化情况**

4. 消费转型引领增长，电子商务迅速发展

2015年，河南省社会消费品零售总额同比增长12.4%，增幅居全国第2位、规模居全国第5位。全省城镇、乡村消费品零售额分别增长12%和14.1%。全年网络零售交易额增长53.7%，7个国家级电子商务进农村综合示范县电子商务交易额增长112%。

5. 对外贸易逆势上扬，开放水平持续提升

2015年，河南省进出口总额增长15.3%，同比提升7.8个百分点。其中进、出口总额分别增长21.9%和11%。全省实际利用外商直接投资、引进省外资金分别增长7.8%和8.5%。对“一路一带”沿线国家出口增长4.5%，对沿线国家投资合作涉及15个国家，对新加坡、泰国、越南、哈萨克斯坦、捷克等国出口增幅均在10%以上。

6. 财政改革稳步推进，民生领域有效保障

2015年，河南省一般公共预算收入增长9.9%；成立了8支省级财政性涉企资金改革基金，总规模达210.2亿元，发挥了财政资金的杠杆撬动效应。全省一般公共预算支出增长12.9%，社会民生

支出占财政支出的74%。基本建成保障性住房137万套，民生得到更好保障和改善。

7. 居民收入较快增长，市场物价涨幅平稳

2015年，全省城镇居民人均可支配收入增长8.0%；农民人均可支配收入增长8.9%。全省居民人均可支配收入17 125元，增长9.1%。全年居民消费价格总指数同比上涨1.3%。全年工业生产者出厂价格指数和购进价格指数均下降4.6%。

表1 2006—2015年河南省城镇和农村居民基本收支状况 单位：元

| 指标<br>时间 | 城镇居民 | | 农村居民 | |
|---|---|---|---|---|
| | 人均可支配收入 | 人均消费性支出 | 人均现金收入 | 人均生活消费性支出 |
| 2006 | 9 810 | 6 685 | 3 536 | 1 876 |
| 2007 | 11 477 | 7 827 | 3 851 | 2 308 |
| 2008 | 13 231 | 8 837 | 4 454 | 3 044 |
| 2009 | 14 371 | 9 566 | 4 806 | 3 388 |
| 2010 | 15 930 | 10 838 | 5 524 | 3 682 |
| 2011 | 18 195 | 12 337 | 6 604 | 4 320 |
| 2012 | 20 443 | 13 733 | 7 525 | 5 032 |
| 2013 | 22 398 | 14 822 | 8 475 | 5 628 |
| 2014 | 24 392 | 15 726 | 9 416 | 6 438 |
| 2015 | 25 576 | 17 154.3 | 10 853 | 7 887.45 |

数据来源：河南省统计局。

### （二）经济运行需要关注的问题

1. 经济趋稳的基础尚不稳固，未来下行压力仍然较大

一是受市场需求不足、产能过剩、生产成本上升等因素影响，工业企业投资信心不足、投资意愿降低、投资能力下降。二是由于PPP模式整体推进缓慢、专项建设基金规模不大、地方政府债务置换规模有限、以及财政收支矛盾不断加大等问题，基础设施投资面临的资金难题短期内仍得不到根本性缓解。三是工业生产仍处在底部盘整阶段，传统支柱产业生产经营持续困难，新的接续力量对工业增长的拉动作用有限。全省工业生产者出厂价格指数已连续42个月下降，企业效益持续低迷，2015年规模以上工业企业利润总额同比下降0.1%；亏损企业亏损额同比增长较上年同期提高48个百分点。

2. 去产能、去库存压力较大，供给侧结构改革任务艰巨

河南省工业结构中煤炭、钢铁、化工、有色和重型机械业占比较高，这些多属于高耗能、高污染和产能过剩的行业，是国家产业结构调整与技术升级改造的重点领域，企业改造投资需求额度大、技术升级难度高。2015年以来，随着经济增速的下调和产业结构转型升级的深入，上述行业经营困难加大，去产能的压力将进一步加大。另一方面，全省商品房库存消化周期不断延长，房地产市场去库存压力较大、区域分化严重，个别县市去库存周期超过36个月，房地产开发投资难以快速增长。

## 二、银行业与金融稳定

### （一）基本情况

1. 总体实力大幅增强，机构体系更加健全

截至2015年末，河南省银行业金融机构资产总额59 904.45亿元，同比增长16.13%，比2010年末增长1.11倍；负债总额57 785.43亿元，同比增长15.92%，比2010年末增长1.09倍；金融业增加值占服务业增加值的比重超过12%，比2010年末提高1.44个百分点；实现金融服务空白乡镇全覆盖，行政村金融服务覆盖率接近90%。目前全省银行业各类机构基本齐全，其中法人机构224家，物理网点达1.2万个。

2. 存款翘尾特征明显，负债结构呈现多元化

截至2015年末，河南省银行业金融机构本外币各项存款余额48 282.06亿元，同比增长13.74%，高于全国增速1.45个百分点。3月、6月、9月金融机构存款大幅增加，4月、7月、10月出现下降，月度间存款波动幅度较大。存款向理财等各类资产管理产品转化趋势增强，非存款负债日趋多元化，全年存单发行新增763.8亿元，债券发行余额达到144.9亿元，洛阳银行成功发行商业银行次级债券25亿元。

3. 各项贷款大幅增加结构优化，利率逐步回落

截至2015年末，河南省银行业金融机构本外币各项贷款余额31 798.60亿元，同比增长15.27%，高于全国贷款增幅1.9个百分点。中长期贷款增长20.59%，分别高出各项贷款和短期贷款增速5.32和13个百分点。全省金融机构存量贷款利率逐步下降，12月份加权平均贷款利率同比下降86个基点，企业融资成本趋降，普惠金融不断强化。

4. 法人机构流动性较好，风险抵御水平整体稳定

2015年末，河南省法人银行业金融机构流动性比例60.65%，资金面整体相对宽松，特别是财务公司、村镇银行、农村信用社，流动性比例较年初分别提高26.89个、11.24个、4.99个百分点。超额备付水平较高，城市商业银行、农村中小金融机构、财务公司超额备付率分别为6.33%、9.89%、3.04%。全省法人银行业金融机构新口径下资本充足率11.63%。农村信用社受不良贷款集中账面揭示因素影响，资本充足率有所下降，但全省农村信用社改制组建农村商业银行工作正抓紧推进，不良贷款清收处置速度加快，成效明显，法人机构风险整体可控。

5. 法人机构改革工作持续推进，改革成效日益显现

农村信用社改制农村商业银行进程加快，2015年新组建农村商业银行24家，总数已达53家，2017年末将实现农村信用社全部改制为农村商业银行。城市商业银行差异化发展取得实质性进展，5家城市商业银行资产规模在全国排名均有所上升，监管评级均有所提高。村镇银行发展不断规范，全省村镇银行数量达到69家，覆盖90个县市，县域覆盖面83%，覆盖县市数、机构总数量均居全国第一。

### （二）银行业发展需关注的问题

1. 不良贷款大幅上升，盈利水平持续下滑

自2013年二季度以来，全省银行业金融机构不良贷款已连续10个季度环比增加，贷款形态下

迁压力加大。6月份，全省农村信用社根据监管部门要求，将隐性不良贷款全部调整入账，不良贷款余额及不良率明显上升。2015年全省金融机构不良贷款余额比年初增加484.07亿元，不良贷款率上升1.29个百分点。2015年银行业金融机构累计实现利润同比少盈利3.06亿元，同比下降0.45%，较上年同期减少8.2个百分点。银行业发展进入新常态，与传统信贷业务相关的主营业务收入增势相对放缓，不良贷款侵蚀利润程度加深。

2. 基层人员涉案时有发生，引发舆情风险的概率增大

个别银行内部管理松懈，内控制度落实不到位，致使涉案事件时有发生。从各银行报送的重大事项报告情况看，作案人员多为银行基层机构负责人和重要岗位人员，部分基层银行人员假借银行名义非法吸收民间借贷资金，赚取高额利差，个别案件涉案金额较高，给银行业金融机构声誉造成了较大的负面影响。随着互联网的快速发展，信息传播渠道呈现快速、多元的特点，发生舆情风险的概率增加。2015年，河南省个别基层银行机构发生的存款异常提取事件均是由谣言引发，给当地银行业声誉带来了不利影响。

3. 担保圈风险逐步暴露，非法集资风险向金融体系传导的可能性增加

2015年以来河南省爆发了大量担保圈风险，部分民营及中小微企业资金链条断裂，一些担保企业也出现经营困难，部分地区出现了企业抱团拒绝还贷现象。从银行反映的情况看，全省企业融资担保链条长，担保关系复杂，涉及大量银行贷款，存量风险较大，压降困难。2015年，全省非法集资案件大量爆发，风险不断蔓延，一些实体企业涉嫌非法集资，造成银行信贷资金不能正常归还，多重风险因素交织传染，对银行体系的稳健经营产生一定影响。

## 三、证券期货业与金融稳定

### （一）基本情况

1. 市场主体持续增多，规模效益迅速增长

截至2015年末，河南辖区证券期货和基金机构392家（1家法人证券机构、2家法人期货机构），新增58家。基金代销银行21家，新增1家。境外上市公司32家，新增1家。境内上市公司73家，新增6家。新三板挂牌公司195家，新增140家。境内上市公司总市值8 681.52亿元，同比增长56.9%。证券投资者579万个，同比增长29.5%；客户总资产6 662.45亿元，同比增长54.48%。期货投资者12.5万个，同比增长18.48%；登记私募基金机构136家，管理基金规模38.96亿元。证券化率23.46%，同比增长7.3个百分点。47家上市公司现金分红82.13亿元，同比增长11.1%。

2. 融资规模再创新高，融资方式更加多样化

2015年，河南省各类企业通过境内资本市场实现融资626.02亿元，同比增长10%，尤其是IPO融资金额同比增长3倍，新三板挂牌公司融资金额同比增长73倍。5家上市公司通过公司债融资22.6亿元，2家公司发行中小企业私募债融资4.6亿元。证企对接项目已完成73个融资项目，完成融资344.63亿元。中原股权交易中心顺利开业，8家挂牌企业实现融资0.44亿元。

3. 上市公司产业结构调整和转型升级加快，市场主体质量得到提高

部分公司通过并购重组或再融资实现了产业升级。24家次上市公司完成并购重组，同比增长

50%；近40%的上市公司为细分行业的龙头企业，境内上市公司中50%的公司具有高新技术企业资格，其中中小板和创业板挂牌的上市公司中具有高新技术企业资格的公司比例达到80%。证券期货公司通过上市、增资扩股逐步提高了综合实力和市场竞争力，中原证券设立香港子公司，完成港股增发募集资金25.34亿港元，回归A股上市工作正在有序推进中。万达期货完成控股股东变更工作，资产管理、现货管理等创新业务稳步发展，期权经纪业务资格已获批，基金销售业务正在筹备。中原期货股份制改造正在推进，投资咨询和资产管理业务顺利开展，收入渠道进一步拓宽。九鼎德盛完成私募基金管理人登记备案注册，正向财富管理业务转型。

4. 市场监管不断加强，市场运行秩序持续改善

2015年，河南证监局共完成现场检查81家次，稽查办案24起，采取行政监管措施41条；审理行政处罚案件4起，审结案件1起，对9名主体予以警告，罚没金额共计111万元。移送涉嫌非法经营业务案件线索15起，出具书面认证材料9份；推动法院判决涉非案件40起，涉案金额888.62万元。督促市场主体有效落实投资者适当性管理、优化回报和保障行权等投资者保护制度，投资者教育工作纳入国民教育体系取得明显进展，多元化纠纷解决机制正在为投资者维权发挥积极作用。

### （二）证券期货业发展需关注的问题

1. 上市公司行业结构不合理，部分上市公司规范水平不高，上市后备资源不足

河南省上市公司中传统行业和低附加值行业的公司占比较大，面临行业产能过剩和较大的产业转型升级压力。部分公司经营业绩出现明显下滑，盈利能力较弱，个别上市公司甚至面临退市风险。少数公司信息披露违法违规行为仍时有发生，面临行政处罚和股民的诉讼风险。同时，辖区上市公司在利用资本市场上更多侧重于股权融资，债权融资比重较小。目前全省排队在审公司和在辅导公司家数与发达地区相比数量较少，且上市后备资源中拟启动上市工作的公司数量也较少，上市后备资源不足。

2. 证券期货机构行业影响力小，收入结构和投资者结构不够合理

河南省3家证券期货法人机构的评级分别为：万达期货为AA级，中原证券于2014年6月份在香港上市、2015年评级提升为A级，中原期货为BB级，整体水平有待进一步提升。证券期货业经营机构主营业务收入偏重于经纪业务，随着证券市场一人多户政策的全面放开、股指期货交易量的限制，以及证券期货经纪业务手续费率的下滑，各公司将面临经营业绩下滑的风险。同时，投资者散户化、小额化特征明显，机构投资者特别是有影响的机构投资者较少。

3. 创新业务发展不够规范，投资者投诉大幅增加

证券期货公司的资产管理业务多为通道类业务，偏离了现代资产管理方向，风险管理子公司业务多以仓单质押为主，未充分发挥期货的风险管理能力。证券公司的融资融券、股权质押等各类股市杠杆融资业务风险依然存在。2015年，由于证券市场的异常波动，证券投资者的维权投诉大幅增加。

## 四、保险业与金融稳定

### （一）基本情况

1. 市场体系不断完善，整体实力持续增强

截至2015年末，河南省共有省级分公司以上保险公司72家，较年初增加10家；首家保险法人机构中原农业保险股份有限公司开业运营，填补了法人保险公司的空白。全省保险公司分支机构较年初增加260家；保险业资产总额达到2 672.37亿元，增长16.15%，增速同比提高6.4个百分点。

2. 保费收入快速增长，风险防范效果明显

2015年，河南省保险业实现保费收入1 248.76亿元，同比增长20.53%，增速创“十二五”以来新高。其中，财产险公司保费收入同比增长15.16%，人身险公司保费收入同比增长22.56%，发展明显加快。保险业风险总体可控，财产险应收率、批减率等主要指标与全国持平，人身险退保率扭转了连续79个月同比上升的势头，非正常集中退保群体性事件首次控制为零。

3. 业务结构持续优化，费率改革效应释放

2015年，河南省保险业转型升级稳步推进，网销、电销等新渠道业务较快发展。财产险中车险占比下降0.72个百分点，非车险占比进一步提升，商业车险条款费率改革顺利启动，全省财产险承保利润达11.59亿元，创历史新高。人身险新单折标率、期缴率等主要指标继续向好，年金保险同比大幅增长90.57%，费率市场化改革政策效应持续释放，普通寿险继续保持较快增长，万能险下半年费改以来实现新单保费107.2亿元，是上年同期的3.3倍。

4. 保障能力继续增强，服务领域不断拓宽

2015年，河南省保险业累计提供风险保障17.6万亿元，赔付支出447.71亿元，同比增长38.17%。农业保险“扩面、提标、增品”取得成效，小麦等7个险种保额提高到10%~60%，玉米天气指数保险、涉农贷款保证保险等多个政策支持的创新型险种顺利启动，农业保险保费收入同比增长53%。全面实施城乡居民大病保险，覆盖18个地市9 319万城乡居民。全年为社会提供防灾减损费用1.2亿元，提取全省道路交通事故社会救助基金1.55亿元，医疗责任保险同比增长91%，服务实体经济的能力持续提升。

### （二）保险业发展需关注的问题

1. 业务发展不均衡，产品供给结构有待优化

保险市场过度依赖少数险种，对细分市场开发不够，对政府有支持、居民有需求的产品和服务创新力度不够。在财产险方面，车险“一险独大”的状况突出，非车险占比仅17.16%。在农业保险方面，新型农业经营主体和特色农业对保险有强烈需求，但政策性险种覆盖不足，商业性险种开发滞后。人身险方面，保险产品供给总体偏重投资型产品，保险保障优势没有充分发挥。

2. 保险密度深度较低，服务能力有待提升

2015年，河南省人均保费（保险密度）与全国的差距从2010年的166元扩大到446元。财产险人均保费仅为全国水平的一半。在服务能力建设上，保险公司对前端承保展业投入多，对后端理赔服务投入少；对发达地区和市场投入多，对县域农村市场投入少。理赔难和销售误导现象仍时有发生，保险消费投诉和涉保诉讼居高不下。行业专业化服务水平不高，保险功能更多地体现在事后经济补偿，而在事前防灾防损等方面作用发挥有限。

3. 风险防范压力较大，合规经营有待加强

2015年，河南省人身险退保率虽然同比略有下降，但仍为全国最高，25家公司和16个省辖市突破5%警戒线。同时行业“重保费、轻合规，重展业、轻管理”的现象仍然存在，一些机构内控机制落实不到位，管理制度“纸面化”问题突出，一些高管依法合规意识淡薄，非法集资跨界传染，

风险防控形势严峻。

## 五、金融市场与金融稳定

### （一）基本情况

1. 债券融资保持活跃，政府债券利率上浮

2015 年，河南省企业和地方法人金融机构累计在银行间债券市场融资 1 141.6 亿元，其中非金融企业债务融资工具 1 079.6 亿元。发行地方政府债券 4 批次共 1 424.9 亿元；公开招标发行的政府债券利率水平拉升到较国债利率上浮 30 个基点，定向承销发行的上浮利差也处在 41 ~ 45 个基点区间。

2. 货币市场交易快速增长，利率中枢震荡下行

2015 年，河南省市场成员货币市场业务累计成交金额同比增长 98.44%。交易期限结构以隔夜、7 天为主，在总交易中占比 94.96%，同比上升 4.25 个百分点。货币市场利率先升后降，整体下行。12 月质押式回购、同业拆借加权平均利率同比分别下降 154 个和 152 个基点。银行间市场国债收益率曲线整体大幅下移。

3. 票据业务持续增长，资产价格整体趋降

2015 年末，河南省金融机构票据承兑余额较上年增长 10.31%，累计发生额较上年增长 6.57%，承兑保证金存款余额较上年增长 18.43%，贴现余额较上年增长 61.53%，贴现累计发生额较上年增长 106.25%。受多种因素影响，商业银行资金和票据资产价格整体呈现下降趋势，票据资产价格降幅快于资金价格，收益空间进一步压缩，促使金融机构积极探索票据业务创新。

4. 黄金业务大幅增长，期货交易增加较多

2015 年，河南省共 17 家银行业金融机构开办黄金市场业务，业务种类包括代理金交所对公、个人业务、账户金、实物黄金、黄金质押、黄金租赁、黄金理财、境内境外黄金远期。下半年，河南省金融机构境内黄金交易总量是 2014 年同期成交量的 5.85 倍，成交金额 248.7 亿元。第四季度，黄金交易总量同比增长 132.4%，成交额达 96.2 亿元。2015 年，郑州商品交易所累计成交量同比分别上升 58% 和 33%。甲醇 MA、菜籽粕 RM、PTA 和白糖 SR 是最主要的交易品种，分别占成交量的 29.37%、24.43%、21.64% 和 17.5%。

5. 银行结售汇持续逆差，人民币跨境使用实现突破

2015 年，河南省跨境收支金额同比增长 7.8%。其中，跨境收入同比增长 6.5%。全年河南省银行售汇同比增长 81.9%，结汇同比下降 30.5%，结售汇逆差达 140.3 亿美元。第四季度，人民币汇率贬值预期得到一定程度的释放，银行售汇规模略有收缩。河南成为首个跨境人民币创新业务试点的内陆省份，其中人民币贸易融资资产跨境转让更是全国首创。2015 年，全省人民币跨境收支同比大幅增长 155.4%。人民币跨境收支占全部本外币收支的比重达到 33.3%，同比提高 18.8 个百分点。

### （二）金融市场运行中需要关注的问题

1. 票据信用风险上升，操作风险较为突出

由于经济下行压力较大，在去产能、去库存、去杠杆的过程中，企业资金链断裂、债务违约、

逃债等事件时有发生。部分企业和金融服务性质的中介公司资金链趋紧，到期债务履约能力存疑，并有资金链断裂和票据逾期的现实风险。票据市场因中介介入交易链条导致的假商票、假印章等风险事件仍有发生，极易对票据买入行、业务合作行的票据安全性、资产安全性和交易安全性形成威胁，风险管控的难度和复杂性进一步提高。

2. 产能过剩行业债券融资规模较大，信用风险应予关注

近年来，河南省煤炭、有色金属、钢铁等传统优势行业的企业在快速发展过程中融资能力不断增强，债务融资工具发行金额占比较大。当前，随着经济结构调整的不断深化，供给侧改革的推进，去产能、去库存、去杠杆以及“僵尸企业”的清退，对河南省相关企业生产经营造成明显冲击，企业盈利空间不断收窄，部分企业已出现亏损，存续期债务融资工具发行人的信用风险应引起高度重视。

## 六、金融基础设施与金融稳定

### （一）金融监管部门多措并举，金融消费权益保护工作稳步推进

2015 年，河南省建立金融消费权益保护工作协作机制，签署了《河南省“一行三局”金融消费者权益保护工作联席合作备忘录》。人民银行郑州中心支行金融消费权益保护信息管理系统在全省上线运行，金融消费者投诉处理办结率 99.5%。河南银监局成立了信访投诉接待中心，组织编写银行业消费者权益保护工作指南，签订银行业消费者权益保护公约。河南证券局开通了金融消费者“12386”热线，组织辖区 331 家证券期货经营机构开展了投资者教育宣传活动。河南保监局成立保险消费者权益保护服务总站，由响应式服务向主动服务转变。

### （二）支付清算系统安全运行，支付服务环境加快改善

2015 年，河南省实现了二代支付系统“一点接入、一点清算”在银行机构的全覆盖。会同公安等 5 部门开展联合整治银行卡网上非法买卖专项行动。扎实推进农村支付环境建设，协调省级财政资金补助、助农取款服务点通信资费优惠等若干政策。探索“惠农支付 + 农村电商”融合发展模式，推动综合性惠农支付服务点建设。河南助农取款业务交易量跃居全国第一，农民工银行卡特色服务交易量连续 8 年居全国第一。

### （三）征信系统安全有效运行，社会信用体系建设稳步推进

截至 2015 年末，个人征信系统收录自然人 4 877.8 万，企业征信系统收录企业和其他组织 49.8 万户，69 家村镇银行、小额贷款公司和融资性担保等机构接入金融信用信息基础数据库。全省共在应收账款融资服务平台注册并开通用户 2 033 家，通过平台成交应收账款融资业务 1 574 笔、金额 407.3 亿元。河南省公共信用信息平台和“信用河南”网站建设全面启动，19 个重点领域建立信用记录，31 个部门面向社会提供信息查询和共享服务。

### （四）反洗钱监管水平不断提升，反恐反腐作用有效发挥

2015 年，人民银行郑州中心支行对所辖 2 378 家机构进行了反洗钱考核评级，对 97 家机构进行

现场检查，并首次实施“双处罚”。积极配合有关单位反洗钱调查和涉恐等案件的协查工作，开展了打击离岸公司和地下钱庄专项行动，有效发挥了反洗钱在反恐反腐中的作用。

### （五）货币发行管理切实加强，反假币履职力度不断加大

2015 年，全省金融机构 ATM 取款机、存取款一体机全部实现冠字号码查询。顺利完成新版人民币、各类纪念币的发行工作，残损人民币大型机械销毁量、清分量、清分联机销毁量均位居全国第一。探索残钞废料用于生物质发电和酒店生物燃料锅炉两种节能环保处理方式，实现残损人民币销毁废料无害化处理。全年全省收缴假币 2 718.93 万元，同比降低 21.7%，人民银行清分金融机构缴存款中的假币浓度同比降了 0.17PPM，有力地维护了全省经济金融秩序稳定。

## 七、总体评估与政策建议

### （一）总体评估

从定量评估的结果看，2015 年河南省金融稳定综合评价分值对应评估表中所属类别仍为“B 类地区较好 +”，但分值较去年有所降低，影响综合评价的主要因素为河南省经济金融处于结构调整期，指标增速趋缓明显。整体来看，河南省金融稳定状况保持良好。2015 年，河南省金融稳定综合评价值为 77.03 分。从权重来看，“就业情况”、“对市场风险的敏感度”、“资产安全性”、“信用环境完善”分别为对“宏观经济”、“银行业”、“证券业”、“保险业”、“金融生态环境”影响最大的因素，权重最高。而“消费增长”是对“宏观经济”影响次之的因素，“资产质量”、“资本充足率”、“资本充足性”、“地方法制环境”则分别为对“银行业”、“证券业”、“保险业”、“金融生态环境”影响次之的因素。

### （二）政策建议

1. 加强政策协调配合，发挥政策合力作用

一是加强稳健货币政策和积极财政政策的协调，在稳增长的前提下，为经济结构调整和金融改革创造一个稳定的货币金融环境；二是加强产业政策和信贷政策的协调，采取有效措施，优化信贷结构，引导商业银行加强对国家重点支持行业和领域的信贷投放。三是加强人民银行政策和地方政策的协调，提高货币信贷政策执行的有效性和针对性。四是加强货币信贷政策和监管政策的协调，为经济结构调整和转型升级营造适度的货币金融环境。

2. 大力推进供给侧结构性改革，扩大有效供给

一是要做好全省化解过剩产能工作的总体谋划，因地制宜、分类有序、尽可能采取兼并重组方式化解过剩产能，将去产能与金融工具创新运用结合起来，利用股债结合等多样化融资工具。支持大企业设立产业创投基金，支持地方开展小微企业融资担保代偿补偿等业务。二是积极支持节能环保、生物技术等新兴产业发展，支持传统产业优化升级，支持企业进行技术改造和设备更新，提高企业技术改造投资能力。三是继续实施重大公共设施和基础设施工程，拓展水利、铁路、公路等基础设施投资空间，提高投资有效性和精准性，充分发挥投资对经济增长的拉动作用。

3. 加强对重点领域风险排查，充分发挥地方政府在重大风险化解中的作用

一是加强对产能过剩行业、地方政府性债务、影子银行以及互联互保、担保圈等领域的风险监

测和排查，充分评估其可能存在的风险及影响程度。二是建立、完善重点关注风险企业数据库和信贷违约信息通报机制，对重点关注风险企业实行“一企一档”，及时采取措施阻止风险的扩散和化解。三是建立地方政府牵头，金融监管部门协调配合的区域金融风险化解、处置模式，对去产能、去杠杆过程中产生的大面积关联风险，以及对特别重大的企业资金链风险和担保链等问题，要充分发挥地方政府在各部门的协调主导作用，强化部门间的信息交流和协同行动。四是加大对逃废银行债务行为的惩处力度，对不诚信企业建立黑名单，定期内部通报。五是高度重视防范民间融资、非法集资、金融传销问题，建立有效的风险“防火墙”，防止非法集资风险向金融体系传导渗透。六是积极开展对银行、证券、保险机构的稳健性现场评估，适时开展压力测试，做好风险提示；对问题机构进行早期干预，及时防控和化解风险。

4. 强化证券监管，提升风险预判，推动市场创新，牢守风险底线

一是证券期货业机构要加强市场创新并强化规范经营意识，紧紧围绕服务实体经济、满足企业多元化融资需求和投资者多样化财富管理的需要，切实提升服务实体经济能力。二是推动上市公司优化产业结构和转型升级，利用资本市场提升公司创新能力和盈利能力，通过资源整合，加快产品结构调整和产业升级，不断做大做强，有效化解重大经营风险。增强信息披露的规范性，有效提高市场公信力。三是证券期货机构要健全完善风险管理体系，落实风险防范主体责任，同时要引导投资者树立价值投资理念和风险防范意识，切实提高投资者依法维权和自我保护能力。

5. 业务发展与风险防范并重，确保保险市场安全稳健运行

一是保险业金融机构要健全完善风险防范的政策措施，强化风险排查和监测预警，实现风险防范工作机制常态化。二是提高退保给付时效、妥善处理个案纠纷、加强银保双方沟通，前移风险防线，改变事后处置的被动局面；加强销售品质和客户信息真实性管理，规范增量业务，从根本上化解满期给付和退保风险。三是转变经营理念，强化管理意识。加强各项管理和基础建设，坚持依法合规经营，为长期稳健经营和发展打好基础。四是营造公平有序的市场环境，转变以保费收入和赔付率等指标直接衡量保险业机构经营业绩的观念，进一步强化其作为社会稳定器的企业责任和社会责任。

6. 完善金融基础设施建设，提高金融应急管理水平

一是完善企业和个人信贷征信系统，完善社会征信服务体系；建立金融生态监测评价系统，促进社会信用环境不断改善；健全反假货币网络体系，净化现金流通环境；加大反洗钱工作力度，预防和打击洗钱犯罪活动和恐怖融资行为，维护正常经济金融秩序。二是积极构建金融突发事件应急管理长效机制。不断完善应急体系预案，健全应急管理机制；稳定和锻炼应急队伍，增强应急演练的实效性；加强金融监管部门和政府相关部门的联系与沟通，进一步畅通和完善金融信息共享制度，增强对金融业突发事件的应急处置能力。

总　纂：邵延进
统　稿：戚兴如　张明辉
执　笔：尹志刚　琚亚利　朱永海
其他参与写作人员：王利娟　王　莎　王淑云　石彦杰　李　孜
余　涓　宋　杨　张利娴　崔二涛　韩保恒

# 湖北省金融稳定报告摘要

2015年，面对严峻复杂的经济形势，湖北省以党的十八大精神为指引，深入贯彻习近平总书记系列重要讲话精神，积极适应经济发展新常态，全面落实“竞进提质、升级增效”总要求，努力践行“绿色决定生死、市场决定取舍、民生决定目的”三维纲要，在应对国际金融危机持续影响和经济下行压力中，克难奋进，稳步前行，经济社会发展呈现“总量跨越、质效提升、位次前移”的竞进态势，为“五个湖北”建设和“建成支点、走在前列”奠定了良好的基础。同时，区域金融改革创新亮点纷呈，《武汉城市圈科技金融改革创新专项方案》（银发［2015］225号）获国家批准，武汉城市圈成为国内首个科技金融改革创新试验区，长江经济带产业基金正式启动，武汉区域金融中心建设加速推进，湖北省再担保集团和湖北省资产管理公司揭牌，农村金融全覆盖和金融服务网格化顺利实施，村级惠农金融服务联系点实现行政村全覆盖，湖北省经济金融呈现稳健协调发展的良好态势，区域金融体系保持稳定。

## 一、经济与金融稳定

### （一）运行状况

经济总量稳中有进，产业结构持续优化。2015年，湖北省完成生产总值29 550.19亿元，增长8.9%，增幅高于全国2个百分点。其中，第一产业完成增加值3 309.84亿元，增长4.5%；第二产业完成增加值13 503.56亿元，增长8.3%；第三产业完成增加值12 736.79亿元，增长10.7%。三次产业结构由2014年的11.6∶46.9∶41.5调整为11.2∶45.7∶43.1。

消费品市场稳步增长。全年湖北省实现社会消费品零售总额13 978.05亿元，增长12.3%。分城乡看，城镇实现零售额11 754.20亿元，增长12.0%；乡村实现零售额2 223.85亿元，增长13.8%。

固定投资平稳增长。湖北省完成固定资产投资（不含农户）28 250.48亿元，增长16.2%，其中房地产开发投资完成4 249.23亿元，增长6.7%，商品房销售面积6 244.55万平方米，增长11.5%，实现商品房销售额3 661.37亿元，增长18.6%。

外贸进出口增长放缓。全年湖北省实现外贸进出口总额2 838.8亿元，增长7.3%，其中，进口1 021.7亿元，增长1.4%；出口1 817.1亿元，增长11.0%。新批外商直接投资项目301个。全年外商直接投资89.48亿美元，增长12.9%。

物价水平平稳运行。湖北省居民消费价格总指数（CPI）为101.5，湖北省居民消费价格水平上涨1.5%，其中，城市上涨1.4%，农村上涨1.7%。

财政收入增长提速。全年湖北省完成财政总收入4 705.28亿元，增长14.9%，其中地方公共财政预算收入3 005.39亿元，增长17.1%。在地方公共财政预算收入中，税收收入2 086.36亿元，增长11.4%。全年财政支出6 094.21亿元，增长23.5%。

居民收入继续增加。湖北省居民人均可支配收入20 026元，增长9.5%，其中，城镇常住居民人均可支配收入27 051元，增长8.8%；农村常住居民人均可支配收入11 844元，增长9.2%。

金融业增长较快。2015年末湖北省金融机构本外币各项存款余额41 345.88亿元，比年初增加4 511.50亿元。其中：住户存款19 680.14亿元，增加1 877.63亿元。金融机构各项贷款余额29 514.57亿元，比年初增加4 217.02亿元。

### （二）经济运行稳健性分析

经济内在结构性矛盾依然突出。一是调结构与稳增长的矛盾突出。据专项调查显示2015年湖北省工业产能利用率仅为79%。特别是石油加工炼焦、钢铁、有色等行业的产能利用率低下尤为突出。未来要完成去库存、去产能，加快对僵尸企业的淘汰，短期来看对工业肯定会产生下行压力。二是旧动力减弱与新动力不足的矛盾突出。从需求侧来看，湖北省投资效益也不断下滑。效益系数（新增GDP/投资）从2010年的0.28下降到2014年的0.11，再到2015年的0.08。另一方面，继房地产和汽车后，湖北省具有重大拉动作用的新兴消费热点并未形成，旧的支撑如钢铁、石化、建材等产业高速扩张期已过，但短期内又难以找到体量相当、带动力相近的新兴产业板块替代。三是农民持续增收面临瓶颈。目前，种植业生产已进入高成本时代，但产品市场价格走势却趋向低迷，导致种植利润空间减小，农业比较效益下降，农民面临增收瓶颈。四是企业盈利受到两头挤压。当前湖北省工业产品出厂价格持续走低，全年PPI下降3.3%，连续35个月处于下降通道，另一方面企业的资金、土地、人工成本却不断升高。

信贷结构与经济结构紧密相关，金融机构主动调整动力不足。2015年湖北省信贷投向总体上与湖北省经济发展现状、与稳投资、稳增长的要求是基本适应的，但对照转型升级的要求，对照“三去一降一补”和供给侧结构性改革中淘汰落后产能、增加有效供给的需要，还有相当大的升级优化空间。从由国开行和农发行主导的国家专项建设基金投向看，依然偏向于基础设施和国有企业项目，而对民营项目，尤其是增强制造业核心竞争力的转型升级项目投放比率较低。

风险溢价持续上升，小微企业融资成本居高难下。小微企业融资成本主要包括三个部分：一是基准利率，2015年人民银行连续降息后，目前1年期贷款基准利率已降至4.35%的历史低位水平。二是风险溢价，也就是浮动幅度，由于当前实体经济不景气导致小微企业信贷资产质量劣变加速，基于市场规则的风险溢价幅度随之加大。据我分行监测，12月份，小型、微型企业贷款利率分别较基准利率上浮30.5%和81.2%，同比分别扩大11.4和34.3个百分点。三是附加成本，包括银行、行政和中介部门服务收费，这一部分都在减免或者有所下降；还有就是银行不全额放贷、搭售金融产品等隐性成本，这一部分从调查来看属少数金融机构个别行为，并不普遍。因此，综合看，当前小微企业融资成本问题关键在于风险溢价幅度过大，而其根源在于小微企业的增信与风险分担机制缺失。

风险源头增加传递加快，下一阶段暴露压力加大。金融风险发生的源头日益增多，受经济风险交叉传染的风险点也明显增多。从当前来看，牵涉民间借贷已成为信贷资产质量下滑的重要诱因；同时，一些有组织的非法集资在互联网金融兴起的背景下呈现多发态势，传染渠道更加隐蔽、快速；另外，为缓解民企融资困局的互联互保业务风险不断显现，也极易演化为区域性、行业性金融风险。

下一阶段看，随着去产能、去杠杆任务的逐步推进，也会带来僵尸企业、产能过剩企业资金链断裂甚至破产、重组的问题，加重贷款质量恶化程度；周转性贷款对过桥融资的依赖程度较高，也将成为信贷风险的一个重要潜伏点。

## 二、银行业与金融稳定

### （一）运行状况

业务基础发展稳健。2015 年末，湖北省银行业金融机构资产余额5.1 万亿元，同比增长14.9%，其中，各项贷款余额2.9 万亿元，同比增长16.7%，居中部六省第2 位。湖北省银行业负债总额5 万亿元，同比增长15.2%，其中各项存款余额达到4.1 万亿元，同比增长11.94%，新增存款4 511.7亿元。

信贷增长创新高。2015 年全年金融机构贷款增量首次突破4 000 亿元，达4 217 亿元，为历史最高水平，同比多增931 亿元，贷款增量居中部六省首位。

薄弱环节优化。一是支持小微企业，2015 年末，湖北省银行业金融机构小微企业贷款余额5 719 亿元，同比增长20.9%，高于各项贷款增速4.2 个百分点。小微企业贷款户数40 071 户，比年初增加4 342 户；二是支持民生保障，2015 年末，湖北省保障性安居工程贷款余额1 045 亿元，同比增长78.8%；三是支持县域经济，2015 年末，湖北省县域贷款余额9 150 亿元，同比增长23%，高于各项贷款平均增速6.3 个百分点。

资产质量持续承压。2015 年末，湖北省银行业金融机构不良贷款余额500 亿元，比年初增加100 亿元；不良贷款率1.69%，比年初提高0.11 个百分点；同时关注类贷款仍然呈快速增长趋势，2015 年末，湖北省关注类贷款达2 172 亿元，同比增长39%。同时，辖内法人机构主要指标在可控范围内，金融体系整体保持稳定。

金融市场总体平稳运行。拆借交易量大幅增长，拆借利率以下行为主。2015 年，湖北省累计拆借金额2 574 亿元，同比大幅增长83%；债券回购交易大幅增长，回购利率整体下行。2015 年，湖北省债券质押式回购交易合计成交金额11.75 万亿元，同比大幅增长73%；回购利率整体下行，债券质押式正回购加权平均利率为1.91%，逆回购加权平均利率为2.14%，同比分别下降89 个基点和84 个基点；债务融资工具发行规模持续增长，发行品种日益丰富。2015 年，湖北省企业累计发行债务融资工具122 只，同比增加19 只，增幅18%；发行金额968 亿元，同比增加123 亿元，增幅15%。

### （二）改革进展与成效

金融改革力度持续增强，金融组织体系不断完善。继续引进全国股份制银行，浙商银行正式开业，成为入驻湖北的第11 家全国性股份制银行；完成邮储银行二类支行改革；加快非银行机构建设，湖北消费金融公司、湖北金融租赁公司及省交投集团财务公司顺利开业。三环集团、九州通集团设立财务公司，三江集团发起设立金融租赁公司的筹建规划获批；大力引进外资银行，台湾土地银行和中小企业银行正式开业，新加坡星展银行筹建规划获批同意；农商行改革圆满收官，湖北省77 家农村商业银行全部开业，创造了农信社改革的“湖北模式”，同时实现了湖北省村镇银行县域全覆盖。

区域金融改革创新亮点纷呈，政策引领效果进一步强化。武汉城市圈科技金融改革创新专项方案获国家批准，武汉城市圈成为国内首个科技金融改革创新试验区；长江经济带产业基金正式启动，形成总规模2 000亿元左右的湖北省长江经济带产业基金；武汉区域金融中心建设加速推进，《武汉区域金融中心建设总体规划（2014—2030）》正式发布；财税金融联动改革成效显著，湖北省作为9个试点省之一获得了全国信贷资产质押再贷款试点资格；农村金融全覆盖和金融服务网格化顺利实施，湖北省县域以下新增银行网点389家，新增保险网点447个，村级惠农金融服务联系点实现行政村全覆盖，建立普惠金融网格化工作站6 550个；湖北省政府与中国保监会开展战略合作，签署合作备忘录，支持武汉保险示范区建设。

稳步推进存款保险制度实施，保障存款保险平稳运行。存款保险制度实施以来，湖北辖内认真配合总行做好组织宣传、培训学习、舆情监测和应对工作，加强关键时期舆情监测，及时处置有关敏感舆情事件，有效防止敏感舆情风险的传播和扩散，实现了湖北省内金融运行平稳，金融秩序正常，确保了《存款保险条例》出台前后的平稳过渡。依法及时足额做好保费归集工作，结合湖北实际，制定下发了《湖北辖内吸收存款的地方法人银行业金融机构办理存款保险投保手续及交纳保费管理办法（试行）》。积极承担总行存款保险风险差别费率实施前的准备与测算，作为总行试点单位，先后3次组织开展投保机构风险评级试打分工作，探索完善存款保险定性评价指标获得总行肯定。2015年，湖北省办理投保手续的投保机构有136家，依法归集保费8 921万元。

农行“三农”事业部改革试点工作持续推进，服务“三农”效力进一步提升。2015年人民银行武汉分行持续强化对湖北省农行“三农”事业部改革试点工作的督导，深化“三农”事业部改革试点工作，增强服务“三农”能力。截至2015年末，湖北省农行“三农”事业部县域存款余额2 545.16亿元，比年初净增257.69亿元；县域贷款余额881.00亿元，比年初净增62.25亿元；涉农贷款余额850.15亿元，比年初净增92.84亿元。县域存款、涉农贷款比年初增速分别为11.27%、12.26%，分别快于全行存、贷款平均增速1.31个、3.25个百分点，分别快于全国农行系统2.9个、3.6个百分点。

### （三）银行业稳健性分析

2015年，湖北省银行业整体运行平稳，但部分领域潜在风险不容忽视。

有效信贷需求不足。银行有效需求仍然不足。传统行业需求萎缩，在固定资产投资中占比最大的制造业投资，由于整体生产能力过剩，且受到上年利润大幅滑坡的影响，企业投资动力不足，信贷需求显著减弱。2015年末，湖北省制造业当年新增贷款较去年同期少增191亿元。

房地产市场形势不明朗。一是房地产企业财务风险上升。三四线城市销售持续下降，房企资金压力增大，财务风险上升；二是三四线城市去库存压力上升，各市州房地产回暖缓慢，个别地市新区被媒体列入鬼城名单；三是中小企业房地产开发企业贷款风险较大。

地方政府融资平台贷款呈现新特点。一是债券置换方面，项目清单由政府主导，可能存在部分风险较高项目未优先纳入的情况，且债券收益较低，对银行利润有影响；二是PPP项目储备不足，体制建设尚处于起步阶段；三是为平台公司在建项目提供后续融资时存在一定风险；四是平台被剥离融资职能后，银行对于一些存量平台贷款将“只收不贷”，平台可能面临资金链断裂。

民间借贷风险存在向银行传导风险。大部分企业借贷与民间借贷有着盘根错节的关系，其风险通过多种渠道波及银行。部分企业审贷时刻意隐瞒财务信息，通过法人家属大量民间融资，一旦资金链出现问题，信贷风险立即暴露；部分企业将银行获取的信贷资金投向回报更高的民间借贷市场等。

非法集资风险渗透压力激增。非法集资风险向银行业传递和渗透的途径主要有：客户涉非、外部合作机构关联性风险、银行机构及从业人员参与或变相参与非法集资等。许多中小企业迫于资金周转压力不惜成本借用社会资本，迅速推高企业资产负债率和财务负担，使企业经营风险陡增，加速企业衰落和死亡。

## 三、证券业与金融稳定

### （一）运行状况

2015 年末，湖北辖区上市公司 87 家，位居全国第 10 位，中部六省排名第 2 位（安徽第 1 位），上市公司总股本 754.79 亿股，流通股本 668.92 亿股；总市值 11 092.03 亿元，流通市值 9 241.22 亿元，分别较 2014 年底提高了 48.49% 和 47.83%；全年累计新增 111 家新三板挂牌企业，总数达 203 家，位列中部第一位，全国排名第 7 位；武汉股交中心托管登记企业数量达到 1 635 家，托管总股本 982.7 亿股，挂牌交易企业总数达到 802 家，其中，股份公司 587 家，“科技板”企业 215 家。

法人机构实力不断增强，规模持续扩大。一是资本实力增强。天风证券增资扩股至 46.62 亿元，启动公司股票上市工作。二是网点数量增加。长江证券、天风证券、长江期货新增网点数分别为 35、16、2 家。三是业务资格增多。相继取得期权结算业务、股票期权交易参与人、机构间私募产品报价与服务系统参与人、股票期权做市业务、私募基金综合托管业务等多项资格。四是管理上台阶。2015 年长江证券分类评级由 A 级晋升到 AA 级、天风证券由 BB 级晋升到 BBB 级、长江期货由 A 级晋升到 AA 级。五是经营业绩提升。2015 年长江证券、天风证券、长江期货、美尔雅期货等公司营业收入、净利润均呈现大幅提升。

机构创新发展、转型升级步伐不断加快。一是证券机构获得开展信用类、股指期货中间介绍、代销金融产品等创新业务资格，实现收入来源和利润结构的多元化。二是期货经营机构正在实现经纪业务转型，围绕实体经济需求向风险管理机构和财富管理机构转变。美尔雅期货取得资产管理业务资格。三是法人机构结合自身发展实际，在托管、支付、交易、投资、融资等基础功能拓展方面进行积极探索。

市场竞争格局不断优化。证券期货经营机构分公司网点布局不断得到优化、避免过度竞争的风险。

服务实体经济发展。普及期货知识，推动期货公司选派挂职工作，协助试点县市开展“订单 + 期货”、“期货升贴水点价销售”等模式促进现代农业发展。支持交易所在我省设立棉纱期货交割仓库，服务地方棉纱生产交易。

私募基金业蓬勃发展。截至 2015 年底，湖北辖区已完成登记备案的私募基金管理机构 367 家，机构家数排名全国第 11 位，共管理基金 181 只，管理规模达 275.73 亿元，累计共投向 159 个项目。

### （二）证券业风险分析

股市波动带来的风险。2015 年股市出现的较大幅度调整，主要与流动性波动、投资去杠杆、投资者对市场分歧加大等因素叠加影响有关。尽管回调不会根本改变改革开放红利释放、流动性总体充裕和居民资产配置的基本格局，但是短期内带来证券期货市场行情出现异常波动的情形。

资本市场深幅调整可能冲击上市公司短期流动性。数据显示，湖北有 16 家上市公司向银行进行股权质押，仅有 2 家公司的质押股权折价率低于 60%，3 家上市公司在 60% ~70%。应该说整体水平较好，但是若市场持续下行，可能扩大风险。一些公司因股价大幅下挫已经被迫采取停牌、补充质押股等应对措施。

资本市场深幅调整可能造成投资者较大范围较大幅度亏损。在市场经历持续大幅下挫后，大多数投资者账面资产缩水。一方面市场恐慌情绪蔓延，另一方面一些场内信用交易账户开始出现强制平仓，在当前市场企稳艰难的情况下，会持续出现平仓账户。

## 四、保险业与金融稳定

2015 年，湖北保险业牢牢把握提质增效的总基调，行业内在发展动力和市场自我调节能力不断增强，湖北省保险市场总体平稳、稳中有进、稳中向好。

行业实力进一步增强。2015 年，湖北省保险机构省级分公司累计实现保费收入 843.63 亿元，在全国排名第 10 位；同比增幅为 20.48%，高于全国平均水平 0.48 个百分点。其中财产险市场全年实现保费收入 256.59 亿元，规模列全国第 12 位；保费收入同比增长 16.97%，增幅在全国排名第 6 位。人身险市场全年实现保费收入 587.03 亿元，规模列全国第 10 位，保费收入同比增长 22.08%。保险业总资产 2 001.36 亿元，较上年末增加 307.55 亿元。

市场体系进一步健全。2015 年末，湖北省共有各级保险机构 3 918 家，其中法人机构 3 家，省级分公司 71 家（产险公司 29 家，寿险公司 42 家），中心支公司（含地市级分公司）446 家，县级支公司 938 家，营业部 418 家，营销服务部 2 034 家。湖北省共有保险中介法人机构 50 家，其中，保险代理机构 37 家，保险经纪机构 7 家，保险公估机构 6 家。另有保险兼业代理机构 5 109 家。保险业从业人员达 33.41 万人，其中营销员 27.55 万人。

经营质量进一步提升。2015 年，财产险和人身险公司承保利润总额、人身险公司承保利润率均刷新了湖北省历史记录。财产险公司全年累计实现承保利润 10.45 亿元，同比增长 68.6%；人身险公司短期险业务累计实现承保利润 2.84 亿元，同比增长 754.19%。湖北省 13 个市州均实现承保盈利。

业务结构进一步优化。长期险业务内涵价值提高。人身险公司全年累计实现新单期交保费收入 98.09 亿元，同比增长 43.95%。新渠道业务发展较快，全年电销和网销业务累计实现保费收入 71.99 亿元，同比增长 39.29%。

风险保障进一步扩大。2015 年，湖北保险深度达 2.85%，较上年提高 0.29 个百分点；保险密度达 1 441.73 元，较上年增加 237.73 元。湖北省保险金额及责任限额达 36.91 万亿元，同比增长 79.22%，高于全国平均水平 53.78 个百分点；累计赔付支出 283.34 亿元，同比增长 22.85%。

保险业风险方面，湖北省满期给付方面有一定压力，但正做好资金安排和预案。在理赔案件诉讼上存在一定声誉风险。

除银证保外，互联网跨界金融等新型金融业务风险逐步暴露，非法集资形势较为严峻。

2015 年以来，P2P 网络贷款、众筹融资等新型业务大量涌现，由于缺乏有效的法律规范，大多业务运作不规范、平台功能和定位不清，缺乏有效的风险控制，仅2015年就有“e租宝”、“大大集团”等互联网新型金融业务平台集中出现兑付危机，涉及金额大、地域广、人员多，湖北省局部地区和人员也受到影响；非法集资呈现“形式多样化、领域扩大化”趋势，一些非融资性担保公司、投资咨询、典当、农业合作社，第三方理财机构、网络平台等采取“代客理财”、“民间借贷”等各种方式开展非法集资活动，集资对象多为民间个人，一旦出现挤兑，极易引发区域性风险事件，影响社会稳定。目前湖北省政府正在内部处理“财富基石”、“盛世财富”等涉嫌非法集资事件。

## 五、金融基础设施与金融稳定

### （一）金融基础设施建设与运转情况

支付体系平稳运行。完成第二代支付系统报文标准切换工作，实现湖北辖内所有银行机构支付系统“一点清算”；支付结算支农支小力度进一步加大，大力推进非现金支付工具在小微和“三农”中的应用，下发《关于加强非现金支付工具在小微企业和涉农主体中的推广应用的指导意见》（武银〔2015〕38号），引导辖内各单位采取条线推广、责任划分等形式推动银行卡、单位结算卡、手机支付等非现金支付工具广泛应用；支付服务市场呈健康发展态势。组织开展打击网上非法买卖银行卡专项行动。行动期间共开展宣传331次，受众人数达330余万人；公安机关立案427起，破案340起，批捕116人；关闭涉嫌违规网站71个，删除违法广告信息128条，责令整改网站9个。

法律环境不断完善。持续出台制度和政策，为金融业自身创新发展和金融业支持实体经济发展创造了良好的金融法制环境。2015年，湖北省政府出台了《关于推动武汉城市圈科技金融改革创新的实施意见》，提出了促进科技和金融融合发展、完善科技金融组织体系、深化科技金融产品和服务创新、拓宽科技创新融资渠道等多项措施，有效促进了湖北省内深化科技金融创新；开展金融法制环境建设，提升金融债权执行率，维护金融债权安全，将金融司法环境建设作为金融生态环境建设的重要内容和考核指标，对各地金融胜诉案件的执行情况和执行资金归行率进行按季监测，按年考核，推动了湖北省金融法制环境的优化；加大消费者金融知识普及力度，提高对金融新业态的认知和理解，增强消费者的风险意识和维权意识，2015年，人民银行武汉分行开展了“金融知识普及月”、“9·15金融知识宣传日”、“3·15金融消费者权益日”、“12·4全国法制宣传日”等主题宣传活动，不断加大消费者教育的力度，引导其合理使用金融新业务，提升金融素养和维权意识，积极构建和谐的金融环境和金融教育长效机制。

金融生态环境和征信体系建设不断完善。持续开展信用企业、信用社区、信用乡镇、信用区域创建工作。在信用企业培植中将重点放在对小微、县域、涉农等弱质企业上，大力推广“审批+培植”模式，帮助其提升获得信贷资源的能力；指导湖北省以市场中介领域专项清理整顿活动为契机，全面开展融资收费清理与规范工作，同时在省级层面开展信用评级中介服务收费清理规范；完善沟通协调平台，促进银企合作；加强政府、银行、企业、职能部门沟通协调，继续推动金融支持湖北经济发展“早春行”活动为核心的政银企对接长效机制，2015年初省政府金融办、人民银行武汉分行联合组织，先后在恩施州等11地举办了金融“早春行”活动；金融信用信息基础数据库不断完善发展，截至2015年末，人民银行金融信用信息基础数据库录入湖北省企业及各类机构户数37.3万户，同比增长3.32%；收录自然人数3 905.6万人，其中有信贷账户的借款人数4 246万户，分别同比增长 2.76% 和 16.97%；2015 年湖北省各查询机构共查询企业征信系统 115 万次，同比减少 22.3%，查询个人征信系统 533 万次，同比增长 35.62%。

反洗钱、反假货币工作有效推进。强化监测分析手段，不断提升反洗钱监测管理水平。2015 年，人民银行武汉分行共接收金融机构重点可疑交易报告 121 份，其中武汉市 51 份，经审核分析，对其中 12 份涉及支付机构的可疑交易报告立项调查 2 起，对 16 份可疑交易报告给予继续监测或排除可疑处理。反假货币工作持续推进，假币收缴量大幅上升。2015 年，湖北省共收缴假人民币 107.9 万张，面额合计 6 624.07 万元，同比增长 80.5%。其中金融机构柜面收缴 611.68 万元，占比 9.23%；公安机关案件解缴 6 004.86 万元，占比 90.6%；人民银行清分复点送交 7.2 万元，占比 0.1%；其他来源（人民银行直接接收社会企业上缴的假币等）0.3 万元。

### （二）金融基础设施稳健性分析

支付机构客户备付金管理及其所带来的金融消费者权益保护问题应予关注。目前湖北省共有 4 家预付卡机构，2015 年，人民银行武汉分行及时开展了针对预付卡机构的备付金专项检查，总体风险可控，但是在当前预付卡市场萎缩甚至恶化的大背景下，预付卡机构客户备付金管理及其金融消费者权益保护问题应予密切关注。

监管制度不完善影响了支付服务市场持续健康发展。一是为抢占银行卡收单市场，银行机构、支付机构都有不同程度的违规行为，但两类市场主体的管理制度、处罚依据不一致，不利于公平竞争。二是对已获得许可证的支付机构，人民银行总行建立了监管体系并有效实施监管，对未获得许可证但仍开展业务的支付机构，由于缺乏有效的制约手段，不利于市场风险防范。上述监管制度的不完善，有碍于支付服务市场持续健康发展。

金融支持“三农”和县域经济的力度不够。2015 年湖北省涉农贷款和县域贷款占全部贷款比重仍维持低位，分别为 26.98%、19.5%；同比增幅分别为 17.18%、15.58%，涉农贷款增幅仅比上年微长 0.16 个百分点，县域贷款增幅比上年下降 3.97 个百分点；县域贷款余额贷存比为 45.09%，比上年微长 0.11 个百分点。这表明，一方面信贷资源的配置向农村和县域地区倾斜力度不够，另一方面信贷资产结构在一定程度上反映地方经济结构性调整还未到位，同时两者不相适应的矛盾仍然存在，值得长期关注。

金融不良资产敞露风险加大。受经济金融形势影响，2015 年湖北省不良贷款余额比上年增加了 99.53 亿元，不良贷款比例比上年增加了 0.12 个百分点。一年来，各级政府已经采取建立企业续贷周转金等措施，积极帮助到期无法偿还贷款的企业延期、展期、续贷、付息等，化解了一部分不良贷款，但是从形势预判，未来一到两年甚至更长时间，湖北省不良贷款的敞露风险或将持续加大。各地政府需要持续保持关注，采取有效的措施及时化解，守住不发生区域金融风险的底线。

## 六、区域金融定量评估与对策建议

### （一）湖北省金融稳定性量化评估

2010—2015 年，湖北省金融稳定性得分分别为 73.11、76.45、73.32、66.64、61.46、52.66，对应评级为较好 -，较好 +，较好 -、一般 +、一般、一般 -。2015 年以来，湖北省经济增长速度有所放缓，GDP 增长率创近年低点 8.9%，导致宏观经济金融稳定性得分为 0，呈现大幅下降趋势；银行业的稳健的发展态势为湖北省较高的金融稳定性奠定了基础；同时，2015 年股市经历了较大幅度的调整，证券业金融稳定性得分也出现较大转折。银行业、证券业、保险业呈现不均衡的趋势（银行业得分高达 87.89 分，证券业、保险业得分仅 43.25 分和 40.88 分）。2015 年，受宏观经济形势下行趋势影响，湖北省金融稳定性得分继续下降。

### （二）湖北省城市商业银行压力测试

2015 年，央行根据经济金融形势，5 次降低基准利率，货币政策趋向宽松，以抑制经济增速下滑。今后一段时间内，合理释放流动性、大力支持实体经济发展的需求仍然存在，法定存款准备金率与基准利率的下调预期仍较为强烈，银行业机构所面临的重定价利率风险有所凸显，信贷风险有上升的趋势。

1. 利率风险压力测试

情景设置：利率下降 200 个基点。

参数设置：

（1）利率下降对风险加权资产和资本净额的影响相同；

（2）净利息收入的时间权数：1 个月内为 1.917%，1 个月至 3 个月为 1.667%，3 个月至 1 年为 0.75%。

测试结果显示，湖北城商行利率敏感性缺口是负缺口，当基准利率下降 200 个基点时，利率下调对 2 家城商行资本充足率的影响是正面的，汉口银行资本充足率将上升 0.32 个百分点，湖北银行增幅为 0.07 个百分点。

2. 信贷风险压力测试

截至 2015 年 12 月末，湖北城商行不良贷款率 1.95 %，比年初上升 0.16 个百分点；不良贷款余额 31.3 亿元，比年初增加 4.8 亿元，继续呈现不良贷款率和不良贷款余额双升的现象。假如未来一年内，不良贷款率继续上升造成一定规模的新增不良贷款，通过准备金计提将压力传导至资本，进而影响资本充足率的下降。

情景设置：

新增不良贷款上升，假设轻度、中度、重度三种情景。

参数设置：

（1）全部新增不良贷款按照 50% 的比例扣减资本；

（2）轻度、中度、重度情景分别为新增不良贷款上升比率为 100%、150%、200%。

在轻度、中度、重度的情景下，未来湖北城商行整体的资本充足率为 13.09%、12.80%、12.51%，相比目前 13.66% 下降 0.57、0.86、1.15 个百分点。测试结果显示，目前，湖北城商行信用风险状况整体较好，不良贷款的增长可能对湖北城商行的信用风险产生一定影响，但总体风险可控。

### （三）宏观经济对区域金融稳定影响的定量分析

基本的计量模型为：

$$NPL = \alpha_0 + \alpha_1 I + \alpha_2 EP + \alpha_3 DGDP + \alpha_4 DCRB + \varepsilon$$

选用 Stata10.0 统计软件，进行 OLS 回归得到的计量结果为：

$$NPL = -17.24 + 2.54 \times I - 0.419 \times EP + 0.869 \times DGDP - 0.071 \times DCRB$$

回归方程的拟合优度为 0.8087，调整后的拟合优度为 0.7804，方程拟合优度较高，说明采用该计量模型解释宏观经济变量对金融稳定的影响在统计上是显著的。计量结果显示：贷款利率（I）、国内生产总值（DGDP）对不良贷款率的影响最为显著且为正向，表明贷款利率上升将导致不良贷款率有较大上涨；而预期通胀（EP）、房地产业增长速度（DCRB）对不良贷款的影响为负向，说明三者的上升会降低不良贷款率，三者下降会增加不良贷款率。

如果未来贷款利率上升，通货膨胀有所降低，国内生产总值增速减缓，房地产行业景气状况下降的情况下，金融机构不良贷款率潜在风险加大，一旦引起连锁效应，容易诱发区域系统性金融风险。

计量结果的政策含义在于通过监测贷款利率、通货膨胀率、国内生产总值、房地产业景气情况有助于有效预测金融风险，加强对上述指标的监测有利于更好的维护区域金融稳定，防范系统性金融风险。

## 七、进一步提高湖北省区域金融稳定性的相关建议

加强供给侧结构性改革，促进经济平稳较快发展。在适度扩大总需求和优化需求结构的同时，重点加强供给侧结构性改革，以创新供给带动需求扩展，以扩大有效需求助推供给升级，促进供给与需求有效对接，提高供给结构对需求变化的适应性和灵活性。要强化创新驱动，以深化改革、完善政策激励机制为重点，加快培育形成新的增长动力；落实完善鼓励消费的政策措施，增加有效供给；积极化解房地产库存，发展住房租赁市场，有效释放住房刚性需求和改善性需求，促进房地产市场健康发展。要扩大有效投资，充分发挥政府投资的杠杆撬动作用，引导和带动社会投资，积极扩大有效供给。

贯彻落实稳健型货币政策，加强信贷结构调整。加强对金融机构和金融市场的流动性监测，用好常备借贷便利等政策工具，继续推进信贷资产质押再贷款试点，支持金融机构保持放贷款能力。结合实际组织实施好宏观审慎评估工作，并按程序适时适度使用激励约束机制，促进湖北省广义信贷合理增长，引导金融机构利率定价，为湖北省推进供给侧结构性改革创造适宜的金融环境。继续发挥好信贷政策的结构调整作用，围绕“三去一降一补”激活湖北省经济转型升级内生动力。

充分利用和发展资本市场，健全多层次资本市场体系。一是大力推动多层次资本市场建设，鼓励支持企业到“新三板”和区域性股权交易场所挂牌。二是加大上市资源培育力度，推进企业 IPO 进程。三是有序推进上市公司再融资和并购重组；落实退市风险防范预案，做好退市风险防范工作。四是充分利用资产证券化、公司债、城投债、企业债、中小企业私募债、直接投资、并购基金等业务创新模式和产品。五是更加注重培育期货市场。

加快现代保险服务业改革发展，推动保险进一步融入民生保障体系。一是积极发展新型医疗健康和养老保险，充分发挥保险在社会保障体系中的作用；二是加快发展各类责任保险，不断扩大责任保险覆盖面；三是不断提高保险支农惠农能力与水平，加大服务三农的深度和广度。

继续加强金融基础设施建设，不断优化区域金融环境。巩固完善支付结算基础设施，推广应用非现金支付工具，规范支付结算市场秩序，提升支付结算服务水平，推动湖北省支付体系快速健康

发展；落实反洗钱监督管理制度，依法开展执法检查工作，健全风险评估机制；做好涉恐资金监测工作，提高对重点可疑交易线索分析研判水平；优化金融生态环境，深化实施四大信用工程，切实推动信用主体创建活动；开展金融信用市州县创建和评定工作，以考评促创建，引导地方政府关注去产能、去库存、去杠杆环境下的债务风险；加强金融生态监测评价系统建设，夯实基础工作；搭建政银企合作平台，推动各地组织开展各类银企对接活动；引导金融加大支农支小、扶贫攻坚力度；继续推进小额贷款公司和融资性担保公司信用评级工作；开展应收账款融资服务平台推广应用工作，推动大中型企业积极应用平台支持供应链小微企业应收账款融资；加强社会信用宣传教育，进一步改善社会信用环境；强化重大事项报告制度，完善应急管理体系，提高防范、化解、处置风险能力。

总　　纂：谢崇礼
统　　稿：刘威林　王邦武　计惠龄
执　　笔：方爱国　王鹏程　陈　亮　陈　娟
陈　楠　刘鸿伟　彭　慧　陈　阳
其他参与写作的人员：吴　莹　吴　涛　何英艳　杨　亮　李政为
周永胜　周远慧　施　韬　郑光勇　贺　杰
涂德君　聂文斌　喻同云

# 湖南省金融稳定报告摘要

2015 年，湖南省经济总体保持平稳发展。银行业资产负债规模快速增长，存贷款增速显著提高，贷款结构进一步优化。证券业资产规模大幅增长，盈利面不断扩大，上市公司整体经营状况良好。保险业市场日趋成熟，业务规模不断扩大。金融消费权益保护全面普及，支付系统运行高效有序，征信体系建设稳健务实，反洗钱、反假币工作成效突出，金融生态环境进一步优化。

但同时，在全球经济总体维持疲弱复苏态势，国内经济结构深度调整的背景下，全省经济逐步回稳的程度和持续性存在一定不确定性，金融业发展仍然面临不良贷款反弹、证券信用风险凸显、保险退保率高企、非法集资案件高发、跨行业交叉性金融风险逐渐暴露等挑战。

## 一、区域经济运行与金融稳定

### （一）区域经济运行状况

经济增长企稳回升，产业结构进一步优化。2015 年，全省实现地区生产总值（GDP）29 047.2 亿元，同比增长 8.6%，比上年回落 0.9 个百分点，快于全国平均水平 1.7 个百分点，总体保持较快增长态势。三次产业结构由上年的 11.6:46.1:42.2 调整为 11.5:44.6:43.9，第三产业比重同比提高 1.7 个百分点。

投资增速高开稳走，消费保持平稳增长。2015 年，全省固定资产投资完成额同比增长 18.2%，比上年下降 1.2 个百分点；实现社会消费品零售总额 12 024 亿元，同比增长 12.1%，比上年下降 0.7 个百分点，但扣除价格因素后增长 12.2%，比上年加快 0.3 个百分点。

外贸增速继续回落，进口增速持续负增长。2015 年，全省完成进出口总额 1 825.4 亿元，同比下降 3.7%，高于全国平均水平 3.3 个百分点。其中，出口 1 189.9 亿元，下降 2.9%，同比回落 36.8 个百分点，进口 635.5 亿元，下降 5.1%，同比回落 10.5 个百分点，但仍高于全国平均水平 8.1 个百分点。

财政收入增速有所回升，居民收入平稳增长。2015 年，全省实现财政总收入 4 008.1 亿元，增长 10.2%，比上年提高 0.7 个百分点；财政总支出 5 684.5 亿元，增长 13.3%，比上年提高 6.2 个百分点。全省居民人均可支配收入 19 317 元，同比增长 9.6%，扣除价格因素实际增长 8.1%，较上年提高 0.1 个百分点。

CPI 月同比涨幅仍处于低位，上游价格降幅持续扩大。2015 年，全省 CPI 同比累计上涨 1.4%，与全国持平，比上年回落 0.5 个百分点。全省工业生产者出厂价格指数（PPI）同比下降 3.7%，降幅比上年扩大 2.1 个百分点。工业生产者购进价格指数（PPIRM）同比下降 5.5%，降幅比上年扩大

3.4 个百分点。

### （二）区域经济运行需要关注的问题

经济逐步回稳的程度和持续性存在一定不确定性。2015 年，我省经济总体保持较快增长态势，但投资增速有所回落。下阶段，经济下行的压力仍然较大，尤其是在企业去库存、去产能、去杠杆的影响下，工业生产增加值增长仍然面临较大的压力。支撑经济保持快速增长的新增长点缺乏，未来经济在前期增长水平较高的基础上进一步保持企稳回升的难度较大。

地方政府债务置换对银行机构经营影响明显。由于地方政府债券的收益与认购承销债券的筹资成本倒挂，加之随着债券发行的频度提高、力度加大，未来开始陆续置换跨年度的到期债务，将对银行盈利水平等产生较大冲击。此外，债务置换的大多是优质资产，加大了短期不良率的上升压力，且地方政府性债务中仍有一半以上的未纳入一类债务，相关的信贷风险仍不容忽视。

房地产市场以价换量，去库存压力仍然较大。2015 年，全省商品房均价为 4 304 元/平米，虽比上年上涨 2.6%，但比 1—11 月下降 1.3%。全省商品房销售面积和销售额同比分别增长 16.9% 和 21.3%。虽然库存压力有所缓解，但受前期大量库存积压影响，待售面积仍处于较高水平，全省去库存周期约为 20 个月，其中，结构性库存压力较为突出，商业地产去库存周期远高于全部商品房去库存平均周期。

有色金属行业景气度持续低迷，产能过剩问题较突出。2015 年第四季度，湖南省有色金属行业景气指数为 41.2%，较上年同期回落 1.3 个百分点；企业平均设备利用率仅为 69.7%，较上年同期下降 7.9 个百分点。2015 年以来，80% 的有色金属企业都出现过停产或半停产现象，该行业亟须加快去产能步伐以实现转型升级。

企业套利现象增多，跨境资金流出压力加大。在宏观经济下行、人民币汇率贬值等多重因素影响下，银行和企业协同运作，“出口不落地结汇”、“内购外结” 等新业务模式不时出现。此类业务一般具有真实贸易背景，将外币收入通过银行境外转结汇产品转变为人民币并从中获取汇差套利，对跨境人民币结算规模和结售汇差额产生较大影响，进一步加大了资金流出压力。

## 二、银行业与金融稳定

### （一）银行业运行状况

资产负债规模增长较快，存贷款增速显著提高。2015 年末，全省银行业总资产 4.5 万亿元，总负债 4.4 万亿元，同比分别增长 16.4% 和 16.5%。各项贷款余额 2.4 万亿元，同比增长 16.5%，增速较去年提高 2.6 个百分点；各项存款余额 3.6 万亿元，同比增长 17.6%，增速较去年提高 5.1 个百分点。

信贷投放节奏总体均衡，贷款结构进一步优化。2015 年第一至第四季度新增贷款占全年新增贷款的比重分别为 32%、30%、23% 和 15%，信贷投放节奏有所前移，但总体较为均衡。实体经济、在建、续建基础设施建设、薄弱环节以及民生金融等方面信贷支持力度不断加大。2015 年，全省工业贷款新增 244.6 亿元，同比多增 133.1 亿元；新增基础设施贷款 759.9 亿元，同比多增 90.3 亿元；新增小微企业贷款 856.6 亿元，同比多增 484.3 元；新增涉农贷款 1 167.1 亿元，同比多增 286.4

亿元。

盈利增速持续负增长，机构间维持分化走势。2015 年，全省金融机构实现盈利 564. 1 亿元，同比减盈 25. 1 亿元，下降 4. 3%，增速较上年同期下降 13. 7 个百分点，并且连续 11 个月保持负增长态势。分机构看，超过六成以上的银行利润出现负增长，全省 26 家中资金融机构中，16 家同比减盈，较年初增加 10 家。

资产质量下行压力加大，主要金融机构不良率持续攀升。2015 年末，银行业金融机构不良贷款比年初新增 18. 5 亿元，不良贷款率比年初下降 0. 3 个百分点。其中，主要银行业金融机构比年初上升 0. 2 个百分点。

农信社改制进展较快，改革初见成效。2015 年，全省开业农商行 29 家，筹建 3 家，申筹 7 家（涉及机构 11 家），完成清产核资 13 家，启动改制 9 家，年末累计开业农商行 68 家、实质性启动改制 44 家，合计占比 92. 6%。全省农村信用社通过改革消化不良贷款 333 亿元，消化历史包袱（历年亏损）36 亿元。

### （二）银行业需要关注的问题

有效信贷需求仍显不足，信贷供需矛盾尤其是结构性矛盾依然突出。一方面，受市场需求持续下滑，以及部分行业受国家经济结构调整影响，企业投资意愿总体不强。另一方面，民间借贷和关联企业风险向银行传导，地方政府债务置换对银行影响仍将持续均导致银行信贷投放更加谨慎，信贷投放结构性供需矛盾突出。

不良贷款反弹面仍在扩大，潜在不良显性化压力有所增加。2013 年以来，省内银行机构信贷资产质量风险开始暴露，2015 年已形成蔓延趋势，从行业、企业、地域到各种信贷类产品各个方面不良贷款反弹均较为强烈。贷款质量向下迁徙压力加大，2015 年，全省金融机构贷款总体向下迁徙率 3. 5%，比上年提高 0. 7 个百分点，其中关注类贷款向下迁徙率 14. 3%，同比提高 6. 8 个百分点。

高风险农信社处置难度较大，部分改制机构技术性、突击性提升资产质量。2015 年末，全省仍有 5 家农信社未启动改制，历史包袱重，改革难度相对较大。已改制机构为满足挂牌开业监管指标要求，采取集中批量方式处置不良资产。由于不良资产处置流程长，环节多，处置过程中存在操作流程欠规范、证据材料不充分、集中核销审批不合规、法律依据不足等问题，为后续不良资产管理埋下较大法律风险隐患。

表外业务发展呈抬头趋势，并逐步向表表外业务方向发展。2015 年末，全省银行机构表外业务余额 5 491. 2 亿元，较去年同期增加 329. 17 亿元，同比增长 6. 4%。随着各类金融管制与准入进一步放开，银行为突破传统信贷规模、资本约束限制，规避监管部门监管要求，不断创新业务品种，扩张资产规模，并且逐步由表外业务向表表外业务升级。表表外业务的扩张可能导致资金流向不可控，削弱宏观调控力度，同时由于准入把关不严，容易造成声誉风险的外溢。

## 三、证券业与金融稳定

### （一）证券业运行状况

资产规模大幅增长。2015 年末，省内 3 家证券公司总资产 1 900. 4 亿元，净资产 435. 3 亿元，净资本 279.0 亿元，管理客户资产 7 783.8 亿元，与去年同期相比分别增长 60.7%、16.3%、47.2%、34.9%。294 家营业部客户总资产 7257.9 亿元，较去年同期增长 62.8%。

盈利面不断扩大。2015 年，全省 229 家证券经营机构盈利，盈利面为 76.3%。其中，已开业的 294 家营业部累计实现交易量 116 134.9 亿元，营业收入 98.3 亿元，净利润 60.6 亿元，与上年同期相比分别上升 178.8%、176.4%、229.3%。

期货交易持续萎缩。2015 年末，湖南省有法人期货公司 3 家，辖内期货营业部 27 家，同比下降 50.9%。年末期货公司总资产 25.5 亿元，同比下降 10.3%；全年期货交易 1 211.3 万手，较去年下降 73.7%；期货交易额 6 021.1 亿元，同比下降 68.0%。

上市公司经营状况整体良好。2015 年末，全省共有国内上市公司 82 家，较年初增加 8 家，境内上市公司累计募集资金 718.4 亿元。上市公司总资产 7 349.3 亿元，同比增长 33.8%。全年实现主营业务收入 2 233.5 亿元，净利润 90.1 亿元，分别同比增长 12.0%、19.0%。全省上市公司总市值 10 142.4亿元，同比增长 59.8%。

### （二）证券业需要关注的问题

市场剧烈波动下，证券公司信用风险进一步凸显。2015 年 6 月以来，股市行情持续走低，大量股票的跌停或停牌使得证券公司信用业务平仓难度加大。券商对客户采取强制平仓因流动性枯竭而无法足额处置，部分证券公司融资融券业务出现坏账。股票质押回购业务整体履约保障比例快速下降，客户履约保证比例降至限制值以下而被违约处置的情况也时有发生。

银行理财资金借道入市，交叉性金融风险加大。市场行情上涨时，大量银行理财资金以券商资产管理计划、信托计划、基金理财计划、代销的理财计划为通道参与证券二级市场配资、股票定向增发配资、新股认购配资及股权质押业务。杠杆交易推动证券市场交易量成倍增长，跨行业、跨机构和跨市场的交易加大了交叉性金融风险防范压力。

部分上市公司经营业绩下滑压力与股权质押、大股东资金占用等风险交织。一是个别企业退市风险大幅上升。企业业绩下滑，如连续两年亏损就会退出市场，一些公司被迫进行违规运作，进一步加大了退市风险。二是股权质押风险不容忽视。多家上市公司大股东开展了股票质押回购业务，个别企业股权质押比例偏高，股市下跌一旦触及平仓线，强制平仓将对股东及公司战略产生重大影响。三是大股东资金占用风险逐渐显现。关联方资金挪用情况仍时有发生，尤其是挪用资金投向房地产等行业导致资金链断裂的风险需重点关注。

## 四、保险业与金融稳定

### （一）保险业运行状况

业务规模不断扩大。2015 年末，保险公司资产总额 1 716.9 亿元，较年初增长 15.9%；全省保险业实现原保险保费收入 712.2 亿元，同比增长 21.2%。全省保险深度 2.9%，同比提高 0.7 个百分点；保险密度 1 050 元/人，同比提高 19.6%。

赔付及费用支出呈上升趋势。2015 年，全省赔付支出 257 亿元，同比增长 17.4%；手续费及佣金支出 61.8 亿元，同比增长 36.9%；业务及管理费 87.9 亿元，同比增长 23.0%。

### （二）保险业需要关注的问题

车险竞争激烈，盈利空间不断缩小。商车费改试点对车险业务影响较大，2015 年，全省车险平均费率 0.6%，较上年度下降 13%，车险实现承保利润 7.4 亿元，同比下降 7.8%；承保利润率 4.5%，同比下降 1.3 个百分点。

部分监管指标出现反弹，财产险公司经营管理有待进一步加强。2015 年末，全省财产险公司应收保费率 3.6%，同比上升 0.3 个百分点；手续费率 7.9%，同比上升 0.9 个百分点；综合费用率 33.5%，同比上升 2.3 个百分点；承保利润率 4.9%，同比下降 0.7 个百分点。多项指标反弹对财产险公司的经营管理水平提出更高要求。

退保率持续高企，人身险公司现金流管理压力较大。2015 年末，全省人身险公司退保率同比提高 0.7 个百分点，其中 11 家人身险公司退保率超过 5%。全省人身险公司寿险业务退保金额同比增长 26.3%，较全国平均增速高 3.8 个百分点。退保支出持续大幅上升，对人身险公司现金流管理带来较大压力。

保险资金运用呈现同质化、短期化、顺周期化趋势，投资风险值得关注。一是资金投向“两高一剩”行业集中度较高，且有相当一部分投资于无担保企业债，资产同质化程度偏高，潜在风险因素增加。二是受宏观经济形势影响，可供保险资金选择的优质长期投资产品较少，在市场利率下行背景下，资产负债期限错配的风险提高。三是权益类资产配置比例偏高，受证券市场剧烈震荡影响，可能对企业稳健性经营带来冲击，如何审慎把握经济周期与趋势，及时规避证券市场下跌风险，是投资需重点关注的内容。

## 五、金融基础设施与金融稳定

### （一）金融消费权益保护全面普及

深入推进普惠金融工作。研究制定推进普惠金融工作的指导意见，对全省人民银行分支机构和银行金融机构落实普惠金融工作提出了具体要求。制定普惠金融评价指标体系，并明确了普惠金融发展评价指标数据结果的运用方向。

积极开展金融消费权益保护评估检查。评估全省金融消费权益保护环境，并公开发布《2015 年湖南区域金融消费权益保护环境评价报告》。对 28 家金融机构及其分支机构开展了 33 次金融消费权益保护现场检查；对 447 家金融机构和 5 家法人支付机构开展金融消费权益保护工作评估。

有效处理金融消费者咨询投诉。2015 年，共受理金融消费者投诉 753 件，受理金融消费者咨询 1 136件，及时处置“湖南博洋”、“星卡”、“娄底出租车司机被违规开卡集体维权”等群体性事件，妥善处理多起恶意投诉和“碰瓷”投诉，维护了正常的金融秩序。

### （二）支付系统运行高效有序

支付系统建设持续升级。2015 年，省内二代支付系统推广和金融 IC 卡迁移工作全面完成。电子商业汇票系统流转渠道有效拓展，累计办理电子商业汇票再贴现业务 38 152.6 万元。支付清算纪律管理不断加强，全省查询查复率达 99.9%，退回申请应答率提高至 97.7%，借记业务回执率达 100%。

农村支付环境不断优化。2015 年末，全省通过自主创新开发的湖南省农村支付综合服务平台导入助农取款商户信息已达 5.3 万户，占全部存量商户的 86%，平台累计发生涉农交易 88.7 万笔，金额 3.9 亿元。全省农村地区人均持卡量突破 2 张，累计安装 POS 机具 21 万台，布放 ATM 机具 9 537 台。累计发展助农取款服务点 6.1 万个，基本覆盖了所有行政村。

银行卡市场监管进一步加强。组织开展打击银行卡网上非法买卖专项行动。行动期间，全省共召开专项工作会议 102 次，组织宣传活动 789 次，受众人数达 1 037 万人，立案 11 起，破获案件 9 起，清理银行卡非法买卖信息 695 条，银行柜台堵截非法开卡 200 余起。着力规范银行卡收单业务市场，重点打击“商户资金二次清算”行为。

支付机构业务风险管控到位。对全省 7 家法人支付机构、4 家预付卡分支机构以及 14 家备付金银行开展专项检查，共查处有关违规问题 185 个，对 3 家法人支付机构处以行政罚款。针对预付卡支付机构挪用客户备付金的严重违规行为，责令其及时归还备付金并限期改正。建立《预付卡类支付机构风险处置预案》，有效防范某预付卡支付机构引发的风险事件。

### （三）征信体系不断健全完善

金融信用信息基础数据库服务能力不断增强。全年共对省内社会公众提供个人信用报告查询 68.37 万次、企业信用报告查询 6.19 万次，为银行业金融机构提供个人信用报告查询 631.79 万次、企业信用报告查询 43.09 万次。35 家地方性法人中小授信机构通过“中小机构征信服务平台”接入征信系统，数据库的数据源和服务范围进一步扩展。

中小企业和农村信用体系建设全面推进格局逐步形成。各市州紧密结合当地经济、社会、文化特色，点面结合、循序渐进，每个市州至少有 1 个工业园区开展中小企业信用体系建设、1 个县（市）开展农村信用体系建设，其中浏阳经济技术开发区为国家级中小企业信用体系建设试验区、麻阳苗族自治县为国家级农村信用体系建设试验区。

征信服务和宣传培训渠道推陈出新。2015 年末，全省累计 2 400 多家银行机构和中小企业通过应收账款融资服务平台实现资金网上对接，累计成交融资额达 350 亿元，为保障中小（微）企业的正常运转、增强发展后劲提供了支撑。针对新媒体发展潮流和社会公众行为偏好，依托微信平台开通政府版“三湘征信”公众号传播征信知识，凝聚社会共识。

征信市场和评级市场发展稳健有序。2015 年末，企业征信机构依法采集 50 万余家企业的税务、工商、环保、司法等信用信息，并为 3 万多家企业提供了专业化征信服务。全省累计 64 家小额贷款公司、134 家融资性担保公司开展了评级，基本覆盖所有与银行正常开展业务的两类机构。

### （四）反洗钱能力进一步提高

立足风险，有效强化监督管理。对全省 1 877 家金融机构和支付机构进行考核评级，根据考核评级结果，约见 27 家机构高管开展诫免谈话，督促 138 家机构限期整改；对 121 家机构开展反洗钱执法检查，采取约见谈话、现场回访等措施，督促金融机构建立“全员、全方位、全流程”的反洗钱工作机制。

深化协作，合力预防打击洗钱案件。人民银行、公安机关探索建立外籍人员证件信息核查的途径和方式，人民银行在打击利用离岸账户和地下钱庄转移赃款专项行动中，将 6 条可疑线索移交省追逃办和公安机关；侦查、监察、司法机关进一步加大对洗钱及其上游犯罪的打击力度，2015 年实现了我省洗钱罪判例“零”突破。

### （五）反假币工作成效突出

2015 年，全省公安机关立假币案 31 起、破案 29 起，抓获犯罪嫌疑人 33 名，捣毁伪造假币窝点 13 个，收缴假币 1 999.5 万元。各银行业金融机构实现了柜面、取款机、存取款一体机等三个渠道对外支付现金冠字号码的记录查询，银行业金融机构涉假投诉基本消失。

### （六）金融生态建设稳步推进

2015 年，人民银行长沙中支对外发布全省金融生态评估综合排名前 5 位市州和前 50 位县市，首次公布了单项排名前 3 位市州和前 10 位县市，引起社会广泛关注。持续推进金融安全区创建工作，2015 年末，全省共有省级金融安全区达标县市 28 个。

### （七）金融基础设施建设需要关注的问题

一是非银行支付业务发展较快，但部分机构经营亏损严重、内部控制缺位等引致的风险日益突出，影响省内支付市场健康发展。二是非法集资形势严峻复杂，防范处置难度加大。非法集资活动范围已遍布全省多个地区，主要以实体经济领域及民间融资风险为主，行业重点覆盖房地产、工矿企业、商贸流通等传统行业。部分地区民间投资、担保等中介机构发案比例较高。

## 六、总体评估与政策建议

### （一）总体评估

2015 年，湖南省经济规模持续扩大，步入稳中有进新阶段。金融机构努力规范经营行为，不断加大业务拓展力度，积极推进机制改革创新，农信社改制取得显著成效，证券创新业务发展迅速，保险业社会保障功能持续发挥，金融基础设施建设稳步推进，金融业整体实现健康发展。但发展过程中也存在一些突出问题，如银行盈利能力下降，资产质量下行压力加大；股市剧烈震荡，证券机构信用风险上升；保险产品退保率高企，险企现金流管理面临困境；民间借贷风险蔓延，非法集资形势严峻复杂等。总体来看，虽然部分领域和少数金融机构存在一些风险隐患，但风险基本可控，全年未发生系统性风险事件，金融体系整体运行稳健。

### （二）政策建议

一是培育经济发展新动力。大力推进供给侧结构性改革，认真落实“去产能、去库存、去杠杆、降成本、补短板”五大重点任务，在适度扩大总需求和调整需求结构的同时，扩大有效供给，提高供给结构适应性和灵活性，兼顾培育新动能和改造传统动能，实现由低水平供需平衡向高水平供需平衡的跃升。

二是积极发挥金融的产业引导作用。加强信贷政策与产业政策的协调配合，促进工业稳增长、调结构、增效益，推动先进制造业发展和养老金融服务创新，支持重点领域和行业转型调整，强化涉农、小微、扶贫信贷政策的执行力和导向力，加快对消费、民生等领域的信贷扶持力度。

三是促进多层次资本市场发展。挖掘和培育上市后备资源，推动中小微企业探索在新三板、区域股权市场、风险投资等领域的融资新模式，引导上市公司加强市值管理，降低企业的资金杠杆水平。

四是推动保险稳健经营。坚持风险导向的偿付能力管理原则，从产品调整、资产配置、资本补充三方面着力，加强保险公司资产负债的全面风险管理，推动经营转型升级。重点推动传统险业务发展，不断夯实业务基础，充分发挥保险保障功能。

五是加强重点领域风险防控。着力加强两高一剩行业贷款、房地产贷款等潜在风险的监测分析，密切关注资本市场波动可能引发的信用风险和保险产品结构失衡导致的集中退保风险，深入研判风险状况和发展趋势，及时进行风险预警，防范跨行业的交叉性金融风险蔓延，扎实做好相关应急预案，避免风险事件发生。严厉打击非法集资活动，妥善做好民间融资风险事件的处置工作。

总　　纂：徐　涌
统　　稿：魏祖元　许均平
执　　笔：陈　帆
参与写作人员：邓　婷　任中红　成明峰　刘慧宜　刘孟飞
刘　玫　肖灯峰　李远航　陈　双　陈　昊
邹庆华　胡丕吉　殷南明　唐　羽　徐　勇
梁宏梅　覃兆勇　彭于彪　雷震尧　魏思龙

# 广东省金融稳定报告摘要

2015年，广东经济运行稳健，结构持续优化，为金融业发展提供了良好的宏观环境，金融业抗风险能力不断提升，金融生态环境进一步优化，金融稳定工作机制建设继续强化，区域金融体系总体保持稳定。与此同时，受世界经济复苏艰难、国内经济下行压力加大等因素影响，广东经济金融运行也存在诸多困难和问题，需引起关注。

## 一、金融业发展环境

2015年，广东经济呈现稳健运行特征，产业转型升级取得新进展，经济结构进一步优化，经济增长内生动力不断增强，物价保持稳定，经济发展协调性、稳定性有所提升。

### （一）宏观经济稳定增长

2015年，广东实现地区生产总值72 812.55亿元，比上年增长8.0%，增幅比上年提高0.2个百分点。从年度增速看，近年来经济增速从2010年的12.4%下滑至近几年的8%上下，经济增速从高速增长转为中高速增长。从各季度情况看，四个季度增速分别为7.2%、7.7%、7.9%、8.0%，呈现逐步走高的态势，显示出稳中有升的运行特点（见图1）。

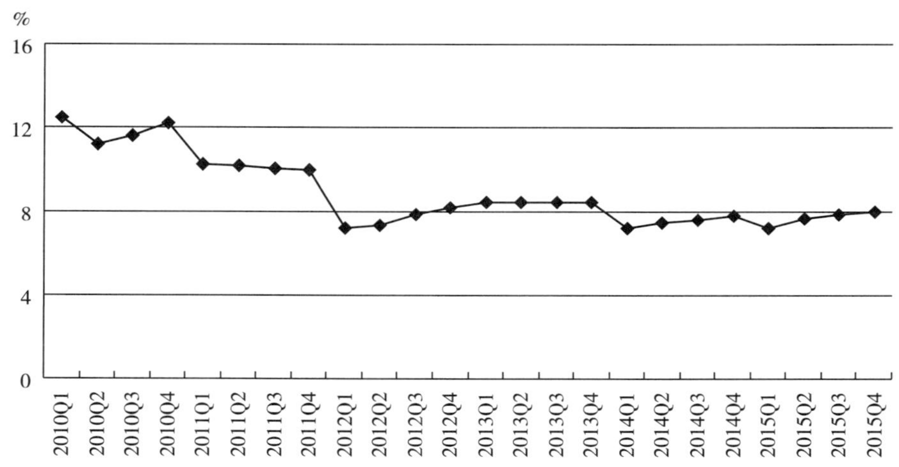


数据来源：广东省统计局。

**图1　2010—2015年各季度广东地区生产总值累计增速**

### （二）产业转型升级取得新进展

2015 年，广东第一、第二、第三产业增加值分别为 3 344. 82 亿元、32 511. 49 亿元和 36 956. 24 亿元，分别比上年增长 3. 4%、6. 8% 和 9. 7%。三次产业结构为 4. 6:44. 6:50. 8。第三产业的比重比上年提高 1. 8 个百分点，首次突破 50 大关。高技术制造业和先进制造业增加值分别增长 9. 8% 和 10. 0%，占规模以上工业增加值的比重分别提升 1. 9 个、0. 9 个百分点（见图 2）。

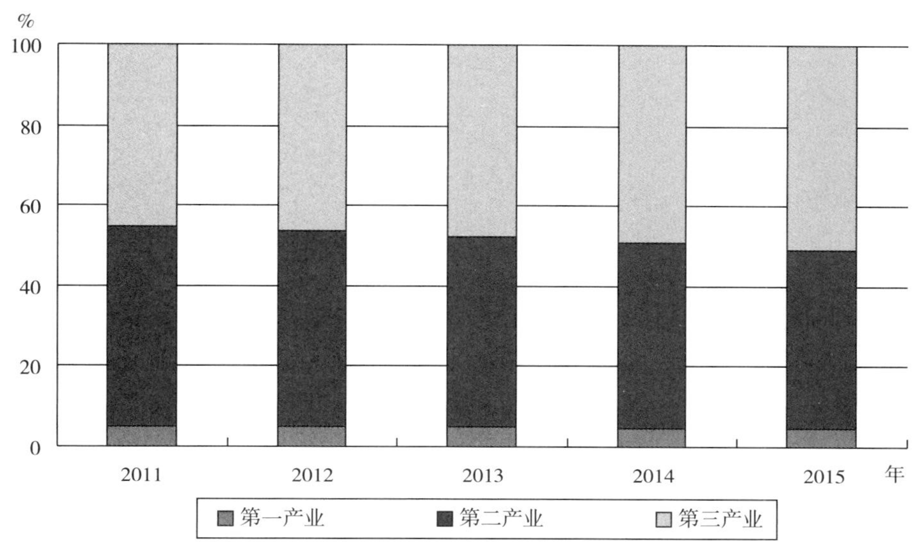


数据来源：广东省统计局。

图 2　2011—2015 年广东三次产业比重

### （三）内需对经济增长的拉动作用进一步显现，内生动力上升

2015 年，广东实现社会消费品零售总额 31 333. 44 亿元，比上年增长 10. 1%，增幅比上年下降 1. 8 个百分点。完成固定资产投资 30 031. 20 亿元，比上年增长 15. 8%，增幅比上年下降 0. 1 个百分点。实现进出口总额 63 559. 7 亿元，比上年下降 3. 9%。总体来看，在外部需求持续减弱的情况下，内部需求的降幅相对较小，内需对经济增长的拉动作用进一步显现（见图 3）。

### （四）物价水平持续下降，通货膨胀压力减缓

2015 年，广东物价水平延续低位波动走势，居民消费价格指数全年累计上涨 1. 5%，涨幅比上年下降 0. 8 个百分点。居民消费价格指数自 2014 年 8 月份以来下降明显，工业生产者出厂价格指数和工业生产者购进价格指数全年均处于 100 点以下，全年累计分别下降 3. 2% 和 4. 7%，降幅均比上年有所扩大（见图 4）。

### （五）房地产市场运行平稳，商品房销售市场回暖显著

2015 年，广东房地产开发企业共完成开发投资 8 538. 47 亿元，同比增长 11. 8%，增幅比上年下

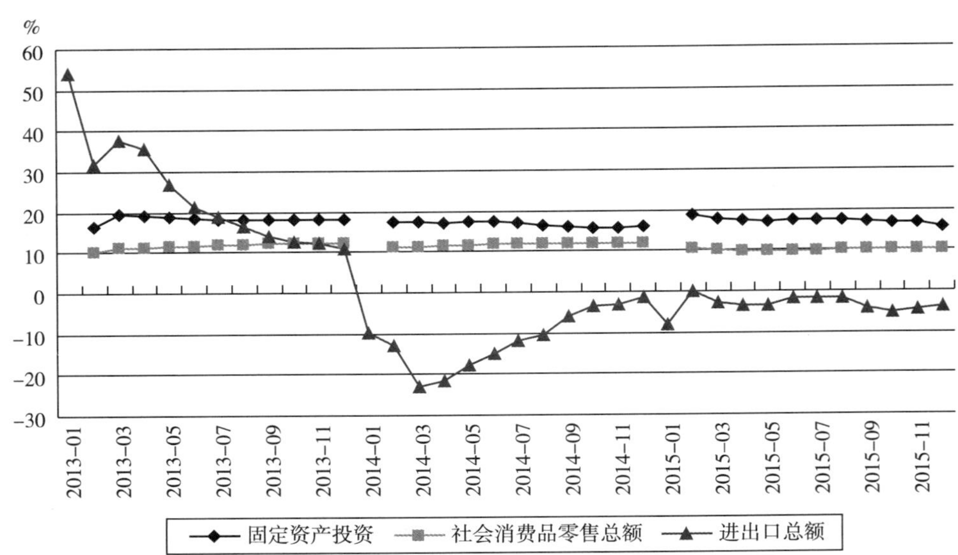


数据来源：广东省统计局。

**图3　2013—2015 年各月广东投资、消费和进出口同比增速**

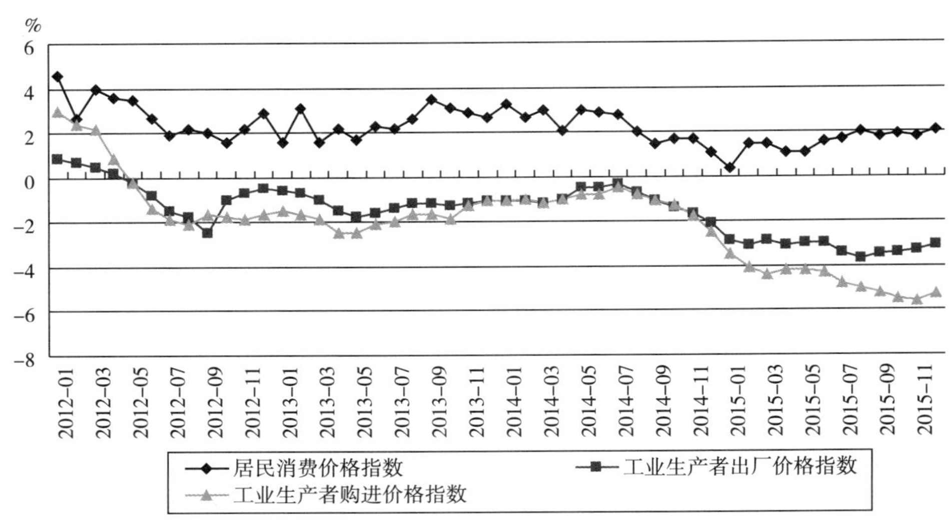


数据来源：广东省统计局。

**图4　2012—2015 年各月广东各类价格指数同比增幅**

降5.9 个百分点。商品房销售面积和销售额分别为 11 681.01 万平方米和 11 442.80 亿元，分别同比上升 25.4 % 和 35.2 %，商品房销售市场回暖显著。

## 二、银行业

2015 年，广东银行业机构认真贯彻执行稳健货币政策以及各项金融宏观调控措施，不断加强对实体经济和薄弱环节的金融支持力度，继续保持着稳健发展的良好态势。

### （一）改革发展情况

业务发展保持稳健。2015 年末，全省银行业机构总资产余额 195 640.28 亿元，比年初增长 11.61%，增速较上年上升 0.69 个百分点；本外币各项存款余额 160 388.22 亿元，比年初增长 11.63%，增速较上年上升 4.78 个百分点；本外币各项贷款余额 95 661.12 亿元，比年初增长 12.32%，增速较上年上升 0.08 个百分点（见图 5）。

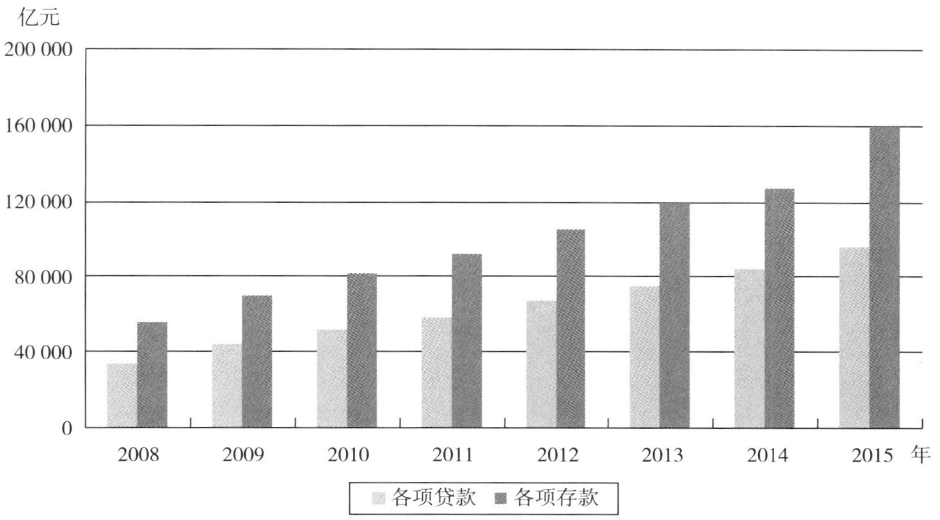


数据来源：人民银行广州分行。

**图 5　2008—2015 年广东银行业机构存贷款情况**

信贷资产质量下滑，不良贷款“双升”。2015 年末，广东银行业机构不良贷款余额为 1 494.46 亿元，比上年末增加 401.49 亿元，比上年末增长 36.73%；不良贷款率为 1.57%，比上年末增加 0.28 个百分点（见图 6）。

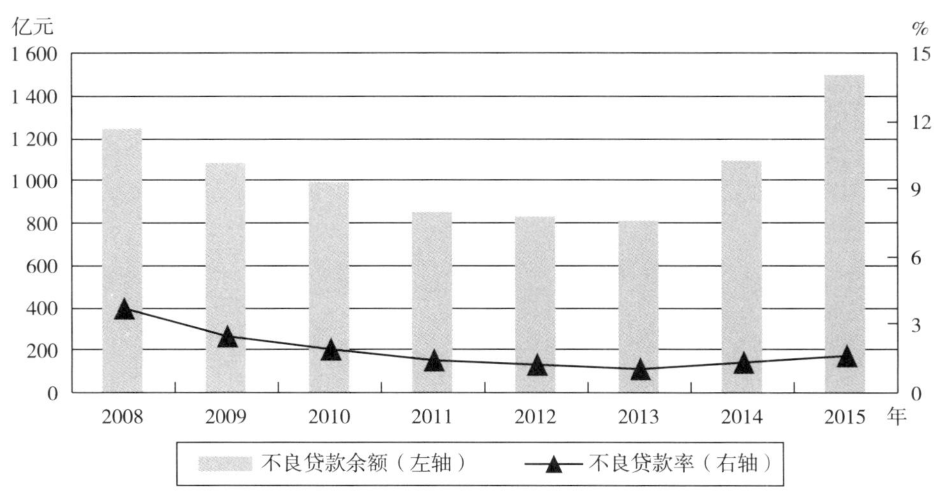


数据来源：广东银监局、深圳银监局。

**图 6　2008—2015 年广东银行业机构资产质量情况**

拨备水平小幅下降。2015 年末，广东银行业机构各项贷款损失准备余额为 2 206.45 亿元，拨备覆盖率达到 147.64%，拨备贷款比为 2.31%（见图 7）。

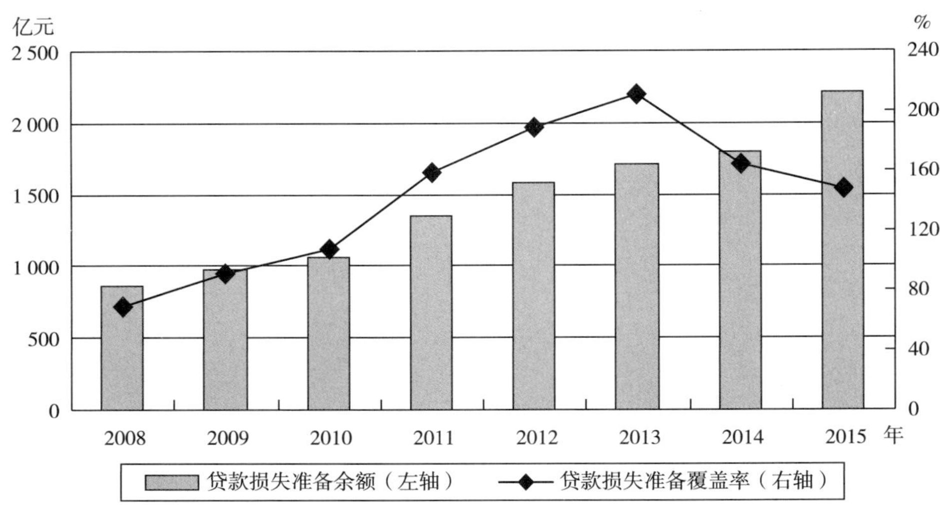


数据来源：广东银监局、深圳银监局。

**图 7　2008—2015 年广东银行业机构贷款损失准备情况**

盈利增长受压，银行业利润首现负增长。2015 年，广东银行业机构实现税前利润 2 491.31 亿元，比上年减少 19.13 亿元，同比少增 73.64 亿元。资产利润率为 1.14%，比上年降低 0.29 个百分点（见图 8）。

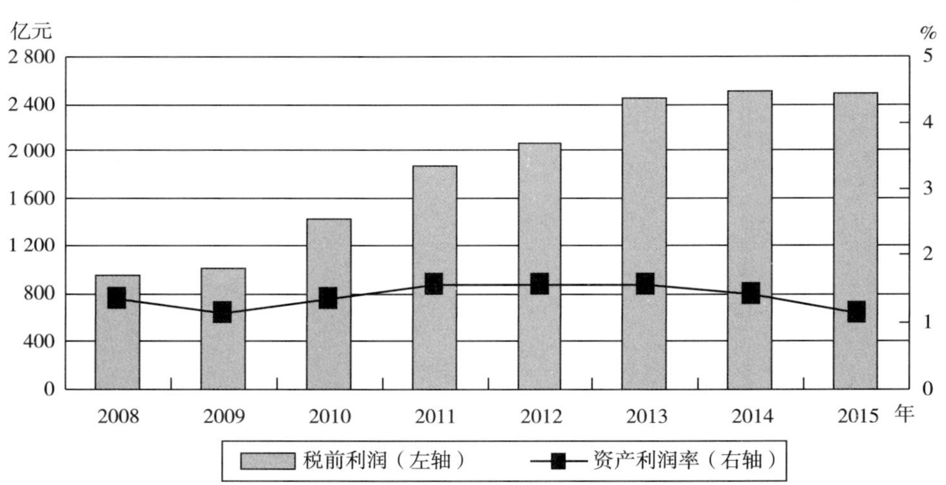


数据来源：广东银监局、深圳银监局。

**图 8　2008—2015 年广东银行业机构盈利情况**

流动性总体上保持充裕。2015 年末，广东银行业机构存贷比为 59.64%，比上年减少 6.77 个百分点。新增贷款与新增存款之比 33.04%，比上年减少 79.91 个百分点，流动性趋于宽松（见图 9）。

银行业改革稳步推进，组织体系不断完善。2015 年，广东省国有商业银行分支行经营管理机制改革继续深化；股份制银行加快资本约束下的经营转型；邮政储蓄银行持续深化二类支行改革。农

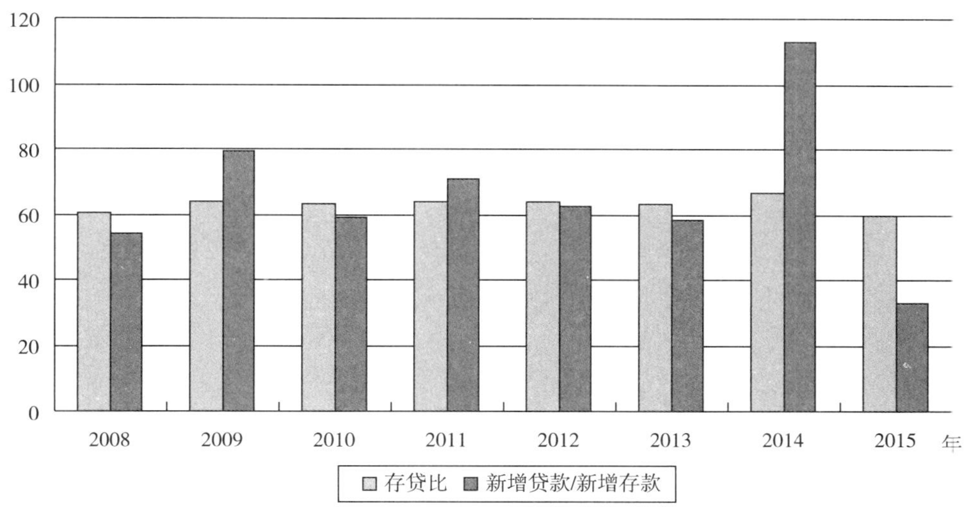


数据来源：人民银行广州分行。

**图 9　2008—2015 年广东银行业机构存贷比情况**

村信用社改制进展顺利，全年共有 4 家农村信用社完成改制，新设村镇银行 4 家，新设民营互联网银行（深圳前海微众银行）1 家。

### （二）主要风险特征

不良贷款持续“双升”，不良贷款蔓延趋势短期难改。自 2013 年以来，广东省不良贷款持续“双升”，不良贷款呈现出从批发零售业逐渐向制造业、建筑业和房地产业等上下游企业蔓延，从中型企业向小微企业蔓延，从珠三角向粤东西北地区蔓延的趋势。由于宏观经济依然处于向“新常态”转变的过程中，过剩产能出清有待时日，信贷风险暴露仍是一个漫长的过程，预计未来一至二年银行信贷资产质量有可能进一步劣化，不良余额和不良率的“双控”难度会进一步加大。

不良贷款处置面临重重障碍，违规风险值得关注。在经济下行背景下，银行机构不良贷款处置压力日益增大，在处置不良贷款过程中面临重重障碍。地方法人银行机构在处置不良贷款过程中面临处置时间长、处置成本高、处置损失率高三个方面的难题。与此同时，不良贷款处置过程中存在债权转让形式不够规范、受让者身份确认不足等问题。

资金链断裂及非法集资事件显著增长。据初步统计，2015 年广东省共发生金融风险事件 278 起，涉及金额标的 253.96 亿元。从事件涉及标的金额来看，珠三角、粤东、西、北地区分别同比增长 3.05%、-80.79%、26.62% 和 43.22%，粤北地区高危事件增长显著。从风险事件类型来看，2015 年共发生企业资金链断裂事件 178 起，非法集资案件 9 起，分别增长 2.9 倍和 3.5 倍。

## 三、证券业

### （一）改革发展情况

2015 年，多层次资本市场发展迅速，股票市场大幅波动，大宗商品市场受国内外经济形势影响价格波动剧烈。总体而言，广东证券业机构经营状况良好，利润大幅上升，持续发展能力维持在稳健水平。

证券公司各项经营指标大幅增长，综合实力大幅增强。2015 年，全省 25 家证券公司全年共实现营业收入 1 697.70 亿元，同比增长 140.65%，实现税后净利润 708.33 亿元，同比增长 170.66%。截至 2015 年末，全省证券公司总资产 19 457.24 亿元，比上年末上升 53.16%，所有者权益 4 140.32 亿元，同比增长 56.50%。总体来看，证券公司盈利能力增长强劲，资产规模大幅增长，经营杠杆水平进一步提升（见图 10）。

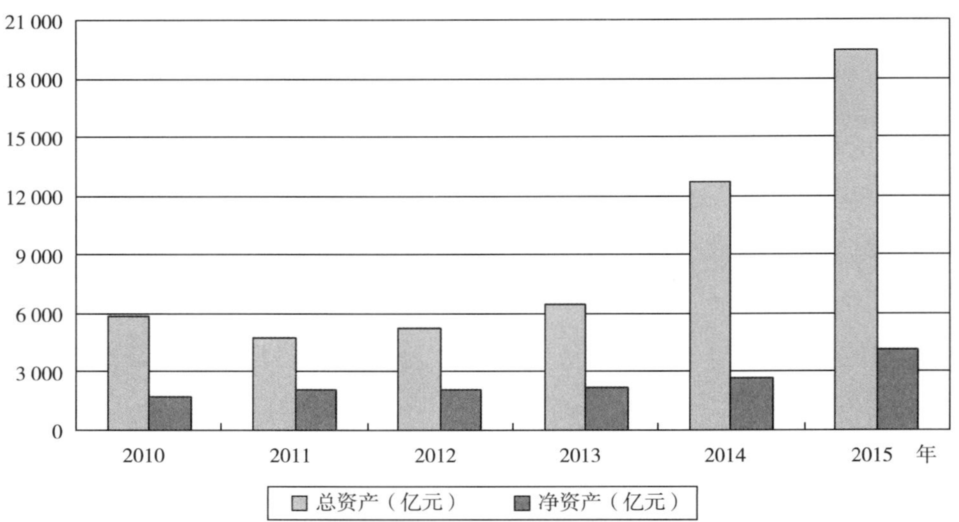


数据来源：广东证监局、深圳证监局。

**图 10　广东法人证券公司资产规模**

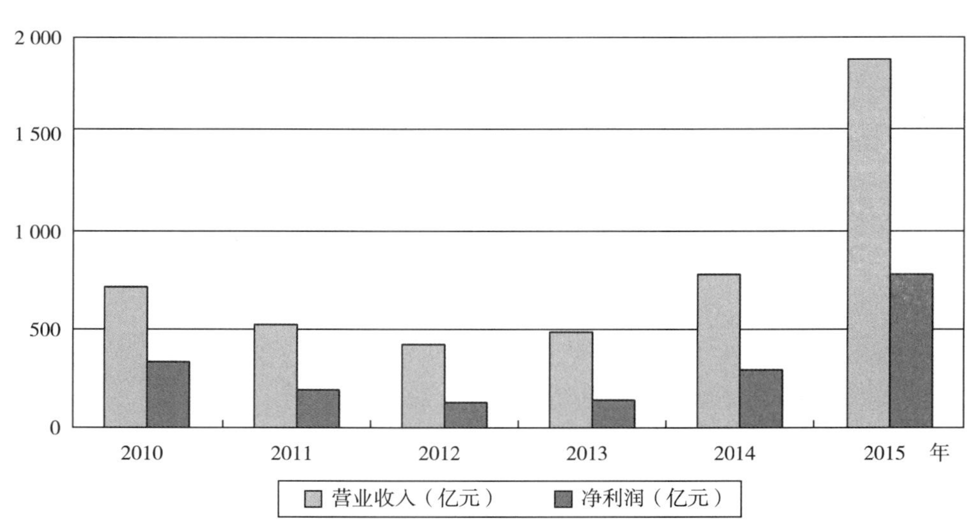


数据来源：广东证监局、深圳证监局。

**图 11　广东证券公司收入及利润**

期货公司业务规模大幅增长，综合实力进一步增强。2015 年末，全省共有期货公司 21 家，与上年持平；总资产 1 044. 43 亿元，同比增长 58. 39%，净资产 150. 10 亿元，同比增长 22. 23%；全年实现营业收入和净利润分别达到 43. 02 亿元和 13. 42 亿元，同比分别增长 50. 19% 和 78. 80%；全年代理交易额 2 282 927. 79 亿元，同比增长 131. 15%（见图 12）。

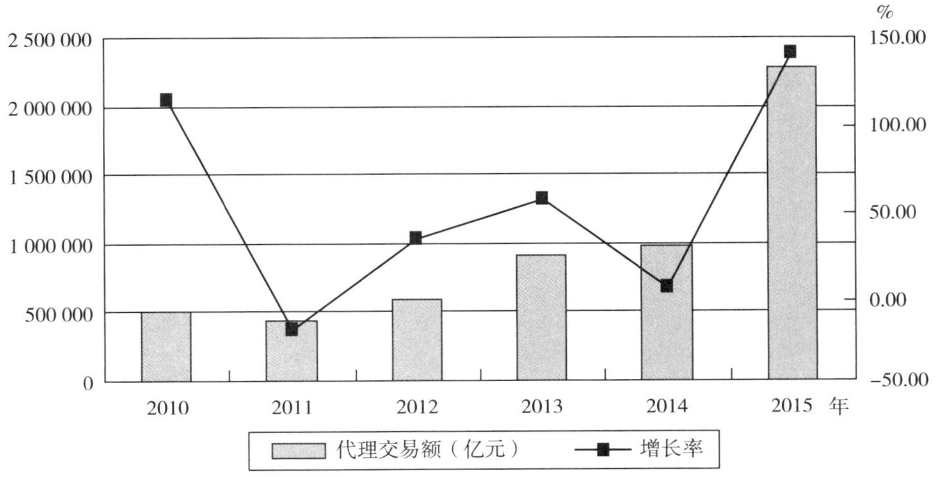


数据来源：广东证监局、深圳证监局。

**图 12 广东期货公司代理交易额和增长率**

基金净值增长较快，基金公司规模大幅增长。2015 年末，全省共有基金管理公司 28 家，比上年增加 3 家；所管理的基金数量 1 008 只，比年初增加 321 只；基金规模 25 564. 69 亿元，同比增加 95. 18%；基金净值为 28 793. 07 亿元，同比增长 103. 52%，基金行业总体稳步增长，抗风险能力增强（见图 13）。

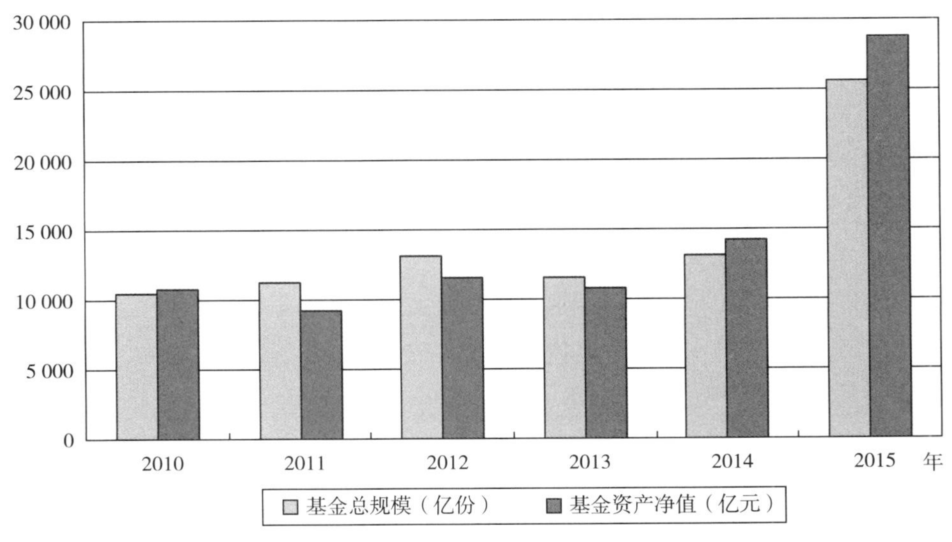


数据来源：广东证监局、深圳证监局。

**图 13 广东基金公司经营情况**

### （二）主要风险特征

单一的盈利模式仍未根本转变，抵御市场风险的能力不足。2014 年和 2015 年全省各证券公司代理买卖证券业务净收入和投资收益占合计总收入的 62.10% 和 68.80%，收入结构并没有得到优化。收入水平受行情影响较大，抵御风险能力较弱。

创新业务风险日益突出。2015 年在股票市场大幅波动背景下，融资融券业务、股票质押式融资业务信用风险加大。部分融资标的公司质押比例过高，还款能力存在较大的不确定性。两融业务在股票市场大跌时危及到了证券公司自有资金安全，同时加剧了客户亏损在社会舆论方面产生了负面的社会影响。债券投资方面，辖内证券公司在本年发生了两起投资债券违约事件，部分证券公司存在债券持仓行业过度集中，中小公司（企业）债券投资比例过高的情况。

违规事件时有发生，内部管理需进一步加强。2015 年证券公司从业人员、甚至是高管的违法犯罪情况时有发生，辖内亦有证券公司因违规开展两融业务、违规配资等行为而受到监管部门的处罚，公司内审、合规管理工作有待加强。

## 四、保险业

### （一）改革发展情况

2015 年，广东省保险业保持良好态势发展，实现了规模、速度、质量协调发展，呈现“增速快、质量好、运行稳”等特点，服务经济社会能力不断增强，保险市场日渐成熟和完善。

保险业务实现快速增长。2015 年，广东省保险业继续保持良好发展势头，业务呈现稳定增长，保费规模稳居全国首位。2015 年全省保险公司资产总计为 9 959.67 亿元，比年初增加 3 001.82 亿元，同比增加 43.14%；保费收入 2 814.37 亿元，同比增加 472.74 亿元，同比增幅 20.19%，高于 2009—2014 年平均增速 6.75 个百分点。其中，财产险业务保费收入 879.87 亿元，同比增长

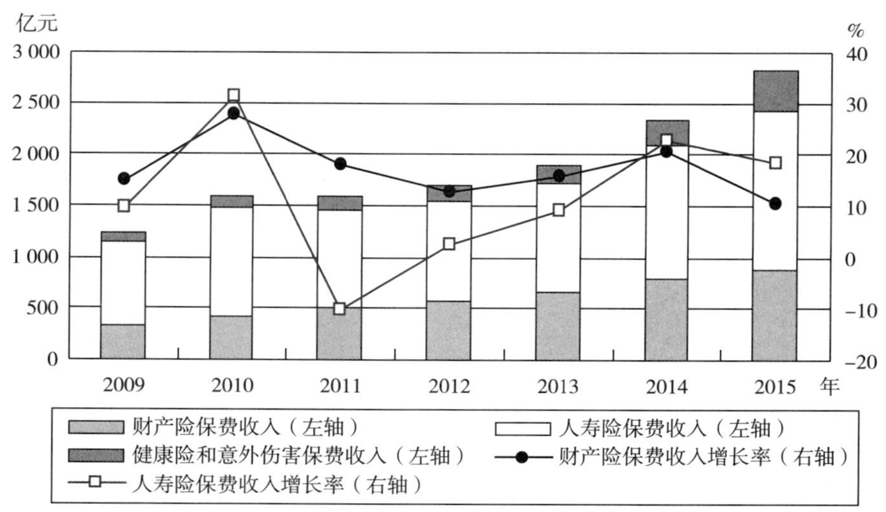


数据来源：广东保监局。

**图 14　2009—2015 年广东保险业保费收入情况**

10.40%；人寿险业务保费收入1 537.11亿元，同比增长18.50%。

赔付支出增长较快。2015年，广东省保险业赔付支出为882.32亿元，同比增加179.87亿元，同比增幅25.61%，比2009—2014年平均增速高出9个百分点，其中人寿险赔付支出增长52.09%，财产险赔付支出增长10.67%（见图15）。

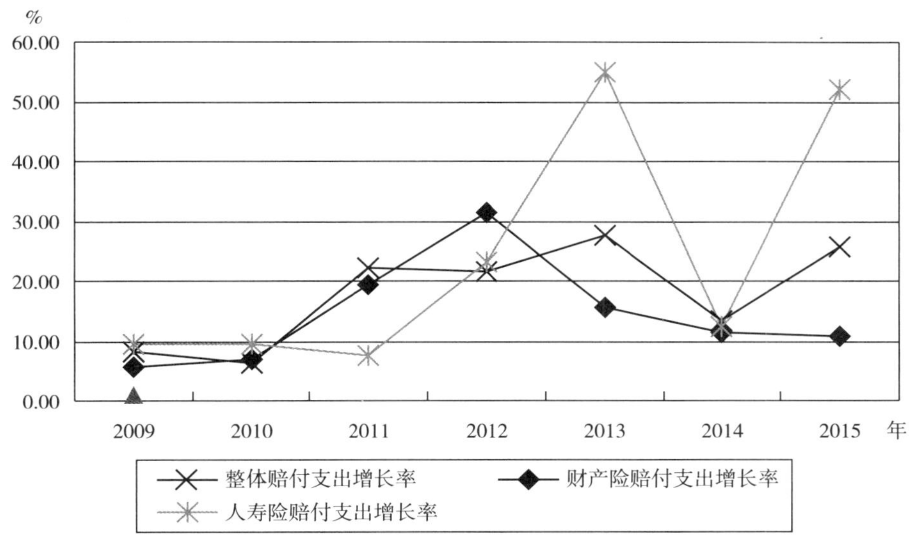


数据来源：广东保监局。

**图15 2009—2015年广东保险业赔付支出增长情况**

经营效益大幅提升。2015年，广东省保险业承保利润62.68亿元，同比增加35.24亿元，增幅128.04%。其中产险公司实现承保利润45.10亿元，承保利润率5.90%，同比提高3.3个百分点；人身险公司实现短期险承保利润17.60亿元，短期险承保利润率15.10%，经营效益持续向好。

各项准备保持充足。2015年，广东省产险公司各项准备保持充足，未到期责任准备金余额与财产险保费收入之比达到52.93%，同比下降1.14%；未到期责任准备金余额与财险赔款支出之比为

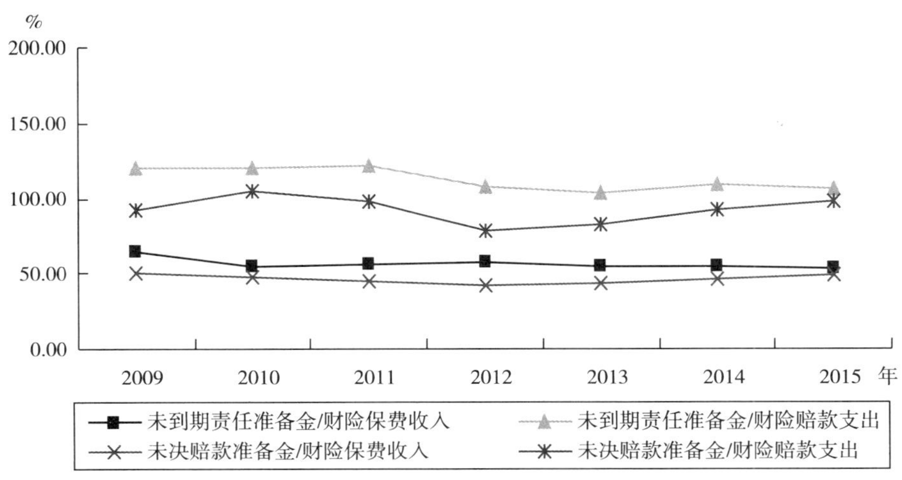


数据来源：广东保监局。

**图16 2009—2015年广东产险公司各项准备情况**

106.96%，同比下降2.57%；未决赔款准备金与财产险保费收入、财产险赔款支出之比分别为48.52%和98.06%，分别比上年上升2.99和5.83个百分点。寿险公司责任准备金余额自2011年以来呈逐年上涨趋势，2015年寿险责任准备金余额同比增长13.21%；长期健康险责任准备金同比增长54.11%。

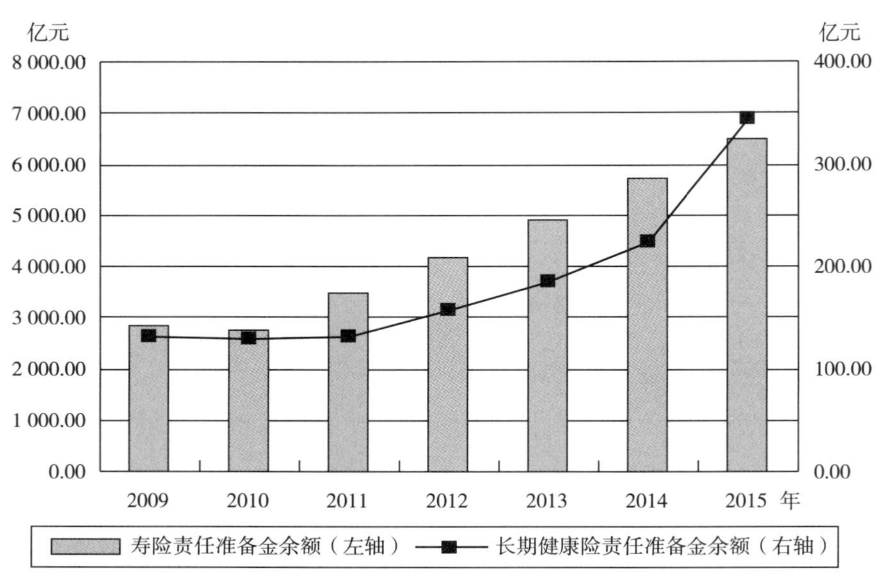


数据来源：广东保监局。

**图17 2009—2015年广东寿险公司各项准备情况**

服务经济社会能力增强。2015年，广东保险业充分发挥风险管理作用，累计提供115.70万亿元的财产风险保障和54.90万亿元的人身风险保障。为农业生产提供440.30亿元风险保障，覆盖1 119万农户，累计赔付5.10亿元，受益农户146.30万户。承担各类责任风险保障8.10万亿元，支付补偿金16.50亿元。健康险新增服务人次2.60亿，大病保险保障人数6 700多万人。广东累计引进保险资金4 112亿元。

## （二）主要风险分析

保险市场区域发展不平衡有待改善。2015年，珠三角地区累计保费收入2 351.77亿元，占比高达84%，其他地区合计保费收入占比仅为16%，地区发展严重不平衡。

保险业退保风险防范任务仍然艰巨。非正常退保和满期给付风险压力持续上升，2015年广东寿险公司累计退保金403.58亿元，同比增长44.82%；退保金持续大幅增加或引发寿险公司流动性风险，退保风险防范压力不断增大。

保险公司经营管理水平有待提高。产险市场方面，业务集中度高，车险业务竞争加剧，非车险业务盈利能力较低，中小公司经营困难，部分保险公司甚至出现负增长。寿险市场方面，业务结构、产品种类、销售渠道较为单一，2015年全省寿险银邮渠道保费收入850.7亿元，同比增长31.4%，续期业务增长能力受到影响，业务结构有待进一步完善，提高经营管理水平。

## 五、具有融资功能的非金融机构

### （一）小额贷款公司发展有所放缓

截至2015年底，全省共有小额贷款公司512家，比上年增加35家，仅为去年增加家数的三分之一；注册资本742.5亿元，同比增长7.1%，增幅比去年下降30个百分点；贷款余额640.21亿元，同比增长4.23%。

### （二）融资担保公司平稳发展

截至2015年末，广东省融资性担保法人机构359家，比2014年增加16家；注册资本达572亿元，同比上升2.5%；在保余额1 656亿元，同比上升2.2%；从业人员6 303人，同比减少12.7%；在保余额1 656亿元，同比增长2.2%；行业平均放大倍数1.18倍，同比下降25%；在保户数约21.5万户（含个人消费金融担保客户），同比减少79%；非融资性担保业务在保余额694亿元，同比增长43%。

## 六、金融生态状况

2015年，广东继续优化金融业发展的政策环境，加强金融法制和金融业信用体系建设，稳健运行支付体系，深入推进反洗钱工作，有力地促进了广东金融生态环境的改善。

### （一）区域政策环境继续优化

在支持地方经济发展方面，广东制定了《关于创新完善中小微企业投融资机制的若干意见》、《关于金融业支持广东外贸稳定增长的若干意见》，引导金融机构加大对地方经济发展的支持力度，有效地促进了广东外贸的稳定增长。在金融改革创新方面，广东制定了《关于广东金融业促进创新驱动发展的若干意见》、《关于金融支持佛山市南海区农村集体经营性建设用地入市改革试点的指导意见》等指导意见，对全省金融改革作出大胆探索。

### （二）金融法治状况不断改善

2015年，广东金融法治状况进一步改善。金融法制建设方面，人民银行广州分行出台了《中国人民银行广州分行黄金制品进出口管理实施细则（试行）》、《广东省支付清算系统参与者监督管理办法实施细则》等18件规范性文件，进一步完善了广东的金融法制体系。金融消费权益保护方面，成立广东省金融消费权益保护联合会，成为全国第一个专门以保护金融消费权益为宗旨的省级公益性社会团体，实现广东金融消费权益保护社会组织全覆盖。

### （三）信用体系建设日益完善

2015年，广东稳步推进社会信用体系建设，进一步深化小微企业和农村信用体系建设，运用互联网、大数据思维，搭建银企融资对接平台，为金融机构与中小微企业提供政策咨询、融资辅导等服务。开展“互联网+信用三农”众筹试点，广东众筹平台共上线项目25个，完成融资452.5万元。全面开展小额贷款公司与融资担保公司信用评级，广东有95家机构参与信用评级。

**（四）支付体系稳健运行**

2015年，广东支付体系运行稳健。支付结算基础设施建设方面，稳步推广中央银行会计核算数据集中系统（ACS）综合前置子系统，全面实现商业银行在支付系统“一点接入一点清算”，有效提高商业银行资金清算效率。支付清算系统运行方面，各支付清算系统共处理业务8.07亿笔、334.6万亿元，笔数、金额同比分别增长25.96%、20.57%。其中，大额实时支付系统处理业务15 938.50万笔、3 210 503.37亿元，笔数、金额同比分别增长13.45%和21.67%，笔数、金额排名分别位居全国第一和第四。小额支付系统共处理业务38 196.70万笔、43 955.23亿元，笔数、金额同比分别增长24.45%、16.25%，笔数、金额排名分别位居全国第一和第三。

**（五）反洗钱工作实效性进一步增强**

2015年，广东人民银行系统深入开展风险领域反洗钱现场检查，累计对39家金融机构进行反洗钱执法检查，依法对5家机构作出行政处罚。2015年，广东破获涉嫌洗钱案件54宗，其中人民银行系统和金融机构主动发现、及时移送并成功告破的为37宗，占比达68%；2015年，共举办各类宣传活动4 100余场次，媒体宣传120多次，发放宣传材料260余万份，有效地提升了社会公众对反洗钱的认识，为广东深化改革营造良好的生态环境。

## 七、金融稳定工作实践与探索

2015年，在错综复杂的国内外形势下，人民银行广州分行牢固树立“强监测、化风险、优生态”的履职宗旨，着力深化金融改革开放，创新开展金融稳定工作，有效防范和化解各类金融风险隐患，为广东金融支持实体经济发展营造良好的环境。

**（一）不断健全工作制度及平台建设**

2015年，人民银行广州分行建立健全金融稳定制度体系，夯实维护金融稳定的制度保障基础。完善金融稳定联络员制度，建立高效快捷的信息沟通渠道；组织研究开发广东金融风险监测评估管理系统，健全金融风险的监测、评估和预警机制；重新梳理应急预案制度，提高应对突发金融风险的能力；试点探索实施金融机构高级管理人员金融稳定监管谈话制度，增强金融机构高级管理人员维护金融稳定意识。

**（二）全面推进风险监测与评估**

加强金融风险监测，重点加强对影响金融稳定的新情况、活情况的监测，先后对全省70个区域重点行业按季度开展过度授信风险监测；积极开展稳健性评估，先后对35家地方高风险银行业金融机构开展稳健性现场评估，对10家法人银行开展了负债管理现场评估，对5家法人银行机构开展同一存款人账户现场评估。

**（三）顺利实施存款保险制度**

按照总行统一部署，人民银行广州分行周密部署辖区内的147家地方法人银行业金融机构的投保手续办理工作及保费缴纳工作，开展对法人银行机构基础数据的收集整理工作，并建立存款保险制度数据库，为按时保质完成投保手续办理工作打下坚实基础。

**（四）深入开展“两管理，两综合”工作**

2015 年，人民银行广州分行为辖区新设 36 家银行机构、17 家证券机构、9 家保险机构顺利加入人民银行金融服务与管理体系提供指导和支持；组织开展对广东辖内 371 家中外资银行业机构开展综合评估，引导银行业机构按照更加符合宏观审慎要求的方向开展业务。人民银行广东省内各级分支机构继续对金融机构开展综合执法检查共 80 余次，并加大了对新开业金融机构经营合规性的执法检查力度。

## 八、总体评估和趋势展望

**（一）总体评估**

2015 年，面对错综复杂的国际形势和不断加大的经济下行压力，广东经济总体平稳、稳中略升，特别是经济结构不断优化，内生动力得到增强，协调性、稳定性得到提升，金融业稳健运行的宏观经济基础得到进一步巩固。金融体系总体保持平稳运行，银行业、证券业和保险业多数稳健性指标持续改善，抗风险能力保持良好。金融体制机制改革进一步推进，金融生态环境不断优化，金融体系稳健运行和发展的体制和环境基础更加牢固。总的来看，广东整体金融稳定状况保持在较好水平。

同时，应该注意到，广东经济发展中不平衡、不协调、不可持续的矛盾仍然突出，补短板的任务较重，防风险的压力较大，在当前外需低迷、人民币汇率贬值压力增加背景下，企业经营困难增多，跨境资金异常流动风险增加，金融稳定形势依然严峻。

**（二）趋势展望**

当前国内外经济发展环境依然错综复杂。广东较早进入新常态，同时经济外向度较高，受市场调整影响更直接和明显，在市场需求不足、新旧动力接续的大背景下，经济下行压力依然较大。但是从 2015 年运行情况来看，全省经济运行的支撑力度仍然较强，未来往下的空间不大。同时，随着全面深化改革的各项措施的推进，通过激发经济活力，释放增长潜力，完善风险处置机制，金融系统可以继续保持稳健运行。

编　　撰：中国人民银行广州分行金融稳定评估委员会
主　　任：王景武
副 主 任：丘　斌
统　　稿：麦延厚　郭红亮　陈元富
执　　笔：庄礼焕　陈育穗　吴　进　崔荣伟　郑　勇　李挚宁　高思劼
金融稳定评估委员会成员：苏　赟　张　劲　谢端纯　李程枫　张　军　黄　润
陈卫东　姜小南　徐宏练　缪铁文　林　辉　陈　瑜
何志群　杨白娥　黄　润　甄润赞
其他参与编写人员：龙永洁　苏宏召

# 广西壮族自治区金融稳定报告摘要

2015年，广西经济增长步入新常态，金融服务实体经济能力不断增强，金融改革取得重要进展，但是，区域经济金融体系深层次矛盾凸显，风险隐患增多。建议加强金融风险预警监测，大力开展金融改革与创新，完善金融监管协调机制，实现经济金融协调发展。

## 一、区域经济运行与金融稳定

### （一）经济增长步入新常态，快速发展存在较大压力。

2015年，广西国内生产总值（GDP）16 803.12亿元，同比增长8.1%，比上年同期回落0.4个百分点，其中第一、第二、第三产业增加值同比分别增长4.0%、8.1%和9.7%；规模以上工业增加值同比增长7.9%，同比回落2.8个百分点，工业化率由2014年的38.70%下降至37.72%，连续4年下降；财政收入2 332.96亿元，比上年增长7.9%，同比回落0.2个百分点；居民人均可支配收入16 873元，比上年名义增长8.5%，扣除价格因素实际增长6.9%；固定资产投资（不含农户）15 654.95亿元，比上年增长17.8%，同比提高1.1个百分点，高于全国7.8个百分点；房地产开发投资额1 909.09亿元，同比增长3.8%，增幅同比回落10.1个百分点；进出口总额3 190.31亿元，同比增长28.1%，高于全国35.1个百分点，对外贸易逆势大幅增长；居民消费价格（CPI）比上年上涨1.5%，同比回落0.6个百分点，工业生产者出厂价格（PPI）同比下降3.0%，降幅同比扩大1.4个百分点；城镇登记失业率2.92%，同比下降0.23个百分点（见图1）。

### （二）对金融稳定有较大影响的经济因素分析。

一是需求侧保持较快增长的后劲不足。2015年，市场性投资力量继续下滑，工业投资同比增长14.1%，低于同期投资增速3.7个百分点；民间投资同比增长16.1%，低于同期投资增速1.7个百分点；消费增长缓慢，消费增速低于上年同期2.5个百分点，比全国低0.7个百分点；进出口占GDP比重不高，对经济增长的拉动力有限。二是工业步入平缓增长的新常态。2015年，轻重工业增加值分别增长6.7%和8.3%，同比分别回落1.9个和3.3个百分点；工业用电量同比下降0.4%，工业生产者价格指数连续47个月负增长；40个行业大类中有19个行业增加值增速同比回落，14大支柱和特色产业中有11个产业增速比上年同期回落；2015年第四季度企业经营状况指数42%，持续处于不景气区间。三是商业地产库存压力凸显。2015年末，商业地产待售面积同比增长54.09%，以2015年月平均销量计算，去库存周期近17个月，高于住宅的消化周期。

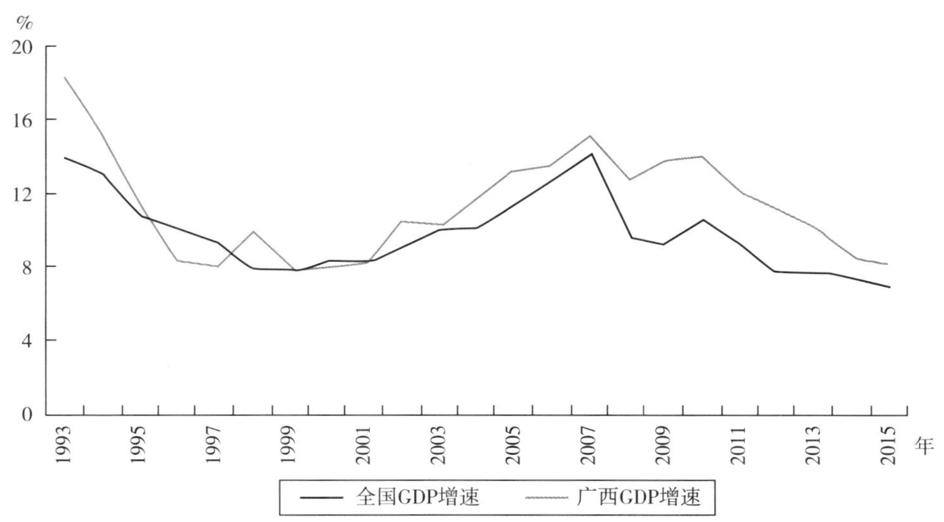


数据来源：广西统计局。

**图 1　1993—2015 年全国和广西地区生产总值增速对比图**

## 二、金融业与金融稳定

### （一）银行业

1. 银行业金融机构经营总体情况及其特点

（1）组织体系基本健全，机构数量保持稳定。2015 年，广西银行业新增 1 家外资银行和 1 家农村信用社，2 家农合行和 9 家农村信用社成功改制农商行。截至 2015 年末，辖内银行业非法人机构 20 家：2 家政策性银行、5 家大型商业银行、7 家全国性股份制商业银行、4 家外资银行、1 家邮政储蓄银行、1 家财务公司；银行业法人金融机构 135 家：城市商业银行 3 家、农村商业银行 25 家、农村合作银行 16 家、农村信用社 50 家、村镇银行 36 家、农村资金互助社 3 家、财务公司 1 家、金融租赁公司 1 家。

（2）资产负债规模持续扩张。2015 年末，广西银行业金融机构资产总额 30 330.82 亿元，同比增长 12.47%；负债总额 29 271.95 亿元，同比增长 12.85%。全年资产总额新增 3 363.30 亿元，增速同比增长 1.38 个百分点，其中，城市商业银行和新型农村金融机构资产总额同比增速分别高于全行业平均水平 11.50 个和 10.63 个百分点；全行业负债总额较年初增加 3 334.02 亿元，增速同比增长 2.01 个百分点，外资银行负债规模出现收缩，比年初减少 1.97 亿元。

（3）存、贷款稳定增长，波动性和投放集中度增大。2015 年末，广西金融机构本外币各项存款余额 22 793.54 亿元，同比增长 11.76%，全年新增存款 2 406.85 亿元，同比多增 496.91 亿元。受地方债置换中政府性存款的用度影响，存款季度间波动较大，各季度分别新增存款 911.86 亿元、510.48 亿元、1 102.37 亿元、-117.86 亿元。本外币各项贷款余额 18 119.3 亿元，同比增长 12.74%，全年贷款新增 2 048.35 亿元，同比多增 105.53 亿元，基础设施领域，交通、水利两行业新增贷款 577.83 亿元，占行业新增贷款的 58.69%。

2. 银行业稳定性评估

（1）资产质量持续下滑。2015 年以来，受经济增速放缓、外部需求萎缩等宏观经济因素影响，广西银行业资产质量持续下滑。截至2015 年末，广西银行业金融机构不良贷款余额386.08 亿元，比年初增加169.35 亿元，增长78.14%；不良贷款率2.13%，比年初增加0.78 个百分点。关注类贷款余额1 295.14 亿元，比年初增加332.86 亿元；关注类贷款率7.15%，比年初增长1.16 个百分点。从不良贷款增量上来看，大型商业银行、农村合作金融机构和股份制商业银行名列前三位，分别新增不良贷款92.74 亿元、37.65 亿元和29.97 亿元。从不良贷款的行业分布来看，采矿业、交通运输业、房地产业和制造业增幅较大，分别达到486.37%、169.69%、162.54%和110.98%。

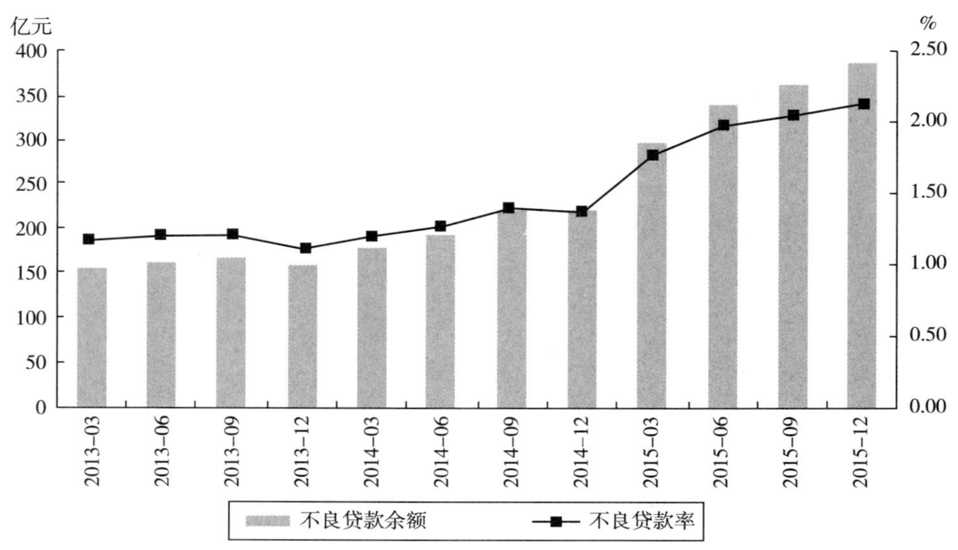


数据来源：广西银监局。

**图2 广西银行业资产质量趋势图**

（2）流动性有趋紧态势，法人机构流动性指标下行。2015 年，广西新增存款2 406.85 亿元，在住户及非金融企业新增存款中，定期存款占比47.85%，比6 月末下降23.02 个百分点；新增贷款2 048.35亿元，中长期贷款占比77.82%，期限配置呈现“短存长贷”的特点，流动性有收紧趋势。法人机构中城市商业银行和农村合作金融机构流动性比例和存贷比较年初有所恶化，流动性比例比年初分别下降0.82 个和0.52 个百分点，存贷比比年初增加0.13 个和1.73 个百分点；新型农村金融机构流动性比例比年初上升3.74 个百分点，但是存贷比较年初上升14.88 个百分点，流动性状况出现收紧态势。

（3）法人金融机构资本充足水平下降，仍高于监管水平。2015 年末，广西银行业法人金融机构资本充足率和核心一级资本充足率为13.08%和12.08%，分别较年初下降0.42 个和0.34 个百分点，但仍高于监管标准。分机构来看，除桂林银行资本充足率和核心一级资本充足率比年初上升0.21 个和0.12 个百分点外，其他机构资本充足水平监测指标均出现下降。

（4）经营效益增速回落，效益性指标有所恶化。2015 年，广西银行业金融机构实现税后净利润291.64 亿元，同比下降22.82%。其中，净利息收入786.59 亿元，同比多增9.97 亿元，利息收入率87.14%，比年初上升3.28 个百分点；手续费净收入93.69 亿元，同比少增6.04 亿元，中间业务收入率 12.43%，较年初上升 0.29 个百分点；净息差 3.58%，比年初下降 0.31 个百分点。截至 2015 年 12 月末，广西银行业金融机构资产利润率 1.18%，同比下降 0.48 个百分点。

## （二）证券业

1. 证券类金融机构经营总体情况及其特点

（1）证券市场主体有所增加。2015 年末，广西有 35 家境内上市公司，全年新增 3 家，31 家新三板挂牌公司，全年新增 26 家。另外广西有 2 家区域性股权交易所，1000 家挂牌中小企业，1 家证券公司，1 家基金管理公司，15 家证券分公司，153 家证券营业部，37 家期货营业部。

（2）股权融资规模快速增长。2015 年，广西多层次股权市场格局初步形成，全年实现股权融资达 173.55 亿元，同比增长 301.83%。3 家企业成功发行上市，广西创业板上市实现“零”的突破，首发募资 13.72 亿元；12 家上市公司通过再融资实现募资 137.31 亿元；16 家新三板挂牌企业股权增发募资 27.45 亿元；区域性股权市场中 3 家企业完成私募股权融资 0.09 亿元。

（3）债券融资能力大幅提升。2015 年，广西企业通过资本市场进行债券融资达 329.59 亿元，其中，发行公司债券融资 315 亿元，资产证券化融资 14.59 亿元，2015 年债券融资额占“十二五”时期广西债券融资总额的 77.88%，创下历史新高。

2. 证券业稳定性评估

（1）上市公司经营压力较大，盈利水平两极分化明显。截至 2015 年末，广西 35 家上市公司总股本 313.59 亿股、总市值 4 074.52 亿元，同比增长 50.21% 和 82.37%。2015 年前三季度广西上市公司实现营业收入 867.65 亿元，同比下降 2.44%；实现净利润 42.24 亿元，同比增长 26.88%。其中，盈利公司 27 家，占比 77.14%，亏损公司 8 家，占比 22.86%。受经济下行压力影响，广西化工、钢铁、机械等传统行业上市公司整体经营压力较大，营业收入总额排名前三的恒逸石化、柳钢、柳工前三季度实现净利润分别为 269 万元、-9.85 亿元、2 210 万元。

（2）证券市场剧烈波动，证券经营机构盈利快速增长。2015 年，A 股走势明显分为快速上涨、急速下跌和逐步回升三个阶段。受大势影响，广西证券市场交易活跃，证券交易总规模、A 股成交、基金销售等指标均创历史新高，证券经营机构营收和净利润增长较快。2015 年，广西证券经营机构代理证券交易总额 5.24 万亿元，同比增长了 199.43%。投资者开户数 267.04 万户，同比增长 27.84%。实现营业收入 45.75 亿元，净利润 28.1 亿元，分别增长 133.78% 和 169.93%。

（3）期货市场交易大幅增长，期货机构营业收入同比基本持平。受股票市场波动影响，国内期货交易总成交量在 2015 年上半年快速上涨，下半年呈急剧下跌，全年成交 35.78 亿手，成交金额 554.24 万亿元，同比增长 42.78%、89.81%。2015 年，广西期货市场成交量与成交金额实现大幅增长，全区期货经营机构代理期货成交量 4 321.1 万手，成交金额 4.42 万亿元，同比增长 31.54%、48.49%；投资者开户数 3.68 万户，同比增长 8.24%；期货经营机构实现营业收入 8 369.46 万元，同比下降 0.58%，实现净利润 -253.36 万元，同比亏损下降 32.19%（见图 3）。

## （三）保险业

1. 保险类金融机构经营总体情况及特点

（1）业务保持平稳较快增长。截至 2015 年末，广西累计实现原保险保费收入 385.75 亿元，同比增长 23.12%，其中，财产险保费收入 147.14 亿元，人身险保费收入 238.6 亿元。广西保险赔付

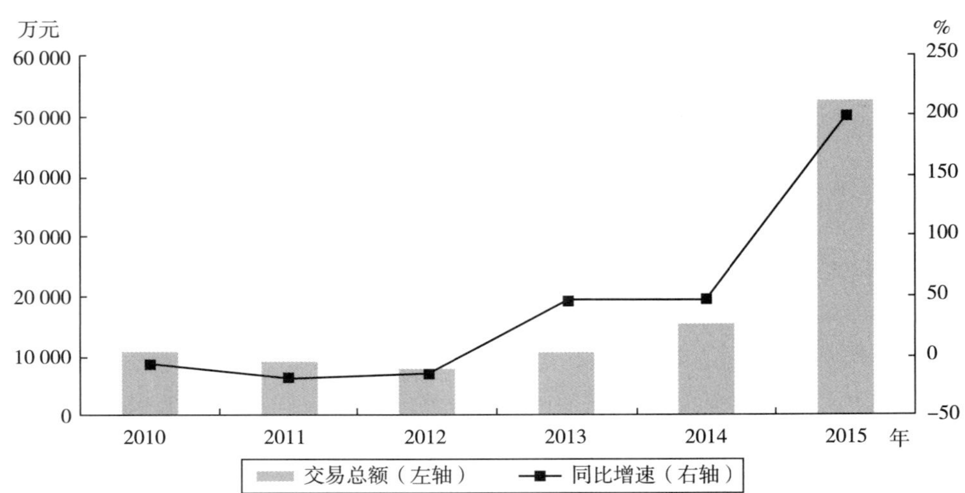


数据来源：广西证监局。

**图3　广西证券交易额变动趋势图**

支出132.77亿元，同比增长21.64%，其中，财产险赔付支出72.34亿元，人身险赔付支出60.43亿元。保险密度为804.32元/人，同比增长21.6%；保险深度为2.3%，同比提高0.3个百分点。保险业总资产达到773.84亿元，同比增长16.92%（见图4）。

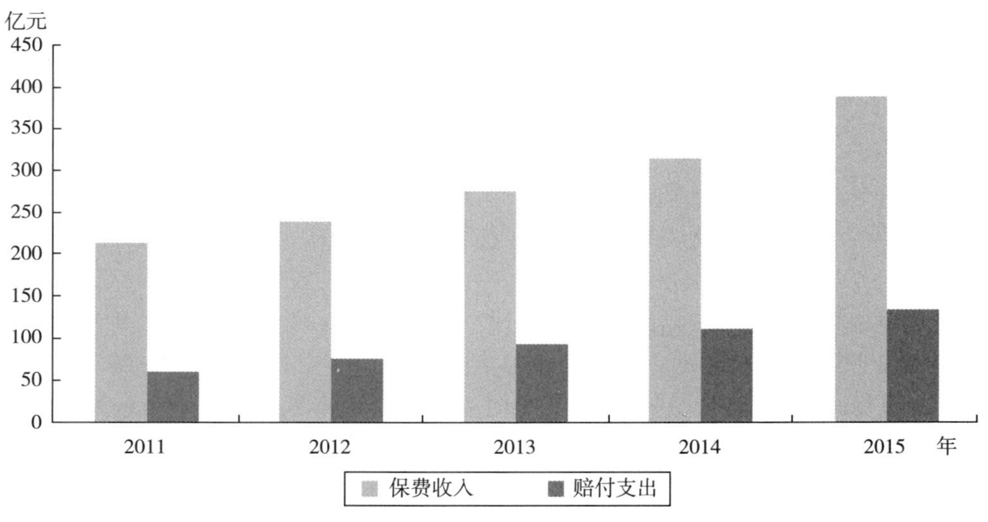


数据来源：广西保监局。

**图4　2011—2015年广西保费收入和赔付支出图**

（2）市场体系不断完善。截至2015年末，广西共有保险市场主体37家，初步形成了地方法人公司与分支机构、中资与外资、商业性与政策性、综合性与专业性等多种形式共同发展的保险市场体系。保险机构网络迅速扩大，保险分支机构1 990家，保险服务基本实现全区覆盖。保险从业人员数量达到13.5万人，同比增长58.04%，服务人员队伍得到进一步充实。

（3）保险服务领域不断深入。一是大病保险实现全区覆盖。截至2015年末，大病保险制度覆盖全区14个设区市113个县区，覆盖4 600万余城乡居民。二是农业保险实现跨越式发展，新增桑蚕养殖、对虾养殖、水果种植、田七种植、茶树种植等18个险种。三是农房保险保障力度走在全国前列。2015年地震纳入农房保险责任范围，初步建立起农房巨灾保险制度，单户农房保障金额由1.5万元提高至1.8万元。

2. 保险业稳定性评估

（1）业务发展压力增大。财产险市场中，经济增长换挡减速，车险业务增速放缓，增速同比下降1.94个百分点，工程险和企财险负增长，船舶险和货运险增长不到3%。寿险市场中，与储蓄、理财、信托、基金等类似功能的金融产品相比，分红险缺乏差异性和竞争力，其保费收入出现下降。截至2015年末，分红险实现保费收入88.2亿元，同比下降4.13%。

（2）退保风险不容忽视。2015年，广西寿险业累计退保金支出41.78亿元，同比增长19.31%；退保率为4.72%，同比上升0.11个百分点。广西寿险业退保率已经逼近5%的风险警戒线，退保金额和退保率的增加会对寿险公司运营的现金流、业务质量等造成较大压力，应重点关注寿险公司的退保问题，保证公司的稳健经营。

（3）法人机构经营风险值得关注。一是经营仍未摆脱亏损局面。截至2015年末，北部湾产险公司亏损9 631.07万元，承保利润率为 -18.29%。二是综合成本率偏高。截至2015年末，北部湾产险公司的综合成本率高达118.29%。三是投资风险值得关注。全年保险资金运用余额21亿元，同比增长17.38%，投资收益率4.91%，同比上升2.1个百分点。但目前经济下行压力较大，房地产市场调整，地方融资平台潜在风险较大，股市波动明显，保险资金运用风险上升。

### （四）地方非金融机构

1. 小额贷款公司发展平稳，潜在风险不容忽视

截至2015年末，广西小额贷款公司384家，同比增长2.4%；注册资本305.4亿元，同比增长2.63%；贷款余额454.46亿元，同比增长15.38%；资产总额513.71亿元，同比增长19.31%；负债总额169.72亿元，同比增长62.01%。全行业实现总收入52.73亿元（其中贷款利息收入50.69亿元），同比增长13.76%；利润总额31.5亿元，同比增长13.46%。2015年，全行业总体运行态势平稳，没有出现非法集资等系统性风险事件和典型案例，但全行业受到实体经济下行冲击仍在持续：一是逾期贷款占比扩大，不良贷款逐步显现。截至2015年末，监管信息系统统计3个月以上逾期贷款占全行业贷款余额比重达19.49%；全行业不良贷款5.14亿元，同比增长4.35%，不良贷款率1.13%，同比上升0.93个百分点。二是减资注销明显增加，行业进入结构调整期。全区仅23家公司开业，同比减少82.17%；减少注册资本20家，注销经营许可证14家，全行业累计已退出23家。银行对小贷公司股东及高管“一刀切”的禁贷或限贷成为行业退出和变更的重要因素。

2. 融资性担保公司发展动力不足，代偿风险较为普遍

截至2015年末，全区获得融资性担保机构经营许可证的融资性担保公司共187家（法人机构165家，分公司22家），共有103家融资性担保公司与银行开展了融资性担保业务，同比减少4家；在保余额为372.80亿元，同比减少17.98%，全区平均放大倍数为2.33倍，融资性担保累计发生额合计303.26亿元，同比减少31.69%。由于经济下行压力大，实体经济业绩下滑，银行考虑风险防控而惜贷或不续贷，融资性担保机构发生代偿风险现象较为普遍。截至2015年末，广西103家开展业务的融资性担保公司中共有62家发生代偿，本年度累计代偿额31.47亿元，同比增长37.3%；累

计解除的融资性担保额404.17亿元，融资性担保代偿率8.17%，同比上升4.02个百分点；本年度融资性担保累计损失额0.16亿元，担保损失率为0.04%。

3. 典当行发展保持稳定，经营利润有所下滑。

截至2015年底，全区共有典当企业152家及3家分支机构；累计资产总额14.15亿元，同比增长19.01%；全年营业收入7 006.48万元，同比增长7.52%；累计完成典当总额26.69亿元，同比增长16.10%。其中：动产典当业务占全部业务的28.9%，房地产典当业务占62.0%，财产权利典当业务占9.1%；典当行业利息总收入6 278.67万元，比去年同期增长16.95%。虽然利息收入比上年度有所增加，但受经济下行压力、同行业竞争加剧、市场利率降低及企业经营成本加大等因素的影响，半数典当企业税后利润出现亏损，行业净利润为195.42万元，比上年同期下降66.67%，经营形势相当严峻。

## 三、金融改革与金融稳定

### （一）沿边金融综合改革进展顺利，切实提升金融安全水平

广西沿边金融综合改革试验区建设取得阶段性成果。一是跨境人民币业务创新稳步发展。2015年，广西跨境人民币结算量1 722.83亿元，同比增长10.35%，在全国8个边境省（区）持续排名第一；人民币连续第二年成为广西跨境收支第一大结算币种，在广西本外币跨境收支中的比重上升至53.11%。截至2015年12月末，试验区内14家企业从东盟国家银行融入人民币55.63亿元，在全国13个试点地区中名列前茅；人民币与越南盾银行间市场区域交易累计成交2 936万元人民币；5家跨国集团企业开展跨境双向人民币资金池业务，跨境人民币资金净流入上限共计445亿元，累计结算金额2.65亿元；广西北部湾人民币国际投贷基金合作框架协议正式签订，基金组建工作取得新进展。二是外汇管理改革创新深入推进。3家跨国公司外汇资金集中运营试点企业已利用国际、国内主账户通道借入外债1.37亿美元，节约贷款成本超过1 700万元；外商投资企业外汇资本金结汇管理改革推广至全区。三是区域金融合作不断深化。推动中越边境银行签订反假货币合作备忘录，成为我国与周边国家签订的第一个跨境反假货币合作协议。

沿边金融综合改革提升金融安全水平。一是缓解了试验区金融风险集聚。2015年末，试验区不良贷款余额206.09亿元，较年初增长94.37亿元，但是不良贷款率为1.84%，低于全区平均水平0.29个百分点。二是降低了试验区融资成本。通过跨境人民币贷款、跨境双向人民币资金池、跨国公司外汇资金集中运营管理试点等业务创新，打通境内外资金双向流通渠道，大幅降低企业融资成本。三是沿边金改促进贸易投资便利化。通过推进外汇管理体制改革，便利企业跨境投资资金运用，满足市场主体规避汇率风险需求，更好的服务实体经济。

### （二）农村金融改革成效显著，金融生态环境进一步优化

一是持续深化农村合作金融机构改革。广西农村合作金融机构坚持以股份制为导向，因地制宜开展县级农商行达标组建工作。2015年末，广西91家农村合作金融机构中有25家农商行，较上年末新增9家，金融服务农村力度进一步加强。二是稳步推进农村“两权”抵押贷款试点。推动广西8个县（市、区）获全国农村承包土地经营权抵押贷款试点，百色市田阳县获全国农民住房财产权抵

押贷款试点。2015 年末，广西区承包土地经营权抵押贷款余额 4.94 亿元，同比增长 1.11 倍；农民住房财产权抵押贷款余额 6 004.96 万元，同比增长 80%。三是深化农村支付服务环境建设。2015 年末，广西已建设具备现金汇款、转账汇款、代理缴费等全支付功能的支付服务点和金融综合服务站共 13 733 个，完成 21 673 个助农取款服务点终端的联网通用改造。四是加大农村信用体系建设及成果的运用。2015 年末，广西成功创建信用县 3 个、信用乡镇 106 个、信用村 1 013 个，为 369 万信用农户累计发放贷款 1 327 亿元；涉农金融机构对信用户办理信贷业务实施流程简化，信用贷款额度由 1 万元提至 20 万元，农户贷款满足率超过 90%。五是强农富农金融服务有效推进。2015 年广西农业银行“三农”金融事业部对国家级、自治区级农业产业化龙头企业的金融服务覆盖率分别为 90.32% 和 61.54%，分别比上年提升 9.3 个和 10.5 个百分点。

## 四、总体评估与政策建议

### （一）总体评估

2015 年，广西经济增长步入新常态，金融服务实体经济能力不断增强，沿边金融综合改革、农村金融改革取得重要进展。但是，广西经济金融体系深层次矛盾凸显，风险隐患增多。经济回升基础尚不稳固，外需乏力、内需不足状况没有根据改观，工业生产低位运行，部分行业受市场需求不足、产能过剩等因素影响效益继续下滑；部分产能过剩行业以及高杠杆企业债务违约增加，银行不良贷款有所上升；市场配置金融资源功能尚未充分发挥，上市公司盈利水平两极分化明显；寿险公司满期给付风险、退保风险和现金流风险，产险公司经营风险等诸多风险仍需重点关注；小额贷款公司不良贷款逐步显现、融资性担保公司代偿风险普遍、典当行经营利润下滑，其风险也不容忽视。总体来看，2015 年，广西金融稳定状况良好，全年未发生区域性系统性风险事件，金融体系保持了稳健运行，下一步应继续关注部分领域和少数金融机构的风险隐患，切实做好风险防控，守住不发生区域性系统性风险底线。

### （二）化解金融风险、增强金融业稳健性的政策建议

1. 加大对实体经济的支持力度，实现经济金融协调发展

一是金融机构要加大定向调控力度，重点支持实体经济、重大基础设施建设、中小微企业发展、薄弱环节补短板，保持信贷总量适度增长。二是推动直接融资市场发展，支持第三方机构机构等新兴业态发展，构建多个市场协同发展、多种资金共同参与、多元化主体有效竞争的金融体系，不断推动广西经济金融协调发展。三是发展普惠金融，进一步完善金融基础设施，优化金融生态环境，引导更多资源投向“三农”金融服务、中小企业融资和民生金融等方面，积极稳妥发展互联网金融、消费金融、金融租赁等金融业态。

2. 提高金融风险防控能力，有效防范系统性金融风险

随着“去产能、去库存、去杠杆”持续推进，部分产能过剩、库存过剩和高杠杆企业可能会退出市场，涉企风险将会继续暴露，可以预见，未来一段时间内，各金融机构还将继续面临着不良率和不良余额上升的压力。因此，在宏观层面要加强国家经济金融政策方向的研究，在中观层面要加强对广西经济发展产业结构调整和转型升级等情况的跟踪分析，特别关注产能过剩行业、房地产、

地方政府性债务等的风险状况，在微观层面要加强对产能过剩企业、高库存企业和高杠杆企业的风险排查，摸清风险底细。同时，要对现有不良资产创新清收方式，加强不良贷款处置力度，探索不良资产证券化等方式加快减负，全面提升风险应对能力，防范区域性、系统性金融风险。

3. 大力开展金融改革与创新，提升金融服务质量效益

一是积极探索实现人民币资本项目可兑换的多种途径。充分发挥试验区已有改革政策辐射效应，同时积极争取开展个人境外直接投资、外债宏观审慎管理等试点，积极打造沿边跨境金融改革先行地。二是强化政府引导基金和融资担保体系的作用，研究制定促进股权投资和多元融资的扶持政策。积极发展可转换债券、永续票据等股债结合产品，推进基础设施资产证券化试点。三是发挥沿边区位优势，与东盟、南亚国家开展金融合作交流，推动金融业双向开放，实现境内外金融资源的有序流动，提升金融业国际化水平。

4. 完善金融监管协调机制，促进金融业稳健发展

一是注重扩大监管协调合作的范围，搭建信息共享平台。在人民银行现有的已经较完备的数据系统的基础上，研发并建立金融风险监测预警数据库，整合各系统的数据和信息，实现银、证、保以及非银行金融机构数据全录入，体现“大数据、全覆盖”的概念，并通过加强信息数据交换，增强监管合力。二是注重工作重点，发挥各单位各部门在金融稳定中的职能作用。地方政府应制定风险防范和处置预案，探索构建地方政府牵头的金融管理部门协调的区域金融风险处置模式，建立以政府牵头的风险处置机制。各职能监管部门应充分研究本部门为实现共同目标所开展工作的重点，注重金融协调和服务。加强与行业自律组织的沟通，将保险机构风险事件纳入金融稳定重大事项监控范围，通过这一创新形式，建立合作和信息共享机制。

总　　纂：罗跃华
统　　稿：黄云丰　谢　喜
执　　笔：王　涛　农丽娜　黄德钊　吴　强
其他参与写作人员：蓝日德　磨雁能　潘　玉　秦义春
吴　洁　易庆玲

# 海南省金融稳定报告摘要

2015年，在国际经济形势复杂多变、国内经济下行压力加大的情况下，海南省主动适应经济发展新常态，着力做好稳增长、促改革、调结构、惠民生、防风险各项工作，全省经济运行整体呈现“稳中有进、稳中向好”态势。海南省金融业认真落实各项金融调控政策，积极应对经济下行压力，大力支持实体经济发展，全年全省金融业完成增加值247.01亿元，增长19.6%，占全省生产总值的6.67%，有力地支持了海南国际旅游岛建设。

## 一、区域经济运行与金融稳定

2015年，海南省经济保持平稳增长，产业结构调整步伐加快，固定资产投资和消费保持增长态势，物价基本稳定，民生继续改善，为金融业发展提供较好的外部环境。

### （一）经济运行总体情况

1. 经济保持平稳增长

2015年，海南省实现地区生产总值3 702.76亿元，按可比价格计算，比上年增长7.8%，增速较上年小幅回落0.7个百分点。分三次产业看，第一、第二、第三产业增加值分别为855.82亿元、875.13亿元和1 971.81亿元，同比分别增长5.3%、6.5%和9.6%。

2. 产业结构调整步伐加快

三次产业结构由上年的23.1∶25.0∶51.9调整为本年的23.1∶23.6∶53.3。服务业保持较快增长，对经济增长的贡献率达到63.1%。高技术产业日益成为工业经济增长的主要动力，规模以上医药制造业增加值增速比规模以上工业高12.1个百分点，对规模以上工业经济增长的贡献率达23.6%。房地产市场进一步向旅游商业地产转型升级，普通住宅投资的比重从上年的78.4%下降到73.2%。全年全省接待游客总人数同比增长11.4%，增速较上年高0.8个百分点；旅游总收入同比增长13.0%。

3. 固定资产投资增速放缓

2015年，海南省政府进一步加快推进重点项目建设，发挥大项目对经济增长的引领作用。全省固定资产投资总额（不含农户）完成3 355.40亿元，比上年增长10.4%，同比下降2.8个百分点。其中，房地产开发完成投资1 704亿元，增长19%；基础设施建设完成投资784.91亿元，增长13.1%（见图1）。

4. 消费增长保持平稳

2015年，全省社会消费品零售总额1 325.1亿元，同比增长8.2%，增速较上年回落4个百分

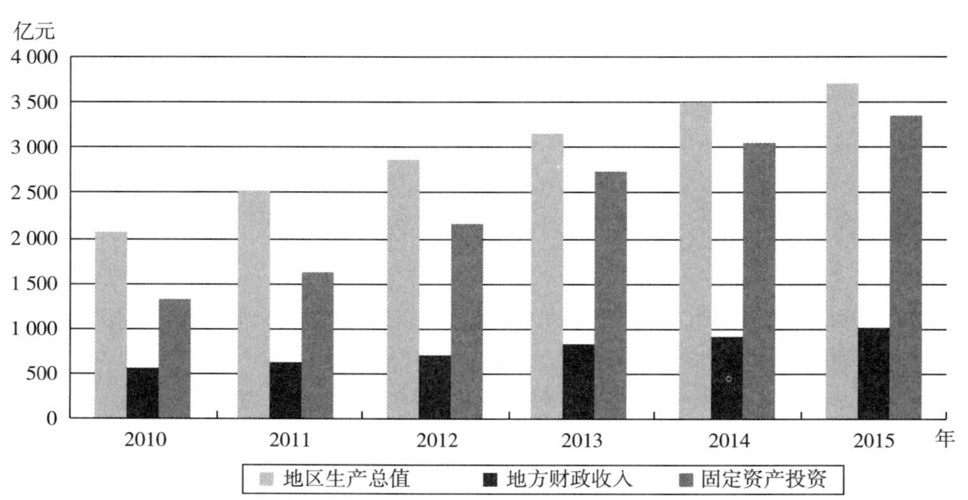


数据来源：海南省统计局。

**图1 2010—2015 年海南省 GDP、财政收入、固定资产投资变动情况**

点。其中，随着“万村千乡市场工程”的推进，以及乡村旅游日益升温，全年乡村零售额增长 10.8%，增速比城镇快 3.1 个百分点。免税购物零售额 55.4 亿元，同比增长 28.3%，成为拉动全省消费市场增长的亮点。

5. 对外贸易下滑

全年进出口总值 868.62 亿元，同比下降 10.8%。其中，出口总值和进口总值同比分别下降 14.4% 和 9.5%。全年实际利用外商直接投资 24.7 亿美元，同比增长 28.7%。

6. 物价保持基本稳定

全省居民消费价格（CPI）同比上涨 1.0%，比全国平均水平低 0.4 个百分点。衣着、医疗保健与个人用品、食品是影响海南省居民消费价格上涨的主要因素。农业生产资料价格同比增长 1.6%，涉农生产成本较高。工业生产者出厂价格指数下降 10.2%，企业经营压力较大。

7. 财政收支增长平稳

2015 年，全省全口径一般公共预算收入 1 009.99 亿元，同比增长 7.3%，增速较上年低 4.7 个百分点。全省地方一般公共预算支出 1241.49 亿元，同比增长 10.6%，增速较上年高 2.2 个百分点。全省政府性基金收入 321.53 亿元，同比下降 9.5%。其中，国有土地使用权出让收入 243.53 亿元，同比下降 9%，降幅较上年缩小 17.8 个百分点。

8. 民生保障持续加强

一是城乡居民收入较快增长。全省常住居民人均可支配收入 18 979 元，扣除价格因素，同比增长 7.5%。其中，城镇常住居民和农村常住居民人均可支配收入同比分别增长 6.4% 和 9%。二是社会保障体系不断健全。城镇和农村居民基础养老金统一提高到 145 元，企业退休人员基本养老金月人均增加 185 元，企业最低工资标准提高 150 元。全年新型农村合作医疗参合率为 97.93%（见图 2）。

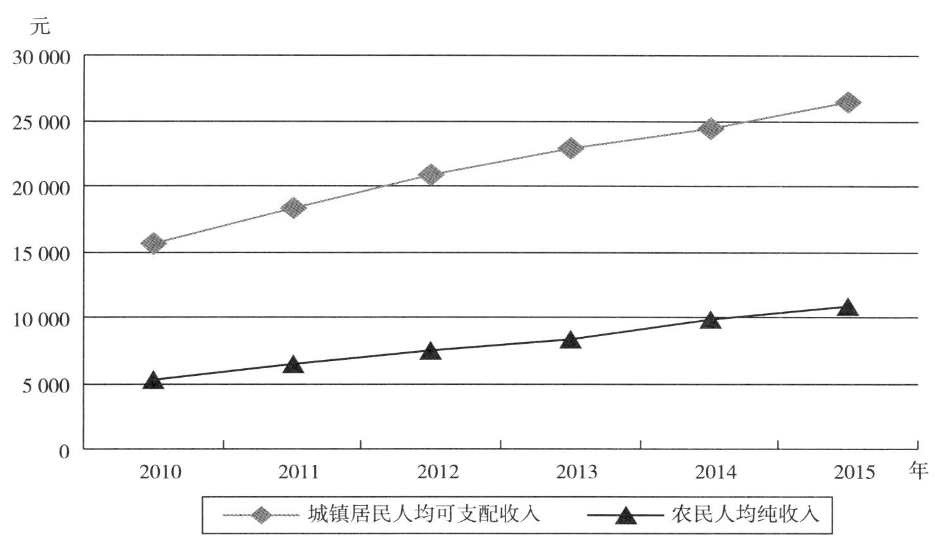


数据来源：海南省统计局。

**图 2　2010—2015 年海南省城乡居民收入变动情况**

### （二）经济运行中需关注的问题

1. 经济转型升级压力较大

一方面，产业结构有待优化，过于依赖房地产业的现象仍然存在。从投资情况看，2015 年海南省房地产开发投资占固定资产投资的 50.8%；从银行贷款看，房地产贷款占全省各项贷款余额的 24.12%。另一方面，特色产业创新不足，竞争力不强。2015 年海南省海洋经济生产总值 1 050 亿元，与国内其他沿海省市相比差距较大；旅游业和热带特色农业中具有品牌、规模优势的企业少，竞争力弱。

2. 工业企业效益下滑，亏损面扩大

2015 年，全省规模以上工业增加值 448.95 亿元，同比增长 5.1%，增速较上年低 6.9 个百分点。规模以上工业企业经济效益综合指数 328.3%，同比下降 5.2 个百分点；实现利润总额 38.03 亿元，同比下降 14.1%；企业亏损面 31.9%，比上年高 17.3 个百分点。

3. 房地产市场去库存压力较大

根据省统计局数据，2015 年全省商品房销售金额 982.8 亿元，同比增长 5.1%；但分市县看，近半数市县房地产销售面积负增长。同时，根据省住建部门数据，全省商品房库存量约 4 100 万平方米，消化期约 50 个月，其中商品住宅库存消化期约 45 个月，高于全国平均水平。

## 二、金融业与金融稳定

### （一）银行业与金融稳定

2015 年，海南省银行业金融机构认真落实国家宏观调控和产业政策，大力支持地方经济转型升级和民生发展，金融改革创新持续深化，风险管理持续加强，总体运行稳健。

1. 银行业整体运行情况

（1）银行业改革稳步推进，资产规模持续扩大。2015 年，海南银行、华夏银行海口分行正式开业；农行海南省分行正式加入三农金融事业部制改革试点；农信社改革进一步深入，澄迈、文昌两家农村信用联社成功改制为农村商业银行；4 家村镇银行获批筹建。2015 年末，海南省有一级分行以上中资银行机构 17 家、外资机构 1 家，法人银行业金融机构 41 家。银行业金融机构资产总额 11 575.23亿元，同比增长 22.74%；负债总额 11 285.54 亿元，同比增长 22.78%。

（2）存款保持增长，增量有所回升。2015 年末，全省本外币存款余额 7 637.27 亿元，同比增长 11.14%，低于全国平均水平 1.3 个百分点。全年新增本外币存款余额 1 024.33 亿元，同比多增 125.75 亿元，增量有所回升。2015 年末，境内存款余额 7 612.81 亿元，比年初增加 1 023.50 亿元，同比多增 127.38 亿元。其中，住户存款余额同比增长 8.29%，非金融企业存款余额同比增长 23.79%。境外存款余额 24.45 亿元，同比增长 5.62%（见图 3）。

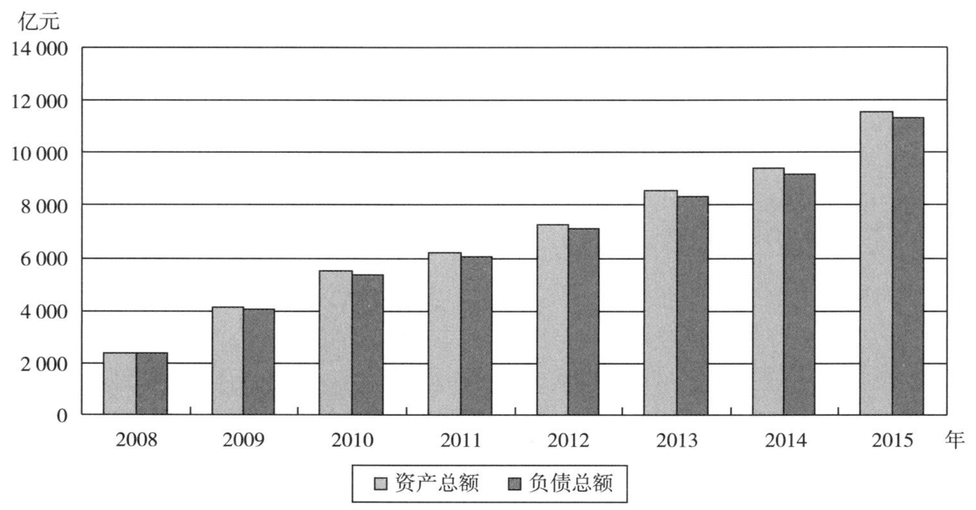


数据来源：海南银监局。

**图 3　2008—2015 年海南省银行业金融机构资产负债总额情况**

**表 1　2015 年海南省银行业金融机构存款结构情况**　单位：亿元、%

| 项目 | 2015 年末 | 比年初 | 同比增速 |
|---|---|---|---|
| 各项存款 | 7 637.27 | 1 024.33 | 11.14 |
| （一）境内存款 | 7 612.81 | 1 023.5 | 11.16 |
| 其中：住户存款 | 2 995.32 | 241.85 | 8.29 |
| 非金融企业存款 | 2 510.87 | 482.47 | 23.79 |
| 广义政府存款 | 1 811.67 | 234.73 | -0.7 |
| 非存款类金融机构存款 | 344.81 | 102.65 | 42.3 |
| （二）境外存款 | 24.45 | 0.83 | 5.62 |

数据来源：中国人民银行海口中心支行。

（3）贷款增速加快，贷款均衡性有所改善。2015 年末，全省本外币贷款余额 6 650.66 亿元，同比增长 23.35%，比上年同期提高 7 个百分点，六年来增幅首次回升。全年新增贷款 1 259.15 亿元，同比多增506.38亿元，贷款增量创历史新高。小微企业等薄弱领域资金支持力度进一步加强，小微企业贷款余额854.11亿元，同比增长30.13%，增速比同期各项贷款增速高6.7个百分点。全省中长期贷款占七成以上，中长期贷款同比增长21.29%，比上年同期上升6.3个百分点。短期贷款同比增长35.75%，高于中长期贷款增速14.46个百分点（见图4）。

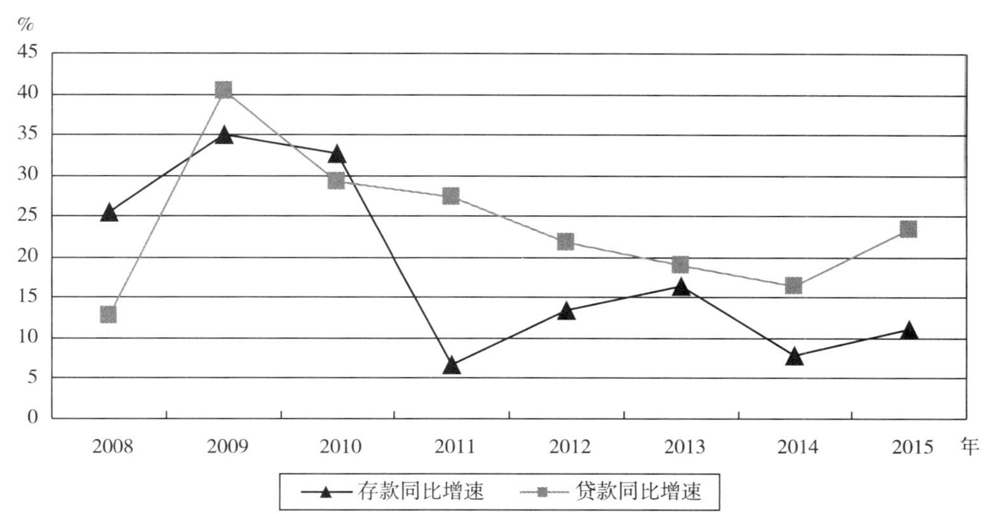


数据来源：中国人民银行海口中心支行。

**图4　2008—2015年海南省银行业金融机构存贷款增速情况**

（4）法人机构整体运行质量良好，资本充足率有所提升。2015年末，海南省法人银行业金融机构资本净额174.86亿元，同比增长65.27%；资本充足率12.45%，同比上升0.04个百分点。流动性比例57.61%，同比上升11.47个百分点。全年法人银行业金融机构累计实现利润14.57亿元，同比增长10.55%，经营效益稳步提升。

2. 银行业发展中需关注的问题。

（1）不良贷款增加，信贷风险加大。受宏观经济周期和产业结构调整影响，房地产等行业信贷风险逐渐显现，部分银行业金融机构的不良贷款增加。2015年末，全省银行业金融机构不良贷款余额106.71亿元，比年初增加51.66亿元；不良贷款率为1.60%，比年初上升0.58个百分点。同时，作为反映不良贷款先行指标的关注类贷款呈现较快增长趋势。2015年末，全省关注类贷款余额375.34亿元，同比增长39.15%。随着经济下行、房地产市场调整，辖区银行业金融机构资产质量下行压力明显（见图5）。

（2）营业支出大幅增长，盈利水平下降。2015年，全省银行业金融机构营业收入310.21亿元，同比增长12.11%。营业支出178.35亿元，同比增长27.92%，比营业收入多增5.41亿元。营业支出大幅增长主要有两方面的原因：一是当年不良贷款增加，银行业金融机构大量计提资产减值损失。资产减值损失余额55.75亿元，同比增长96.19%。二是业务及管理费增加，当年业务及管理费98.79亿元，同比增长10.79%。2015年末，全省银行业金融机构累计实现利润118.34亿元，同比下降4.17%。资产利润率1.13%，同比下降0.24个百分点。

（3）部分法人机构监管指标未达到要求，风险隐患大。目前，部分法人银行业金融机构资本充足率水平仍然较低，拨备计提不足，不良贷款反弹，存在风险隐患。2015年末，全省共有6家法人

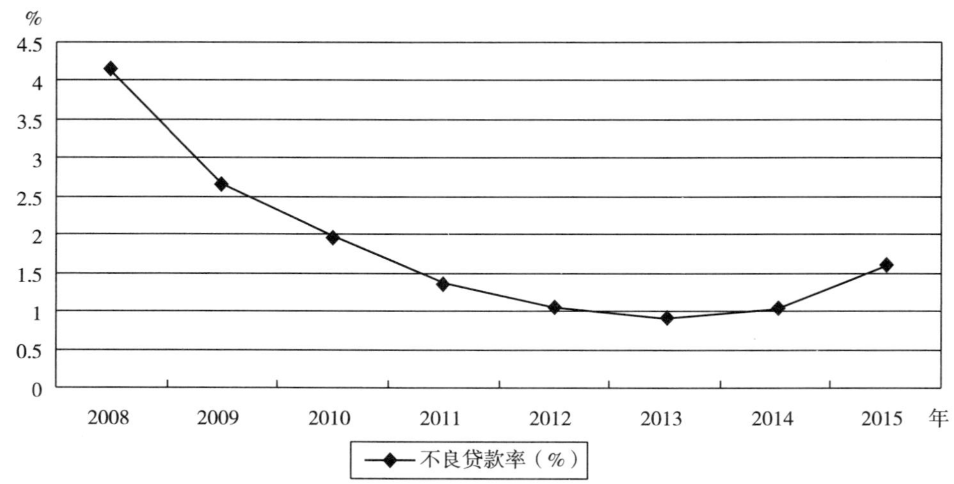


数据来源：中国人民银行海口中心支行。

**图5　2008—2015年海南省银行业金融机构不良贷款率情况**

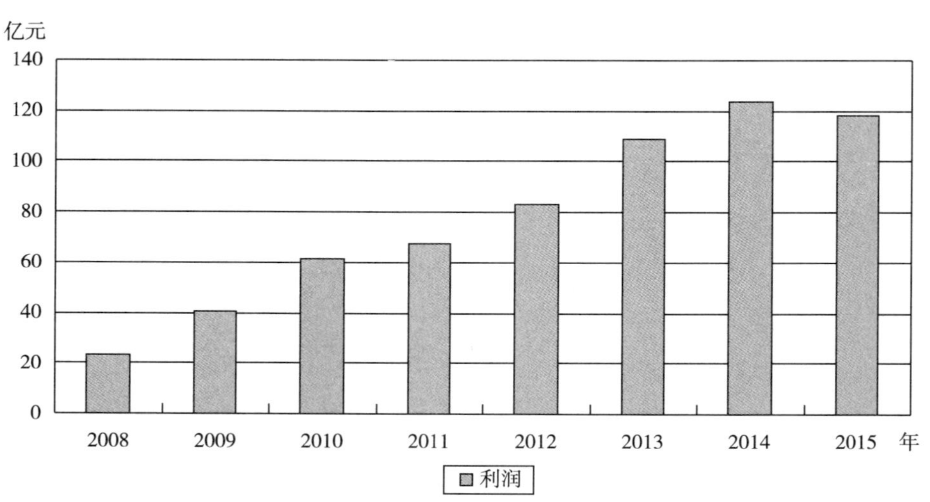


数据来源：中国人民银行海口中心支行。

**图6　2008—2015年海南省银行业金融机构利润情况**

银行业金融机构不良贷款率高于5%，占比15%；拨备覆盖率低于150%的机构有5家，占比12.5%；14家机构资本充足率低于8%，占比35%，其中5家为负数。

（4）贷款集中度较高，信贷结构有待优化。从贷款客户分布看，全省银行业金融机构最大十家客户贷款余额1 832.14亿元，占全省贷款余额的27.55%；地方政府融资平台贷款余额926.39亿元，占全省贷款余额的13.93%。其中，农信社系统单一集团客户授信集中度33.22%。从贷款投放行业看，贷款过度集中于房地产和酒店建设，对“三农”支持力度较弱，农林牧渔业贷款仅占全省贷款余额的2.01%。

### （二）证券期货业与金融稳定

2015 年，海南省证券期货业平稳发展，证券经营机构盈利水平持续提升，证券期货交易活跃，多层次资本市场稳步发展。

1. 证券期货业整体运行情况

（1）证券交易量倍增，证券营业部经营业绩大幅提升。2015 年末，海南省共有 2 家法人证券公司、10 家证券分公司和 43 家证券营业部。辖区证券营业部证券交易金额同比增长 2.31 倍，管理客户资产余额同比增长 23.7%，主资金账户数同比增长 37.78%。受益于上半年的股票牛市行情，证券营业部盈利水平大幅提升，全年手续费及佣金净收入同比增长 175.4%，净利润同比增长 2.13 倍。证券营业部盈利面 88.37%，盈利面较上年扩大 21.7 个百分点（见图 7）。

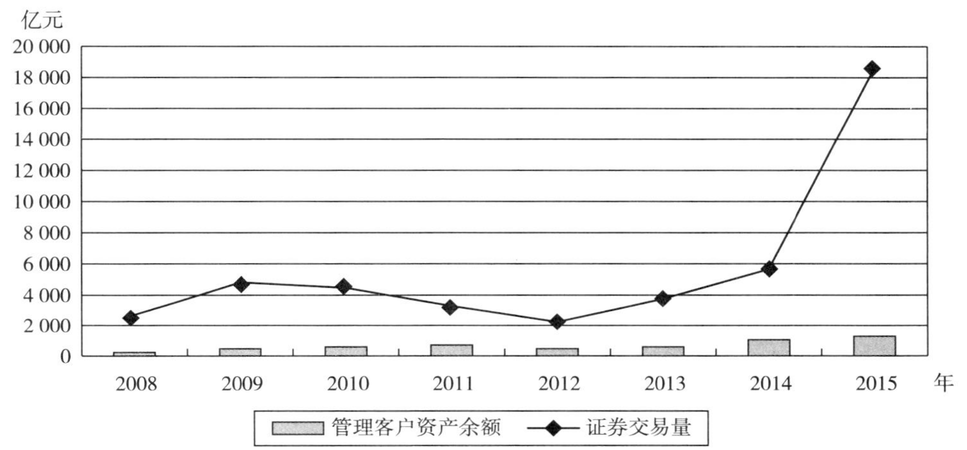


数据来源：海南证监局。

图 7　2008—2015 年海南证券营业部证券交易量与管理客户资产趋势

（2）法人证券公司风险控制能力增强，利润大幅增长。2015 年末，海南省 2 家法人证券公司资产负债规模同比大幅增长，净资产和净资本同比分别增长 25.9% 和 32.56%。2 家法人证券公司合规管理和风险控制能力进一步提升，在 2015 年证券公司分类评价中，分别由上年的 BBB 类、CCC 类提升至 A 类、BBB 类。全年共实现营业收入 19.53 亿元，同比增长 68.84%。其中，手续费及佣金净收入同比增长 111.42%，占营业收入的 52.55%，仍是证券公司收入的主要来源；受托客户资产管理业务净收入、利息净收入、投资收益同比分别增长 57.94%、85.12% 和 53.31%。全年共实现净利润 6.85 亿元，同比增长 111.1%，盈利能力持续提升。

（3）期货市场交易活跃，期货机构利润下滑。2015 年，海南省有法人期货公司 2 家、期货分公司 1 家、期货营业部 13 家，比上年减少 2 家法人期货公司。全年辖区期货经营机构代理交易额同比增长 62.61%，交易活跃性增强；手续费净收入同比增长 12.83%，净利润同比下降 10.95%。

（4）上市公司总市值大幅增长，多层次资本市场稳步发展。2015 年海南省无新增上市公司。27 家境内上市公司总股本 352.96 亿股，同比增长 4.84%；股票市价总值 3 551.45 亿元，同比增长 28.7%。海南省多层次资本市场稳步推进，资本要素市场进一步完善，16 家企业挂牌新三板，比上年增加 13 家，融资量 5.76 亿元；海南股权交易中心于 2014 年底建成运营 1 年，目前已有 365 家企业挂牌，其中34家为交易板挂牌企业、331家为展示板挂牌企业，涉及农林牧渔业、房地产、金融、电子信息和互联网等多个行业（见图8）。

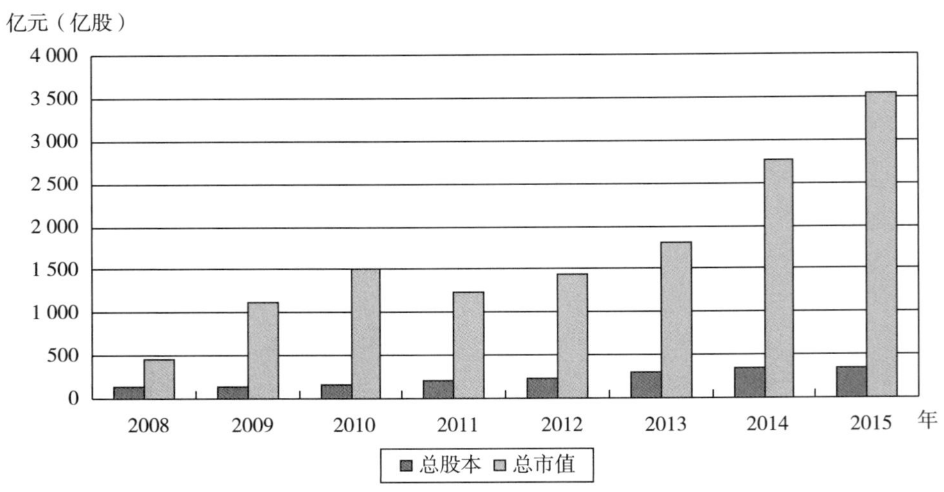


数据来源：海南证监局。

**图8　2008—2015年海南上市公司总市值及总股本情况**

2. 证券期货业发展中需关注的问题

（1）上市公司发展不平衡，质量有待提高。当前，海南省部分上市公司资产规模小，经营业绩差，缺乏规模优势和核心竞争力。从辖区上市公司2015年中报看，资产总额少于10亿元的上市公司有5家，其中最少一家仅有1.1亿元。辖区上市公司净资产905.84亿元，净资产最少的上市公司为负数。净利润21.55亿元，其中18家盈利，9家亏损，亏损面33.33%，较上年同期提高14.1个百分点。扣除非经常损益后，11家盈利，16家亏损，亏损面59.26%，其中7家公司扣除非经营损益后由盈转亏。

（2）法人期货公司资本实力较弱，综合实力有待增强。2015年末，海南省2家法人期货公司的净资产、净资本平均为2.99亿元、2.75亿元，低于全国平均水平。法人期货公司资本实力不强，降低其应对经营风险的能力，失去开展创新业务的市场先机，制约公司业务的发展。此外，2家法人期货公司的客户以个人客户为主，机构投资者及产业客户偏少，客户结构有待优化。

### （三）保险业与金融稳定

2015年，海南省保险业运行良好，保险服务主体逐步丰富，资产规模持续扩大，保险业务稳健增长，市场秩序向好发展，对经济的补偿功能日益增强。

1. 保险业整体运行情况。

（1）市场主体不断增加，保险覆盖面扩大。2015年末，海南省有法人保险公司1家，省级分公司24家，其中，财产险公司12家，人身险公司12家，比上年增加1家。专业保险中介机构79家，较上年增加3家。2015年，海南省保险公司资产总额222.69亿元，同比增长20.34%。保险深度3.09%，同比提高0.66个百分点；保险密度1254元/人，同比增加308元/人，对社会经济生活的渗透率继续提高。

2015年，海南省保险业实现保费收入114.25亿元，同比增长34.18%，增速全国排名第2。其中，财产险公司和人身险公司保费收入分别为45.77亿元和68.47亿元，同比分别增长17.8%和47.92%。赔付支出38.88亿元，同比增长5.29%。其中：财产险公司赔付支出同比下降4.57%，人身险公司赔付支出同比增长36.67%。

（2）财产险业务结构改善，人身险业务平稳增长。2015年，海南省财产险业务运行平稳，车险业务增速放缓，车险占比有所降低。全年车险业务保费收入28.94亿元，同比增长13.44%，增幅同比降低7.08个百分点；车险业务保费收入占财产险业务保费收入的63.22%，同比降低2.43个百分点。除了企财险和工程险业务略有萎缩外，其他非车险业务均实现增长。2015年，海南省人身险业务稳步增长，全年未发生重大风险和群体性事件。寿险保费收入58.87亿元，同比增长45.21%；意外伤害险保费收入2.06亿元，同比增长23.16%；健康险保费收入7.54亿元，同比增长85.11%。

（3）农业保险覆盖面扩大，基层服务网络基本形成。海南省农业保险服务质量进一步提升，农业保险产品开发步伐有所加快。2015年海南省农业保险共为87.47万户次农户提供风险保障346.28亿元，受益农户10.79万户次。全年共推出橡胶树风灾指数保险、深水网箱水产养殖和台风指数保险等9个新险种，并改善已有产品服务，有效提高水稻和甘蔗等险种的保障水平。农业保险覆盖面继续扩大。2015年橡胶树、大棚瓜菜、南繁制种水稻保险承保覆盖面分别达到67.75%、74.08%和53.39%。农房保险全年累计为25.48万户农户提供41.44亿元的风险保障。2015年新增“三农”保险营销服务部10家，累计建成“三农”保险营销服务部69家，服务站点2194个，“三农”保险服务网络基本形成。

2. 保险业发展中需关注的问题

（1）财产险市场竞争不充分，个别公司发展压力增大。2015年，海南人保财险、太平洋财险和平安财险三家公司全年共实现保费收入36.96亿元，占财产险市场份额的80.76%，占比大。个别财产险公司存在保费收入同比下降、车险综合赔付率偏高、部分险种综合费用率较高和应收保费增长较快等问题。

（2）人身险业务经营效益不佳，退保压力大。2015年，海南省人身险公司盈利能力下降，满期给付支出增速较快，退保金规模进一步扩大。人身险公司净亏损11.15亿元，同比增亏48.54%。满期给付支出7.57亿元，同比增长30.8%，增幅同比提高9.32个百分点；寿险退保金同比增长26.06%，退保率同比提高0.08个百分点。此外，人身险业务发展质量不及上年同期，2015年新单期缴占比26.7%，同比下降7.31个百分点。

## 三、社会金融活动与金融稳定

2015年，海南省小额贷款公司、典当行、融资性担保公司等具有融资功能的非金融机构充分发挥自身“小、快、灵”的特点，一定程度上缓解了小微企业、个体工商户、“三农”等的融资需求，对传统金融业形成良好的补充。

### （一）发展现状

1. 小额贷款公司稳步发展

2015年末，全省共有46家小额贷款公司，贷款余额52.25亿元，同比增长24.78%。全年累计发放贷款49.25亿元，累计回收贷款38.87亿元。全省共有7家小额贷款公司向银行机构融资、2家小额贷款公司向股东借款，融资余额合计2.58亿元。全年共实现净利润2.09亿元，资产利润率3.7%，资本利润率4.3%。

2. 典当行业规模不断扩大

2015年末，全省共有法人典当行161家、分支机构4家。典当行资产总额17.26亿元，同比增长12.69%；负债总额0.72亿元，同比增长11.93%；所有者权益16.54亿元，同比增长12.73%。2015年全年典当行发放典当贷款总额16.61亿元，同比增长33.5%，有效地发挥了资金融通的补充作用。截至2015年末，典当贷款余额7.03亿元，同比增长3.24%。2015年，海南省典当行业共实现净利润0.16亿元，同比增长17.9%。

3. 融资性担保公司发展稳健

2015年末，全省共有法人融资性担保机构30家、分支机构5家。全省融资性担保公司在保责任余额45.03亿元，同比下降0.4%；净资产放大倍数为1.44倍，比年初增加0.02倍；担保准备金余额2.11亿元，比年初增加0.20亿元；担保代偿余额1.73亿元，比年初增加0.69亿元。全年共实现担保业务收入1.3亿元，同比增长6.32%；净利润0.14亿元，同比下降73.08%。

### （二）应关注的问题

1. 部分小额贷款公司不良贷款率高企

2015年末，全省小额贷款公司不良贷款余额1.68亿元，同比增加0.09亿元。不良贷款率3.22%，同比下降0.57个百分点。分机构看，部分小额贷款公司不良贷款率高企，个别机构不良贷款率甚至超过20%。小额贷款公司放贷对象多为级次比较低、风险评估难的小微企业，经营风险高。当前经济下行压力大，部分企业经营困难，小额贷款公司面临的客户违约风险逐渐加大。

2. 房地产典当贷款业务风险不容忽视

2015年末，房地产典当逾期贷款0.47亿元，同比增长7.8%，占全部典当逾期贷款余额的85%。当前经济下行压力大，房地产典当贷款余额占全部典当贷款余额六成以上，房地产典当业务风险不容忽视。

3. 融资性担保业务担保杠杆较低

2015年末，全省融资性担保公司融资性担保责任余额42.59亿元，融资性担保业务放大倍数为1.44倍，远低于《海南省融资性担保公司管理办法》规定的10倍上限，资本杠杆率较小。

## 四、总体评估和政策建议

### （一）总体评估

2015年，海南省经济平稳增长，金融业稳中求进，规模进一步壮大，金融与实体经济对接融合度不断增强，金融服务质量持续提升。具有融资功能的非金融机构适度发展，对传统金融业形成有益补充。

总体看，2015年，部分领域和少数金融机构尚存在一些风险隐患，但风险可控，海南省金融稳定状况良好，全年未发生系统性、区域性金融风险。

### （二）政策建议

1. 引导银行机构优化信贷结构

引导银行机构发挥自身优势，支持海南省加快推进21世纪海上丝绸之路服务基地及海上战略支点建设，重点结合海南省“十三五”期间重点发展的12个产业创新金融服务模式，推出新的金融产品，优化信贷结构，推动全省经济结构转型升级。鼓励银行机构继续做好普惠金融工作，发挥再贴现、再贷款等货币政策工具的正向激励作用等方式，引导银行机构加强对“三农”、中小微企业、战略性新兴产业、民生金融等薄弱环节的金融支持。

2. 完善重点领域风险监测机制

健全金融监管协调机制和信息共享机制。加强对地方政府融资平台、房地产、跨境资金流动、民间融资等重点领域风险的跟踪监测。继续做好对区域性、系统性风险和重大代偿性风险的监测、分析、预警。引导银行机构深入分析关注类贷款的产生原因，采取切实有效措施，防止关注类贷款向下迁徙，避免出现大面积不良贷款。加强对第三方支付、P2P融资平台的监管力度，切实防范传统金融和互联网金融之间的跨市场风险。加强信用体系建设，建立失信惩戒机制和守信增益机制，维护金融机构的合法权益，提升金融风险防范能力。

3. 深化金融体系改革创新

一是推动地方中小法人银行业机构加快管理体制和经营机制转型，完善公司治理机制和风险管理机制。深化农村信用社改革，鼓励符合条件的社会资本参与农村信用社改制。二是支持证券公司、期货公司、保险公司等地方非银行金融机构优化治理结构，建立资本补充机制，提升经营质量和效益，走专业化、特色化发展道路。三是大力发展多层次资本市场，提高企业直接融资比例。四是加强融资性担保公司、小额贷款公司、典当行等具有融资功能的非金融机构的监督管理，加大非法集资打击力度。

总　　纂：曹协和
统　　稿：鄂　锋　黄明理　郑才林
执　　笔：陈太玉　邓启峰　符瑞武　王　宇
其他参与写作人员：蓝文兴　邢福炯　陈琼蓉　祝春盛

# 重庆市金融稳定评估报告摘要

2015年，重庆通过大力推进各项改革主动适应经济发展新常态，深入实施五大功能区域发展战略，继续保持了“稳中有进、稳中向好”的发展态势。全市金融业在坚持稳健合规经营的基础上，改革创新和转型升级步伐持续加快，运行的质量和效益进一步提升，金融业核心竞争力不断增强。但面对宏观经济下行压力，新常态使各类潜在问题和风险逐步暴露，需在加大改革力度的同时加强金融风险预警监测，及时有效化解潜在风险，让地区经济金融继续呈现稳健协调发展的良好局面。

## 一、区域经济运行与金融稳定

### （一）经济运行情况

1. 经济增速继续保持全国第一，三次产业结构持续优化

2015年，重庆实现地区生产总值15719.72亿元，同比增长11%，较上年提高0.1个百分点，高出全国平均水平4.1个百分点，连续两年位列全国第一。三次产业增加值同比分别增长4.7%、11.3%和11.5%，分别较上年提高0.3、下降1.4、提高1.5个百分点，三次产业占比优化调整为7.31:44.99:47.70，分别拉动经济增长0.4、5.1和5.5个百分点（见图1）。

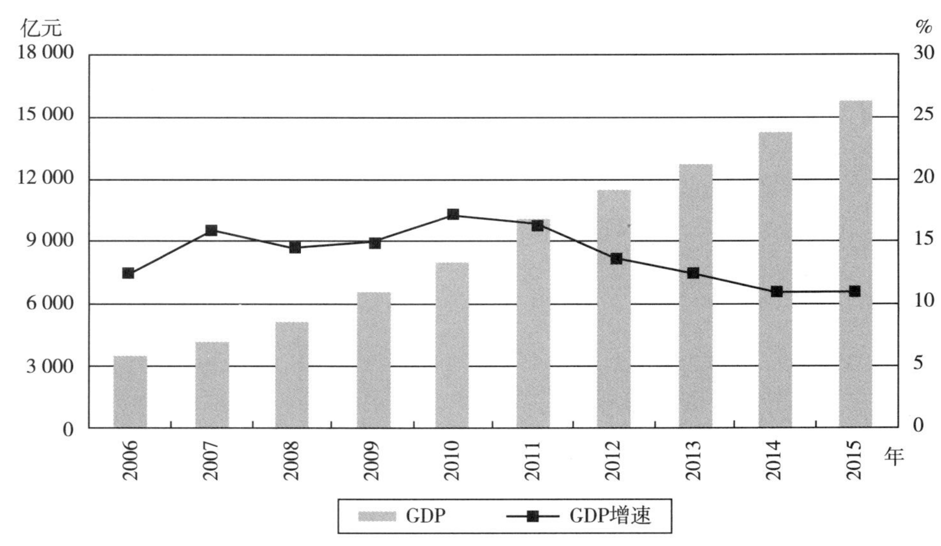


数据来源：重庆市统计局。

**图1 重庆市经济增长情况（2006—2015年）**

2. 经济结构转型升级持续向好，质量效益稳步提升

一是支柱产业集群效应支撑全市工业稳定增长，十大重点行业全年增加值合计占全市工业的比重达65.5%。二是高技术产业发展态势良好，高技术工业增加值增速达19.4%，高于全市平均水平8.6个百分点。三是深度融入“一带一路”战略，与“一带一路”沿线64个国家的外贸进出口额占全市进出口总额的28.9%，较去年上升0.4个百分点。四是企业利润保持较快增长，规上工业实现利润总额1 393.8亿元，同比增长16.5%（见图2）。

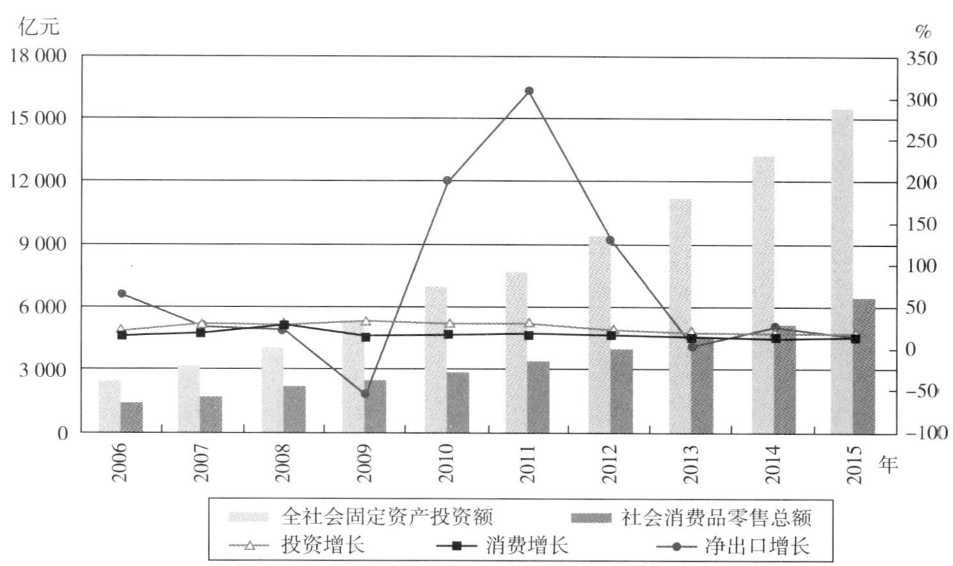


数据来源：重庆市统计局。

**图2 重庆需求结构变化情况（2006—2015年）**

3. 消费物价水平温和上涨，工业生产者价格持续走跌

全年居民消费价格指数（CPI）同比上涨1.3%，为近六年来最低水平，连续4年控制在3%以内。工业生产者出厂价格指数（PPI）和购进价格指数同比分别下降2.8%、2.9%（见图3）。

4. 政策效应逐步体现，房地产市场量价基本稳定

受“降准、降息”、“3.30新政”等利好政策影响，全年住房需求得到一定程度释放，商品房销售面积5381.37万平方米，同比增长5.5%，销售额2952.21亿元，同比增长4.9%。全年主城区商品住宅成交均价同比上升1.4%。

5. 就业形势基本稳定，城乡居民收入稳步增长

全年城镇新增就业人员71.82万人，同比增长2.4%，城镇登记失业率为3.6%，同比上升0.1个百分点。全年城镇常住居民人均可支配收入27 239元，同比增长8.3%。农村常住居民人均可支配收入10 505元，同比增长10.7%（见图4）。

6. 财政收入平稳增长，财政支出结构持续向好

全年财政收入3 934.89亿元，同比增长2.71%。其中，税收收入1 450.88亿元，同比增长13.2%，高于全国平均增速8.4个百分点。全年财政支出5 440.98亿元，同比增长10.53%。其中，在民生领域支出持续改善，全年在教育、医疗计生、社保就业、城乡社区事务方面的财政支出共计2 048.25亿元，占一般公共预算支出的54.0%。（见图5）

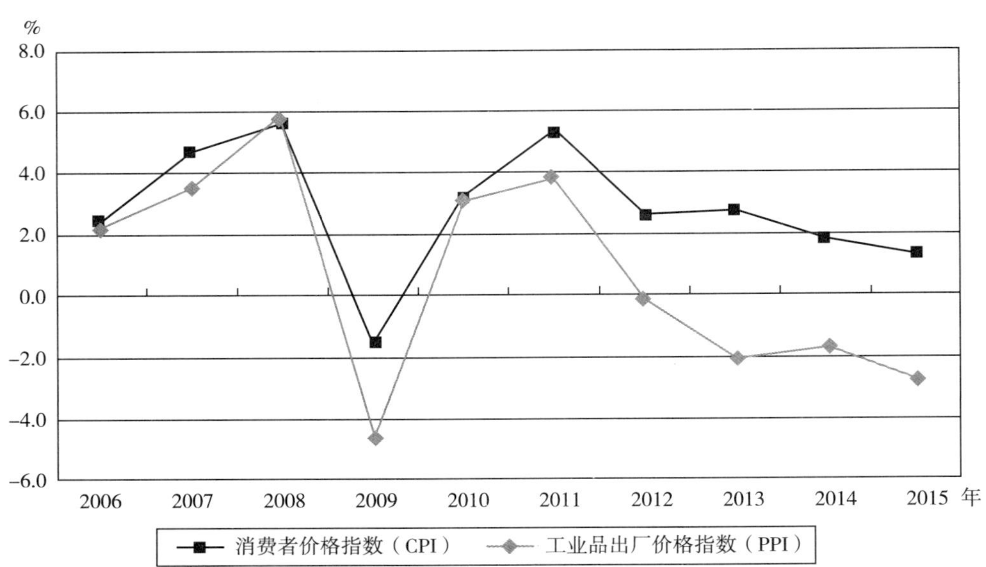


数据来源：重庆市统计局。

**图 3 重庆物价变动情况（2006—2015 年）**

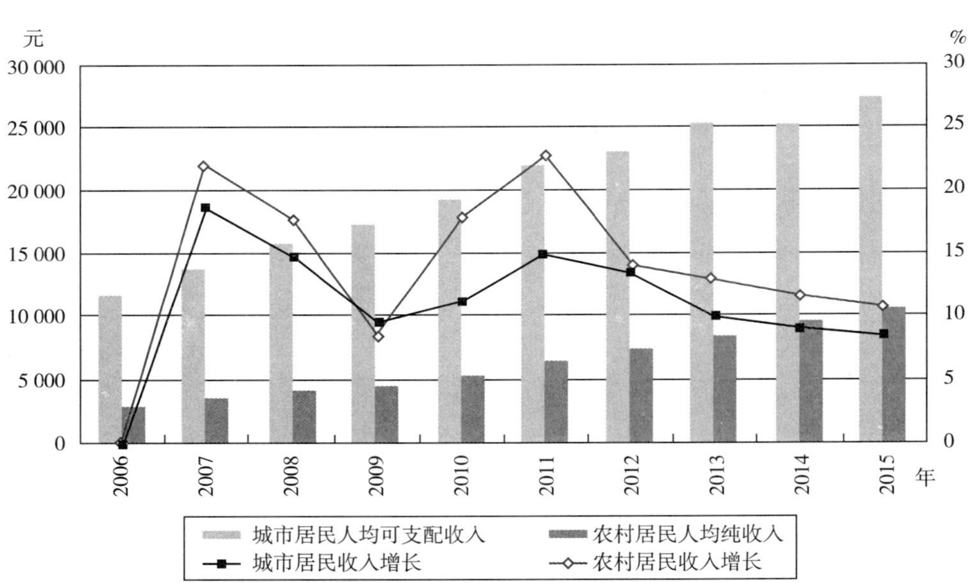


数据来源：重庆市统计局。

**图 4 重庆居民收入增长情况（2006—2015 年）**

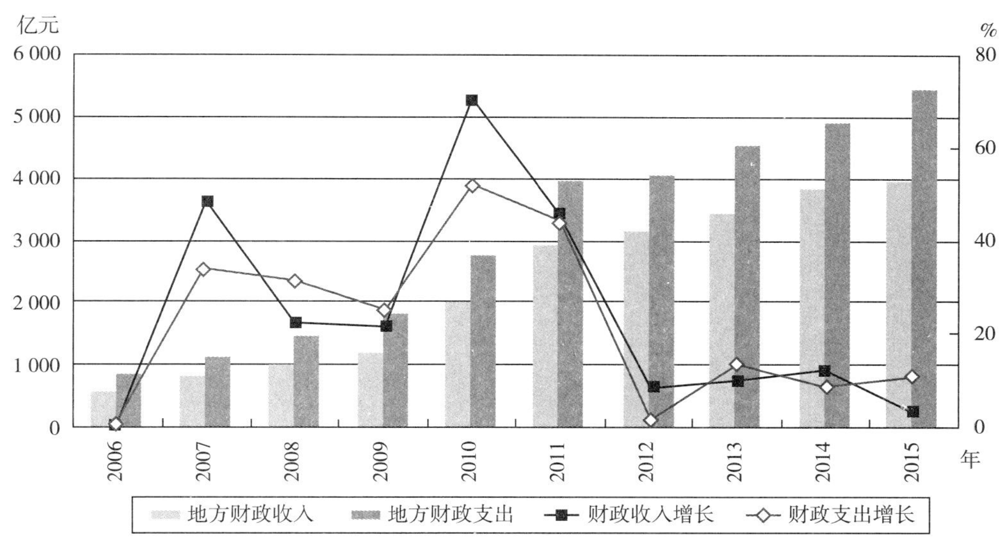


数据来源：重庆市统计局。

**图 5　重庆财政收支状况（2006—2015 年）**

### （二）值得关注的问题

工业经济运行分化态势明显，企业亏损面扩大。在经济增长放缓时期，重点行业对实体经济的拉动作用更加突出，而部分传统行业生产经营形势不容乐观。电子制造业、装备行业、材料行业等传统的支柱产业增长明显放缓，钢铁、水泥、船舶、有色金属等传统行业“去库存、去产能、去杠杆”进程不断加快，经营形势严峻。全市亏损企业数同比增长 14.9%，企业亏损面为 10.2%，较上年扩大 0.6 个百分点。

笔记本电脑外需疲软，未来外贸形势仍不乐观。重庆笔电行业出口额仍占出口额三成以上的比重，是全市进出口贸易的绝对主力。但今年以来，随着劳动密集型电子产业布局向东南亚国家倾斜及传统笔电外需市场疲软，笔电整机产销量持续下滑，对重庆外贸形成较大冲击。随着平板电脑、智能手机对传统笔电的替代作用日趋明显，外贸产品和电子产业结构转型的急迫性进一步上升，未来外贸形势仍不乐观。

部分房地产企业资金链紧张，并对相关领域产生不利影响。当前房地产市场仍处于供过于求的局面，去库存压力依然较大。在此形势下，开发企业回款压力加大，部分房企资金链紧张，并造成相关领域信用风险上升，如 2015 年金易地产、晋愉集团等知名房企的资金链断裂风险相继暴露。受此影响，房企拖欠账款使建筑、建材等行业资金周转困难、还款能力恶化，问题资产增多，一些企业和个人也因涉足房地产投资陷入困境。

## 二、金融业与金融稳定

### （一）银行业稳健性

1. 银行业运行分析

机构规模继续扩张，法人机构资本充足水平有所下降。截至 2015 年 12 月末，全市银行业金融机构数量达到96家，较上年增加4家。银行业资产总额39 458.89亿元，同比增长12.02%，同比上升3.1个百分点。法人银行整体资本充足率12.10%，同比下降0.57个百分点。

行业利润同比负增长，信贷资产质量下滑。全年累计实现税后净利润542.48亿元，同比下降8.35%，为5年来首次负增长，其中商业银行净利润同比下降13.9%；平均资产利润率1.45%，较上年同期下降0.3个百分点。信贷资产质量下滑明显，不良贷款继续“双升”，年末不良贷款余额207.26亿元，不良贷款率0.9%，分别较年初增加114.21亿元和0.45个百分点。

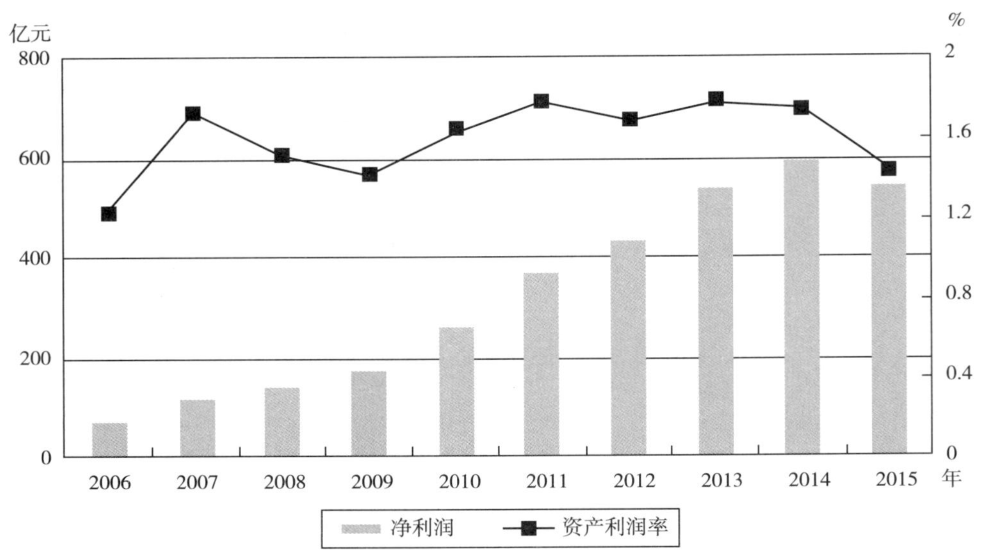


数据来源：重庆银监局。

**图6　重庆银行业盈利水平情况（2006—2015年）**

法人机构运营总体稳健，资本实力有所增强。截至2015年12月末，辖内法人银行业金融机构资产规模13 089.03亿元，同比增长19.56%。35家法人银行整体资本充足率12.10%，较年初下降0.57个百分点。年内，重庆银行在港交所成功募资27亿元；重庆三峡银行成功发行9亿元二级资本债券；新华信托第一大股东变更并增资至42亿元；重庆信托完成股份制改制，注册资本金增至128亿元，成为目前国内注册资本金最大的信托公司；重庆汽车金融公司实际控制人变更并增资至25亿元。此外，重庆农村商业银行控股成立渝农商金融租赁公司，重庆银行发起设立马上消费金融股份有限公司，迈出多元化经营步伐。

2. 需要关注的问题

信贷资产质量持续下滑，不良贷款处置难。目前，辖区银行业不良贷款已连续17个月双升。批发零售业、制造业、房地产相关领域（含建筑业、住宿业、房地产业）不良贷款新增较多，占全部不良贷款新增额的7成左右。中小企业新增不良贷款占新增企业不良贷款的85.88%，微型企业不良率是企业贷款整体不良率的2.02倍。同时，关注类贷款占比较年初上升1.20个百分点，贷款质量继续向下迁徙的压力较大。此外，受企业现金流缺乏、司法诉讼周期长、抵质押资产变现难等影响，不良贷款处置效率较低。

同业资产负债占比上升增大流动性风险管理压力。一方面，银行一般存款在负债中的占比下降，同业负债占比持续上升。另一方面，经济下行压力下银行信贷投放日益谨慎，以投资信托计划、资管计划、理财产品等为代表的同业投资业务成为银行资产配置的热点。近期调研显示，前 3 季度重庆主要法人银行同业投资额相当于同期新增贷款的 2.3 倍，同业投资在资产中的占比平均较上年末上升了 4 个百分点。

体系外投融资活跃，加剧风险累积。辖区小贷公司、担保公司、投融资咨询类公司等民间投融资主体上万家，但是各类市场主体良莠不齐，小贷、担保公司违规借贷，投融资咨询机构非法集资等现象仍时有发生。尤其是 P2P 网贷平台迅速崛起，交易规模日渐增大，但资本实力弱小、经营不规范、人才储备不足、缺少有效监管等问题突出，运营管理和风险防控亟待加强。

### （二）证券业稳健性

1. 证券业运行分析

证券机构数量保持稳定，市场交易波动性显著增强。截至 2015 年 12 月末，全市共有 1 家法人证券公司、17 家证券分公司、171 家证券营业部、4 家期货公司、31 家期货营业部、1 家基金管理公司、1 家证券投资咨询公司。全年证券经营机构累计代理证券交易额 64 096.81 亿元，同比增长 191.92%，期货经营机构代理商品期货交易额 214 436.71 亿元，同比增长 74.22%。从月度情况看，代理证券交易额同比增速的振幅达到 277.17%；代理期货交易额同比增速的振幅达到 123.71%。

上市公司总市值明显增长，辖内 3 家公司实现 IPO。截至 12 月末，辖区上市公司市价总值 6 495.93亿元，同比增长 45.76%。全年共有 3 家公司实现 IPO，分别为再升科技（上证 A 股）、三圣特材（中小板）、蓝黛传动（中小板），募集资金总计 10.22 亿元。

法人机构经营业绩大幅提升，综合金融服务能力持续增强。截至 12 月末，西南证券全年实现净利润 34.9 亿元，同比增长 161.74%。4 家法人期货公司全年实现净利润 1.42 亿元，同比增长 100.72%。新华基金全年实现净利润 1.29 亿元，同比增长 341%。西南证券积极争取新业务资格，股票期权交易参与人及结算、股票期权做市、股票期权自营交易、客户资金消费支付、期货资产管理等创新业务资格相继获批；中电投先融期货、华创期货积极开展除经纪业务以外的创新探索，在投资咨询业务、服务产品标准化以及为产业客户提供多方位优质服务等方面取得进展；新华基金管理公司依靠拓展专户业务推动盈利水平和投资管理能力不断提升。

2. 需要关注的问题

创新业务增大金融同业交叉性风险。2015 年以来，证券行业融资融券、股票质押式回购等信用交易业务以及资产管理等创新业务快速发展，延长了交易链条，使得证券业与其他金融行业之间的业务关联性增强，交叉性金融风险亟待关注。同时，证券定向资管计划为房地产、地方政府融资平台等行业融资，在经济下行期，企业资金链紧张局面可能持续，一旦出现债务违约事件，可能引发信用风险的跨行业传染。

证券公司全面风险管理手段不足。创新业务快速发展带动证券公司资产负债快速扩张，风险管理面临新的挑战，然而，目前证券公司全面风险管理体系和运作机制建设滞后，对相关风险的监测和防控手段不足，主要表现为业务条线缺乏相应的流动性管理措施，风险预警机制不健全；信用业务授信机制不完善，客户信用风险识别不充分；对创新业务的流程管理薄弱，前中后台分离后的信息整合存在盲点，不利于及时发现并处置风险等。

证券期货市场行业秩序仍需规范。随着辖区股票市场成交量快速增长以及证券期货经营机构数量的不断增加，证券期货机构间的竞争日益加剧，部分经营机构采用不合规手段获取市场份额，损害投资者利益，对市场秩序造成了一定的不良影响。此外，非法中介、非法发行、非法证券投资咨询、非法委托理财、非法期货活动和非法证券投资基金活动等依然存在，干扰了正常的市场秩序，不利于行业稳健发展。

### （三）保险业稳健性

1. 保险业运行分析

市场主体不断壮大，行业发展势头向好。截至2015年12月末，全市有法人保险公司3家，市级保险分公司45家，中心支公司及以下机构1206家，各类专业中介机构60家，兼业代理机构5 300家。保险公司总资产1 791.24亿元，同比增长59.14%。保险业态进一步丰富，阳光渝融信用保证保险公司获批筹建，成为全国首家非政策性专业信用保证保险公司。全年实现保费收入514.6亿元，同比增长26.4%，增速创5年来新高。其中，产险公司保费收入同比增长19.9%；寿险公司保费收入同比增长30%（见图7）。

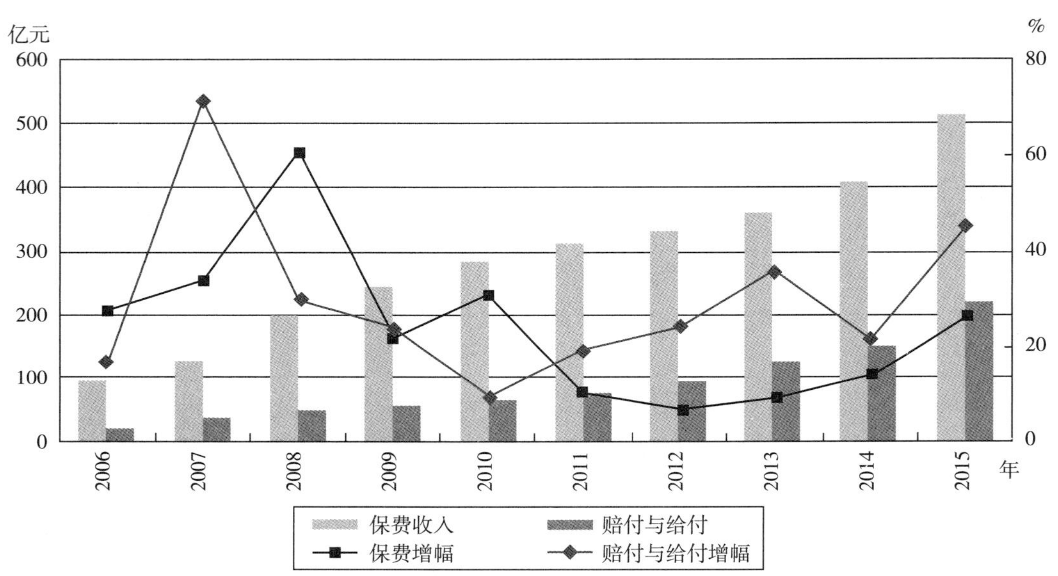


数据来源：重庆市统计局。

**图7 重庆保险业发展基本情况（2006—2015年）**

业务结构持续优化，偿付能力保持充足。产险业务中，健康险同比增长243.95%，农业险同比增长25.69%，贷款保证险同比增长15.71%，车险同比增长12.84%。寿险业务中，普通寿险、健康险同比分别增长75.9%和89.6%。截至12月末，辖区3家法人保险机构偿付能力充足，恒大人寿（原中新大东方人寿）、利宝产险、安诚产险偿付能力充足率分别为1907.7%、182%、853.3%。

风险保障功能有效发挥，服务经济社会发展成效显著。全年保险业累计赔付支出220.28亿元，同比增长45.4%%，其中财产险赔付支出增长9.4%，人身险赔付支出增长83.0%。商业三责险车均保额提升至60.21万元，高于全国平均水平7.2万元。城乡居民大病保险实现全市城乡居民全覆盖；今年正式启动的城镇职工大额医保现已覆盖人口548.3万人；农村小额人身扶贫保险实现对全市所有包含农村贫困人口的33个区县“全覆盖”。

2. 需要关注的问题

寿险公司高现价产品高增长与高退保并存。人身险费率市场化改革启动后，各种高现价产品层出不穷，全市超过半数的寿险公司销量最高的产品为高现价产品，促进寿险公司保费快速增长的同时，其业务结构也发生较大改变。但是，高现价产品的高增长与高退保并存，部分寿险公司高现价产品简单退保率显著增长，容易引起业务大起大落，并将在承保端和保全端消耗大量服务资源，引发费差损、现金流等风险。

新环境、新业态带来的各类风险值得关注。一是当前信用风险事件增多，资本市场波动较大，投资收益面临更多不确定性，同时，利率市场化推进使行业利差逐步收窄，保险公司运用资金获利的能力受到很大挑战。二是"保险 + 互联网"的融合正快速推进，消费者可在线获得承保、保全、理赔全流程的方便、快捷、专业服务，但是存在信息披露不完整、客户信息泄露、网络欺诈等风险隐患。三是部分保险公司采用融资融券、分级资管计划、股权质押等加杠杆的激进投资方式撬动巨额资金进行投资收购，当某一环节出现问题时，可能引起连锁反应进而导致损失。

非法集资等违法违规业务增大行业风险。因保险代理人准入资格放开，全市保险代理人数量正出现井喷式增长，人员管控难度增大，在高利益诱惑下代理人参与各种非法集资的风险较大。2015年出现多起个人代理人违规销售非保险理财产品、参与 P2P 网贷、以保险名义非法集资、投资参股投融资公司等案件。非法集资、地下钱庄等违法违规业务在销售端与个人代理人相结合，由于隐蔽性强、资金聚集速度快，相关后果及社会影响较大。

## 三、金融基础设施与金融稳定

### （一）支付清算体系

第二代支付系统推广上线顺利完成，支付清算系统安全稳定运行。年内，在东亚银行重庆分行等 5 家银行顺利切换为第二代支付系统间接参与者后，全辖 37 家参与银行在支付系统实现"一点清算"，重庆成为西部首个完成辖区所有银行接入第二代支付系统的城市。2015 年，全市大额支付系统共处理业务 2 496. 8 万笔，金额 71. 9 万亿元，同比分别增长 13. 3% 和 15. 7%；小额支付系统共处理业务 5 713. 9 万笔，金额 6 448. 4 亿元，同比分别增长 41. 3% 和 27. 5%。重庆同城票据自动清分系统日均处理业务 0. 7 万笔，清算资金 25 亿元。

支付服务环境治理效能不断巩固，应急管理有序推进。年内，人民银行重庆营管部联合市信管局、公安局等 6 部门在全市 38 个区县同步开展整治银行卡网上非法买卖专项行动，破获案件 529 件，涉案金额 2 203. 35 万元，挽回经济损失 482 万元，有效维护了社会公众权益。辖区 3 家地方性商业银行支付系统同城、异地灾备系统建设加快推进，目前 3 家银行均顺利完成同城灾备系统建设，其中重庆银行成功完成贵阳 CCPC 异地接入点建设。

### （二）征信体系

征信系统覆盖面显著提升，防范信贷风险作用进一步增强。2015 年，全国征信系统平稳运行。截至 2015 年 12 月末，全市累计接入征信系统各类机构达 210 家，同比增长 45%，涵盖银行、小贷、融资性担保等各类机构，其中小贷、融资性担保机构接入数量居全国前列。征信系统累计收录重庆市 23.9 万户企业及其他经济组织信息、1 724 万户自然人信息，分别较上年增加 1 万户、58 万人。全年通过征信系统查询企业和个人信用报告 618 万次，同比增长 29%，征信系统防范信贷风险的作用进一步增强。

中小企业和农村信用体系建设范围扩大，薄弱领域信用建设逐步改善。人民银行重庆营管部在深入总结巴南、黔江农村和小微企业信用体系建设试点经验基础上，印发《小微和农村信用体系建设工作实施方案》，将试验区经验重点推广至梁平、丰都等 11 个区县；引导金融机构向中小企业推广使用应收账款融资服务平台，全年成交 257 亿元，为盘活中小企业应收账款存量资产，缓解融资难发挥了突出作用。同时，在黔江、丰都等地探索引入第三方征信机构参与小微企业信用体系建设，市场化方式取得积极进展。

### （三）反洗钱体系

反洗钱调查分析工作机制有效运行，分析研判质量不断提高。反洗钱监管部门调查分析工作力度持续加大，按照“依法合规、严谨高效”原则开展反洗钱调查分析，全年共接收并分析可疑交易线索 125 条，启动反洗钱调查 25 起，累计调查 610 次，经分析研判，通过中国反洗钱监测分析中心或直接向侦查机关移送线索 56 条，接收可疑交易线索和移送线索数较去年分别增长 20% 和 16.7%。义务机构洗钱风险防控水平持续提升，建设银行重庆市分行、招商银行重庆分行、重庆三峡银行等机构堵截多起非法集资、冒用他人身份办理业务、电信诈骗等事件，避免客户资金损失，有效防范化解了风险。

反洗钱协作机制持续深化，有效形成工作合力。反洗钱工作联席会议成员范围进一步扩大，重庆市国土资源和房屋管理局、市商业委员会成为联席会议成员单位，成员单位增至 25 家。反洗钱监管部门与重庆市公安局、国安局签署《反恐融资工作合作备忘录》，建立涉恐涉贪等重点犯罪打击协作机制，明确三方合作内容与职责分工；与市检察院签署《查办职务犯罪和洗钱犯罪合作备忘录》；与市纪委监察局出台《反洗钱工作协作办法》，发挥反洗钱对反腐败的支撑作用；与市公安局经侦总队建立案件信息定期通报长效机制，跟踪掌握经济犯罪趋势及新特征、新手法，全年共协查案件 144 起，协助破获洗钱及相关案件 20 余起。

### （四）金融消费者权益保护

金融权益保护工作机制不断完善，监管协调合作进一步加强。人民银行重庆营业管理部建立了涵盖 12 个处室，包括消保工作议事协调机制、联合检查机制、教育活动联动推进机制、信息交流平台、重大事项督办机制的消保工作推进机制，确保金融消费权益保护工作的顺利开展；辖内各中心支行不断完善金融消费权益保护工作基本制度，金融消费者权益保护工作机制稳步运行。借助各类会议平台，人民银行与相关部门和机构在信息共享、妥善处理金融消费纠纷、应对金融消费者群体事件和金融知识普及教育等方面的协调合作不断加强。

投诉机制建设深入推进，受理处理投诉有序高效。人民银行重庆营管部组织重庆银行、重庆三峡银行、重庆农村商业银行以及重庆渝北银座村镇银行在全国率先开展并完成金融消费者投诉分类标准应用试点。组织全市银行业金融机构成功上线运行金融消费权益保护信息管理系统，实现了投诉转办的全流程电子化操作。完善金融消费者投诉调查、典型案例通报等制度，规范金融消费者投诉调查工作行为。全年辖内受理处理金融消费者投诉共计 875 件，咨询 27 222 件，其中，办结投诉

868件，办结率达99.2%，经过回访调查，消费者满意率为98.25%，较好地维护了消费者权益。

## 四、总体评估结论

2015年，重庆金融体系进一步适应经济发展新常态，各项发展改革总体平稳，未发生系统性、区域性金融风险。通过大力推动落实深化改革、扩大开放各项工作任务，全市经济社会继续呈现平稳较快、结构优化、民生改善的良好局面。全市金融业在坚持稳健合规经营的基础上，改革创新和转型升级步伐持续加快。金融支持实体经济发展精准度和有效性不断增强，直接融资比重进一步提升，金融改革广度和深度不断拓展，金融业核心竞争力进一步增强。

金融机构认真贯彻落实各项金融调控政策，抓住功能区域经济结构调整优化的契机，主动对接国家和地方重大发展战略，“盘活存量、用好增量”，服务经济发展重点领域、薄弱环节取得了新的成效。金融机构改革平稳推进，审慎经营理念不断增强，市场化服务能力有效提升。各类法人金融机构公司治理结构不断完善，业务转型发展提速，内在抗风险冲击能力增强。金融新业态发展进一步规范，带动辖区金融发展活力显著提升。辖区金融业风险总体可控。

金融基础设施不断健全完善，维护金融稳定的内外部环境日益优化。金融法治手段进一步充实完善，支付清算、征信、反洗钱等金融基础设施建设不断夯实发展根基，为维护区域金融稳定提供了良好的机制环境。尽管面临“三期叠加”等复杂严峻形势，以及金融领域新情况、新问题不断增多的现实情况，通过各方共同努力，积极应对风险隐患，各种冲击区域金融稳定的复杂因素和苗头性问题得以减弱和消除，全年没有发生扰乱金融秩序的系统性风险事件，坚守住了不发生系统性、区域性金融风险的底线。

当前，国内外经济形势仍然错综复杂，市场运行变化复杂因素增多，风险传导显性化和隐性化交织，对重庆金融稳定的影响加大。随着各项改革的深入推进和实施，“新常态”使各类潜在问题和风险逐步暴露，金融机构资产质量、地方政府债务转换、中小房地产企业及产能过剩行业信用风险、打破刚性兑付、具有融资功能的非金融机构及P2P融资隐患等问题需重点关注。面对我国金融业改革开放全面深化的新形势，重庆金融业将面临更多发展机遇和挑战，只有顺应形势、主动作为，坚持金融服务实体经济导向，主动对接各项金融改革，才能更大程度释放政策红利，激发市场活力，有效防范各类金融风险。

总　　纂：楚龙春
统　　稿：杨育宏　张　赶
执　　笔：刘　林　罗福立　刘科星　纪宝林　刘姝姝
其他参与写作人员：王春晓　冯黎黎　李　响　李高亮
罗　顶　贺　涛　廖　旭　熊陈楚

# 四川省金融稳定报告摘要

2015年，四川省主动适应经济发展新常态，深入实施“三大发展战略”，各项工作在攻坚克难中取得新的成效，地区生产总值突破3万亿元，银行、证券、保险业保持平稳较快发展。各金融机构继续贯彻执行稳健的货币政策，不断优化信贷结构，深入推进金融支持扶贫惠农工程，金融支持实体经济的力度进一步加大。金融改革持续深化，金融基础设施建设扎实推进，金融市场稳健发展，金融体系整体稳健。

## 一、四川经济运行特点

### （一）经济增长逐步放缓

经国家统计局审定，2015年，四川实现地区生产总值（GDP）3.01万亿元，增长7.9%，增速回落0.6个百分点，比全国平均水平高1个百分点。分产业看，第一产业3 677.3亿元，增长3.7%；第二产业14 293.24亿元，增长7.8%；第三产业12 132.56亿元，增长9.4%。其中，规模以上工业增加值增长7.9%，增幅高于全国平均水平2个百分点。

### （二）内需平稳增长，进出口增速回落

2015年，全社会固定资产投资2.6万亿元，增长10.2%，高于全国平均水平0.2个百分点，增幅回落1.8个百分点。社会消费品零售总额1.39万亿元，增长12%，比全国平均水平高1.3个百分点，增幅回落0.7个百分点。2015年，实现进出口总额515.93亿美元，下降26.5%，低于全国平均水平12.2个百分点，增幅回落35.3个百分点。其中，出口333.51亿美元，下降25.6%；进口182.42亿美元，下降28.1%。外商投资合同外资36.4亿美元，增长20.5%；外商投资实际到位100.7亿美元，下降2.8%。跨境人民币结算金额1 658.11亿元，增加434.33亿元，增长35.49%；人民币跨境收支在四川省本外币国际收支中的比重达30%，提高10个百分点。业务覆盖面继续大幅提升，办理主体新增684户；涉及的境外国家和地区增加到129个，增加21个。

### （三）物价水平总体平稳

2015年，居民消费价格（CPI）同比上涨1.5%，小幅回落0.1个百分点，较全国平均水平低0.1个百分点，其中八大类商品及服务项目价格“七涨一跌”，烟酒及用品类价格涨幅最大，上涨3.9%。工业生产者出厂价格指数（PPI）累计同比下降3.6%，较全国少降1.6个百分点。工业生产者购进价格指数（IPI）累计下降3.3%。

### （四）政府债务总体风险可控，工业企业效益回落

2015 年，四川地方公共财政收入 3 329. 1 亿元，增长 7. 9%，增幅回落 1. 8 个百分点；地方公共财政支出 7 511. 7 亿元，增长 10. 5%，回落 1. 4 个百分点。地方政府债券限额为 7 808 亿元，其中省级 535 亿元，市县级 7 273 亿元。2015 年规模以上工业企业利润总额 2 168 亿元，增长 1%，回落 21. 74 个百分点。城镇居民人均可支配收入 26 205 元，增长 8. 1%；农村居民人均纯收入 10 247 元，增长 9. 6%。

2016 年，四川省经济下行压力仍持续加大，经济结构性矛盾突出，面临多重困难叠加、多重风险交织的复杂形势。四川要主动适应经济新常态，系统推进全面改革创新，增强投资消费拉动力，加快推动产业转型升级，扎实推进结构性改革，坚决打赢脱贫攻坚战，切实保障和改善民生。强化风险防控，不断提高经济发展的质量和效益，促进全省经济平稳健康发展和社会和谐稳定。

## 二、金融业

2015 年，四川金融业运行总体保持稳健，不断加大对地方经济发展的支持力度，金融改革成效显著，组织体系更加健全。2015 年末，四川金融业总资产 7. 98 万亿元，增长 10. 8%，增速回落 1. 5 个百分点。

### （一）银行业

2015 年，四川银行业金融机构继续保持稳健发展，但资产质量持续下滑，盈利水平有所下降，经营压力不断加大，地方法人金融机构风险因素增加。

1. 运行情况

（1）资产负债规模扩张放缓。2015 年末，四川银行机构资产总额 7. 59 万亿元，增长 9. 84%，增速回落 2. 8 个百分点；负债总额 7. 36 万亿元，增长 9. 97%，增速回落 2. 6 个百分点。五家大型商业银行、股份制商业银行、农村合作金融机构资产占比分别为 36. 89%、11. 67% 和 21. 12%，分别下降 0. 52、0. 73 和 0. 58 个百分点。

（2）存贷款增速持续回落。2015 年末，各项存款余额 5. 78 万亿元，增长 9. 31%，低于负债增速 1. 45 个百分点；各项贷款余额 3. 89 万亿元，增长 11. 34%，增速回落 3. 46 个百分点，高于资产增速 1. 5 个百分点。

（3）组织体系不断健全。2015 年末，四川银行业机构 235 家，其中省外机构一级分支机构 50 家（国有银行 5 家、政策性银行 3 家、股份制银行 12 家、省外城商行 8 家、邮储银行 1 家、外资银行 15 家、非银行金融机构 2 家、金融资产管理公司 4 家），法人机构 185 家（城商行 13 家、农村合作金融机构 112 家、村镇银行 48 家、非银行金融机构 7 家）。全省银行业机构网点 14 040 个，增加 287 个，从业人员 22. 67 万人。新设法人机构 3 家。

（4）金融定向支持薄弱领域力度加大。2015 年末，四川建成现代粮食产业建设基地、扶贫惠农、现代农业示范基地等支农再贷款示范基地 204 个。2015 年累计办理支农再贷款 160. 74 亿元，支小再贷款 56 亿元，再贴现 145. 05 亿元，累计办理“央行科票通”52. 87 亿元，“央行小微票据通”51. 68 亿元。四川小微贷款、涉农贷款分别增长 22. 38% 和 11. 60%，分别高于各项贷款增速 11. 04

和0.26个百分点。2015年11月末，贫困县贷款增速高于全省平均增速6.16个百分点，新增贷款占比提高0.6个百分点，“两个高于”目标全面实现。

（5）金融机构改革成效进一步显现。国家开发银行深化改革，进一步发挥开发性金融支持棚户区改造、城镇化建设等重点领域和薄弱环节的作用。进出口银行进一步落实与四川省政府签署的合作协议框架，支持“一带一路”和“251三年行动计划”等战略实施，加大对重点企业重点项目支持力度。农业发展银行坚持以政策性业务为主体，审慎发展自营业务，支持农村基础设施和水利工程等项目的实施。农业银行“三农”金融事业部改革稳步推进，三农业务平稳发展，支农效应进一步显现。交通银行、邮政储蓄银行扎实推进深化改革各项工作，成效逐步显现。出口信用保险公司、长城等金融资产管理公司等重点金融机构继续落实改革措施，积极适应“新常态”，积极稳步拓展业务范围。

（6）成都农村金融服务综合改革试点取得初步进展。2015年7月17日，人民银行、发展改革委、银监会、证监会、保监会、四川省人民政府会同中央农办、财政部、国土资源部、住建部、农业部结合当地实际，制定并印发《成都市农村金融服务综合改革试点方案》（银发〔2015〕215号）（以下简称“改革试点方案”），成都市成为全国首个国家多部委联合推动的农村金融服务综合改革试点地区。《改革试点方案》制定了完善金融组织体系、创新金融产品和服务方式、培育发展多层次资本市场、大力推动农村信用体系、健全配套政策措施五个方面的十九项金融改革任务。力争到2020年，建立较为完备的农村金融服务体制机制，在关键领域、重点环节取得重大突破，率先形成推动新型城镇化和农业现代化发展的金融支撑体系，基本实现城乡金融服务均等化。

2. 稳健性评估

（1）不良贷款持续上升，信用风险管控压力加大。2015年末，四川银行业不良贷款增加347.58亿元，为2014年新增不良贷款的2.5倍；不良贷款率上升0.72个百分点。不良贷款上升的广度和深度加大，各类机构不良贷款均反弹，21个市州18地不良贷款双升。关注类贷款余额近2 000亿元，增长31.1%。

（2）盈利水平走低，盈利能力面临挑战。2015年，四川银行业机构实现净利润减少196.5亿元，近六成机构盈利下降。平均资产利润率0.94%，下降0.4个百分点；资本利润率下降10.49个百分点。

（3）中小法人机构拨备与资本充足率下降，抵御风险压力加大。2015年末，四川中小法人银行机构拨备覆盖率152.43%，下降120.9个百分点；贷款损失准备充足率254.24%，下降142.23个百分点；资本充足率13.69%，上升0.16个百分点。各类涉农法人机构资本充足率下降，农村商业银行、农村合作银行、农信社和村镇银行资本充足率分别为12.64%、12.24%、11.22%和19.49%。城商行采用发行二级资本债、增资扩股和加大留存等方式补充资本，主动应对风险。

（4）金融业综合经营发展迅速，潜在风险隐患应予关注。2015年末，四川银行业机构自主发行理财产品、表外业务规模、信托计划规模，分别增长94.77%、8.45%、11.55%。银行业机构通过理财资金、同业业务等对接券商资管产品或信托计划，潜在跨市场交叉性风险不容小视。

（5）民间融资风险集中爆发，风险易向金融机构蔓延。目前四川90%以上非法集资案件来源于民间投融资公司，融资性担保公司、小贷公司也不同程度涉及。大量出险企业以多种形式涉及民间借贷，是银行不良贷款上升的重要原因，也加大了银行不良资产处置难度。

### （二）证券期货业

1. 运行状况

（1）证券期货经营机构数量持续增加。2015 年，四川省证券期货机构稳步增长，数量位居中西部第一，全国各大证券公司在川都设有分支机构。四川有各类证券期货经营机构 414 家，其中，证券法人公司 4 家、期货法人公司 3 家、证券公司分公司 27 家、基金公司分公司 12 家、证券营业部 317 家、期货营业部 48 家、证券投资咨询公司 3 家。此外，四川省为证券业务服务的会计师、评估师、律师事务所众多，形成了门类齐全的中介服务体系。

（2）法人证券、期货公司资产规模快速增长，盈利水平大幅提升。2015 年末，四川 4 家法人证券公司资产总额 1 245.43 亿元，增加 550.12 亿元，增长 79.12%；负债总额 934.90 亿元，增加 448.61 亿元，增长 92.25%；净资本 287.72 亿元，增长 70.46%；2015 年实现净利润 60.1 亿元，增长 144%。3 家法人期货公司资产总额 65.30 亿元，增加 9.06 亿元，增长 16.11%；负债总额 56.46 亿元，增加 7.41 亿元，增长 15.11%；净资产合计 8.84 亿元，增加 1.65 亿元，增长 22.95%；2015 年实现净利润 0.635 亿元，增加 0.167 亿元，增长 35.68%。

（3）法人证券公司两融业务波动较大，总体经营较为稳健。受资本市场大幅波动的影响，四川法人证券公司融资融券业务全年波动较大，2015 年末，四川省 4 家法人证券公司两融余额 221.97 亿元，较股灾最严重的低谷期有所回升，但较 6 月末两融最高余额降幅达 38.19%。同时，4 家法人证券公司负债总额较资产总额增速高 13.13 个百分点，净资本指标较上年出现一定程度的下降。净资本与负债的比例为 30.78 %，较上年下降 3.93 个百分点。但整体来看，法人证券公司各项风控指标符合监管规定，总体经营稳健，风险可控。

2. 稳健性评估

（1）上市公司产业分布不平衡，信用债市场违约风险显现。四川省上市公司以装备制造、化工、食品饮料等传统产业为主，虽然近年来一批企业登陆中小板、创业板，上市公司结构有所改善，但高科技企业和战略型新兴产业与资本市场的对接仍然不足。并且西南地区煤企开采成本又偏高，煤质优势不明显，受到冲击越来越大，亏损情况较为普遍。违约和煤炭相关业务盈利能力下降有较大关系。受此影响，四川圣达集团有限公司于 2015 年 12 月 7 日发布公告称，公司因受外部经营环境及金融环境的影响，集团的生产经营业务受到冲击，同时资金流动性受到限制，未能按期足额支付“12 圣达债” 3.22 亿元本息。

（2）部分上市公司面临退市风险，净利润亏损成主因。2016 年 1 月 22 日，四川 S 前锋发布业绩预告，预计 2015 年度实现归属于上市公司股东的净利润为亏损 2 850 万元左右，若该公司 2015 年度审计后营业收入低于 1 000 万元，公司股票将在 2015 年度报告披露后被实施退市风险警示的特别处理。

（3）阳光私募发展情况。四川省已在中国证券基金业协会登记的私募投资基金管理人 457 家，管理基金 201 只，管理基金认缴规模约 628.85 亿元。

### （三）保险业

1. 运行状况

（1）市场主体不断丰富，稳步进入竞争型市场模式。2015 年末，四川省已开业保险公司 83 家。

按业务性质分，产险公司37家、寿险公司41家、养老险公司3家和健康险公司2家。保险公司法人机构3家；各级保险分支机构4 995家。2015年保险密度1 397.23元/人，保险深度4.21%，提高0.49个百分点。从保险市场发展来看，四川稳步进入竞争型市场模式，产、寿险市场上的支配性企业均已退出霸主地位，各家保险公司市场份额的竞争更加充分和激烈。从近8年来四川产、寿险市场所有保险公司市场占有率的赫芬达尔－赫希曼指数（HHI）来看，该指数继续呈现下降趋势，其中寿险HHI指数首次跌入1 000以内。2015年，四川产险和寿险市场上最大公司人保财险、国寿股份的市场份额占比分别为35.32%和21.51%。

（2）保费规模继续保持快速增长势头，人身险险种结构改善效果显现。2015年，四川省共实现原保险保费收入1 267.3亿元，增长19.49%。保费规模全国排名第5位，保费增速全国排名第24位，低于全国平均0.51个百分点，与全国增速差距同比收窄1.02个百分点。赔付支出共计454.08亿元，增长21.43%。四川省财产险公司实现保费收入447.36亿元，增长13.13%，增速同比下降5.58个百分点。财产险公司赔款支出234.51亿元，增长13.64%。人身险公司保费收入达到819.95亿元，增长23.27%，增速上升8.89个百分点，随着“降息降准”政策对寿险产品，特别是保障型产品销售带来利好，人身险市场险种结构不断改善。普通寿险增速达到50%，实现原保险保费收入360.18亿元，业务占比达43.93%，取代分红险成为占比第1位的险种。普通寿险新单保费同比增长55.58%，新单期缴率14.57%，上升5.68个百分点，内涵价值也有所提升。

2. 稳健性评估

（1）退保金和满期给付金额高位运行，部分人身险公司现金流风险增大。2015年，四川省退保金额增长13.19%。从险种看，分红险退保规模最大，占全部退保规模的51%以上。受前期期缴业务大量到期和近两年短期高现价产品大量销售的影响，四川省2015年满期给付147.19亿元，增长31.30%。

（2）保险服务民生功能进一步发挥。当前，四川省保险业融入经济社会发展广度和深度不断拓展。四川省成为全国巨灾保险试点省份，城乡居民住房地震保险试点已在绵阳、乐山、宜宾、甘孜等首批试点地区正式落地。2015年末，已为16.31万户城乡居民提供地震保险风险保障44.8亿元，实现保费收入693.8万元。2015年全省农业保险保费收入29.49亿元，增长6.6%，共提供2 175.08亿元风险保障，向284.7万受灾农户支付赔款17.03亿元，增长18.81%。四川省保险公司通过参与新农合、新农合补充医疗、城镇居民基本医疗、医疗救助等各类医疗保障经办业务，2015年向742.32万人提供服务，累计新增委托管理资金1.42亿元，为94.9万人次报销支付医疗费用6.09亿元。

## 三、金融市场

2015年，四川金融市场平稳健康发展，市场运行稳健，银行间市场直接融资继续保持良好势头，对经济结构调整与转型的作用进一步发挥。

### （一）货币市场

1. 货币市场成交规模大幅增长，交易期限短期化程度提高

2015年，四川银行间同业拆借市场成员在货币市场累计成交33.5万亿元，增长108.98%。其

中，同业拆借市场累计成交 6 892. 9 亿元，增长 58. 7%；债券回购累计成交 32. 81 万亿元，增长 110. 32%。同业拆借加权平均利率 3. 25%，下降 38 个基点。市场成员在货币市场 7 天以内交易占 94. 13%，上升 3. 13 个百分点，其中，隔夜和 7 天期交易占比分别为 80. 71% 和 13. 42%。

2. 债券发行较快增长，非金融企业债券发行实现突破

2015 年，金融债券发行规模较快增长，成都银行等 4 家银行业金融机构在银行间市场发行二级资本债券、小微专项金融债券累计 106 亿元。地方政府债券发行规模较大，累计发行各类地方债券近 1 800 亿元，募集资金用于偿还政府债务中 2015 年到期的债务本金。非金融企业在银行间市场债务融资工具发行规模和存续余额实现“双突破”。发行规模达到 1 265. 3 亿元，增长 41. 9%；存续余额达到 2 230. 21 亿元，增长 30. 2%。

### （二）票据市场

2015 年，四川省金融机构累计签发银行承兑汇票 6 649 亿元，减少 432. 47 亿元；银行承兑汇票余额 3 329. 87 亿元，增加 139. 27 亿元。累计签发商业承兑汇票 184. 41 亿元，增加 71. 46 亿元；商业承兑汇票余额 69. 58 亿元，增加 17. 19 亿元。四川省金融机构累计办理银行承兑汇票贴现 17 449. 85亿元，增加 5971. 81 亿元；银行承兑汇票贴现余额 979. 29 亿元，增加 473. 71 亿元。累计办理商业承兑汇票贴现 869. 22 亿元，增加 141. 08 亿元；商业承兑汇票贴现余额 64. 11 亿元，增加 32. 42 亿元。2015 年以来银行间市场利率已明显回落，票据贴现利率持续下行。金融机构贴现加权平均利率为 3. 52%，下降 270 个 BP；转贴现加权平均利率为 3. 21%，下降 267 个基点。

### （三）股票市场

2015 年，四川省资本市场累计实现融资 782. 40 亿元，增长 98. 57%。其中，实现首发融资 13 家，首发融资金额 58. 35 亿元；14 家上市公司通过增发、发行股票等方式再融资 323. 18 亿元；2 家上市公司在证券交易所实现债券融资 14. 5 亿元；31 家非上市企业在证券交易所发行公司债、中小企业私募债，实现债券融资 253. 91 亿元；3 家证券公司在证券交易所实现债券融资 120 亿元；新三板挂牌企业累计融资 62 家次，共计 12. 46 亿元。2015 年，四川省证券市场交易额 17. 43 万亿元，同比增长 178%，股票投资账户开户数 1 132. 37 万户，增长 41. 5%。

### （四）外汇市场

2015 年，四川省银行间外汇市场全年成交 15. 26 亿美元，下降 21. 53%。成交结构以美元为主导，美元成交 13. 25 亿美元，下降 25. 65%，占成交总量的 86. 79%。成都银行、东方电气财务公司和南充市商业银行交易量占比超 7 成。其中，成都银行交易量增长较快，跃居第一位，占比为 27. 2%。人民币汇率对世界主要货币有贬有升，12 月 31 日，人民币对美元和日元中间价比年初分别贬值 4. 5% 和 3. 8%；对欧元、英镑和加元中间价比年初分别升值 6. 3%、0. 2% 和 14. 4%。

### （五）黄金市场

2015 年，四川辖内商业银行参与上海黄金交易所代理交易业务成交 26 058. 42 千克，增长 27. 89%。其中，代理个人业务占代理业务总量的 96. 12%。四川辖内商业银行实物黄金销售和回购业务累计成交 24 111. 05 千克，增长 188. 92%；成交金额 58. 51 亿元，增长 172. 85%。共有 6 家商业

银行开办账户金业务，累计成交 22 216.11 千克，增长 175.63%。2015 年，四川省共有 8 家金融机构开办黄金租赁业务，总成交量为 21 351 千克，业务总成交金额 51.63 亿元，其中租入黄金总量为 7 535千克，租出黄金总量 13 816 千克；渣打银行等 3 家金融机构开办黄金远期业务。

### （六）期货市场

2015 年，四川省期货投资者开户数达到 7.65 万户，增长 34.2%，期货市场交易额 25.09 万亿元，增长 111%。

## 四、金融基础设施建设

2015 年，四川金融基础设施建设稳步推进，金融综合管理不断深化，支付系统建设稳步开展，征信体系建设进一步推进，洗钱防控体系有效性稳步提升，有力促进了金融体系的稳健运行。

### （一）金融法治环境建设

1. 扎实推进金融消费权益保护工作

2015 年，人民银行四川各级机构严格落实 12363 咨询投诉电话管理制度，全年共受理处理金融消费者咨询 5 259 件，受理处理投诉 1 473 件，办结 1 466 件，办结率 99.52%。对 23 家金融机构开展了个人金融信息保护和银行卡领域金融消费权益保护执法检查，切实维护金融消费者合法权益。

2. 积极开展金融法制宣传教育

2015 年，人民银行四川各级机构将金融法制宣传教育与地方法治建设紧密结合，借助反假人民币宣传周、“12·4”全国法制宣传日等活动平台，重点开展了《国家金库条例》颁布实施 30 周年、征信管理、反洗钱、人民币管理、支付结算等方面法制宣传活动，引导社会公众增强金融风险识别防范能力，营造了良好的金融法制环境。

3. 深入开展金融综合管理工作

2015 年，人民银行四川各级机构对 1 093 个金融机构网点开展专项执法检查 599 次，对 149 个金融机构网点开展综合执法检查 52 次；对违法行为实施处罚 42 件，处罚金额共计 613.2 万元。

### （二）支付体系建设

1. 支付系统稳定运行

二代支付系统建设、ACS 辅助系统顺利上线运行，2015 年末，四川拥有第二代支付系统直接参与者 15 家，间接参与者 5 030 家。2015 年跨行支付清算系统发生业务 1.85 亿笔、金额 128.84 亿元，分别增长 33.09% 和 24.66%。四川支付结算综合服务系统共接入银行机构 53 家，覆盖银行网点 5 000多个，有效地服务了四川省经济和民生发展。

2. 深入改善农村支付环境

2015 年末，四川农村地区共有金融服务网点 8 635 个，新建农村社区银行 45 个，累计发放银行卡 1.39 亿张，人均 2.06 张；发展银行卡助农取款服务点 9.52 万个，累计布放 ATM 机具 1.93 万台，POS 机 35.62 万台（含助农取款 POS 机），特约商户 19.93 万户；开通银行卡农民工特色服务的银行网点数量达 7 839 个，发展网上银行用户 1 495.2 万户，手机银行用户 1 458.26 万户。全省累计消除金融服务空白乡镇924个，消除空白村4.11万个，在具备通电通讯等基础条件的行政村、乡镇，支付服务覆盖率达到100%。

3. 第三方支付发展迅速

制定了《四川省促进新型金融业态聚集与发展工作制度》，共同促进新型金融业态发展。支持四川2家法人互联网支付机构开展业务创新等措施，拓展业务领域，积极发展互联网支付业务；2015年，四川省支付机构共开展支付业务60 604.10万笔、金额4 401.90亿元，分别增长87.28%、56.42%。

### （三）征信体系建设

1. 金融信用信息基础数据库覆盖范围不断扩大，征信服务水平持续提升

2015年末，金融信用信息基础数据库收录四川5 930万自然人、114.7万企业和其他组织信息，同比分别增加2.35%和17.64%。全年提供个人信用报告查询825.42万次，同比增长11.2%；企业信用报告119.3万次。信用报告使用范围进一步扩大，在金融领域和社会管理领域发挥着越来越重要的作用。

2. 个人信用信息互联网服务平台推广应用和商业银行代理查询工作持续推进，征信服务质量和效率进一步提高

2015年末，累计注册互联网用户122万，累计查询互联网信用报告391万次。成都、绵阳、德阳、达州四地15家商业银行网点开展代理个人信用报告查询服务，各市州人行和商业银行购买38台自助查询设备提升服务能力，便利社会公众获取自身信用信息。

3. 小微企业和农村信用体系建设不断深化

在全省14个市州成立了服务于小微企业和农村经济主体的信用信息中心，建立小微企业和农村经济主体信用信息数据库和金融信用服务网，为38.67万小微企业、453.7万农户、1 749户农村新型经营主体建立信用档案，推动出台信用导向的金融信贷、财税扶持等正向激励措施281项，促进了小微企业和农村经济主体融资发展。

### （四）反洗钱

2015年，对1 367家反洗钱义务主体建立监管档案并开展考核评级；对400多家机构开展质询、走访、约见谈话；对86家机构开展现场检查，对其中31家机构和有关个人处罚670.7万元。开展四川禁毒反洗钱金融情报工程、反分裂融资资金监测工程、跨境资金监测、“打击利用离岸公司、地下钱庄转移赃款专项行动”，全年报告重点可疑交易报告193份，增长124%，通过分析、会商，共形成线索108份，占报送量的56%。加强与有关部门在禁毒、反恐、反分裂融资、反腐、打击非法集资和诈骗等领域的合作，开展反洗钱行政调查106起，协助破获案件56起，推动2起洗钱案件正式宣判。开展“点滴行动，助力反洗钱”主题宣传，培训反洗钱工作人员3 000余人次。

总　　纂：李　铀
统　　稿：祁　红　温茹春
执　　笔：沈丁丁　罗来东　王大波　陈　鹏
其他参与写作人员：丁慧强　文兴易　甘　力　左　桃
蒋　平　杨丽萍　郑敏闽　陈　倩

# 贵州省金融稳定报告摘要

2015年，贵州省努力克服国内外经济增速放缓、市场有效需求不足、节能降耗压力增大等诸多困难，坚持主基调主战略，坚持发展为要、民生为本、企业为基、环境为重，牢牢守住发展和生态两条底线，积极主动适应新常态，统筹做好稳增长、调结构、惠民生、防风险各项工作，谋划新思路、化解新矛盾，经济保持平稳向好的发展态势。全省金融业整体运行平稳，银行业整体发展稳中向好，证券业市场整体保持稳健发展，保险业保持较快发展，金融风险整体可控，但局部金融风险隐患加大，银行业重点领域风险凸显、上市公司后备资源不足、保险业务发展不平衡等问题亟须关注。

## 一、区域经济运行

2015年，面对错综复杂的国内外经济形势，贵州省坚持主基调、主战略，努力厚植增长新优势、培育经济新动力，新兴产业、新型业态、新商业模式加快成长，经济运行呈现稳中有进、稳中有新、稳中向好的发展态势。

### （一）运行情况

1. 经济总体稳步增长

2015年，贵州省实现地区生产总值10 502.56亿元，比上年增长10.7%，增速高于全国、西部地区平均水平。其中，第一产业增加值1 640.62亿元，同比增长6.5%；第二产业增加值4 146.94亿元，同比增长11.4%；第三产业增加值4 715.00亿元，同比增长11.1%。三次产业结构由2014年的13.8:41.6:44.6调整为15.6:39.5:44.9。

2. 工业经济平稳运行，新兴产业蓬勃发展

贵州省规模以上工业增加值[①] 3 550.13亿元，比上年增长9.9%。传统支柱行业“三增一降”，其中，煤炭开采和洗选业，酒、饮料和精制茶制造业，电力、热力的生产和供应业增加值分别为684.68亿元、716.05亿元和364.53亿元，分别比上年增长5.6%、10.2%和4.2%；烟草制品业实现增加值303.81亿元，比上年下降2.3%。新兴产业蓬勃发展，其中，以大数据为重点的电子信息产业发展势头强劲，计算机、通信和其他电子设备制造业增加值同比增长102.0%；以大健康为目标的医药产业较快发展，医药制造业增加值同比增长6.9%。

---

① 统计口径为年主营业务收入2 000万元及以上工业企业。

3. 固定资产投资持续快速增长，房地产开发投资增速放缓

贵州省全年固定资产投资[①] 10 676.70 亿元，同比增长 21.6%。其中，第三产业固定资产投资贡献度较高。2015 年，贵州省第一、第二、第三产业投资分别实现 222.69 亿元、2 728.90 亿元、7 725.11亿元，同比增长 28.1%、17.6%、23.0%。基础设施投资、工业和工业园区基础设施投资、公路投资增长较快，分别实现 4 137.35 亿元、3 553.28 亿元、1410.94 亿元，同比增长为 22.3%、19.0%、14.3%。受房地产"去库存"压力影响，房地产开发投资增速放缓，全年实现 2 205.09 亿元，仅比上年增长 0.8%。

4. 消费市场需求稳中有升，进出口贸易增长加快

2015 年，贵州省社会消费品零售总额 3 283.02 亿元，比上年增长 11.8%。其中，城镇消费品零售额 2 691.66 亿元，同比增长 11.8%；乡村消费品零售额 591.36 亿元，同比增长 11.7%；网络消费迅猛发展，限额以上企业单位通过互联网实现商品销售额 476.74 亿元，同比增长 94.4%。全年贵州省进出口总额 765.83 亿元，同比增长 15.6%。其中，出口总额 623.17 亿元，增长 7.8%；进口总额 142.66 亿元，增长 69.0%。

5. 就业形势保持稳定，城乡居民收入稳步上升

2015 年，贵州省城镇新增就业人数 72.68 万人，比上年增长 6.3%。城乡居民收入稳定增长，全省居民人均可支配收入 13 696.61 元，比上年名义增长 10.7%。按常住地分，城镇常住居民人均可支配收入 24 579.64 元，名义增长 9.0%；农村常住居民人均可支配收入 7 386.87 元，名义增长 10.7%。

6. 财政收支快速增长，物价水平温和平稳

2015 年，贵州省财政总收入 2 294.25 亿元，同比增长 7.7%。其中，一般公共预算收入1 503.35 亿元，比上年增长 10.0%；一般公共预算支出 3 930.21 亿元，比上年增长 10.9%。物价水平方面，全省居民消费价格总体稳定，比上年上涨 1.8%，涨幅同比回落 0.6 个百分点。其中，食品价格上涨 2.6%。

### （二）需关注的问题

1. 稳增长、扩总量压力较大

一是主要经济指标增速回落。受经济整体下行影响，贵州省地区生产总值、工业增加值及固定资产投资等主要经济指标增速回落明显，如贵州省地区生产总值从 2012 年的 13.6% 回落至 2015 年的 10.7%，规模以上工业增加值由 2012 年的 16.2% 下降到 2015 年的 9.9%，固定资产投资增速由 2012 年的 35% 下滑至 2015 年的 21.6%，年均回落 3.8 个百分点，经济保持持续稳定增长的压力较大。二是服务业整体水平较低。2015 年贵州省第三产业占比为 44.9%，比上年增长 0.3 个百分点，但仍低于 50.5% 的全国水平。三是部分行业企业生产经营困难。据统计，2015 年贵州省亏损企业达 870 家，占比 21%，比上年增长 15.2%，主要集中在中低端白酒行业及煤炭、钛业等资源类企业。

2. 转方式、调结构任务艰巨

一是重点传统行业持续低迷，转型困难。受市场需求疲软、行业政策限制等因素影响，全省煤炭、电力、卷烟等传统重点行业发展持续低迷。煤炭行业曾经是龙头支柱，近两年生产困难、发展

---

① 统计口径为计划投资总投资 500 万元及以上固定资产项目投资和房地产开发项目投资。

受限、效益大幅下滑。2015 年全省近三分之一的煤炭企业亏损，盈利煤炭企业中近三分之一的利润大幅下降，电力行业完成工业增加值 364.53 亿元，比上年增长 4.2%，增速为近三年最低。烟草行业受计划指令生产因素影响，2015 年全省完成增加值 303.81 亿元，比上年下降 2.3%，是自 2004 年以来的首次下降；占全省工业经济比重也由上年的 9.7% 下降到 8.6%。三大行业合计完成增加值占全省工业经济的比重降到 40% 以下，为 38.1%，占比比上年下降 4.2 个百分点。二是新兴产业规模较小，创新能力不足。2015 年，贵州省新兴产业发展迅猛，计算机、通信和其他电子设备制造业工业增加值为 52.51 亿元，比上年增长 102%，但占比仅为 1.48%，整体规模较小；同时，在发展大数据、大健康的环境下，科技及医疗的相关人才有所缺乏，创新技术有待提高，创新能力还相对不足。三是生态环境保护压力大。贵州大部分属于喀斯特地貌，环境承载能力较差，对工业化和城镇化的发展有所制约。贵州在发展中面临既要“赶”又要“转”的双重压力、双重任务，需要处理好加速发展和环境保护之间的矛盾，守住生态底线。

3. 规模以上工业企业资金紧张

根据规模以上工业企业经营景气调查结果显示，2015 年贵州省流动资金紧张的企业数占被调查企业数的比重逐季上升，第一季度为 44.5%，第二季度达到 46%，第三、第四季度分别为 47.4% 和 47.5%；融资困难的企业数占比四季度为 38.7%，高于第一季度的 37.4% 和第三季度的 38.4%；超过一半的被调查企业认为企业生产经营主要问题是资金紧张。

4. 经济发展面临其他潜在风险

一是社会治理能力还不强，安全生产事故时有发生。贵州省 2015 年生产安全事故起数合计同比下降 10.2%，但仍高于 1 100 起。二是民间融资类公司大量涌现，易引发社会群体性事件。2015 年，我省投资理财咨询服务类公司发展势头不减，部分公司利用各种手段隐藏自身风险，一旦发生资金链断裂或公司“跑路”，极易导致散播谣言，损害公众对金融体系的信心，影响社会稳定。

## 二、银行业

2015 年，贵州省银行业总体运行较为平稳，存贷款规模持续快速增长，净利润增速放缓，资产质量总体稳定，地方法人银行资本充足状况良好。但同时存在局部风险凸显的情况，部分银行机构不良贷款持续快速攀升、存贷比持续增长；重点行业风险严峻，房地产及地方债务风险隐患增大；客户资金被非法转走等问题值得关注。

### （一）运行情况

1. 存贷款规模持续快速增长

2015 年末，全省银行业金融机构本外币各项贷款余额 15 120.99 亿元，同比增长 21.57%。其中，境内短期贷款余额 3 163.81 亿元，同比增长 11.62%；中长期贷款余额 11 680.73 亿元，同比增长 24.21%。本外币各项存款余额 18 832.79 亿元，同比增长 23.03%。其中，单位存款余额 10 730.70亿元，同比增长 35.98%；个人存款余额 7 410.93 亿元，同比增长 9.33%；财政性存款余额 761.66 亿元，同比增长 42.41%。

2. 净利润增速放缓

2015 年，全省银行业金融机构实现净利润 322.84 亿元，同比增加 9.57 亿元，增长 3.05%；利息净收入783.45亿元，同比增长13.94%；手续费及佣金收入100.15亿元，同比增长19.51%；资产利润率1.43%，同比减少0.24个百分点；营业支出348.37亿元，同比增长10.16%；成本收入比率及中间业务收入比率分别呈现1.21和0.02个百分点的降幅。

3. 资产质量有所下滑

2015年，全省银行业金融机构不良贷款余额250亿元，同比增加87.59亿元，增长53.93%；不良贷款率1.66%，同比增长0.35个百分点。逾期贷款占各项贷款余额的比例为3.60%，同比降低0.43个百分点。

4. 法人银行资本充足状况良好

2015年，全省法人银行机构资本充足率、核心资本充足率均满足监管要求，绝大部分法人银行资本充足率超过12%。

### （二）需要关注的问题

1. 不良贷款持续快速攀升，信用风险隐患加大

截至2015年12月末，全省银行业金融机构不良贷款余额250亿元，比年初增加88亿元，是上年同期增量的3.3倍，2015年四个季度不良贷款率呈现持续上升趋势，资产质量不断承压，信用风险积聚。从行业看：不良贷款主要集中在批发和零售业、制造业、采矿业及农林牧渔业等四个行业，占全部不良贷款余额的74.4%，从机构看，全省主要银行业金融机构不良贷款出现“双升”，少数机构不良贷款率有所下降，不良贷款双降的仅有1家。从地区看，全省各地区资产质量情况差距增大，区域性信用风险防范和化解困难加剧。

2. 部分中小法人银行存贷比持续增长

2015年12月末，全省村镇银行平均存贷比高达94.94%，同比增长7.76%，有22家村镇银行存贷比超过100%。少数村镇银行的存贷比突破300%以上。

3. 重点领域风险严峻

2015年12月末，全省煤炭、钢铁、电解铝等六大能源矿产行业的不良贷款率高企。受经济增速放缓和产业结构调整等因素影响，商业银行不良贷款持续暴露，白酒、煤炭、钛等重点领域仍未能有效扭转企业大范围亏损的局面。特别是对于以煤炭、钢铁等为支柱产业的地区，产业经济不景气所导致的信用风险的防控压力愈加突出。

4. 房地产贷款潜在风险仍然存在

从行业贷款质量来看，2015年末全省房地产不良贷款余额10.28亿元，较年初有所反弹，但不良率小幅下降，2015年四季度末较第三季度末下降了0.01个百分点。房地产贷款整体风险可控，引发系统性金融风险的概率较小，但潜在风险依然存在。一是全省房地产市场低迷的状况没有发生根本改变，企业还款难度较大。房地产行业逾期90天以上贷款与不良贷款的比率呈持续上升态势。二是部分开房地产发企业资金链仍较紧张，财务风险上升。三是资金链紧张催生违规融资，对银行资产安全造成严重影响。

5. 政府融资平台贷款风险管控难度加大

一是贷款规模增长较快。2015年12月末，全省融资平台贷款余额为2 182亿元，比年初增长了27.8%。二是平台贷款偿债压力较大。一方面五年内到期贷款占比过半，还款期限集中；另一方面贷款投向无现金流或少现金流项目较多，项目自身还款能力不足。

6. 银行表外业务可能诱发风险隐患

在对银行承兑汇票业务进行专项调查发现：商业银行在签发审核银行承兑汇票时存在盲目签发，审查不严、监督不力，财务报表资产负债率超标等问题，极易诱发相应的风险隐患。一是盲目签发易形成信用风险。部分银行不按银行承兑汇票的适用范围合理使用，在审查和操作上风险意识淡薄，放松条件，盲目签发，人为地造成企业兑付的困难，形成信用风险。二是审查不严、监督不力易形成信贷风险。在签发承兑汇票过程中，存在不严格按照制度办理，在没有授权或违规越权、超过授信额度的情况。三是通过伪造变造银行承兑汇票和票据调包等方式骗取银行信用、银行垫付资金易形成呆账、坏账。

7. 金融案件防控压力增大

2015 年，全省银行业金融机构客户存款被非法转走、金融诈骗的案件频发，部分机构的公司治理、内部控制、风险管理和案件防控能力亟待加强。

## 三、证券业

2015 年，贵州省证券业市场整体保持稳健发展的态势。证券公司创新意识增强，盈利模式不断转型，以资产管理、投资理财为代表的新产品不断增多。上市公司整体经营状况良好，融资规模呈扩大趋势。

### （一）运行情况

1. 证券期货基金经营机构蓬勃发展

截至 2015 年底，全省有 1 家证券公司，9 家证券分公司，74 家证券营业部，证券期货投资者 84 万人。证券经营机构营业收入 14 亿元，同比增长 239%；证券交易额 11 740 亿元，同比增长 252%；净利润 8 亿元，同比增长 395%。11 家期货经营机构营业收入 2 016 万元，同比增长 25%；期货成交额 9 086 亿元，同比增长 60%；净利润 195 万元，同比增长 237%。已登记私募基金管理人 52 家，新增 29 家；管理私募基金 45 只，新增 18 只；认缴规模 65 亿元，同比增长 62%。

2. 市场融资功能有效发挥

2015 年，全省 20 家上市公司有 7 家申请通过增发、配股等方式融资，拟募集资金 289 亿元；37 家“新三板”挂牌公司有 11 家通过增发融资，募集资金 6 亿元；区域性股权市场挂牌企业融资 128 亿元；28 家公司制法人通过交易所债券市场融资 300 亿元。辖区证券经营机构通过资产管理计划、股权质押、发行企业债券等方式为企业实现融资金额 800 亿元。

3. 上市公司并购重组活跃，经营业绩稳中有升

2015 年，全省共完成 2 单重大资产重组，交易金额 26 亿元，其中股份支付金额 21 亿元。2015 年前三季度，辖区上市公司营业收入 747 亿元，同比增长 13%；净利润 158 亿元，同比增长 3%；经营活动产生的现金流量净额 139 亿元，同比增长 13%；总资产 2367 亿元，同比增长 16%。

4. 债券市场进一步发展

2015 年，贵州省鼓励辖区所有公司制法人利用交易所债券市场和资产证券化产品进行直接融资，多渠道利用资本市场做大做强。全年共发行公司债券 34 只，发行金额 300 亿元，是 2014 年的 23 倍。

### （二）需要关注的问题

1. 法人证券公司竞争力仍处于较低水平

一是经营规模仍然较小。2015 年，全省法人证券公司资产总额 194.11 亿元，同比增长 104.71%；负债总额 161.05 亿元，同比增长 132.29%；净资产 33.06 亿元，同比增长 29.74%，虽然获得一定增长，但从总量上看，规模仍然较小；二是业务结构较为单一，业务手续费占营业收入比例较高。2015 年，全省法人证券公司营业收入 19.76 亿元，其中经纪业务手续费收入 11.43 亿元，占营业收入的 57.84%，业务手续费仍占到营业收入的一半以上，多元化盈利模式尚未完全形成。

2. 资本市场规模仍然偏小，直接筹资能力较弱

一是融资规模较小。2015 年，全省股票市场直接融资额为 33.33 亿元，比上年减少 63 亿元，仅为同期贵州省社会融资规模总额①的 0.82%。二是上市公司数量偏少。截至 2015 年底，全省上市公司数量仅 20 家，整体规模落后于全国，与贵州省经济的快速发展相比，增长速度也较为滞后，上市公司后备资源不足。

3. 个别上市公司转型激进，潜在风险值得关注

2015 年，在全省大力发展大数据、大健康等新兴产业的背景下，省内个别上市公司抓住机遇，在大数据、互联网金融领域加快展业，先后设立小额贷款公司，融资性担保公司，并成立普惠金融公司以及体育金融公司，同时通过兼并重组收购某保险公司，大力进军大金融大健康产业领域。其近年来大幅投资和拓展非主营新兴业务②，转型过快，可能会面临经验不足、资源匮乏等风险，同时造成企业力不从心、顾此失彼，主营业务荒废而新业务发展困难等问题，潜在风险值得关注。

## 四、保险业

2015 年，贵州省保险业保持较快发展，保险机构及从业人员规模稳步增长，保险业务结构调整不断优化，保险主体主动参与创新社会管理，保险业积极发挥保险增信作用，服务能力进一步增强，保险业整体风险可控。但受宏观经济形势、行业自身改革等内外因素影响，贵州保险业仍存在财产险公司持续快速发展压力加大，寿险业务发展不确定，人身险公司持续增长有待考验。

### （一）运行情况

1. 保险业务发展提速

一是财产险公司持续较快发展，增速继续居全国前列。2015 年财产险公司共实现保费收入 140.32 亿元，同比增长 19.56%，增速高于全国 7.91 个百分点，排名全国第 2 位；二是人身险公司扭转增长乏力局面，增速创近年新高。2015 年人身险公司共实现保费收入 117.48 亿元，同比增长 22.75%，增速大幅提升 14.15 个百分点，为“十二五”以来最高。主要源于寿险业务快速增长，全年寿险业务实现保费收入 97.08 亿元，同比增长 23.05%，增速高于全国 1.59 个百分点，高于去年同期 17.73 个百分点，对人身险公司的增量贡献率达到 83.52%。

① 2015 年贵州省社会融资规模总额为 4 089.66 亿元。

② 包括金融业、大数据产业，以及互联网金融等领域。

2. 保险机构及从业人员规模稳步增长

2015 年，全省省级保险分公司主体达到 27 家，同比增长 2 家。其中，财产险公司 16 家，人身险公司 11 家。各级保险分支机构 1 102 个，较年初增加 50 个。保险从业人员达到 9.7 万人，同比增加 4.44 万人。

3. 保险业务结构调整优化

一是财产险公司非车险业务占比不断提升。保证保险、责任险和意外险等业务实现较快增长，分别同比增长 127.67%、20.94%、27.81%，非车险全年实现保费收入 29.96 亿元，同比增长 23.02%，增速高出车险增速 4.36 个百分点，非车险业务比重达到 21.35%，同比提高 0.6 个百分点，业务增长拉动力量更加多元；二是人身险公司期交业务占比不断提高。全年新单期交实现保费收入 23.14 亿元，同比增长 46.50%，占新单业务的比重为 36.33%，占比高于上年 2.58 个百分点，高于全国 9.83 个百分点。其中寿险业务新单期交占比为 41.62%，高于上年 0.51 个百分点，高于全国 14.46 个百分点，业务发展的可持续性进一步增强。

4. 保险公司服务能力增强

2015 年，保险业共为全省经济社会提供风险保障 9.85 万亿元，同比增长 33.61%，服务能力不断增强。一是农业保险较快增长。农险开办品种达到 17 个，保费收入在上年增长 1.71 倍的基础上增长 17.85%，提供风险保障 783.05 亿元，同比增长 10.77%，支付赔款 1.99 亿元，同比增长 79.98%。二是保证保险快速发展。全年实现保费 5.49 亿元，同比增长 127.67%，成为产险中第一大非车险种。保证保险促成企业融资 4.03 亿元，促成个人贷款 7.51 亿元。三是大病保险成效明显。商业保险机构承办以来累计为 18.09 万人次支付补偿金 8.85 亿元，参保患者费用报销比例在基本医保报销基础上提高约 14.4 个百分点。四是责任保险持续较快增长。雇主责任保险、职业责任保险同比增长 21.52%、28.43%，责任险全年共实现保费 5.36 亿元，同比增长 20.94%，在多个领域取得突破和进展，提供风险保障 1.83 万亿元，同比增长 10.26%。五是经办业务快速发展。企业年金受托业务为 48 家企业 6.42 万职工提供服务，受托资产 26.42 亿元。六盘水“新农合”经办业务全年共为 227.5 万人次提供报销审查和经办服务，涉及金额 6.19 亿元。六是“险资入黔”成果丰富。保险资金新增投资贵阳轨道交通 1 号线等项目共 78.7 亿元，目前保险资金累计投资我省重大项目 194.2 亿元。

5. 保险市场运行平稳

财产险公司方面，2015 年全省财产险市场发展总体平稳，主要监管指标表现较好，除平均应收保费率略高全国 0.46 个百分点外，业务及管理费用率、手续费用率和综合赔付率均好于全国平均水平；人身险公司方面，一是平稳度过满期给付高峰。全年人身险公司完成 29.86 亿元的给付金支付工作，同比增长 22.01%。二是退保风险总体可控。全年退保金总额 26.49 亿元，同比增长 20.39%，退保率 5.5%，虽较上年增加 0.33 个百分点，但低于全国水平 0.47 个百分点。

### （二）需要关注的问题

1. 车险增速放缓明显，产险公司稳增长压力大

近三年来我省财产险公司保费增速不断下滑。主要原因是车险业务增速不断下降，由 27% 降至目前 18% 左右，其中，家庭自用车作为车险业务的主要保费来源，近三年承保数量虽仍保持较快增

长，但增速逐年下降[①]。车险业务的第二大保费来源营业货车承保数量在去年下降0.59%的基础上继续下降8.14%。从非车险看，企财险近年来保费规模变化不大，业务发展一定程度上陷入了瓶颈。工程险一方面受经济下行压力加大因素影响，另一方面据公司反映本省工程项目省外投保现象日益增多，目前呈大幅萎缩态势。责任保险目前来看承运人责任险等传统产品空间有限，环责险、医责险等新业务规模仍较小，拉动力量有限。总体来看，非车险未能形成稳定充足的业务增量，不足以弥补车险业务增速放缓带来的保费缺口，产险公司发展面临“青黄不接”的困境。

2. 寿险发展面临不确定性，持续增长有待考验

2015年人身险公司增速虽为“十二五”以来最快增速，但仍低于全国2.22个百分点。同时，全省22.75%的增速是建立在上一年8.6%增速的基础上，而全国24.97%的增速是建立在上一年18.15%增速的基础上，全省在基数较低的基础上增长仍慢于全国，发展形势仍较严峻。从行业内部看，保险业正处于转型升级期，全省部分人身险公司“银保”与“个代”两大渠道没有实现同步发展，存在“跛腿”现象，导致总体增速相对较慢。从行业外部看，寿险产品与其他金融理财产品相比同质化严重，市场竞争日益激烈。同时，寿险市场受资本市场的影响程度不断加深，在资本市场不确定因素较多的情况下，寿险业务发展的不确定性加大。

## 五、金融市场

### （一）货币市场及资本市场

1. 金融机构货币市场交易量大幅增长

2015年，贵州省内成员债券回购累计成交5.35万亿元，交易金额同比增长311.5%。现券交易累计达成4 425.5亿元，同比增长371.2%。同业拆借交易金额共计743.03亿元，较去年同期增加709.83亿元。货币市场交易量呈大幅增长态势。

2. 票据市场融资量涨跌不一

2015年，贵州省内金融机构银行承兑汇票累计签发额、年末余额分别为2 895.6亿元、1 336.3亿元，比去年略有下降，分别同比减少0.95%和6.96%；企业贴现累计办理额1 231.5亿元，贴现余额132.4亿元，分别同比增长42.6%和40.6%；商业承兑汇票累计发生额14.8亿元，余额23.2亿元，同比增长21.3%和31.1%；商业承兑汇票累计贴现342.1亿元，同比增长1.9%，贴现余额5.0亿元，同比减少10.1%。

3. 市场融资规模进一步扩大

2015年，贵州省直接融资额1 032.5亿元，同比增长99.2%。其中，全省21家企业通过银行间市场发行非金融企业债务融资工具融资413.5亿元，同比增长23.9%。全省7家上市公司申请通过增发、配股等方式融资，拟募集资金289亿元；11家“新三板”挂牌公司家通过增发融资，募集资金6亿元；区域性股权市场挂牌企业融资128亿元；28家公司制法人通过交易所债券市场融资300亿元。辖区证券经营机构通过资产管理计划、股权质押、发行企业债券等方式为企业实现融资金额800亿元。

① 近三年增速为31.05%、28.51%和26.46%。

4. 理财市场产品发行活跃

按统计，2015 年贵州省内银行业金融机构累计发行了封闭式银行理财产品 1 514 期，累计募集资金 334.6 亿元；存续开放式理财产品 242 期，余额 125.1 亿元。其中，地方法人机构共发行非资产池类封闭式理财产品 186 期，募集资金 144.79 亿元。

**表 1　　2015 年贵州省内银行业金融机构理财产品基本情况表**　　单位：亿元、期

| 统计项目 | 资产池类封闭式理财产品 | 非资产池类封闭式理财产品 | 合计 |
| --- | --- | --- | --- |
| 累计发放期数 | 1 068 | 446 | 1 514 |
| 累计募集金额 | 51.4 | 283.1 | 334.6 |
| 期末余额 | 75.4 | 49.7 | 125.1 |
| 存续期数 | 219 | 23 | 242 |

数据来源：各家存款类金融机构。

### （二）黄金市场及外汇市场

1. 黄金市场交易活跃，交易量持续增加

2015 年，省内黄金市场成员累计交易黄金 51 136.92kg，累计成交金额 121.85 亿元，同比增长 24.4%。从交易类型看，2015 年，贵州省银行业金融机构上海黄金交易所代理交易成交量和交易金额涨幅较大，分别增至 62.02% 和 61.48%；账户金交易量占比为 14.64%，交易金额占比为 14.49%；实物黄金交易量占比仅为 8.47%，交易金额占比 9.01%；黄金租赁交易量占比 11.61%，交易金额占比 11.42；黄金远期交易量占比 3.27%，交易金额占比 3.59%。

2. 外汇收支活跃程度有待进一步提高

2015 年，贵州省生产总值增速 10.7%，且连续 4 年居全国前三位，全省跨境收支增速为 5.3%，跨境收付总规模占生产总值比重 7.3%。从涉外经济变化的基本因素看，随着全球经济温和复苏，全省一般贸易进出口交易规模同比增长 11.6%；外商来华直接投资同比增长 31.7%。

3. 外汇收支平衡度有所下降

2015 年，全省跨境收支和结售汇顺差分别为 22.4 亿美元和 7.2 亿美元，占总额分别为 18.5% 和 12.9%。从结构上看，一般贸易和其他投资账户是外汇收支不平衡的主要因素；从主体层面看，市场主体加快收汇结汇、延缓购汇付汇，也是影响结售汇平衡的主要原因。

4. 跨境资金流动总体相对平稳

总体来说，结售汇差额较跨境收支差额波动更为频繁。第一季度，跨境资金净流入 2.2 亿美元，净结汇 2.8 亿美元；第二季度，本省重点出口行业受国际同业窗口期影响，第二季度集中收汇，跨境资金净流入和净结汇一增一减，分别为 5.7 亿美元和 0.7 亿美元；第三、第四季度受国际钢铁行业价格调整影响，进口付汇大幅增长，净流入随之下降。

## 六、金融基础设施建设

### （一）支付结算体系

1. 资金交易规模逐步增长，非现金支付业务量稳步增长

2015 年，贵州省共办理非现金支付业务 136 237.91 万笔，金额 239 689.75 亿元，同比分别增长

32.47%和26.72%。其中，票据业务645.35万笔，金额39 317.93亿元，分别占非现金支付工具业务量的0.47%和16.40%，占比同比分别下降0.35个和0.8个百分点；银行卡业务127 288.00万笔，金额62 935.43亿元，分别占非现金支付工具业务量的93.43%和26.26%，占比同比分别下降0.19个和3.54个百分点；贷记转账、直接借记、托收承付和国内信用证等结算方式业务8 304.56万笔，金额137 436.39亿元，分别占非现金支付工具业务量的6.10%和57.34%。

2. 支付系统稳定运行，支付系统业务量平稳增长

2015年，全省银行机构通过支付系统共处理支付业务85 674.58万笔，金额312 118.86亿元，笔数同比增长19.20%，金额同比下降66.24%。支付系统资金流动量为73 878.27万笔，金额604 074.49亿元，笔数同比增长35.80%，金额同比下降47.60%，其中资金流入33 040.84万笔，金额321 299.92亿元，笔数同比增长18.57%，金额同比下降48.37%；资金流出40 837.43万笔，金额282 774.57亿元，笔数同比增长53.89%，金额同比下降46.70%；总体看资金净流入38 525.36亿元。

3. 存款账户实名制全面落实，地区间银行结算账户净增幅度存在明显差距

2015年，一是全面完成了存量个人银行存款账户相关身份信息真实性核实的现场验收工作。全省17家银行的148个网点，178 806户个人账户的身份信息的核实情况进行了现场验收。二是完成银行机构加入账户系统相关工作和银行结算账户账号批量变更、账号批量迁移工作。维护人民币银行结算账户业务系统安全稳定运行。三是建立与贵州省高级人民法院的点对点网络集中查询账户机制，保证了账户工作有序进行。四是地区账户净增幅度差距明显。2015年，贵州省共有各类银行结算账户106 089 393户，同比增长16.69%，银行结算账户净增3 731 271户。其中：贵阳市净增1 121 329户；遵义市净增492 417户；六盘水市净增281 377户；凯里市净增372 782户；都匀市净增501 617户；铜仁市净增283 870户；安顺市净增163 283户；毕节市净增298 169户；兴义市净增216 427户。

4. 农村支付环境建设工作获得突破，农村地区资金的利用效率提高

2015年，全省共有2 584个涉农银行机构网点接入了现代化支付系统，覆盖率达82.78%。农民工银行卡特色服务的范围进一步延伸，受理范围扩大到所有农村信用社及邮政储蓄银行网点，业务量稳步增长，截至2015年11月，累计为农民工办理取款12.30亿元，交易量150.26万笔，居全国前列。

### （二）征信系统

1. 进一步推动小微机构接入征信系统，扩大信贷市场的覆盖面

一是持续推动两类机构接入征信系统，2015年，共有26家小贷公司和40家担保公司的完成接入培训，并建立征信制度。截至2015年末，共有14家两类机构通过省级平台或互联网实现数据报送和查询。二是完成16家村镇银行接入征信系统初审工作，辅导辖内7家村镇银行进行系统开发、测试验收工作。其中，部分村镇银行已实现数据上报和查询。三是继续做好征信系统非接口程序开发和贵阳市公积金中心个人征信系统接口报送程序开发，目前已进行测试验收。

2. 应收账款融资服务平台和中征动产融资统一登记平台推广应用，中小企业融资环境改善

2015年，人民银行贵阳中支进一步推动应收账款融资服务平台应用。同时继续开展对中征动产融资统一登记平台的宣传和常用户审核，截至2015年末，平台注册用户1 062户，通过审核用户756户，占注册用户的71.2%；通过平台实现成交342笔，成交金额488.97亿元，其中2015年新增310

笔，成交金额443.42亿元，新增开通动产融资登记平台常用户30户。

3. 规范窗口服务，切实维护信息主体合法权益

2015年，全省人民银行共受理个人信用报告查询36.64万户，比去年全年增长93%，其中收费查询3.45万户，收费金额共计86.22万元；企业信用报告查询1.32万户；电话和现场咨询3 000余次。同时通过异议处理子系统查看异议处理情况，督促辖内金融机构配合进行异议核查、处理，及时在征信管理救济子系统中录入相关信息。全年，全省人民银行系统共受理并解决96位信息主体异议，3位信息主体非银信息异议，协助处理省外人民银行系统受理的21位信息主体的异议，1位信息主体声明，7位信息主体投诉。

4. 加强监管和培育，有效促进征信市场有序规范发展

一是进一步规范征信机构备案管理。认真开展申请备案机构要件审核及现场核查。目前，已获备案的法人企业征信机构共3家，外地企业征信分支机构1家，4家企业征信代理机构（贵阳、六盘水、安顺和遵义绿盾），实现了全省征信机构备案全覆盖。二是对辖内征信机构开展检查和对征信机构高管人员进行约谈，实现对征信机构相关业务的经常、审慎、有效监管，并结合贵州实际，制定了《贵州省征信业务现场检查操作规程》。三是不断促进征信机构业务规范发展。组织辖内征信机构相关人员进行培训；为企业征信机构更换了统一的，印有备案实际意义的提示字样；征信机构在营业点放置投诉标示牌，健全征信机构的投诉规范。

### （三）反洗钱

1. 进一步完善分类监管

贵州省通过细化指标、规范流程、分级考核、综合评级、分类监管，进一步提升了考核的系统性和科学性。在考核评级的基础上划分风险等级，采取了差别化的监管措施实施分类监管。2015年共对辖内687家银行、证券、保险、期货、信托等各类金融机构的反洗钱工作进行了考核评级，覆盖面达100%；对92家金融机构进行了约谈、走访、书面质询，督促其增强反洗钱风险防范能力；对19家金融机构开展了现场检查，并对3家银行机构及高管依法实施了行政处罚，共处罚金63万元。同时，加强对新兴的支付行业反洗钱监管，防范出现监管“空档”。

2. 依法开展调查

建立可疑交易线索研判机制，对金融机构上报的可疑交易线索进行分析排查。2015年，共接收可疑线索29条，涉及金额88.84亿元，组织开展反洗钱行政调查24次，涉及银行账户5 890个，金额33.05亿元。以洗钱案件侦破为突破口，推动洗钱案件的调查和起诉工作，向反洗钱监测分析中心上报可疑线索2条，涉及金额17.16亿元，经中心筛查全部向公安部移送，其中1条关联案件已破案。向贵州省安全厅、公安厅移送重点可疑交易线索8条，涉及金额18.02亿元，其中1条涉嫌虚开增值税发票的案件线索已上报公安部，并作为贵州省首例涉嫌洗钱案侦查终结，正在移送检察院审查起诉。建立洗钱类型分析报告机制。通过收集可疑交易报告和行政调查涉嫌犯罪类型分布数据，提高其可疑交易甄别能力，防范洗钱风险。

3. 创新合作方式，搭建合作平台

一是以打击恐怖融资为重点，建立长效协作机制。2015年，人民银行贵阳中支与贵州省国家安全厅签署了《洗钱和恐怖融资案件线索协作备忘录》，对相关案件线索的协作调查制定了统一规范的工作标准和程序，全力配合打击恐怖、分裂等涉及国家安全的融资活动。二是按照“安全保密、规

范运行”的原则，搭建了“反洗钱信息网络平台”，建立了人民银行与各金融机构之间情报快速传递机制，提高工作效率。三是开发建立了“贵州省反洗钱监管信息管理系统”，实现了非现场监管档案电子化管理，畅通金融机构报表报告的网络报送渠道，降低监管成本。

### （四）金融消费权益保护

1. 规范工作流程，积极受理与处理辖内金融消费者咨询投诉

贵州省出台相关制度，规范金融消费者投诉相关工作流程。2015 年度，全省人民银行系统共受理与处理金融消费者投诉 159 件、同比增长 40.7%、办结率为 100%，咨询 1 176 件、同比增长 44.5%，其中，贵阳中心支行投诉 87 件、同比增长 64.2%，咨询 897 件、同比增长 111.1%，其中，12363 电话投诉 84 件、同比增长 121.1%，咨询 889 件、同比增长 122.8%，有效防范和化解了金融机构与金融消费者之间因纠纷所产生的不稳定因素，保护了金融消费者的合法权益。

2. 组织开展专项检查

贵州省明确金融消费权益保护检查重点，建立人民银行系统内部上下联动的处置机制，将监管回访与专项检查相结合，开展“回头看”检查，督促金融机构各项整改措施的进一步落实。2015 年，全省人民银行系统成立专项检查组 59 个，参与检查人数达 240 人，共检查 10 家银行业金融机构，93 家营业网点。

3. 构建普惠金融指标体系，大力发展普惠金融

贵州省以县（市）为单位采集普惠金融指标体系 2014 年年度数据，为分析、评价普惠金融发展情况奠定了基础。以开展普惠金融指标体系建设试点工作与创建普惠金融示范县为抓手，针对赤水市林业资源丰富的县域特点，探索搭建农村资源融资信息管理系统，实现信用体系建设与林权抵押贷款有效对接，建立了“林权服务中心”、“林权流转中心”和“森林资产评估机构”等机制和平台，明确了林权抵押、登记、评估、流转等基础程序，为林权抵押贷款业务的全面开展奠定基础。

## 七、总体评估

### （一）总体评估

总体来看，在全国经济新常态下，2015 年贵州省经济增速保持平稳较快增长，继续高于全国、西部平均水平，排位稳定靠前。但由于国际形势复杂多变，国内经济下行压力增大，区域经济对金融稳定的贡献度有所下降，主要表现为：主要经济指标增速回落明显，重点传统行业如煤炭、电力、卷烟等持续低迷，新增企业后备缺乏，新兴产业规模不足，规模以上工业企业融资困难等。

2015 年，从贵州省金融稳定综合评价值来看，区域金融处于基本稳定状态。金融业持续深化改革，发展稳中有进、稳中向好。银行业金融机构总体运行平稳，存贷款规模持续增长，净利润增速放缓，资产质量总体稳定。证券业保持稳健发展，证券公司创新意识显著增强，盈利模式不断转型，上市公司整体经营状况良好，融资规模逐步扩大。保险业保持较快发展，保险机构及从业人员规模稳步增长，保险业务结构调整不断优化，保险主体主动参与创新社会管理，服务能力进一步增强。金融生态环境持续改善，法制环境调查综合得分有所提高，征信数据库覆盖率逐步增加，社会信用体系更加完善。

**（二）政策建议**

1. 挖掘内需潜力，保持经济稳定快速增长

一是继续强化基础设施投资，推进交通、水利、城建及电网等投资，设立政府性产业投资基金，推动产业园区提质升级，同时扩大保障性住房、农村危房改造等民生工程投资。二是创新拓宽投融资渠道，争取中央新增补助以及国家引导基金支持。三是进一步提高直接融资比重。多策并举促进居民消费，扩大旅游、住房、汽车、养老、用电等消费。

2. 加大力度推进供给侧结构性改革，确保产业转型升级

一是大力推进工业转型升级，统一建立产业转型升级项目库，引进社会资本，同时严格执行国家产业政策和能耗、环保、质量、安全等标准，淘汰一批落后产能，清理处置一批“僵尸企业”。二是进一步出台支持产业转型升级的激励政策，落实结构性减税等政策，工业类财政专项资金主要采取基金投入使用方式，引导企业、社会资本和金融资本加大技改投入，制定降低企业成本实施方案，实行涉企收费目录清单管理。三是大力培育新的经济增长点，大力发展现代山地特色高效农业，以山地旅游业为重点的服务业，以及现代金融、研发设计、商贸会展等生产性服务业和家政、养老、康体、社区服务等生活性服务业。

3. 加大重点领域的金融支持，推动金融创新

一是重点做好脱贫攻坚、“三农”领域和新型城镇化的金融服务工作，加大对教育医疗、健康养老、电子科技及电商物流等新增长点的金融支持。二是保障重点企业合理融资需求，支持兼并重组，鼓励金融机构创新小微企业金融产品和服务，有效提高金融服务水平。三是推进绿色金融发展，开展绿色金融供应链融资，引导金融资源流向体现信息化、服务化、绿色化的产业。

4. 完善地方金融体系，防范各类金融风险

一是进一步提升扩大金融服务覆盖面，优化机构网点结构布局，完善金融组织机构体系，继续推进金融服务空白点的覆盖工作。二是推进地方金融改革，进一步深化银行改革，继续推动农村信用社改制，继续增设和规范村镇银行，加强法人证券公司改革创新，加大上市公司的培育力度，同时加快保险业机构业务调整，创新产品和服务，完善地方金融体系。三是进一步加大金融运行的监测和分析，并对存贷比过高、不良贷款比率上升、流动性较差的地方法人银行机构进行风险预警，同时逐步增大对证券业、保险业及非银行业的监测力度，确保全省金融系统安全、平稳运行。

总　　纂：戴季宁
统　　稿：邓承红　刘利红
执　　笔：陈　義　陈红宇　刘　璐　潘佳键
其他参与写作人员：袁　燕　季忠艳　韦相虹　於康平　岳晶晶
周富玲　封明川　刘　爽　洪　涛　张　龙
薛　飞　李　茜　白　捷　谭咏梅

# 云南省金融稳定评估报告摘要

2015年，面对错综复杂的国内外经济金融环境和艰巨的发展改革稳定任务，云南省坚持统筹稳增长、调结构、促改革、惠民生各项措施应对严峻的经济下行压力，尽管仍然存在一些问题和困难，总体仍然呈现经济平稳发展、民生不断改善、社会和谐稳定的良好局面，为云南省金融稳健运行提供良好基础。金融业主动适应经济发展新常态，组织体系持续完善，行业规模稳步扩张，服务实体经济和社会发展的能力不断增强，坚守不发生系统性区域性风险的底线，在改革创新中总体平稳有序发展，但经济发展积累的深层次矛盾导致金融运行的潜在风险逐渐显现，一些影响金融业发展的长期问题仍然存在，风险防范压力日益加大。金融基础设施建设继续稳步推进，金融生态环境持续优化，为金融业稳健运行提供重要保障。

## 一、区域经济

### （一）宏观经济运行

1. 经济运行稳中有升，产业结构继续优化

2015年，云南省地区生产总值总额13 717.88亿元，同比增长8.7%，较上年提高0.6个百分点，高于全国增速1.8个百分点，增速全国第9；人均GDP 29 015元，同比增长8.1%。第一产业增加值2 055.71亿元，增长5.9%；第二产业增加值5 492.76亿元，增长8.6%；第三产业增加值6 169.41亿元，增长9.6%。三次产业结构比重分别为15:40:45，较上年的产业结构比重15.5:41.2:43.3继续优化，第三产业比重继续提升，增加1.7个百分点，经济由工业主导向服务业主导转变（见图1）。

2. 投资和消费增速持续回升，进出口降幅持续扩大

2015年，云南省固定资产投资增速稳步回升，固定资产投资（不含农户）完成13 069.39亿元，同比增长18.0%；投资结构进一步优化，三次产业投资结构比重分别为3.8:24.1:72.1；民间投资、工业投资增速及到位资金均有所回升，民间投资完成5 612.73亿元，同比增长8.4%，较上年回升7个百分点，工业投资完成3 145.19亿元，同比增长12.8%，较上年回升15.6个百分点，到位资金11 346.65亿元，同比增长15.3%，较上年回升7.7个百分点。社会消费品零售总额稳步回升，完成5 103.15亿元，同比增长10.2%；城镇实现消费品零售额4 405.81亿元，同比增长9.9%，农村消费潜力释放加快，实现零售额697.34亿元，同比增长11.8%。受大宗商品价格持续低位震荡下行，主要原材料购进价格持续回落影响，云南省进出口增速逐季下滑，出口下滑态势更为明显，进出口总额245.27亿美元，同比下降17.2%，其中，出口166.26亿美元，同比下降11.5%；进口79.01

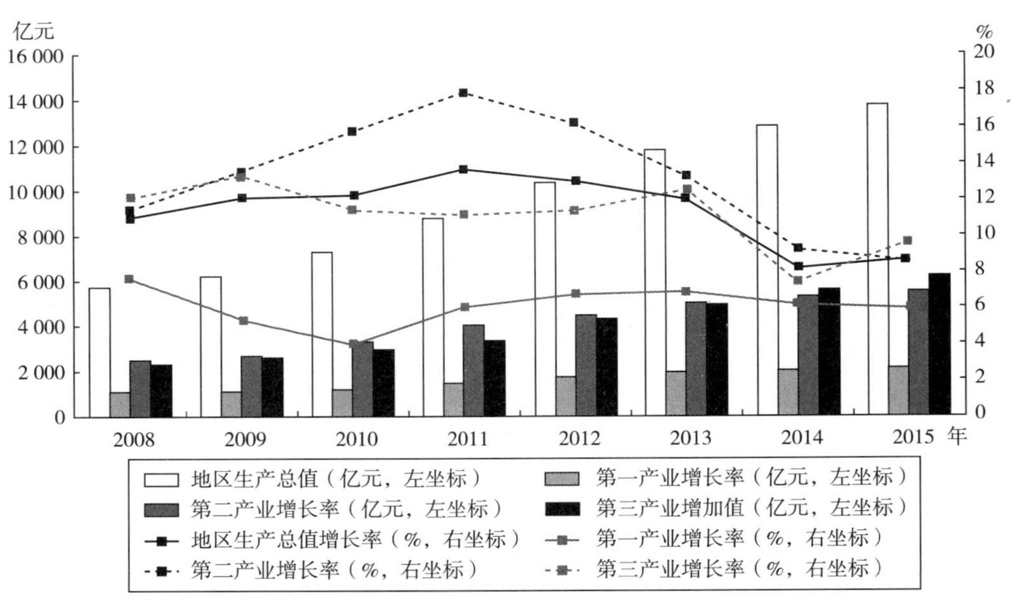


数据来源：云南省统计局。

**图1 2007—2014 年云南省经济增长情况**

亿美元，同比下降 30.4%（见图 2）。

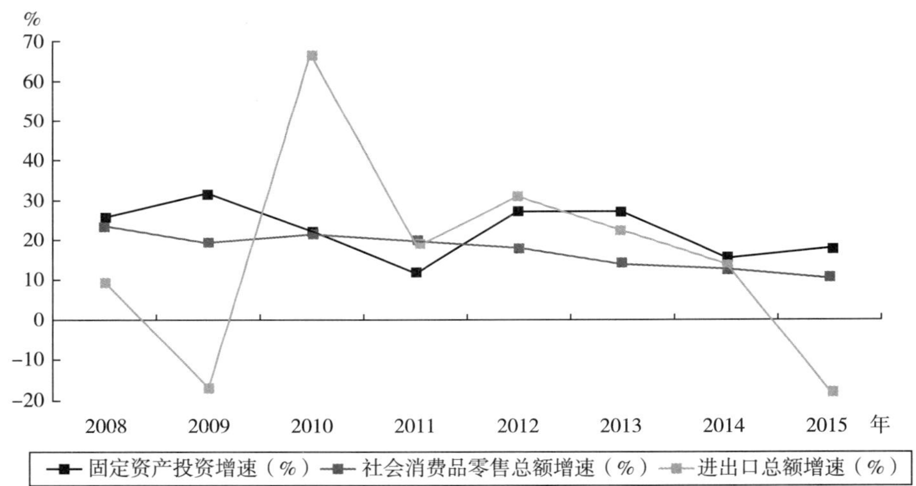


数据来源：云南省统计局。

**图2 2008—2015 年云南省投资、消费、进出口增长情况**

3. 财政收支平稳增长，物价水平总体稳定

2015 年，云南省公共财政预算收入增速呈逐步小幅回升态势，从年初的 −8.6% 回升至 6.5%，公共财政预算收入 1 808.14 亿元，同比增长 6.5%，其中，税收收入 1 210.54 亿元，同比下降 1.8%；非税收入 597.61 亿元，同比增长 28.6%。财政支出 4 712.90 亿元，同比增长 6.2%，较上年回落 2.1 个百分点，六大重点领域支出占公共财政支出的 73.7%。稳定物价成效明显，CPI 为 101.9%，较上年回落 0.5 个点；工业品出厂价格指数 94.9%，较上年回落 2.9 个点，原材料（燃料动力）购进价格指数

96.9%，较上年回落2.1个点，农业生产资料价格指数101.1%，较上年增加2.7个点。

### （二）宏观经济稳健性评估

面对复杂多变国内外经济金融环境和艰巨繁重的发展改革稳定任务，云南省出台一系列政策措施加快推进经济结构调整和发展方式转变，强化经济运行调节，经济保持平稳运行。但经济下行和产业转型升级压力仍然较大，部分企业生产经营困难，稳增长、调结构任务比较艰巨。

1. 工业生产形势严峻，产能过剩亟待化解

受国内外工业品市场需求疲软和大宗商品价格大幅下降影响，云南省工业生产持续低迷，工业产品价格屡创新低，2015年前11月，工业生产者出厂价格累计下降4.9%，连续45个月下降，PMI49.5%，仍低于生产荣枯线。产能过剩的局面尚未改变，制造业过剩产能呈现行业面广、绝对过剩程度高、持续时间长等特点，尚无价格止跌和市场出清迹象，大量信贷资源固化于产能过剩企业，增加产业和信贷结构调整难度。

2. 企业经营亏损面扩大，省属企业财务风险凸显

截至2015年11月，云南省规模以上工业主营业务收入8 702.23亿元，同比下降2.7%；利润428.21亿元，同比下降5.4%；企业亏损面达34.8%，较上年提高5个百分点；亏损企业亏损252.5亿元，同比增长32.1%。国有控股企业工业效益大幅下降，国有控股企业亏损面达41.5%；亏损企业亏损额达168.52亿元，同比增长47.2%。省属企业资产规模大，投资期限长，回报率低，资产负债率高，盈利水平普遍不高，部分省属企业前期盲目投资扩张，投资坏账损失大，少数企业生产经营活动的净现金流无法满足正常运营，新增融资困难，资金链紧张情况凸显，财务风险不断攀升。

3. 房地产去库存压力较大，部分企业资金紧张

2015年，云南省房地产下行压力未出现明显改善，对保持投资及经济稳定增长造成一定挑战。房地产在建项目1601个，同比下降6.2%；停工项目356个，同比增加45.9%。商品房待售面积1948.59万平方米，同比增长36.6%，较上年提高14.4个百分点，按销售面积测算，库存消化周期为7.43个月，较上年延长2.07个月，过多的存量积压致使房地产企业资金无法及时回笼，增加了企业的债务风险及融资成本。房地产开发企业到位资金2850.09亿元，同比下降2.3%，其中，非银行金融机构贷款同比下降17.0%，筹资能力下降，融资渠道收窄。

## 二、银行业

### （一）银行业运行

1. 资产负债规模平稳增长，机构体系进一步健全

2015年，云南省银行业总资产33 333.72亿元，同比增长13.87%，较上年增加4.74个百分点；总负债32 220.58亿元，同比增长14.43%，较上年增加5.69个百分点。组织体系继续完善，年内新成立1家农村商业银行、8家村镇银行、2家财务公司，基本满足各层次的金融服务需求。地方法人金融机构数量和市场份额继续上升，地方法人金融机构资产同比增长19.46%，高于银行业资产增速5.59个百分点，地方法人银行业金融机构资产占比34.34%，较年初提高1.61个百分点。农村信用社改制试点逐步启动，第一家农村商业银行改制成功正式营业（见图3）。

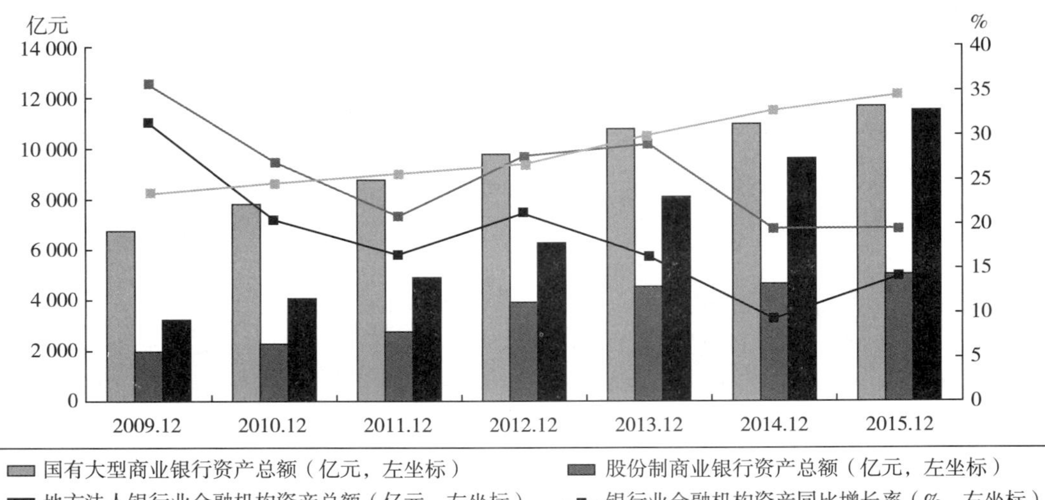


数据来源：中国银行业监督管理委员会云南监管局。

**图3　2009—2015 年云南省银行业金融机构资产变化图**

2. 存款增速有所回升，贷款保持强劲增长

2015 年，云南省存款增长放缓趋势有所缓解，本外币各项存款余额 25 204. 56 亿元，同比增长 11. 27%，较上年回升 3. 11 个百分点。在各项存款增量月度间变化方面，人民币存款环比折年率波动现象仍然存在，但大幅波动趋势有所放缓，波动幅度明显小于以往同期水平。在经济下行压力加大、存款增速放缓等不利环境下，贷款仍然保持强劲增长，较好地满足了稳增长、调结构的贷款需求，本外币各项贷款余额 21 243. 17 亿元，同比增长 15. 65%，较上年末回升 1. 76 个百分点。从期限看，中长期贷款增长较快，均维持月度两位数以上增速，较年初新增 1 549. 06 亿元，在各项新增贷款中的占比达 60. 28%，短期贷款较年初新增 463. 11 亿元（见图 4）。

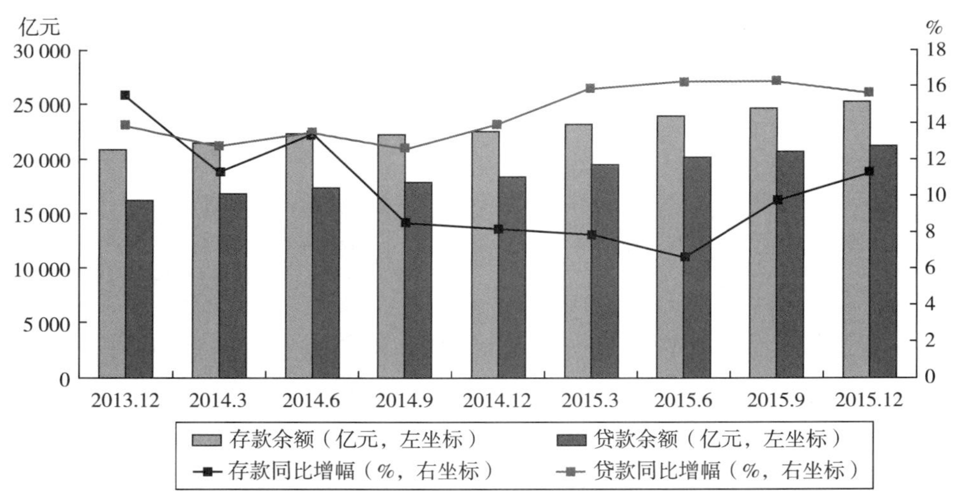


数据来源：中国人民银行昆明中心支行。

**图4　2015 年云南省银行业金融机构存贷款变化情况**

3. 不良贷款持续反弹，拨备整体较为充足

2015 年，云南省银行业资产质量有所下降，不良贷款主要指标出现双升。不良贷款余额 459.14 亿元，较年初新增 241.91 亿元；不良贷款率 2.16%，较年初提高 1 个百分点。不良贷款反弹压力主要集中于国有大型商业银行和农村金融机构，两者新增不良贷款合计占新增不良贷款的 76.8%。受不良贷款上升影响，各项资产减值指标也受到一定影响，但总体仍较为充足。累计计提各项资产减值损失准备 737.62 亿元，较年初增加 215.75 亿元；拨备覆盖率 156.22%，较年初下降 73.41 百分点，地方法人金融机构拨备覆盖率为 173.51%，较年初下降 51.24 个百分点；贷款拨备率 3.37%，较年初提高 0.7 个百分点（见图 5）。

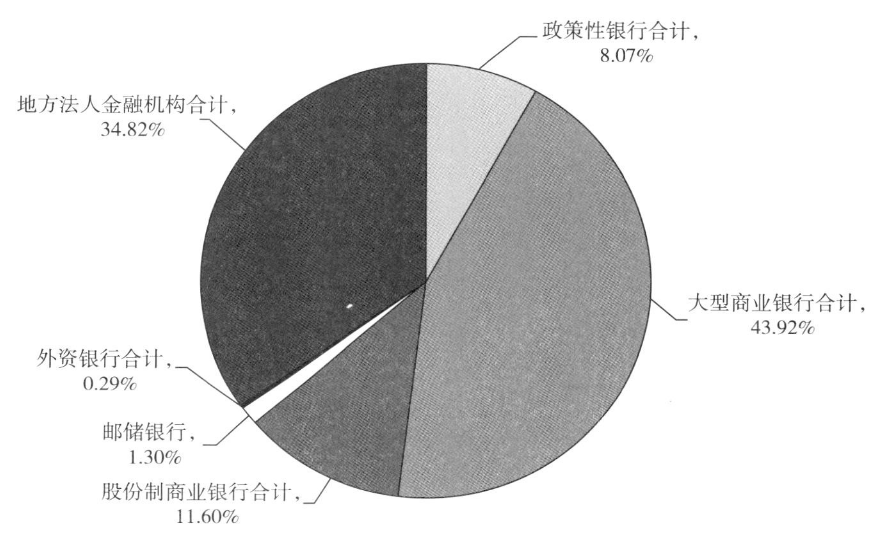


数据来源：中国银行业监督管理委员会云南监管局。

**图 5　2015 年云南省金融机构不良贷款构成**

4. 经营效益下降，盈利指标放缓

2015 年，随着年内多次降息以及利率市场化逐步推进，银行存贷款利差收窄，对云南省银行业经营效益冲击较大，不良贷款上升大量计提资产减值损失准备也侵蚀银行利润，经营效益出现下滑，盈利指标增速有所回落。云南省银行业实现利息收入 2 456.08 亿元，同比增长 0.54%，较上年大幅下滑 10.53 个百分点；净息差 3.54%，较上年下降 0.47 个百分点；实现中间业务收入 136.44 亿元，中间业务收入占比 12.66%，较上年提高 0.66 个百分点；净利润合计为 258.4 亿元，同比下降 39.69%；资产利润率（税前经营）1.97%，较上年回落 0.39 个百分点；成本收入比 31.63%，较上年回落 0.66 个百分点。

### （二）银行业稳健性评估

2015 年，云南省银行业主动适应经济新常态，认真贯彻落实国家货币政策和各项宏观调控政策，积极应对经济结构转型升级、经济下行压力增大和利率市场化带来的挑战，转变增长方式，强化风险管理，主要运营指标保持良好，服务实体经济和社会发展能力不断提升，总体呈现稳健运行态势，但部分行业、领域风险逐步显现，风险防范能力和可持续发展能力有待进一步提高。

1. 存款增长乏力，对信贷投放形成一定制约

2015 年，云南省保持存款稳定增长难度大，存款增长乏力，一方面在金融持续创新和互联网金融崛起背景下，居民投资渠道增加引发资产配置结构变化，部分存款流出寻求更高收益的投资领域，住户存款持续低水平增长，有 6 个月出现环比负增长；另一方面，受经济增速放缓、企业资金面趋紧等因素影响，非金融企业存款环比增长处于低位。非金融企业存款和住户存款增长的持续低迷，导致存款增幅低于贷款增幅 2.39 个百分点。未来存款增长形势仍不容乐观，可能会对信贷投放形成一定约束。

2. 部分企业信贷风险逐步显现，不良贷款风险有所扩散

在世界经济深度调整、国内经济“三期叠加”和大宗商品期货价格持续下降背景下，云南以资源型产业为主的企业生产经营出现一定困难，经营效益持续下滑，导致资金压力凸显，部分企业出现还贷困难、停产、倒闭，贷款逾期和欠息情况增加，导致银行不良贷款上升，局部风险隐患逐渐显现。银行资产质量风险防范压力加大，年内新形成不良贷款 383.79 亿元，新形成不良贷款率 1.92%，不良贷款余额增加 241.91 亿元；不良贷款率提高 1 个百分点，不良贷款分布在机构、区域、行业持续扩散，同时，关注类贷款也大幅增长，余额 1531.49 亿元，较年初增加 820.47 亿元。随着经济下行压力的持续和产业转型升级的推进，存量关注类贷款潜在风险加速暴露，不良贷款还存在进一步扩散的可能。

3. 社会金融风险传染性增强，案件防控形势更趋复杂

民间融资风险出现向正规金融体系传导的苗头，少数企业套取成本较低的信贷资金挪用进行民间融资获取高利率回报，极易形成风险并可能波及银行体系，一些组织“倒贷”、“过桥”活动日渐频繁，极易形成风险并波及银行体系并增加处置风险和救助企业的难度。联保互保、交叉形成融资担保圈尤其是钢贸行业风险有所扩散。金融机构在日常经营和管理也处于案件和操作风险的多发期，银行内部人员涉及违规操作风险加大，影响银行稳健经营。

## 三、证券业

### （一）证券业运行

1. 市场服务能力明显提高，市场规模日益扩大

2015 年，云南省共有 151 家证券经营机构（2 家法人证券公司、10 家分公司、138 家证券营业部、1 家证券投资咨询公司）、26 家期货经营机构（2 家期货公司、24 家期货营业部），年内新增 4 家证券分公司、11 家证券营业部、3 家期货营业部，经营网点辐射范围进一步扩大，实现州市全覆盖，市场服务能力明显提高。证券市场累计总成交金额 42 885.43 亿元，同比增长 174.92%，新增 A 股证券账户开户数 73.21 万户，同比增长 33.66%，累计 A 股证券账户开户数达 290.76 万户。期货账户累计开户数 27 229 户，其中法人客户 718 户，代理交易额 1 300.55 亿元，其中金融期货交易额 125.24 亿元，商品期货交易额 1 175.31 亿元。

2. 法人证券期货经营机构快速发展，创新发展步伐加快

法人证券期货经营机构实力不断提升，2 家证券公司和 2 家期货公司资本充足，盈利状况总体良好，特色优势继续保持并有所发展，2 家证券公司总资产 491.72 亿元、净资产 186.26 亿元，分别同

比增长103.52%、48.89%，实现营业收入44亿元，同比增长85.61%，资产利润率7.08%，较上年提高0.29个百分点；2家期货公司总资产11.61亿元、净资产4.13亿元，分别同比增长2.52%、38.59%。太平洋证券发行次级债补充净资本30.3亿元，红塔证券增资扩股增加净资本45.58亿元，净资本分别达72.45亿元和84.52亿元，2家公司分类评价均为A类A级，自创新发展政策推开以来，两家公司获批16项新的业务牌照或资格，服务功能进一步完善。

3. 资本市场参与度不断提高，融资方式日益多样化

2015年，云南省共有30家上市公司，其中主板20家，中小企业板9家，创业板1家，上市公司数量居西部第6位，还有12家拟上市公司，其中过会待发1家，正在审核4家，辅导备案7家。"新三板"挂牌公司达到55家，数量位居西部第5位，挂牌公司行业涵盖软件信息、先进制造业、环保等领域，具有比较鲜明的创业、创新和成长性特征，还有9家公司挂牌在审，82家拟挂牌公司，拟挂牌公司以民营企业为主，占比92.4%。融资渠道更加多元，融资规模显著扩大。一是IPO和再融资创新高，完成融资总额242.01亿元，其中新增IPO公司1家，融资3.55亿元，9家上市公司实施再融资238.46亿元，同比增长204%。二是债券和资产证券化产品融资规模增长迅速，17家企业通过发行公司债、中小企业私募债、并购重组私募债、资产证券化产品融资292亿元，同比增长1405%。三是"新三板"融资方式日益多样化，21家挂牌公司完成融资11.05亿元，其中股票发行融资4.27亿元，公司债融资1.1亿元，股权质押融资5.58亿元。

### （二）证券业稳健性评估

2015年，云南省资本市场结构渐趋合理，直接融资比重有所提高，企业上市取得突破，多层次资本市场创新试点逐步推进，支持实体经济发展的力度进一步增大，总体呈现出健康、规范、高效的良性发展局面，但还存在一些结构性、区域性问题，需进一步深化改革，增强风险管理能力。

1. 上市公司整体结构不合理，经营面临一定困难

云南省上市公司主要集中在有色金属、化工、生物医药、房地产等传统行业，旅游文化、生物医药等优势资源资本化程度仍然很低，具有成长性、创新型的高技术企业较少，创业板企业仅有1家，上市公司的整体结构需进一步优化。在经济下行压力持续加大背景下，传统行业公司存在前期扩张过快、产能严重过剩、需求持续萎缩等问题，整体经营面临较大压力，部分上市公司生产经营甚至出现一定困难，转型升级难度较大，传统板块上市公司盈利能力受较大影响，部分上市公司主营业务出现大幅亏损，5家盈利能力较好的生物医药类上市公司收入、利润增速较上年同期也出现一定程度放缓。

2. 证券期货中介机构竞争力不强，私募基金风险苗头有所显现

云南省证券期货经营机构整体规模偏小，经营单一化、服务同质化，业务转型与创新效果不明显，竞争力不突出，专业功能远未有效发挥，风险管理水平不高，未充分体现地域优势，大量承销保荐业务被异地券商占据。营业网点地域分布不均，网点集中于昆明，不利于培育参与资本市场的意识。期货市场的基础薄弱，整体规模小，市场认知度和参与度不足，有色金属、橡胶等原材料基地的优势没有充分体现，相关企业未有效利用期货市场组织生产和管理风险。部分私募基金日常管理和运作不规范，存在变相公开募集、违规代持、"名股实债"等违法违规行为，甚至涉嫌非法集资的可能，隐含较大的风险隐患。同时，云南私募基金自然人投资者比例较高，尤其是股权投资基金的投资者多为自然人，而股权投资基金主要投向实体经济项目，对投资者的风险识别能力、风险承

受能力要求较高，以自然人为主的投资者结构可能蕴含一定风险。

## 四、保险业

### （一）保险业运行

1. 市场体系不断健全，资产规模大幅增长

2015 年，云南省共有保险公司主体 36 家（其中 1 家法人机构），年内新增 2 家省级分公司。财产险公司共有 24 家，人身险公司共 12 家。中支及以下分支机构 2 766 家，新增 96 家，实现机构县域全覆盖；专业中介 63 家，其中法人机构 35 家；兼业代理机构 6 284 家；保险从业人员达 10.71 万人，保险市场主体多元化，机构人员不断壮大，服务领域不断拓宽。保险业资产总额 661.41 亿元，较年初增加 89.75 亿元，同比增长 15.7%，较上年提高 3.04 个百分点。其中，财产险公司总资产 118.96 亿元，同比增长 42.05%；人身险公司总资产 542.45 亿元，同比增长 11.18%。

2. 保费收入保持平稳增长，结构调整有所深化

2015 年，云南省保费收入 434.6 亿元，同比增长 15.59%，较上年下降 1.62 个百分点，保费规模居全国第 21 位，西部地区第 4 位。其中，财产险公司保费收入 216.95 亿元，同比增长 13.89%；人身险公司保费收入 217.65 亿元，同比增长 17.33%。保险密度为 916.53 元/人，同比增长 14.91%；保险深度为 3.17%，较上年提高 0.24 个百分点。

3. 保障功能有效发挥，积极参与社会辅助管理

2015 年，云南省保险业各项赔款与给付支出合计 173.23 亿元，同比增长 14.81%，提供超过 18 万亿元的风险保障。其中，产险公司保费支出增速持续回落，保费支出 109.41 亿元，同比增长 11.55%，较上年回落 3.94 个百分点；寿险公司保费支出 63.82 亿元，同比增长 20.88%，较上年回落 14.05 个百分点。在 14 个州市承办 24 个城乡居民大病保险项目，总覆盖人群 3 121.65万人，占参加城乡基本医保总人数的 79%；健康险实现保费收入 45.89 亿元，同比增长 24.52%。保险资金运用取得新进展，新增落地金额 170 亿元，支持城市综合、交通投资等重点项目建设（见图 6）。

4. 多项改革稳步推进，创新驱动力提升

2015 年，云南省大力发展高原特色农业保险，畜牧、茶叶等 20 类高原特色农业开展农业保险试点，农业保险累计实现保费收入 11.95 亿元，累计支付保险赔款 6.49 亿元，116.56 万农户（次）直接受益。在大理州开办农房地震保险试点，为 82.43 万户农房和 345 万居民提供地震保险保障，并为昌宁县地震受影响农户赔付。启动人口较少民族保险保障项目，为 77.1 万人口较少民族购买人身意外伤害保险，为人口较少民族聚居的 395 个村购买农房保险。开展小额贷款保证保险试点，支持优质小微企业、农村生产经营合作组织获得信用贷款，帮助缓解个人、企业融资难问题。

### （二）保险业稳健性评估

2015 年，云南保险业整体运行平稳、有序，各项业务健康发展，保费收支稳定增长，风险补偿功能有效发挥，但长期发展积累的潜在行业风险需要重点关注，需主动适应经济新常态，推进转型升级，实现可持续发展。

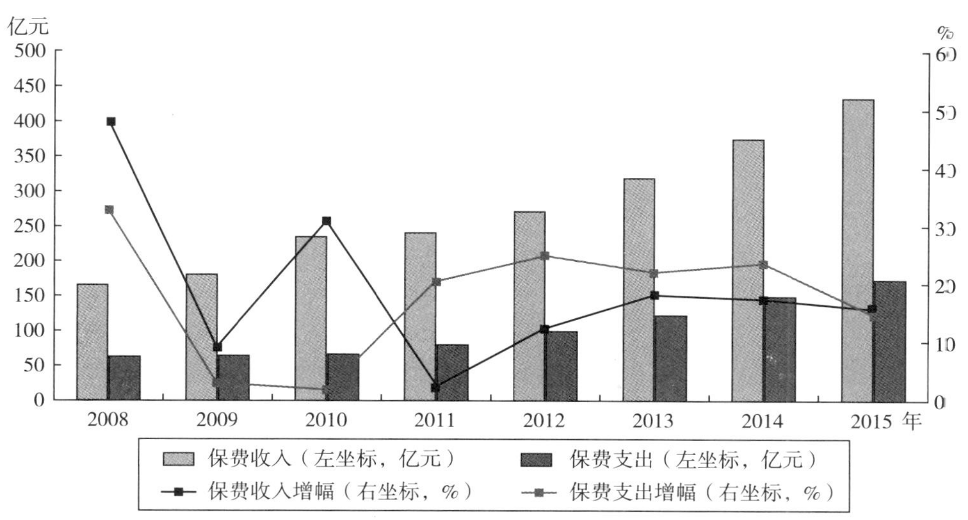


数据来源：中国保险监督管理委员会云南监管局。

**图 6　2008—2015 年云南省保费收入和支出情况**

1. 退保风险有所增加，寿险满期给付压力大

受市场流动性趋紧、经济下行压力等因素影响，以分红险为主的部分投资性产品收益低于预期，以及前期部分销售误导埋下的风险隐患逐步显现，云南省寿险退保风险有所增加，2015 年，寿险公司退保率为 5.44%，较上年提高了 0.19 个百分点，退保金 16.77 亿元，同比增长 18.28%。退保资金支出持续增加，给寿险公司现金流和稳定经营能力带来一定压力。2016 年是云南省寿险满期给付的高峰期，寿险公司满期给付压力加大。同时，在一些高收益理财产品和资本市场回暖的影响下，消费者的收益预期较以往明显上升，寿险公司现金流和兑付服务的压力将进一步增大。

2. 行业创新能力有待增强，市场环境仍需改善

当前，云南省保险业务主要以传统业务为主，服务领域有限，保险行业服务转变经济发展方式的能力和方式方法有待提高，多样化、个性化的产品服务有待完善。销售误导和理赔难等问题仍不同程度存在，消费者保护需进一步加强；精算、管理、法律、小语种等专业性人才储备不足，促进和保障保险业发展的政策环境、法律环境、信用环境等仍需进一步改善。

## 五、社会金融活动

### （一）社会金融活动运行

2015 年，云南省共有小额贷款公司 545 家，注册资本金 278.6 亿元，分别较上年减少 7 家和 4.03 亿元。共有股权投资类企业 479 家，其中，基金管理公司 392 家，注册资本 64.2 亿元，分别较上年增加 35 家和 12.4 亿元；基金公司 123 家，基金规模 413.2 亿元，分别较上年增加 49 家和 39.64 亿元。培育要素交易机构 19 家，民间资本管理公司 82 家，民间融资登记服务机构 73 家，金融服务公司 3 家，互联网金融企业 35 家，其他机构 2 家，年内新增 39 家资本管理公司、10 家融资登记服务机构、25 家互联网金融企业。

### （二）社会金融活动稳健性评估

受经济下行压力持续加大影响，云南省民营类金融组织快速发展态势出现拐点，经营利润持续下滑，资产质量恶化开始显现，问题机构数量明显上升，年内有15家小贷公司退市，较上年增加4家。年内有6家股权投资企业退市。民间融资风险不断暴露，民间融资引发的风险主要来自要素交易机构、小贷公司和民间融资登记服务机构等组织，在监管规则不明细、监管不到位的前提下，个别组织背离了中介服务性质，对融入公众资金监管不力，甚至自身也成为融资方进行资金运作追逐高额利益，随着互联网应用和互联网支付的不断普及，一旦引发风险，往往涉及金额较大，参与人群较多，造成的影响较大。

## 六、金融基础设施

### （一）金融基础设施运行

1. 支付清算设施不断完善，信用体系建设稳步推进

2015年，云南省各类支付清算系统安全稳定运行，业务量快速增长，二代支付系统稳步推进，26家金融机构实现在支付系统的“一点接入，一点清算”；新增刷卡无障碍示范街14条；惠农支付业务实现有需求行政村全覆盖并向自然村延伸；组织临沧、怒江、文山新设15个跨境金融便民服务点，开辟沿边居民小额贸易结算新渠道；成为全国首个NRA账户放开存取款功能试点省，解决替代种植产业支付结算难题。社会信用体系建设稳步推进，征信系统风险防范作用有效发挥；建立昆明市银税联动奖惩机制，将个人和企业地税欠税信息载入金融信用信息基础数据库；深入开展农村信用体系建设，在华坪县、洱源县、开远市建设新农户信用信息系统；楚雄小微企业信用体系建设试点持续推进；信用评级市场规范发展，小额贷款公司评级实现零突破。

2. 反洗钱成效显著，深入开展反假货币行动

云南省加强对金融机构和高风险行业、业务的反洗钱监管力度，提高反洗钱监管的针对性和有效性，开展反洗钱案件调查，及时发掘、移送洗钱、恐怖融资犯罪线索，依法配合纪检监察、公安等部门开展涉腐、涉毒等反洗钱案件协查，严防藏区分裂融资活动。开展打击假币犯罪专项集中整治行动，收缴假人民币20.58万张（枚），金额1 710.97万元，假币收缴额同比下降21.45%；构建跨境人民币反假合作云南模式，跨出国境举办人民币反假活动；完善假币动态监测，警银互动最大限度的压缩假币生存空间，减少假币对社会的危害，保护货币持有人的合法权益。

3. 存款保险制度平稳实施，各项工作有序推进

2015年5月1日，存款保险制度正式施行。存款保险制度对于更好地保护存款人的利益，进一步完善金融安全网，建立金融稳定的长效机制，促进银行业健康发展，提高银行业的发展水平和竞争力，提升银行业服务实体经济的水平，都具有十分重要的意义。存款保险制度组织实施各项工作扎实有序推进，顺利完成投保手续办理及保费交纳工作，严格办理云南省178家机构投保手续和计算保费，确保2015年保费按时、足额交纳；做好存款保险宣传引导与政策解释，加强舆情和风险监测，防止出现误读、曲解存款保险制度等负面舆情产生不良影响，存款保险条例实施以来，云南省各方反应积极正面，大中小银行存款格局保持稳定，银行业经营秩序正常。

### （二）金融基础设施稳健性评估

2015 年，云南省金融基础设施建设继续稳步推进，支付体系建设不断完善，征信和社会信用体系建设规范发展，反洗钱和反假货币工作深入推进，存款保险制度平稳推出和顺利实施，金融服务和管理水平全面提高，有力保障了金融体系的稳健运行，但也还面临一些问题，金融基础设施软、硬件建设仍需进一步加强。一是农村地区支付服务环境仍有待进一步改善，创新支付结算宣传效果仍有待进一步提升。二是民间融资行为发展迅速，但因各方面原因多未接入金融信用信息基础数据库，无法利用征信防范信用风险，存在较大的经营风险。三是云南省涉毒、涉恐和涉腐反洗钱工作形势日趋复杂严峻，对新型各类金融组织反洗钱监管有效性仍有待提升。

## 七、稳定评估

### （一）定量评估

运用区域金融稳定定量评估模型对 2015 年云南省区域金融稳定状况进行定量评估，基于评价指标的可比性和可获得性，从宏观经济运行、银行业、证券业、保险业和金融生态环境五个方面选取了 26 个量化指标对云南金融稳定状况进行量化评价。从定量评估的结果来看，2015 年，云南省金融稳定状况综合得分为 79.86 分，较上年提高 2.9 分，属于“B 类地区较好地区 +”。从具体指标变动来看，地区生产总值增长率等 12 项指标较上年有所改善，银行核心资本充足率等 5 项指标基本与上年持平，银行不良贷款率等 9 项指标较上年有所下降。从分项指标看，宏观经济运行方面，经济增速、第三产业增加值、固定资产投资企稳回升，房价逐步企稳，物价和就业水平总体保持稳定，宏观经济运行得分较上年提高 5.63 分；银行业方面，受不良贷款快速反弹导致资产质量下滑，核心资本充足率等指标保持稳定，得分较上年下降 3.64 分；证券业方面，盈利持续回升，证券公司净资本补充力度大，得分较上年大幅提高 22.54 分；保险业方面，寿险公司退保率和应收保费率有所上升，得分较上年下降 6.67 分；金融生态环境方面，银行服务密度和征信数据库覆盖率继续改善，得分较上年提高 3.02 分（见图 7）。

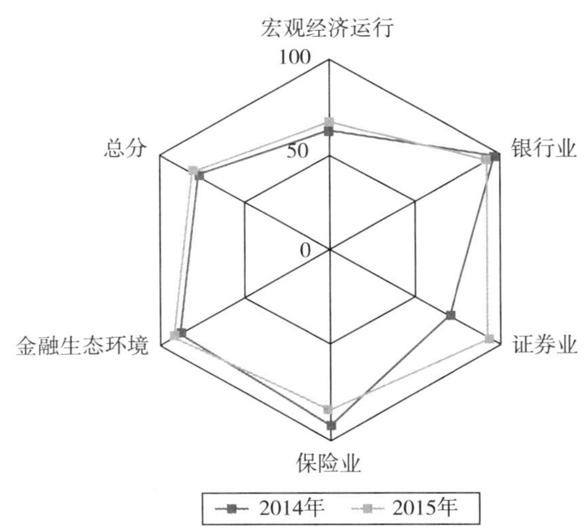


图 7　2014 年和 2015 年云南省金融稳定定量评估情况

### （二）总体评估

2015 年，面对错综复杂的国内外经济金融环境和经济下行压力加大严峻形势，云南省坚持统筹稳增长、调结构、促改革、惠民生各项措施，推动经济社会总体平稳发展，并保持经济稳中有进、进中有好的良好态势，为金融稳定提供良好的经济基础；金融业总体运行平稳，金融机构组织体系不断健全，资产负债规模持续扩张，改革创新继续深入，支持经济稳增长和产业转型升级能力日益突出，为经济社会平稳发展发挥了重要作用；金融基础设施日益完善，金融生态环境持续优化。但云南省产业转型升级慢，部分企业生产经营形式严峻，企业亏损面持续扩大，稳增长、调结构任务仍然较为艰巨。同时，经济发展积累的深层次矛盾在金融运行中逐渐显现，存款和经济效益增长持续放缓，信贷资产质量风险防范压力日益加大，民间融资风险不断暴露，社会金融风险传染性增强，部分上市公司持续经营能力弱，私募基金风险隐患显现，交易场所清理整顿进展缓慢，寿险满期给付和退保压力加大，市场环境有待进一步改善；金融基础设施软、硬件建设仍有待进一步加强。总体来看，云南省经济金融运行过程中尽管存在一些问题和困难，但仍然呈现经济平稳发展、民生不断改善、社会和谐稳定的良好局面，金融业在改革创新中平稳运行，区域金融运行继续保持稳定。

总　　纂：杨小平　段会全
统　　稿：李宇专　李　晟
执　　笔：杨百昕　汪　洋
其他参与写作人员：毛　颖　许黎华　李　捷　李晋彪　吴明辉
罗　喆　张　琦　张　靖　胡维金　黄　琨
黄连慧　雷一忠　雷　波　穆海韬

# 西藏自治区金融稳定报告摘要

2015年，西藏自治区不断加大投资力度，扩大消费需求，强化产业支撑，促进居民增收，经济运行总体平稳。在良好的区域经济环境下，金融业稳健运行。但随着国内外经济金融形势的不断变化以及西藏经济结构调整的逐步推进，潜在的金融风险点和问题值得关注。

## 一、区域经济运行与金融稳定

2015年是“十二五”的收官之年，西藏自治区贯彻执行中央宏观经济政策，坚持稳中求进工作总基调，主动适应经济发展新常态，保持了经济持续快速健康发展的良好态势。

### （一）区域经济运行情况

1. 经济持续快速增长，产业结构持续优化

2015年，西藏地区生产总值1 026.39亿元，同比增长11.00%，增速提高1.40个百分点。其中，第一、第二、第三产业增加值分别为96.89亿元、376.19亿元、553.31亿元，分别增长3.90%、15.70%、8.90%，分别占地区生产总值的比重为9.44%、36.70%、53.90%，产业结构持续优化（见图1）。

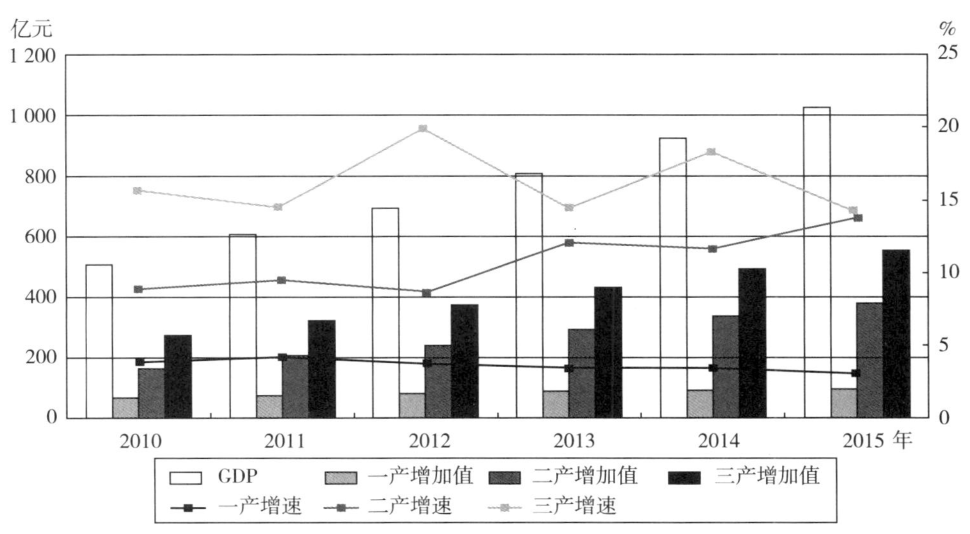


**图1 2010—2015年GDP及三产增加值**

2. 投资、消费和净出口等三大需求总体平稳，受“4.25”地震影响进出口贸易大幅下降

2015 年，西藏固定资产投资 1 342.16 亿元，同比增长 19.90%，较同期全国平均水平高出 10.10 个百分点。社会消费品零售总额实现 408.08 亿元，同比增长 12.00%。西藏进出口贸易总额为 56.55 亿元，同比下降 59.20%。其中出口额为 36.23 亿元，同比下降 71.90%；进口额为 20.32 亿元，同比增长 1.14 倍；贸易顺差 15.81 亿元（见图 2）。

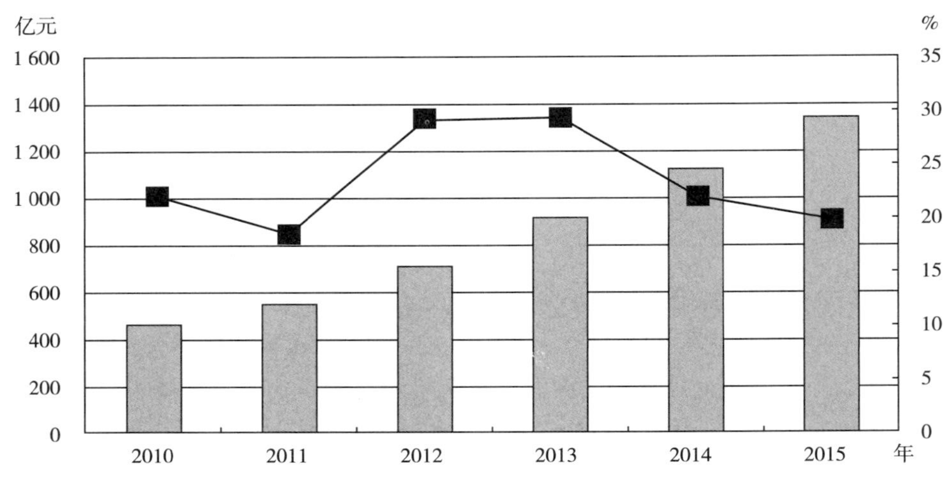


**图 2　2010—2015 年固定资产投资及增速变化情况**

3. 财政收支持续上涨，收支不平衡现象较为突出

2015 年，西藏财政收入 175.83 亿元，同比增长 7.80%。其中，公共财政预算收入 137.13 亿元，同比增长 10.40%；各项税收 91.82 亿元，同比增长 6.90%。财政支出 1 427.41 亿元，同比增长 15.30%，其中，公共财政预算支出 1 383.93 亿元，同比增长 16.70%；一般公共服务支出 220.02 亿元，同比增长 34.10%。

4. 居民收入稳步提高，物价水平总体稳定

2015 年，西藏城镇居民人均可支配收入 25 457 元，同比增长 15.60%；农村居民人均可支配收入 8 244 元，同比增长 12.00%。2015 年，全年居民消费价格较上年上涨 2.00%，创下了自 2010 年以来的物价涨幅新低。

5. 金融撬动作用明显增强，社会融资规模快速增长

2015 年，西藏金融业增加值 69.79 亿元，占第三产业增加值的 12.61%。社会融资规模 793.90 亿元，同比增长 7.39%。其中，人民币贷款新增 501.60 亿元，占 63.18%；信托贷款新增 232.19 亿元，占 29.25%；委托贷款新增 21.82 亿元，占 2.75%；企业债券融资新增 12.00 亿元，占 1.51%；非金融企业境内股票新增融资 17.28 亿元，占 2.18%。

### （二）区域经济运行中值得关注的问题

从整体上看，西藏经济发展的初级性、依赖性、粗放性特征仍然明显，需求结构、供给结构、收入结构不合理问题依然突出，投资需求大、供给能力弱、创收渠道窄，尚未形成较强的自我财富创造能力。一是西藏经济长期依靠投资拉动的格局尚未改变，消费、出口对于经济的拉动作用显著不足。投资主要投向基础设施建设项目，投资的边际效用递减，导致整体效益递减态势不可逆转，

经济持续增长的压力较大；二是西藏财政自给能力不足，财政收支不平衡，财政支出远大于财政收入，经济发展过度依赖中央财政转移支付的现象较为突出（见图3）。

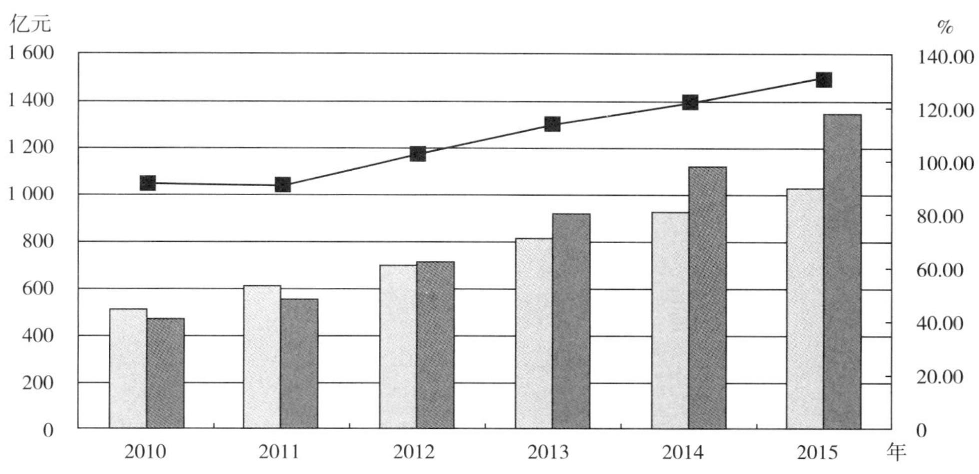


**图3　2010—2015年地区生产总值及固定资产投资变化情况**

## 二、金融业与金融稳定

### （一）银行业与金融稳定

2015年，西藏银行业金融机构继续认真贯彻落实西藏特殊优惠金融政策，主动推进改革创新，改善金融服务，严格风险管理，银行业整体平稳健康运行。

1. 银行业发展概况

（1）银行业机构不断增加，组织体系不断完善

2015年，西藏新设立了西藏金融租赁公司、中信银行拉萨分行，浦发银行拉萨分行已获批筹建，各项工作顺利推进。截至2015年末，西藏银行业金融机构达13家，各级机构总数667个，银行业组织体系不断完善。

（2）资产负债规模稳步扩大，盈利能力显著提高

截至2015年末，西藏银行业金融机构总资产4 051.71亿元，同比增长22.36%；总负债3 919.72亿元，同比增长21.95%。2015年，实现净利润79.25亿元，同比增长42.64%。

（3）各项存款平稳增长，各项贷款快速增长

截至2015年末，西藏金融机构本外币各项存款余额3 671.22亿元，同比增长18.81%。其中，单位存款余额3 016.40亿元，同比增长19.36%；个人存款余额654.17亿元，同比增长16.36%。各项贷款余额2 124.49亿元，同比增长31.19%。其中，中长期贷款余额1 619.93亿元，同比增长34.81%；票据融资余额128.46亿元，同比增长7.12%。

（4）不良贷款略有反弹，资产质量总体向好

截至2015年末，西藏银行业金融机构不良贷款余额为7.80亿元，比年初增加0.84亿元，仅占全国不良贷款余额的0.06%；不良贷款率0.37%，比年初下降0.06个百分点，低于全国不良贷款率

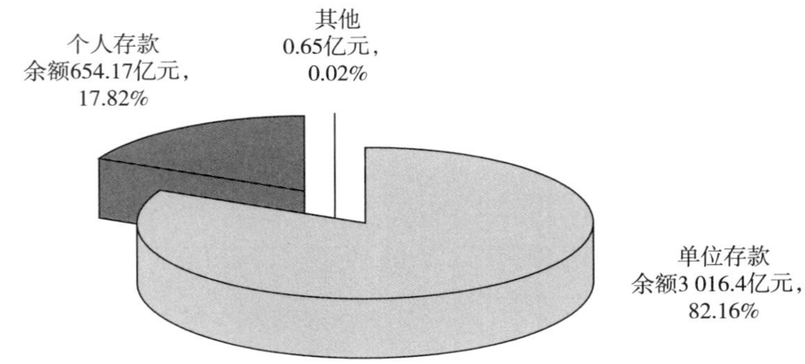


**图4　2015年存款占比情况**

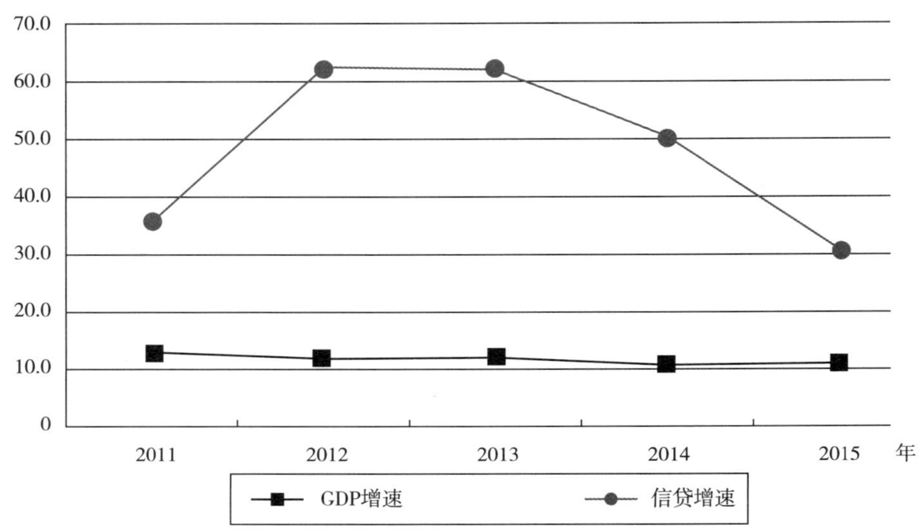


**图5　“十二五”期间地区生产总值增速及信贷增速变化对比图**

1.3个百分点。2015年，累计收回不良贷款2.47亿元。

（5）地方法人银行业机构发展迅速，经营状况良好

截至2015年末，西藏4家地方法人银行业机构资产总额471.71亿元，同比增长70.86%；负债总额395.87亿元，同比增长79.20%；资本净额78.54亿元，同比增长38.62%。本外币各项存款余额316.58亿元，同比增长44.41%；各项贷款余额252.48亿元，同比增长71.50%。2015年，累计实现净利润10.65亿元，增长31.48%。在地方法人银行业机构中，西藏信托有一笔不良贷款0.20亿元，其余机构无不良贷款。

2. 银行业值得关注的问题

（1）银行业机构稳健性有待进一步提高

根据人民银行拉萨中心支行对西藏银行业金融机构进行的稳健性定量评估显示，2015年西藏10家银行①稳健值平均分为60.14分，整体处于稳健区间。其中，2家低于50分，3家处于50~60分，

① 国开行西藏分行、农发行西藏分行、工行西藏分行、农行西藏分行、中行西藏分行、建行西藏分行、邮储银行西藏分行、西藏银行、林芝民生村镇银行、民生银行拉萨分行。

5 家为 60 ~ 80 分。具体来看，10 家参评机构在最大十家集团客户授信集中度、行业贷款集中度、存贷款增长均衡性、贷款投放节奏、风险管理人力保障程度等方面得分较低，稳健性有待进一步提高。

（2）存款过度依赖单位存款现象仍未改善

截至 2015 年末，西藏金融机构本外币单位存款余额占各项存款余额的 82.16%，同比上升 8.36 个百分点；新增单位存款占新增各项存款的 84.16%，同比上升 19.98 个百分点。银行业金融机构存款过分依赖单位存款，对个人存款吸收较少，不利于业务的长足发展。

（3）资产负债期限结构错配问题突出

截至 2015 年末，西藏中长期贷款余额占各项贷款余额的 76.25%，同比上升 2.05 个百分点；短期贷款余额仅占各项贷款余额的 15.69%，同比下降 2.71 个百分点。存款以短期为主，短存长贷的资产负债期限错配较为明显，易引发流动性风险。

（4）地方法人银行业机构授信集中度较高

截至 2015 年末，西藏银行单一行业授信集中度为 58.73%，单一客户授信集中度为 92.25%；西藏信托单一客户授信集中度为 47.48%，最大十家集团客户授信集中度为 100%；西藏金融租赁公司单一客户授信集中度为 27.34%，均超过或处于监管临界值上，风险较为突出。

### （二）证券期货业与金融稳定

2015 年，西藏资本市场运行平稳，证券期货市场主体进一步增多，盈利能力不断增强，上市公司再融资、并购重组得到有力推动。

1. 证券期货业发展概况

（1）证券业改革稳步推进，市场主体日益增多

截至 2015 年末，西藏有 2 家法人证券公司，2 家证券公司分公司，14 家证券公司营业部；1 家期货公司营业部；1 家公募基金管理机构，235 家登记备案的私募基金管理机构；11 家 A 股上市公司，1 家 H 股上市公司，1 家新三板挂牌公司，29 家拟挂牌上市公司及后备企业；11 家企业在川藏股权交易中心挂牌，6 家企业在上海股权托管交易中心挂牌。

（2）证券机构稳健经营，利润不断提高

2015 年，华林证券有限责任公司迁址西藏，西藏注册法人证券公司增至 2 家。截至 2015 年末，法人证券公司注册资本金为 26.80 亿元，同比增长 346.67%；全国营业网点 109 家，同比增长 113.73%；资产总额 288.52 亿元，同比增长 4.18 倍；负债总额 245.42 亿元，同比增长 4.57 倍。截至 2015 年末，客户交易结算资金余额 129.93 亿元，同比增长 4.64 倍。2015 年，实现营业收入 29.26 亿元，同比增长 2.78 倍；实现净利润 11.88 亿元，同比增长 4.63 倍。

2015 年，西藏新增 1 家证券分公司，6 家证券营业部。截至 2015 年末，证券分支机构客户交易结算资金余额 30.80 亿元，同比增长 6.42 倍。2015 年，实现营业收入 3.03 亿元，同比增长 19.2 倍；实现净利润 1.98 亿元，同比增长 3.30 倍。

（3）期货机构经营状况良好，基金管理机构增长迅速

截至 2015 年末，西藏期货营业部期货保证金余额 6.94 亿元。总客户 1 903 户，有效客户 1 273 户。2015 年，累计成交金额 38 640.97 亿元，交割金额 5.67 亿元。2015 年，西藏成立了泓德基金管理股份有限公司。截至 2015 年末，共管理公募基金 7 只，专户产品 7 只，管理规模为 229.37 亿元。截至 2015 年末，西藏登记备案的私募基金管理机构 235 家，同比增长 1.61 倍，管理资产规模

741.97 亿元。

（4）上市公司经营状况较好，利润进一步提高

2015 年，灵康药业在上海证券交易所成功上市，首发融资 7.61 亿元；西藏天路非公开发行 A 股募集资金 9.67 亿元；梅花生物和西藏城投成功发行公司债募集资金 39 亿元；2 家公司完成并购重组。截至 2015 年末，西藏 A 股上市公司总市值为 1407.61 亿元，同比增长 168.54%。截至 2015 年 9 月末，A 股上市公司营业收入 161.38 亿元，同比增长 17.00%；营业净利润 15.16 亿元，同比增长 47.00%；平均市净率 4.52 倍，同比增长 3.00%。

2. 证券期货业发展中值得关注的问题

（1）资本市场总体规模较小

西藏资本市场在经济结构中所占的比例还比较低，拉动经济发展的作用有限。上市公司平均股本、总资产、收入、利润以及每股收益等主要指标均明显低于全国水平。资本市场总体规模较小，在结合西藏独特的资源优势和区位优势方面涉及的深度和广度还不够，对西藏国民经济的带动作用依然有限。

（2）直接融资能力仍显不足

二十多年来，西藏 A 股上市公司累计融资 249 亿元，直接融资比率仍然很低，远小于银行贷款等间接融资方式，未能很好地利用资本市场将资源优势转化为资本优势。

（3）市场要素有待进一步完善

目前西藏还没有创业板上市公司、有证券从业资格的会计师事务所、律师事务所和资产评估机构，市场主体要素不齐备也在一定程度上制约了西藏资本市场的发展。

### （三）保险业与金融稳定

2015 年，西藏保险市场运行稳健，机构不断丰富，业务规模持续快速增长，经济补偿能力显著提高。

1. 保险业发展概况

（1）保险业机构不断增多，组织体系逐步完善

2015 年，西藏新增保险营销服务部 8 家。截至 2015 年末，共有各级保险机构 56 家，其中，省级分公司 7 家；各级保险分支机构 49 家。2015 年 8 月，西藏第一家法人保险机构珠峰财产保险股份有限公司获得批准筹建，另有一家寿险法人机构正在积极筹建中。

（2）保费收入不断增长，赔付能力进一步提升

2015 年，西藏保险市场实现原保险保费收入 17.36 亿元，同比增长 36.07%。其中财产险业务 11.14 亿元，同比增长 23.63%；寿险业务 3.50 亿元，同比增长 220.59%；健康险业务 1.25 亿元，同比增长 5.54%；意外险业务 1.47 亿元，同比下降 0.08%。累计赔付支出 8.05 亿元，同比增长 32.75%。其中，财产险业务赔款支出 5.82 亿元，同比增长 41.86%；人身险业务赔付支出 2.23 亿元，同比增长 13.70%。

（3）农业保险覆盖面继续扩大，保额进一步提高

2015 年，西藏农业保险通过提标扩面，降低保险费率，调整共保比例①等措施推进农业保险业

① 西藏自治区财政与人保公司保费分摊比例由原来的 7:3 调整为 6:4。

务深层发展，农业保险继续保持了74个县（区）全覆盖。同时，首次将大棚蔬菜、大棚主体、马铃薯均纳入农业保险范围，承保品种增至13个。另一方面，种植险保额每亩分别提高了90元至140元不等，牛从1 270元/头提高到4 000元/头，绵羊、山羊分别从135元/只、110元/只提高到300元/只，农房保险由10 000元/户、11 000元/户统一提高到12 000元/户。

2. 保险业发展中值得关注的问题

（1）保险业市场发展的基础较薄弱

由于受文化、地域、经济发展水平等综合因素的影响，占西藏人口80%以上的广大农牧民保险意识相对淡薄，很多农牧民仍然喜欢单纯依靠政府救济和投入，缺少风险分散和风险共担的意识，缺乏对保险这种风险防范手段和方式的认识。保险业市场发展的基础较薄弱，保险市场有待进一步培育。

（2）县域保险发展不足

截至2015年末，西藏县域及以下保险机构14个，仅占保险机构总数的四分之一，基层服务网点少给农牧区保险业务的开展带来不便。另一方面，截至2015年末，西藏现有协保员570名，仅占西藏保险从业人员数的18.69%，人均负责1.2个乡（镇）、9.4个自然村的农业保险服务工作，农牧区保险从业人员少，服务水平难以保障。

（3）西藏保险机构经营风险较大

西藏高寒缺氧、气候恶劣，生态环境脆弱，灾害种类多、范围广，干旱、地震、低温冷冻和雪灾、山体滑坡和泥石流等各类巨灾频繁发生，给西藏经济社会发展和人民生命财产带来严重影响，一定程度上增加了保险公司的经营风险。

### （四）影子银行机构与金融稳定

截至2015年末，西藏有担保公司16家，注册资本18.07亿元；小额贷款公司45家，注册资本21.62亿元；典当公司11家，注册资本1.80亿元。近年来，西藏辖区影子银行机构快速发展，业务范围不断扩大。但是由于受法制建设滞后、监管机制不健全等因素影响，影子银行机构公司治理薄弱、管理水平低下、监管不足等问题较为突出。特别是个别机构甚至涉及非法集资等非法金融和违法犯罪活动。截至2015年末，2家小贷公司涉嫌非法吸收公众存款，涉案金额达860万元[①]。因此，加强对影子银行机构的监管，规范业务经营活动显得刻不容缓。

## 三、金融基础设施与金融稳定

2015年，西藏金融基础设施建设工作有序推进，存款保险制度有效执行，维护区域金融稳定的手段不断丰富，金融生态环境继续向好，为金融业的稳健发展奠定了坚实基础。

### （一）《存款保险条例》顺利实施

2015年5月1日，我国《存款保险条例》正式实施。西藏辖区人民银行分支机构积极做好制度实施相关组织、宣传、监测、应对等工作。及时制定了应急联动响应、舆情处置、流动性风险处置

① 数据由西藏银监局提供。

预案，并通过举办培训、加强宣传等方式，普及存款保险知识。西藏银行、林芝民生村镇银行顺利加入存款保险体系。存款保险制度的顺利实施，进一步完善了辖区金融安全网，基本确立了市场化的金融风险防范和处置机制。

### （二）维护区域金融稳定的手段不断丰富

2015 年，西藏辖区人民银行分支机构深入开展“两管理、两综合”工作，形成了金融管理与服务长效工作机制。在开展开业管理、重大事项报告管理、综合执法检查、综合评价工作的同时，建立跟踪评估机制，支持新设和鼓励引进金融机构，进一步规范经营行为。通过稳健性现场评估、非现场评估、压力测试、专项评估等方式积极开展金融风险监测、分析评估工作，防范区域金融风险的手段进一步丰富。但是，人民银行分支机构履行金融稳定职能的抓手不够，手段不足，法定工具欠缺等问题仍然较为突出。

### （三）金融监管协调机制建设工作继续推动

近年来，为维护区域金融稳定，人民银行拉萨中心支行牵头组织开展了一系列金融监管协调机制建设工作，与金融监管机构签订了合作备忘录，构建风险防控会商机制，建立金融稳定联席会议制度，推动建立区域金融监管协调机制。推动西藏辖区中央与地方金融监管和风险防范处置责任界定工作。但是，受制于当前金融监管体制机制不尽完善，金融监管法律法规之间缺乏协调等因素影响，各参与主体积极性不高，合作机制松散，约束性不强，金融监管协调机制作用发挥有限。

### （四）支付清算体系建设渐趋完善

2015 年，辖内支付系统核心设施完成更新换代，支付系统共处理业务 283.63 万笔、24 622.8 亿元，同比分别增长 19.94% 和 –22.5%。截至 2015 年末，单位结算账户存量 5.42 万户，同比增长 21.1%；个人结算账户存量 472.75 万户，同比增长 17.7%。截至 2015 年末，全区累计设立助农取款服务点 3857 个，填补金融服务空白行政村 2 394 个。2015 年共办理非现金支付业务 9 613.13 万笔、17 420.33 亿元，同比分别增长 59.14% 和 –13.21%。拓展特约商户 13 790 家，布放 POS 机具 18 572台，电话支付终端 7 000 台，ATM 终端 1851 台。

### （五）征信体系建设进一步完善

截至 2015 年末，企业征信系统共收录企事业单位及其他经济组织 7 829 户，同比增长 4.5%；个人征信系统收录自然人约 126.8 万人，同比增长 13.5%。截至 2015 年末，西藏已评定信用乡（镇）472 个，信用村 4 409 个，信用农户 46.03 万户。完成了 11 家小额贷款公司和 2 家融资性担保公司的信用评级工作，实现了西藏自治区两类机构信用评级工作。

### （六）反洗钱、反假币工作有效开展

2015 年，辖区人民银行分支机构对 23 家金融机构进行了现场检查，接收重点可疑交易报告 29 份，开展案件协查 139 笔，为公安机关侦办“8.06”专案的立案、侦破提供金融情报支持。同时，将涉稳涉恐资金监测工作延伸至全区，并选定重点县域进行重点监测。截至 2015 年末，西藏建立了

反假货币宣传网络站（点）5 950 个，覆盖所有地市、县、乡镇及百人以上自然村，投放多功能小型验钞机 253 台。2015 年，累计收缴假币 76.29 万元，人民币流通环境进一步优化。

### （七）国库服务水平全面提升

2015 年，西藏国库加大县级 TIPS 推广力度，52 个代理县支库成功上线运行 TIPS，其中拉萨、林芝、昌都和阿里所辖县支库实现全面覆盖，其余地市所辖县代理支库推广上线比例达到 30%。全区通过横向联网系统收纳税收入 6.81 万笔，金额 112.96 亿元，同比增长 32.89%。实现惠民资金补贴从国库代理县支库直接拨付，提升了国库资金使用效率。

### （八）金融消费权益保护工作持续推进

2015 年，人民银行拉萨中心支行深入开展金融消费权益保护宣传教育，编印了藏汉双语金融消费权益保护知识宣传资料，强化对辖区金融机构开展金融消费权益保护工作的常态化监督，通过备案、跟踪督办、现场检查和非现场检查、事后评估等多种方式督促金融机构完善内控机制。2015 年，辖区人民银行共受理咨询投诉 143 起，同比增长 58.89%。其中，投诉 102 起、同比增长 65.52%，办结率 99.02%；咨询 41 起，同比增长 28.13%。

### （九）金融生态环境继续向好

2015 年，中央继续赋予西藏特殊优惠金融政策，金融业发展的政策环境持续向好。西藏经济金融法律法规不断完善，金融法制环境进一步改善，司法机关严厉打击金融犯罪行为，有效制裁违约失信行为，金融案件发案率较低，执结率较高，金融机构和金融消费者的合法权益得到有效保护。领导干部、社会公众的金融意识明显提升，运用金融推动经济发展、社会管理的能力进一步增强，金融管理部门、金融机构、社会公众等各类社会主体良性互动的金融环境逐步形成。同时，随着金融机构的快速增多和类金融业务的迅速发展，金融监管职责不明、监管有效性不高等问题日益突出。

## 四、总体评估与政策建议

### （一）总体评估

2015 年，西藏自治区全面贯彻落实中央第六次西藏工作座谈会精神，用好用足中央赋予西藏的特殊优惠金融政策，西藏经济平稳快速发展，金融业稳健运行。一方面，在中央的大力支持下，西藏经济发展的政策环境持续向好，地区生产总值保持了 11% 的增长速度，产业结构进一步优化，人民生活不断改善，特色经济快速发展，为西藏金融体系的稳健运行和快速发展奠定了良好的基础。另一方面，西藏金融业态进一步丰富，组织体系更加健全，金融规模持续扩大，各金融机构在风险可控的前提下实现了较好的发展，继续保持稳健经营态势。

从西藏经济金融稳定监测分析系统[①]对 2015 年四个季度辖区经济金融总体景气状况的监测情况来看，2015 年西藏经济金融总体运行平稳，但增速放缓，呈现出不景气状态。从合成指数[②]的变化情况来看，全年 CI 指数较低，且总体呈下降趋势，经济金融增长乏力；从扩散指数[③]的变化情况来看，全年 DI 指数在 27% 左右波动，且呈现下降趋势，经济金融总体景气状况处于不景气区间。总体来看，CI 指数和 DI 指数呈现出来的变动情况与西藏经济金融发展的季节规律基本适应。经济金融总体呈现出运行较弱和不景气的状况，与我国经济社会进入新常态，西藏经济结构调整，经济增速放缓，金融发展相应减速等原因有关。

从 2015 年西藏辖区人民银行分支机构对银行业金融机构的负债评估，票据融资业务专项评估、对个别证券营业部进行的业务风险评估、对部分保险分公司进行的专项现场评估情况来看，各被评估机构风险管理制度较为完善，业务风险较小，经营较为稳健。

总体来看，2015 年，西藏辖区金融体系总体运行稳健。

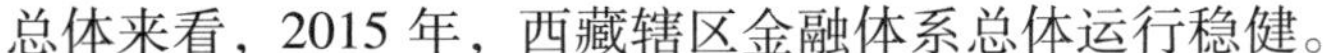

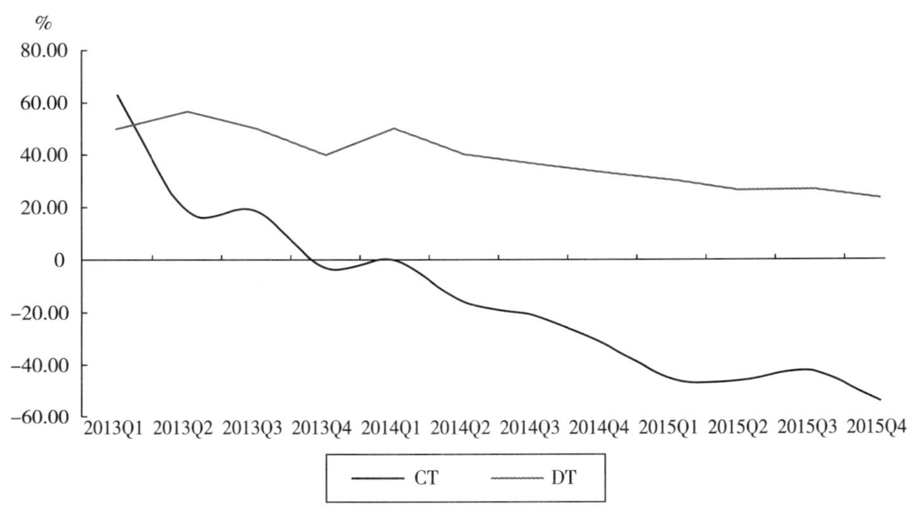


**图 6 西藏自治区经济金融景气 CI 和 DI 指数变动图**

## （二）政策建议

2016 年是“十三五”规划的开局之年，西藏自治区应认真贯彻落实中央第六次西藏工作座谈会和人民银行金融业支持西藏经济座谈会精神，大力实施“金融撬动”战略，推动金融改革发展，加强金融监管，防范金融风险，改善金融生态环境，促进西藏经济持续发展和社会长治久安。

---

① 2013 年，人民银行拉萨中心支行研究开发了“西藏自治区金融稳定监测分析系统”。该系统首先依据灰色关联分析方法，选取了第一产业增加值、第二产业增加值、第三产业增加值、固定资产投资总额、社会消费品零售总额、进出口总额、CPI、一般预算收入、一般预算支出、工业产品销售率、各项税收、发电量、储蓄存款、各项贷款余额、中长期贷款余额等 15 个具有代表性的经济金融指标建立西藏金融稳定监测分析指标体系；其次采用国际较流行的景气预警监测分析技术，构造 CI（合成指数）和 DI（扩散指数），构建出西藏经济金融稳定监测分析系统，按季监测并分析辖区经济金融总体景气状况。

② CI（composite index）即合成指数，表示经济金融运行状态。该指数以 0 值为分界线，0 值以下表明经济金融运行较弱，偏离 0 值越远显示经济金融运行越弱，反之，则表明经济金融运行较强，偏离 0 值越远显示经济金融运行越强。

③ DI（Diffusion Index）即扩散指数，表示经济金融运行景气状况。当 $0 \leq DI < 50$ 时，经济金融运行处于不景气区间，DI 越接近 0 表示经济金融越冷；当 $50 \leq DI \leq 100$ 时，经济金融运行处于景气区间，DI 越接近 100 表示经济金融越热，当 $DI = 50$ 时，表示经济金融运行处于正常状态。

1. 贯彻落实好特殊优惠金融政策，实现经济金融协调健康发展

西藏各金融机构要用好用足用活中央赋予西藏的特殊优惠金融政策，助推“金融撬动”战略全面实施，促进西藏经济结构转型升级，优化产业结构调整，实现投资、消费、出口平衡推动经济增长。结合实际，创新金融产品和服务，更好地满足实体经济差异化、个性化的投融资需求，提升金融服务水平和能力。进一步丰富金融业态，多渠道扩大金融资源投入，加大对基础设施、特色产业、新型城镇化、生态环保、“三农”、小微企业等重点领域和薄弱环节的金融支持力度，确保新增存款主要用于西藏经济社会发展，促进西藏经济自我造血能力提升，逐步改善经济发展过度依赖中央财政的模式，实现经济金融的协调健康发展。

2. 推动金融改革发展，培育和发展金融市场体系

继续支持新设金融机构，鼓励引进全国性金融机构在西藏设立分支机构，进一步完善和补充金融体系。鼓励金融机构在地市、县一级设立分支机构，将基层金融服务建设纳入基本公共服务范围。发展和完善多层次资本市场，支持企业通过股票市场、发行公司债、资产证券化等方式进行直接融资，提升直接融资比例。加快培育保险市场，不断提升农业保险保障水平，推进现代保险服务业发展。逐步建立功能齐全、健康稳定运行的金融市场体系。

3. 加强金融生态环境建设，营造良好的金融发展环境

进一步健全金融法律、法规，加大对非法集资等非法金融活动的打击力度。加强信用体系建设，健全信用信息评价与信用机制，大力惩治失信行为。加强金融知识的宣传普及，提高市场主体金融素养和风险识别能力，维护金融消费者合法权益。加强金融基础设施建设，完善支付清算体系，推广非现金支付工具，促进普惠金融发展。推动依法行政，形成金融业健康发展的良好环境。

4. 做好金融风险防控工作，维护区域金融稳定

增强对辖区经济金融发展的研判能力，完善金融风险监测与预警机制，全面实施存款保险制度，防范区域性金融风险。加强对重点领域和行业的风险监测力度，拓宽发现金融违法违规线索的渠道，积极处置风险事件。进一步明确中央与地方金融监管职责划分和风险处置责任界定，加强对影子银行机构和类金融业务的监管。推动建立金融监管协调机制，促进信息共享与监管合作，共同防范金融风险。积极研究推动金融监管体制机制改革，丰富履行维护金融稳定职能的法定工具，维护区域金融稳定。

总　　纂：张　伟
审　　核：尼玛潘多　罗布参旦
统　　稿：冯　兰
执　　笔：冯　兰　玉　珍　扎西坚才　李恒烨
其他参与写作人员：巴桑顿珠　杜虹霖　李　亮　刘伟兵　刘永红
唐光明　唐　平　王明月　夏　君　肖　筱
姚中玉　永勤拉姆

# 陕西省金融稳定报告摘要

2015年，陕西省金融业继续保持较好发展态势，金融运行总体稳健，社会融资规模稳步增长，金融生态环境和基础设施建设继续加强。但在经济增速持续放缓，资源能源价格大幅下跌的背景下，实体经济风险开始向金融体系传导，部分领域和地区风险有所显现。

## 一、区域经济发展与金融稳定

### （一）区域经济发展概况

1. 经济增长稳步回升，产业结构调整持续推进

2015年在国际能源价格下跌造成经济增速大幅回落的背景下，陕西省实施了一系列稳增长政策措施，保证了经济运行稳中有进、稳中向好的态势。全省实现地区生产总值18 171.86亿元，同比增长8%，高于全国水平1.1个百分点。第一、第二、第三产业分别实现增加值1 597.63亿元、9 360.30亿元和7 213.93亿元，分别增长5.1%、7.3和9.6%。第三产业对经济增长的贡献率达到43.1%，较2014年提高10.4个百分点，由工业主导向服务业主导转型的趋势更加明显。消费增速全年增长11.1%，高于固定资产投资3.1个百分点。非能源工业增加值增长13%，增速高于能源工业11.5个百分点，高技术产业增加值占规模以上工业增加值的比重达到9.7%。产业结构的优化有助于经济长期增长，为地区金融业稳健运行提供了较好外部环境（见图1）。

2. 财政收入增速回落，民生保障水平不断提升

2015年陕西省实现财政总收入3 300亿元，其中地方财政收入2 059.87亿元，同比增长12.1%，较上年下降1.5个百分点。城镇常住居民人均可支配收入2 6420元，较上年增长8.4%；农村常住居民人均可支配收入8 689元，比上年增长9.5%，收入比由2014年的3.07:1缩小至3.04:1。各市农村居民人均可支配收入和城镇居民人均可支配收入均呈现持续增长态势，但增速同比放缓。在财政收入增速放缓的同时，陕西省仍坚持加大民生投入，地区民生保障水平不断提升。2015年财政支出4 375.53亿元，同比增长10.4%。其中，民生支出3 582.13亿元，占支出总额的81.9%，实现了新增财力和财政支出的80%用于民生发展的“两个80%目标”。

3. 供给侧改革渐进，新旧动力有序转换

一是“去产能”逐步推进。2015年陕西省六大高耗能行业累计实现工业增加值同比增长7.2%，增速连续三年回落，非能源产业增长13%；高新技术产业增长25.9%，高于规模以上工业增速18.9个百分点，文化产业增加值占全省生产总值比重达到3.7%，旅游总收入达到3 005.8亿元，建筑业增加值达到全省生产总值的9.8%。二是房地产市场“去库存”进入实质性阶段。2015年末，全省

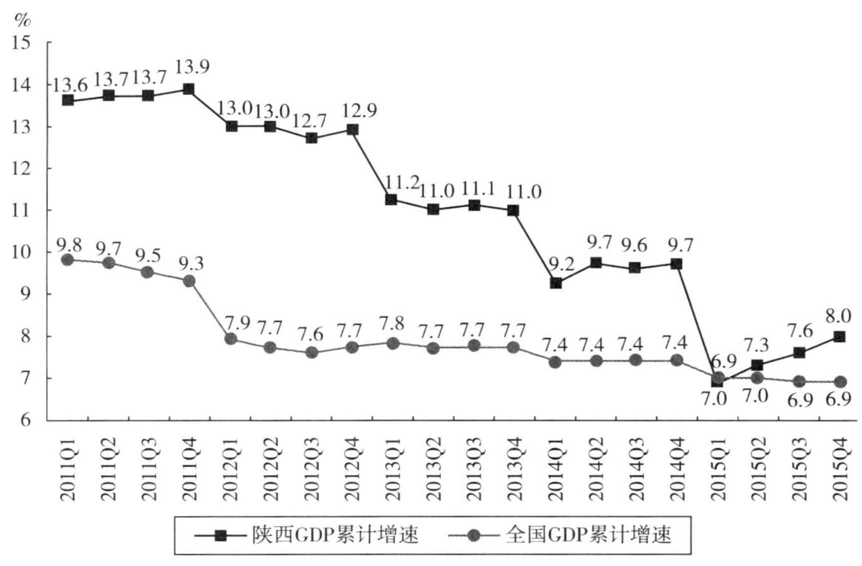


**图 1 陕西省经济增长与全国比较**

商品房待售面积 687.92 万平方米，增速较上年末下降 24.2 个百分点；去库存时间由上年的 17.2 个月下降至 17.0 个月。三是全省非股票融资占地区生产总值的比重（杠杆率）为 24.5%，较上年下降 2.3 个百分点，“去杠杆”取得一定效果。四是人民币一年期贷款基准利率和企业债券加权平均利率分别较上年下降 1.25 和 1.35 个百分点，“降成本”效果凸显。五是基础设施及民生工程投资持续增长，“补短板”努力推进。水利、环境和公共设施管理业投资增长 36%，新增保障性安居工程 48.5 万套，基本建成 53.4 万套，继续保持全国领先。

### （二）区域经济发展中需要关注的问题

1. 总需求较为疲弱，经济下行压力依然较大

陕西经济增长仍属投资拉动型，房地产投资放缓和能源投资增速下降不利于投资的回升。2015 年，陕西省完成固定资产投资（不含农户）19 826.65 亿元，同比增长 8%，增速较上年下滑 9.8 个百分点，全年投资增速持续低于全国水平，主要是房地产和能化工业投资增速放缓所致。2015 年房地产开发投资 2 494.29 亿元，较上年增长 2.8%，低于固定资产投资增速 5.2 个百分点。石油加工、化学原料等行业投资均为负增长，煤炭开采业投资增速虽较上年有所回升，而与之配套的制造业投资增速放缓至 5.8%，投资后续乏力。陕西消费需求和进出口虽保持稳定增长，但对经济拉动作用有限。2015 年，陕西省社会消费品零售总额 6 578.11 亿元，同比增长 11.1%，增速较上年下降 1.7 个百分点。全省实现进出口总额 1 895.66 亿元，同比增长 12.8%，增速较上年下降 22.2 个百分点（见图 2）。

2. 资源能源价格低迷，对陕西经济的负面影响持续显现

2015 年，陕西省居民消费价格总指数同比上涨 1.0%，较上年降低了 0.6 个百分点，低于全国水平 0.4 个百分点。生产价格处于近五年来低位，1—12 月全省工业生产者出厂价格累计下降 9.2%（全国下降 5.2%），购进价格累计下降 4.8%（全国下降 6.1%）。截至 2015 年 12 月末，PPI 同比指

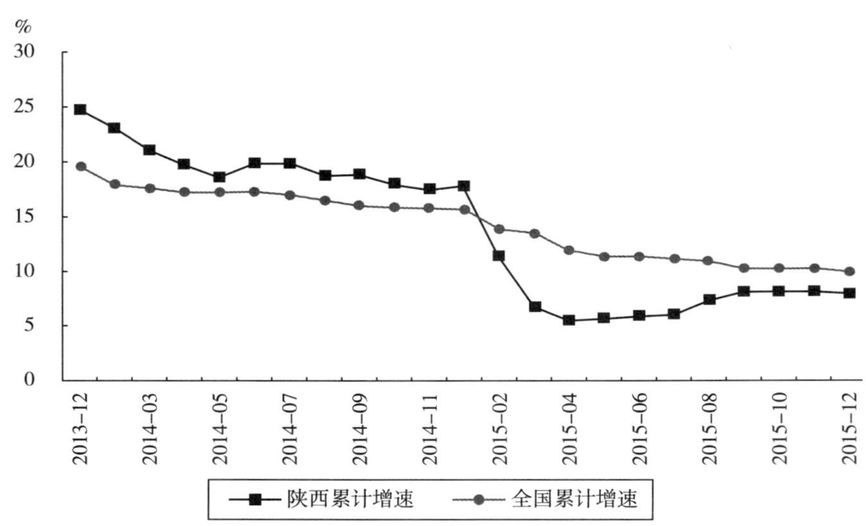


**图 2　陕西省固定资产投资增长情况与全国比较**

数连续 42 个月呈现下降趋势。石油和天然气开采业生产者价格指数降幅较大，同比下降 37.2%。陕西经济结构中能源化工等初级产品加工产业占比较高，化工原料、燃料、动力产品价格下跌对企业财务稳健性和陕西经济产生一定的负面影响（见图 3）。

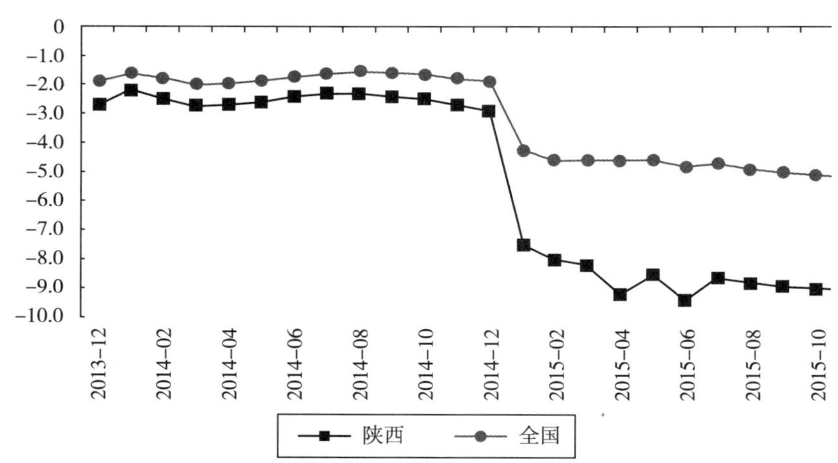


**图 3　陕西省 PPI 累计增速与全国比较**

3. 部分企业财务稳健性下降，应警惕实体经济风险向金融体系传导

2015 年，陕西省规模以上工业企业主营业务收入同比下降 0.3%，利润总额同比下降 21.8%，亏损企业数 973 个，同比增长 16.4%。2015 年第四季度，陕西省工业企业景气指数仅为 103.0，较去年同期下降 10.9 个百分点；企业家信心指数为 105.9，较去年同期下降 3.8 个百分点。企业经营困难对金融体系的影响逐步显现。

## 二、金融业稳健性

### （一）银行业稳健性

1. 银行业运行状况

机构体系更加健全，业务规模平稳增长。2015 年陕西省共有银行业金融机构共 170 家，其中法人机构 133 家，各级机构及营业网点 7 101 家，较年初增加 233 家，从业人数 99 201 人，较年初增加 2 209 人。银行业金融机构资产总额为 4. 13 万亿元，同比增长 12. 91%；负责总额为 4. 00 万亿元，同比增长 12. 7%①。人民币各项存款余额 3. 24 万亿元，同比增长 13. 5%；各项贷款余额 2. 18 万亿元，同比增长 15. 5%②。资产质量总体较好，抵御风险能力较强。资本充足率为 13. 7%，同比提升 2. 8 个百分点，拨备覆盖率 129. 8%，同比下降 43. 6 个百分点（见图 4）。

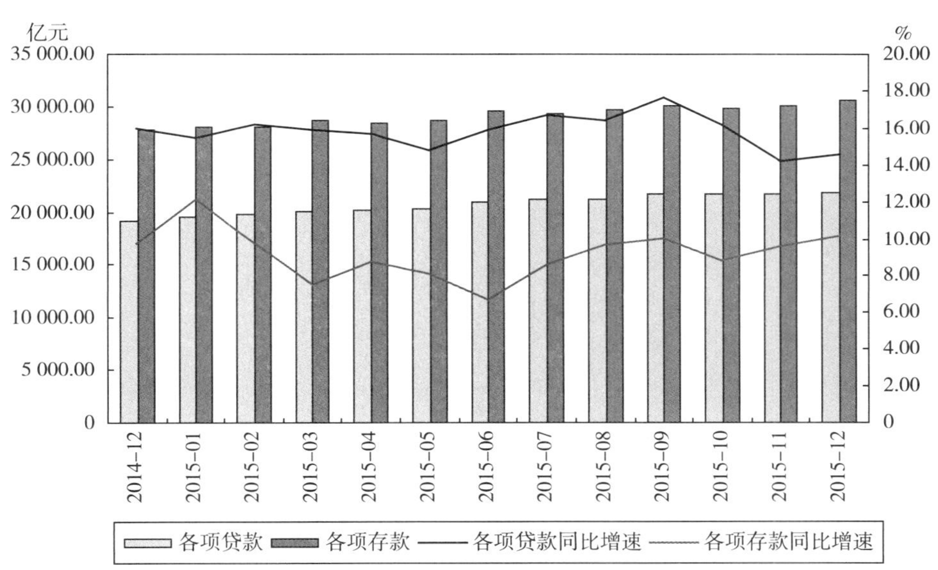


**图 4　陕西省银行业金融机构存贷款变化趋势**

信贷资源配置优化，支持实体经济力度增大。一是对重点建设项目、民生领域的信贷支持力度进一步增强。2015 年银行业金融机构支持陕西省重点建设项目 86 个，年末贷款余额合计 1 635. 87 亿元，同比增长 50. 0%，保障性安居工程贷款余额 766. 94 亿元，同比增长 74. 6%。二是小微企业支持力度不断加大。全省小微企业贷款余额 3 436. 33（含票据融资和个体工商户和小微企业主融资）亿元，同比增长 19. 0%，增速高于贷款平均增速 4. 47 个百分点。三是涉农金融服务水平持续提升。全省涉农贷款余额 5 456. 5 亿元，同比增长 13. 6%。

信托、财务公司快速发展，首家汽车金融公司开始运营。2015 年，陕西省共有 3 家信托公司，6 家财务公司（其中法人财务公司 3 家）。3 家信托公司管理信托项目 1 709 个，信托资产总额5 832. 98

① 数据来源：中国银行业监督管理委员会陕西监管局。

② 数据来源：中国人民银行西安分行。

亿元，同比增长23.8%；实现利润22.41亿元，同比增长45.2%。信托公司自有业务继续稳步发展，年末自有资产总额276.11亿元，增幅139.1%，资本实力进一步增强。6家财务公司资产总额579.48亿元，同比增长23.33；负债总额536.10亿元，同比增长24.8%；实现利润8.67亿元，同比减少3.1%；不良率0.3%，较年初下降0.03个百分点。2015年3月，陕西省首家汽车金融公司正式开业。截至2015年末，公司资产总额12.17亿元，负债总额7.08亿元，各项贷款余额10.53亿元，实现利润0.09亿元。

2. 影响银行业稳健性的主要方面

不良贷款持续反弹，信用风险防控压力持续加大。2015年末，陕西省银行业金融机构不良贷款率为2.30%，较年初上升了0.69个百分点，个别机构不良贷款反弹压力较大。特别是，榆林地区受经济增速放缓、资源能源价格低迷、民间借贷风险暴露等因素影响，企业经营困难，资金链趋紧，新增不良贷款较多（见图5）。

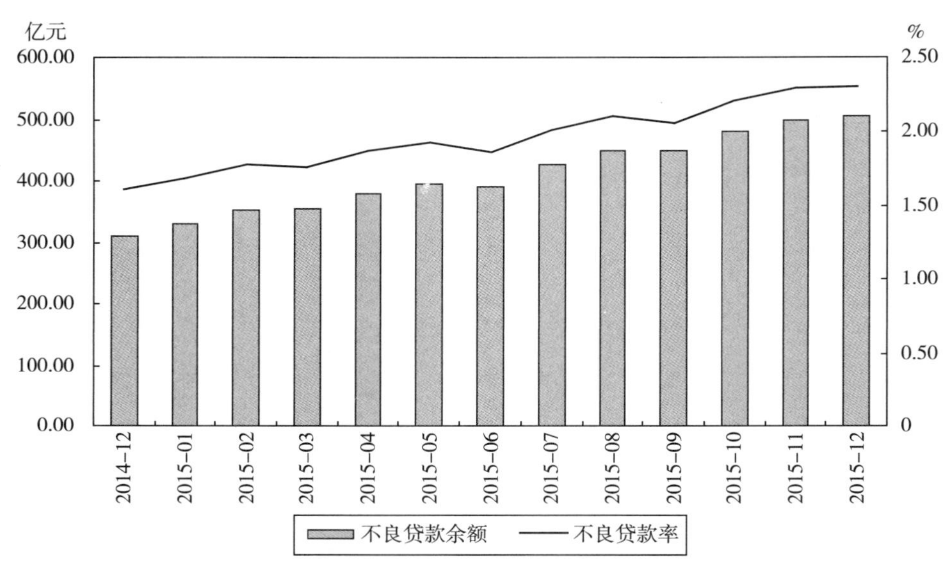


**图5 陕西省银行业金融机构不良贷款变化情况**

资产负债期限错配加剧，流动性风险不容忽视。2015年陕西省银行业机构新增中长期贷款在新增各项贷款比重比上年提高了3.51个百分点，资产端贷款的长期化趋势明显。同时，负债端存款呈现短期化趋势，部分机构负债来源较为集中，批发性融资占比较高，优质流动性资产相对不足，流动风险管理有待进一步加强。

市场风险加大，案件风险与操作风险管理压力持续存在。随着利率和汇率改革步伐加快，各类金融资产价格、人民币与外汇双向波动加剧，进一步加大银行业金融机构市场风险管理难度。与此同时，在经济增速放缓的大背景下，银行业金融机构面临的经营环境日益复杂，各种内外部风险事件聚集、多发，案件风险防控压力较大。

部分信托公司存量风险项目处置难度较大。2015年陕西省3家信托公司无新增风险项目，但在实体经济整体景气度不高的情况下，抵押资产处置、重组方寻找愈加困难，存量项目风险处置的进展慢，难度大。

## （二）证券业稳健性

1. 证券期货业发展状况

证券公司资产规模大幅上涨，盈利能力增强。2015 年，陕西省共有法人证券公司 3 家，证券营业部 192 家（含筹建 6 家）。证券公司资产总额 642. 67 亿元，同比增长 83. 7%；证券投资者开户数 334. 21 万户，新增开户 86. 11 万户。全年实现营业收入 67. 26 亿元，净利润 24. 27 亿元，同比分别增长 31. 3% 和 11. 2%。其中 3 家地方法人证券公司资产总额和净资产分别为 642. 67 亿元、165. 51 亿元，分别增长 83. 7% 和 80. 0%；实现营业收入和净利润分别为 67. 26 亿元、24. 27 亿元，分别增长 169. 8% 和 187. 2%（见图 6）。

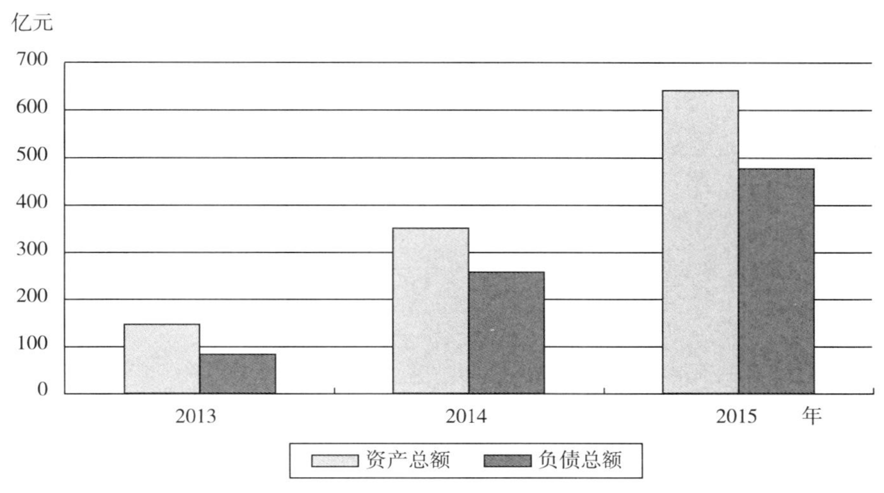


**图 6　证券业机构资产负债变化趋势图**

期货公司业务规模大幅增长，主动增资扩股。2015 年，陕西共有法人期货公司 3 家，期货营业部 32 家。全年期货经营机构代理期货交易额 158 311. 64 亿元，同比增长 249. 3%；全省期货经营机构实现营业收入 3. 05 亿元，同比增长 27. 6%。2015 年西部期货和迈科期货两家公司进行了增资扩股，其中西部期货由股东西部证券出资 1. 5 亿增加注册资本，增资后注册资本 3 亿元；迈科期货以未分配利润转增注册资本 1. 83 亿元，增资后注册资本 3. 28 亿元。

上市公司融资能力增强，规模持续扩张。2015 年，陕西省共有上市公司 43 家，上市公司总股本 465. 23 亿股，总市值 6 946. 27 亿元，同比增长 43. 3%。截至 2015 年第三季度末，上市公司实现净利润 25. 78 亿元，同比下降 39. 6%。2015 年 IPO 公司 1 家，7 家企业进入辅导备案程序。全年陕西企业通过资本市场直接融资 482. 42 亿元，同比增长 85. 2%，其中，IPO 融资额 2. 97 亿元，上市公司再融资 248. 90 亿元，交易所债券市场融资 216. 88 亿元。

2. 影响证券期货业稳健性的主要方面

机构盈利模式单一，主要依靠经纪业务。辖区证券公司主要收入和利润来源仍以经纪业务佣金为主，代理买卖证券业务净收入占营业收入总额的 45. 9%，过度依赖市场行情，“靠天吃饭”问题仍未有效解决。

证券经营机构实力弱、核心竞争力不足，期货公司盈利能力下滑。2015 年末，陕西 3 家证券公司净资本合计仅为 159. 49 亿元，净资本依然较小，抗风险能力弱，将制约公司的业务拓展和信用类业务的发展。辖区证券公司中小型券商行业地位短期内较难改变。2015 年，期货公司实现营业利润 3 315.64 万元，同比下降 12.9%。其中，3 家法人期货公司实现总收入合计 2.58 亿元，净利润 3 649.07万元，分别增长 23.1% 和减少 22.3%。期货营业部实现总收入 7 385.96 万元，增长 50.5%，但盈利能力下滑，全年合计亏损 446.93 万元。

上市公司没有很好地与陕西的优势产业结合。陕西上市公司中能源重化工、有色冶金，以及具有相对优势的装备制造业在所属行业中所占的比重明显偏低；重点发展的旅游、科技等产业中的优质企业并不在上市公司之列。

### （三）保险业稳健性

1. 陕西保险市场发展状况

经营体系逐步健全，经济补偿功能有效发挥。2015 年末，陕西省共有法人保险业机构 1 家，省级分公司 52 家，同比增加 2 家。保险行业总资产 1 288.67 亿元，同比增长 194.73 亿元。全年实现保费收入 572.45 亿元，同比增长 20.1%，增速同比上升 5.86 个百分比。全省保险业累计赔付支出 193.96 亿元，同比增长 7.9%，经济补偿功能有效发挥。

业务转型效果显现，发展质量有所提升。一是财产险公司非车险业务快速增长。全省非车险业务同比增长 13.3%，高于全国平均水平 3.66 个百分点；业务占比 20.1%，较上年同期提高 0.44 个百分点。二是人身险公司业务结构不断优化，内涵价值不断提升。寿险新单业务中，期缴业务同比增长 51.6%，较上年同期增加 37.07 个百分点；标准保费同比增长 59.4%，高于规模保费增速 34.42 个百分点，高于全国标准保费增速 10.07 个百分点。另外，分红险“一险独大”的局面不断改善。2015 年，人身险公司普通寿险业务占比 43.2%，较上年同期增加 9.23 个百分点。

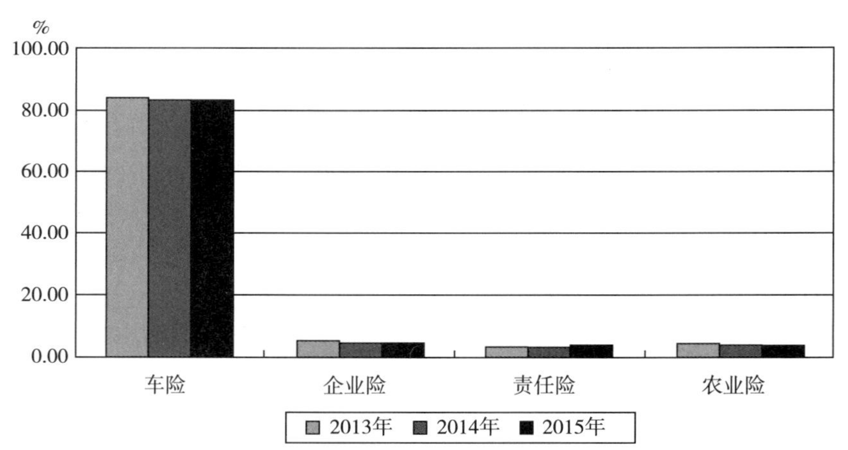


**图 7　财产险保费收入结构图**

多项试点稳步推进，服务经济社会能力进一步提高。一是商业车险费率改革顺利实施。陕西省作为全国首批商业车险费率改革的 6 个试点地区之一，6 月 1 日起，正式启用新的车险条款费率。二是农业保险产品创新取得突破。创新开办了葡萄、猕猴桃、林麝等保险。同时，启动了生猪价格指数和蔬菜价格指数保险试点，将农业保险从保成本向保价格、从保自然风险向保市场风险扩展。三是老年意外保险试点稳步推进。陕西老年意外保险业务积极推进，保险责任涵盖意外伤残、意外身故、意外伤害医疗费等内容。

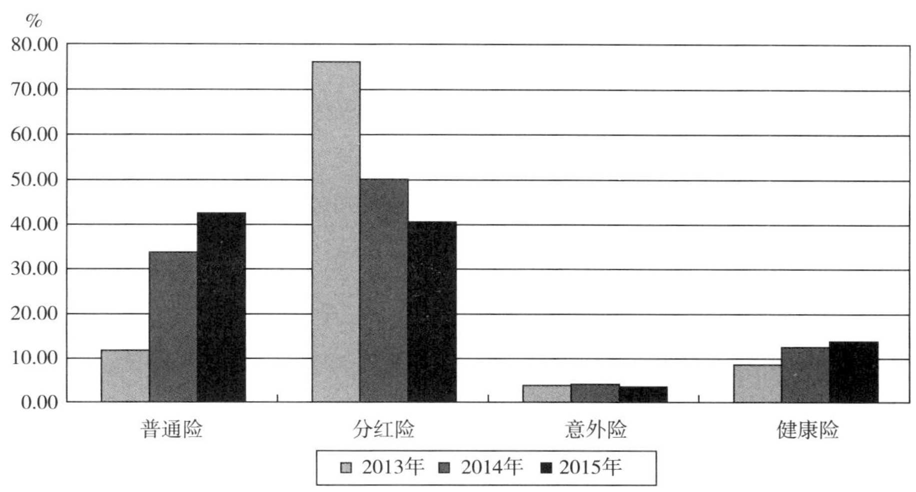


**图 8　人身险保费收入结构图**

2. 保险市场运行中需要关注的问题

经济下行压力加大，保险业稳增长动力不足。受宏观经济形势影响，部分企业经营效益明显下滑，部分地区经济增长出现困难，企业自保、减保情况增多。另外，经济下行对中小型保险公司的影响最大。例如，2015 年榆林地区共有 34 家保险公司，14 家保险公司保费收入呈负增长，负增长的保险公司中又以中小型的财产险公司为主，共有 11 家，占比 78.6%。

金融市场复杂多变，风险防范不容忽视。随着国内金融业改革的不断推进，外部环境变化容易引发金融风险跨行业传递。例如，2015 年央行共降息 5 次，低利率市场环境给保险投资收益带来很大的不确定性，进而可能导致利差损风险、资产负债错配风险等。另外，部分领域、个别机构案件多发、非法集资等案件风险逐步显现。

寿险业满期给付压力逐步缓解，但退保压力仍然很大。2015 年，陕西省寿险业满期给付金额 65.08 亿元，同比下降 2.2%。但全年退保金额 93.5 亿元，同比增长 18.2%，退保率 5.8%，同比分别增长 0.2 个百分点，全省寿险业仍然面临着一定的现金流压力。

## 三、金融市场与金融稳定

### （一）金融市场运行状况

1. 同业拆借以拆入资金为主，市场交易利率持续上升

2015 年，陕西省金融机构通过全国银行间同业拆借市场累计成交 375 笔，成交金额 1 035.14 亿元，较上年同期增加 275.89 亿元，同比增长 36.3%。其中，同业拆入 819.36 亿元，同业拆出 215.78 亿元，净融入 603.57 亿元，依然延续金融市场以拆入资金为主的拆借结构。从利率走势看，全省同业拆借市场交易利率四季度不断回升，12 月加权利率为 2.9867%（见图 9）。

2. 债券回购交易量大幅增长，回购利率窄幅波动

2015 年，陕西省金融机构债券回购累计成交 41 161 笔，成交金额 87 244.13 亿元，同比增长 43.76%。从利率走势看，陕西金融机构债券回购加权利率从年初的 3.0137% 下降到 5 月末

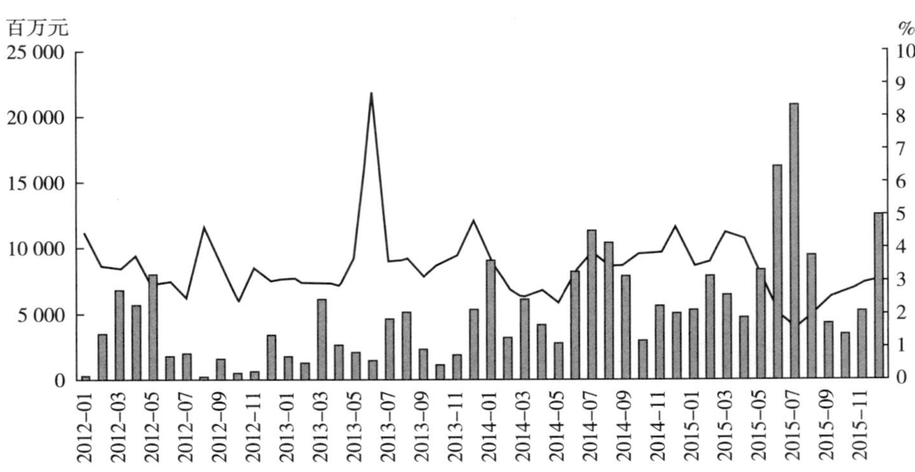


**图 9 陕西省同业拆借量价变化趋势图**

1.3612%，10 月末触底反弹到 2.1219%，四季度呈现缓慢小幅波动态势，12 月末，债券回购加权利率为 2.0087%。

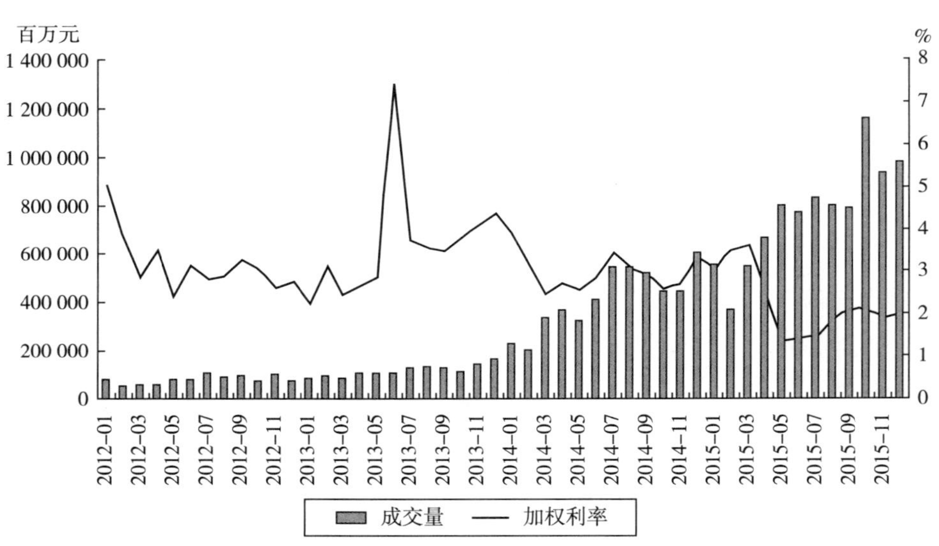


**图 10 陕西省债券回购量价变化趋势图**

3. 现券交易量稳步增长，外汇市场交易量下滑明显

2015 年，陕西省金融机构现券交易累计成交 21 082 笔，成交金额 20 805.26 亿元，同比增长 124.7%，现券交易加权收益率从年初的 5.5321% 逐步下降到 12 月的 3.5852%。陕西省全国银行间外汇市场成员累计外汇成交 185 笔，成交量 24 358.12 万美元，同比减少 23.6%。

## （二）需要关注的问题

债券发行主体集中于大型企业，中小企业参与的广度、深度依然较低。从银行间债券市场一级市场来看，短期融资券、中期票据、超短期融资券、非公开定向债务融资工具等债券品种，发行主体集中于国有大型企业，占全省总量的 80% 以上。同时，专项支持中小企业的产品依然较少，加上增信措施难以落实等因素制约了其规模发展。

债务工具类型较为单一，部分债务金融工具仍为空白。例如，中小企业集合票据自推出以来仅发行过两期，自去年以来没有中小企业运用该工具进行直接融资。区域集优模式中小企业集合债自推出后，虽有省政府6亿元区域集优配套资金支持，但目前各地市的区域集优风险缓释基金迟迟未能到位，导致区域集优模式中小企业集合债在陕西省仍未能实现零突破。

## 四、金融基础设施与金融稳定

### （一）支付系统建设有效推进，危机处置能力显著提高

1. 加快第二代支付系统推广应用，系统覆盖范围持续扩大

2015年陕西省完成第二代支付系统切换上线，支付系统参与者达5 482家，全年新增支付系统参与者304家、支票影像交换系统26家，298个新增银行网点开通了电子商业汇票业务，支付清算系统覆盖率达93%。农村支付体系建设成效显著，服务能力不断增强，共建设综合性惠农支付服务示范点1 406个，农村支付服务环境示范乡镇146个，建立助农取款服务点41 980个，基本实现行政村全覆盖。

2. 加大非现场检查和现场检查力度，支付结算环境进一步优化

建立事前统计督促、事后通报整改相结合的支付清算规则执行情况日监测机制，强化支付系统日常运行监控，实时监督支付系统参与者流动性情况，维护良好的支付清算秩序。对6家法人非银行支付机构和13家备付金银行机构进行了现场执法检查，支付结算环境进一步优化。

3. 强化支付体系风险管理，危机应对能力有效提升

完善支付清算系统危机处置预案，保障第二代支付系统安全高效运行。组织银行机构开展支付清算系统日常运行风险排查；组织开展整治银行卡网上非法买卖专项行动、打击治理电信网络新型违法犯罪以及银行卡助农取款服务点风险排查，切实防范支付服务市场风险；组织开展支付系统、账户管理系统、联网核查系统以及中央银行会计核算数据集中系统（ACS）应急演练，不断提高支付清算系统危机处置能力。

### （二）征信系统功能显著提升，地方信用环境日趋优化

1. 加大征信产品推广力度，充分发挥征信系统功能

截至2015年末，企业和个人征信系统累计录入陕西省企业信息22.3万户、个人信息2 189万个。全年金融机构累计查询企业和个人信用信息基础数据库50.1万次和519.3万次；为49.6万人次提供了个人信用报告查询服务，同比增长124.4%。加大关联查询、个人和对公重要信息提示等征信增值产品的推广力度，为金融机构防范信贷业务风险860笔共53.4亿元。推动机构信用代码在政府履职和市场经济活动中的应用，全年累计发放机构信用代码证93 706张，同比增长16.6%。积极培育信用评级市场，全年累计完成201户企业的信用评级，其中小额贷款公司和融资担保公司72户，评级报告的应用范围不断扩大。

2. 深化农村和中小企业信用体系建设，大力促进普惠金融发展

截至2015年末，累计为76 816户中小企业和615.1万个农户建立信用档案，农户建档率达

84.3%，评定信用户432.6万个，创建信用村镇4 239个。继续实施小微企业信用增值计划和“百村千户”信用助农工程等主题信用培植活动，引导政府部门、金融机构、中介机构进行重点培植，其中849户企业和505个农户分别获得银行119.6亿元和10.5亿元的信贷支持。

3. 推进地方信用体系建设，优化金融发展生态环境

推动制定《陕西省“十三五”社会信用体系建设规划》、《陕西省2015年社会信用体系建设要点》等制度，安排部署全省社会信用体系建设重点任务。组织开展地市金融生态环境评估工作，为优化地方金融业发展生态环境提供信息支持。

### （三）反洗钱工作持续深入，风险防范机制逐步完善

1. 深入开展风险评估研究，提升风险防控能力

收集整理2012—2015年陕西省洗钱犯罪案件160余例，重点可疑交易线索数据700余份，归纳辖区洗钱风险的结构分布和交易特征。建立“人民银行—中心支行—金融机构”一体化分析体系，以季度洗钱风险识别数据为基础，持续开展网络赌博、地下钱庄、恐怖融资、新型境外诈骗、虚假冒名开户、跨境业务、涉税等类型洗钱活动的研究，提升金融机构洗钱监测的准确性和风险防范能力。

2. 加大反洗钱调查力度，工作成效显著

加强地下钱庄可疑交易的分析和排查，向中国反洗钱监测分析中心上报47份有关地下钱庄的可疑交易，其中执法机关立案调查3份。对金融机构报送135份涉嫌非法集资的可疑交易进行排查，确定其中32份可疑交易进行重点关注。

### （四）金融法制环境持续改善，金融消费权益保护水平不断提高

1. 探索金融普法宣传新机制，金融法制环境持续改善

一是探索金融普法宣传新机制，搭建金融法制宣传平台。积极开展与监管机构、行业协会、新闻媒体的合作，引导金融机构利用其营业网点多和联系客户广的优势，加强金融法制宣传。二是严格行政执法监督，金融行政执法水平和质量大幅提升。全年共开展综合及专项执法检查238次，检查机构数量310个，实施行政处罚39次，处罚金额合计117万元。

2. 创新消保工作机制，金融消费权益保护水平不断提高

一是金融消费纠纷第三方非诉解决机制建设试点工作取得重大进展，陕西金融消费纠纷调解中心正式挂牌成立。共118家金融机构参与中心筹建，实现了中心成员银证保金融机构全覆盖。二是创新开展征信领域金融消费权益保护专项检查。紧紧围绕金融消费者投诉较集中的热点、难点问题，规范了征信业务各个流程中的金融消费权益保护工作。三是金融消费权益保护信息管理系统正式运行。全省133家地市级银行业金融机构全部与当地人民银行实现互联互通，在全国率先实现全辖区消保系统全覆盖。四是广泛开展金融教育。牵头银证保等部门共同开展权益日和和普及月活动，组织全省金融机构和第三方支付机构，开展金融知识宣传和服务。

### （五）存款保险制度顺利实施，风险处置能力进一步提升

1. 存款保险制度平稳推出，金融安全网进一步完善

制定了《落实存款保险制度工作方案及应对预案》，积极与省金融办、陕西银监局等部门沟通协

调，建立了常态化工作机制。同时，强化风险监测预警，着力规范金融机构经营行为，正确引导舆论导向。组织专题培训、知识竞赛、宣传活动10余次，全省实现了培训工作全覆盖，在金融体系形成了正确的存款保险理念。

2. 扎实推进存款保险业务，各项工作逐步走向正轨

一是组织编写了《存款保险业务办理指南》，及时完成了辖内117家投保机构投保手续的办理和资料审核。二是根据投保机构业务实际，归纳形成了保费基数核验的方法，组织完成了两次保费缴纳工作。同时，经过反复沟通协调，西安银行、长安银行、省联社及时完成数据系统改造。三是开展投保机构现场核查工作，全面掌握了投保机构公司治理、组织管理、经营风险状况。四是通过规范业务流程、同一存款人账户调查、建立基础信息数据库等，存款保险各项基础工作得到不断夯实。

3. 组织应急演练，提升金融突发事件应急处置能力

2015年陕西省成功举办第二次金融突发事件跨部门联合应急演练，参演单位包括人民银行西安分行、省金融办、陕西银监局和省联社等单位。演练工作的顺利完成为做好陕西省金融突发事件的应急处置工作，发挥部门联动、形成处置合力进一步积累了经验。同时，进一步加强日常信息报送，2015年共编发重大事项报告14期，为风险研判、应急处置提供了保障。

## 五、地方金融改革与金融稳定

### （一）地方法人金融机构改革全面深化，服务地方经济发展水平显著提升

1. 城市商业银行深化经营转型成效突出

省内2家城市商业银行持续深化经营转型，取得突出成效。西安银行以创新驱动实现经营业绩跨越式增长。截至2015年末，资产总额2 094亿元，各项贷款余额856亿元，纳税总额10.58亿元，连续六年入围全国城商行前五名。长安银行专营机构建设全面提速。截至2015年末，小微专营机构达57家，贷款余额57.77亿元，占全行小微企业贷款余额的29.1%。此外，上述两家银行全年共发行同业存单74期、累计发行金额627.1亿元，主动负债能力不断增强。

2. 农村合作金融机构股份制改革深入推进

全年新开业农村商业银行12家，另批准筹建8家、启动改制4家。截至2015年末，全省已开业农商行37家，完成或正在改制的机构数量占比达50.5%。以西安市城区6家农村信用社为基础组建的陕西秦农农村商业银行正式开业，为顺利完成全省农村信用社股份制改革奠定良好基础。农村商业银行跨省经营实现零的突破，由陕西定边农村商业银行控股发起设立的宁夏盐池汇发村镇银行正式开业。

3. 新型农村金融机构组建步伐继续加快

2015年新开业村镇银行8家，另有3家获批筹建。截至2015年末，全省共有村镇银行21家，有效实现全省10地市全覆盖。村镇银行总资产、存款余额和贷款余额分别达到57.26亿元、42.08亿元和26.91亿元，同比增长37.5%、49.2%和19.5%。

### （二）新型金融组织建设取得突破，地区金融创新力度不断加大

积极加快新型金融组织建设，取得明显成效。一是地区首家汽车金融公司正式开业，消费金融

公司、金融租赁公司组建步伐不断加快。2015 年比亚迪汽车金融公司顺利开业，全年投放贷款 10.53 亿元，实现利润 900 万元。此外，长安消费金融公司组建工作有序推进，西安银行《关于发起设立金融租赁公司的议案》已通过董事会审议。二是积极鼓励地区非银行机构开展产品创新和管理创新。其中，长安信托等省内法人信托公司在债券投资、资产证券化、互联网金融、消费信托、公益信托等领域取得新发展。

### （三）准金融机构平稳发展，地方金融资产管理公司组建有序推进

小额贷款公司数量不断壮大。截至 2015 年末，全省共有小额贷款公司 286 家，较上年增加 33 家；贷款余额 270.30 亿元，同比增长 24.8%。融资性担保机构发展日趋理性。全年新增机构 2 家，机构总量达到 171 家。在保余额 695.20 亿元，同比减少 32.80 亿元；融资担保放大倍数 2.6 倍，同比下降 0.88%。

陕西金融资产管理公司组建工作取得逐步进展。2015 年 6 月，陕西省政府成立了由金融办牵头，省国资委、省财政厅、人民银行西安分行、陕西银监局等多个部门共同参与的筹建工作小组，目前相关工作仍在推进中。依据《陕西金融资产管理股份有限公司章程（草案）》，公司采取发起设立方式设立，注册资本 50.80 亿元。

## 六、总体评估与政策建议

### （一）总体评估

2015 年在国际能源价格下跌造成经济增速大幅回落的背景下，陕西省实施了一系列稳增长政策措施，保证了经济运行稳中有进、稳中向好的态势，为地区金融体系长期稳定发展奠定良好基础。金融业发展规模继续壮大，服务经济社会发展的作用不断优化。金融市场平稳发展，融资规模不断提升；金融基础设施建设全面推进，服务保障功能显著强化。地方金融改革加速推进，为地区金融业的稳健发展提供了良好的生态环境和政策支持。

总体来看，陕西金融体系发展的外部环境和保障基础较好，金融机构经营总体稳健，但仍存在一些苗头性问题和风险因素影响地区金融稳定。其中，去产能深入推进对地区经济增长带来的压力持续加大、部分企业经营困难加剧等问题，可能对当前和未来时期地区金融体系稳健性带来一定冲击。银行体系不良贷款反弹、资产负债期限错配、市场风险加大等问题较为明显，证券保险业盈利模式单一、业务结构不合理等问题依然突出，均会对地区金融体系稳健性构成一定挑战。

### （二）政策建议

1. 前移风险监测端口，提高风险监测的科学性和准确性

加强对实体经济重点领域、重点行业和重点地区风险的监测分析，及时发现和排查风险隐患，防止实体经济向金融体系的传染。密切关注和监测“三去”的进展动态，科学研判“僵尸企业”、房地产企业贷款、政府存量债务化解、关联企业贷款、循环担保贷款等重点领域的风险状况。加强对小额贷款公司、投资公司、典当行、融资性担保公司等地方准金融机构的风险监测；强化对重点地区民间借贷风险的监测分析，防止风险向正规金融体系蔓延。

2. 完善风险预警机制，增强风险预警的前瞻性和有效性

进一步完善风险预警机制，动态调整预警对象、频率和预警指标，探索并综合运用多元化的风险预警方式，及时提示金融风险的系统性走势。在风险预警的基础上，督促金融机构做好各种情景下的压力测试及风险应急管理工作，督促金融机构制定前瞻性的应对预案，稳妥应对各类风险事件，切实增强风险预警的有效性。

3. 加大风险处置力度，防范存量风险的传染和蔓延

鼓励金融机构充分借鉴国内外、省内外风险处置经验，加大不良资产处置力度。充分发挥地方政府在区域金融风险防范和处置中的责任，继续强化全口径债务管理，做好存量债务置换工作；有效处置民间借贷及非法集资风险等地区性金融风险，探索建立法制化的处置机制。通过加强信息共享、监管合作，充分发挥地方政府、人民银行和监管部门在地区金融风险防控的合力。

4. 深化金融改革，夯实区域金融稳定的基础

进一步健全金融组织体系，积极推进国有银行改革，推动地方法人金融机构改革重组，加快发展民营中小金融机构。引导金融机构有效配置金融资源，严格控制对高能耗、产能过剩行业的信贷投放，降低与宏观调控相背离的贷款违约率。鼓励加大中间业务等轻资产业务发展力度，构建多元化盈利结构，逐步摆脱过于依赖存贷款业务的传统经营模式。理顺交叉性金融业务和产品风险管理机制，督促地方法人机构优化内部职能部门设置，明确审计、内控、合规等职能与业务部门的职责分工，有效防范金融风险跨机构和市场传导。

总　　纂：郭新明　郑　锋
统　　稿：邓京明　张志暹　刘湘勤
执　　笔：包　琼　方　蕊　郝俊香　焦少飞
刘天宇　孙庆卫　王汉君　王　敏
王　青　闫恺媛　阎晶磊
其他参与写作人员：柴　蓁　独军利　范念龙　关　伟
李善燊　连太平　刘佳珍　刘　蔚
苗文龙　潘亚柳　王　玮　王　宇
温秋鹏　张德进

# 青海省金融稳定报告摘要

2015年，是“十二五”规划收官之年，青海省主动适应经济发展新常态，积极推进各项改革，妥善应对风险挑战，经济社会发展稳中有进、稳中向好，为区域金融稳定运行奠定了基础。金融业改革继续深化，服务体系不断完善，金融基础设施建设稳步推进，金融生态环境持续改善，金融体系抗风险能力进一步增强，有力支持了青海经济社会发展。2016年是全面建成小康社会决胜阶段的开局之年，也是推进结构性改革的攻坚之年，青海省经济金融发展面临重要战略机遇期，也存在一些困难和挑战，如经济结构转型任重道远、物价上涨压力较大、部分领域金融风险防控形势严峻、金融基础设施建设仍需完善等，经济金融发展与风险挑战并存，维护辖区金融稳定的任务依然艰巨。

## 一、区域经济运行与金融稳定

2015年，青海省实现地区生产总值2 417.05亿元，同比增长8.2%，增速比全国平均水平高1.3个百分点。其中，第一产业增加值208.93亿元，增长5.1%；第二产业增加值1 207.31亿元，增长8.4%；第三产业增加值1 000.81亿元，增长8.6%。三大产业结构由2014年的9.4:53.6:37.0调整为8.6:50.0:41.4（见图1）。

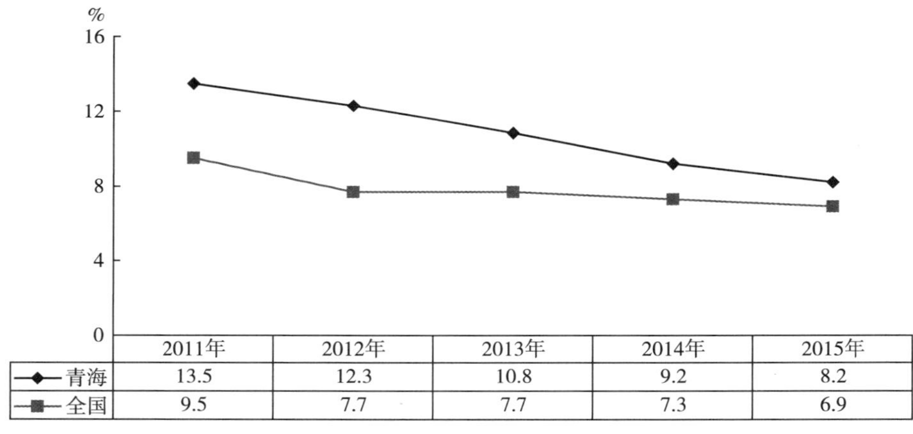


| | 2011年 | 2012年 | 2013年 | 2014年 | 2015年 |
|---|---|---|---|---|---|
| 青海 | 13.5 | 12.3 | 10.8 | 9.2 | 8.2 |
| 全国 | 9.5 | 7.7 | 7.7 | 7.3 | 6.9 |

数据来源：国家统计局。

**图1 “十二五”期间青海省与全国生产总值增速对比情况**

### （一）区域经济运行特点

1. 产业结构不断优化

2015 年，青海省产业结构调整取得新突破，呈现一产稳、二产优、三产增的新态势。粮食产量连续八年稳定在百万吨，特色作物种植比重达到 85%；省级以上农牧业龙头企业销售额增长 25%，农牧业产业化水平不断提高。工业转型升级迈出实质性步伐，规上工业增加值增长 7.6%，比全国平均水平高 1.5 个百分点；战略性新兴产业增长 20% 以上，装备制造业增长 22%；淘汰落后产能 208 万吨，电解铝产能就地转化率达到 80%。服务业增加值超千亿元，占比提高 4.4 个百分点；旅游人次和总收入分别增长 15.5% 和 22.8%；金融业增加值占生产总值比重达到 9%，成为支柱产业。

2. 三大需求增长平稳

一是投资支撑作用不断提升。全年完成固定资产投资 3 266.64 亿元，同比增长 12.3%。其中：体现青海优势的新材料产业投资增长 60.3%，盐湖化工投资增长 25.3%。二是消费市场繁荣活跃。全年实现社会消费品零售总额 690.98 亿元，同比增长 11.3%，高于全国平均水平 0.6 个百分点，增速在西北地区排名第一。新的消费增长点加快形成，信息消费突破 200 亿元，网上购销日趋活跃，健康、养老、文化、体育消费迅猛发展。三是出口较快增长。全省出口总额达到 16.4 亿美元，同比增长 45.6%，高于全国增速 48.4 个百分点。

3. 民生福祉持续改善

全省 75% 的财力优先用于民生项目，教育、医疗等民生领域资金支持不断加大。城乡居民人均可支配收入分别达到 24 542 元和 7 933 元，同比分别增长 10.0% 和 8.9%，均跑赢居民消费价格涨幅。新增城镇就业 6.2 万人，转移农牧区劳动力 118 万人次。精准脱贫工作大力推进，年度 20.1 万贫困人口脱贫目标全面实现。

4. 居民消费价格涨幅有所放缓

2015 年，青海省居民消费价格总水平同比上涨 2.6%，涨幅同比回落 0.2 个百分点，处于近年来较低水平。但受商品自给率低、流通成本高、零售商内部消化成本能力弱等影响，居民消费价格涨幅高于全国平均水平 1.2 个百分点，在 31 个省区中位居首位，物价上行压力依然存在（见图 2）。

5. 财政收入增长乏力

受经济下行、企业效益下滑、工业品价格持续走低、固定资产投资增速回落等影响，2015 年，青海省财政收入低位徘徊。全年完成公共财政预算收入 381.13 亿元，同比下降 1.1%，增速同比回落 5.7 个百分点。其中，地方公共财政预算收入 267.12 亿元，增长 6.1%，增速同比下降 6.2 个百分点。

### （二）需要关注的问题

1. 工业新旧动力转换进程缓慢

2015 年，在经济下行压力倒逼下，青海省工业结构持续优化调整，轻工业、高新技术产业和装备制造业分别增长 18.6%、26.6% 和 22.0%，均大幅高于规上工业增速，但三者占规上工业比重分别仅为 16.4%、6.2%、5.6%。新兴行业发展增速虽大幅领先传统行业，但在总量上对传统行业的替补能力不足，工业转型升级任务艰巨。

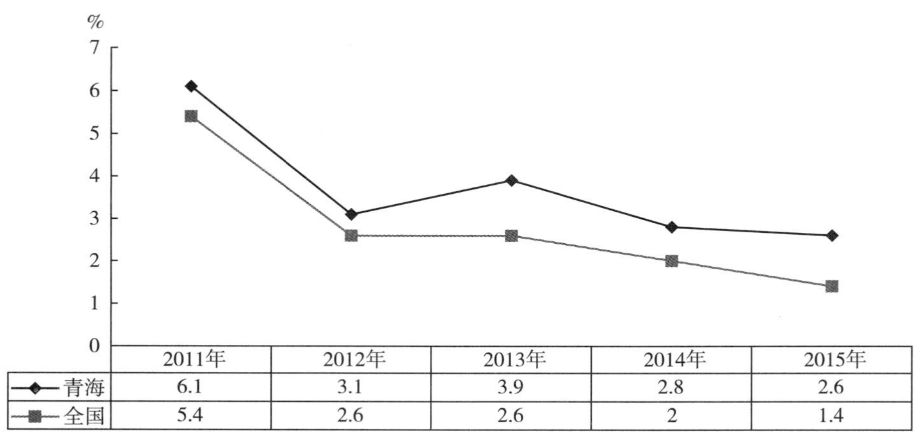


| | 2011年 | 2012年 | 2013年 | 2014年 | 2015年 |
|---|---|---|---|---|---|
| 青海 | 6.1 | 3.1 | 3.9 | 2.8 | 2.6 |
| 全国 | 5.4 | 2.6 | 2.6 | 2 | 1.4 |

数据来源：国家统计局。

**图2 “十二五”期间青海省与全国居民消费价格涨幅对比情况**

2. 经济增长过度依赖投资拉动

2015 年，青海省固定资产投资比地区生产总值高出 849.59 亿元，自 2012 年以来连续四年投资总额大于地区生产总值。过度依赖投资拉动，会造成投资边际回报率萎缩、产能过剩和产业结构失衡，也会提升全省经济债务杠杆水平，增加市场主体财务费用，可能引发债务风险等。

3. 涉外经济发展水平有待提高

一是全省骨干产品出口乏力，相关企业利润微薄。二是资源型行业减产，原材料采购和设备购置逐渐萎缩，进口下滑明显。全年进口总额 2.9 亿美元，同比下降 50.4%。三是外商直接投资较为低迷，环境资源的硬约束力不断增强，导致部分外商投资项目无法落地。四是境外投资发展未形成气候，企业“走出去”步伐缓慢。

4. 房地产市场销售不容乐观

2015 年，青海省商品房销售面积 392.96 万平方米，同比下降 5.5%；商品房销售额 206 亿元，同比下降 2.5%。12 月，省会西宁市新建商品住宅价格同比下降 4%，自 2014 年 10 月起连续 15 个月下跌。随着房价下跌和销售下滑，省内一些房地产企业商品房库存增加，流动性趋紧，资金链断裂风险上升，信贷违约风险加大。2015 年末，全省房地产业不良贷款余额 0.47 亿元，同比增长 193.75%，增幅较大，存在一定的风险隐患。

### （三）经济下行压力对金融稳定的影响评估

2015 年，青海省地区生产总值增速回落至 5 年来的最低水平，经济下行压力较大。2016 年，受经济下行和去产能、去库存、去杠杆等政策实施的影响，省内部分企业生产经营出现困难，一批产能过剩企业和“僵尸企业”将退出市场，这些企业外部融资规模较大，信用风险等金融风险加速暴露；一些过去隐藏的非法集资等活动，也会因所依附的企业和项目经营困难、资金链断裂而提前暴露，如不加以有效监管，将会扰乱正常的金融秩序，影响辖区金融稳定，需引起高度关注。

## 二、金融业与金融稳定

2015 年，青海省金融业整体保持稳健发展态势，银行业服务能力不断提升，证券市场运行平稳，保险保障功能进一步增强。

### （一）银行业

1. 运行状况

（1）资产负债规模稳步增长。截至 2015 年末，青海省银行业金融机构资产总额 7 661. 01 亿元，同比增长 18. 10%，增速同比提高 6. 05 个百分点；负债总额 7 393. 91 亿元，同比增长 18. 27%，增速同比上升 6. 29 个百分点。

（2）存贷款增速均高于全国水平。截至 2015 年末，青海省银行业金融机构本外币各项存款余额 5 227. 96 亿元，同比增长 14. 76%；增速同比提升 4. 28 个百分点，高于全国平均水平 2. 36 个百分点。本外币各项贷款余额 5 124. 10 亿元，同比增长 19. 07%；增速同比下降 3. 37 个百分点，高于全国平均水平 5. 67 个百分点（见图 3）。

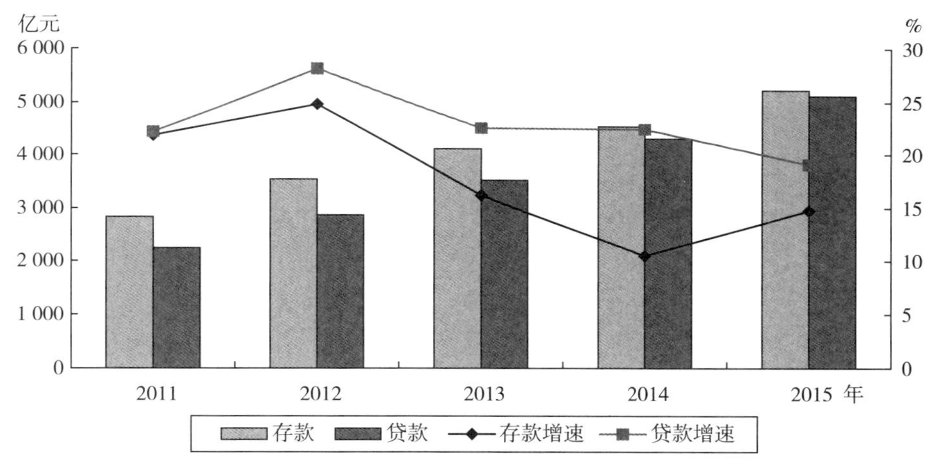


数据来源：中国人民银行西宁中心支行。

**图 3 “十二五”期间青海省银行业金融机构存贷款变化情况**

（3）服务实体经济能力不断增强。2015 年，青海省银行业金融机构不断优化信贷结构，继续加强对涉农、小微企业等经济社会薄弱环节的金融服务。一是贷款集中投向实体经济。交通运输、公共管理、商务服务业和电力四个行业新增贷款 650. 21 亿元，占全部新增贷款的 79. 23%。二是实体经济融资成本降低。青海省各金融机构全年各期限贷款加权平均利率水平同比下降 1. 05 个百分点，企业融资成本高问题有所缓解。三是涉农贷款力度加大，涉农贷款余额 1 825. 07 亿元，同比增长 18. 3%，增速同比提高 1. 39 个百分点。四是小微企业贷款继续增长，贷款余额 1 063. 84 亿元，同比增长 20. 39%，高于全部贷款增速 1. 32 个百分点。

（4）金融支持精准扶贫取得阶段性成效。建立扶贫开发金融服务主办银行制度和扶贫贷款贴息与风险补偿机制，组织实施金融支持精准扶贫青海行动方案等一系列措施办法，全力服务全省脱贫攻坚。截至 2015 年末，已在全省 1 380 个村开展精准扶贫金融服务工作，完成 57 085 户精准扶贫金融服务档案建档工作，对贫困户和带动贫困户脱贫的农村经济组织发放扶贫贴息贷款 11.4 亿元，有效解决了部分贫困户“贷款难”问题。

（5）银行机构改革不断深化。国有商业银行和政策性银行业务转型稳步推进，农业银行青海省分行“三农”事业部改革全面铺开。股份制银行引进工作取得新进展，民生银行西宁分行筹建工作基本完成。农村合作金融机构改革成效显著，共和农村合作银行改制为农村商业银行并挂牌开业，由西宁农村商业银行发起成立的湟中三江村镇银行、乐都三江村镇银行挂牌营业，全省农村商业银行数量达到 7 家，村镇银行达到 3 家。

2. 需要关注的问题

（1）银行业金融机构资产质量下行压力较大。2015 年，青海省银行业金融机构不良贷款指标呈现“双升”态势，不良贷款余额 71.22 亿元，比年初增加 23.65 亿元；不良贷款率 1.39%，比年初提高 0.28 个百分点，信用风险有所上升。关注类贷款余额 249.40 亿元，同比增长 23.29%，银行业资产质量恶化趋势明显，不良贷款面临反弹压力（见图 4）。

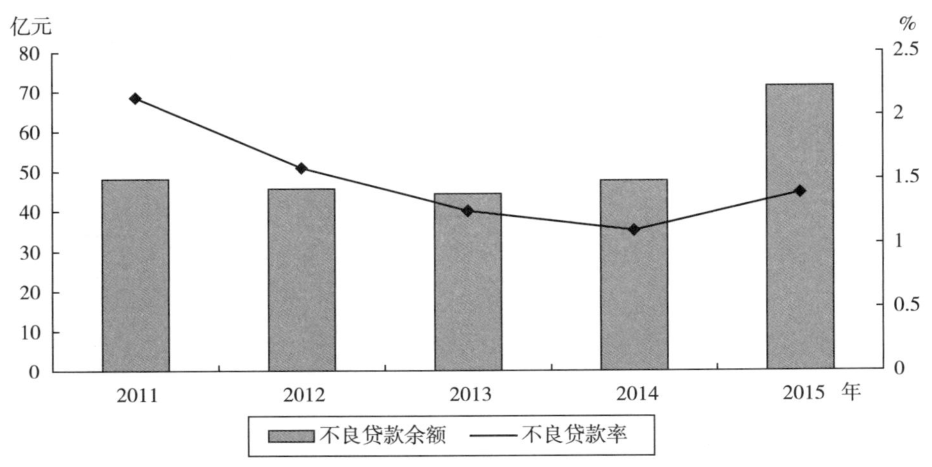


数据来源：青海银监局。

**图 4 “十二五”期间青海省银行业不良贷款变化情况**

（2）票据业务风险值得关注。2015 年，青海省银行业金融机构票据业务发展较快，票据贴现余额达到 402.18 亿元，同比增长 64.73%。在办理票据业务中，部分银行出于增加手续费收入、做大存贷款规模等目的，不同程度存在不审慎行为，潜在风险不容忽视。

（3）部分法人机构风险抵补能力下降。2015 年末，青海省城市商业银行和农村合作金融机构拨备覆盖率同比分别下降 142.21 个百分点和 2.78 个百分点；6 家农村合作金融机构拨备覆盖率低于监管标准，最低的仅有 25.55%，风险抵补能力较差。地方法人银行业金融机构资本充足率总体呈下降趋势，部分机构资本充足水平相对较低。全省农村合作金融机构资本充足率 11.70%，较年初下降 2.13 个百分点，有 11 家机构未达到监管标准，面临资本补充压力。

## （二）证券业

1. 运行状况

（1）证券期货市场运行良好。2015 年，青海省法人证券公司累计代理交易额 1 777.15 亿元，同比增长 17.17%；实现营业收入 5.97 亿元，同比增长 335.12%。证券营业部累计代理交易额 5 060.83 亿元，同比增长 247.27%；实现营业收入 6.45 亿元，同比增长 208.61%。期货公司累计代理交易额 5 436.11 亿元，同比增长 82.23%；实现手续费收入 0.35 亿元，同比增长 54.43%。

（2）上市公司规模不断扩大。2015 年第三季度末①，青海省 10 家上市公司总股本 81.18 亿股，同比增长 7.1%；总市值 963.98 亿元，同比增长 12.97%；总资产 1 505.98 亿元，同比增长 17.36%。前三季度，上市公司主营业务收入 417.10 亿元，同比增长 14%。

（3）多层次资本市场建设取得新进展。银行间市场债务融资发展迅速，2015 年，青海省 7 家企业通过银行间市场发行债务融资工具 25 只，融资总额 255 亿元，同比增长 27.7%，占全省新增社会融资规模的 23%；融资余额 619.2 亿元，同比增长 39.6%。拟上市企业培育力度不断加大，1 家企业通过 IPO 审核，1 家企业借壳上市事项获得中国证监会有条件通过。区域性股权交易市场建设继续推进，青海股权交易中心挂牌企业达到 251 家，为小微企业发行私募债 1.72 亿元；完成省内第一单资产证券化项目，资产证券化金额 17 亿元。“新三板”挂牌公司达到 3 家，同比增加 2 家。

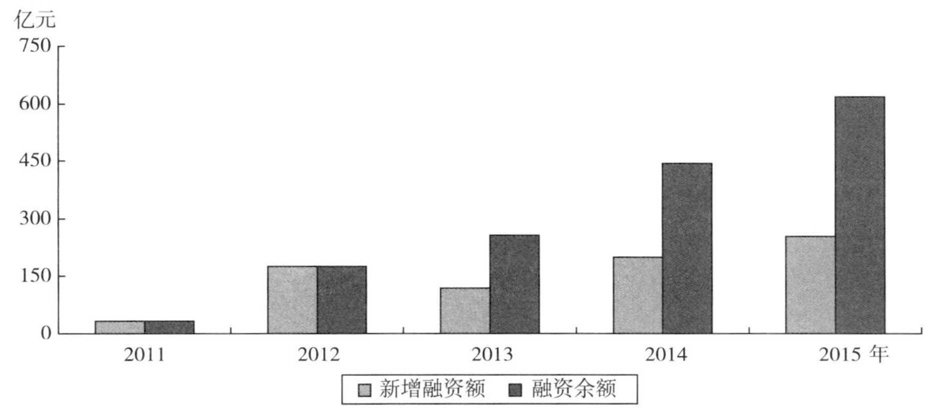


数据来源：中国人民银行西宁中心支行。

**图 5 “十二五”期间青海省企业在银行间市场融资情况**

2. 需要关注的问题

（1）上市公司经营效益下滑明显。受经济下行、产品价格走低、市场需求不足等影响，2015 年辖区一些上市公司利润下滑、亏损扩大。前三季度，辖区上市公司归属于母公司股东的净利润 6.53 亿元，同比下降 49.51%；平均基本每股收益 0.05 元，同比下降 67.66%，降幅较大；10 家上市公司中有 4 家出现亏损，亏损家数同比增加 1 家。

（2）期货市场服务实体经济发展的能力有待提高。2015 年末，青海省仅有 1 家期货公司，服务实体经济的能力有限。省内企业普遍对期货市场认知不足，期货交易参与者较少，制约了期货市场套期保值功能发挥的空间，期货市场建设和投资者教育工作仍需推进。

---

① 由于上市公司 2015 年年报未全部公布，故采用 2015 年第三季度末数据。

### （三）保险业

1. 运行状况

（1）保险业务快速增长。2015 年，青海省保险市场累计实现原保险保费收入 56. 30 亿元，同比增长 22. 14%，增速同比提高 4. 04 个百分点，位居全国第 15 位。其中：财产险保费收入 26. 12 亿元，同比增长 13. 61%；人身险保费收入 28. 37 亿元，同比增长 34. 05%。

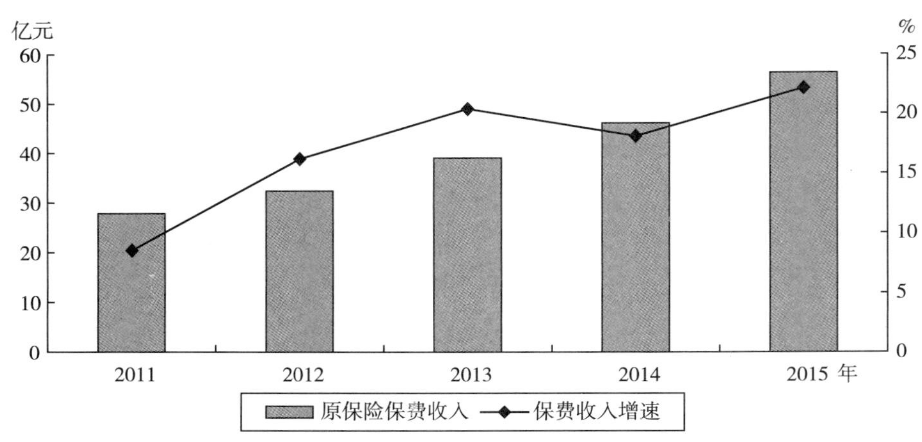


数据来源：青海保监局。

**图 6 “十二五”期间青海省原保险保费收入变动情况**

（2）服务能力不断提升。2015 年，青海省保险业累计赔款和给付支出 20. 32 亿元，同比增长 12. 40%，风险保障和经济补偿作用进一步凸显。分险种看，农业保险品种不断丰富，承保面积继续增加；大病保险服务水平不断提升，商业保险机构经办城乡居民医保服务试点范围逐步扩大；医疗责任险承保工作全面启动，环境污染强制责任保险试点工作继续深入，食品安全责任保险和首台（套）重大技术装备保险补偿机制试点工作稳步推进。

（3）盈利水平继续向好。2015 年，青海省保险公司实现承保利润 1. 94 亿元，同比增长 16. 17%；承保利润率 7 %，同比下降 2 个百分点。其中：财产保险公司实现承保利润 1. 85 亿元，承保利润率 7. 44%，位居全国第三位。

2. 需要关注的问题

人身险退保风险值得关注。2015 年，青海省人身险退保压力加大，人身险市场退保金总额 2. 96 亿元，同比增长 88. 2%；退保率 2. 93%，同比上升 1. 01 个百分点。退保上升的原因有以下三方面：一是部分高现金价值保险产品具有投资理财的属性，给予客户的收益较为可观，投保人达到预期收益后主动退保；二是个别业务员销售误导或违规承诺引起纠纷，导致退保；三是市场在售的大部分保险产品宣传和卖点过于偏重和强调投资理财，难以满足消费者真实的保险保障需求，容易引发退保。

### （四）地方非金融机构

1. 运行状况

（1）担保体系建设稳步推进。2015 年，青海省共新设 7 家融资性担保机构，融资性担保机构数量达到 75 家；注册资本总额 88.23 亿元，同比增长 4.85%；净资产 114.23 亿元，同比增长 23.91%。2015 年末，融资性担保机构在保责任余额 364.54 亿元，同比增长 8.11%，为中小企业提供担保服务、促进地方经济发展的能力日益增强。

（2）小额贷款公司业务出现下滑。截至 2015 年末，青海省共有小额贷款公司 88 家，较年初增加 3 家；注册资本总额 59.87 亿元，较年初增加 2.39 亿元；贷款余额 50.85 亿元，同比增长 2.29%，增速同比回落 28.81 个百分点。全年发生贷款业务 3 771 笔，同比下降 27.36%；累计发放贷款 68.84 亿元，同比下降 7.54%。

（3）典当行业运行平稳。截至 2015 年末，青海省共有典当行 45 家，较年初增加 7 家；典当余额 1.57 亿元，同比增长 16.23%。全年典当总额 2.49 亿元，同比增长 28.19%；实现营业收入 0.36 亿元，同比增长 102.21%。

2. 需要关注的问题

（1）融资性担保机构盈利能力减弱。受担保代偿大幅增加、担保放大倍数缩小、过度竞争等影响，2015 年青海省融资性担保机构盈利水平有所下滑，全年实现净利润 1.16 亿元，同比下降 22.44%；34 家融资性担保机构处于亏损状态，亏损面达到 45.33%，融资性担保机构可持续发展面临挑战。

（2）小额贷款公司信用风险有所上升。小微企业是小额贷款公司重要客户群体，而受经济下行等影响，辖区逐渐出现个别小微企业无法按时还贷的现象，小额贷款公司面临的信用风险有所增加。2015 年末，全省小额贷款公司不良贷款余额 2.58 亿元，同比增加 0.14 亿元，增长 5.74%。

### （五）金融业运行对金融稳定的影响评估

2015 年，青海省金融业总体运行平稳，业务规模不断扩大，业务风险总体可控。2016 年，在股市、汇市、债市、货币市场等风险因素交互影响下，青海省金融业运行面临的不确定性因素较多，信用风险、市场风险、退保风险、担保代偿风险等潜在风险可能逐渐显现，部分风险还会通过资金链或担保链在不同类型金融机构之间传染，给辖区金融稳定带来一定挑战。

## 三、金融基础设施与金融稳定

2015 年，青海省金融基础设施建设稳步推进，支付体系建设取得新进展，征信体系建设不断完善，反洗钱和外汇监管工作进一步加强，金融消费权益保护力度不断加大，为全省金融业健康稳定发展提供了有力支撑。

### （一）运行状况

1. 农牧区支付服务环境持续改善

组织开展“惠农金融服务提升年”活动，以银行卡助农取款服务为突破点，在偏远无银行网点地区大力推广惠农金融服务，采取手机取款、流动服务车、流动营业网点等方式，为农牧民提供取款、汇款、缴费等基础金融服务。积极推动惠农服务点功能提升和村级设点工作，截至 2015 年末，全省共设立惠农金融服务点 4 121 个，取款金额达 13 亿元，位列全国第 5。覆盖全省 387 个乡镇，覆盖率 100%，其中 153 个乡镇为银行网点空白乡镇，涉及 2 406 个行政村，覆盖率 60% 以上。

2. 征信体系建设有效推进

一是征信服务功能持续增强。全年查询企业信用报告 5.02 万次、个人信用报告 89.03 万次，完成融资性担保机构、小额贷款公司和借款企业评级 62 家；已累计为全省 2.43 万户企业、383.92 万个自然人建立信用档案，社会对征信服务的需求不断满足。二是农村信用体系建设取得实效。截至 2015 年末，共建农户信用档案 61.87 万份，占辖区农户总数的 71%；评定信用县 4 个、信用乡（镇）119 个、信用村 1 611 个、信用户 33.75 万户，信用户贷款余额 19.43 亿元。三是推动动产融资统一登记系统运行和应收账款融资服务平台应用，全年应收账款融资 26 笔，金额 103.64 亿元。

3. 反洗钱监管工作不断加强

一是充分运用现场检查、监管走访、风险评估等反洗钱监管方式，对金融机构开展监督检查，对 7 家法人金融机构和 3 家分支机构高级管理人员进行约见谈话，对 219 家金融机构开展反洗钱工作考核评级及动态监测，向 43 家金融机构发出风险提示，提升了金融机构洗钱风险防范能力。二是向侦查机关移送可疑交易线索 52 起，开展案件协查 22 起，为侦查机关案件侦破提供了线索来源和数据支持。

4. 外汇监管持续发力

一是对 7 家银行 11 家分支机构开展外汇业务合规性专项检查，立案 22 起，并对违规问题进行了处罚。二是稳步推进打击转移赃款专项行动，跟踪筛选可疑线索 198 条，对外汇领域违法犯罪行为保持高压打击态势。三是加大银行考核力度，对 11 家银行开展了外汇业务考核，对促进全辖外汇市场稳健运行发挥了积极作用。

5. 金融消费权益保护工作有序开展

一是积极推进金融消费权益保护工作信息平台建设，在全省 18 家人民银行分支机构和 137 家银行业金融机构管理行上线运行金融消费权益保护信息管理系统。二是做好“金融消费者投诉分类标准应用试点”工作，实现《银行业金融机构金融消费者投诉分类标准》在 2 家试点机构的 445 家网点有效应用。三是不断完善“12363 咨询投诉电话”运行机制，全省人民银行系统共受理金融消费者投诉 136 起、咨询 204 起，投诉办结率达 100%。

### （二）金融基础设施运行对金融稳定的影响评估

2015 年，青海省金融基础设施不断完善，成为金融机构提高运行效率和服务质量的重要支柱和平台，为金融市场安全高效运行和整体稳定提供了重要保障，有力促进了金融生态环境的改善和金融体系的稳健运行。在整体安全稳定的同时，青海省金融基础设施运行也面临业务量和服务对象不断增加的压力，金融基础设施建设有待进一步加强，运行效率和服务水平仍有提升的空间。

## 四、总体评估与政策建议

### （一）总体评估和定量评价

2015 年，青海省金融运行总体稳定。经济增速虽有所回落，但仍高于全国平均水平，且产业结构加快升级，发展动力不断增强，为区域金融稳定运行创造了良好的外部环境。金融体系整体稳健，银行业资产负债规模不断扩大，机构改革稳步推进；证券期货市场运行平稳，多层次资本市场建设成效显著；保险业发展势头良好，服务能力有效提升。但与此同时，全省经济金融发展也面临复杂的形势和挑战：

全球经济仍将继续处于深度调整期，国际大宗商品价格和金融市场震荡加剧，主要经济体货币政策进一步分化，价格波动、货币政策溢出效应等可能通过资本流动、投资、进出口及市场预期等方式影响青海省经济金融发展。

国内经济处于新常态，供求的结构性矛盾依然突出，部分企业杠杆率高企，一些行业库存压力较大，产能过剩问题较为严重。在全国经济下行背景下，青海省经济企稳回升的基础还不牢固，物价上涨压力犹存，财政增收难度加大，居民收入有待提高，经济发展任务艰巨。

部分领域金融风险上升。辖区不良贷款反弹压力持续加大，非法集资案件明显增多，担保代偿风险不断暴露，退保风险日益显现，金融风险防范形势严峻，维护金融稳定任重道远。

运用区域金融稳定定量评估模型，从宏观经济、金融机构、金融生态环境三个方面选取25项核心指标对青海省金融稳定状况进行量化评估，结果显示：2015年青海省金融稳定综合评估得分80.39分，较2014年下降0.16分；地区金融稳定状况维持“良好－”级别。分板块看，金融生态环境评估得分较上年有所增加，为区域金融健康发展创造了良好的外部环境，而宏观经济和金融机构评估得分有所下降，拉动总体评估成绩下调。

### （二）政策建议

1. 推进供给侧结构性改革，实现经济转型升级

以改革创新推进青海省经济结构调整，实现经济可持续发展。继续简政放权，优化企业经营环境，增强市场供给活力，提高供给体系质量和效率。清理处置“僵尸企业”，降低企业经营成本和杠杆率，积极稳妥化解过剩产能和产品库存。大力发展特色、高效、有机和品牌农牧业，形成青海特色的农畜产品供给体系。加快发展高新技术产业、装备制造业等行业，构建特色明显、优势突出、竞争力强的新型工业体系。积极培育网络购物、社会养老、医疗保健、消费金融等新兴消费热点，提高消费潜力。

2. 优化金融生态环境，提高金融服务水平

加快农牧区支付环境建设，强化支付系统运维管理，保障支付系统安全、稳定运行。扩大信用报告查询覆盖范围，加强征信、评级市场培育和发展，持续推动社会、中小企业和农村信用体系建设。加大对可疑交易线索的研判、调查力度，继续推进反洗钱监管工作，预防和遏制洗钱犯罪。建立金融机构消费权益保护工作联席会议制度，加强金融消费权益保护。加强外汇管理和服务，支持涉外经济发展。深化投资者教育，加大期货公司等金融机构引进力度，构建多层次金融组织体系。通过政策扶持等方式积极引导金融机构向农牧区延伸机构、下沉服务网点，增加农牧区金融供给主体，扩大金融网点覆盖面，提高金融服务便利性。

3. 强化金融风险防范，做好风险处置工作

动态排查金融风险隐患，开展金融风险专项整治。加强对产能过剩行业、房地产业、互联网金融等重点领域的风险监测与评估，防止金融风险传染放大。加强金融机构风险治理和内部控制，规范金融机构经营行为，从源头上管控金融风险。探索设立地方资产管理公司，参与省内不良资产处置工作。拓宽不良贷款处置渠道，加大不良贷款清收和核销力度。指导金融机构用活用好金融风险处置各项政策，尝试通过诉讼、债务重组、资产证券化、增加有效抵质押物等方式，分门别类化解

金融风险。强化金融风险应急管理，督促金融机构完善重大事项报告制度，制定金融风险应急处置预案，开展应急演练，守住不发生系统性、区域性金融风险的底线。

总　　纂：曹建勋
统　　稿：潘　娟　苏中华
执　　笔：吴俊成
其他参与写作人员：丁　宏　马丽军　毛泽强　尹三强　孙亚刚
李宝莹　李　晓　江雯雯　吴兆阳　张文娟
张金香　周育栋　徐　静　席丹丹　常家升
靳立华　魏春飞

# 甘肃省金融稳定报告摘要

2015 年，面对复杂多变的国内外形势，甘肃省积极适应经济金融发展新常态，扎实推进经济结构调整，经济金融保持平稳运行态势。全省金融业在改革中平稳较快发展，金融体系的内在稳定性有所增强，区域金融稳定基础更加牢固。银行业积极支持全省经济转型跨越发展，资产负债结构不断优化，金融服务更趋多元化。证券经营机构交易额和营业收入大幅增长，上市公司实力进一步提升。保险业在发展中不断创新，业务平稳较快发展，结构调整稳步推进，服务领域显著拓宽，服务体系逐步完善。总体来看，甘肃省经济与金融相互促进，全省经济社会总体保持稳中有进的良好态势。但受经济发展水平滞后等多方面因素影响，维护全省金融稳定依然面临一定压力。

## 一、区域经济运行与金融稳定

### （一）经济运行情况

1. 经济增长转向中高速增长“新常态”，经济发展动力出现“新亮点”

2015 年，甘肃省经济增长稳中有进，全年实现生产总值 6 790. 32 亿元，同比增长 8. 1%。其中，第一产业增加值 954. 54 亿元，同比增长 5. 4%；第二产业增加值 2 494. 77 亿元，同比增长 7. 4%；第三产业增加值 3 341. 01 亿元，同比增长 9. 7%。产业结构由上年的 13. 2∶42. 8∶44 调整为 19. 06∶36. 74∶49. 20。经济发展动力出现“新亮点”，战略性新兴产业完成增加值 821. 6 亿元，同比增长 11. 9%；文化产业实现增加值 183. 46 亿元，同比增长 39. 19%；旅游接待人数和综合收入分别增长 24% 和 25%；非公经济完成增加值占比达到 45. 8%。

2. 经济基础进一步稳固，工业经济平稳增长

农业基础地位进一步巩固。全省粮食总产量 1 171. 14 万吨，再创历史新高，农业生产实现“十二连丰”。工业生产着力推动传统产业升级改造，全年实现规模以上工业增加值 1 662 亿元，增速达到 6. 8%。其中，重工业增长 7. 0%，轻工业增长 6. 2%。从重点支柱行业看，有色金属、机械、食品、石化、建材行业工业增加值分别增长 12. 5%、12. 5%、10. 1%、8. 1% 和 0. 6%。

3. 政策组合效应逐步显现，投资消费增速回升

投资和消费增速稳步回升。全年固定资产投资完成 8 626. 60 亿元，同比增长 11. 2%。其中，项目投资完成 7 858. 53 亿元，同比增长 11. 7%；第二产业投资略有不足，完成投资 3 434. 90 亿元，同比下降 2. 7%；第三产业投资增势明显，完成投资额 4 656. 81 亿元，同比增长 21. 9%。全省房地产开发投资小幅上涨，完成投资额 768. 06 亿元，同比增长 6. 5%。消费市场保持平稳，全省实现社会消费品零售总额 2 907. 22 亿元，同比增长 9. 0%。按经营单位所在地分，城镇消费品零售额 2 316. 80

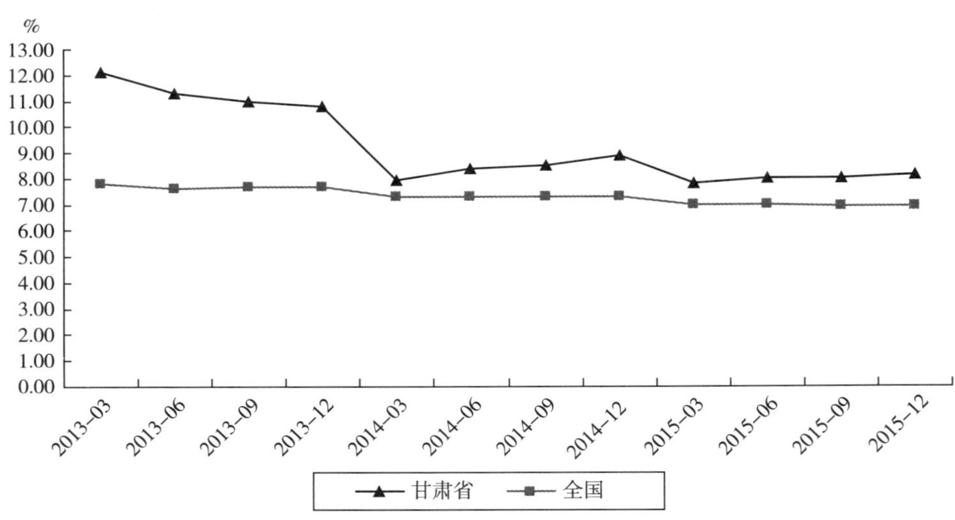


数据来源：国家统计局及甘肃省统计报表。

**图1 甘肃省生产总值增速与全国对比图**

亿元，同比增长8.1%；乡村消费品零售额590.42亿元，同比增长12.3%。进出口降幅收窄，出口继续保持较快增长，全年实现外贸进出口总额497.7亿元，同比下降5.4%。其中，出口总额362.1亿元，同比增长11.2%；进口总额135.6亿元，同比下降32.3%。对内对外开放全面推进，加快建设"13685"战略为重点的丝绸之路经济带黄金段，与33个国家建立51对国际友好城市，兰州新区综合保税区、武威保税物流中心封关运行，兰州、敦煌航空口岸对外开放，新增15条国际及地区航线，开通2条国际货运班列，不断开拓外向型经济发展新局面。

4. 财政收支稳步增长，切实保障和改善民生

2015年全省完成大口径财政收入1 386.32亿元，同比增长12.32%。完成一般公共预算收入743.90亿元，同比增长10.59%，其中税收、非税收收入分别同比增长8.05%和17.41%。完成一般公共预算支出2 964.63亿元，同比增长16.65%。进一步加大农业、教育、文化、医疗卫生等10类民生支出，支出额达到2 309亿元，同比增长19.7%，占到总支出的77.9%。各类社会保障标准普遍提高，城市、农村低保标准分别提高10%、11%。全省城镇新增就业43.7万人，较上年增加0.2万人。居民消费价格指数上涨1.6%。大气污染综合治理取得显著成效，全省环境质量持续改善。

### （二）需要关注的方面

1. 经济增长下行压力加大，投资增长动力减弱

受经济下行压力加大的影响，全省投资拉动经济增长的动力有所减弱，2015年工业和房地产投资分别出现下降和低增长，新开工项目投资进展缓慢，亿元以上项目完成投资同比出现下降，且降幅大于全国平均水平。

2. 工业经济低位运行，部分企业经营出现困境

受需求不足、产能过剩、工业品价格持续走低等因素影响，省内以原材料为主的传统支柱产业受到较大冲击，全年电力、煤炭、冶金行业工业增加值分别下降3.8%、6.2%和8.9%。规模以上工业企业累计亏损达到72.3亿元。受市场环境变化和政策调整双重影响，部分企业停产限产问题突

出，生产经营困难加剧。工业企业投资生产意愿不强，在建项目进度减慢，技术改造投资明显减少，全省工业投资首次出现下降趋势。

3. 企业融资渠道亟待拓宽

甘肃省社会融资主要依赖贷款的现象有所加剧。全省社会融资规模中人民币贷款的比例达到75.87%，较上年提高4.84个百分点，高出全国平均水平14个百分点。全省上市融资企业数量少、规模小，私募债等其他直接融资方式运用也较为有限，经济社会发展的融资渠道需进一步拓宽。

## 二、金融业与金融稳定

2015年，全省金融业在改革中稳步发展，金融结构不断优化，金融市场平稳运行，金融体系储蓄转化、信贷调节、资源配置、风险分散、经济补偿等职能有效发挥，金融业总体呈现平稳发展态势，较好地服务了全省经济社会发展。

### （一）银行业

1. 银行业运行情况

（1）银行业机构改制步伐不断加快，服务经济社会能力稳步提升。全年通过农村信用社、农村合作银行改制或新设合并的方式共组建成立16家农村商业银行，新设村镇银行1家，2015年末，全省共有银行业金融机构128家①，其中法人银行业金融机构113家。资产负债规模快速增长，全省银行业资产总额22 339.82亿元，同比增长16.72%；负债总额21 352.78亿元，同比增长16.22%。本外币各项贷款余额13 728.89亿元，同比增长23.93%，新增贷款2 650.43亿元，较上年多增419.22亿元；本外币各项存款余额16 299.5亿元，同比增长16.55%，新增存款2 310.05亿元，较上年多增422.71亿元。

（2）银行业改革持续推进，存款保险条例顺利实施。农业银行甘肃省分行“三农”金融事业部改革进程稳中向好，“三农”金融服务持续改善。2015年末，全省70家县级事业部涉农贷款余额463.71亿元，同比增长19.44%；农户贷款余额175.4亿元，新增24.2亿元。邮储银行甘肃省分行“二类支行”改制顺利推进，管理体制和工作机制进一步优化。农村合作金融机构股份制改革取得新进展，农商银行总数达到22家，4家资产管理公司以商业化战略为导向，稳步推进转型发展。存款保险制度在甘肃平稳落地，顺利实施，我省金融安全网得以进一步健全。

（3）信贷投向有扶有控，中长期贷款保持高位运行。一是信贷资金持续向基础设施建设、薄弱环节和民生领域倾斜，限制性行业信贷逐步压缩。全年新增小微企业贷款555.39亿元，较上年少增71.07亿元；新增涉农贷款1 152.29亿元，较上年多增344.35亿元；保障性住房贷款余额345.2亿元，较上年增加161.29亿元。二是中长期贷款余额及占比高位运行。全年新增中长期贷款1 612.25亿元，较上年多增264.23亿元，占各项贷款增量的60.81%，较上年上升0.39个百分点。

（4）拨备和资本充足，风险覆盖能力总体良好。2015年全省银行业平均拨备覆盖率166.34%，较上年下降33.36个百分点，在信用风险有所显现的情况下，拨备覆盖率仍大幅高于监管标准。法

① 大型银行和股份制银行在甘分支机构15家，地方法人银行机构109家（含城市商业银行2家、农村信用社55家（含省联社）、农村商业银行21家，农村合作银行8家，省联社结算中心1家，村镇银行18家、资金互助社4家），信托公司、财务公司及金融租赁公司等法人非银行金融机构4家。

人银行业金融机构资本充足率13.96%，较上年提高0.18个百分点，吸收风险的能力较强。

2. 存在的问题

（1）经济下行导致信贷风险有所显现。2015年以来，受工业品价格持续低迷、外部市场疲软、部分行业产能过剩矛盾突出等因素影响，全省工业生产增速持续回落，实体经济风险逐步向银行业传导。全省银行业不良贷款自5月起持续“双升”，部分银行表外业务出现垫款，部分信托产品出现延期兑付。2015年末，全省银行业金融机构不良贷款余额244.62亿元，同比增长52.36%；不良贷款率1.78%，较上年上升0.34个百分点。法人银行业机构不良贷款余额120.78亿元，同比增长62.4%，不良贷款率2.33%，较上年上升0.48个百分点。作为不良贷款的“蓄水池”，关注类贷款同比大幅增长75.16%。部分产能过剩行业的企业面临库存积压、经营亏损、资金链断裂等困难，违约风险上升。

（2）全省银行业金融机构盈利增速大幅下滑。为应对资产质量的下降，银行业机构普遍加大拨备计提力度，加之存贷利差收窄等原因，盈利增速出现大幅下滑。全年全省银行业金融机构实现净利润236.59亿元，同比增长2.39%，较上年大幅下滑21.46个百分点；人均利润34.93万元，同比下降1.58%。分机构看，国有商业银行、政策性银行的净利润都出现了负增长，净利润增长率分别为-10.05%和-15.18%。

（3）金融机构案件风险呈多发态势。2015年，全省发生多起金融机构内控案件，案发形式包括伪造存单质押骗贷、伪造承兑汇票保兑保函、伪造印章套取银行信用、侵占惠农资金、保险代理人私刻公章诈骗以及贪污受贿等案件。这些案件均牵涉金融机构内部人，暴露出金融机构内部监督不严、内控体系存在漏洞等问题。

（4）非正规金融风险存在逐渐向正规金融传导的隐患。近两年来，投资理财、P2P网络借贷等领域的金融案件呈较快增长，案件数量、涉案金额、参与人数均大幅上升，直接影响地方金融生态环境。特别是从去年以来，“泛亚投资”和“E租宝”风险持续发酵，我省也出现了部分投资者围堵金融机构的情况，对金融机构正常经营形成较大影响。

### （二）证券业

1. 证券业运行情况

（1）证券期货经营机构规模不断扩大。2015年末，甘肃省有1家法人证券公司，12家证券分公司，87家证券营业部，较上年增加4家证券分公司和15家证券营业部；全省有1家法人期货公司，8家期货营业部，1家境外期货持证企业，56家从事IB业务的证券营业部，较上年增加1家期货营业部和4家从事IB业务的证券营业部。法人证券公司华龙证券总资产280.20亿元，同比增长93.59%；法人期货公司华龙期货总资产8.98亿元，同比增长114.66%。

（2）证券经营机构盈利水平大幅上升。2015年，全省证券经营机构累计实现证券交易额23 611.88亿元，同比增长200.15%；股票交易额21 576.27亿元，同比增长251.42%；实现营业收入32.30亿元，同比增长161.54%；实现净利润19.51亿元，同比增长189.04%。其中，法人证券公司华龙证券累计实现营业收入24.99亿元，同比增长103.09%；实现净利润11.43亿元，同比增长135.19%。

（3）期货经营机构经营效益稳步增长。2015年，全省期货经营机构累计实现期货交易额15 072.47亿元，同比增长73.34%；实现营业收入5 825.71万元，同比增长61.10%；实现净利润2 037.75万元，同比增长117.28%。其中，法人期货公司华龙期货实现期货交易额11 541.16亿元，同比增长 125.75%；实现代理手续费收入 2 482.44 万元，同比增长 95.22%；实现净利润 1 351.51 万元，同比增长 136.28%。

（4）法人证券期货机构抗风险能力整体较强。2015 年末，华龙证券净资产 46.12 亿元，同比增长 29.33%；净资本 20.82 亿元，同比下降 5.16%；净资本/各项风险资本准备之和 240.27%，净资本/净资产 45.13%，净资本/负债 8.89%。华龙期货净资产 1.41 亿元，同比增长 8.46%；净资本 1.35 亿元，同比增长 5.47%。法人证券期货机构各项指标均高于监管要求，资本抵御风险能力总体较强。

（5）上市公司实力进一步提升。2015 年末，甘肃省共有上市公司 27 家，较上年增加 1 家，总市值 2 846.62 亿元，同比增长 5.48%。其中主板上市 20 家，中小板上市 5 家，创业板上市 2 家。从地区分布上看，兰州 16 家，酒泉、白银、武威、嘉峪关、天水各 2 家，陇南 1 家。从控股股东看，地方国资控股 11 家，中央企业控股 2 家，民营资本控股 14 家。2015 年，全省 A 股上市公司募集资金 118.73 亿元，其中股票融资 108.73 亿元，公司债 10 亿元。具体为：众兴菌业和读者传媒 IPO 融资分别为 4.84 亿元、5.86 亿元，靖远煤电、佛慈制药、恒康医药、中核钛白、敦煌种业、华天科技非公开发行融资分别募集资金 34.01 亿元、5.02 亿元、26.49 亿元、7.7 亿元、4.8 亿元和 20 亿元，甘肃电投和银亿股份发行公司债分别为 7 亿元、3 亿元。全省拟上市公司共 10 家，金徽酒首发申请获核准，白银集团、国芳集团和陇神戎发 3 家已上报申请材料，其余 6 家处于辅导期，上市公司后备资源有所扩充。

2. 存在的问题

（1）上市公司和证券期货经营机构分布不均。目前，甘肃省 27 家上市公司和 10 家拟上市公司主要分布在 7 个地市，全省证券期货营业部共 95 家，主要分布在兰州及河西等地的 29 个县区，全省 66% 的县区尚未开设证券期货营业部。省内近半地区难以借助资本市场改善外部融资效率、提升经济发展水平。

（2）上市公司和证券期货经营机构创新发展水平较低。受多种因素影响，甘肃省上市公司和拟上市企业中，新材料、新能源、生物、信息技术和先进装备制造等战略性新兴产业公司数量稀少，缺乏在全国有影响力的大型蓝筹上市公司，行业引领和品牌带动力不强。证券期货经营机构创新发展和拓展新业务的能力有待提高，新业务、新产品推出频率缓慢，盈利模式较为单一，对市场景气程度的依赖程度较高。

（3）企业融资能力弱与资金需求大之间存在矛盾。近年来，甘肃上市公司融资额有较大增长，但甘肃资本市场发展仍较为落后，上市公司和拟上市企业数量较少，整体质量不高，通过资本市场首发融资和再融资的步伐有所滞后。

### （三）保险业

1. 保险业运行情况

（1）业务平稳较快发展。2015 年，全省保险业资产总额 582.37 亿元，同比增长 15.97%。全年累计实现原保险保费收入 256.89 亿元，同比增长 23.24%，增速较上年提高 7.54 个百分点，创五年来新高，排名全国第 12 位，较上年同期上升 8 位。其中，产险公司累计实现原保险保费收入 97.31 亿元，同比增长 13.93%，低于上年 5.49 个百分点，高于全国平均 2.28 个百分点，增速排名全国第 11 位；人身险公司累计实现原保险保费收入 159.58 亿元，同比增长 29.71%，增速较上年同期提高 16.45 个百分点，高于全国平均 4.74 个百分点，增速排名全国第 16 位。全年累计赔付支出 92.75 亿元，同比增长 9.87%。其中，产险公司累计赔付支出 51.96 亿元，同比增长 26.83%；人身险公司累计赔付支出 40.79 亿元，同比下降 6.13%（见图 2）。

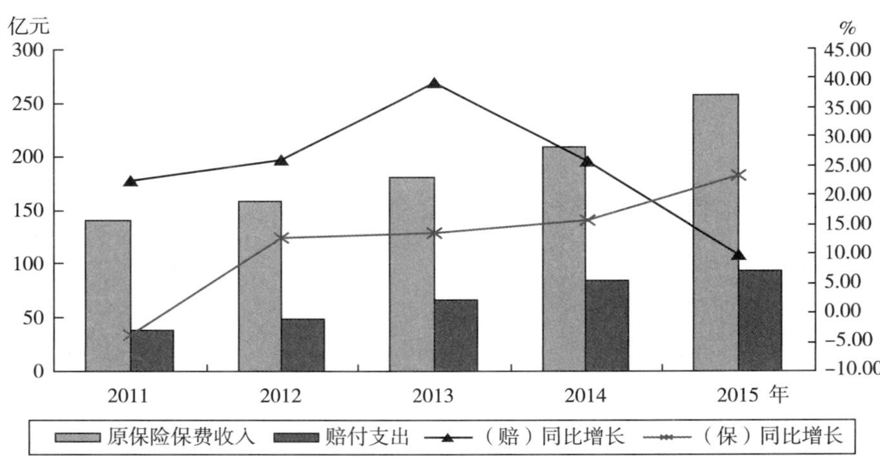


数据来源：甘肃保监局。

**图 2 甘肃省保费收入及赔付支出情况**

（2）结构调整进一步深化。受大病保险带动，全省健康险业务发展迅速，全年累计实现保费收入 25.96 亿元，同比增长 65.79%，增速排名全国第 5 位，保费收入占全省保费收入的 10.11%，较上年提高 2.6 个百分点。受益于费率改革，人身险公司进一步回归传统保障型业务，全年普通寿险实现保费收入 61.57 亿元，同比增长 57.98%，保费收入占寿险业务保费收入的 46.38%，较上年提高 9.76 个百分点。

（3）服务领域显著拓宽。2015 年，全省企业经营和居民生活提供的风险保障程度不断提高，全年共承担各类风险保障达 10.8 万亿元，同比增长 30.8%。城乡居民大病保险在全省推开，参保人员由试点期间的 528.3 万人增加到 2 228.98 万人，覆盖全省 86.3% 的人口，筹资总额由 1.6 亿元增加到 6.7 亿元，全年为 13.9 万群众支付补偿金额 4.4 亿元。农业保险“扩面、提标、增品”取得成效，全年农业保险累计实现保费收入 7.7 亿元，同比增长 13.71%，累计向 51.4 万受灾农户支付 5.2 亿元赔款，同比增长 34.7%。责任保险有效推进，校方责任险实现中小学全覆盖，医疗责任险二级以上公立医院覆盖率达 80%，责任险在财产险中的占比高于全国平均水平 0.4 个百分点。

（4）服务体系逐步完善。2015 年，全省共有 24 家保险市场主体，其中财险公司 12 家，人身险公司 12 家，较上年保持不变；保险专业中介机构 33 家，较上年增加 2 家；保险兼业代理机构 4 172 家，较上年减少 27 家。得益于保险代理人准入制度改革，2015 年末，全省保险业从业人员达 9.1 万人，较年初新增 2.4 万多人。“险资入甘”取得初步成效。2015 年，共引进保险资金投资 39.8 亿元，平安集团与省政府签订了战略合作协议，并有 11 家保险公司赴甘肃对接投资项目。“十二五”期间，全省保险业签约到账对接项目资金总计 170.3 亿元。

2. 存在的问题

（1）非车险业务发展受阻。受产能过剩等因素影响，我省以原材料生产为主的传统支柱产业冲击较大，增速持续回落，对产险市场非车险业务发展带来诸多不利影响。2015 年，全省产险公司非车险业务共实现保费收入 26.41 亿元，仅占产险公司保费收入的 27.14%，其中传统险种如工程险、货运险和企财险保费入同比分别下滑了47.63%、29.72%和5.61%。

（2）产险公司盈利水平持续下滑。受经济下行和车险费率改革影响，产险公司传统业务萎缩、保费充足率下降等多重因素挤压了产险公司利润空间。2015年，全省产险公司实现承保利润5.53亿元，同比下降15.31%；承保利润率6.64%，高于全国平均5.24个百分点，但较上年下降了2.5个百分点。从险种看，有9个险种承保利润同比下降，其中健康险、责任险、家财险和意外伤害险承保亏损，分别亏损1 747.5万元、236.58万元、155.13万元和90.94万元。从公司看，有9家公司承保利润同比下降，其中，中华联合和都邦保险甘肃分公司分别亏损3 109.60万元、315.26万元。

（3）人身险公司退保金持续增长。2013年以来，人身险公司为迅速占领市场增加保费收入，通过银保渠道销售了大量的高现金价值产品，这类产品注重理财收益，保障功能不足，持有一定期限后的退保损失较小。源于高现金价值产品的热销，2015年，全省人身险公司退保金支出25.94亿元，同比增长18.81%，其中，普通寿险退保金支出13.78亿元，同比增长427.36%；万能险退保金支出15.41亿元，同比增长60.18%。

## 三、总体评估

2015年，面对复杂多变的经济形势，甘肃省深入推进经济转型升级和转变发展方式，着力提高发展质量和效益，全省经济运行总体平稳，经济增长保持在中高速增长合理区间。农业生产稳步发展，工业产业升级改造逐步推进，投资增速有所放缓，消费品市场保持平稳，进出口降幅收窄，对内对外开放全面推进，城乡居民收入差距缩小，市场物价平稳，民生保障力度不断加大，全省经济平稳增长有利于金融体系保持稳定。但是全省传统能源资源型行业产能过剩矛盾突出，产业转型难度大，战略性新兴产业和富民多元产业发展不足，工业增速下滑，项目投资进展缓慢，部分企业经营困难增多，经济增长的动力减弱，经济下行压力加大，经济发展中不平衡、不协调、不可持续的矛盾和问题有所显现。

全省金融业在改革中稳步发展，金融结构不断完善，金融市场平稳运行，金融体系储蓄转化、信贷调节、资源配置、风险分散、经济补偿等职能有效发挥，金融业总体呈现稳健发展态势，较好地服务了全省经济社会发展。但经济下行导致信贷风险持续暴露、银行业盈利能力有所下降、法人银行风险防控压力加大、金融机构案件风险和非正规金融投资理财领域风险多发；证券期货经营机构盈利模式单一，高度依赖市场景气程度，证券资源分布不均，难以通过资本市场改善融资结构；寿险退保金支出增多加大现金流压力，财险市场结构面临一定的调整压力。

总体看，在外部环境日趋复杂和影响因素不断增多的情况下，全省金融风险有所显现，但风险总体可控，区域金融继续保持平稳发展态势。

总　　纂：李文瑞
统　　稿：王宗祥　杨文彦
执　　笔：边永平　王丽娟　杨　柳　景小娟　孙雪峰
其他参与写作人员：梁丽萍　张　莉　赵林姚　张　乾　昝国江　孟秋敏
李刚锋　张　锋　贾修斌　李　宁　刘海申　邹　磊
刘永锋　陈　全　张　峰　刘　琰

# 宁夏回族自治区金融稳定报告摘要

2015 年，面对异常复杂的国内外经济金融形势，宁夏坚持稳中求进的工作总基调，统筹稳增长、调结构、促改革、惠民生、防风险各项工作，积极应对，精准施策，经济运行企稳回升，为区域金融稳健运行创造了良好的外部环境。金融业稳步发展，组织体系日趋完善，金融机构稳健运行，风险管理能力逐步增强，为全区经济发展创造了良好的金融环境。银行业认真落实稳健货币政策，证券业多层次资本市场逐步建立，保险业风险保障领域逐步拓宽，金融基础设施建设稳步推进，金融生态环境日益改善。

## 一、区域经济运行与金融稳定

2015 年，全区经济运行总体呈现稳中向好的态势。全年地区生产总值 2 911.8 亿元，同比增长 8.0%，第一、第二、第三产业分别增长 4.5%、8.6%、7.5%（见图 1）。

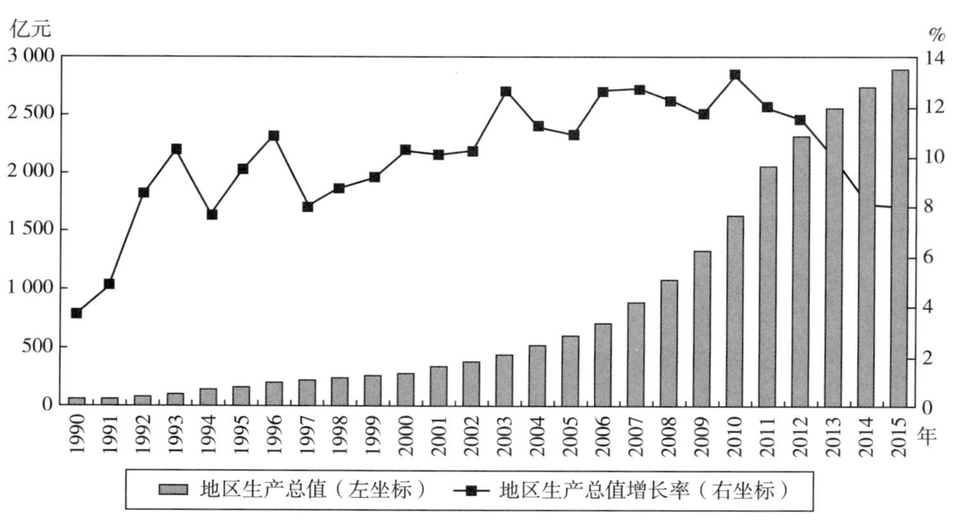


**图 1　1990—2015 年宁夏地区生产总值及其增长率**

### （一）经济保持平稳较快发展，为金融稳定奠定良好基础

1. 内需增势趋缓，外需总体回落

（1）投资增速趋缓，结构有所调整。2015 年，宁夏完成全社会固定资产投资同比增长 10.4%，为 2003 年以来最低增速。政府出台一系列稳增长措施，宁东至浙江输电、神华宁煤 400 万吨煤制油

等超百亿元项目加快推进，银西高铁、宁夏石嘴山至固原城际铁路开工建设。投资结构向第一、第二产业倾斜，三次产业投资结构由2014年的4.0:45.0:51.0调整为2015年的4.7:47.1:48.2。

（2）居民收入不断提高，消费市场运行平稳。2015年，宁夏城镇常住居民人均可支配收入实际增长6.9%，农村常住居民人均可支配收入实际增长7.2%。实现社会消费品零售总额同比增长7.1%，城镇消费品零售额同比增长6.6%，乡村消费品零售额同比增长13.7%。

（3）对外贸易下降明显，利用外资大幅增长。2015年，宁夏对外贸易总体回落，全年进出口总额同比下降30.3%，其中，出口29.8亿美元，同比下降30.8%；进口8.1亿美元，同比下降28.1%。利用外资形势良好，批准项目37个，全年新签外商投资合同金额同比增长1.6倍，实际利用外资1.8亿美元，同比增长1倍。

2. 三次产业协调发展，第三产业占比提高

（1）特色农业发展加快，规模不断扩大。2015年，宁夏出台促进现代农业发展20条，加大农业投入，粮食生产喜获“十二连丰”。特色优势农业比重达到86.3%，葡萄、枸杞等优势农作物量效齐增。培育农民合作社365家，新增销售过亿元的龙头企业15家，农产品加工转化率达60.0%。

（2）工业生产总体平稳，轻工业占比增加。2015年，宁夏规模以上工业实现增加值同比增长7.8%，比全国高1.7个百分点。宁夏建成全球最大单晶硅棒加工项目、西部最大工业蓝宝石生产基地，新能源占到电力总装机的36.0%，成为全国新能源外送基地。高端装备制造业快速发展，宁夏小巨人机床数字化工厂为世界领先水平，宁夏共享铸钢建成数字化车间成为全国智能制造试点示范，吴忠仪表被列为国家技术创新示范企业。现代纺织、清真食品等发展强劲，轻工业增加值同比增长17.0%，占规模以上工业增加值的比重较上年同期提高2.9个百分点。

（3）服务业稳步发展，结构进一步优化。2015年，宁夏启动全域旅游试点，组建宁夏旅游集团，全年接待游客1 860万人次，旅游收入同比增长15.0%。实施“互联网+”行动计划，“一网一库一平台”加快建设，银川IBI育成中心跻身中国产业园创新力百强，网上交易额突破4 000亿元。坚持创新驱动，科技对经济增长的贡献率达49%。

3. 主要物价指数走低，劳动力成本上升

（1）居民消费价格低位运行，涨幅回落。2015年，宁夏居民消费价格同比上涨1.1%，涨幅比上年同期回落0.8个百分点，比全国低0.3个百分点。全年居民消费价格涨幅起伏波动、振荡走低。八大类商品呈现“七涨一降”态势，娱乐教育文化用品及服务类价格涨幅最高，同比上涨5.7%。

（2）工业生产者价格指数持续走低，降幅大于全国平均水平。2015年，宁夏工业生产者出厂价格同比下降6.3%，连续第46个月下降，超六成工业行业价格下降。其中，煤炭、石油加工、化学原料及化学制品、非金属矿物制品、黑色、有色金属压延加工业等6个行业产品出厂价格下降影响出厂价格总水平下降5.3个百分点，对PPI的影响程度达87.0%。

（3）就业岗位增多，劳动力成本上升。2015年，宁夏城镇新增就业7.7万人，农村劳动力转移就业71.3万人。自治区政府将最低月工资标准一、二、三类区分别提高到每人每月1 480元、1 390元、1 320元。受增资政策，最低工资标准和居民社会保障水平提高等因素影响，全区城镇在岗职工年人均工资和农民工年人均工资性收入保持较快增长。

4. 财政收入稳中有升，民生支出持续增长

2015年，宁夏完成公共财政预算总收入610.2亿元，同比增长8.0%。其中，地方公共财政预算收入373.5亿元，同比增长9.9%，增速较中央级高出4.8个百分点，居西北五省区第二位。完成各

项税收收入489.5亿元，同比增长4.1%。全区公共财政预算支出1 185.6亿元，同比增长17.3%，其中教育、社会保障和就业、医疗卫生等行业支出占比较大。

5. 新能源发展步伐加快，生态环境继续改善

2015年，宁夏高耗能工业比重下降1.9个百分点，新能源占工业发电量的比重从上年同期的8.1%提高到10.2%。建设市民休闲森林公园26个，植树造林120.7万亩，治理荒漠化50万亩，移民迁出区生态修复88万亩。重拳治理入黄排污，关闭取缔非法采矿点103处，关停燃煤茶浴炉861台，淘汰黄标车3.8万辆。

### （二）区域经济运行中需要关注的问题。

1. 工业企业经营状况欠佳

在内需、外需增速双双放缓，劳动力成本上涨，产能过剩，生产活跃度降低等多重因素作用下，工业企业经营困难加大，利润呈下降态势。截至2015年末，宁夏规模以上工业企业利润总额79.3亿元，同比下降6.3%。

2. 房地产市场调整压力显现

2015年，宁夏商品房销售面积、销售价格双双回落，库存、施工面积不断上升。全年新建商品房销售面积下降25.7%，同比回落33.4个百分点；销售额下降20.4%，同比回落25.2个百分点。房屋施工面积7 046万平方米，为历年最高水平。待售面积1 207万平方米，同比增长24.8%，增速同比提高15个百分点。

## 二、金融业与金融稳定

2015年，宁夏金融业认真贯彻国家宏观调控政策，主动适应经济发展新常态，资产规模稳步扩大，组织体系日趋完善，风险管理能力逐步增强，服务经济发展和转型升级的水平和质量不断提高。

### （一）银行业与金融稳定

2015年，宁夏银行业金融机构认真执行稳健的货币政策，增加信贷投放，优化信贷结构，降低实体经济融资成本，强化风险管控能力，有效支持了地方经济发展。

1. 银行业发展基本情况

（1）资产负债规模增速放缓，利润持续下滑。2015年，宁夏银行业金融机构资产总额7 679.0亿元，同比增长14.3%，增速同比下降2个百分点；负债总额7 260.5亿元，同比增长13.1%，增速同比下降3.3个百分点。全年实现利润85.3亿元，同比下降18.2%，银行业金融机构主要依靠利差和信贷规模增长的传统盈利模式受到挑战。

（2）贷款保持平稳增长，存款增量创历年新高。2015年，宁夏人民币各项贷款余额5 117.8亿元，同比增长11.8%，各项贷款主要投向宁夏电力热力及水的生产与供应业、制造业、房地产业、采矿业、批发零售业等五个行业，占比达到55.9%；人民币各项存款余额4 805.2亿元，比年初增长596.2亿元，同比增长14.1%，增速位居全国第8位，存款增量创历年新高，其中，单位存款全年新增424.1亿元，占全部存款增量的68.8%，是带动存款企稳回升的主要因素。

（3）信贷投向重点突出，信贷结构趋于优化。宁夏银行业金融机构按照“区别对待、有扶有

控”的信贷原则，重点支持产业转型升级和民生领域。2015 年，宁夏保障性住房、交通运输、租赁和商务服务业、信息传输、公共管理和消费等领域贷款余额增速均超过 20.0%；小微企业贷款余额同比增长 16.2%；集中连片特困地区贷款余额同比增长 14.7%，高于全部贷款增速 2.9 个百分点；创业小额担保贷款余额同比增长 13.5%。全年新增贷款的 38.7% 投向保障性住房，42.5% 投向电力、采矿业、交通运输等行业。

（4）贷款利率持续下行，社会融资成本显著降低。金融机构不断完善利率定价机制，贷款利率持续下行，促进社会融资成本降低。2015 年，宁夏金融机构一般贷款加权平均利率为 6.9%，同比下降 1.2 个百分点，其中全国性银行一般贷款加权平均利率为 5.7%，同比下降 1.2 个百分点；地方性金融机构一般贷款加权平均利率为 8.4%，同比下降 1.1 个百分点。

（5）利率市场化改革稳步推进，存款保险制度顺利实施。金融机构利率定价机制建设不断完善，差异化定价格局基本形成，市场化参与程度稳步加深。合格审慎评估顺利完成，宁夏地方法人金融机构有 4 家成为基础成员，6 家成为观察成员。顺利完成全区投保机构投保手续办理和 2015 年度保费交纳工作，全年共交纳保费 1 948.9 万元，各投保机构经营秩序正常，全区存款保险制度实施取得阶段性成果，有效加强和完善了金融安全网建设。

（6）跨境收支和银行结售汇规模均创历史新高，资金呈净流出态势。2015 年，宁夏跨境收支总额 61.3 亿美元，同比增长 49.5%。其中收入 23.7 亿美元，同比下降 7.6%；支出 37.6 亿美元，同比增长 144.6%；收支逆差 13.9 亿美元。银行结售汇总额 43.5 亿美元，同比增长 44.1%。其中，结汇 19.1 亿美元，同比增长 10.0%；售汇 24.4 亿美元，同比增长 90.4%；银行结售汇逆差 5.3 亿美元。跨境收支、银行结售汇改变了多年来“双顺差”格局，首次呈现年度“双逆差”。其中，直接投资净流出 21.1 亿美元，是跨境收支、银行结售汇呈现大额逆差的主要原因。

（7）机构改革加快推进，组织体系不断完善。2015 年，国家开发银行、农业发展银行在宁夏分支机构稳步推进政策性金融改革工作，农业银行深入推进“三农”金融事业部改革，宁夏银行、黄河农商行和石嘴山银行等地方性银行改革步伐加快，固原农村信用联社成功改制为固原农商行。银行业经营网点继续下沉，小微支行、社区支行加快发展，全年新增 6 家股份制银行分支行、26 家城市商业银行分支行和 3 家村镇银行，市场主体进一步增加。

2. 银行业发展中需要关注的问题

（1）银行信贷资产质量持续向下迁徙。2015 年末，宁夏银行业机构不良贷款率为 1.5%。同时，关注类贷款快速增加，全区银行业金融机构关注类贷款余额同比增加 37.3%，未来不良贷款持续上升压力较大。

（2）银行机构风险抵补能力快速下降。2015 年末，全区地方法人银行平均拨备覆盖率同比下降 14.4 个百分点，净利润同比下降 30.9%，较上年扩大 16.6 个百分点。个别农村金融机构拨备覆盖水平低于监管要求，风险抵补能力不足。

### （二）证券期货业与金融稳定

1. 证券期货业发展基本情况

2015 年，宁夏多层次资本市场快速发展，市场交易活跃，经营机构坚持合规运作、规范发展，总体保持稳健。

（1）市场参与者队伍稳步扩大，证券业经营效益大幅提高。2015 年，投资者入市意愿增强，累计开设证券账户同比增长 36. 4%。证券市场交易量明显放大，全区证券市场累计交易 8 937. 4 亿元，同比增长 276. 5%，实现营业收入、净利润分别同比增长 159. 4% 和 201. 4%（见图 2）。

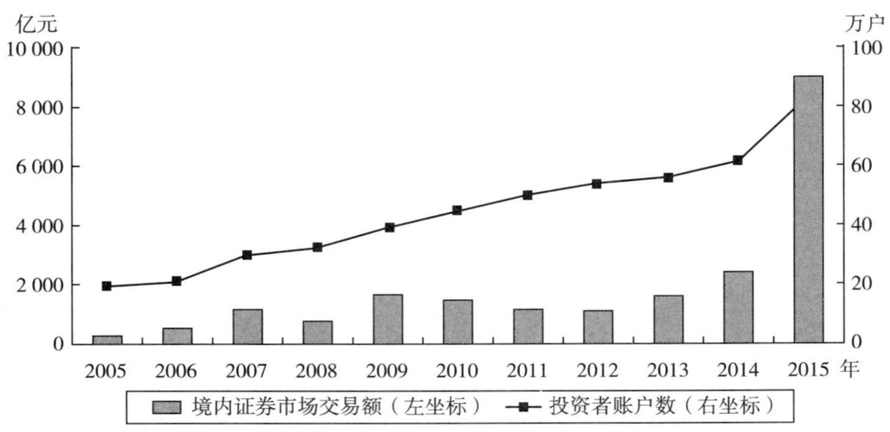


**图 2　2005—2015 年宁夏资金账户数、证券交易变化情况**

（2）多层级资本市场建设步伐加快，区域股权交易中心成功设立。1 家企业 IPO 申请已获证监会受理，成为宁夏 12 年来首家申报主板 IPO 的企业。36 家企业在新三板挂牌，挂牌公司数量位列西北五省第 3 位。73 家企业在天津、上海及深圳前海区域股权交易市场挂牌交易。宁夏股权托管交易中心成功设立，填补了区域股权交易市场空白。

（3）上市公司重组加快，资本实力不断增强。2015 年，宁夏 12 家上市公司有半数公司实施并购重组并获得市场认可，年末平均股价为 16. 8 元，较年初上涨 63. 9%。股本总额 63. 9 亿股、总市值 817. 3 亿元，分别同比增长 9. 2%、66. 8%。

2. 证券期货业发展中需要关注的问题

资本市场整体发展水平不高。目前宁夏仅有 12 家上市公司，总股本、总市值、总资产均位列西北五省末位。股权融资和债券融资尚处于起步阶段，总体发展低于全国平均水平。无地方法人证券、期货、信托、基金等交易机构，市场服务体系仍需完善。

### （三）保险业与金融稳定

2015 年，宁夏保险业继续保持稳中有进的发展态势，风险保障能力不断提升，服务领域逐步拓宽，服务经济社会功能显著增强。

1. 保险业发展基本情况

（1）保险业务稳步发展，市场体系日趋完善。2015 年，全区保险公司资产总额 245. 9 亿元，较年初增长 17. 3%。全年实现保费收入 103. 3 亿元，首次突破百亿元，同比增长 23. 1%，高于全国 3. 1 个百分点。全区各级保险公司分支机构 448 家，年内新增 23 家，宁夏法人财产保险公司组建步伐加快。

（2）风险保障能力不断提升，保险功能作用充分发挥。2015 年，宁夏保险业为全社会提供各类风险保障 4. 2 万亿元，为 1 162. 9 万人次提供了近 5 583. 1 亿元的人身保险保障，全区城乡居民通过商业保险积累的养老和健康等长期风险准备金达到 238. 5 亿元。全年累计赔付支出 34. 2 亿元，同比增长 16. 7%。全区保险密度 1 543. 2 元/人，保险深度 3. 6%，同比分别提高 21. 6 元/人和 0. 5 个百分点，服务经济社会功能有效发挥（见图 3）。

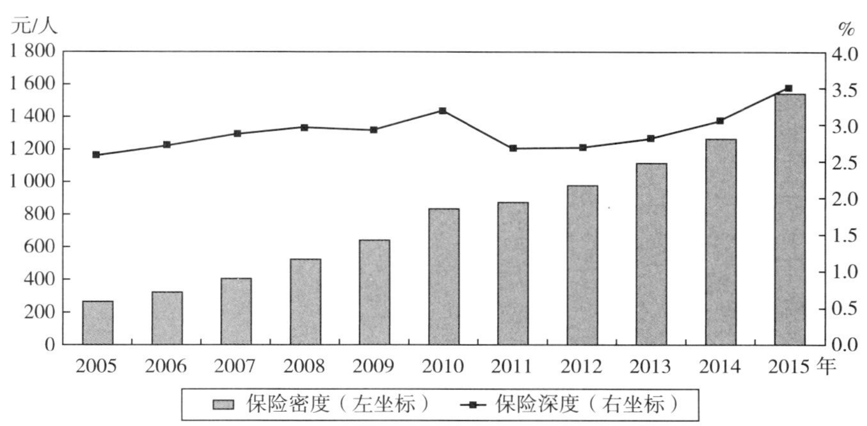


**图 3　2005—2015 年宁夏保险深度、保险密度变化情况**

（3）创新力度不断加大，服务领域逐步拓宽。大力拓展宁夏城乡居民大病医疗保险，参保人数占全区总人口的 70.0%，较好解决了居民因病致贫，因病返贫的风险；扩大农业保险覆盖面，推进蔬菜价格保险、淡水鱼养殖保险等试点工作，受益农户 10.9 万户，充分发挥农业保险在扶贫中的保障作用；小额贷款保证保险积极稳妥推进，年内分别为 2 051 名客户和 5 家小微企业提供 1.6 亿元和 960 万元贷款担保，为探索解决小微融资难问题发挥积极作用。

2. 保险业发展中需要关注的问题

（1）运营成本大幅增加。大幅提高佣金费率等非理性竞争导致各保险公司运营成本上升，2015 年，宁夏保险行业发生手续费及佣金支出 11.5 亿元，同比增长 43.4%，对收益影响较大。

（2）区域保险市场发展不均衡。2015 年，银川市共实现保费收入 60.6 亿元，市场份额为 58.6%，分别是排在第二位吴忠市、末位固原市的 3.7 倍和 9.8 倍。

## 三、金融市场与金融稳定

### （一）金融市场运行情况

2015 年，宁夏货币市场保持活跃，债券市场健康发展，票据市场总体平稳，充分发挥了优化资源配置、支持实体经济发展的积极作用。

1. 货币市场交易活跃，市场利率维持低位

2015 年，市场流动性总体充足，货币市场交易活跃，成交量较上年继续大幅增长，全年银行间市场同业拆借和债券回购累计成交量同比增长 80.8%。资金净融入趋势进一步增强，全年净融入资金同比增长 111.8%。货币市场利率保持低位运行态势，同业拆借和质押式回购加权平均利率分别同比下降 105 个和 88 个基点。

2. 债券市场规模继续扩大，市场交易量同比下降

2015 年，债券市场累计发行各类债券 663.6 亿元。现券交易量同比下降 23.1%，交易量连续三年下降，交易种类集中在短期融资券、中期票据、企业债等公司信用类债券，其交易量占全部现券交易量的 66.3%。

3. 票据市场总体平稳，市场利率大幅下降

2015 年，企业累计签发银行承兑汇票量同比减少 1. 2%，贴现票据同比下降 16. 1%。在货币市场利率和票据市场供求变化等因素共同作用下，全年票据市场利率维持低位运行，直贴票据年加权平均利率同比下降 151 个基点，转贴现票据年加权平均利率同比下降 192 个基点。

4. 外汇即期交易大幅减少，黄金交易出现分化

2015 年，银行间外汇市场成员以美元为主要交易币种，交易量同比下降 48. 5%。受美国加息预期的影响，黄金价格预期跌势比较明显，商业银行实物金交易量同比下降 15. 8%。

### （二）金融市场发展中需要关注的问题

金融市场直接融资规模小。从社会融资规模看，2015 年，宁夏直接融资占社会融资规模的比重仅为 6. 3%，同比下降 6. 2 个百分点，比全国平均水平低 18. 7 个百分点。其中，股票融资仅为 6 亿元，企业债券净融资 25. 7 亿元，同比减少 52. 0 亿元。

## 四、金融基础设施与金融稳定

2015 年，宁夏金融基础设施建设继续稳步推进，支付体系安全高效运行，征信体系和社会信用体系建设成效显著，反洗钱和反假币工作深入推进，金融消费权益保护逐步加强，有力保障了金融体系的稳健运行。

### （一）支付体系建设不断完善

2015 年，宁夏支付体系保持安全、稳定、高效运行。全区银行业金融机构通过支付系统共处理支付业务 2 772. 3 万笔、金额 13. 6 万亿元，比上年同期分别增长 37. 6%、42. 5%，业务量增速位居西北五省首位。各类银行结算账户 3 557. 4 万户，同比增长 16. 36%。在 2 289 个行政村设立助农取款服务点 3 469 个，剔除暂不具备设立助农取款服务点条件的行政村，覆盖率达到 99. 8%，有效改善了农村支付环境。宁夏自主研发了支付机构监管评估系统，实现了对我区支付机构监督管理的信息化、动态化、常态化。

### （二）征信和社会信用体系建设成效显著

2015 年，人民银行银川中心支行加快推动征信体系建设，试点开展小额贷款公司接入金融信用信息基础数据库工作；积极推广应收账款融资服务平台应用，拓宽中小企业融资渠道，全年促成动产融资 208 笔，累计融资 85. 2 亿元；加快推进信用体系试验区建设，建成小微企业和农村信用信息服务平台，在吴忠市和平罗县金融机构广泛应用，促进信用培育和融资对接；加大信息主体权益保护力度，开展征信知识巡讲和诚信文化教育。全年全区企业信用信息累计查询 13. 5 万次，个人信用信息累计查询 180. 2 万次。

### （三）反洗钱和反假币工作深入推进

2015 年，宁夏反洗钱工作继续提质增效。建立反洗钱风险评估基础统计数据库，科学评估宁夏当前反洗钱形势和任务；有效实施风险为本反洗钱监管，有序组织对金融机构的日常监管、考核评级及现场检查，全年共检查金融机构 41 家，依法处罚 3 家机构；依法开展反洗钱调查协查工作，全

年共发现和接收洗钱及涉嫌上游犯罪案件线索53宗；继续加强反洗钱宣传培训工作，组织法人金融机构1 595人参加反洗钱岗位准入培训，合格率达98.4%。

2015年，宁夏反假货币工作认真践行“打防结合、综合治理、以人为本、重在长效”的总体要求，以假币“零容忍”为目标，扎实推进人民币净化工程；以2015版第五套人民币100元纸币发行为契机，提升公众货币防伪反假水平。全年宁夏假币收缴总量较去年下降5.0%，有效净化了辖区人民币流通环境。

### （四）金融消费权益保护工作取得新突破

2015年，人民银行银川中心支行积极探索开展环境评估试点和投诉统计分类标准试点，有效防范和化解金融纠纷，优化区域金融生态环境。建成金融消费权益保护信息管理系统，及时、妥善处理投诉及咨询219件；对4家银行机构开展现场检查，切实规范个人金融信息及银行卡领域消费者权益保护；对40家银行机构开展评估，全面促进银行机构消费权益保护工作；组织开展“金融知识宣传塞上行”和“金融知识普及月”等大型专题活动，进一步提高消费者金融素养。

## 五、总体评估与政策建议

### （一）总体评估

运用区域金融稳定定量分析模型，从宏观经济、金融机构、金融生态环境三个方面构建指标体系，对2015年宁夏金融稳定状况进行量化评估。从总体评估结果看，2015年全区金融稳定综合评价评估值较上年值下降0.0738，金融稳定总体形势受宏观经济下行和银行业资产质量和盈利能力影响较大。分析板块组成可以看出，宏观经济评估值主要受到进出口总额增长率大幅下降的影响，比去年下降0.123。银行业主要由于不良贷款率上升、盈利能力下降，综合评估值较上年下降0.1901；证券业投资者账户数和证券市场交易额大幅增长，综合评估值较上年上升0.46；保险业在应收保费率、保费收入增长率和保险密度增长的影响下，综合评估值较去年上升0.0219。金融生态环境评估值因法制环境调查综合得分、地方财政收入占地区生产总值比重、银行服务密度小幅上升，较去年上升了0.0049（见图4）。

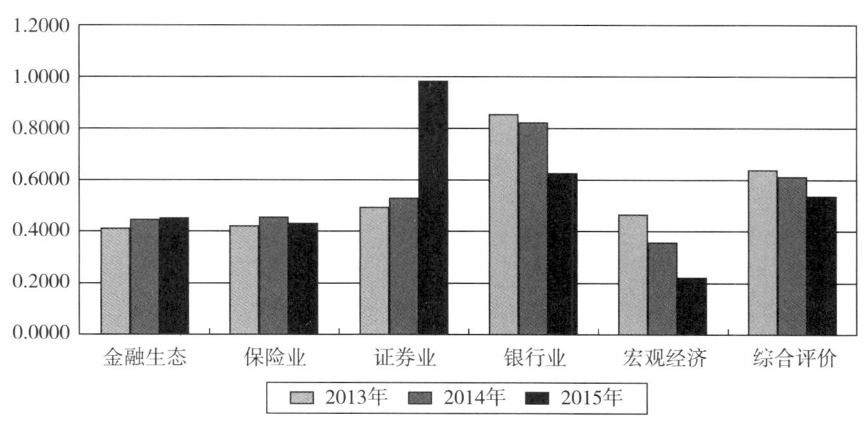


图4 2013—2015年宁夏金融稳定总体状况及组成部分对比图

### （二）政策建议

1. 着力推进转型升级，不断提高发展质量和效益

以市场需求和创新创造引领转型升级，以供给侧结构性改革释放发展活力，紧扣“三去一降一补”要求，推动三次产业融合发展；加快开放步伐，扩大开放领域，积极融入国家“一带一路”建设，逐步将向西开放优势转化为新动力；壮大新兴产业，改造提升传统产业，加快工业优化升级；保障基本民生，坚持精准扶贫，精准脱贫，统筹城乡协调发展；科学规划，突出特色，统筹推进新型城镇化；挖掘发展潜力，开发新需求，实现新增长，创造服务业新优势。

2. 主动适应经济新常态，完善现代金融体系

认真落实稳健货币政策，调整优化信贷结构，建立完善多层次的金融服务体系。继续加大银行业金融创新力度，开发更多扶贫、助农、帮微、促创等金融产品，提高服务实体经济效率；继续鼓励和推动企业通过上市融资、发行债券等方式扩大直接融资规模，有效发挥宁夏股权托管交易中心作用；转变保险业发展方式，进一步发挥保险服务保障功能。

3. 切实防范金融风险，营造良好金融生态环境

提升金融机构的综合竞争能力和抵御风险能力，提高对去产能、去库存、去杠杆造成潜在风险的敏感性和前瞻性，细化风险管理政策及行业授信投向指引。加大不良资产处置力度，强化不良资产盘活和清收工作，确保信贷资产质量水平保持平稳。建立健全金融稳定协调机制和金融监管协调机制，加大对金融业运行风险的管理力度，发挥金融监管合力作用；密切关注互联网金融、非法集资及房地产信贷风险，加强可能引发区域性系统性风险的重点领域的风险研判。

4. 加强基础设施建设，提升金融服务水平

按照政策支持、市场主导的原则，继续推进农村支付服务环境建设；坚持规范与发展并重，全面推进信用体系建设和征信市场健康有序发展；坚持风险为本导向，建立健全洗钱风险防控机制，有效防范洗钱风险；加强金融消费者宣传教育，完善金融消费纠纷协调解决机制，切实保护金融消费者合法权益。

总　　纂：李　宁
统　　稿：张　冀　李　斌
执　　笔：行　颖　马　娟
其他参与写作人员：周　豹　孙秋实　吉　洁

# 新疆维吾尔自治区金融稳定报告摘要

2015年，在国内经济下行压力大、区内反恐维稳任务重的严峻形势下，新疆经济金融整体平稳发展。金融业改革力度加大，金融机构引进加快，金融业务规模持续增长，金融机构实力不断增强。金融市场平稳运行，金融基础设施不断完善，金融体系总体稳健，服务地方经济发展能力逐年增强。

## 一、经济金融运行及稳健性评估

2015年，新疆主动适应经济发展新常态，紧抓丝绸之路经济带建设重大机遇，坚持稳增长、促改革、调结构、惠民生和防风险，持续实施稳健货币政策，加大市场融资，经济整体保持平稳发展。

### （一）区域经济运行

1. 经济增长总体平稳，产业结构持续优化

2015年，新疆生产总值达到9 324.8亿元，增长8.8%，增速同比回落1.2个百分点，高于全国1.9个百分点。第三产业增加值增长12.7%，高于第一产业、第二产业增速5.8个百分点、6.9个百分点。第三产业增加值占地区生产总值的比重为45.05%，上升4.06个百分点，首次超过第二产业，对经济增长贡献度逐年提升，标志着辖区经济由工业主导向服务业主导转变（见图1）。

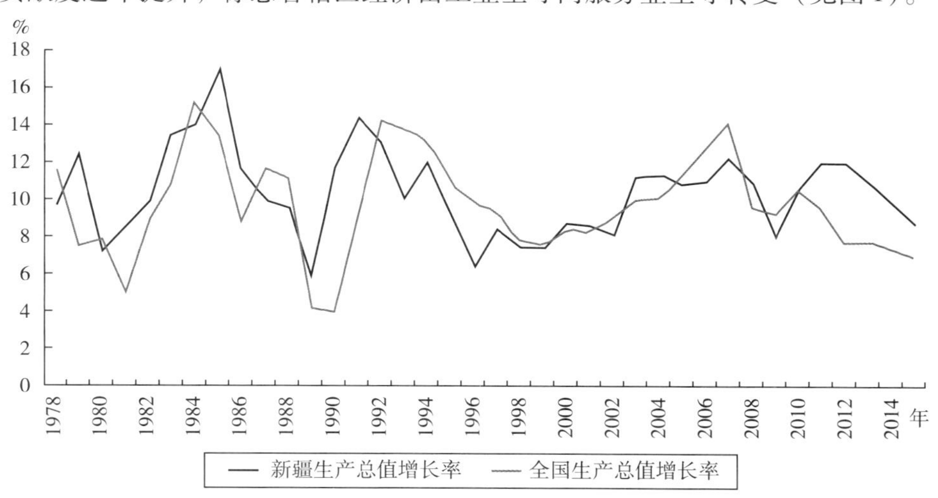


数据来源：新疆统计局。

**图1　1978—2015年新疆及全国地区生产总值增长率**

2. 国内需求增长明显放缓，外部需求持续萎缩

2015 年，新疆全社会固定资产投资突破万亿元，达到 10 729.3 亿元，增长 10.1%，增速回落 15.1 个百分点。全社会消费品零售总额 2 605.96 亿元，增长 7.0%，增速回落 4.8 个百分点。其中，乡村消费品零售额增长 7.6%，高于城镇 0.7 个百分点。货物贸易进出口 196.8 亿美元，下降 28.9%，其中，出口下降 25.4%，进口下降 48.12%。全年实际利用外资 4.53 亿美元，增长 8.5%。在国家“走出去”和“一带一路”战略助推下，对外直接投资额增长 41.8%，主要投向能源开采业和互联网业（见图 2）。

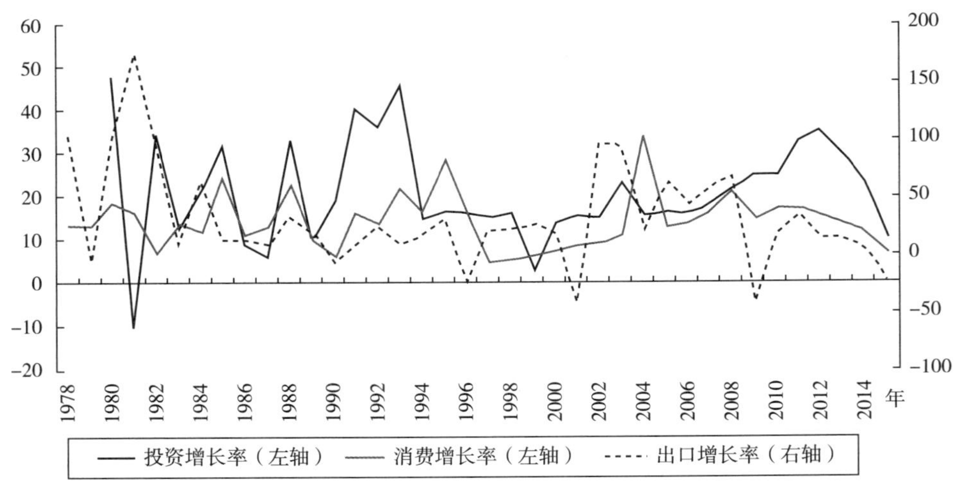


数据来源：新疆统计局。

**图 2　1978—2015 年新疆投资、消费及出口增长率**

3. 物价水平总体趋稳，涨幅逐步回落

2015 年，新疆居民消费价格上涨 0.6%，物价涨幅回落 1.5 个百分点，低于全国涨幅 0.8 个百分点，创 2010 年以来最低水平。全年工业生产者出厂价格、购进价格分别下降 17.6% 和 15.7%，降幅较上年分别扩大 13.8、13.2 个百分点，价格降幅扩大（见图 3）。

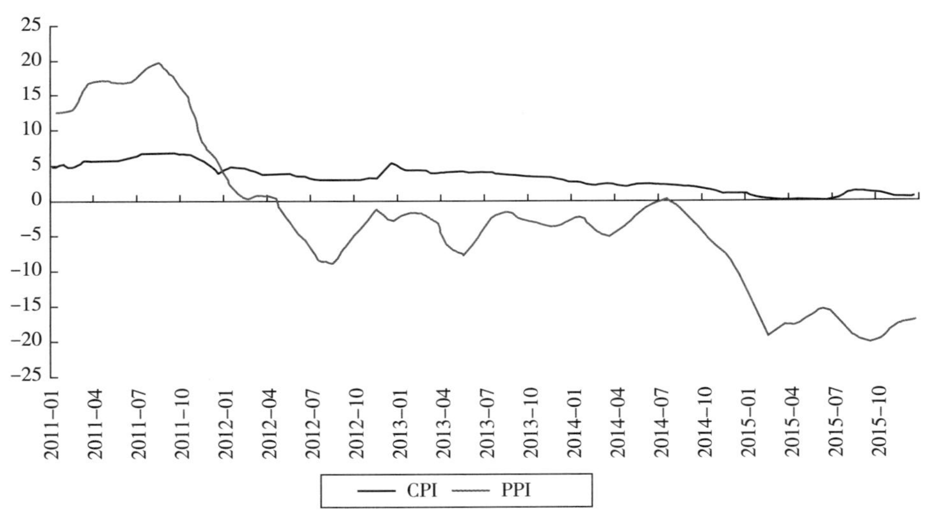


数据来源：新疆统计局。

**图 3　2011—2015 年新疆主要物价指数月度同比走势**

4. 财政收支失衡增加，居民收入快速增长

2015 年，新疆一般公共预算收入 1 331. 0 亿元，增长 3. 8%，增速回落 9. 9 个百分点。税收增速下降 2. 9%，回落 10. 3 个百分点，其中，增值税增速由正转负。一般公共预算支出 3 805. 0 亿元，增长 14. 7%，增速提高 6. 4 个百分点。居民人均可支配收入增长 11. 7%，连续四年居全国前列。其中，城镇居民人均可支配收入增长 13. 2%，位居全国第 2 位，增速高于农村居民人均可支配收入 5. 2 个百分点（见图 4）。

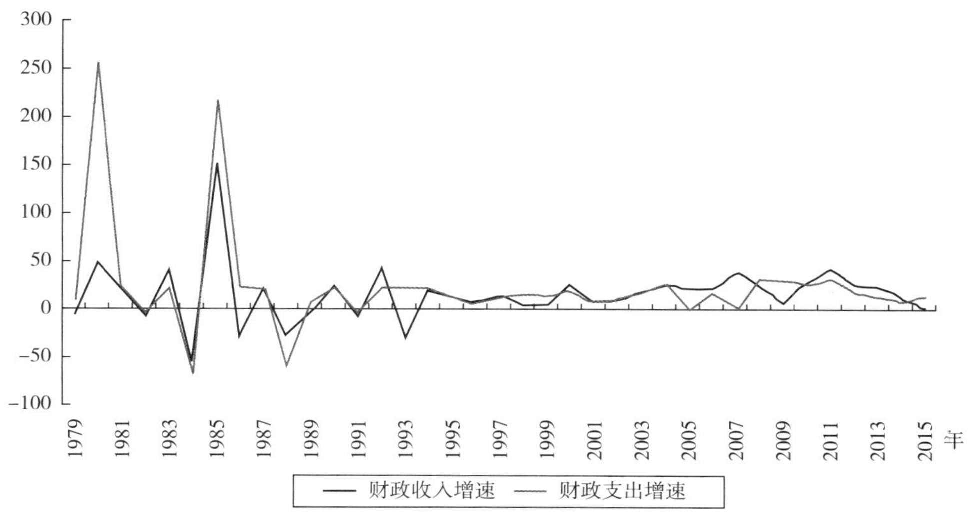


数据来源：新疆统计局。

**图 4　1979—2015 年新疆财政收支增长变化情况**

## （二）区域货币金融运行

1. 存贷款增速放缓，利率总体水平回落

2015 年，新疆存贷款增速持续低位运行，存款增速由“十二五”期间最高位 29. 39% 降至 2015 年 11. 64%，是近 10 年历史低位水平。贷款增速 11. 82%，是“十二五”期间最低。金融机构存款利率稳步下行，贷款利率中枢整体下移，全年贷款加权平均利率为 6. 35%，较上年回落 0. 80 个百分点。

2. 融资规模大幅减少，融资结构逐步优化

2015 年，新疆社会融资规模 1 836. 7 亿元，同比减少 909. 5 亿元，下降 33. 1%。从融资总量看，各类融资均有下降，银行信贷、表外融资和直接融资同比分别少增 490. 8 亿元、319. 7 亿元和 70. 4 亿元。金融机构表外融资同比减少 43. 6 亿元，首次出现负增长。从融资结构看，直接融资占比达到 28. 6%，同比提高 6. 9 个百分点（见图 6）。

3. 货币政策管理和运用增强，金融机构自主定价能力提升

2015 年，新疆改进支农再贷款、再贴现、存款准备金等传统工具的管理，加强支小再贷款、常备借贷便利等新工具的宣传、推动和落实，全年支农再贷款和再贴现累放 316. 3 亿元和 64. 8 亿元，创历史新高。支小再贷款和常备借贷便利使用实现零突破。法人金融机构利率定价机制建设步伐加

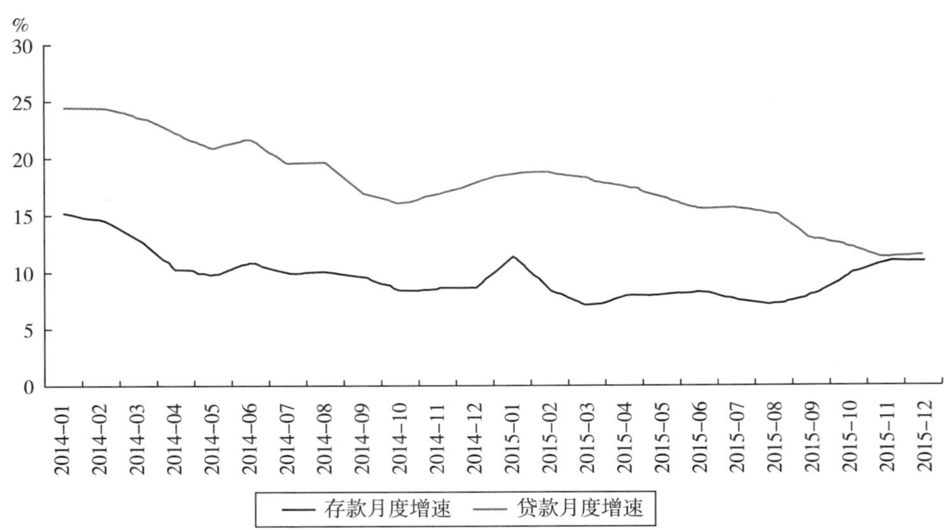


数据来源：人民银行乌鲁木齐中支。

**图 5　2014—2015 年新疆存贷款月度增长变化情况**

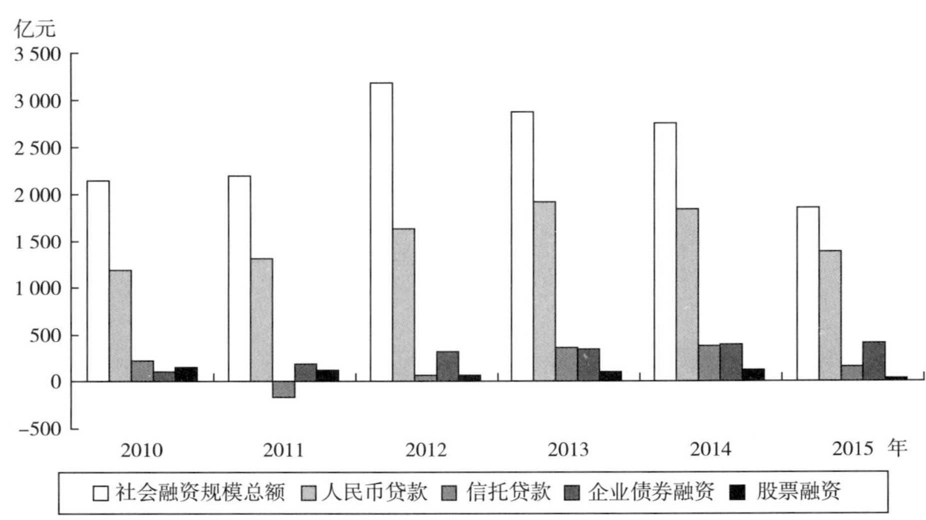


数据来源：人民银行乌鲁木齐中支。

**图 6　2010—2015 年新疆社会融资规模发展变化情况**

快，多家城市商业银行核心系统改造、内部资金转移定价系统进入实施阶段，3 家和 22 家机构被全国自律组织首次吸纳为基础成员、观察成员。新疆市场利率定价自律机制顺利建立，首批 3 家基础成员同业存单成功发行，乌鲁木齐银行 FTP 系统进入实施。

4. 跨境人民币银行业务稳健快速发展

2015 年，新疆跨境人民币收付结算额 397. 19 亿元，增长 7%。自 2010 年试点以来，与 83 个国家和地区开展了业务，累计实现跨境结算收付 1 975. 86 亿元，业务覆盖全疆 15 个地（州、市）和 19 家银行机构，国内 2 044 家企业参与新疆跨境人民币结算。

### （三）区域经济金融稳健性评估

1. 全球大宗商品价格持续下降，新疆调结构和稳增长面临较大压力

受美元加息、国际市场需求萎缩等多重因素影响，大宗商品价格持续下跌，对以能源资源为支撑产业的新疆影响明显。新疆产业结构依然是偏重型结构，石油石化、电力、化工、有色金属等传统产业占比高达70%，大宗商品价格持续下跌直接导致资源型工业增长放缓。“十二五”期间，新疆石油工业增速由5.3%回落到0.8%，黑色金属冶炼和压延加工业增速由18.4%回落至-38.5%，化学原料和化学制品业增速由49.4%下降到-5.1%。同时，对通过出口拉动经济增长形成明显制约。新疆周边国家主要是资源型国家，经济受大宗商品价格波动影响更大，其中哈萨克斯坦预计2015年经济增长仅为1%，直接造成对新疆的需求迅速萎缩。2015年新疆进出口总额同比下降28.9%，较上年同期回落29.3个百分点。导致金融机构贷款增长乏力，经营面临诸多困难。

2. 经济下行造成部分行业风险显露，金融机构信用风险增加

受经济下行和去产能、去杠杆、去库存等形势影响，新疆传统行业企业经营困难增多，钢铁、建材、化工行业持续处于负增长，有色金属、电力、农副食品、装备制造行业增速回落。多数企业产品价格下跌、销售乏力、成本上升。全年钢铁、水泥产量大幅下降29.2%、15.9%。规模以上工业企业主营业务收入下降11.8%，利润下降48.3%，亏损企业共亏损317.9亿元。个别企业出现经营困难和财务风险，对金融业信贷质量带来较大影响。据2015年对全疆42家风险度偏高、影响面较广的企业风险排查看，42家企业中有不良贷款44.39亿元，占被调查企业贷款的55%，占辖区银行业不良贷款的23.3%。特别是有5家规模10亿元以上企业不良贷款达23.53亿元，占被调查企业不良贷款的53%，风险需要关注。同时，随着去产能措施落地，政府将停止对“僵尸企业”的财政补贴和各种形式的保护，一些产业链、担保圈等融资风险会加速暴露，对维护金融资产安全带来较大挑战。

3. 新兴金融业态蓬勃发展，将对维护金融稳定和提升监管效能带来挑战

随着我国新兴金融业态快速发展，互联网支付、网络借贷（P2P）、股权众筹融资和网络金融产品销售呈现爆发式增长，在提高金融服务效率、降低交易成本、满足多元化投融资需求的同时也为资金安全埋下风险隐患。2015年“泛亚”、“E租宝”引发的大规模群体性上访和金融风险，已经波及影响到了新疆。

## 二、金融业运行及稳健性估

2015年，新疆金融业稳健运行，金融业实现增加值613.48亿元，增长14.9%，高于地区生产总值增速6.1个百分点，持续保持快速发展。金融业资产规模稳步增长，各项业务和交易大幅增长，金融市场平稳运行，金融基础设施持续改善，金融服务能力显著提升。

### （一）银行业稳健性评估

1. 运行状况

规模不断扩大，盈利能力下滑。年末，银行业资产总额23 998.38亿元，增长9.17%。其中，贷款余额13 929.7亿元，增长11.82%。累计实现净利润295亿元，同比下降5.2%，增速下滑11.4个

百分点。资产利润率 1.47%，利息收入率 86%，中间业务收入率 11.62%，银行业收入来源仍以利息收入为主（见图7）。

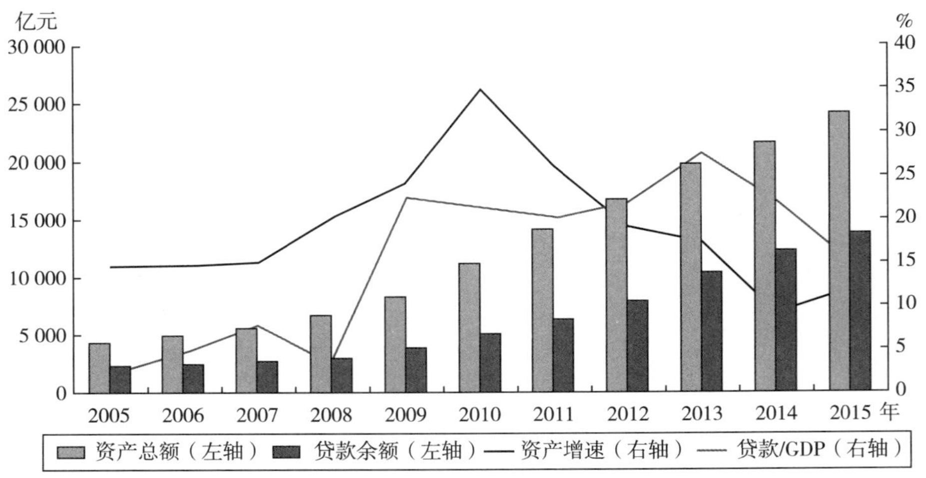


数据来源：新疆银监局，新疆统计局。

**图7 2005—2015 年新疆银行业资产贷款变化情况**

资产质量总体较好，风险处于合理区间。年末，银行业不良贷款余额 184.21 亿元，增长 14.32%，不良贷款率 1.32%，上升 0.03 个百分点，呈现“双升”趋势。其中国有商业银行、股份制银行的信贷资产不良率不足 1%，政策性银行、法人银行机构、非银行机构信贷资产不良率在 2%以内，均处于监管标准之内，风险整体可控（见图8）。

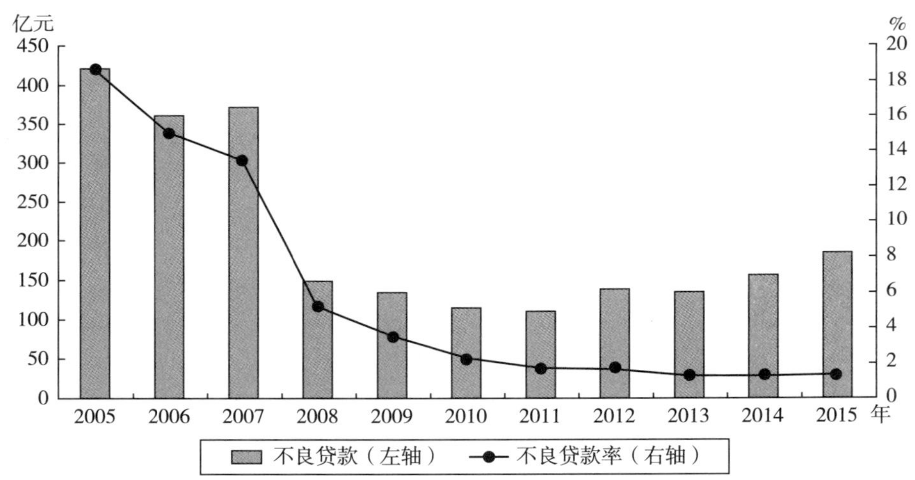


数据来源：新疆银监局。

**图8 2005—2015 年新疆银行业不良贷款变化情况**

法人银行资本较充足，流动性充裕。年末，法人银行机构核心一级资本充足率 13.64%，资本充足率 14.74%，109 家法人机构资本充足率全部达标。贷款损失准备充足率、拨备覆盖率、拨贷比分别在 150%、100%、3%以上，拨备计提充分。流动性比率为 53.96%，高于监管上限 28.96 个百分点。人民币超额备付金率为 14.51%，高于监管标准 12.51 个百分点。贷存比 76.6%，较上年减少

3.83 个百分点（见图9）。

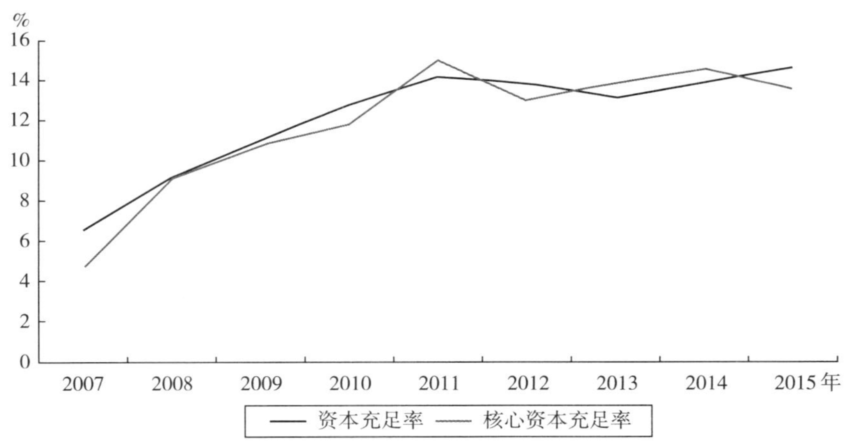


数据来源：新疆银监局。

**图9　2007—2015 年新疆法人银行机构资本充足水平变化情况**

金融改革不断推进，服务水平逐年提升。2015 年，北京银行、民生银行入驻新疆，天津滨海农商行在新疆成立分行，新设立 3 家村镇银行，3 家农村信用社改制为农村商业银行，区域金融组织体系进一步完善。年末，银行业金融机构 140 家，较上年增加 5 家，分支机构 3 656 个。乌鲁木齐市商业银行更名为乌鲁木齐银行，逐渐由区域性银行向全国性银行转变。昌吉、阿克苏、库尔勒 3 家改制农商行开业运营。农村资金互助社资产、贷款分别增长 34.3%、43.2%。邮储银行采取流动服务车和固化网点方式，完成 17 处金融服务空白乡镇填补工作。

2. 稳健性评估

2015 年，银行业资产规模、存贷款、经营利润稳步增加，运行平稳，风险可控，但一些影响金融运行的因素需要关注。

不良贷款反弹，信贷风险加大。年末，银行业不良贷款余额增加 23.07 亿元，不良贷款率同比上升 0.03 个百分点，反弹趋势明显。除政策性银行外，其他机构不良贷款均出现“双升”，增幅均在 15%以上。法人银行机构不良贷款余额增长 29.4%，增速高于全疆平均水平 15.08 个百分点，风险相对较高。全疆 109 家法人银行中有 63 家不良贷款率超过 2%，吐鲁番、克州法人银行不良贷款率分别为 4.5%、3.61%，风险偏高。

利率市场化对法人农村金融机构经营影响较大。农村信用社由于资金来源单一，利率定价能力不足，缺乏竞争优势，受利率市场化影响较大，2015 年农村信用社存款下降 80.17 亿元，利润下降 13%。

法人机构存在流动性风险隐患。年末，辖区 30%法人机构存贷比超过 75%，35%的法人机构流动性缺口率在 -10%以下，个别机构不足 -100%。21 家机构中长期贷款率超过 120%，个别机构在 500%以上。65 家机构核心负债依存度不足 60%。7 家机构人民币超额备付金率不足 2%。

### （二）证券期货业稳健性评估

1. 运行状况

证券业快速发展，市场交易成倍增长。2015 年，申万宏源证券在新疆设立 2 家法人证券子公司。

银河证券、太平洋证券、国信证券、国开证券在新疆设立分公司。年末，证券主体机构达到28家。证券营业部68个，较上年增加3个。全年证券交易总额35 462.5亿元，增长1.87倍。投资者开设资金账户179.73万户，较上年增加45.4万户，新增数量超过前5年新增之和。证券业金融机构实现利润51.63亿元，增长383.43%（见图10）。

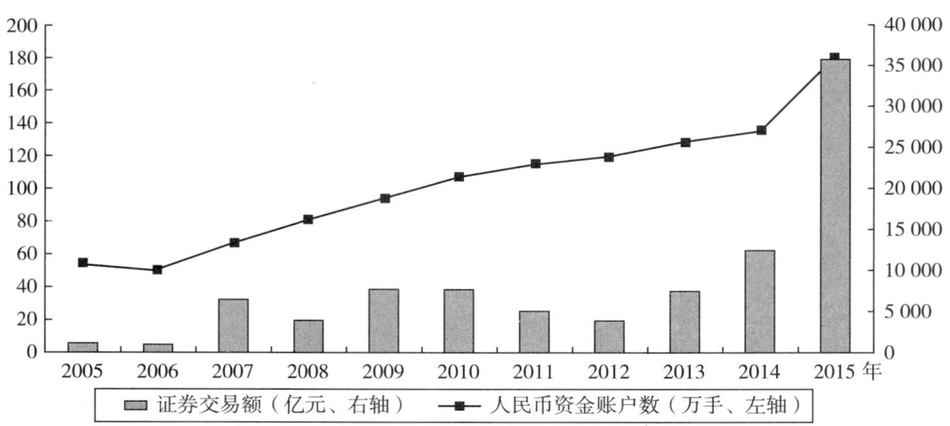


数据来源：新疆证监局。

**图10　2005—2015年新疆证券交易和资金账户变化情况**

期货业务发展迅猛，经营利润成倍增长。2015年，中国国际期货公司在新疆设立分公司。年末期货机构达到6家，较上年增加1家。共有期货营业部9个。全年期货交易总额11 913.35亿元，增长32.6%。交易走势变化基本与A股交易保持一致。实现利润1 123.13万元，增长1.8倍（见图11）。

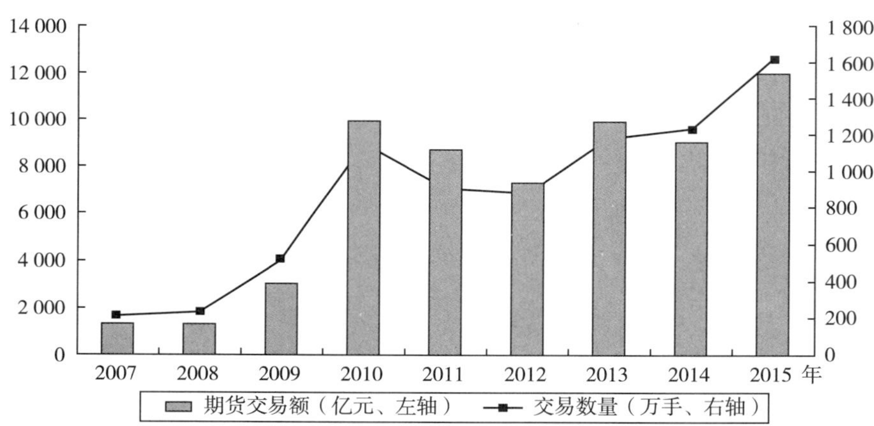


数据来源：新疆证监局。

**图11　2005—2015年新疆期货交易和资金账户变化情况**

上市公司市值不断提升，直接融资大幅增长。2015年，西部黄金、雪峰科技在上交所上市，ST新亿从贵州迁至新疆。A股上市公司数量达到43家，其中创业板上市公司3家。A股上市公司总市值6 141.01亿元，增长38.97%，创历史新高。融资总额395.9亿元，增长2.49倍。其中，IPO筹资8.6亿元，再筹资217.51亿元（见图12）。

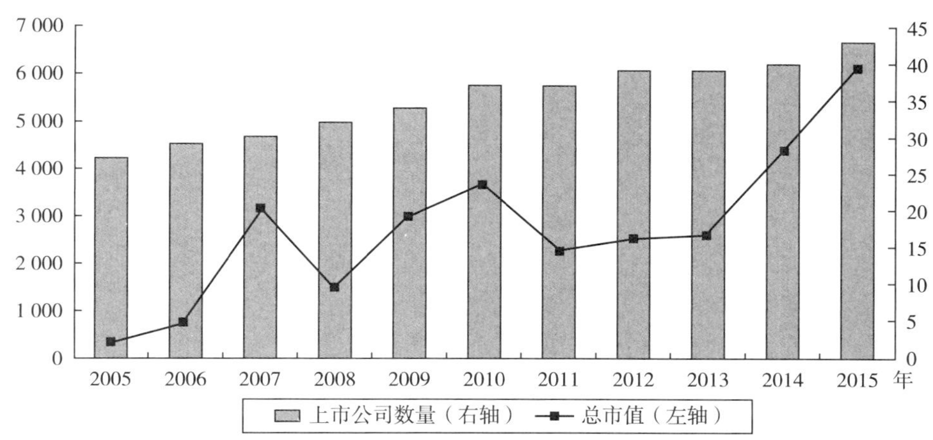


数据来源：新疆证监局。

**图 12　2005—2015 年新疆上市公司数量及市值变化情况**

2. 稳健性评估

2015 年，新疆证券期货市场运行基本与全国保持一致，呈现大涨大跌、进而回升态势，全年证券期货业务规模、交易量和利润大幅增长，总体运行稳健。但部分上市公司经营风险增加。从新疆 33 家上市公司披露的业绩预警信息看，有 17 家预告利润下降，10 家预告亏损，6 家预告亏损在 1 亿元以上。*ST 新亿被 5 次发布暂停上市等风险提示，1 次被申请破产重整提示，公司主要高管人员被上交所给予纪律处分。雪峰科技存在重大关联交易未披露，被要求限期整改。另有 10 家上市公司涉及诉讼业务，涉案金额达 10.72 亿元，内容主要为金融借款、担保、贷款、经营买卖等合同纠纷。

### （三）保险业稳健性评估

1. 运行状况

保险体系逐年完善，业务规模稳步增长。年末，保险市场共有主体 30 家，与上年持平，其中财产险公司 17 家、人身险公司 13 家。分支机构 1 781 家，增加 57 个。保险业资产总额 742.98 亿元，增长 15.76%，增速同比提高 0.7 个百分点，持续保持高位增长（见图 13）。

保费收入快速增长，农险规模全国第一。2015 年，保险业实现保费总收入 367.43 亿元，增长 15.76%。其中，财产险保费收入增长 8.61%，人身险保费收入增长 20.82%。农业保险累计实现保费收入 35.05 亿元，增长 10.14%，保费规模位列全国首位，为农户提供 490.29 亿元风险保障（见图 14）。

保险赔付逐年增加，社会保障水平不断提升。2015 年，保险业累计发生赔款与给付支出 136.85 亿元，增长 12.94%，累计为全社会提供风险保障 11.53 万亿元。农业保险赔款支出 24.77 亿元，受益农户 64.27 万户次。船舶保险、信用保险的赔付高倍增长，分别增长 360 倍、301.8 倍（见图 15）。

2. 稳健性评估

2015 年，新疆保险市场运行平稳，偿付能力稳定，主要监管指标向好，总体实力增强，风险可控。保险业各项资产、保费收入、赔付支出、利润、保险密度、保险深度等指标稳步增长，保险市场持续健康发展。但存在的退保风险需要关注。2015 年，人身保险公司退保达 32.17 亿元，增长

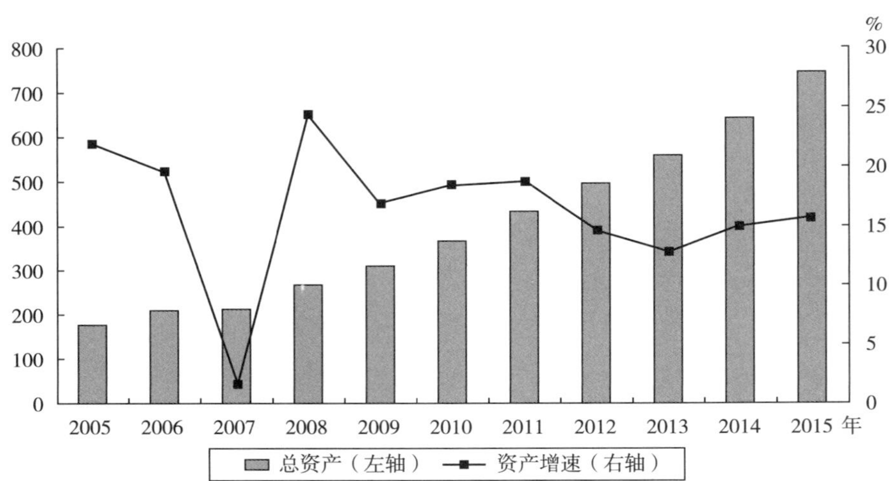


数据来源：新疆保监局。

**图13 2005—2015年新疆保险业资产变化情况**

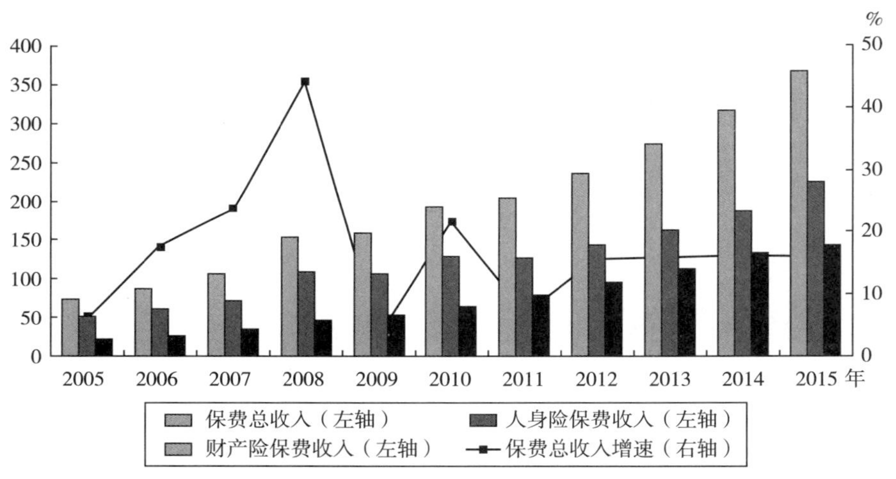


数据来源：新疆保监局。

**图14 2005—2015年新疆保险收入增长变化情况**

33.09%。寿险公司退保率3.58%，同比增加0.45个百分点，创“十一五”以来最高。满期给付23.07亿元，增长24.17%。未来退保压力将进一步增大，防范退保风险任务艰巨。

### （四）准金融机构稳健性评估

1. 运行状况

小额贷款公司持续稳步发展。年末，小额贷款公司361家，增加36家。注册资本金246.79亿元，增长33.64%。贷款余额235.26亿元，增长11.63%。累计投放贷款240.51亿元，下降19.86%，其中三农、中小企业、个体工商户贷款分别增长4.9%、5.03%、11.68%。

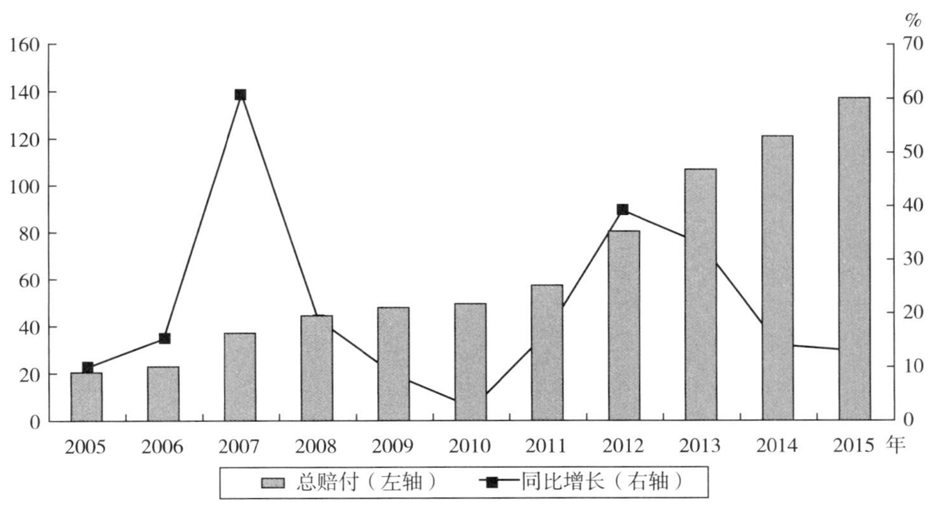


数据来源：新疆保监局。

**图 15　2005—2015 年新疆保险业赔付支出变化情况**

融资性担保公司平稳运行。年末，融资担保公司 166 家，增加 5 家。注册资本金 133. 98 亿元，增长 18. 03%。融资担保责任余额 191. 85 亿元，下降 7. 82%。融资担保代偿额 12. 95 亿元，增长 1. 47 倍。实现业务收入 5. 05 亿元，下降 14. 41%。

典当公司稳步发展。年末，典当公司 189 家，增加 30 家。实收资本 28. 72 亿元，增长 29. 64%。典当业务总额 26. 34 亿元，增长 4. 1%。绝当金额 701. 84 万元，增长 1. 85 倍。净利润 0. 47 亿元，降低 24. 32%，盈利空间进一步受到挤压。

2. 稳健性评估

2015 年，新疆三类准金融机构数量持续快速增长，各项业务保持稳健发展，但贷款风险上升，收入下降，潜在风险需要关注。一是小额贷款公司不良贷款增长 78. 46%，风险增加较快；二是融资性担保公司代偿额成倍增长，利润下降，风险较大；三是典当行业务结构存在缺陷，以房地产或股权等融资为主要业务，融资期限以短期为主，加上当品评估和鉴定技术人员缺乏，导致业务品种集中，竞争力、抗风险能力较弱，易受行业下行趋势影响。

### （五）金融市场稳健性评估

1. 债券市场交易活跃

2015 年，银行间市场债券交易累计成交 5. 5 万亿元，增长 57. 67%；其中质押式债券回购交易 43 622 亿元，增长 38. 4%，占交易总额的 79. 3%，资金呈净流入态势。债券利率呈现 L 走势，加权平均利率大幅下降。同业拆借交易 3 106. 3 亿元，下降 11%。

2. 票据业务快速增长

2015 年末，未贴现商业汇票余额 911 亿元，增长 26. 5%，高于全疆人民币贷款增速 14. 8 个百分点；票据融资余额 874. 6 亿元，增长 54. 6%，同比提高 11. 3 个百分点。

3. 黄金交易稳中有升

由于股市震荡、黄金价格上扬及未来全球经济形势不明朗，居民避险情绪增强，投资黄金意愿有所回升。2015 年，新疆金融机构黄金累计交易量上升 6%。

4. 外汇交易大幅下降

2015 年，新疆银行结售汇总额 185.3 亿美元，下降 31.3%，其中：结汇 132.8 亿美元，下降 39.6%；售汇 52.5 亿美元，增长 5.4%。结售汇顺差 80.3 亿美元，下降 52.8%，创 2010 年以来新低。

### （六）金融基础设施建设稳健性评估

1. 金融管理与服务工作不断深入，金融机构合规意识提升

2015 年，受理新设金融机构及其分支机构 35 家，受理各类重大事项 384 项，对辖区 259 家金融机构执行人民银行政策情况进行了综合评价。全年开展综合执法检查 28 次，专项检查 267 次，覆盖银、证、保金融机构 673 家（含分支），金融机构合规经营意识提高。

2. 支付结算体系平稳运行，农村支付环境持续改善

2015 年，第二代支付系统顺利完成切换，大、小额支付系统处理业务 5 665.7 万笔，金额 47.97 万亿元。跨境人民币支付系统在全疆成功上线运行，银行机构共办理业务 81 笔，金额 1.11 亿元。新疆农村地区共设立银行卡助农取款服务点 2 726 个，发生取款、现金汇款 43.28 万笔，取款金额 13 957.38万元，金融服务村级覆盖率达 33.26%，农村支付服务环境有效改善。

3. 金融消费者权益保护工作持续推进

人民银行和银、证、保三家监管机构均设立了金融消费者权益保护部门，公布了投诉电话，畅通投诉渠道。2015 年，仅新疆人民银行系统共受理金融消费者投诉 481 件，咨询 713 件。开展“3.15”和“金融知识普及月”宣传活动，普及金融消费者权益保护知识和金融知识，“12363”惠民工程成效显现。

4. 反恐融资纵向深入，反洗钱监管不断增强

2015 年，新疆共发现和接收涉恐可疑交易线索 48 份，向侦查机关移送涉恐犯罪线索 36 起，协查涉恐案件 79 起，涉及金额 2.7 亿元，协查破获多起资助恐怖活动案件，推动 2 起资助恐怖活动案宣判，填补我国资助恐怖活动案判例的空白。对 76 家金融机构开展现场检查，对违规金融机构处罚款 41.5 万元，对 176 家金融机构实施了走访、约谈、质询、风险评估等监管措施，促进反洗钱工作水平整体提升。

5. 社会信用体系不断健全，信用环境持续改善

2015 年末，全疆累计建立中小企业信用档案 3 万余户，取得融资 811 亿元，建立农村信用档案 305.7 万户，取得融资 2 705.9 亿元。全年通过中征应收账款融资服务平台办理业务 1 308 笔，成交金额 428.2 亿元，位居西北五省第一。首批 58 家小额贷款公司和融资性担保公司接入征信系统。全疆 17 万企业和 1 145 万个人在金融信用信息基础数据库中建立信用档案。共举办征信宣传教育活动 1 858场，发放资料 55 万余份，受益人数数十万。

6. 反假币工作机制进一步完善，宣传力度不断加强

2015 年，新疆建立银警打击整治假币违法犯罪协作机制，设立 20 个假币动态银行监测点，实现银警联动。全年共收缴假币 963.7 万元，下降 29.8%，假币收缴量上升势头得到遏制。开展“反假货币宣传月”、“反假知识进万村”等系列宣传活动，发放维、汉、哈、蒙等文字宣传资料 60 余万份，媒体报道 70 余条。

7. 开展非法集资宣传活动，加大风险监测和处置力度

全疆各银行机构利用电视、广播、报刊、微信、短信、微博等媒体，开展非法集资宣传和风险排查，共同做好“泛亚”投资者集体上访宣传解释和安抚工作，妥善处置新疆境内 e 租宝非法集资事件，维护区域金融稳定。辖区人民银行播放非法集资宣传片 2 070 次、8 000 余小时，300 余人参与宣传，组织召开小额贷款和融资性担保公司监督例会，宣传相关政策法规，加强风险预警提示，防范非法集资风险。

## 三、总体评估与对策建议

### （一）总体评估

2015 年，新疆经济平稳运行，结构调整不断优化，第三产业对经济增长的贡献率高于第二产业，投资增速平稳回落，消费市场平稳中趋旺，净出口降幅扩大，财政增收压力增大，居民收入快速增长。银行业整体稳健发展，金融改革不断推进，地方法人资本充足，流动性充分。证券市场交易成倍增长，期货业务发展迅猛，上市公司融资能力大幅提升。保险市场运行平稳，保费收入快速增长，保险赔付逐年增加，保险保障功能持续提升。地方准金融机构发展放缓。金融业整体保持健康平稳运行。但同时需要关注以下风险：一是经济下行形势下引发的信用风险。截至 2015 年末，新疆银行业金融机构关注类贷款余额 934. 14 亿元，比年初增加 471. 6 亿元，同比增长 101. 96%，高于全国平均水平 69. 18 个百分点，贷款质量下迁压力持续加大。过去高速增长时期积累或掩盖的各种矛盾和问题逐步显现，一些集团客户、大额授信贷款质量劣化迹象明显。二是社会金融向银行体系输入引发的外部风险。包括非法集资风险、社会融资风险、银行代理业务签约风险等。三是员工行为失当引发的操作风险。四是地方中小法人机构的综合风险。受利率市场化、汇率自由化，互联网金融等因素影响，中小法人机构流动性风险需要高度关注。

### （二）计量评估

以人民银行上海总部的区域金融稳定定量评估指标体系为依据，结合新疆实际，对宏观经济、银行业、证券业、保险业和金融生态环境指标进行计量评估分析，得出新疆区域金融稳定状况。2015 年，新疆宏观经济、金融业、金融生态环境指标得分均较上年略降，金融稳定综合得分指数下降 0. 0014。原因是，宏观经济指标受地区生产总值、投资、消费等主要经济指标下行影响；金融业指标受银行业账面利润、不良贷款上升因素影响；金融生态环境得分受财政收入占 GDP 比重、法制环境综合得分下降影响（见表 1）。

**表 1　2011—2015 年新疆金融稳定综合评价表**

| 年份 | 2011 年 | 2012 年 | 2013 年 | 2014 年 | 2015 年 |
| --- | --- | --- | --- | --- | --- |
| 宏观经济 | 0. 1318 | 0. 1231 | 0. 1126 | 0. 1102 | 0. 1096 |
| 金融业 | 0. 5186 | 0. 4985 | 0. 4875 | 0. 4882 | 0. 4877 |
| 金融生态环境 | 0. 1014 | 0. 1017 | 0. 1023 | 0. 1031 | 0. 1028 |
| 综合得分 | 0. 7515 | 0. 7233 | 0. 702 | 0. 7015 | 0. 7001 |

### （三）相关建议

1. 适应经济新常态，加快改革开放，夯实经济金融发展基础

新疆作为国家“一带一路”战略的核心区，面临重大机遇和挑战，要更加重视发展的质量和效益，坚持绿色发展，把创新作为发展第一动力，加快“三通道”、“三基地”、“五大中心”、“十大进出口产业集聚区”建设，着重解决经济社会发展中关键问题，提高发展的整体性、平衡性、可持续性，拓宽发展空间，增强发展后劲。

2. 加强金融风险监测，防范化解金融风险，维护区域金融稳定

密切关注辖内经济金融形势变化，增强风险监测分析，切实加强金融风险预警和防范。进一步完善金融监管联系会议制度，加强沟通协调，发挥监管合力，关注互联网金融、实体经济风险。深入推动存款保险制度建设，构筑金融安全网，守住不发生系统性、区域性金融风险。

3. 建设良好金融生态环境，推动经济金融健康发展

持续推动金融生态示范县建设，加大打击非法集资宣传力度，提高投资者风险意识。加强征信建设，树立诚信理念。加强高风险金融机构和企业的风险排查监测，及时防范化解风险隐患，创建良好地经济金融发展环境。

总　　纂：尚　晓
统　　稿：庞小红　杨长伟
执　　笔：白文梅
其他参与写作人员：孔军士　付　聘　李宏林　李文泉　刘德英
杨　涛　宋雪丽　赵　强　张　硕　高　兴
梁　艳

# 大连市金融稳定报告摘要

2015年，面对错综复杂的国际、国内经济形势，大连市经济发展承受了较大的下行压力，但主要指标仍处在合理区间，实体经济平稳发展，就业、物价保持稳定，区域金融稳定基础较为坚实，金融业运行平稳，市场秩序进一步改善，金融机构改革稳步推进，无重大风险事件发生。但在世界经济缓慢复苏，国内经济结构性问题依然突出的大背景下，大连市经济增长的内生动力略显不足，传统产业增长乏力，新兴产业尚未形成有效支撑，经济复苏仍面临不确定性，金融业的平稳运行仍面临较大的挑战。

## 一、区域经济运行与金融稳定

2015年，面对错综复杂的国际、国内经济形势，大连市经济发展承受了较大的下行压力，但主要指标仍处在合理区间，实体经济平稳发展，就业、物价保持稳定。结构调整持续深入，传统产业转型升级步伐加快，新兴产业快速发展，现代服务业持续壮大，农业现代化稳步推进。改革开放进一步深化，经济体制改革加快实施，开放型经济体制逐步建立，市场活力进一步激发。创新驱动战略加快实施，发展新引擎加速形成，区域金融稳定基础较为坚实。但在世界经济延续疲弱复苏，国内经济结构性问题依然突出的大背景下，大连市经济增长的内生动力略显不足，传统产业有效供给乏力，新兴产业尚未形成有效支撑，经济复苏仍面临不确定性，金融业的平稳运行仍面临较大的挑战。

### （一）经济发展平稳有序，金融稳定基础坚实

1. 经济增速缓慢回升，结构调整逐步深化

2015年大连市实现地区生产总值7 731.6亿元，同比增长4.2%，比全国低2.7个百分点，比辽宁省高1.2个百分点，各季度GDP增速分别为2%、3.5%、3.8%、4.2%，经济增速缓中趋稳，缓中有升。结构调整步伐进一步加快，第三产业占比继续上升。其中第一产业增加值453.3亿元，同比增长3%；第二产业增加值3 580.8亿元，同比增长0.9%；第三产业增加值3 697.5亿元，同比增长8.2%。三次产业比重为5.9:46.3:47.8，第三产业比重同比上升1.9个百分点（见图1）。

2. 固定资产投资大幅回落，有效投资不断增加

2015年全市完成固定资产投资4 559.3亿元，同比下降32.7%，增速分别比全国和辽宁省低42.7个和4.9个百分点。其中建设项目投资3 661.8亿元，同比下降31.5%，房地产开发投资897.5亿元，同比下降37.2%。分产业看，第一产业投资150.4亿元，同比下降35.5%；第二产业投资1 434.6亿元，同比下降34.7%；第三产业投资2 974.3亿元，同比下降31.5%。全年完成公共基础设施投入119.4亿元，采取PPP模式推进14个示范项目建设，吸引社会资本参与202轨道延伸线、

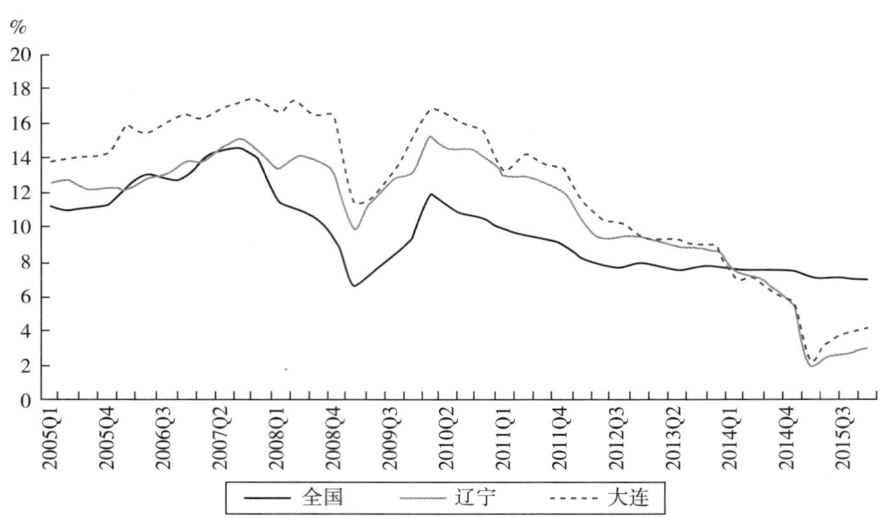


数据来源：国家、辽宁省及大连市统计局。

**图1　生产总值（GDP）累计同比增速**

快轨3号线建设。

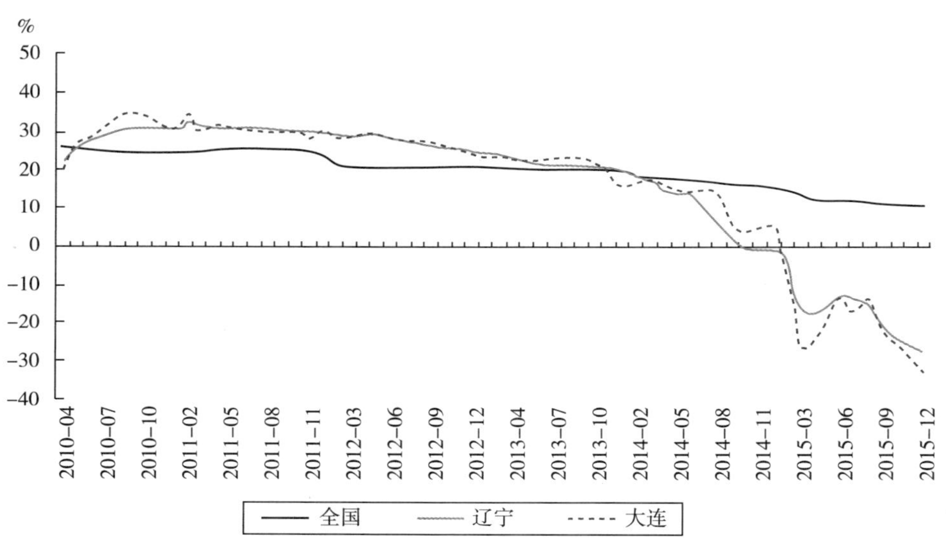


数据来源：国家、辽宁省及大连市统计局。

**图2　固定资产投资累计同比增速**

3. 进出口增速较慢，覆盖面有所增加

全年外贸自营进出口总额550.9亿美元，同比下降14.7%，增速比全国低7.7个百分点，比辽宁省高1个百分点。其中，进口292.9亿美元，同比下降16.5%；出口258亿美元，同比下降12.5%；贸易逆差为34.9亿美元。强化船舶、服装、水产品等20个外贸转型示范基地建设，跨经电商交易实现38.4亿元；出口市场扩展到196个国家和地区，对南亚、中东出口分别增长81.2%和37.5%（见图3）。

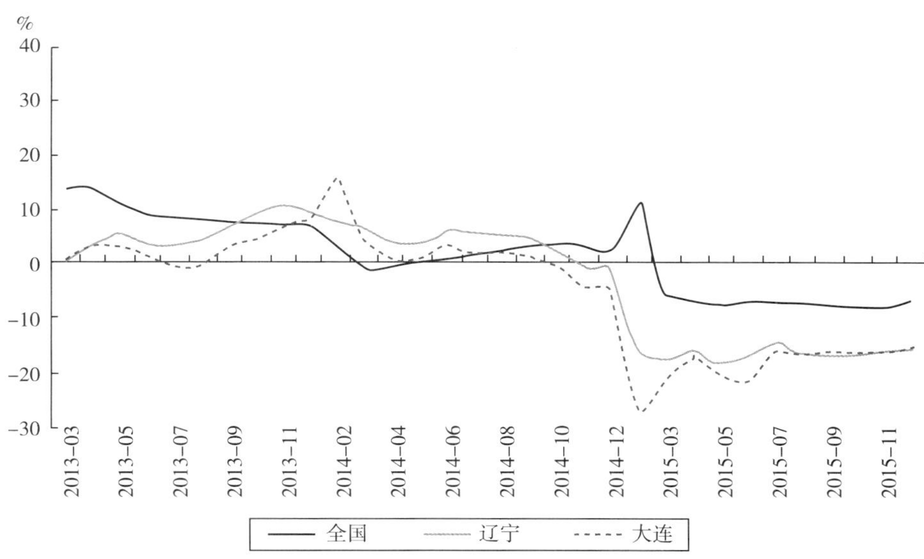


数据来源：国家、辽宁省及大连市统计局。

**图3 进出口总额累计增速**

4. 工业增速缓慢回升，多方施策保障企业运行

全年规模以上工业增加值同比下降4.5%，增速与全国落差达10.6个百分点，比辽宁省略高0.2个百分点，降幅比上半年扩大0.5个百分点，但比1—9月收窄0.2个百分点。规模以上工业实现销售产值7 401.5亿元，同比下降23.8%，工业产品产销率97.3%；工业用电量195亿千瓦时，同比下降3.8%。针对企业实际情况，全年出台25条优惠政策，设立50亿元育龙基金，支持企业债券融资2 614亿元，新增企业、注册资本同比分别增长9.6%和51.9%（见图4）。

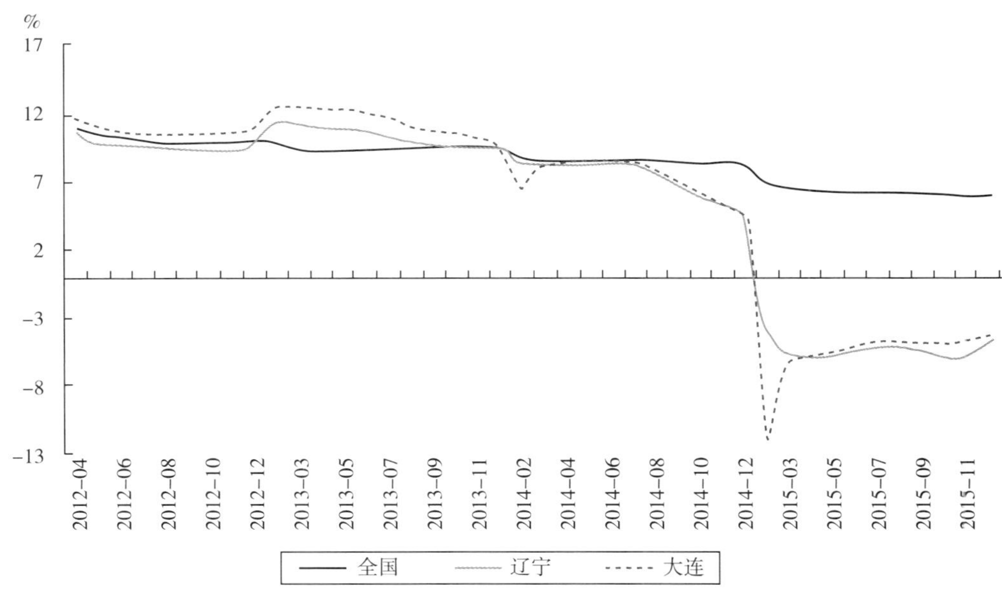


数据来源：国家、辽宁省及大连市统计局。

**图4 规模以上增加值累计同比增速**

5. 价格水平低位运行，消费增长保持平稳

2015 年大连市居民消费价格指数上涨 1.6 个百分点，CPI 继续保持在较低水平。生产者价格指数同比下降 5.9 个百分点，连续 44 个月呈现负值状态。全年城镇居民人均可支配收入 35 889 元，同比增长 6.8%；农村居民人均可支配收入 14 667 元，同比增长 8.3%。全年社会消费品零售总额 3084.3 亿元，同比增长 8.5%，增速比全国低 2.2 个百分点，比辽宁省略高 0.8 个百分点，呈缓慢回升走势。

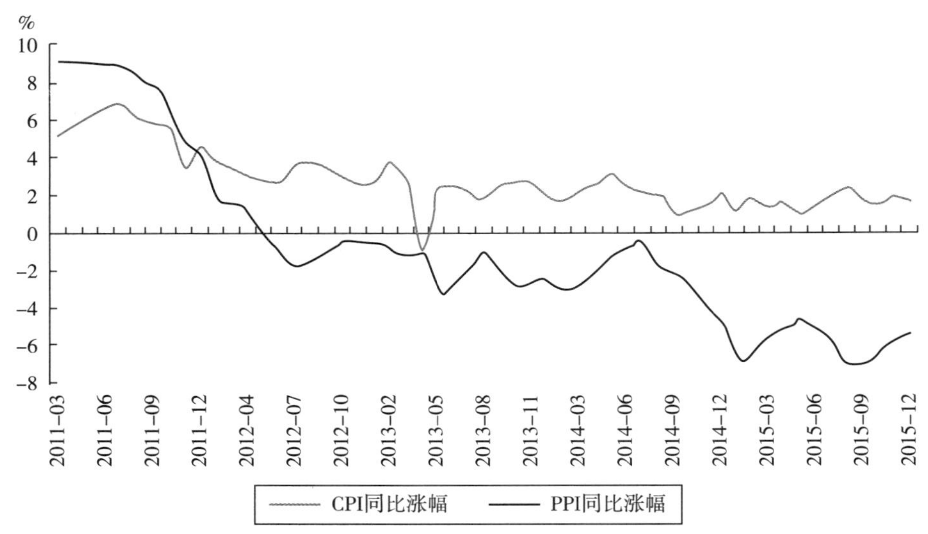


数据来源：大连市统计局。

**图 5　大连市 CPI 与 PPI 走势**

### （二）区域经济运行中不利于金融稳定的因素

2015 年，大连市经济增长有所放缓，地区国内生产总值、固定资产投资等主要经济指标增速出现回落，经济发展与结构调整压力并存。从发展动能上看，大连对投资的依赖度较高，创新驱动支撑作用不强，当投资出现大幅下降后，经济增速也随之下滑，未来投资受资金、项目、收益的制约很难有大幅增长，依靠投资拉动经济增长的模式难以为继。从产业结构上看，大连市石化、造船、装备制造和电子信息四大支柱产业，都面临结构调整和优化升级问题，部分行业产能明显过剩，对经济的拉动作用逐步减弱。从外贸形势上看，世界经济复苏缓慢，需求疲弱，全市进出口均出现下滑，贸易形势短期内难有较大改观，而在经济增速放缓和房地产市场低迷的影响下，辖内资本外流的压力将加大。未来大连市应着力推进结构调整，着力鼓励创新创业，坚持供给侧与需求侧同时发力，传统动能提升与新兴动能培育齐头并进，短期加强需求管理，长期加快供给侧结构性改革，推动经济发展步入更高层次。

## 二、金融业与金融稳定

2015 年，大连市金融业运行平稳，银行业、证券业、保险业平稳发展，市场秩序进一步改善，金融机构改革稳步推进，无重大风险事件发生，但仍存在风险隐患。

### （一）银行业运行状况及风险分析

截至2015年末，大连市共有地方法人银行业金融机构13家，分行44家。2015年，大连市银行业金融机构总体发展稳中有降，存款增长乏力，贷款增速放缓，存贷款利率持续下降，资产质量加速恶化，利润水平持续下降。需关注经济下行压力增大、资产质量恶化等现象所带来的潜在风险。

1. 银行业运行状况

（1）存款总额有所增加，非银行业金融机构存款增速下降较快。截至2015年末，大连市银行业金融机构本外币各项存款余额13 864.5亿元，同比增长6.4%，增幅同比上升4.7个百分点；全年新增本外币存款931.4亿元，同比多增732亿元。受资本市场深度调整等因素的影响，非银行业金融机构存款增速大幅回落，年末本外币存款余额1 924.5亿元，比年初增加454.8亿元，同比少增193.8亿元，下半年净下降298.3亿元。受居民收入增幅放缓、金融脱媒等因素的影响，全市金融机构个人存款余额增速持续低位运行，全年个人存款余额5 237.1亿元，同比增长2.9%，增幅同比下降2.2个百分点（见图6）。

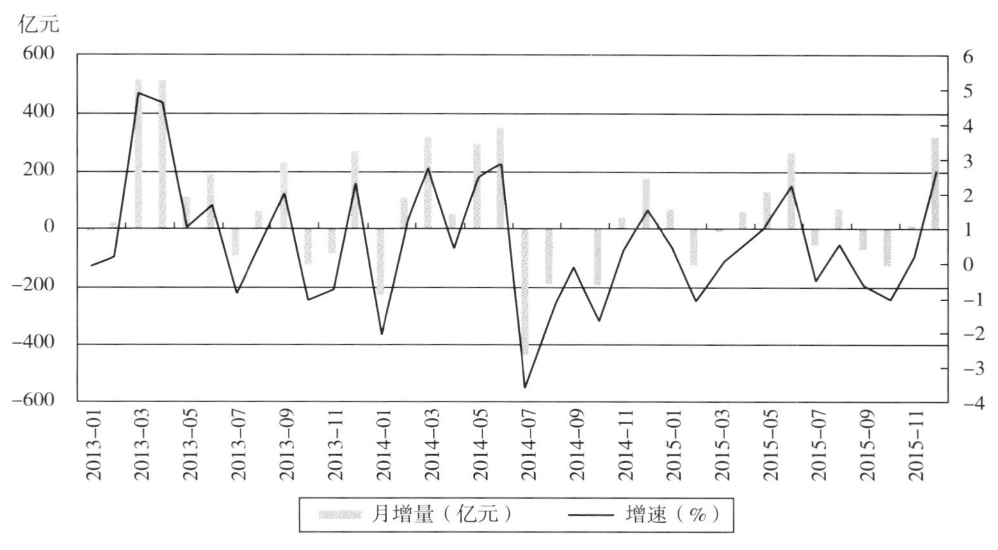


**图6 金融机构存款增量、增速走势图**

（2）贷款增速持续走低，票据融资快速增长。2015年，受实体经济不振、经济下行压力较大等因素影响，全市贷款增速持续走低。截至年末，大连市银行业金融机构本外币各项贷款余额11 680.3亿元，同比增长6.5%，增幅同比下降1.1个百分点，增速达2000年以来最低；全年新增本外币各项贷款709.9亿元，同比少增45.6亿元。在经济下行压力和部分行业资产质量恶化的背景下，银行对具有较高流动性和稳定收益率的票据业务偏好加大，截至年末，票据融资余额607.4亿元，同比增长50.8%，比年初增加204.6亿元，同比多增28.8亿元，连续13个月保持50%以上高速增长（见图7）。

（3）存款利率下降，贷款利率持续下行，存贷款利差进一步收窄。截至2015年末，大连市金融机构全口径人民币存款加权平均利率2.5%，同比下降26个基点；受年内五次降息的影响，人民币贷款加权平均利率累计下降135个基点；人民币贷款利率下降速度快于存款利率，导致存贷款利差进一步收窄，第四季度已缩小至3.1%。

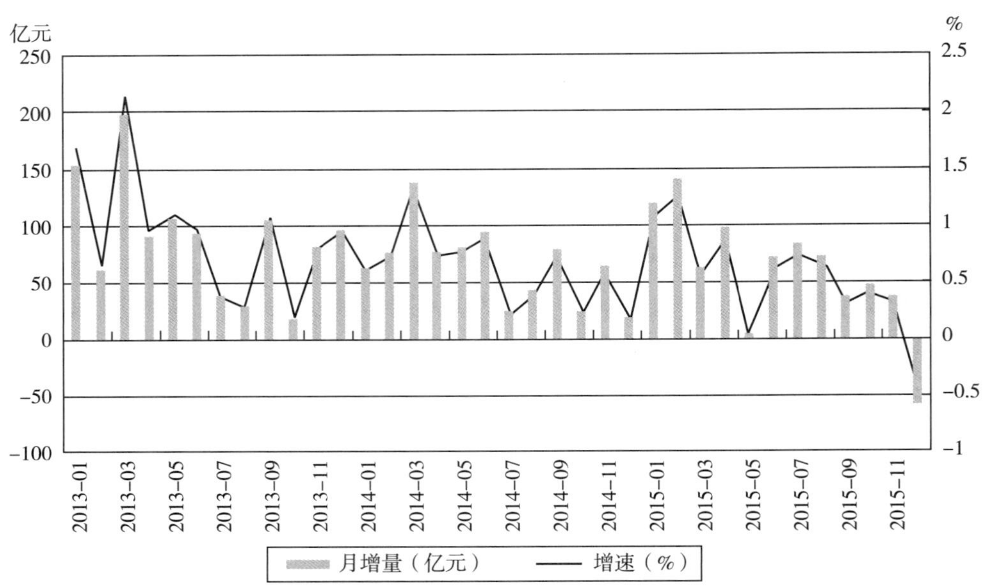


**图7 金融机构贷款增量、增速走势图**

（4）信贷资产质量加速恶化，利润水平持续下降。2015 年，大连市银行业金融机构资产质量加速恶化，全市银行业金融机构不良贷款余额 251.6 亿元，同比增加 48.6 亿元，增长 23.9%；不良贷款率 2.2%，同比上升 0.3 个百分点。受资产质量恶化、拨备提取量大增等因素影响，金融机构利润水平持续下降，全年累计实现本外币净利润 149.5 亿元，同比下降 24.1%。

2. 银行业风险情况分析

（1）信贷资产质量加速下滑，未来形势不容乐观。受经济增速下滑，消费增速回落，需求疲软以及前期产能过剩难以在短时间内消化等多重因素影响，大连市企业的盈利空间明显收缩，违约和破产概率加大。2015 年以来，大连市金融机构不良贷款余额、不良贷款率持续双升。企业借新还旧现象频现，金融机构信贷风险仍未完全暴露。除实体经济下行造成资产质量下滑外，银行经营策略趋同，对大的项目或政府推动项目一哄而上，也是导致不良资产集中爆发的重要原因。

（2）房地产信贷投放趋于谨慎，房地产市场形势依然严峻。近年来，受国家房地产调控政策影响，大连市房地产市场交易持续降温，房地产信贷投放趋于谨慎。2015 年，全市房地产开发投资降幅继续扩大，销售形势虽然有所好转但仍不容乐观。2015 年大连市金融机构对房地产市场的扶持重点是保障性安居工程以及支持居民购房需求，截至年末，全市房地产贷款余额 2 689.2 亿元，同比增长 7%。其中，土地储备贷款增加 51.8 亿元，同比多增 28.2 亿元；保障性住房贷款增加 70.2 亿元，同比多增 67.4 亿元；个人住房贷款增加 120.7 亿元，同比多增 41.4 亿元。

（3）小微企业现金流压力加大，金融风险持续累积。2015 年，大连市金融机构对小微企业和受限行业的信贷投放日趋谨慎，部分中小型银行因遭遇资产质量恶化而收紧小微型企业信贷政策，部分银行机构出于风险考虑在企业旧贷款偿还之后不再给予资金支持，企业面临现金流压力骤增。2015 年以来，受经济下行影响，全市不良资产持续攀升，提取拨备增加，部分银行已经出现亏损。除此之外，房地产市场、股市、债市、汇市等各领域风险持续暴露，金融风险持续累积。

### （二）证券业运行状况及风险分析

截至2015年末，大连市共有证券公司1家，证券分公司7家，证券营业部79家；期货公司3家，期货分公司4家，期货营业部63家；境内上市公司28家。2015年，大连市资本市场总体保持平稳健康发展态势，法人证券公司经营和财务状况明显改善，期货公司经营状况有所好转，手续费收入持续下降，上市公司经营稳健，影响力较2014年有所上升。同时由于资本市场整体波动较大造成的潜在风险、信息系统风险、期货公司违规性风险等值得关注。

1. 证券业运行情况

（1）证券公司经营稳健，法人证券机构盈利水平大幅上升。2015年，大连市证券行业累计实现营业收入39.5亿元，同比增长127.2%；累计实现净利润18.5亿元，同比增长179.5%。2015年，大通证券盈利水平大幅上升，累计实现营业收入13.9亿元，同比增长92.8%；实现利润总额8.6亿元，同比增长109.3%；实现净利润6.5亿元，同比增长106.6%。

（2）期货公司经营状况有所好转，手续费收入持续下降。截至2015年末，大连市期货公司数量同比减少1家，期货营业部同比增加13家；客户保证金23.5亿元，同比增长2.2%。3家期货公司总资产37.6亿元，同比增长29.7%；客户保证金23.5亿元，同比增长2.2%；全年累计实现手续费收入1.2亿元，同比下降21.9%；净利润2 631.1万元，同比增长82.8%。

（3）资本市场发展平稳，上市公司影响力有所上升。截至2015年末，大连辖区上市公司28家，上市公司总股本409.3亿股，总市值3 401亿元，分别占沪深两市的0.9%和0.6%。2015年，大连上市公司首次公开发行股票募集资金1.9亿元，再融资募集资金74亿元，累计有9家企业发行11次公司债，总金额410亿元。截至年末，上市公司证券化率38.5%，相对于2014年提高38.5个百分点，上市公司在地方经济中的影响力有所上升。

2. 证券期货经营机构风险分析

（1）证券机构核心设施老化，存在信息系统风险隐患。部分证券机构主机所在的托管机房环境较差，且机构部分核心设施老化，未来信息系统不排除出现故障的可能。未来信息系统风险控制的要点是持续密切关注机构信息系统建设、督促做好核心设备的维护和更换工作以确保交易时间的稳定运行。

（2）股市大幅波动，“两融”业务提供杠杆的资金存在潜在风险。券商通过融资融券业务成为股市杠杆资金的主要提供者之一，由于杠杆资金较高的融资成本、较高的杠杆率的设计以及强制平仓的机制设计，融资盘对于预期变化和波动较为敏感。当股市出现波动尤其是大幅度下跌的情况下，可能造成融资盘平仓，而平仓可能造成股指进一步下跌的压力，相应导致“两融”抵押物的波动，一定程度上可能影响到券商的资产稳定。

（3）期货公司间竞争激烈，凸显违规性风险。因期货公司数量较多，客户资源相对匮乏，期货市场公司与公司、营业部与营业部之间存在恶性竞争行为，部分期货公司的客户开发只注重量的指标，疏于质的标准，缺少对客户的培训与资质评定，存在对客户和公司给予奖励等不公平竞争行为，违规性风险凸显。

### （三）保险业运行状况及风险分析

截至2015年末，大连市共有保险总公司3家，保险分公司44家，各类保险分支机构380家，保险专、兼业代理机构1 724家，从业人员4.4万人。2015年，大连市保险业克服困难、把握机遇、开拓创新，保险市场运行呈现出稳中有进、进中趋好的发展态势。但受国内外经济形势下行的影响，保险市场仍存在满期给付和非正常退保风险、偿付能力、销售误导等潜在风险。

1. 保险业基本运行情况

（1）市场运行整体平稳，资产规模稳步提高。截至2015年末，大连市保险公司资产总额665.5亿元，同比增长12.6%。其中产险公司资产总额92亿元，同比增长39.2%；人身险公司资产总额573.5亿元，同比增长90.2%；含三家总公司的资产总额达到了1 139.8亿元，同比增长30.8%，在15个副省级城市中排名第7位。

（2）保费收入稳步增长，赔付支出持续增加。2015年，大连市保险业实现保费收入233.4亿元，同比增长17.1%，增幅同比增加3.9个百分点，但低于全国2.9个百分点。累计赔付支出82.1亿元，同比增长33.9%，其中，财产险业务赔款支出39.2亿元，同比增长22.3%；人身险业务赔款及给付支出42.8亿元，同比增长46.7%；满期给付28.6亿元，同比增长64%。

（3）财产险利润大幅下降，突发事件影响显著。2015年，受“8.12”天津港特大爆燃事故、大连严重旱灾等影响，2015年辖内财产险公司承保利润为1 654.8万元，同比下降97.7%，承保利润率0.3%。大连车险业务实现承保利润2.4亿元，同比下降45%，承保利润率4.9%，在36个保监局辖区排第12位。

（4）寿险业务结构持续改善，各险种呈均衡发展态势。2015年，大连市寿险公司人身险业务整体发展良好，实现保费收入160.9亿元，同比增长26%。大连寿险公司个险渠道保费收入87.1亿元，同比增长14.2%，占比总保费收入54.1%，高于全国6.6个百分点；健康险与意外险原保险保费收入分别为18.8亿元、4.8亿元，分别增长19%和7.8%。

2. 保险业潜在风险分析

（1）满期给付和非正常退保风险继续发酵。2015年，大连市满期给付合计28.6亿元，同比增长约40%。近两年销售的高现价产品正在进入实际兑付期，2015年高现价产品已经出现过大规模退保和大规模销售并存的情况，2016年仍将面临较高的满期给付和非正常退保风险，应对不力有可能引发群体性事件甚至区域性风险。

（2）“偿二代”正式实施，偿付能力状况存在风险。2016年各类风险不断积聚的背景下“偿二代”正式实施，这对保险机构的偿付能力提出了更高要求。因此，要持续监测“偿二代”切换后各公司的偿付能力状况，重点关注试运行期间“偿二代”指标不达标的公司，以及压力测试下偿付能力风险较大的公司。

（3）市场潜在销售误导风险及道德风险依旧值得关注。近几年，保险机构的返还型产品销售量逐步上升，目前个险渠道主打产品是定期返还型产品，多数同时组合有万能型账户。返还型产品具有缴费期长、初期返还金额高等特点，对销售者讲解精度要求更高，讲解不力则容易给客户造成错觉，产生销售误导风险。同时在利益驱动下，保险市场道德风险增大，加之保险公司甄别风险系统出现的纰漏和一些法律上的漏洞未及时得到控制，道德风险可能被进一步放大，值得密切关注。

## 三、金融市场运行与金融稳定

2015年，大连市金融市场总体呈现健康发展态势，市场配置资源的基础作用进一步发挥。银行间同业拆借市场交易活跃度下降，新增 1 家全国银行间同业拆借市场会员；债券市场成交量大幅增长，金融债券和企业债券发行规模同比增加；外汇市场呈现供大于求格局，交易量大幅下降。

## （一）金融市场配置资源功能日趋完善

1. 同业拆借市场稳定运行

2015 年，大连市同业拆借交易金额 141.2 亿元，同比下降 49.7%。其中，拆入资金 61 笔，金额 88.4 亿元，拆出资金 16 笔、金额 52.8 亿元。年内，拆入资金加权平均利率的波动区间为 2.5% ~ 5.1%，拆出资金加权平均利率的波动区间为 2.1% ~4.4%。大连港财务公司加入全国银行间同业拆借市场，大连市全国银行间同业拆借市场成员增至 5 家。

2. 债券市场交易活跃

2015 年，大连市金融机构参与全国银行间债券市场交易 12 859 笔，成交金额 53 803.5 亿元，同比增长 178.3%。从资金流向上看，融入金额 20 188.7 亿元，融出金额 33 615.2 亿元，资金净融出 13 426.6 亿元。从利率走势上看，债券市场利率自 4 月份陡降后一直处于较低水平，直至 9 月份略有回升，并将趋势延续至年末。质押式回购融出资金加权平均利率波动区间为 1.2% ~3.4%，融入资金加权平均利率波动区间为 1.2% ~3.4%；现券交易融出资金加权平均利率波动区间为 3.6% ~ 4.2%，融入资金加权平均利率波动区间为 3.5% ~4.3%。

3. 票据业务呈上升趋势

大连市金融机构累计签发银行承兑汇票 4 955.8 亿元，同比增长 18%。截至 2015 年末，承兑授信余额 2 307.5 亿元，同比增长 17%。全年累计办理贴现 17 961.7 亿元，同比增长 41.5%；截至年末，全市金融机构票据贴现余额 595.5 亿元，同比增长 49%。再贴现业务规模大幅下降，全年累计办理再贴现 355 笔，金额 8.9 亿元，同比下降 51.3%；截至年末，再贴现余额 0.6 亿元，同比下降 87.6%。金融机构贴现利率呈趋势性下行，全年最高是 3 月份的 5.5%，最低是 6 月份的 2.8%，两者相差 2.7 个百分点。

4. 外汇市场交易量大幅下降

2015 年，外汇市场交易量同比大幅下降，呈现求大于供的格局。全年成交 348 笔，同比下降 44.3%；汇总成交金额累计折合 10.95 亿美元，同比降幅高达 88.5%。其中买入外汇折合 4.78 亿美元，卖出外汇折合 6.17 亿美元。成交币种以美元为主，占比为 87.9%。人民币兑美元即期汇率年初以 6.2150 元人民币/美元开盘，年末以 6.4880 元人民币/美元报收，人民币对美元汇率贬值超 4%，境内外价差扩大。

5. 地方政府债务置换债券发行

2015 年，财政部核定大连市地方政府债券置换存量债务额度共 369 亿元，当年已发行地方政府债 278.06 亿元，其中公开招标发行金额为 188.8 亿元，定向发行金额为 89.2 亿元。公开发行的募集资金均用于置换存量非银行类债务，包括信托计划、民间融资等；定向承销方式发行债券所募集的资金全部用于偿还银行贷款。

## （二）金融市场运行中的风险值得关注

1. 地方政府债务置换对市场的影响值得关注

2015 年，地方政府债全面放开，成为仅次于同业存单和金融债的债券市场的第三大品种，对政府规范举债行为、增强预算约束提出了更高的要求。但是借债主体转换后，由于缺乏利益相关方对项目进展情况的直接跟踪监督，可能对项目进展以及资金偿还产生不利影响。这需要加强对地方债的监督监管，对地方债的发行、资金使用、项目进展、资金归还等情况进行专项审计监督，尽快以地方法规的形式出台发行地方债的管理办法，规范地方债发债行为，防范可能引发的信用风险。

2. 地方法人金融机构应对金融市场波动的能力需进一步提高

2015 年，为扩大直接融资比重，各项新规进一步拓宽市场准入条件，市场多元化融资格局加速推进。商业银行资产负债行为发生变化，部分银行为了追求资产负债表扩张带来的利润增长，一方面倾向于配置非标资产为代表的高风险高收益品种，另一方面不得不借助高成本的理财产品、同业业务来增加负债规模，在这一过程中，期限错配、流动性错配的风险被拉升，金融市场资金利率波动对商业银行特别是地方法人银行的影响尤为值得关注。地方法人金融机构应结合自身资金实力、资产配置能力、金融市场发展程度等主客观因素，在优化资产负债结构、推动负债业务创新、提高资产变现能力、强化流动性预警监测等方面有选择、有侧重地分类制定措施，加强流动性管理，增强流动性敏感性，切实增强抵御金融市场波动的能力。

## 四、金融基础设施与金融稳定

### （一）支付体系更加完善，支付服务覆盖面进一步扩大

2015 年，人民银行全面完成第二代支付系统上线推广工作，支付系统处理业务量稳步增长。大额支付系统处理业务 504.3 万笔，金额 16.1 万亿元；小额支付系统处理业务 1 076.2 万笔，金额 1 473.4亿元；同城票据交换系统清分票据 444.6 万笔，金额 6 712.3 亿元。全年核准账户 2.8 万户，办理销户 0.9 万户。联网核查公民身份信息系统累计处理业务 1.7 亿次，日均处理业务 5.4 万次。支付服务组织保持规范发展。取得“支付业务许可证”的非金融支付法人机构及非法人机构达 25 家，当年新增 8 家。银行卡服务功能不断增强。全市银行卡发卡总量达 4 535.9 万张，同比增长 10.8%；注册商户 8.6 万户，同比增长 44.8%；银行卡 POS 交易金额 2 183.7 亿元，同比下降 0.6%。银行卡助农取款服务深入推广。全市共设立服务点 2 904 个，同比增加 1 092 个，累计办理取款、转账、缴费等业务 1 061.4 万笔，交易金额 15.6 亿元，极大地满足了偏远地区农民小额取款、公共缴费等需求，便利了农民的生产生活。设立集转账、缴费、取款、金融宣传等功能为一体的金融服务站 30 个、打造县域银行卡“刷卡无障碍示范街”4 条。

### （二）反洗钱风险防范体系逐步完善，社会反洗钱意识不断提高

2015 年，大连市金融机构认真贯彻落实反洗钱法律、法规，依法履行反洗钱工作职责。全年共检查金融机构 19 家，其中银行机构 11 家、证券机构 2 家、期货机构 2 家、保险机构 2 家、支付机构 2 家。建立了三级风险评估体系，运用大连市机构洗钱风险评估指标，对辖区银行、证券、期货、保险、支付机构等 8 个行业 221 家机构全面开展洗钱风险评估。强化法人监管，对 2 家法人机构进行现场风险评估，开展对辖区机构客户、业务、产品的洗钱和恐怖融资风险自评估。根据风险评估结果，实施差别化分类监管，对问题机构进行实时跟踪；全年进行电话辅导 33 次，监管走访 30 次，质询 11 次，约见谈话 4 次，风险评估 2 次。加强对恐怖融资、非法集资、地下钱庄等风险领域违法犯罪

活动的监测和分析，全面开展风险排查，及时进行风险提示和预警，辖区机构反洗钱意识逐步提高，风险防范能力不断增强。受理并研判金融机构报送的重点可疑交易线索12份，上报反洗钱监测分析中心研判线索7份，配合开展“打击利用离岸公司和地下钱庄转移赃款专项行动”，移交公安部门7份涉嫌洗钱线索，协助公安部门成功破获一起辽宁省特大地下钱庄案件，涉及非法交易金额1 100多亿，配合相关部门对5起案件开展反洗钱调查35次，涉及账户416个，交易15.5万余笔，金额约366.2亿元。加强反洗钱和反恐怖融资宣传，建立反洗钱和反恐怖融资宣传长效化机制，全民反洗钱意识显著提高，营造了良好的反洗钱社会氛围。

### （三）征信管理服务深入推进，征信体系建设成效显著

2015年，征信管理部门对8家金融机构实施执法检查，新增受理1家征信机构备案，指导6家小额贷款公司通过互联网平台接入征信系统报送数据，开展各类培训5场，参训机构130余家、400余人次，进一步规范机构征信业务。组织金融机构举办进校园、进乡村、进企业各类宣传130场次，受众达3万余人，有效增强公众信用意识。窗口服务水平不断改善，新购置8台自助查询机，部署在辖内人民银行分支机构及2家商业银行代理查询点，实现网点自助查询全覆盖，大大提升查询服务效率，全年提供企业和个人信用报告查询22万份，同比增长31%，累计受理信用代码证发放、变更、换发4.5万份。以“金融机构+核心企业”为抓手，以行政引导示范为保障，大力推广应收账款融资服务平台应用，截至2015年末，辖内注册平台用户640家，全年达成交易500笔，成交207亿元。开辟依托惠农服务站、农村经济合作组织作为收集农户信用信息和金融需求信息的新渠道，并在部分支行辖区先行试点。

## 五、总体评估及对策建议

### （一）总体评估

1. 定量评估结果

大连市近年金融稳定综合评估得分和稳定状况如表1所示：

表1 大连市金融稳定综合评估表

| 年份 | 2004年 | 2005年 | 2006年 | 2007年 | 2008年 | 2009年 | 2010年 | 2011年 | 2012年 | 2013年 | 2014年 | 2015年 |
|---|---|---|---|---|---|---|---|---|---|---|---|---|
| 得分 | 71.50 | 72.01 | 85.09 | 86.50 | 84.16 | 84.44 | 89.94 | 89.29 | 89.92 | 86.07 | 81.93 | 78.51 |
| 稳定状况 | 较好－ | 较好－ | 良好＋ | 良好＋ | 良好－ | 良好－ | 良好＋ | 良好＋ | 良好＋ | 良好＋ | 良好－ | 较好＋ |
| 所属类别 | B类地区 | B类地区 | A类地区 | A类地区 | A类地区 | A类地区 | A类地区 | A类地区 | A类地区 | A类地区 | A类地区 | B类地区 |

2015年，大连市金融稳定综合得分78.5分，稳定状况为“较好＋”，所属类别为B类地区。2013年以来，国际经济缓慢复苏，国内经济逐步进入“三期叠加”的新常态，在调整过程中，大连市主要经济指标持续走低，经济处于收缩态势，金融稳定状况受到经济下行的影响，得分有所下降，是2006年以来的最低分，稳定状况再次降到“较好＋”水平，所属类别下降到B类地区（见图8）。

2. 定量评估结果分析

具体看宏观经济、金融机构和金融生态环境三部分，如图9所示，呈现出不同的变化趋势。其中金融生态环境受整体经济形势变化影响较小，呈现稳步上升趋势，十年间得分升幅达到20.5%；

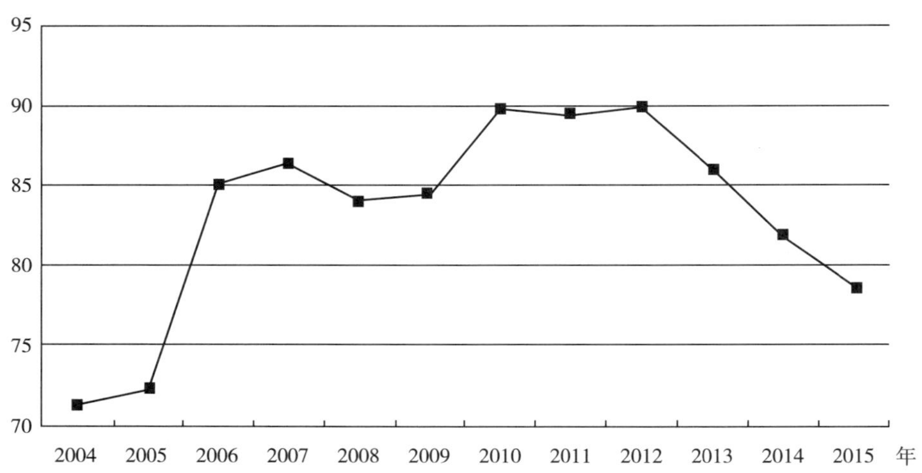


**图 8 大连市金融稳定综合评估得分趋势图**

金融机构得分呈阶段式特征，2006 年，大通证券改革后，得分升幅达到 10.7%，之后金融机构得分保持平稳，2011 年以来，受经济回升势头减缓影响，金融机构发展速度放缓，得分有小幅下降，2013 年以来，受整体经济形势低迷影响，金融业面临一定考验，得分下降幅度比较明显，达到 10.8%；宏观经济得分波动最为明显，2007 年以前整体呈 U 型上升趋势，2008 年，在国际金融危机影响下，得分出现下降，跌幅为 7.8%，2010 年以后，在国际金融危机影响式微的形势下逐步上升，得分增幅达到 20.2%，2013 年开始，得分再次下降，降幅 15.1%，2015 年得分降至 2006 年以来最低值（见图 9）。

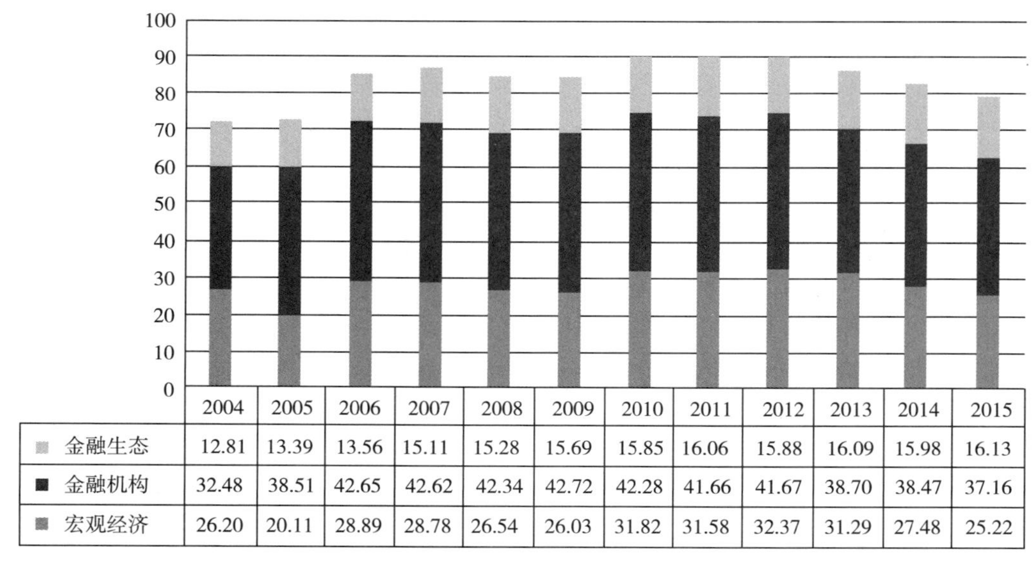


| | 2004 | 2005 | 2006 | 2007 | 2008 | 2009 | 2010 | 2011 | 2012 | 2013 | 2014 | 2015 |
|---|---|---|---|---|---|---|---|---|---|---|---|---|
| 金融生态 | 12.81 | 13.39 | 13.56 | 15.11 | 15.28 | 15.69 | 15.85 | 16.06 | 15.88 | 16.09 | 15.98 | 16.13 |
| 金融机构 | 32.48 | 38.51 | 42.65 | 42.62 | 42.34 | 42.72 | 42.28 | 41.66 | 41.67 | 38.70 | 38.47 | 37.16 |
| 宏观经济 | 26.20 | 20.11 | 28.89 | 28.78 | 26.54 | 26.03 | 31.82 | 31.58 | 32.37 | 31.29 | 27.48 | 25.22 |

**图 9 金融稳定定量评估三方面指标变化趋势图**

具体细分金融机构指标，从宏观经济、银行业、证券业、保险业和金融生态环境五方面，得到雷达图：

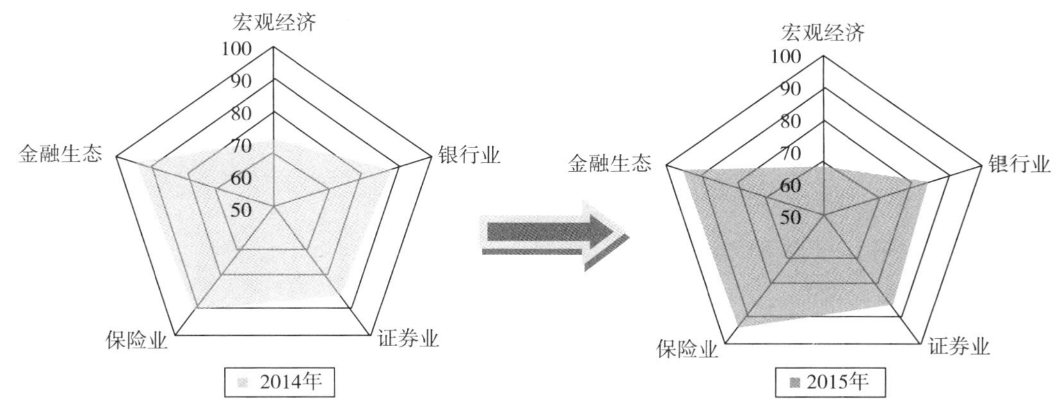


**图 10　2014—2015 年大连市金融稳定定量评估雷达图**

从定量评估结果来看，2015 年大连市宏观经济发展速度继续放缓，得分连续下降；金融生态环境持续改善，得分渐趋稳定；金融机构发展面临不同挑战，整体得分小幅下降，银行业收缩较为明显、证券业发展保持稳定、保险业得分有小幅度提高，金融机构内部发展不均衡问题有所加剧。

在宏观经济方面，得分 64.7 分，低于上年 5.8 分，其中经济增长、固定资产投资、消费增长等方面指标的得分均低于 2014 年，居民收入、就业情况等指标的得分基本与 2014 年持平，房地产市场、对外经济等指标得分好于 2014 年。这说明大连市经济发展速度有所回落，但是居民生活并未受到较大影响，结构性调整初见成效。在金融生态环境方面，得分 94.9 分，高于 2014 年 0.9 分，其中市场体系和信用环境得分均与 2014 年基本持平，地方法制环境得分小幅上升，地方政府财政得分有所下降，大连市金融生态环境受经济影响较小，其软件和硬件都逐步趋于稳定。在金融业发展方面，银行业得分 83.1 分，低于 2014 年 4.2 分，其中资本充足性、资产流动性等监管硬指标方面的得分变化不大，继续保持稳定，但是同时由于不良贷款增加，资产质量、盈利能力等方面得分均有所降低，拉低了银行业整体得分。证券业得分 86.1 分，高于 2014 年 0.7 分，其中资本充足率、资产安全性、资产流动性等证券机构方面的指标得分均与 2014 年持平，但是受股票市场大幅波动的影响，股票市场筹资、上市公司市值等证券市场方面的指标得分要好于 2014 年，证券行业整体发展较为活跃。保险业得分 93.9 分，高于 2013 年 3.3 分，其中资产充足性和资产安全方面的指标得分与 2014 年持平，盈利能力和资产流动性方面的指标得分均高于 2014 年，拉动保险业得分上升。证券业、保险业得分的持续上升和银行业得分的持续下降，使得大连市金融状况渐趋不均衡。

### （二）对策建议

1. 着力加强供给侧改革，实现经济可持续发展

经济基础决定金融发展环境，大连金融稳定依赖于经济的稳定发展。大连市要深入贯彻落实《中共中央 国务院关于全面振兴东北地区等老工业基地的若干意见》和十八届五中全会精神，抓好“去产能、去库存、去杠杆、降成本、补短板”五大任务，着力完善体制机制，坚决破除体制机制障碍；着力推进结构调整，加大供给侧改革力度，下大力气改变传统产品占大头的单一产品结构；着力鼓励创新创业，把创新作为大连内生发展动力的主要生成点；着力保障和改善民生，使发展成果更多更公平惠及全体人民，增强经济可持续发展能力。金融系统在这一过程中要切实做好金融服务工作，加大结构调整力度，为经济结构调整营造中性适度的货币政策环境。

2. 加强金融监管合作，完善金融风险防范体系

推进建立金融宏观审慎政策框架，探索本外币一体化监管模式。密切关注金融创新跨行业、跨市场、跨国境发展的新特点，建立和完善系统性风险、交叉性风险的预警、防范和化解体系。关注重点行业及重点企业的风险变动情况，建立健全风险处置应急机制，实行重点风险行业企业分类帮扶处置，保护优质、帮助重点、处置不良，防止金融风险扩散蔓延，全力化解企业资金链、担保链风险。严厉打击逃废银行债务行为。规范地方政府融资平台公司，建立偿债准备金制度，落实偿债责任，坚决查处违法违规行为并严格追究责任。建立层次清晰的系统性金融风险处置机制和清算安排，健全金融安全网。

3. 优化金融生态，营造良好金融发展环境

大力推进社会信用体系建设，依托人民银行信贷基础数据库，完善公共信用信息服务平台，建立覆盖各类信息主体的信用信息网络。推广信用信息和信用产品在金融交易、商业活动、行政事务中的使用，建立守信激励和失信惩戒联动机制。加强诚信教育与诚信文化建设，创造诚实守信的经营环境。推广普及社会公众金融知识，增强金融文化素养，提高金融消费者风险意识，提升市场主体有效利用金融产品实现规避风险和保值增值的能力。建立公众金融教育服务平台，全面介绍基础金融知识、理财知识、风险提示等。督促银行落实公众金融教育责任，加强对金融产品的信息披露和风险提示。加强政府部门、金融监管部门以及高校的沟通合作，推进公众金融教育工作。发挥政府的银企沟通桥梁作用，实现金融服务和产品与企业金融需求的有效对接。充分利用各类媒体，加强对金融知识的传播，营造良好的金融文化氛围。

总　　纂：王晓峰
统　　稿：朱　焱　单晓丽
执　　笔：陈家宁　刘冬冬　张帏栋　朱晓云　侯　英　王成龙　闫宇闻
其他参与写作人员：张　弛　李　昕　王艳玲　刘　洵　曲孝生　吴　绪

# 青岛市金融稳定报告摘要

2015年，面对复杂的国内外经济形势，青岛市经济运行呈现稳中有进、稳中向好的态势，但经济金融运行中也面临着诸多需要解决的问题。

## 一、宏观经济环境

### （一）区域经济运行情况

2015年全市实现生产总值（GDP）9 300.07亿元，增长8.1%。其中，第一产业增加值363.98亿元，增长3.2%；第二产业增加值4 026.46亿元，增长7.1%；第三产业增加值4 909.63亿元，增长9.4%。三次产业比例为3.9∶43.3∶52.8。

固定资产投资增速趋缓。2015年全市固定资产投资6 555.7亿元，增长14.2%；2015年房地产开发投资1 122.3亿元，增长0.4%。工业生产稳步增长。2015年全市规模以上工业增加值增长7.5%；产品销售率98.3%。消费品市场平稳增长。2015年全市社会消费品零售总额实现3 713.7亿元，增长10.5%。居民消费价格温和上涨。2015年居民消费价格累计同比上涨1.2%。财政收支平稳增长。2015年全市实现一般公共预算收入1 006.26亿元，增长12.39%；一般公共预算支出1 222.87亿元，增长13.8%。城乡居民收入稳步提高。2015年全市城市居民人均可支配收入32 885元，增长8.6%；按常住地分，城市居民人均可支配收入40 370元，增长8.1%。农村居民人均纯收入16 730元，增长8.4%.

### （二）宏观经济环境中影响金融稳定的风险因素

经济下行态势延续。在宏观经济形势总体疲弱的态势下，尽管转方式调结构在持续发力，但短期内的经济发展依然面临较大下行压力。一是主要经济指标维持低位。从主要增长指标看，工业、建筑业、进出口、零售、住宿等行业增长压力仍然较大，虽然金融信贷指标有所回升，但工业用电量、工业生产者出厂价格指数持续负增长，港口物流指标低位运行，稳定向好的基础还不够牢固。二是内外需求总体不振。在外需方面，外贸出口下行压力逐渐加大，受市场需求持续低迷、美元走强、大宗商品价格上涨动力不足等多重因素影响，增速持续回落，2015年以来青岛对日本、韩国、欧盟出口分别下降11.8%、14.7%和5.2%。在内需方面，除港口、地铁、机场投资以外，其他投资后劲相对乏力，消费市场又难有较大起色。三是企业生产经营困难较多。受需求下降、价格下降和成本上升等多重挤压，企业面临的困难增多。机械、钢铁、汽车、家电等优势产业受行业整体产能过剩影响库存增加，部分企业订单不足，纺织等行业企业和订单加速向东南亚转移。高新产业和相对低端的劳动密集型产业均存在结构性用工缺口，工资成本也持续上升。

对外贸易整体下滑。受全球经济复苏放缓以及国内经济“新常态”等因素影响，2015 年，青岛市对外贸易进出口整体呈现下滑态势，全市进出口总额 671.4 亿美元，同比下降 16%；其中，出口 433.8 亿美元，同比下降 5.3%，进口 237.6 亿美元，同比下降 30.3%。进口下滑明显导致全年进出口顺差扩大至 196.2 亿美元，同比上升 68.1%。全市进出口增速在 5 个计划单列市中排名第四位，进出口、出口、进口规模在 15 个副省级城市中分别列第五、六、六位。

外商直接投资流入放缓。受我国经济增速放缓和美国经济复苏，国际资本呈现从新兴经济体回流的趋势所致，2015 年青岛市外商直接投资流入额、净流入均较上年度有所回落。全年外商直接投资流入 19.4 亿美元，较上年减少 17.1%，其中资本金流入 13.7 亿美元，同比减少 24.3%；流出 6.4 亿美元，同比增长 16.4%；净流入 13 亿美元，同比减少 27.4%。全年资本金结汇 13.4 亿美元，同比下降 41.4%，结汇率回落至 97.9%。从外资流入行业分布看，以房地产业、租赁及批发零售业为主，全年房地产业实际流入外资 3.6 亿美元，占比 27.8%，居行业首位；租赁业成为新增长点，外资流入合计 2.1 亿美元，同比增长 204.3%。从外资来源地看，港资流入 7.9 亿美元，仍处于绝对主导地位，但金额同比减少 40.2%。

对外直接投资大幅增长。2015 年，青岛市企业境外投资资金汇出爆发性增长，全年对外直接投资流出 15.3 亿美元，较上年增长近两倍。同期，对外直接投资资本金售汇 13.1 亿美元，售汇率 85.9%，与上年末基本持平。扣除海尔集团海外股权架构调整影响（流出 7.6 亿美元），境外投资行业分布较为平均。对香港、泰国等周边国家地区的投资较为集中，对欧美等发达国家的投资仍较少。

## 二、金融业

### （一）银行业

1. 银行业基本情况

2015 年青岛市共有银行业金融机构 60 家，其中政策性银行分行 3 家，国有商业银行 4 家，股份制商业银行 10 家，外资银行 17 家，城市商业银行、农村商业银行各 1 家，城市商业银行分支机构 5 家，农村商业银行分支机构 2 家，邮政储蓄机构、信托公司、资产管理公司、消费金融公司各 1 家，财务公司 5 家，村镇银行 8 家。

资产负债规模平稳增长。年末，青岛辖区银行机构资产总额 18 264.87 亿元，比年初增加 1 905.69亿元；负债总额 17 636.86 亿元，比年初增加 1 808.3 亿元。

各项存贷款同比大幅多增。2015 年末，青岛市本外各项存款余额为 13 156 亿元，同比增长 9.79%，比年初新增 1 275 亿元，同比多增 786 亿元。贷款实际新增创历史新高。2015 年末，本外币各项贷款余额为 11 577 亿元，同比增长 9.94%。比年初新增 1 046 亿元，同比多增 178 亿元。按可比口径计算（含账面贷款 1 046 亿元、贷款核销 114 亿元、政府贷款置换 170 亿元、贷款净转让 149 亿元、资产证券化净转出 88 亿元），2015 年末，全市贷款实际新增 1 567 亿元，创历史同期最高水平。

融资利率持续回落。2015 年，人民银行累计 5 次下调人民币存贷款基准利率，有针对性地引导市场利率和社会融资成本下行，1 年期贷款基准利率累计下调 1.25 个百分点。各行积极贯彻落实，贷款利率持续下行，2015 年 12 月，全市一般性贷款加权平均利率降至 4.97%，同比下降 1.53 个百分点，利率运行降至 2011 年以来的最低区间。全市票据贴现利率相伴下行，12 月，主要品种银行承兑汇票（3—6 个月）贴现加权平均利率为 3.33%，同比下降 2.25 个百分点。

信用风险上升势头有所遏制。2015 年末，青岛市不良贷款余额 236.1 亿元，较年初减少 37.7 亿元；不良率 2.04%，较年初下降 0.56 个百分点。全市银行业机构 2015 年共处置不良贷款 313.7 亿元，是上年的 3.1 倍，其中核销 82.8 亿元，打包转让 107.9 亿元，重组 21.5 亿元。全年共退出 292 户授信客户，前端缓释风险贷款 99 亿元；同业协作化解 3 户企业，盘活风险贷款 69 亿元；3 家银行争取政府支持，协调政府财政资金，处置不良贷款 12.2 亿元。

直接债务融资稳步发展。2015 年，青岛市企业从银行间市场实现直接债务融资 233.5 亿元，同比多增 40.5 亿元。其中，金融企业发债 74 亿元，同比多增 11 亿元；非金融企业发债 159.5 亿元，同比多增 29.5 亿元。从融资结构看，非金融企业债占总量的 68.3%，占比较往年略降 0.5 个百分点。同时，在非金融企业债中，国信、城投等传统平台公司发债占 44%，其他企业发债 89.5 亿元，直接债务融资发展还有较大空间。

金融改革稳步推进。2015 年，全市各银行机构能够主动落实有关政策要求，确保各项宏观金融改革措施平稳落地、创新发展。一是利率市场化稳步推进。2015 年 6 月 4 日，青岛市银行业金融机构利率定价自律机制正式建立并运作，42 家金融机构加入该机制。在存款利率浮动区间上限逐步扩大直至取消期间，青岛市利率定价自律机制发挥了重要作用，总体定价合理稳定，市场竞争公平有序；青岛银行、农商银行获首批地方法人大额存单发行资格，发行大额存单 20.5 亿元，法人银行利率自主定价能力进一步加强。二是地方法人资本及金融市场发展取得突破。青岛银行顺利在香港联交所主板挂牌上市，成功发行二级资本债 22 亿元，绿色金融债发行审批在即；农商银行首发信贷资产支持证券 11.6 亿元。三是存款保险制度顺利实施。2015 年 5 月，《存款保险条例》正式实施，市场化金融风险防范和化解机制逐步形成；各法人机构顺利完成存保手续办理，缴纳保费 2 611 万元，存款保险政策在青岛市平稳落地。

2. 银行业风险分析

不良贷款形势仍很严峻。主要表现在：一是多数银行贷款质量仍下滑。截至 12 月末，辖区仍有 18 家银行不良余额和不良率仍为“双升”趋势，14 家银行不良率仍高于全市平均水平。二是整体贷款质量面临较大下迁压力。截至 2015 年末，辖区关注类贷款余额比年初增长 30%，非应计贷款（逾期 90 天以上贷款）与不良贷款剪刀差较年初扩大 59 亿元，存量贷款中正常和关注类向下迁徙率同比提高 1.85 个和 5.49 个百分点。三是大额不良贷款仍时有发生。据重大事项报告显示，全年 13 家银行新发生 5 000 万元以上不良贷款 67 笔，金额 90.32 亿元。四是“三去”可能催生新的风险。“三去”长期看有利于产业结构调整，但短期内可能会加速部分客户的风险暴露和风险传导。从我市情况看，粗钢、平板玻璃、民营钢制船舶、原油加工、子午胎等产能过剩行业和房地产业可能会面临新的风险。

不良资产处置存在较多问题或困难。青岛地区目前已处置不良贷款中打包转让占比为 40%，但部分为“非洁净”转让，银行仍承担出表债权的信用风险；重组贷款占比为 12%，多由担保人或关联方承接债务，风险化解效果存在不确定性。同时，当前银行在不良贷款化解时仍普遍面临诉讼时间长、打包定价低、处置税费高、抵押物多重查封、涉及民间借贷等困难，上年以来恶意首封、转移资产、利用公告送达拖延时间等情况增多，均严重制约着风险处置效率和效果。截至 2015 年 12

月末，全市 40 家银行机构的法院未结案不良资产达到 130 亿元。

金融机构整体盈利水平下降。2015 年，全市金融机构实现净利润 167 亿元，较上年同期减少 9. 87 亿元，同比下降 5. 57%。影响金融机构盈利的主要因素有：一是存贷款利差持续收窄，利息净收入不断下降。自 2014 年 11 月以来，央行先后 6 次降低存贷款基准利率，并逐步放开存款利率浮动上限，导致银行存贷款利差持续收窄。据人民银行存贷款标准化综合抽样系统的数据显示，11 月末，全市贷款加权平均利率 6. 17%，比去年全年贷款利率水平下降 52 个基点。存贷利差由年初的 4. 46%，下降到 11 月末的 4. 06%。二是贷款减值准备的计提侵蚀金融机构利润。今年以来，金融机构不良贷款整体呈现“前清后冒、双升压力持续较大”局面，资产减值损失计提大幅增长，侵蚀大量利润。2015 年末，全市金融机构贷款减值准备余额 276 亿元，新增计提 30 亿元。同时，不良贷款核销力度加大也对利润增长形成制约，2015 年青岛市金融机构核销不良贷款 114. 2 亿元，同比增加 86. 2 亿元，涨幅达 431%。

### （二）证券业

1. 证券期货业基本情况

2015 年，青岛辖区共有证券公司 1 家、证券营业部 111 家、期货营业部 36 家、证券投资咨询机构 2 家、基金管理公司 4 家，上市公司 20 家。

证券经营机构营业状况明显好转。2015 年，111 家证券营业部股东账户总数 284. 82 万户，同比增长 47. 13%；资金账户总数 179. 51 万户，同比增长 34. 68%；实现交易金额 69 394. 09 亿元，同比增长 210. 03%；实现净利润 17. 18 亿元，同比增长 242. 91%。年末，客户保证金余额 1 178. 97 亿元，同比增长 53. 21%。

法人证券机构经营状况向好。2015 年，中信证券（山东）有限责任公司营业部 63 家，当年新成立 6 家。年末，总资产 280. 82 亿元，同比增长 51. 83%；总负债 232. 82 亿元，同比增长 55. 7%；净资本 43. 32 亿元，同比增长 39. 42%；累计交易金额 44 508. 96 亿元，同比增长 211. 61%；实现净利润 12. 47 亿元，同比增长 150. 6%。从各项风险控制指标看，中信证券（山东）有限责任公司均符合证券公司风险控制标准。2015 年 12 月末，中信证券（山东）有限责任公司净资本/各项风险资本准备之和为 916. 99%，远高于 100% 的风控标准；净资本/净资产的比例为 84. 01%，高于 40% 的风控标准；净资本/负债的比例为 45. 41%，高于 8% 的风控标准；净资产/负债的比例为 54. 06%，高于 20% 的风控标准。

上市公司业务规模大幅增长。2015 年末，青岛辖内 20 家上市公司总股本 217 亿元，同比增长 63. 15%；其中，流通股本 193. 06 亿元，同比增长 61. 14%。年末总市值 3 225. 33 亿元，同比增长 49. 32%。2015 年，辖区累计筹资额 32. 31 亿元，其中首发 3. 49 亿元，增发 21. 82 亿元；辖区历年累计筹资 373. 32 亿元。

2. 存在问题

业务结构较为单一。证券经营机构业务仍主要依赖经纪业务。如除经纪业务、自营证券投资业务和融资融券业务外，中信证券（山东）有限责任公司 2015 年未开展承销与保荐业务、资产管理业务、财务顾问业务、股指期货业务及研究咨询业务等。

上市公司收益大幅下滑。2015 年末，辖内 20 家上市公司实现平均每股收益 0. 25 亿元，同比下降 34. 21%；平均净资产收益率 6. 93%，同比下降 5. 24 个百分点。

上市公司发展缓慢。2015 年青岛辖区新增 1 家上市公司，这是自 2012 年以来青岛新上市的唯一一家上市公司；2015 年 20 家上市公司的筹资额仅为上年的 52.88%。

### （三）保险业

1. 保险业基本情况

（1）保险业基本情况

2015 年末，青岛市共有保险主体 69 家，其中，产险公司 37 家，寿险公司 32 家；中资公司 52 家，外资公司 17 家。2015 年，青岛保监局共对 6 家保险公司、1 家保险经纪公司、1 家保险代理公司和 8 名保险从业人员做出行政处罚 16 次，罚款共计 52.8 万元。

资产规模平稳增长。年末，青岛保险公司资产总额达 563.05 亿元，较年初增长 15.14%。其中财产险公司资产总额 64.25 亿元，较年初增长 29.28%；人身险公司资产总额 498.8 亿元，较年初增长 13.65%。

业务规模大幅增长。2015 年，实现保费总收入 244.12 亿元，同比增长 20.2%。其中产险公司保费收入 95.12 亿元，同比增长 5.81%；寿险公司保费收入 149 亿元，同比增长 31.57%。累计支付各类赔款 88.01 亿元，同比增长 14.75%。其中人身险赔款和给付支出 37 亿元，同比增长 18.4%；财产险赔款支出 51.01 亿元，同比增长 12.12%。

2. 存在问题

产险市场对车险业务的依赖度仍然较高。2015 年，青岛产险公司实现车险保费收入 67.69 亿元，在财产险公司总保费收入中占比为 71%；车险赔款支出 36.6 亿元，占财产险公司总赔款支出的 72%。

退保金大幅增长。2015 年，青岛辖区保险机构累计退保金 35.62 亿元，同比增长 34.95%，其中，个人寿险退保金 33.88 亿元，同比增长 31.66%；年金保险退保金 8.16 亿元，同比增长 153.29%。客户对保险期限、产品收益产生不满而中途解除合同、客户个人经济原因申请退保、客户根据当时投资市场情况退保后选择投资更高收益的其他产品、客户单方面提前终止受股市影响达不到预期收益情况的投连产品、营销过程中未对客户群体进行精确划分、未完全尽到客户提醒业务等是大量退保情况发生的主要原因。

寿险公司满期给付大幅上升。2015 年，青岛辖内寿险公司满期支付支出 21.79 亿元，同比增长 21.45%；满期支付占寿险公司总赔款支出的 58.9%，高于同期 1.48 个百分点。寿险公司满期给付支出大幅上升导致寿险赔付面临较大压力，流动性风险加大。

### （四）金融业综合经营

1. 综合经营基本情况

截至 2015 年末，青岛市并无纯粹意义的金融控股公司。

融资性理财产品规模较快增长。2015，青岛辖区银行机构融资性理财产品累计发生（放）额 156.83 亿元，较同期下降 13.95%；年末融资性理财产品余额 234.21 亿元，较年初增加 39.94 亿元，同比多增 3.04 亿元。

非标准化债权资产业务规模持续增长。2015，青岛辖区银行机构费标准化债权资产业务累计发生额 7 811.43 亿元，是去年同期的 2.05 倍；年末余额 984.68 亿元，较年初减少 171.11 亿元，去年同期为增加427.14亿元。从结构上看，定向资产管理计划仍是非标准化债权资产业务的主要投资方向，全年累计发生额7 640.8亿元，是去年同期的2.23倍，主要为委托证券公司管理的定向资产管理计划；年末余额716.57亿元，较年初减少90.54亿元。

### （二）存在问题

综合性金融业务监管工作存在“盲点”。由于体制等无法克服的原因，在综合性金融业务监管上存在部分“盲点”。一是分业监管形成监管信息交流障碍。各监管部门之间的沟通成本较高，难以统一协调行动。二是分业监管导致交叉金融业务监管“真空”。由于各自监管的目的、标准、手段与方法有明显差异，对各监管对象的资本要求、风险甄别方式和风险管理手段等相去甚远。三是协调机制运行不畅，难以形成对交叉性金融工具监管的合力。

跨市场、跨平台业务风险传染加剧。当前民间借贷、非法集资等进入风险高发期，传统信贷与社会金融叠加风险增加。辖区银行专项排查发现多个客户存在参与非法集资、民间借贷等问题，部分员工存在异常行为，个别客户民间借贷风险已经暴露并给银行造成损失。随着金融创新加快，银行资金来源和运用跨界化特征明显，但同业投融资、类信贷等跨界产品仍存在配套制度不完善、风险隔离不到位、资金期限错配等问题，部分产品甚至成为规避资本、行业、规模等监管的手段，导致银行实际承担风险超过自身承受能力，容易引发交叉传染和流动性风险。随着资本市场持续波动，股票市场风险传导至银行，表现为股权质押贷款质押率提高、对接股市的结构性理财和信托产品兑付风险上升，违规入市信贷资金风险暴露等。另外，由于丧失代偿能力的民营担保公司增多，担保公司担保授信业务风险上升。

## 三、金融基础设施

### （一）金融基础设施建设的进展情况

支付体系建设健康持续发展。2015年，青岛市支付体系建设取得重大进展，成功打通了二代支付系统切换最后环节，圆满实现辖内46家商业银行全部“一点清算”。全市大额支付系统、小额支付系统、全国支票影像系统、网上支付跨行清算系统、电子商业汇票系统等支付清算系统运行稳定，资金汇划高效、安全、快捷，支付服务市场繁荣发展。各银行业金融机构通过大额各银行业金融机构通过大额支付系统办理支付往来业务1 825.09万笔，金额369 063.59亿元，分别同比增长5.85%、9.96%；通过小额支付系统办理各类支付往来业务403.29万笔，金额523.47亿元；通过影像交换系统共办理支票提出、提入业务39 479笔，涉及资金29.28亿元。全市共布放POS机具13.99万台、ATM 9 585台；全年实现POS跨行清算交易15 211.66万笔，跨行消费金额3 948.45亿元，分别同比增长27.51%和24.88%；实现ATM跨行取款交易3 439.72万笔，跨行取款金额469.81亿元，分别同比增长3.77%和18.16%。

打击洗钱和恐怖融资犯罪取得成果。根据国际国内反洗钱和反恐怖融资形势，人民银行青岛市中心支行积极发挥反洗钱监测分析职能作用，2015年依法开展反洗钱调查及协查299次，协助总行、外省分支行开展调查68次，报案11起，成功推动4起洗钱罪定罪立案。在此基础上，着力开展打击利用离岸公司和地下钱庄转移赃款、反电信网络诈骗、反恐怖融资等专项行动。组织辖区银行机构对离岸公司和离岸账户进行摸底排查，5 家银行发现并上报了可疑线索。组织全市 46 家银行机构、1 472个营业网点开展预防打击电信网络诈骗洗钱犯罪专项行动，堵截诈骗犯罪行为 242 起，为群众避免损失 700 余万元。2015 年人民银行青岛市中心支行移送及协查的涉恐线索中，公安机关监控 6 人，其中批捕 3 人，1 人将于近期以资恐罪宣判。

征信服务不断改进和提高。2015 年，全辖征信服务窗口办理各类业务共 12 万余笔。其中，个人信用报告本人查询 177 759 笔；企业信用报告查询 6 693 笔；机构信用代码证发放 44 690 笔、要素变更 9 606 笔，个人信用报告查询收费 54 万余元，较好地满足了社会征信服务需求。制定了《青岛市信用农户、信用村、信用乡（镇）评定办法》，在全辖积极开展“三信工程”评定。截至 2015 年末，青岛市共有 10 个县区、224 个金融机构开展农户信用档案建设工作，共采集农户信息 11 个数据项、约 12 万条信用信息；已评定农村信用户 31.3 万户，覆盖率达 18%，并对其中 19.77 万户农户累计发放贷款 877.1 亿元；累计评定出农村青年信用示范户 8 721 户，每年对其开展信用评价、综合授信，累计授信总额 7.06 亿元人民币。

### （二）金融基础设施建设的薄弱环节

支付机构线下银行卡收单市场潜存风险应予关注。一是商户实名制审核及检查制度落实不到位，导致虚假商户入网；二是商户资金“二次”清算，外包服务转让、分包，商户资金面临风险隐患；三是受理终端主密钥管理混乱，存在由外包商直接经手主密钥生成、灌装等情况；四是合规意识不强，“套码”、“切机”等行为扰乱正常市场秩序。

金融机构反洗钱工作有待进一步提高。从现场检查和非现场监管情况看，2015 年，辖内金融机构未发生重大违规行为，总体上青岛市洗钱风险可控。但部分金融机构对反洗钱工作重视不足，未能有效落实人民银行各项反洗钱工作部署；个别金融机构对反洗钱现场检查中发现的问题未及时整改，导致风险漏洞长期存在；部分机构未建立有效的反恐怖融资工作机制，防范反恐融资能力不足。

征信工作规范化水平有待进一步提高。个别银行机构征信系统管理制度执行情况较差，征信系统的信息涉及企业商业秘密和个人隐私，需要有严格内部管理制度，个别银行机构征信管理方面制度不健全，内控不规范，在查询、使用、异议处理、安全管理、用户管理等各个环节均存在问题，管理较为混乱，查询用户管理混乱、公共用户现象普遍，存在为数不少的越权查询个人信用报告的问题。另外，征信系统的信息仍主要以银行机构提供的信息为主，工商、税务及公检法等社会信息仍未纳入征信系统。

## 四、综合评估

根据人民银行青岛市中心支行金融稳定评估方案，从宏观经济、金融机构及金融生态环境等方面对青岛市 2015 年金融稳定状况进行综合评估。评估结果显示，青岛市金融稳定状况良好。

2015 年，面对复杂的国内外经济形势，青岛市经济运行呈现稳中有进、稳中向好的态势。2015 年，青岛市实现生产总值 9 300.07 亿元，比上年增长 8.1%，增速与上年持平。其中，第一产业增加值 363.98 亿元，增长 3.2%；第二产业增加值 4 026.46 亿元，增长 7.1%；第三产业增加值 4 909.63亿元，增长 9.4%。三次产业增加值占 GDP 的比重由 2014 年的 4.2:44.6:51.2 调整为 3.9:43.3:52.8。固定资产投资增速趋缓，工业生产稳健运行，消费品市场平稳增长，居民消费价格温和上涨，城乡居民收入不断提高。2015 年，青岛市银行业金融机构认真贯彻落实各项宏观调控政策，积极采取有效措施，调整和优化信贷结构，保持货币信贷适度稳定增长。年末，青岛市本外各项存款余额为 13 156 亿元，同比增长 9. 79%，比年初新增 1 275 亿元，同比多增 786 亿元。贷款实际新增创历史新高。2015 年末，本外币各项贷款余额为 11 577 亿元，同比增长 9. 94%。比年初新增 1 046亿元，同比多增 178 亿元。年末社会融资总量余额 17 850. 4 亿元，较年初新增 512. 03 亿元，同比少增 568. 57 亿元。证券期货市场稳步发展，法人证券机构经营状况向好。保险业发展平稳，保险对经济稳定运行的保障作用进一步提升。金融基础设施不断完善。支付体系建设进程加快，反洗钱工作取得积极进展，信用体系建设日趋完善，金融生态环境进一步改善。

在经济金融平稳运行的同时，经济发展仍旧面临比较复杂的内外形势，金融业运行仍存在诸多问题，经济趋稳向好的基础还不牢固、对外贸易整体下滑、不良贷款形势仍较为严峻、重大信贷风险事件频发、不良贷款处置难度较大、银行盈利能力下降、寿险退保金大幅增长、满期给付压力加大等。金融基础设施也存在诸多薄弱环节，这些问题需要进一步完善和解决。

总　纂：顾延善
统　稿：郝龙敬
主　笔：赵国靖
执　笔：马义军　马居亭　王松娟　许　倩
刘翠丽　张春海　禹靓蔚　翟泉明

# 宁波市金融稳定报告摘要

2015年，宁波市经济金融总体保持平稳运行。全年地区生产总值增速有所回升，固定资产投资与社会消费品零售总额同比增长，进出口同比下降。金融业运行总体稳健，金融基础设施建设深入推进。定量评估结果显示，2015年辖区金融继续保持稳定，但潜在风险增加。

## 一、区域经济运行

### （一）区域经济基本情况

1. 经济增速有所回升，第三产业增长较快

2015年全市地区生产总值8 011.5亿元，按可比价格计算，同比增长8%，增幅较上年上升0.4个百分点。其中，第一产业增加值285.2亿元，增长1.8%；第二产业增加值3 924.5亿元，增长4.8%；第三产业增加值3801.8亿元，增长12.5%。三次产业增加值之比为3.56∶48.99∶47.45，第三产业增加值占地区生产总值比重较上年提高2.84个百分点。按常住人口计算，人均生产总值102 475元。

2. 工业经济增速放缓，规上企业利润增长较快

2015年全市规模以上企业工业增加值2 575.4亿元，同比增长3.8%，增幅较上年回落2.4个百分点；销售产值13 262.2亿元，同比下降2.8%；实现利润总额753.4亿元，同比增长14%，增幅同比提高16.9个百分点。

3. 投资消费平稳增长，进出口同比减少

2015年全市固定资产投资4 506.6亿元，同比增长13%，增幅较上年回落3.6个百分点。其中，房地产开发投资1 228.8亿元，同比下降7.5%。2015年全市社会消费品零售总额3 349.6亿元，同比增长12%，增幅较上年回落1.5个百分点。2015年全市外贸自营进出口总额1 006.4亿美元，同比下降4%，其中出口714.3亿美元，同比下降2.3%；进口290.4亿美元，同比下降8%。

4. 财政、居民收入稳步增长

2015年全市一般公共预算收入1 006.4亿元，增长8.2%。城镇居民、农村居民人均可支配收入分别为47 852元、26 469元，同比分别增长8.4%和9%。

5. 三类价格走势分化

2015年宁波市区居民消费价格同比上涨1.8%；工业生产者出厂价格同比下降6%，工业生产者购进价格同比下降7.6%；2015年12月全市商品住宅成交价格平均12 399元/$m^2$，同比上升3.1%，

其中，市区商品住宅成交价格平均为13 735元/m$^2$，同比上升0.93%，环比下降7.34%。

### （二）区域经济运行中需关注的问题

1. 经济景气程度依旧不高

2015年宁波市生产总值增速虽较上年小幅提高，但是仍面临工业增加值处于低位、房地产投资增速放缓、进出口下降等问题。景气调查也显示，2015年四季度宏观经济热度预期指数继续处于“偏冷”状态。

2. 区域制造业转型升级仍面临挑战

制造业是宁波市工业经济主要支柱，统计数据显示，2015年以制造业为主体的工业增加值约占到全市生产总值的45%左右。2015年，面对复杂的经营环境、激烈的产业竞争和日趋收紧的资源约束，全市制造业从其自身发展、要素驱动转换等方面看，转型升级未见明显成效。

3. 房地产市场去库存仍面临结构性压力

2015年，受刺激政策影响，全市房地产市场持续回暖，截至2015年末，全市商品房存量2 281.19万m$^2$，同比下降1.46%。但是住宅与商业地产、市区与县域不平衡现象较为突出，商业地产、部分县域去库存压力仍然较大。

## 二、银行业

### （一）银行业稳健性评估

1. 资本充足率及其结构状况良好

截至2015年末，辖区法人银行业金融机构资本充足率（新）14.01%，较2014年末上升0.18个百分点。从资本结构看，一级资本净额占资本净额的比例为81.33%，资本质量较高。

2. 信用风险趋于上升但总体可控

截至2015年末，辖区银行业金融机构不良贷款余额407.53亿元，同比增加115.18亿元；不良贷款率2.60%，同比提高0.59个百分点；拨备覆盖率、资产损失准备充足率分别为121.89%、248.16%，同比分别下降29.16个、48.95个百分点，符合监管要求，风险抵补能力充足。

3. 机构盈利下滑明显

2015年，辖区银行业金融机构实现净利润101.45亿元，同比减少31.70%；资产利润率0.43%，同比下降0.27个百分点。各机构营收中净利息收入不断减少，净息差呈下降趋势，全年净利息收入534.20亿元，同比减少2.32%，占营业收入的比例78.24%，同比下降3.24个百分点；净息差、净利差分别为2.76%、2.09%，同比分别下降15个、上升12个基点。

4. 贷款利率下降

受降息影响，全年全市金融机构新发生贷款加权平均利率呈下行趋势，2015年12月为5.5个百分点，较1月下降1.3个百分点。

5. 存款保险工作稳步推进

2015年辖内25家法人机构完成存款保险投保办理，并完成2015年5月—12月保费交纳工作。

### （二）辖区银行业发展中需关注的问题

1. 不良贷款持续“双升”

2012年第一季度以来，辖区银行业金融机构不良余额与不良率已连续16个季度呈“双升”态势。从2015年看，资产“劣变”速度加快，新发生不良贷款及关注、逾期贷款呈加速增长之势，隐性不良资产还未充分暴露，资产质量下行趋势短期内难现“拐点”。

2. 银行业盈利大幅下滑

一是净息差和净利息收入持续下降，而经营成本不断上升；二是不良拨备、处置核销大幅侵蚀利润；三是大型机构利润大幅下降导致整体银行业盈利快速下降。

3. 操作风险多发需引起关注

从专项评估及日常监测发现，由于部分银行内控管理疏漏、案防工作不到位，辖内个别金融机构发生了非法转走储户存款、挪用ATM资金等案件，操作风险值得关注。

## 三、证券业

### （一）证券业稳健性评估

1. 不同经营主体有增有减

截至2015年末，辖区证券经营机构119家，同比增加19家。其中，证券营业部109家，证券公司分公司8家，基金公司、证券投资咨询公司各1家。期货经营机构38家，同比减少1家。其中，期货营业部35家，期货经纪公司1家，期货分公司数2家；境内上市公司51家，同比增家6家，包括主板公司30家，中小板公司12家，创业板9家。

2. 证券期货交易额增长较快

2015年辖区证券成交总额93 197.5亿元，同比增长194.28%，期货代理交易额95 572.91亿元，同比增长79.96%。2015末，证券投资者股票账户数144.06万户，同比增长37.82%，客户交易结算资金余额266.44亿元，同比增长85.08%，托管证券市值4 059.28亿元，同比增长56.81%。期货投资者开户数2.53万户，同比增长12.44%，期货客户保证金余额41.48亿元，同比下降2.16%。

3. 证券期货经营机构保持稳健

2015年，辖区证券经营机构营业收入48.44亿元，利润总额27.87亿元，同比分别增长221.01%、237.82%。期货经营机构交易手续费收入4.22亿元，利润总额0.17亿元，同比分别增长44.03%、33.00%。各家证券期货营业部根据监管政策变化和公司总部工作要求及时修订完善各项内控制度，加强风险管理，经营总体稳健，未发生重大风险事件。其中法人机构兴业期货2015年增加资本金至5亿元，截至2015年末，该公司净资本3.88亿元，风险资本准备总额1.27亿元，净资本与风险资本准备总额比例304%；流动资产与流动负债比例2 439%，负债与净资产比例4%，符合监管要求。

4. 资本市场较好地支持了实体经济

2015年辖区企业股权融资新增129.2亿元，同比增长79.2%。其中首发融资38.16亿元、再融资91.04亿元，同比分别增长651.18%、42.05%。截至2015年末，辖内上市公司总市值6 247.68

亿元，同比增长90.4%。2015年，辖区新增新三板挂牌企业54家，同比增加11家。

### （二）辖区证券业发展中需关注的问题

1. 融资融券业务风险管理有待加强

受2015年二级市场大幅波动影响，辖区有127户开展融资融券业务的客户被强制平仓，金额10 508.03万元，户均81.74万元。调查显示，部分被强制平仓的客户不熟悉融资融券风险和交易规则，面对市场大幅波动未建立相应的风险控制措施，这暴露出证券经营机构过于注重业务发展，而在客户准入、投资者风险教育等方面工作存在不足。

2. 辖内企业借助资本市场推动发展仍有较大空间

2015年辖区企业股权融资新增129.2亿元，累计股权融资715.22亿元。而2015年辖区新增本外币贷款1 176.5亿元，2015年末贷款余额15 754.65亿元。与信贷融资相比，辖区企业股权融资有待提升。同时，辖内上市公司主要集中在传统制造业，2015年辖内仅有1家上市公司通过定向增发并购高科技企业，实现产业转型，辖内上市公司借助资本市场转型升级有待加强。

## 四、保险业

### （一）保险业稳健性评估

1. 市场主体扩张有突破

截至2015年末，宁波保险市场共有市级及以上保险机构55家，包括1家法人机构、54家分支机构，其中，产险31家，寿险24家，较上年增加2家，均为产险机构。其中新增的一家东海航运保险股份有限公司为国内首家专业航运保险公司，也是宁波辖区第一家法人保险机构。

2. 保费收入增幅趋缓，社会保险意识有所加强

2015年，宁波保险市场实现保费收入228.25亿元，同比增长10.28%，增速较上年同期下降1.29个百分点。其中财产险保费收入121.29亿元，同比增长8.72%；人身险保费收入106.96亿元，同比增长12.11%。2015年，宁波保险市场保险深度2.8%，较上年同期提高0.1个百分点；保险密度2 970元，较上年同期增加270元。自2011年以来，宁波保险深度及密度均呈小幅增长态势。

3. 赔付支出增幅趋稳，总体低于全国平均水平

2015年，宁波保险市场赔付支出106.60亿元，同比增长12.61%，低于全国平均增幅7.59个百分点。其中，财产险赔付支出78.13亿元，同比增长5.62%，低于全国平均增幅5.10个百分点；人身险赔付支出28.48亿元，同比增长37.59%。

4. 产险机构综合费用率全国最低，经营效益整体稳定

2015年，宁波31家产险机构综合费用率28.2%，较上年回落1.6个百分点，低于全国8.1个百分点，连续五年低于全国平均水平，创全国36个主要地区最低。累计承保利润4.1亿元，承保利润率3.9%。

5. 寿险新单期缴增幅明显，中长期期缴业务发展快速

2015年，宁波寿险市场新单期交保费19.04亿元，同比增长42.66%，增幅较上年同期提高29.02个百分点，期交率38.03%，较上年同期上升3个百分点。其中，5年期及以上、10年期及以

上业务增速逐年递增，分别从2012年的-18%、-16%增速上升至2015年的43.9%和54.4%。

### （二）辖区保险业发展中需关注的问题

2015年，部分中小保险机构出现业务萎缩和承保亏损状态，发展面临困境。29家（不含新设立的众诚产险和东海航运）产险机构中，7家机构保费收入出现负增长，其中4家机构保费收入降幅高达20%以上，4家机构连续两年业务下滑，29家产险机构实现利润3.97亿元，同比下降41.5%，其中16家产险机构亏损，占比55.2%，其中8家机构连续三年以上亏损。寿险方面，7家机构业务出现负增长，其中4家机构保费收入降幅超过20%，3家机构业务连续两年下滑。

## 五、影子银行

### （一）担保机构减少明显，放大倍数有所下降

截至2015年末，全辖共有融资性担保机构53家，比年初减少10家，注册资本共计32.76亿元。2015年，全部54家担保公司中，政府全资或参股的有14家，占25.93%，民营资本出资的有40家，占74.07%；期末在保余额85.44亿元，在保余额与资本金倍数为2.61，较上年下降0.48。

### （二）典当贷款同比多减，典当企业亏损较多

截至2015年末，辖区共有典当企业90户，比年初增加1家，注册资本13.68亿元，资产总额15.78亿元，典当余额9.75亿元。全年典当业发放贷款总额34.56亿元，同比下降8.57%，降幅较上年同期扩大1.74个百分点；息费收入5 710万元，同比下降21.02%，降幅较上年同期扩大2.28个百分点；净利润326万元，同比下降63.38%，降幅较上年同期扩大80.29个百分点。亏损36户，亏损数占辖内典当行总数的40%。从典当质押品种类看，动产抵押13.24亿元，房地产抵押15.10亿元，财产权利抵押6.22亿元，分别占比38.3%、43.7%和18%。

### （三）小贷公司贷款同比减少，不良贷款“双升”

截至2015年末，辖区共有小额贷款公司43家，合计注册资本75.42亿元，比年初下降4.48亿元；资本净额92.54亿元，比年初增加6.05亿元。全年累计发放贷款164.66亿元，同比下降29%；累计受益客户6 625户，同比下降35.64%；加权平均利率17.32%，较上年同期下降1.32个百分点；截至2015年末，不良贷款余额、不良率同比均有所上升。

## 六、金融市场

### （一）同业拆借

2015年，全辖6家法人金融机构在银行间市场参与了1 944笔同业拆借，累计拆借9 930.85亿元，较上年减少6.4%，其中隔夜和7天交易分别占90.12%和6.97%。从资金价格走势来看，前5个月保持在2%以上，5月降息后，持续在1.5%～2%区间窄幅波动。

### （二）债券回购

2015 年，辖内有 9 家法人银行机构、1 家货币基金和多个资管账户参与债券回购交易 13.10 万亿元，较上年增长 30.8%，其中 1 天品种占 97.2%，比上年提高 0.5 个百分点。回购交易价格前 5 月份利率保持在 2% 以上，5 月降息后保持在 1.5% 左右的水平。从回购交易的资金流向看，全年净融入 2.88 万亿元。

### （三）现券交易

2015 年，全辖 11 家法人主体和 3 家资管主体累计交易现券 21 480.8 亿元，是上年规模的 2.44 倍。其中，政策性金融债、国债（含地方债）分别占 55.52%、16.46%，企业债、中票、短融等信用债占 11.56%。受降息以及投资机构风险厌恶情绪影响，全年债券到期收益率持续走低。

### （四）债务融资工具发行

2015 年全辖共有 24 家企业发行 60 笔债务融资工具，累计金额 297.6 亿元，较上年增长 56.7%，其中超短期融资券 95 亿元，短期融资券 78.8 亿元，非公开定向工具 74.8 亿元，中期票据 49 亿元（含 5 亿元永续中票），占比分别为 31.9%、26.5%、25.1% 和 16.5%。债务融资工具加权平均利率为 4.87%，较上年回落 165 个基点，低于 1 年期以下（含）贷款加权平均利率 180 个基点。

### （五）黄金交易

2015 年，国际金价持续震荡走低，而国内黄金 T + D 交易的广泛推开，全辖各类黄金交易持续活跃。全年辖内金融机构共发生各类境内黄金交易 56.22 吨，交易金额 1 286.72 亿元，分别是上年的 4.5 倍和 4.1 倍，平均交易价格为 228.9 元/克，比上年下降近 20 元/克。

### （六）外汇交易

受美国经济向好及美联储加息预期影响，美元指数维持高位震荡，预期的一致性降低了市场主体开展交易的活跃度。2015 年辖内 5 家法人机构开展各类银行间外汇交易折合 2 653.6 亿元，较上年回落 26%。其中，受人民币兑美元汇率贬值预期影响，美元/人民币掉期交易占 85.3%，较上年大幅提高 28 个百分点。

## 七、金融基础设施

### （一）支付清算体系

2015 年，宁波市支付清算系统安全、稳定运行，支付清算业务量稳步增长。全年宁波市支付系统日均处理业务 26.41 万笔、清算资金 2 718.61 亿元，分别较上年增长 16.24%、28.39%。辖内 4 家法人机构和 30 家非法人银行机构顺利完成 ACS 系统上线任务。继续妥善处理支付机构风险事件，完善支付市场监管体系，维护地区金融和社会稳定。

### （二）征信体系

2015年，推动地方性金融机构积极使用企业关联查询、重要信息提示、个人信用报告数字解读等征信新产品，组织4家融资性担保公司和1家商业保理公司通过互联网接入征信系统。坚持做好法人机构征信数据报送质量管理，企业和个人征信数据质量继续保持较高水平。积极开展中小微企业和农村信用体系建设，截至2015年末，宁波市中小微企业信用服务平台累计收录企业21类信息3.2亿条，月均查询量逾18万笔；持续开展信用户、信用村、信用乡镇的“三信”评定工作，全辖共评定信用户68.19万户，县级信用村760个，市级信用村55个，省级信用村10个。鼓励、指导本地企业设立企业征信机构，促成宁波市大道信用服务有限公司完成工商注册登记。

### （三）反洗钱体系

2015年，按总行新颁布的《金融机构反洗钱监督管理办法》要求，分行业细化反洗钱监管考核指标，对全辖207个报告主体逐一实行考核评级，并根据考核评级结果实施分类监管。全年共完成11个反洗钱执法检查项目，法人机构现场监管率连续3年达到100%，推进法人机构洗钱风险评估，有针对性地发布3期洗钱风险提示，强化支付业务管理，反洗钱监管有效性得到进一步提升。

### （四）货币发行与反假币

2015年，宁波辖区现金净投放329.34亿元，同比下降9.27%，降幅比上年扩大7.12个百分点，现金净投放连续三年呈下降态势。同时，平稳实现2015版100元人民币的发行投放，顺利完成普通纪念币发行方式的改革工作。2015，年宁波辖区共收计缴假人民币数量合计8.04万张/枚，面额合计639.84万元，比上年同期下降294.22万元，收缴总面额同比减少31.5%。

### （五）金融消费权益保护

2015年初步建立了以“一行三局”为核心，延伸到公、检、法及其他相关政府部门的协作会商机制。进一步完善12363工作机制，提升金融消费者投诉处理工作的专业性、规划性和高效性。探索金融消费领域的人民调解机制，并成功调解8起金融消费纠纷。按照环境、机构、产品“三位一体”，对全辖37家银行业机构、49家证券期货业机构、32家保险业机构和2家支付机构金融消费权益保护工作开展情况进行评估。通过综合执法检查、专项执法检查的形式，对个人金融信息保护、银行卡领域金融消费权益保护开展现场检查。

## 八、总体评估与政策建议

2015年辖区金融稳定得分为39.45①分，较上年提高6.23分，表明不稳定因素有所增加，但得分仍在50分以内的稳定区域。建议从以下三方面推动辖区经济发展，防范金融风险，维护区域金融稳定。

① 分值越小，表示风险越低，稳定状况越好。由于部分评估指标调整，对历年金融稳定得分也相应进行了追溯调整，并根据调整后数据测算同比。

**（一）推进结构性改革，强化供给创新，促进辖区经济平稳健康发展**

一是抓住"一带一路"、长江经济带战略深入实施的机遇，推动港口经济圈建设迈出实质性步伐。二是抓住获批设立跨境电商综合试验区的机遇，提升开放经济优势。三是推进新材料科技城、国际海洋生态科技城建设，加快发展高端装备制造新材料、新一代信息技术、节能环保、生命健康等新兴产业，增强辖区制造业优势。

**（二）优化金融资源配置，提高金融支持实体经济效率**

一是积极贯彻落实稳健的货币政策，进一步降低辖区社会融资成本，为辖区完成五大任务创造良好环境。二是抓住资本市场发展机遇，积极推动辖区企业股权融资、直接债务融资，优化融资结构，促进企业转型升级。三是抓住辖区普惠金融综合示范建设，推进金融供给侧改革补结构短板，提升“三农”及小微企业融资可得性和便利性。

**（三）进一步强化金融生态示范区建设，加强重点领域风险防控**

一是加强对辖区房地产市场发展的研究分析，因地制宜、科学施策，健全辖区房地产市场稳定发展机制，促进辖区房地产平稳地去库存。二是银行业要持续加强信用风险防控，推动破产重整方式处置企业授信风险，抓住不良资产证券化发展机遇，多措并举加快不良资产处置进程。三是稳步推进存款保险制度建设，确保相关工作细则在辖区的平稳落地，夯实金融风险处置基础。

总　　纂：周伟军
通　　稿：鲍　雯　徐洪水
执　　笔：黄　健　傅晓燕　楼东玮
其他参与写作人员：马喜中　上官忠东　邓忠斌　刘良毕　孙诗雄
陈　达　林　荫　童相新　蒋晓亮

# 厦门市金融稳定报告摘要

2015年，厦门市主动适应经济新常态，全面实施美丽厦门战略规划，深化改革开放，经济金融运行稳健向好，转型发展呈现新亮点。银行业强化风险防控，支持实体经济降成本、补短板；证券期货业积极发展创新业务，资本市场交易活跃，融资功能得到较好发挥；保险业市场规模稳步扩大，服务经济社会功能进一步提升；金融市场总体发展平稳，金融市场交易活跃，直接融资渠道进一步拓宽；金融基础设施建设持续完善。但厦门市经济金融运行仍面临不少困难和挑战，经济转型发展压力较大，金融风险防控压力有所凸显。

## 一、区域经济运行与金融稳定

### （一）区域经济运行情况

1. 经济运行增速换档，产业结构持续优化

2015年，厦门市实现地区生产总值（GDP）3 466.01亿元，同比增长7.2%，增速比上年同期下降2.0个百分点，但高于全国平均水平。从产业结构看，2015年厦门市第一产业增加值同比下降0.5%，第二、第三产业增加值分别增长7.9%和6.5%。产业结构从上年的0.7:45.8:53.5调整为0.7:43.5:55.8，第三产业比重继续提升，产业结构不断优化。

2. 工业生产呈现新动力，现代服务业发展良好

2015年，厦门市规模以上工业实现增加值1 254.06亿元，同比增长7.9%，增速比上年同期回落2.6个百分点，但工业生产呈现新动力：一是创新驱动供给侧结构性改革，全年厦门市规模以上高新技术工业企业实现产值3 315.86亿元，同比增长11.6%，增速快于同期规模以上工业企业总产值增速3.5个百分点；二是”两化”融合加速转型升级，全年厦门市工业化信息化融合发展指数90.49、制造业质量竞争力指数88.99，继续稳居全国前列；全年实现工业技改投资251.30亿元，同比增长15.0%，占工业投资的71.0%。

2015年，厦门市第三产业实现增加值1 933.08亿元，同比增长6.5%，增速比上年同期回落2.2个百分点，但多个领域发展呈现新亮点：一是电商零售成为新增长点，全年限额以上主要电商企业通过互联网实现商品零售额92.50亿元，同比增长49.0%；二是两岸区域性金融服务中心建设加速，全年厦门市实现金融业增加值353.40亿元，同比增长14.7%，占第三产业增加值的18.3%；三是两岸新兴产业和现代服务业合作示范区建设不断推进，全年厦门市规模以上信息传输、软件和信息技术服务业实现营业收入190.10亿元，同比增长29.0%。

3. 固定资产投资增速持续回升，民间投资较快增长

2015年，厦门市完成全社会固定资产投资（不含农户）1 887.65亿元，同比增长20.8%，增速

比上年回升4.0个百分点，且增速高于全国、全省平均水平。其中，基础设施投资和工业投资拉动固定资产投资较快增长，全年完成基础设施投资590.36亿元，同比增长38.5%，全年完成工业投资354.59亿元，同比增长18.7%。在积极鼓励和拓展民间投资的政策驱动下，民间投资活力持续增强，投资渠道不断拓宽，全年完成民间投资868.30亿元，同比增长17.7%。

4. 消费增速放缓，居民消费呈现新变化

2015年，厦门市完成社会消费品零售总额1 168.42亿元，同比增长8.9%，增速比上年小幅回落1.1个百分点，居民消费呈现新变化：一是民生消费类商品快速增长。全年限额以上食品、烟酒、饮料类实现零售额86.81亿元，同比增长8.8%；服装鞋帽、针纺织品类实现零售额91.05亿元，同比增长31.4%。二是消费升级类、文化消费类商品销售持续兴旺。全年限额以上通讯器材类商品、体育与娱乐用品类商品和文化办公用品类零售额同比分别增长47.6%、30.8%和21.4%。

5. 外贸形势相对较好，自贸片区建设取得阶段性成果

2015年，厦门市实现外贸进出口总额832.91亿美元，同比下降0.2%，降幅比上年收窄0.4个百分点，其中，出口534.97亿美元，同比增长0.6%，进口297.94亿美元，同比下降1.8%。厦门市外贸形势相对较好，外贸进出口降幅低于全国、全省平均水平。利用外资力度加大。全年厦门市合同利用外资金额41.60亿美元，同比增长45.9%；实际利用外资金额20.90亿美元，同比增长6.2%。厦门自贸片区取得阶段性成果。全年厦门自贸片区新设外资企业367家，合同利用外资17.40亿美元，占厦门市合同利用外资总额的41.8%；区内跨境电商、融资租赁、保税展示等新兴业态蓬勃发展。

6. 财政收支增速回升，居民收支增长放缓

2015年，厦门市实现财政总收入1 001.71亿元，首次突破1千亿，同比增长10.2%，增速与上年持平，其中，地方级财政收入606.06亿元，同比增长11.5%，增速比上年回升0.7个百分点。2015年，厦门市完成财政总支出652.05亿元，同比增长18.9%，增速比上年（4.9%）回升14.0个百分点。

2015年，厦门市全体居民人均可支配收入3.97万元，同比增长7.6%，增速比上年回落0.7%。其中，2015年，厦门市城镇居民人均可支配收入4.26万元，同比增长7.5%；农村居民人均可支配收入1.76万元，同比增长8.2%。

### （二）区域经济运行需关注的问题

1. 工业效益有待提升，产业转型基础有待夯实

工业效益有待提升。受产能过剩及国内外市场需求不足影响，全市工业生产者出厂价格指数低位徘徊，全年下降4.6%。再加上人力、税费等成本仍然保持增长，企业利润空间有所收窄，2015年1—11月规模以上工业企业实现利润总额173亿元，下降16.0%，其中亏损企业达449家，占规模以上工业企业总数的27.3%。

产业转型基础有待夯实。一方面，传统的化工、机械等支柱产业面临市场需求不足、产能过剩和产业转移等问题，亟待转型升级；另一方面，全市重点培育的战略新兴产业还未形成较大的规模和优势，尚未对全市工业形成有力支撑。同时厦门市工业转型升级在投资及人才储备方面也有待加强，规模以上工业企业对增资扩产积极性不高。

2. 出口形势严峻，消费支撑作用有待发挥

厦门外贸依存度达156%，处于全国较高水平，随着产品成本优势持续弱化以及全球贸易保护主

义抬头，将对全市出口带来较大挑战。同时，消费对经济拉动作用存在一定的隐忧。近年来，主要消费品汽车受到保有量较高、城市交通拥堵等问题，已经由普及期的高速增长过渡到新阶段的中低速增长。而与绿色消费、健康消费、休闲消费等新型领域消费尚未对厦门市消费市场产生较大的带动作用。

3. 服务业发展层次有待提高

2015 年，厦门市第三产业占 GDP 的比重虽然超过 50%，但服务业距离经济发展新引擎的目标还有差距。第三产业中，批发零售、金融、交通运输等支柱产业仍偏重于传统业态，而关键性的现代服务业（信息传输、软件和信息技术服务业等）整体规模大多偏小，缺少全国知名重点企业。

## 二、金融业与金融稳定

### （一）银行业

1. 银行业运行情况

（1）资产负债规模平稳增长

2015 年末，厦门市共有各类银行业金融机构 41 家，比上年末增加 1 家，一家机构[①]正筹备开业。银行业金融机构资产总额 1.41 万亿元，同比增长 21.4%，增速较上年回升 4.5 个百分点；负债总额 1.35 万亿元，同比增长 15.95%，增速较上年回落 0.05 个百分点。

（2）本外币存款增速回升，但增长基础尚不稳固

2015 年末，厦门市金融机构本外币存款余额 8 876.25 亿元，同比增长 16.0%，增速比上年末回落 0.6 个百分点；贷款余额 7 567.00 亿元，同比增长 13.9%，增速比上年末回升 0.2 个百分点。但总体增长基础尚不稳固，新增存款主要集中在企业存款和非银同业存款，这两类存款对价格较为敏感，波动较为频繁；而新增贷款主要集中在个人住房贷款和国开行支持印度尼西亚基础设施建设的境外贷款，境内企业信贷需求减弱。

（3）盈利出现负增长，行业风险总体可控

受净息差、净利差收窄和资产减值准备增加等因素影响，厦门市银行业利润近年首现负增长，2015 年全年实现税后利润 150.12 亿元，同比减少 1.13%。

2015 年末，厦门市银行业不良贷款余额 111.4 亿元，较年初增加 14.88 亿元，不良贷款率 1.48%，较年初提高 0.03 个百分点。贷款损失准备充足率为 178.96%，比年初降低 37.34 个百分点，拨备覆盖率 160.64%，比年初降低 10.86 个百分点，但银行业整体仍具备一定损失抵补能力。流动性风险总体可控，2015 年末银行业法人金融机构平均流动性比例为 91.13%，同比提高 50.37 个百分点，平均存贷比为 42.12%，同比提高 1.24 个百分点，均优于监管要求。

（4）法人机构深化改革转型，实现稳健增长

一是主要法人银行继续稳步开展增资扩股，补充资本金，增强机构实力，2015 年厦门国际银行、厦门银行、厦门农商行合计补充资本金 44.83 亿元。二是各法人银行注重机构建设，加快分支机构网点布局建设，稳步推进新设村镇银行、金融租赁公司。三是持续推进风险管理和内部控制体系建

① 泉州银行厦门分行。

设，八家法人机构全年实现稳健运营。四是主动适应政策环境和市场环境的急剧变化，积极转变发展模式和盈利模式，业务发展更加多元、丰富。

2. 银行业运行需关注的问题

（1）信贷需求不足，传统业务增长乏力

在当前经济增速换挡背景下，企业投资扩产动力下降，部分企业甚至提前偿还贷款以降低财务成本，实际信贷需求减少。再加上连续降息使债券发行利率持续下行，债券融资成本节约优势更加明显，全年厦门市非金融企业累计发行各类债券达 838.0 亿元，对企业贷款形成替代效应，一定程度上挤压了银行业传统信贷业务。

（2）信用风险持续暴露，信贷资产质量下行压力大

当前辖区银行业资产质量面临许多挑战，今后一段时间资产质量下行压力仍较大：一是高暴露、高处置背景下不良贷款仍持续“双升”，2013—2015 年累计清收处置不良贷款近 120 亿元，2015 年新发生不良贷款 73 亿元，同比增长高达 64%。二是关注类贷款持续增加，年末关注类贷款余额 341.15 亿元，比年初增加 71.46 亿元；关注类贷款率 4.53%，比年初上升 0.47 个百分点。三是逾期贷款增幅高于不良贷款，年末逾期贷款余额 152.4 亿元，比年初增加 14.8 亿元；逾期 90 天以上贷款与不良贷款比例 107.3%，比年初上升 9.6 个百分点。

（3）中小法人银行存在强烈的扩张冲动

由于存款增长存在外部约束、绩效考核体制的刚性压力等，同业业务仍然是中小法人银行扩大利润、提升资产规模的重要渠道。截至 2015 年末，厦门市主要法人银行合计同业资产余额 3 721.49 亿元，占同期总资产余额 58.51%，比上年末提高 3.17 个百分点。另一方面，通过设立投资公司、资产管理公司、金融租赁公司、村镇银行等各类机构实现业务的扩张，特别是通过不需要金融牌照的投资公司、资产管理公司实现银行业资产的转移、交易、代持等，将银行业表内风险表外化，但实际上并未减少真实的风险暴露。

### （二）证券期货业

1. 证券业运行情况

（1）证券期货市场经营主体持续增加，私募类产品发展较快

2015 年，厦门市新增 3 家证券公司分公司和 7 家证券营业部，至年末共有 1 家法人证券公司、1 家基金公司、11 家证券公司分公司、77 家证券营业部；新增期货营业部 1 家，至年末共有 2 家法人期货公司、2 家期货分公司，29 家非法人期货公司营业部。

2015 年，厦门市登记备案的私募基金管理机构快速增长，从年初的 48 家增至 292 家，位列全国第 10 位；合计管理私募基金 183 只，资产规模达 182.03 亿元。

（2）法人证券机构综合实力显著增强，总体经营向好

2015 年，长城国瑞证券有限公司注册资本金从 0.5 亿元增至 17.5 亿元，并陆续取得资产管理、融资融券、投行等业务资格，各项业务增长明显，全年实现营业收入 5.25 亿元、净利润 1.57 亿元，同比分别增长 141.33%、539.09%，增长率位居行业前列。圆信永丰基金公司稳健增长，全年管理费收入 4 366.08 万元，同比增长 4 163.86 万元。

（3）市场交易金额大幅增长，创新业务稳步推进

2015 年，厦门市资本市场交易活跃，全年证券交易量 7.26 万亿元，同比增长 195.06%，其中 A

股交易量6.07万亿元，同比增长269.26%。期货市场大幅增长，全年代理成交额32.57万亿元，同比增长156.66%。

证券业多数经营机构扭亏为盈，创新业务稳步推进。2015年厦门市证券分支机构实现营业收入35.94亿元、利润总额20.08亿元，分别同比增长171.35%和227.21%，其中20家亏损，亏损面下降至24.39%，亏损比例同比减少近三成。融资融券、期货IB等创新业务合计实现收入18.87亿元，同比大幅增长149.93%，占同期证券营业部全部业务收入的52.50%，创新业务正成为厦门市证券业重要增长点。

（4）上市公司融资规模持续增长，后备上市资源较为充足

2015年末，厦门市共有上市公司33家，较上年增加2家，其中主板16家，中小板10家，创业板7家。全年厦门上市公司通过首发融资、定向增发、非公开发行股票等渠道实现再融资232.52亿元，比上年增长45.55%。并购重组有序开展，全年共有6家上市公司公告开展并购重组，其中已公告并购重组金额为78.05亿元。后备上市资源较为充足，至2015年末，鹭燕药业等三家企业的首发申请获得通过，清源科技等16家企业处于预披露阶段，绿洲环保等9家企业处于辅导备案阶段。

2. 证券期货业运行需关注的问题

（1）期货经营机构亏损面仍较大，私募基金管理机构内控有待加强

2015年期货经营机构累计实现营业收入7.22亿元，同比增长76.10%，净利润2.91亿元，同比增长206.03%。但营业部盈利状况不容乐观，实现盈利的营业部仅6家，亏损面达80.65%。受股指期货交易活跃度下降，大宗商品市场持续剧烈波动的影响、期货投资者更加谨慎，期货经营机构将面临较大经营压力。

私募基金方面。当前厦门市备案的私募基金管理机构数量较多，且已具备一定业务量，但在内控管理、业务规范、市场拓展等方面仍存在问题，面临合规经营风险。

（2）上市公司业务转型和经营压力增大

2015年前三季度，厦门市上市公司合计营业收入2 483.55亿元，同比增长9.18%，但归属于母公司股东的净利润38.18亿元，同比下降13.16%，经营活动现金流量为负的公司有17家，占比达51.52%，表明当前上市公司仍面临较大的业务转型和经营压力。

### （三）保险业

1. 保险业运行情况

（1）多层次市场体系初步形成，市场规模逐步扩大

2015年，厦门市保险市场呈现较好的发展态势，共有各类保险公司37家，较上年减少1家，实现保费收入146.36亿元，同比增长11.6%，增速回落5.9个百分点。按类别看，财产险业务保费收入61.36亿元，同比增长7.5%；人身险业务保费收入85.0亿元，同比增长14.7%。全市保险密度为3 842元/人，同比增长324元/人，保险深度为4.2%，同比提升0.2个百分点。

（2）产险盈利能力有所下降，寿险公司业务结构优化质量提升

2015年，厦门市产险公司综合成本率、综合赔付率、综合费用率分别为102.9%、64.5%和38.4%，同比分别上升3.3、1.4和1.9个百分点，表明盈利能力有所下降。扣除信保后，综合成本率、综合赔付率、综合费用率分别为97.9%、58.4%和39.5%，指标有所改善。除车险外，工程险、信用险、企财险均出现不同程度的承保亏损。

2015 年，厦门市寿险公司业务结构有所优化，全年普通寿险保费收入合计 24.88 亿元，同比增长 27.6%，险种占比达 38.9%，同比提升 6.7 个百分点，而分红险、万能险占比有所减少。从质量看，新单期交率和折标率大幅上升。寿险新单期交保费收入 15.88 亿元，同比增长 25.9%，新单期交率同比上升 0.8 个百分点至 39.2%，高于全国 12.7 个百分点，APE 折标率同比上升 12.2 个百分点至 68.8%，高于全国 25.3 个百分点。

（3）行业风险有所加大，但仍处于可控范围

2015 年，厦门市产险公司应收保费率为 12.6%，同比上升 0.3 个百分点，剔除保证保险后的应收保费率为 2.5%，同比上升 0.1 个百分点。寿险公司综合退保率 4.4%，同比上升 0.4 个百分点。简单退保率 20.4%，同比上升 3.2 个百分点。退保金 14.80 亿元，同比增长 28.6%。

（4）服务经济社会能力有所提升

2015 年，厦门市保险公司赔付支出 52.74 亿元，同比增长 17.3%，共提供风险保障 6.82 万亿元，同比增加 0.73 万亿元。自然灾害公众责任险覆盖 360.6 万人，农房保险承保 1.6 万户，均实现应保尽保。出口信用险为企业提供 98.7 亿美元风险保障，支持出口险项下融资 6.4 亿美元，一般贸易渗透率 27.4%。

2. 保险业运行需关注的问题

（1）行业增速换档，业务波动风险增大

2015 年厦门财产险增速为 7.5%，寿险保费收入增速为 5.6%，均为近五年增速最低点。业务波动风险增大，如出口信用保险赔案大幅增长 121%，赔款总额占非车险赔付总额的近 40%。信用风险的积聚和暴露容易引发连锁反应。随着经济下行压力加大和高现金价值产品开发销售受限，预计 2016 年厦门保费增长率可能会下降至个位数。业绩考核压力与市场业务增长趋缓之间矛盾可能进一步加大，产险市场费用恶性竞争与寿险销售误导风险加大。

（2）寿险退保、满期给付压力不容忽视

2015 年厦门市寿险公司合计退保金额较上年同期增长 28.6%，综合退保率 4.4%，同比上升 0.5 个百分点，17 家寿险公司中共有 7 家超过 5% 警戒线，个别公司退保率达到 6.1%。从险种看，普通寿险受高现价产品影响，全年退保金额达 5.50 亿元，增长 27.8 倍，占退保金额比例达 64.5%。预计 2016 年满期给付和退保金分别为 8.7 亿元和 19.66 亿元，现金流支出压力较大。

## 三、金融市场与金融稳定

### （一）金融市场运行情况

1. 银行间市场

2015 年，厦门市法人银行积极运用银行间市场加强流动性管理。全年法人银行在全国银行间同业拆借市场累计成交 1 987.63 亿元，同比增长 109.94%；在全国银行间债券市场累计完成债券回购交易 3.65 万亿元，同比增长 67.32%。同时，厦门市金融机构和非金融企业充分利用各项债务融资工具，债券市场融资规模大幅增长，辖区非金融企业在银行间市场合计发行各类债务融资工具 693 亿元，同比增长达 188.75%。辖区资产证券化业务取得突破，厦门农商银行信贷资产支持证券在银行间市场成功发行，发行规模 6.03 亿元。

2. 票据市场

2015 年，厦门市票据市场稳步发展。全年累计签发银行承兑汇票 1 563.87 亿元，同比增长 13.47%；全年累计办理票据贴现 637.63 亿元，同比大幅增长 44.32%。2015 年，商业银行继续通过转贴现方式调整资产负债表，且主要为买断性转帖现，全年买断式转贴现累计发生 2.84 万亿元，同比增长 6.09%，而回购式转贴现继续下降，全年累计发生额 3 569.52 亿元，同比下降 28.49%。

3. 黄金市场

2015 年，厦门市黄金市场业务成交量进一步扩大。全年银行业金融机构自营和代理上海黄金交易所黄金现货买卖合计成交 317.27 吨，成交金额 709.92 亿元，同比分别增长 83.31% 和 62.70%。境内其他黄金交易合计成交 281.84 吨，成交金额 765.65 亿元，分别是上年同期的 2.6 倍和 3.26 倍。

4. 外汇市场

2015 年，厦门市银行结售汇呈现“一减一增”态势，首现逆差格局，短期波动加剧。全年结售汇总额 745 亿美元，同比增长 3.8%，增速较上年同期减少 11 个百分点；其中，结汇 353 亿美元，同比下降 17%；售汇 392 亿美元，同比增长 35%。结售汇逆差 39 亿美元，上年同期为顺差 137 亿美元。2015 年银行间外汇市场交易量快速增长，全年外汇市场交易总量为 524 亿美元，同比增长 137%。

### （二）金融市场运行需关注的问题

1. 非金融企业债务融资工具仍存“刚性兑付”

2015 年，银行间债券市场非金融企业债务融资工具违约频现，但是，通常在政府、债券发行人、承销商等的努力挽救下，以机构兜底的方式进行“刚性兑付”，确保投资者债权。辖区也存在类似案例。“刚性兑付”淡化了投资者风险意识，扭曲了市场纪律和金融市场资金定价模式，降低了金融资源配置效率，抬升了银行业机构的信用风险，并可能进一步降低银行业资产质量。

2. 辖区非正规金融和场外市场乱象频生，潜藏风险不容忽视

一是个别网络借贷平台以“资金池”方式开展业务，客户资金管理混乱，融资项目不透明，潜藏较大风险。二是部分交易场所违规经营，包括做市商制度、会员单位诱导开户、代客交易等，损害投资者利益。三是商品住宅市场存在场外配资行为，主要表现为少数开发商或互联网金融平台向购房人提供首付款融资，为投机者加大杠杆炒房提供便利，扰乱房地产市场价格和市场环境。

## 四、金融基础设施与金融稳定

### （一）支付体系

2015 年，厦门市支付服务环境总体良好，服务质量持续改善。一是支付清算系统运行安全平稳，全年通过大小额支付系统和同城资金清算系统累计发起业务 4 919.09 万笔，交易金额 21.49 万亿元，同比分别增长 92.38%、42.78%。二是非现金支付工具使用量继续扩大。全年签发票据 143 万亿元，同比增长 3.51%；全年银行卡刷卡消费额（剔除信托、购房、批发、典当、政府服务类、投资性交易等）占同期社会消费品零售总额（银行卡渗透率）比例超过 80%。三是支付密码推广率保持全国领先，支付密码推广率为 90.24%。四是稳步推进金融 IC 卡应用工作，至 2015 年末累计发行金融 IC

卡 1 158 万张，占全市银行卡发卡量的 37. 15%，较上年末提高 12. 93 个百分点。但厦门市支付服务环境仍需改善，尤其是岛内外服务水平差异需进一步缩小，农村地区支付服务环境有待提升。

**（二）征信体系**

2015 年，厦门市征信业步入规范、快速发展轨道。一是征信系统收录信息数量快速增长，至 2015 年末，信用信息基础数据库共收录厦门市借款企业超过 4 万户、近 250 万人信用信息。二是机构信用代码推广应用工作稳步推进，至 2015 年末，厦门市共发放机构信用代码证 19. 70 万份，占全部机构基本账户总数的 89. 55%。三是征信系统信息覆盖面不断拓展，已成功将厦门市个人住房公积金缴存信息、企业拖欠工资信息、企业环保信息、法院判决信息、信贷市场第三方信用评级结果、企业安全标准化信息等纳入征信数据库。四是应收账款质押登记系统和融资服务平台取得积极进展，至 2015 年末共实现融资交易 368 笔，交易金额 37. 53 亿元。但当前征信体系仍存在政策法规相对滞后、数据归集量较小、数据应用不足等问题。

总　　编：李伟平
总　　纂：余路琳
统　　稿：黄师今
执　　笔：李康宁
其他参与写作人员：潘望春　施海松　赖民祥　刘雅珣　黄肇伟
王国新　王庭成　陈　楠　陈玉婵　孔德营
王　炳　林　榆　林志伟　周　超　张志杰
黄斯颖

# 深圳市金融稳定评估报告摘要

回顾2015，深圳经济稳中有进，新兴高端产业和现代服务业快速发展，产业转型升级成效显著。金融业平稳发展，金融机构总体盈利增幅较高，风险抵补能力提升较大，金融市场交易规模持续扩大，金融基础设施和金融生态环境持续优化。同时，受国际国内不利因素的影响，深圳经济金融领域风险有所显现。展望2016，深圳经济进入调速换档和发展方式转变的重要时期，需充分重视伴随而来的经济结构性阵痛及其引发的信用风险释放，重视跨行业、跨市场和非传统融资机制的风险暴露，重视区域金融风险可能上升的苗头。

## 一、2015 年深圳经济金融运行情况

### （一）深圳经济运行情况

经济平稳健康增长。2015 年，深圳市经济增长稳定，国内生产总值按季走高、逐步向好，全年达 1.75 万亿元，比上年增长 8.9%，增速较上年上升 0.1 个百分点。投资力度加大，固定资产投资 3 298.3亿元，增长 21.4%，增速较上年上升 7.8 个百分点；社会消费品零售总额 5 017.8 亿元，增长 2.0%，受汽车限购等因素影响，增速较上年下降 7.3 个百分点；进出口总额 27 516.6 亿元，同比下降 8.2%，较上年少下降 1 个百分点；规模以上工业企业增加值 6 785.0 亿元，增长 7.7%。居民消费价格指数同比上涨 2.2%，比全国平均水平高 0.8 个百分点，涨幅较上年提升 0.2 个百分点。

经济转型升级成效显著。2015 年，深圳新兴高端产业快速发展。“互联网” 和 “中国制造 2025” 深圳行动计划稳步推进，支持产业升级项目 2 350 个。新一代信息技术、互联网、新材料、生物、新能源、节能环保和文化创意等七大战略性新兴产业增加值合计增长 16.1%，占全市生产总值比重 40%，其中新一代信息技术、互联网产业分别增长 19.1% 和 19.3%。生命健康、机器人、可穿戴设备和智能装备等五大未来产业规模超 4 000 亿元，已成为新增长点。现代服务业比重继续提高，2015 年全市社会融资规模 7 072 亿元，同比多增 1 194 亿元，金融业增加值增长 15.9%，占生产总值比重 14.5%。

### （二）深圳金融业运行情况

银行业总体运行平稳。截至 2015 年末，深圳市银行业金融机构总资产 6.8 万亿元，同比增长 12.9%。各项存、贷款余额分别为 5.8 万亿元、3.2 万亿元，同比增长 15.6%、15.4%。人民币存、贷款利率呈下降走势，存贷款利差基本稳定在 3%。2015 年末，银行机构场内外同业资产规模合计 0.3 万亿元，同比减少 8.8%；同业负债规模合计 1.8 万亿元，同比增加 11.9%，负债端净轧差 1.5

万亿元。深圳辖内的银行理财（发行+代销）产品年末存续11 179只，余额合计7 430.5亿元，平均兑付收益率4.8%。其中，辖内发行、代销的产品分别为364只、10 815只，余额分别为2 538.8亿元、4 891.7亿元。银行业金融机构全年实现净利润956.0亿元，同比增长19.1%。计提资产减值损失准备240.4亿元，同比增长81.7%。

证券业经营效益显著提高。2015年，深圳市法人证券公司、法人基金公司、法人期货公司全年分别实现净利润554.3亿元、55.3亿元和12.5亿元，分别增长174.3%、82.7%和72.0%。截至2015年末，深圳证券业资产管理规模位居全国前列，全市证券业资管规模近10万亿元，约占全国的1/4。深圳19家法人证券公司（含3家资产管理公司）受托资产管理余额2.8万亿元，同比增长47.7%。24家法人公募基金公司管理基金净值2.0万亿，增长86.3%。18家基金公司子公司管理资产规模3.5万亿元，约占全国的基金子公司管理资产规模总量的40%。已备案私募基金产品3 850只，资产规模5 332亿元。

保险业持续较快增长。2015年深圳辖内全年实现原保费收入647.6亿元，同比增长18.0%，其中，人身险保费收入433亿元，同比增长26.7%，财产险保费收入214.6亿元，同比增长3.7%。辖内非法人保险机构资产总额3 424.2亿元，同比增长66.3%，净利润-95.5亿元。2015年末22家法人保险公司资产总额3.2万亿元，同比增长28.6%，全年实现净利润763亿，同比增长11%。从纳入监测的12家深圳法人保险机构来看，截至2015年末，其资金运用余额2.49万亿元，同比增长27.74%，偿付能力均达到“充足Ⅱ类”的监管标准。

### （三）深圳金融市场运行情况

证券市场剧烈波动，成交额和筹资额大幅增加。2015年，深圳股票市场大起大落，深证成指和创业板指数在上半年持续上涨，至6月上旬涨幅分别高达65.3%和175.7%。但6月中下旬开始连续快速下跌，最大跌幅接近50%和56%。全年，深交所累计股票筹资额6 689.0亿元，同比增长58.2%，股票成交额和交易印花税分别为122.5万亿元、1225.0亿元，同比均增长234.0%。

外汇市场成交量大幅增长，结售汇差额由顺转逆。深圳银行间外汇市场全年共成交2.03万亿美元，同比增长87.1%，增速较上年提高近50个百分点。全市非银行跨境收付总额6 247.9亿美元，同比下降0.6%，顺差146.3亿美元，同比下降29.5%。银行代客结售汇总额2 824.1亿美元，同比下降0.5%；逆差359.8亿美元，而2014年顺差457.2亿美元。分项看，全市经常项目结售汇逆差211.8亿美元，上年同期为顺差507.7亿美元；资本与金融项目结售汇逆差149.7亿美元，上年同期为逆差49.9亿美元。

银行间市场交易量大幅增长，票据贴现利率逐季下降。货币市场方面，2015年深圳市金融机构成交量63.5万亿元，同比增长90.3%；债券市场方面，总成交14.0万亿元，增长83.6%；票据市场方面，银行承兑汇票承兑余额3 201亿元，同比增长19.3%，银行承兑汇票贴现余额855.9亿元，下降11.1%。2015年，深圳金融机构票据贴现利率逐季下降，其中，银行承兑汇票贴现加权平均利率从第一季度的5.4%下降到第四季度的3.1%；买断式转贴现加权平均利率也从第一季度的5.2%下降到第四季度的3.3%。

银行业金融机构黄金业务平稳发展，交易渠道和方式渐趋多元化。2015年，深圳金融代理客户在上海黄金交易所交易黄金424.0吨，同比增长14.9%；账户黄金和实物黄金分别成交29.8吨、5.2吨，同比分别增长19.1%、7.5%。银行向企业客户租出黄金275.3吨，增长12.6%。工行深圳分行联手电商平台探索“实物贵金属 + O2O 销售 + 快递”新形式，平安银行将黄金账户与“壹钱包”等渠道实现了对接。

**（四）金融基础设施与金融生态环境**

支付清算系统运行平稳，市场支付结算量持续增长。2015 年，深圳各支付清算系统共处理业务 4.4 亿笔，金额 377.5 万亿元，同比分别增长 42.4% 和 28.2%。累计发行银行卡 1.6 亿张，增长 13.0%。深圳辖内法人支付机构全年累计完成支付业务 256.9 亿笔、金额 14.9 万亿元，业务总额超过全国支付机构业务总量的三分之一；客户备付金余额 682.99 亿元，同比增长 330.2%。移动支付业务发展迅速。

现金净投放略有下降，假币浓度远低于全国平均水平。2015 年，深圳累计现金投放 2 399.3 亿元，现金回笼 1 266.2 亿元，现金净投放 1 133.1 亿元，比上年同期少投放 99.5 亿元，同比下降 8.1%。新版百元人民币进入流通，流通中钞票整洁度明显提高。反假货币防控体系不断健全，假币平均浓度为百万分之 0.04，远低于全国平均水平。

全市国库库存下降较大，地方国库现金管理试点顺利开展。2015 年，深圳国库核算办理各级公共财政预算收入 5 949.8 亿元，同比增长 43.8%，其中，地方级公共财政预算收入 2 838.7 亿元，同比增长 34.3%；地方公共财政预算支出 3 494.5 亿元，同比增长 67.0%；出口退税（含免抵调）1 142.6亿元，同比增长 3.9%。截至 2015 年 12 月末，全市国库库存余额 935.2 亿元，同比下降 35.5%。2015 年，深圳市试点开展 10 期国库现金管理商业银行定期存款操作，金额累计 1 960 亿元，收回 3 期，累计收回金额 380 亿元，实现利息收入 0.8 亿元。年末深圳市现金管理存款余额 1 580 亿元。除第 1 期外，招标利率均为同期限人民银行基准利率上浮 30%。

征信服务覆盖范围大幅拓展。2015 年，深圳市个人征信业务准备工作和企业征信机构备案工作稳步推进，非银行类机构接入金融信用信息基础数据库工作陆续开展，辖内财务公司、金融租赁公司实现全部接入。受理个人信用报告本人查询 22.9 万笔。其中自助机查询 5.3 万笔，柜台查询 17.6 万笔。日均柜台查询 913 笔，增长 23.7%。

存款保险制度平稳有序实施，金融消费者权益保护得到加强。辖内 14 家法人投保机构全部依法完成投保手续办理，2015 年（5 月—12 月）合计交纳保费 2 368.3 万元（不含招商银行和平安银行交纳的 3.33 亿元和 1.73 亿元），存款保险从无到有，逐步实现常态化运行。利用微信等新媒体开展的金融知识普及活动更加丰富。深圳探索建立了资金快速查询、冻结和原路返还工作机制，对非法买卖银行卡或账户涉嫌犯罪的个人实施限制交易权限等账户管控措施，开展了由公安局、人民银行、银监局、通信管理局等多部门参与的反信息诈骗专项治理行动，共临时止付与冻结涉案账号约 4 000 个、涉案金额 3 000 多万元，信息诈骗涉案资金原路返还 10 笔，金额 60 多万元，金融消费权益保护投诉处理实效性不断增强。

打击非法外汇和洗钱活动的力度加大。开展外汇检查专项行动 3 项，涉及金融机构 337 家，企业 36 家。充分借助大数据方法进行整合分析，联合开展打击利用离岸公司和地下钱庄转移赃款专项行动，成功破获“10·16 专案”等 11 宗案件，涉案金额 800 多亿元人民币。

## 二、2015 年区域经济金融稳健性评估

总体来看，2015 年深圳经济稳中向好，“四创联动”下的创新主引擎作用逐步发挥作用，产业

结构升级效果逐渐显现，质量型发展优势稳步提高。深圳金融业为社会经济的健康发展提供了有力支持，金融机构整体保持着平稳较快发展，金融要素市场不断丰富，金融创新能力增强，金融基础设施和金融生态环境的支持保障功能不断完善。但是，我们也注意到，受国内外多重因素影响，深圳区域经济金融也存在一些问题和风险隐患，值得关注。

### （一）出口与消费对经济增长的贡献度降幅较大

2015 年，深圳经济增长 8.9%，较上年提升 0.1 个百分点。从需求结构上看，一方面，政府支出和投资增加额之和达 1 934.7 亿元，是地区生产总值增加额的 128.9%，二者均呈加速增长态势，增速分别为 62.5% 和 21.4%，分别较上年提高 34.4 和 7.8 个百分点。另一方面，消费和净出口增速分别为 2.0% 和 6.8%，增速较上年分别下降 7.3 个和 2.8 个百分点（见表 1）。出口和消费对于经济的拉动作用出现大幅减弱的迹象。

**表 1　2015 年深圳市经济需求结构分析表**　单位:%

| | GDP | 固定资产投资 | 政府支出 | 消费 | 净出口 |
|---|---|---|---|---|---|
| 在地区生产总值中占比（2015 年） | 100 | 19 | 21 | 29 | 31 |
| 2015 年增速 | 8.9 | 21.4 | 62.5 | 2.0 | 6.8 |
| 2014 年增速 | 8.8 | 13.6 | 28.1 | 9.3 | 9.6 |
| 2015 年增速同比上升百分点 | 0.1 | 7.8 | 34.4 | -7.3 | -2.8 |

数据来源：深圳市统计局。

### （二）实体经济下行引发信用风险暴露增多

银行机构不良贷款指标“双升”。截至年末，深圳市银行业金融机构不良贷款余额 363.1 亿元，比年初增加 109.6 亿元；不良贷款率 1.12%，比年初增加 0.21 个百分点。除政策性银行外，其他各类银行的不良贷款率均有所增加（见表 2）。深圳两家全国性股份制银行招商银行和平安银行的资产质量也出现下滑，年末不良率分别较上年上升了 0.56 个和 0.39 个百分点。

**表 2　深圳市各类银行不良贷款率对比**

| 不良贷款比例 | 外资金融机构 | 国有商业银行 | 政策性银行 | 股份制银行 | 城市商业银行 | 村镇银行 | 农商行 | 邮储银行 |
|---|---|---|---|---|---|---|---|---|
| 2015 年 12 月（%） | 1.12 | 1.48 | 0.84 | 0.63 | 1.04 | 1.35 | 0.86 | 0.68 |
| 2014 年 12 月（%） | 0.97 | 1.18 | 0.86 | 0.49 | 0.55 | 1.1 | 0.73 | 0.17 |
| 变动幅度（百分点） | 0.15 | 0.3 | -0.02 | 0.14 | 0.49 | 0.25 | 0.13 | 0.51 |

数据来源：深圳银监局。

债券市场多次出现违约事件。综合万得资讯数据，2015 年，深圳上市交易的债券共发生 8 起违约事件，违约风险从私募债发展到公募债，债券市场违约频次和规模可能会随着经济下行继续增加（见表 3）。

表 3　在深圳上市和交易的债券 2015 年违约情况表

| 序号 | 违约债券 | 违约时间 | 债券类型 | 上市日期 | 期限 | 发行规模 |
|---|---|---|---|---|---|---|
| 1 | 13 华龙 01 | 2015. 1 | 私募债 | 2014. 1 | 3 年 | 0. 1 亿元 |
| 2 | 12 蒙农科 | 2015. 1 | 私募债 | 2012. 12 | 2 年 | 2. 5 亿元 |
| 3 | 12 东飞 01 | 2015. 1 | 私募债 | 2013. 4 | 2 年 | 1. 1 亿元 |
| 4 | 12 致富债 | 2015. 2 | 私募债 | 2013. 4 | 3 年 | 1. 5 亿元 |
| 5 | 12 蓝博 01 | 2015. 2 | 私募债 | 2013. 3 | 3 年 | 0. 6 亿元 |
| 6 | 12 湘鄂债 | 2015. 4 | 一般公司债 | 2012. 5 | 5 年 | 4. 8 亿元 |
| 7 | 12 中富 01 | 2015. 4 | 一般公司债 | 2012. 6 | 3 年 | 5. 9 亿元 |
| 8 | 13 福星门 | 2015. 8 | 私募债 | 2013. 1 | 3 年 | 2. 5 亿元 |

数据来源：整理 wind 数据。

### （三）房地产过度投机，风险逐渐累积

深圳商品房价格上涨过高过快。2015 年，深圳新房和二手房价格分别上涨 47. 5% 和 42. 6% ，涨幅位居全国之首，年末均价超过 4 万元/平方米（2016 年 1 月又攀升至 51 468 元/平方米）。同时，深圳保障性安居工程建设大幅放缓，新开工、竣工和供应保障性住房数量同比分别减少 43. 23% 、22. 26% 和 30. 97% 。

房地产市场炒作造成风险累积。2015 年 12 月，深圳二手住宅成交 12 693 套，成交面积 102. 25 万平方米，环比分别上升 32. 3% 和 30. 43% ，同比分别上升 46. 4% 和 37. 86% 。在房价一路上涨的过程中，市场的投机行为逐渐增多。2015 年第四季度，深圳投资购房比例出现大幅跃升，当季所售新建住房中，60% 为投资需求，所售二手住房中，40% 为投资需求。根据某知名地产中介机构的估算，2015 年全年深圳投资购房的比例已经达到 30% ，远超 2014 年 8% 的水平，意向购房者中 70% 为非深圳户籍人士。

深圳商品房购房资金的杠杆水平较高。深圳住房按揭平均成数 2015 年 12 月份达到 65% ，远高于“北上广”三市，同比高 3. 2 个百分点，与 70% 的最高贷款成数限制相差仅 5% 。许多购房者通过 P2P 首付贷、众筹集资、个人信用贷、消费贷等多种形式加杠杆，进一步放大房价波动的风险。此外，首付贷的大量涌现进一步加大了杠杆资金风险。据辖内多家银行反映，首付贷产品主要由互联网金融平台、地产中介设立的小额贷款公司等发起（也有个别银行介入），为购房人变相发放可用于首付的贷款。首付贷实质上架空了 30% 的首付按揭贷款政策，增加了住房按揭贷款的风险，一旦楼市走势逆转，相关银行贷款资金将面临较大风险。

### （四）保险业功能出现异化，潜藏较大风险

保险业投资类产品增长迅猛。随着保险费率市场化改革不断推进，保险行业竞争加剧，以投资项目驱动负债扩张的经营模式盛行，部分新兴保险公司不计成本、通过大力销售高现价产品等方式，实现保费规模超常规快速扩张，保险业投资功能显著增强，保障功能相对弱化。从深圳保险法人统计数据看，截至 2015 年底，前海人寿、富德生命人寿、平安人寿等公司“保户储金及投资款”报表科目余额同比分别上升了 107% 、42% 和 16% 。

保险资金运用的风险隐患较大。保险负债成本不断攀升，倒逼保险资金去寻求更高收益率的投

资产品和投资渠道，导致保险业“保险”功能出现异化。2015 年，保险资金参与资本市场的深度和广度逐步扩大。截至年末，深圳纳入监测的 12 家法人保险机构保险资金运用余额 2.49 万亿元，资产投资率 90.86%。为满足高回报要求，保险机构逐渐转变成偏好风险的投融资机构，保险资金“短钱长配”等期限错配和损失风险等问题愈发突出。2015 年，深圳某人寿险公司在 6—7 月不到一个月时间里，权益类投资盈利就缩水近 400 亿，浮亏近 40%。2015 下半年，前海人寿通过“万能险”等产品吸收资金，参与宝能集团对万科的公开股权收购，由于资金来源成本较高、期限相对较短、综合杠杆水平较高，一旦资金链断裂，很可能通过杠杆链条将风险传导至相关金融机构和保险行业。

### （五）跨行业跨市场金融业务风险隐患较大

2015 年，跨行业跨市场业务规模继续增长，涉及市场、机构和产品面更广，表现形式更加多样化，引发的高杠杆风险、兑付风险、操作风险和产生的传染性风险隐患值得关注。

结构化配资造成股市剧烈波动。2015 年上半年，大规模银行理财、信托计划、证券资管、保险资金、各类第三方资产管理公司和 P2P 资金，绕过行业和市场界限，以高杠杆、结构化的运作形式，进入股市，导致股市短时间内暴涨。当股市下跌时，受止损和程序化交易机制“共激”，各类加杠杆资金互相踩踏，造成股市剧烈波动，高杠杆资金陆续爆仓，风险迅速传染至 P2P 配资平台、私募甚至是各类金融机构，对金融系统稳定产生了较为严重的负面影响。

泛资管业务兑付风险值得关注。近年来，在信托、证券等机构开展的跨行业跨市场泛资管业务中，基金子公司风格较为激进，发展迅速，而风险控制和资本抵补能力相对较弱。截止 2015 年末，深圳 18 家基金管理公司子公司管理资产规模达到 3.45 万亿元，约占全国基金管理公司子公司管理资产规模的 40%。2015 年爆发的“河北融投担保违约事件”的投资者中就包括深圳前海某基金子公司发行的数亿元资管计划，而该公司注册资本仅为 0.2 亿元。在去产能、去杠杆背景下，基金子公司等泛资管业务的兑付风险值得关注。

金融业务操作风险上升。跨市场跨行业的金融创新业务，环节多、链条长，资金规模庞大，操作风险防控盲点较多，潜在损失大。2015 年，受经济调速换挡影响，深圳跨市场跨行业金融业务中的操作风险及金融案件增加。个别金融机构的巨额同业存款和受托定向投资资金遭诈骗，极少数金融机构的工作人员违规开展代销业务、尽职调查不到位，导致“美意年”、“金赛银”、“真假担保函”等风险事件，给金融机构造成较大声誉和经济损失。

综合性金融机构内部风险传染性加大。深圳辖内金融控股集团的经营综合性逐渐加大，业务范围覆盖较广，不同行业和市场的子公司、金融业务和产品，关联更加紧密。风险容易在系统内不同板块之间传染，对整个集团产生较大的负面影响。现行监管框架中无法定机构负责统筹监管金融控股集团，对其经营信息和风险状况难以全面掌握和整体评估，集团大股东控制、内部人控制等潜在道德风险较大，这些因素更是加大了风险在其内部板块间互相传染的可能性。

### （六）新兴金融业态风险增多

P2P 网贷平台风险爆发案例较多。根据中国 P2P 网贷指数数据，截至 2015 年末，深圳共有 P2P 网贷平台 552 家，其中发生停止经营、提现困难、失联跑路等情况的问题平台 151 家，占比超过 20%。部分 P2P 平台存在圈钱诈骗、平台自融、资金挪用、流向篡改以及虚构项目等违法行为。规模较大的融资所和国湘资本等风险事件涉及投资者数万人，涉及债权余额数亿元。P2P 网贷行业声誉整体受到较大影响。此外，个别要素交易场所发生下属会员单位恶意欺诈投资者的风险，也值得警惕。

非银行支付机构业务风险值得关注。一是网络支付风险频发。"快捷支付"认证简单、可迅速转账消费，频频被不法分子利用。各种新型电商模式零门槛、套现成本低、隐蔽性较强，成为网络信用卡套现的"新灾区"。二是个别银行备付金监管较为薄弱，备付金存管系统建设滞后，不同银行之间未建立沟通合作机制，无法共享支付机构备付金信息。三是个别收单机构默许外包商层层转包、参与资金清算，造成特约商户的真实性无法保障，客户资金易面临风险。部分支付机构变相从事跨行清算业务，面临法律、流动性、信用等多重风险。

### （七）人民币汇率震荡走低和跨境资金异常流动风险值得关注

人民币汇率震荡走低对深圳外向型企业和银行的影响值得关注。2015 年，人民币全年在岸即期汇率日间最大波幅为 1 134 点，同比波幅扩大 112. 75%；银行间市场人民币对美元 1 年期平价期权波动率由 3. 175% 升至 7. 0575% 附近，已接近欧元、日元对美元期权波动率（10% 左右）的水平。年末，人民币对美元汇率中间价较年初下跌 6. 12%，境内即期交易汇率下跌 4. 67%。深圳的进出口规模持续多年位居全国城市前列，人民币汇率波动加大和走低，对深圳外向型企业和有关银行的经营和外汇管理的影响值得关注。

跨境资金流出压力加大。当前全球经济增长分化较大，市场预期的不确定性增加，未来汇率市场化改革的深化和贸易投资规则的变化，可能使得境内主体的境外资产配置需求增加，国内企业走出去的步伐加快。"8・11 汇改"后外汇市场震荡加剧，跨境资金流出压力加大，市场主体对外汇需求增加。从深圳的数据来看，汇改后深圳跨境收支累计净流出 111 亿美元，2015 年全年结售汇逆差 397. 4 亿美元，而 2014 年为顺差 428. 7 亿美元。深圳面临的跨境资金流动性冲击风险隐患及相应的管理压力增加。

## 三、2016 年稳定形势分析与展望

当前，金融稳定工作面临更加复杂的形势和诸多挑战。从国际看，全球经济处于深度调整和再平衡阶段，发达经济体复苏基础仍不稳固，国际金融市场波动加大，新兴市场经济体整体疲弱、分化加大，国际经济金融形势存在较大不确定性。从国内看，新常态下国内和深圳辖区经济增速趋缓，转型压力较大，随着"去产能"、"去库存"、"去杠杆"等任务逐步落实，传统金融风险可能加速暴露，银行业资产质量可能下滑，证券市场继续弱势整理，融资功能受到较大制约，保险资金运用偏激进，保险业功能有异化趋势。同时，跨市场、跨行业金融业务，高杠杆、结构化产品，以及互联网金融等方面的风险可能持续发酵，维护深圳辖区金融稳定的工作将更加复杂、更加艰巨。

展望 2016，深圳应进一步深化创新驱动发展战略，提升全要素生产率，加快引进高素质人才，支持行业领军企业建设高水平研发机构。加大保障房供给，抑制商品住房价格过高过快增长势头。探索开发新型知识产权金融服务产品，鼓励通过投贷联动等方式，加大金融对初创企业的支持力度，打造创投之城"深谷"。加强对跨市场、跨行业以及互联网金融等新型金融业态的风险监测与监管，防止高杠杆资金大规模无序流动。加强金融机构信用风险和操作风险监管，加大对金融资产质量分类真实性监测评估，加强保险高现价产品销售管理，提升保险资金运用规范化水平，提高保险保障

功能。加强对跨境资金流出渠道和主体的监测监管，引导稳定人民币汇率市场预期。扎实推进前海蛇口自贸片区在自由贸易账户、人民币跨境使用、外汇管理改革等方面的先行先试，推进金融改革综合创新试验区建设。建立健全网络支付交易监测机制，建立支付机构定期巡查机制，严厉打击金融诈骗、非法集资和证券期货领域的违法犯罪活动，进一步优化区域金融生态环境。

总　纂：张庆昉
统　稿：余　钢　吴　燕
执　笔：赵　灵　熊　英
其他参与写作人员：蔡瑞文　胡春冬　杨　丹　袁　婷　王翔宇
桂　蟾　陈思桐　陈金森　管　高　孟　浩
郑惠家　张　婉　钟　琦　林嘉立　高　敏
王继权　陈　曦　刘宇奇　赵民伟　李小琪
彭兆波